# Conecte LIDi

A Editora Saraiva oferece LIDi – Livro Interativo Digital em caráter promocional, como bônus aos adotantes do Conecte.

## CARO ALUNO,

O LIDi – Livro Interativo Digital – traz todo o conteúdo deste livro impresso, acrescido de diversos recursos e ferramentas digitais interativos, como filmes, animações, simuladores e *links* interessantes para facilitar seus estudos em casa e na escola.

### VEJA COMO HABILITAR SEU LIDi

**Se você já tem cadastro no *site*:**

1. Acesse conecte.editorasaraiva.com.br.
2. Digite seu *e-mail* e senha para ser direcionado à área restrita do *site*.
3. Clique em "Ativar o LIDi" e inclua este código de acesso no campo indicado:

AASPX4GVE

**Se ainda não tem cadastro no *site*:**

1. Acesse conecte.editorasaraiva.com.br.
2. Clique em "Cadastre-se" e siga as instruções.
3. Após executar o procedimento acima, você receberá em seu *e-mail* as informações necessárias para validação do cadastro.
4. Digite seu *e-mail* e senha para ser direcionado à área restrita do *site*.
5. Clique em "Ativar o LIDi", inclua o código de acesso acima no campo indicado no *site* e siga os passos que serão apresentados.

O seu código de acesso será válido por 36 meses, a partir da data da liberação do seu primeiro acesso.

Lembre-se: o código de acesso e a senha são pessoais e intransferíveis, devendo ser utilizados somente pelo usuário cadastrado, que assume integral responsabilidade pela guarda e pelo uso por terceiros.

Em caso de dúvida, faça contato conosco por meio de nossos canais de atendimento.

Um bom ano de estudos para você!

40224_28 / 79 - 731630

### REQUISITOS MÍNIMOS PARA O USO DO LIDi:

**PC:**

- Windows XP
  - processador Intel Pentium 4 2,33 GHz ou Athion 64 a 2900+
  - 1 GB de memória RAM
- Linux
  - Fedora Core 12, Ubuntu 9.10 ou OpenSUSE 11.2
  - processador Intel Pentium 4 2,33 GHz ou Athion 64 a 2900+
  - 1 GB de memória RAM

**Macintosh:**

- MAC OS 10.4.9
- processador Intel Core Duo 1,83 GHz
- 1 GB de memória RAM

- Navegadores:
  - Internet Explorer 9.0
  - Safari 7.0
  - Chrome 35.0
  - Firefox 27.0
- *Plug-ins*:
  - Adobe Air 14
  - Flash Player 14
  - Java 1.8
  - Acrobat Reader

*Kit* multimídia e conexão à internet

Para mais informações dos sistemas e navegadores compatíveis, acesse: conecte.editorasaraiva.com.br.

No caso de perda ou conhecimento da senha pessoal por terceiros, você deve comunicar o fato imediatamente à Editora Saraiva, para bloqueio do acesso. Para maior segurança, recomendamos não utilizar senha de fácil acerto e alterá-la periodicamente, a fim de dificultar qualquer utilização indevida do produto.

SAC | 0800-0117875
De 2ª a 6ª, das 8h30 às 19h30
www.editorasaraiva.com.br/contato

Editora Saraiva

conecte LiDi

# GRAMÁTICA REFLEXIVA

## TEXTO, SEMÂNTICA E INTERAÇÃO

### *William Cereja*

Professor graduado em Português e Linguística e licenciado em Português pela Universidade de São Paulo
Mestre em Teoria Literária pela Universidade de São Paulo
Doutor em Linguística Aplicada e Análise do Discurso pela PUC-SP
Professor da rede particular de ensino em São Paulo, capital

### *Thereza Cochar*

Professora graduada e licenciada em Português e Francês pela FFCL de Araraquara, SP
Mestra em Estudos Literários pela Unesp de Araraquara, SP
Professora da rede pública de ensino em Araraquara, SP


***Autores também de:***

**Obras para o ensino fundamental**

*Português: linguagens* (1º ao 9º ano)
*Gramática — Texto, reflexão e uso* (6º ao 9º ano)
*Gramática reflexiva* (6º ao 9º ano)
*Todos os textos* (6º ao 9º ano)

**Obras para o ensino médio**

*Português: linguagens*
*Literatura brasileira*
*Literatura portuguesa*
*Texto e interação*


Editora Saraiva

Conecte: Gramática reflexiva
© William R. Cereja, 2013
Thereza Cochar Magalhães

Obra *Gramática reflexiva*
originalmente publicada com o selo Atual Editora.
Direitos desta edição:
SARAIVA S.A. – Livreiros Editores, São Paulo, 2013


**Dados Internacionais de Catalogação na Publicação (CIP)**
**(Câmara Brasileira do Livro, SP, Brasil)**

Cereja, William Roberto
Conecte : gramática reflexiva / William Roberto Cereja, Thereza Cochar Magalhães — 2. ed. — São Paulo : Saraiva, 2013. — (Coleção projeto conecte)

ISBN 978-85-02-21097-4 (aluno)
ISBN 978-85-02-21103-2 (professor)

1. Português – Gramática (Ensino médio) I. Magalhães, Thereza Cochar. II. Título. III. Série.

13-09321 CDD-469.507

**Índice para catálogo sistemático:**
1. Gramática : Português : Ensino médio 469.507

**Gerente editorial:** Lauri Cericato
**Editor:** Noé G. Ribeiro
**Editoras-assistentes:** Paula Junqueira/Caroline Zanelli Martins/Fernanda Carvalho
**Preparação de texto:** Célia Tavares
**Revisão:** Pedro Cunha Jr. e Lilian Semenichin (coords.)/Luciana Azevedo/Maura Loria/Eduardo Sigrist/Rhennan Santos/Elza Gasparotto/Aline Araújo/Felipe Toledo/Patricia Cordeiro
**Pesquisa iconográfica:** Cristina Akisino (coord.)/Camila Losemfeldt/Danielle Alcântara/Rodrigo dos Santos Souza (estagiário)/Alice Bragança
**Licenciamento de textos:** Marina Murphy
**Sugestões de textos e atividades:** Carlos Henrique Carneiro, Norberto Lourenço Nogueira Júnior e Pedro Reinato

**Gerente de arte:** Nair de Medeiros Barbosa
**Supervisor de arte:** José Maria de Oliveira
**Projeto gráfico e capa:** Homem de Melo & Troia Design
**Imagem de capa:** *Brava gente*, Tide Hellmeister. Coleção particular
**Assessoria de arte:** Carlos Magno
**Diagramação:** Alexandre M. Uehara/Francisco A. Costa Filho/Sara Slovac Savero/Setsumi Sinzato/José Aparecido de Oliveira
**Ilustrações:** Estúdio Ampla Arena/Felipe Rocha/Ivan Coutinho/Laerte Silvino/Marcos Guilherme/Mariângela Haddad/Psonha/Ricardo Dantas/Rico/Vicente mendonça/Weberson Santiago/Zuri
**Encarregada de produção e arte:** Grace Alves
**Coordenação de editoração eletrônica:** Silvia Regina E. Almeida
**Produção gráfica:** Robson Cacau Alves
**Impressão e acabamento:** Bercrom Gráfica Editora
CNPJ: 11.229.710/0001-04
Rua Luiz Carlos Brunello, 165 Chac. São Bento - Valinhos - SP, Cep 13278-074



**731.630.002.002**

Editora Saraiva

SAC | 0800-0117875
De 2ª a 6ª, das 8h30 às 19h30
www.editorasaraiva.com.br/contato

Rua Henrique Schaumann, 270 – Cerqueira César – São Paulo/SP – 05413-909

## Prezado estudante:

No mundo atual, caracterizado pela diversidade de linguagens e pela comunicação eletrônica, o uso adequado e eficiente da linguagem verbal é cada vez mais necessário. Essa linguagem não se contrapõe a outras; ao contrário, hoje as linguagens verbais e não verbais se cruzam e se complementam, como ocorre na informática, no cinema, nos quadrinhos, na publicidade e até na literatura e na pintura.

Portanto, ter domínio da língua faz muita diferença. Significa estar mais preparado para interagir com outras pessoas, o que implica ter a possibilidade de influenciar seu modo de agir e pensar e, da mesma forma, também ser influenciado. Língua é, pois, mudança, interação, transformação.

Durante longo tempo, acreditou-se que falar bem português era falar difícil, isto é, empregar frases de efeito, com estrutura complicada e vocabulário culto. Hoje pensa-se de modo diferente: usar bem o português é o mesmo que saber adequá-lo às diferentes situações sociais de que participamos.

Por exemplo, em situações formais, como numa entrevista, num discurso público, numa carta a um jornal ou numa dissertação escolar, é indispensável o uso da variedade padrão e formal da língua. Já numa conversa com os amigos ou familiares, a língua padrão seria formal demais e poderia contribuir para o distanciamento entre as pessoas.

A língua estudada nesta gramática é a *língua portuguesa viva*, isto é, a utilizada em suas variedades oral ou escrita, padrão ou não padrão, formal ou informal, regional ou urbana, etc. É a língua que circula nos jornais, na tevê, nos quadrinhos, nas canções, nos textos literários, nos anúncios publicitários, enfim, nos textos que circulam socialmente.

Esta gramática foi escrita para você, jovem ou adulto que, sem preconceitos, está sintonizado com os diferentes tipos de linguagem e deseja aprimorar sua capacidade de uso da língua portuguesa, seja falando e escrevendo, seja ouvindo e lendo.

Um abraço,

Os Autores

Agradecimentos

A Noé G. Ribeiro, editor incomum, que, sem temer o novo, compartilha todas as decisões sobre esta obra.

Ao competente grupo editorial: a Paula Junqueira, Thâmara Veríssimo e Caroline Zanelli Martins, pelo grande apoio; a Cristina Akisino, pelo entusiasmo e pela cuidadosa pesquisa iconográfica; a Célia Tavares, pelas preciosas sugestões na preparação de texto; aos demais membros da equipe editorial, pelo dedicado acompanhamento do processo de edição da obra.

Aos professores Norberto Lourenço Nogueira Júnior e Carolina Assis Dias Vianna, pelas sugestões de textos e atividades.

À equipe de assessores pedagógicos, que, em todo o país, difunde nossas propostas de ensino e otimiza o diálogo entre professores e autores.

Aos professores de todo o Brasil, que enriqueceram esta reformulação com suas sugestões.

Os Autores

# Sumário geral

## PARTE 1

### UNIDADE 1

Barry Lewis/In Pictures/Corbis/Latinstock

Corbis/Latinstock

### UNIDADE 2

Corbis/Latinstock

UNIDADE 3

Flickr RF/Getty Images

## PARTE 2

Quadro Claro (1913), de Wassily Kandinsky.



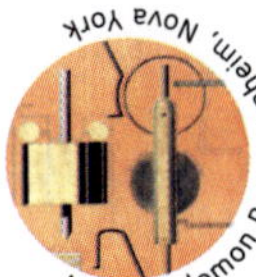
Museu Salomon R. Guggenheim, Nova York

Glow Images, Inc./Getty Images

Museo Thyssen – Bornemisza/Scala



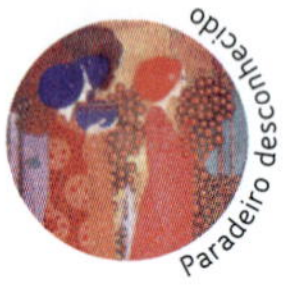
Paradeiro desconhecido

The Museum of Modern Art, New York

## PARTE 3

The Bridgeman Art Library/Grupo Keystone

The Bridgeman Art Library/Grupo Keystone

Autvis Composição VIII, de Kandinsky

Album/akg-images/Latinstock

The Bridgeman Art Library/Grupo Keystone

© Albright-Knox Art Gallery/Corbis/Latinstock

The Bridgeman Art Library/Glow Images

# Sumário da parte 1

UNIDADE 1

# LINGUAGEM COMO MEIO DE AÇÃO E INTERAÇÃO SOCIAL

Corbis/Latinstock

É a palavra que identifica o ser humano, é ela seu substrato que possibilitou a convivência humana e a comunicação total entre os seres dotados de inteligência; ela é a menor partícula do entendimento das coisas. A palavra é o átomo da alma.

(Ziraldo. In: Vários Autores. *O futuro do livro – 60 visões*. São Paulo: Substância/Olhares/Ipsis, 2007. p. 74-5.)

Barry Lewis/In Pictures/Corbis/Latinstock

CAPÍTULO 1

# Linguagem, comunicação e interação

## CONSTRUINDO O CONCEITO

Leia o anúncio publicitário:

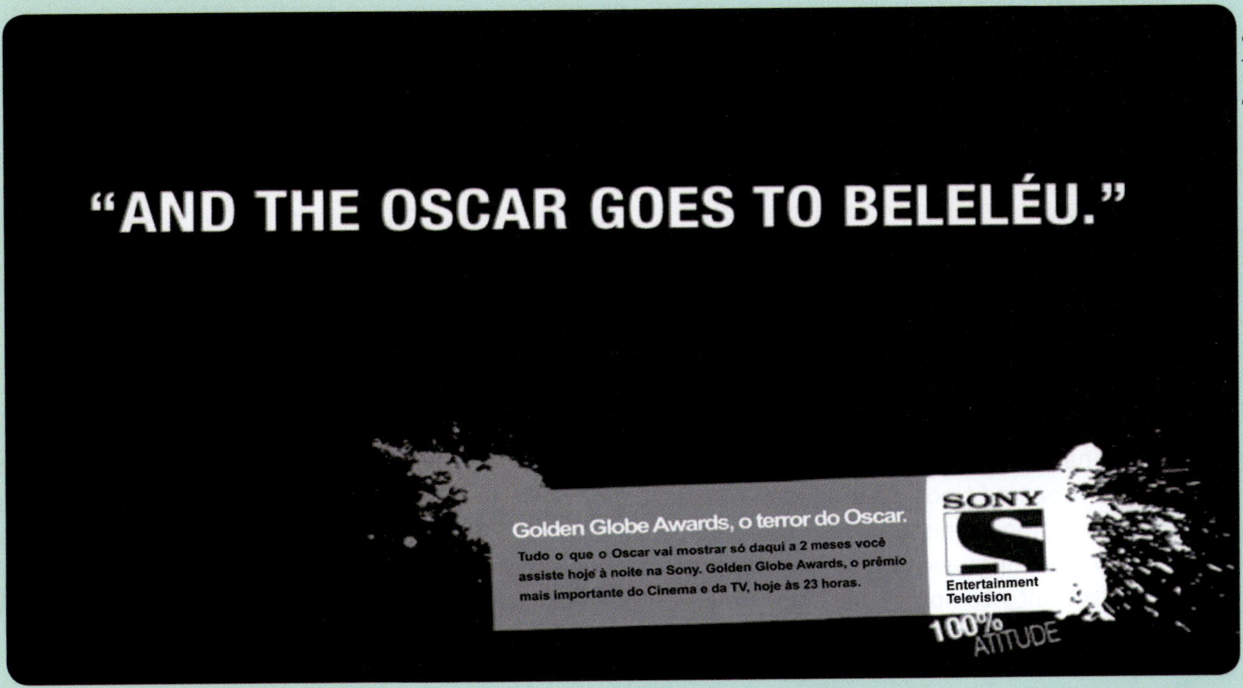


Reprodução

1. Quanto à situação de comunicação relacionada ao anúncio, responda:
   a) Quem é o anunciante?
   b) A que tipo de público o anúncio se destina?
   c) O que o anúncio divulga?
2. Apesar de ter sido veiculado no Brasil, o anúncio tem em seu enunciado principal uma frase em inglês. Levante hipóteses:
   a) Por que o anunciante fez essa opção?
   b) O público-alvo do anúncio teria dificuldade para ler o enunciado escrito em língua estrangeira?
3. A frase "And the Oscar goes to..." ("E o Oscar vai para...") é tradicionalmente utilizada na noite da cerimônia do Oscar, no anúncio dos vencedores, completada pelo nome do ganhador do prêmio. Que efeito de sentido é criado pela substituição do nome de um vencedor pelo termo *beleléu*?
4. No texto da parte inferior do anúncio, lemos: "Golden Globe Awards, o terror do Oscar" e "100% atitude".

   a) Que relação se pode estabelecer entre o enunciado principal do anúncio e a expressão "Golden Globe Awards, o terror do Oscar"?
   b) E entre o enunciado principal e a expressão "100% atitude"?
   c) Que imagem de si o locutor pretende construir com esse anúncio?

## CONCEITUANDO

No anúncio lido, o canal de TV, apesar de se dirigir a leitores brasileiros, utiliza uma frase em inglês. Mesmo sendo falante de outro idioma, certamente o público-alvo do anúncio entende o que o texto diz, pois se trata de um enunciado muito conhecido dos espectadores de cinema, a quem o anúncio se dirige. Assim, é possível considerar que ocorre comunicação entre o locutor e o público ao qual o anúncio se dirige.

Para que haja uma comunicação bem-sucedida, é fundamental que os produtores dos textos e seus leitores/ouvintes compartilhem conhecimentos e conheçam as convenções que regem as situações sociais de que participam. Palavras, gestos, expressões corporais e faciais fazem parte da linguagem e têm seus significados convencionados socialmente. Um mesmo gesto, por exemplo, pode ter significados opostos em comunidades diferentes.

> **Linguagem** é a expressão individual e social do ser humano e, ao mesmo tempo, o elemento comum que possibilita o processo comunicativo entre os sujeitos que vivem em sociedade.

## LINGUAGEM VERBAL E LINGUAGEM NÃO VERBAL

Além da **linguagem verbal**, cuja unidade básica é a palavra (falada ou escrita), existem também as **linguagens não verbais**, como a música, a dança, a mímica, a pintura, a fotografia, a escultura, etc., que possuem outros tipos de unidades – o gesto, o movimento, a imagem, etc. Há, ainda, as **linguagens mistas**, como as histórias em quadrinhos, o cinema, o teatro e os programas de TV, que podem reunir diferentes linguagens, como o desenho, a palavra, o figurino, a música, o cenário, etc.

Durante muito tempo se pensou que a unidade básica dos textos fosse a palavra e que as outras unidades seriam supérfluas, acessórias. Sabemos hoje, entretanto, que todas se complementam na construção de sentidos de um texto, não sendo possível estabelecer uma hierarquia entre elas.

Mais recentemente, com o aparecimento da informática, surgiu também a **linguagem digital**, que permite armazenar e transmitir informações em meios eletrônicos.

No anúncio lido, o anunciante prevê seu público-alvo e interage com ele por meio da linguagem, isto é, por meio de signos e construções compartilhadas por ambos (ainda que pertencentes a idiomas diferentes).

Assim, pode-se concluir que a comunicação se estabelece por meio de textos (orais, escritos, verbais, não verbais, etc.) produzidos e lidos por pessoas – os interlocutores do processo comunicativo – que compartilham conhecimentos comuns e que constroem, solidariamente ou não, os sentidos desses textos.

ADESF

(http://labbioiee.blogspot.com/2009_06_01_archive.html)

> **Interlocutores** são as pessoas que participam do processo de interação por meio de linguagem(ns).

: Se consideramos apenas a parte verbal do anúncio, apreendemos um sentido oposto ao que é construído quando levamos em conta todos os elementos que o compõem: linguagem verbal, linguagem não verbal e contexto social em que ele circula (o das conhecidas campanhas contra o fumo e dos comprovados problemas de saúde causados pelo cigarro).

## EXERCÍCIOS

Leia os cartuns a seguir, de Laerte, e responda às questões de 1 a 3.

Laerte

Laerte

(*Classificados*. São Paulo: Devir, 2004. v. 3, p. 49.)

> **O que é cartum?**
>
> Cartum é uma espécie de desenho humorístico ou anedota gráfica cujo objetivo é divertir o leitor e quase sempre fazer uma crítica a um tema da realidade.

**1.** Que tipo de linguagem é utilizado nos cartuns?

**2.** O humor do primeiro cartum é construído a partir da relação entre dois tipos de linguagem, inseridos em uma situação social específica. Identifique as linguagens e a situação social e explique essa relação.

**3.** Na segunda tira, o humor é construído a partir da sobreposição de duas áreas do conhecimento: uma científica e outra técnica.

a) Quais são essas áreas?

b) Que relação existe entre os papéis que as personagens estão desempenhando na tira e as palavras escritas na parte de trás de sua roupa?

Leia a tira a seguir, de Quino, e responda às questões de 4 a 7.

Joaquín Salvador Lavado (Quino). *Toda Mafalda*. Martins Fontes, 1991.

(Quino. *Mafalda*. São Paulo: Martins Fontes, 1998. v. 2, p. 25.)

**4.** A mãe de Mafalda encontra uma amiga na rua. Observe as falas e os gestos da mulher nos dois primeiros quadrinhos. O que sugerem expressões como *filhinha*, *gracinha*, *querida* e *meu bem*? E os gestos da mulher em relação a Mafalda?

**5.** A mulher faz uma pergunta a Mafalda.

a) O que expressa o gesto de Mafalda no 3º quadrinho?

b) Por que a resposta de Mafalda surpreende a mulher?

**6.** Quando duas pessoas se comunicam, elas levam em conta não apenas o que é dito, mas também outros elementos da situação. Tais elementos são, por exemplo, o contexto, quem fala e com quem se fala, a imagem de si própria que cada uma das pessoas tem ou deseja transmitir para a outra, etc. Esses vários elementos da situação fazem parte do jogo social da linguagem.

a) Que tipo de imagem de si mesma a mulher deseja transmitir para Mafalda e sua mãe? Justifique sua resposta.

b) Ao se comunicar com Mafalda, que imagem ela parece fazer da menina e das crianças em geral?

c) E Mafalda? Ela está disposta a participar do tipo de jogo social da linguagem iniciado pela mulher? Por quê?

**7.** Mafalda faz referência a dois tipos de resposta que poderia dar à mulher: uma resposta-padrão e outra não padrão.

a) Levante hipóteses: Qual seria a resposta-padrão?

b) Na pergunta-resposta de Mafalda, a menina acaba revelando a imagem que construiu da mulher. Qual é essa imagem?

c) Que função da linguagem se nota na pergunta de Mafalda?

## CÓDIGOS

**Código** é uma convenção estabelecida por um grupo de pessoas ou por uma comunidade, com base em um conhecimento compartilhado, a fim de que a comunicação ocorra com maior rapidez. Por essa razão, é comum haver códigos em ruas, rodovias, rodoviárias, aeroportos, *shopping centers*, etc. São códigos os sinais de trânsito, os símbolos, o código Morse, as buzinas dos automóveis, as indicações de locais para estacionamento ou de caixas para clientes preferenciais, etc.

Alexandre Tokitaka/Pulsar Imagens

É comum a concepção da língua como código, uma vez que ela resulta de uma convenção social. Entretanto, trata-se de um código especial, estabelecido ao longo de um processo social e histórico complexo, pois a língua não só permite que seus falantes desenvolvam maneiras de falar do mundo, mas também influi diretamente em como eles se constituem como sujeitos sociais.

# A LÍNGUA

O anúncio lido no começo do capítulo, escrito em língua portuguesa, mistura elementos de outro idioma, o inglês, para criar o efeito de sentido pretendido pelo anunciante e chamar a atenção de um público específico. Na tira de Quino estudada na página anterior, as personagens interagem, como vimos, por meio de linguagem verbal e não verbal: para se expressarem, falam português e fazem gestos convencionalmente utilizados em nossa sociedade.

A tira de Quino foi criada em espanhol, já que esse é o idioma oficial da Argentina, país do cartunista. Ao ser publicada no Brasil, ela foi traduzida para o português, idioma oficial do nosso país – e também de outros países colonizados por Portugal, como Moçambique, Angola, Cabo Verde, São Tomé e Príncipe, Guiné-Bissau (África) e Timor Leste (Ásia).

Sabemos que o idioma oficial do nosso país é o português, ao qual costumamos também chamar língua portuguesa. Mas em que consiste uma língua? Será que apenas no léxico, ou seja, em um conjunto de palavras?

## Babel das línguas

No mundo existem aproximadamente 2 700 línguas e 7 mil dialetos. As três línguas com o maior número de falantes são o mandarim, falado na China, o hindi, falado na Índia, e o inglês, falado nos Estados Unidos, na Inglaterra e em várias partes do mundo.

O português ocupa o 7º lugar e é falado por cerca de 200 milhões de pessoas em quatro continentes, e no Brasil estão quase 90% dos seus falantes.

O documentário *Língua – Vidas em português* (2001), de Victor Lopes, mostra como se dá o uso da língua portuguesa em várias partes do mundo.

Ana Ottoni/Folhapress

Mia Couto, escritor moçambicano que participa do filme *Língua – Vidas em português*.

## Quantas línguas são faladas no Brasil?

Além do português, há no Brasil aproximadamente 180 línguas indígenas, faladas por 225 etnias. Dessas línguas, 110 são consideradas em extinção, pelo fato de serem faladas por menos de 500 pessoas.

Estima-se que, em 1500, cerca de 6 milhões de índios falavam 1 078 idiomas. Hoje, a população indígena brasileira chega a no máximo entre 440 mil e 500 mil indivíduos. Atribui-se o desaparecimento das línguas indígenas às pressões políticas do colonizador e, posteriormente, às necessidades de sobrevivência das populações indígenas.

Fonte: Revista *Língua Portuguesa*, nº 26.

A língua está presente em todas as interações sociais de que participamos em nosso cotidiano, e por meio dela nos constituímos como sujeitos sociais. A maneira como falamos das coisas influi diretamente nas concepções que temos delas. E, dependendo do meio social e cultural em que uma pessoa vive, a língua se desenvolve de um jeito ou outro, de forma que os sujeitos sociais e sua linguagem se influenciam mutuamente em sua constituição.

Nas interações sociais de que participamos, podemos, por meio dos usos que fazemos da língua, abrir caminhos, atingir nossos objetivos, conquistar aqueles com quem interagimos ou, pelo contrário, perder oportunidades, ser mal compreendidos, criar inimizades ou antipatias.

Vimos, na tira de Quino, que tanto a amiga da mãe de Mafalda quanto a menina mostram muito de si mesmas pela maneira como usam a língua, pelas escolhas que fazem ao formular uma pergunta ou respondê-la. Pode-se, pelo uso da língua, buscar ser uma pessoa agradável, amável, gentil, assim como também quebrar expectativas, romper estereótipos.

A relação entre sociedades e línguas é constatada há muitos séculos. Entretanto, os estudos sobre língua só passaram a ser considerados científicos com o advento da linguística, que vem

> **O signo linguístico**
>
> Para Saussure, o signo linguístico (a palavra) é constituído por dois componentes: o significado e o significante. O primeiro seria o conceito, e o segundo, a imagem acústica desse conceito.
>
> Assim, quando ouvimos ou lemos uma palavra (significante), associamos esse som a um objeto do mundo (significado).

se firmando desde o início do século XX e tem como um de seus pioneiros o estudioso Ferdinand de Saussure.

A fim de definir o que é língua e analisar seus componentes, Saussure propõe uma separação entre língua e fala e considera como objeto de estudo da linguística apenas a língua.

Segundo a perspectiva adotada por esse estudioso, é possível considerar a língua como um sistema de signos, regido por regras socialmente construídas, utilizado pelos falantes em suas interações.

As ideias de Saussure foram extremamente importantes para que a linguística moderna se tornasse uma ciência. Entretanto, a reflexão sobre os diferentes usos sociais da língua requer que se vá além da dissociação proposta por Saussure.

## EXERCÍCIOS

Leia a tira:

Calvin Hobbes, Bill Watterson © 1987 Watterson/Dist. by Universal Uclick

(http://depositodocalvin.blogspot.com/2010/01/calvin-haroldo-tirinha-571.html)

**1.** No primeiro quadrinho, Calvin faz um pedido a sua mãe: "Posso fazer um lanche?". Com base no 3º quadrinho, responda:

a) A quais objetos do mundo a palavra *lanche* remete Calvin?

b) A quais objetos do mundo a palavra *lanche* remete a mãe de Calvin?

**2.** Vimos que é possível considerar a língua um sistema de signos utilizado pelos falantes em suas interações. No último quadrinho, Calvin faz uma afirmação sobre sua comunicação com a mãe. Levante hipóteses: Por que o menino considera que ele e a mãe "não falam a mesma língua"?

**3.** Você concorda com a afirmação de Calvin? Justifique sua resposta.

# A TEORIA DA COMUNICAÇÃO

Ao ler a tira e responder às questões, você viu que a palavra *lanche* pode assumir diferentes sentidos para pessoas diferentes, dependendo da posição social que cada uma ocupa. Para Calvin, uma criança, "fazer um lanche" fora do horário das refeições quer dizer comer bolachas, o que comprovamos com a imagem do 3º quadrinho. Já para a mãe do menino, como percebemos por sua fala no mesmo quadrinho, "fazer um lanche" fora do horário das refeições significa comer uma fruta ("uma maçã ou uma laranja").

Assim, percebemos que um mesmo significante pode remeter a significados distintos, dependendo de quem são os sujeitos envolvidos na interação, isto é, quem fala, para quem, com que objetivos, em que contexto. Daí a importância de considerarmos também esses outros elementos, e não só a língua, como um sistema de correspondências entre palavras e representações mentais de objetos no mundo, quando temos a intenção de analisar seus usos sociais.

Uma das tentativas de analisar a língua em uso foi proposta por Roman Jakobson, que sugere, em sua **teoria da comunicação**, que a comunicação humana também é regida por regras e pode, sim, ser analisada, ao contrário do que postulava Saussure.

Numa situação de comunicação, há pelo menos dois interlocutores, que podem alternar os papéis de locutor – aquele que produz o texto, oral ou escrito – e locutário – aquele a quem o texto se dirige.

## EXERCÍCIOS

Leia a tira:

(http://blog.diarinho.com.br/quadrinhos-136)

1. Para que a comunicação aconteça, é importante que os interlocutores se compreendam mutuamente. No 1º quadrinho, o atendente faz uma pergunta ao cliente da padaria. Tendo em vista a situação de comunicação em que os interlocutores estão inseridos, o que se espera que o cliente responda?

2. No 2º quadrinho, percebe-se que o cliente ignora a situação de comunicação em que ele e seu interlocutor estão inseridos e responde considerando outras situações compatíveis com o verbo *desejar*. Com base nos diferentes sentidos que podem ser atribuídos a um mesmo termo, explique como se constrói o efeito de humor da tira.

3. Após ler toda a tira, levante hipóteses: O cliente teve dificuldade para entender a pergunta do garçom? Justifique sua resposta.

## Funções da linguagem

Como foi visto, na tira lida os interlocutores participam de uma situação de comunicação. Para descrever e analisar uma situação de comunicação, Jakobson propõe, em sua teoria da comunicação, que se considerem seis elementos essenciais:

- o locutor (emissor): aquele que diz algo a alguém;
- o locutário (receptor): aquele a quem o texto do locutor se dirige;

- a mensagem: o texto produzido pelo locutor;
- o código: a língua, o conjunto de sinais estabelecidos por convenção e que permite compreender a estrutura da mensagem;
- o canal: o meio físico que conduz a mensagem (som, ar, papel, etc.);
- o referente: o contexto, o assunto, os objetos aos quais se refere a mensagem.

Tais elementos são representados na teoria da comunicação pelo esquema abaixo, e a cada um deles corresponde uma **função da linguagem**, dependendo da finalidade principal de cada texto produzido (expressar emoções, explorar recursos linguísticos, transmitir informações, etc.).

referente

locutor (emissor) ——— mensagem ——— locutário (receptor)

canal

código

Segundo Jakobson, é possível determinar funções da linguagem com base nas características dos textos e nas intenções do locutor. Assim, a linguagem desempenharia uma ou outra função, de acordo com o elemento da comunicação posto em foco pelo locutor.

Desse modo, a cada um dos elementos da comunicação Jakobson associou uma função da linguagem: emotiva, conativa, referencial, metalinguística, fática e poética.

## Função emotiva

O locutor (ou emissor) é o foco, ou seja, ele determina as escolhas feitas na construção do texto.

Leia este poema, de Hilda Hilst:

Eu amo Aquele que caminha
Antes do meu passo
É Deus e resiste.

Eu amo a minha morada
A Terra triste.
É sofrida e finita
E sobrevive.

Eu amo o Homem-luz
Que há em mim.
É poeira e paixão
E acredita.

Amo-te, meu ódio-amor
Animal-Vida.
És caça e perseguidor
E recriaste a Poesia
Na minha Casa.

(XXIII. *Cantares de perda e predileção*. São Paulo: Massao Ohno & M. Lydia Pires e Albuquerque, 1983.)

Filipe Rocha

O poema centra-se na expressão dos sentimentos, emoções e opiniões do eu lírico, sendo um texto muito pessoal, subjetivo. Esse destaque dado ao eu que enuncia é reforçado pela presença de verbos e pronomes na 1ª pessoa: "Eu amo", "meu passo", "minha morada", "em mim", "meu ódio-amor", "na minha Casa".

Como se trata de dar destaque às emoções, é comum nos textos em que predomina esse tipo de função também a presença de interjeições, além de, na pontuação, reticências e pontos de exclamação.

Os textos líricos que expressam o estado de alma do locutor são exemplos típicos da predominância da função emotiva.

## Função conativa (ou apelativa)

O locutário (receptor) é o foco, ou seja, ele determina as escolhas feitas na construção do texto. Leia o anúncio:

WMO

(http://www.mppublicidade.com.br/image.php?url=trabalhos/original/460.jpg&type=img)

É possível considerar que o objetivo principal do anúncio é convencer o interlocutor de que ele deve pensar antes de escolher o cardápio de suas refeições, pois isso afeta sua saúde e seu bem-estar. Para tanto, o anunciante emprega vários recursos. Por exemplo, associa a coxa de frango e o pedaço de carne vermelha a pesos utilizados em academias de ginástica para exercícios de musculação, mostrando que são alimentos pesados e de difícil digestão. Essa ideia é reforçada pela imagem, com os desenhos das carnes pintados em pesos, e pelo enunciado "pense também no esforço que seu corpo faz". Também a frase "Aproveite o melhor da cidade, mas sem exageros" dirige-se diretamente ao interlocutor, sugerindo que ele cuide do corpo e não cometa exageros na alimentação.

É comum, nos textos em que a função conativa é predominante, o emprego de verbos no modo imperativo ("Pense", "Aproveite") e de verbos e pronomes na 2ª ou na 3ª pessoa ("*seu* corpo").

Nesse tipo de função pode ocorrer também a exploração de recursos sonoros. Os textos publicitários são exemplos típicos da predominância da função conativa, pois geralmente têm como objetivo principal persuadir os interlocutores a aderir a uma ideia ou comprar determinado produto.

## Função referencial

O referente é o foco, ou seja, ele determina as escolhas feitas na construção do texto.
Leia o texto:

**Há alguma razão para não haver janelas nos banheiros de avião?**

Tem sim. E não é para evitar que algum passageiro de outro avião veja você em momentos íntimos. Os banheiros ficam em locais estratégicos — na frente, no fundo e também no meio. Nesses pontos está a junção reforçada da fuselagem da aeronave com o bico, com a cauda e com as asas. Perto dos sistemas hidráulicos e elétricos, essas áreas carregam um peso bem grande. Uma janela ali significaria recortes desnecessários e arriscados na estrutura, que poderiam fragilizar a aeronave e causar acidentes. Ou seja, aquela baita vista na hora do xixi não valeria a pena.

Thinkstock/Getty Images

(http://revistagalileu.globo.com/Revista/Common/0,,EMI244164-17798,00-HA+ALGUMA+RAZAO+PARA+NAO+HAVER+JANELAS+NOS+BANHEIROS+DE+AVIAO.html)

A função principal desse texto é informar o leitor, esclarecendo-o quanto a uma possível dúvida sobre a ausência de janelas nos banheiros dos aviões. A resposta é direta e precisa ("Tem sim") e a justificativa procura ser objetiva ao descrever e explicar a situação.

Geralmente textos jornalísticos, científicos e didáticos são exemplos típicos da predominância da função referencial.

## Função metalinguística

O código é o foco, ou seja, ele determina as escolhas feitas na construção do texto.
Leia este texto, de Carlos Drummond de Andrade:

**Poesia**

Gastei uma hora pensando em um verso
que a pena não quer escrever.
No entanto ele está cá dentro
inquieto, vivo.
Ele está cá dentro
e não quer sair.
Mas a poesia deste momento
inunda minha vida inteira.

(*Alguma poesia*. São Paulo: José Olympio, 1930.)

A começar pelo título, "Poesia", percebe-se que o texto compõe-se de versos que falam sobre poesia. Nesse caso, no qual um poema fala de poesia, a função metalinguística é a predominante no texto.

Veja outro exemplo nesta tira, de Laerte:

(http://irajamenezesleituras.blogspot.com/2010_07_01_archive.html)

Ao retratar o processo de criação artística, Laerte cria humor mostrando como uma ideia criativa pode ser perdida. Assim, trata-se de uma tira que aborda o processo de criação de quadrinhos, ou seja, de um claro exercício de metalinguagem.

É possível ainda encontrar a predominância da função metalinguística em, por exemplo, verbetes de dicionário, os quais utilizam palavras para explicar o sentido das palavras; filmes que tematizam o próprio cinema; programas de televisão que discutem a função social da televisão; etc.

Exemplos típicos de textos em que há predomínio da função metalinguística são aulas de língua, livros de gramática e dicionários.

## Função fática

O canal é o foco, ou seja, ele determina as escolhas feitas na construção do texto.

Observe o diálogo que compõe o texto abaixo.

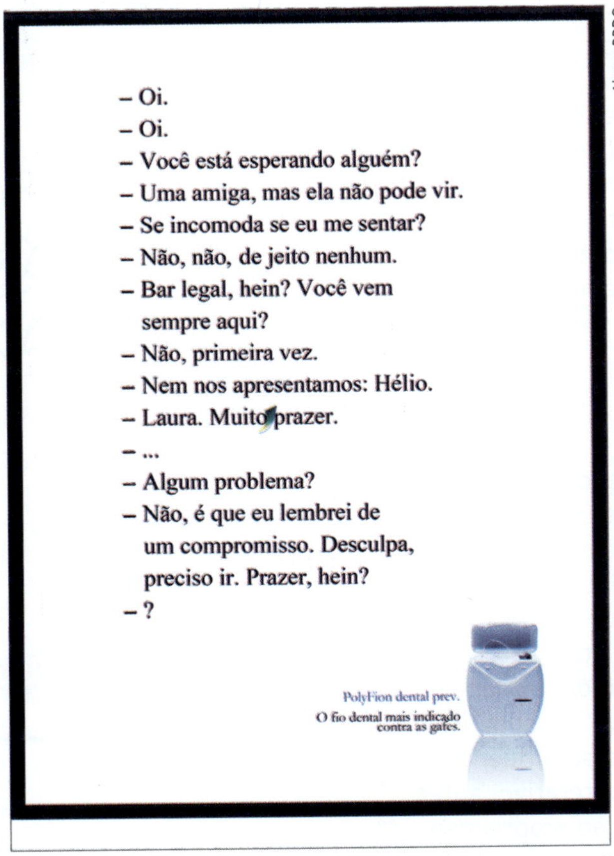


(http://redacaopp220091.blogspot.com/)

No diálogo que compõe o texto da página anterior, é possível perceber que os interlocutores não se conheciam antes e naquele momento estão iniciando uma conversa. Portanto, não têm ainda um tópico sobre o qual desenvolver suas falas, o que permite considerar que estão testando o canal da comunicação.

Assim, os interlocutores buscam apenas manter a atenção um do outro ao dizerem "Oi!", "Você está esperando alguém?", "Bar legal, hein? Você vem sempre aqui?". No caso desse diálogo, componente de um anúncio que faz propaganda de uma marca de fio dental, a conversa é interrompida por um pequeno acidente, uma folhinha de alface no dente de um dos interlocutores, que acaba afastando o outro.

Os exemplos mais típicos da predominância da função fática da linguagem são os cumprimentos diários ("Bom dia", "Boa tarde", "Oi", "Tudo bem?", "Como vai?"), as conversas de elevador ("Está quente, não?") ou as primeiras palavras de qualquer interação, quando não há ainda um assunto em foco e o objetivo dos interlocutores é começar a conversa.

### Função poética

A mensagem é o foco, ou seja, ela determina as escolhas feitas na construção do texto.

Leia o poema ao lado, de Augusto de Campos.

Mais do que falar sobre uma ferida, o poeta busca construir sentidos a partir da exploração semântica de palavras e partes de palavras, bem como da estrutura e do formato visual do texto. Há um trabalho sugestivo com a sonoridade e com as imagens das palavras utilizadas (*ferida, ida, ir / vai, rói, cai, mói*) e ainda com a maneira como elas estão dispostas no papel (no formato de uma ferida, de um corte na pele).

O uso de recursos literários na construção do texto evidencia a predominância da função poética. Os textos literários, tanto em prosa quanto em verso, são exemplos típicos da predominância desse tipo de função da linguagem.

fer
ida
sem
ferida
tudo
começa
de novo
a cor
cora
a flor
o ir
vai
o rir
rói
o amor
mói
o céu
cai
a dor
dói

Filipe Rocha

(Ferida. *Não poemas*. São Paulo: Perspectiva, 2003.)

## As funções dos textos e a concepção social da linguagem

A teoria da comunicação de Jakobson, embora tenha sido de enorme importância, não considera o processo dinâmico e interativo da linguagem. Nela, os elementos que compõem a comunicação (locutor, locutário, mensagem, etc.) são vistos de maneira estática, separados, o locutor ativo e o locutário passivo e, com isso, ignora o fato de que estes se influenciam mutuamente no processo interativo, antes mesmo do início da interação propriamente dita.

Para entender melhor essa ideia, veja este texto:

Multi Park

Se procuramos apenas a "mensagem transmitida" pelo texto, vamos concluir que o locutor tenta convencer o locutário de que será fácil encontrar uma vaga porque muitos carros estão sendo roubados.

No entanto, se consideramos toda a situação de comunicação em que o texto se insere (quem o produziu, para quem, com quais objetivos, em que contexto social), percebemos que, na verdade, seu produtor se apropria de um pensamento do motorista que procura uma vaga na rua ("Logo, logo, aparece uma vaga") para criar um efeito de ironia, isto é, dizer o contrário do que se quer: se a vaga aparecer é porque o carro que estava ali foi roubado. Assim, é melhor o motorista guardar seu veículo no estacionamento "com seguro total" do anunciante, em vez de deixá-lo na rua, sem segurança e exposto a roubo.

Uma leitura que considere esse texto como um "incentivo" para quem está procurando uma vaga na rua para seu carro é superficial, pois tal leitura não é capaz de apreender a construção de sentidos proposta pelo produtor do texto no jogo social da linguagem.

É importante considerar, portanto, que a língua é constituída pelo fenômeno social da interação verbal e se realiza nos enunciados, cujos sentidos são construídos pelos interlocutores no processo interativo. Assim, ao analisar um texto (seja ele verbal, não verbal, misto, oral ou escrito), é extremamente importante levar em conta os aspectos da situação de comunicação em que ele foi produzido.

## AS FUNÇÕES DA LINGUAGEM NA CONSTRUÇÃO DO TEXTO

**1.** Leia o texto:

**Meu sonho era ser um origami**

Vivi numa resma de papel sobre a enorme mesa de reunião de uma empresa multinacional. Sonhei com uma vida de artista, me formar um origami, mas veio a decepção: após uma rápida reunião de board eu fui amassado e jogado aqui, na sarjeta. Um papel como eu, de origem nobre, não merecia acabar a vida nesse meio-fio, sendo pisado, chutado, esmagado.

(www.putasacada.com.br/rio-eu-amo-eu-cuido-1121/)

a) Qual dos elementos da comunicação propostos por Jakobson está em destaque nesse texto? Justifique sua resposta com palavras e expressões utilizadas no texto.

b) Tendo em vista sua resposta ao item anterior, conclua: Qual é a função da linguagem predominante nesse texto?

2. Agora leia o mesmo texto, porém situado no contexto do qual ele foi extraído:

Plano1 comunicação

Abaixo do trecho lido na questão 1, lemos o enunciado "Se uma bolinha de papel não merece isso, imagine a cidade mais bonita do mundo".

a) A qual cidade o enunciado se refere? Que elementos do texto, verbais e não verbais, permitem chegar a essa conclusão?

b) Levante hipóteses: A que se refere o pronome *isso* em "não merece isso"?

3. Como é comum nos anúncios publicitários, há um cuidadoso trabalho com as linguagens verbal e não verbal no texto em estudo. Observe a imagem e responda:

a) Qual imagem está em primeiro plano na foto? Qual está em segundo plano?

b) É possível considerar que há uma inversão de foco no destaque dado às imagens da foto? Justifique sua resposta.

c) Qual é o efeito de sentido provocado por essa inversão de foco entre os dois planos da foto?

4. No anúncio, aparece o *slogan* de uma campanha: "Rio: eu amo, eu cuido. Amar é pouco. Cuide". Qual é a função da linguagem em destaque nesse enunciado? Justifique sua resposta.

RIO EU AMO EU CUIDO
Amar é pouco. Cuide.

Plano1 comunicação

5. Se você confrontar as respostas que deu à questão 1b e à questão 4, verá que um texto pode apresentar mais de uma função da linguagem. Contudo, para identificar qual delas é predominante, é necessário considerar a situação de produção, ou seja, quem são os interlocutores, qual é a finalidade principal do texto, o gênero, etc. Considerando esses elementos, responda:

a) Quem são os destinatários do anúncio?

b) Qual é a finalidade principal dele, como um todo?

c) Conclua: Que função da linguagem predomina no texto?

d) Explique: Que papel cumpre, no texto, o emprego de recursos como a função emotiva da linguagem, a sonoridade do *slogan*, o emprego de verbo no imperativo, a sobreposição de planos visuais e a personificação da bola de papel?

Plano1 comunicação

Leia o anúncio:

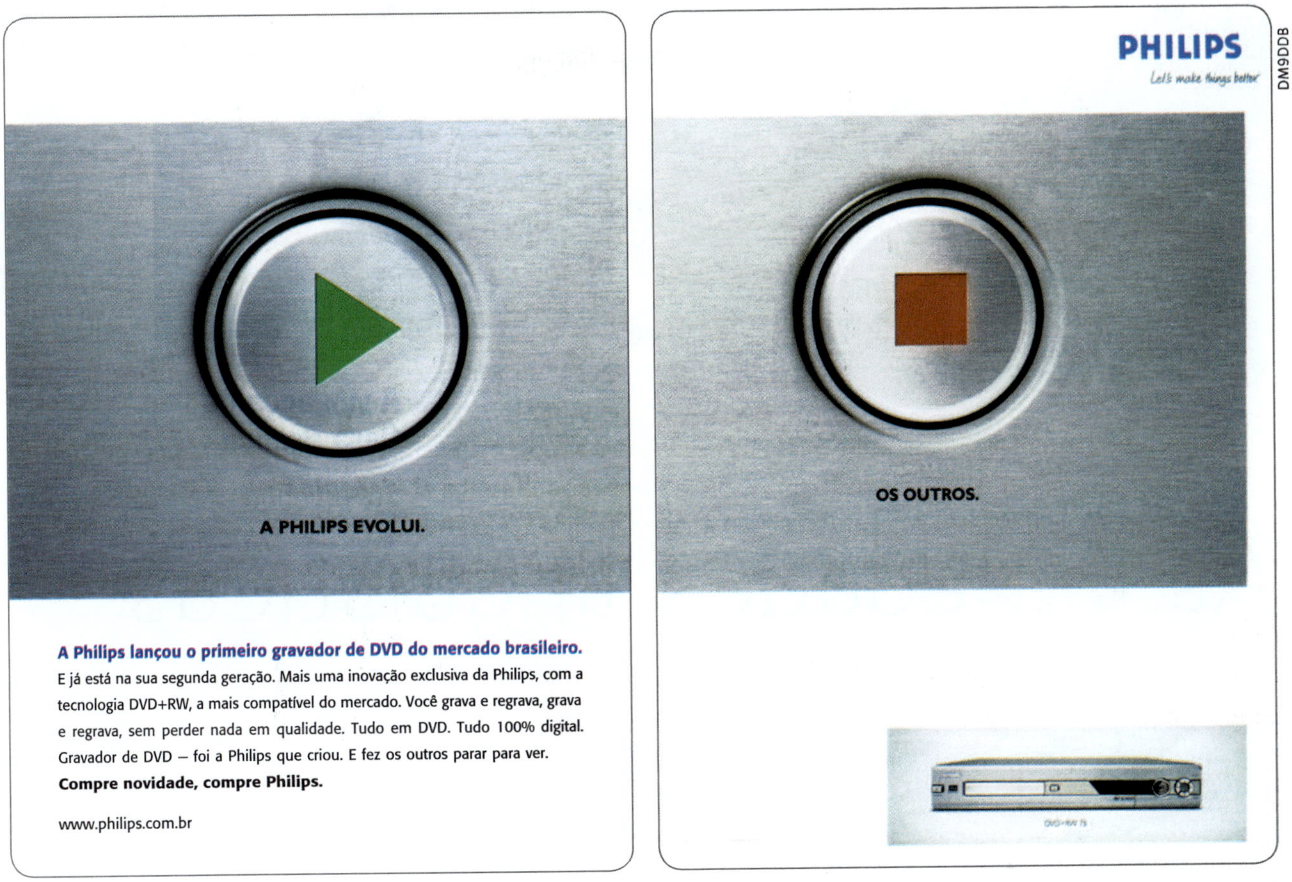


(*Veja*, nº 1823.)

**1.** De que tipo é a linguagem utilizada no anúncio: verbal, não verbal ou mista?

**2.** No anúncio, foram utilizados dois dos símbolos que aparecem em aparelhos de som e de DVD.

a) Nesses aparelhos, o que representa o triângulo?

b) E o quadrado?

**3.** Lemos, abaixo desses símbolos, as frases "A Philips evolui" e "Os outros".

a) Que relação existe entre a primeira frase e o triângulo?

b) A frase "Os outros" está incompleta. Como você a completaria?

c) Logo, qual é a relação existente entre a segunda frase e o quadrado?

**4.** Leia o texto verbal da parte de baixo do anúncio.

a) Qual é o principal argumento utilizado para promover a imagem do produto anunciado?

b) As duas últimas frases desse texto sintetizam as ideias principais do anúncio. Associe-as aos símbolos utilizados.

▶ "E fez os outros parar para ver."

■ "Compre novidade, compre Philips."

Delfim Martins/Pulsar Imagens

CAPÍTULO 2

# As variedades linguísticas

## CONSTRUINDO O CONCEITO

Leia este texto, de Patativa do Assaré:

### Aos poetas clássicos

Poetas niversitário,
Poetas de Cademia,
De rico vocabularo
Cheio de mitologia;
Se a gente canta o que pensa,
Eu quero pedir licença,
Pois mesmo sem português
Neste livrinho apresento
O prazê e o sofrimento
De um poeta camponês.

Eu nasci aqui no mato,
Vivi sempre a trabaiá,
Neste meu pobre recato,
Eu não pude estudá
No verdô de minha idade,
Só tive a felicidade
De dá um pequeno insaio
In dois livro do iscritô,
O famoso professô
Filisberto de Carvaio.

No premêro livro havia
Belas figuras na capa,
E no começo se lia:
A pá — O dedo do Papa,
Papa, pia, dedo, dado,
Pua, o pote de melado,
Dá-me o dado, a fera é má
E tantas coisa bonita,
Qui o meu coração parpita
Quando eu pego a rescordá.

[...]

(www.releituras.com/patativa_poetclassicos.asp)

**Quem foi Patativa do Assaré?**

Antônio Gonçalves da Silva, conhecido como Patativa do Assaré (1909-2002), nasceu em Assaré e se tornou um conhecido poeta popular na região do Cariri, interior do Ceará.

Apesar da pouca escolaridade e da cegueira resultante de uma doença, Patativa guardou, até o final da vida, todos os seus poemas na memória.

Publicou vários livros, porém as gravações em disco e vídeo é que dão uma noção mais completa da expressividade do poeta, que inclui, além das palavras, entonações, pausas, gestos, etc.

1. O poema caracteriza um jeito de falar típico de um contexto brasileiro específico, mencionado no próprio texto.

   a) Qual é esse contexto e qual termo do poema nos remete a ele?

   b) Quais recursos são utilizados no poema para caracterizar a fala típica desse universo? Justifique sua resposta com exemplos do texto.

   c) O título do poema é "Aos poetas clássicos". Qual relação se pode estabelecer entre esse título e o que o eu lírico diz em seus versos?

   d) Reescreva os termos abaixo, extraídos do texto, de acordo com a norma-padrão da língua.

   - trabaiá
   - insaio
   - tantas coisa bonita
   - parpita

   e) Na sua opinião, por se tratar de um texto literário, esse poema deveria ter passado por uma revisão antes de ser publicado, a fim de que sua ortografia e sua linguagem fossem adequadas à norma-padrão? Por quê?

2. Nem todos os termos que, no texto, estão grafados em desacordo com a ortografia padrão são exclusivos da fala do universo rural. Dê exemplos de termos que:

   a) são empregados também no universo urbano, em geral por pessoas menos escolarizadas, da maneira como estão grafados no poema;

   b) são empregados também no universo urbano, mesmo por pessoas escolarizadas, da maneira como estão grafados no poema.

3. Na terceira estrofe há referência a um livro que o eu lírico lia quando criança, e no qual estava escrito, entre outras frases: "Dá-me o dado".

   a) Essa é uma construção padrão proposta pela gramática normativa, mas pouco comum na fala dos brasileiros, mesmo os escolarizados. Que forma essa construção normalmente tomaria na fala dos brasileiros?

   b) Discuta com os colegas e com o professor as seguintes questões:

   - A língua portuguesa é uma só? Se não, de que dependem suas variações?
   - O uso da língua pode gerar preconceito? Por quê?

## CONCEITUANDO

Nascemos em meio a um mundo de linguagem, aprendemos a língua em contato com as pessoas que nos cercam e já estavam inseridas nessa linguagem. Desde bebês produzimos linguagem. Primeiramente alguns sons, que se transformam em palavras, enunciados. Nós nos apropriamos do vocabulário e das leis que regem nossa língua ao mesmo tempo que somos formados e vemos o mundo que nos cerca por meio dessa linguagem. Produzimos e lemos textos orais e escritos, nos comunicamos por gestos, lemos imagens, interpretamos sons.

Em contato com outras pessoas, na rua, na escola, no trabalho, observamos que nem todos falam como nós. Isso ocorre por diferentes razões: nascemos e crescemos em regiões e momentos diferentes; frequentamos a escola por menos ou mais tempo; convivemos em determinados grupos ou classes sociais. Essas diferenças no uso da língua constituem as **variedades linguísticas**.

Para evitar que cada falante use a língua à sua maneira, em todo o mundo existem especialistas que registram, estudam e sistematizam o que é a língua de um povo em certo momento, o que dá origem à **norma-padrão**, uma espécie de lei que orienta o uso social da língua. Essa norma-padrão é a que está registrada nos dicionários e nos livros de gramática.

A norma-padrão não existe como uma língua de fato, pois ninguém fala português de acordo com ela em todos os momentos da vida. Trata-se de um modelo, uma referência que orienta os usuários da língua sempre que precisam usar o português de modo mais formal.

### Onde se fala melhor o português no Brasil?

Você já deve ter ouvido esse tipo de pergunta. E também respostas como "no Maranhão", "no Rio de Janeiro", "no Rio Grande do Sul", justificadas por motivos históricos, sociais, culturais. Porém, de acordo com a visão moderna de língua, não existe um modelo linguístico que deva ser seguido, nem mesmo o português lusitano.

Todas as variedades linguísticas regionais são perfeitamente adequadas à realidade em que surgiram. Em certos contextos, aliás, o uso de outra variedade, mesmo que seja uma variedade de acordo com a norma-padrão, é que pode soar estranho e até não cumprir sua função essencial de comunicar.

O uso da norma-padrão está diretamente relacionado à prática social em que os sujeitos estão envolvidos e, consequentemente, ao gênero de texto que se quer produzir. Por exemplo, se alguém está conversando ao telefone com um amigo, é natural que empregue um português coloquial, repleto de abreviações como "tá", "tô", "cê", "né?", ou a expressão *a gente*, em lugar do pronome reto *nós*. Contudo, ao fazer uma entrevista para conseguir um emprego, ao apresentar um trabalho escolar, participar de um debate, escrever uma carta para uma autoridade pública, etc., deve empregar uma variedade linguística de acordo com a norma-padrão. Dada a importância da norma-padrão, a escola se propõe ensiná-la a todas as crianças e jovens do país, preparando-os para ingressar na vida profissional e social.

As variedades do português que mais se aproximam da norma-padrão são prestigiadas socialmente. É o caso das variedades linguísticas urbanas, faladas nas grandes cidades por pessoas escolarizadas e de renda mais alta.

Outras variedades, faladas no meio rural ou por pessoas não alfabetizadas ou de baixa escolaridade, geralmente são menos prestigiadas e, por isso, frequentemente aqueles que as falam são vítimas de preconceito. Por isso, é importante conhecer a norma-padrão e saber em que momentos seu uso permitirá que nossos textos ganhem mais credibilidade.

## A norma-padrão e a escola

Alguma vez você já se sentiu inferiorizado pelo modo como fala? Se sim, saiba que esse sentimento é normal. Isso geralmente ocorre quando nosso interlocutor é uma pessoa mais instruída do que nós e, por isso, tem maior domínio da norma-padrão.

A escola, ao assumir o compromisso de ensinar a norma-padrão, não tem em vista eliminar a língua que o aluno traz de casa, mas prepará-lo para se comunicar com segurança e competência, independentemente de sua origem social.

**Variedades linguísticas** são as variações que uma língua apresenta, de acordo com as condições sociais, culturais, regionais e históricas em que é utilizada.

**Norma-padrão** é uma referência, uma espécie de modelo ou lei que normatiza o uso da língua, falada ou escrita.

**Variedades urbanas de prestígio**, também conhecidas como *norma culta*, são as variedades que mais se aproximam da norma-padrão e são empregadas pelos falantes urbanos mais escolarizados.

## A língua como expressão de uma identidade grupal

Você já percebeu como as pessoas de um grupo tendem a falar de modo semelhante? Quando há identificação entre as pessoas de um grupo, todas tendem a usar uma linguagem com vocabulário, expressões e gírias próprias. Claro que outros fatores, como as roupas, o corte do cabelo, o gosto musical, etc., também interferem, mas a língua é um dos critérios de aceitação ou rejeição de uma pessoa em uma "tribo".

(Angeli. *Luke & Tantra - Sangue bom.* São Paulo: Devir/Jacarandá, 2000. p. 37.)

O uso de palavras e expressões como "estamos ligados", "é isso", "cara", "mó feliz", "10 paus", ao mesmo tempo que torna o diálogo mais informal, aproxima os interlocutores e os faz sentir-se parte integrante de um mesmo grupo social.

# DIALETOS E REGISTROS

Há dois tipos básicos de variação linguística: os dialetos e os registros.

Os **dialetos** são variedades originadas das diferenças de região ou território, de idade, de sexo, de classes ou grupos sociais e da própria evolução histórica da língua. No texto que segue, escrito pelo poeta Xanana Gusmão, do Timor Leste (Oceania), temos um exemplo de variação territorial, já que o poema, apesar de ter sido escrito em língua portuguesa, apresenta também vocábulos do tétum, língua nativa timorense.

**Poema**

Pisaste um dia a terra descalça
do "bua" e do "malus",
paraste um dia à sombra da casa alta
estranhando o "tuaka"
e reparaste no seu dono
cobrindo com a nudez do seu "hakfolik"
a campa dos antepassados.

Miraste o seu suor tórrido
lavando as faces do seu rosto sujo;
ouviste ainda o seu "hamulak"
entoando em "tais" do seu "lulik"
e respeitaste o "manuaten"
[...]

Annie Katz/Photographer's Choice/Getty Images

(*Revista do Centro de Estudos Portugueses*. São Paulo: Universidade de São Paulo, nº 1, p. 43-44, 1998. Glossário de Nery Nice Biancalana Reiner.)

**bua**: grão de areca (para mascar).
**hakfolik**: pano atado à cintura para tapar as partes pudendas.
**hamulak**: prece, oração.
**lulik**: sagrado.
**malus**: folha de betel, uma planta trepadeira (para mascar).
**manuaten**: fígado de galo (o galo de combate é um animal de grande estimação; é símbolo de coragem e de luta).
**tais**: pano com que o timorense se veste, enrolando-o como se fosse uma saia.
**tuaka**: aguardente local.

Tratando da chegada do colonizador ao Timor Leste e do choque de culturas advindo da colonização, o poeta cria o poema com uma variação de língua portuguesa que só é possível e só faz sentido em seu país.

Os **registros** são variações que ocorrem de acordo com o grau de formalismo existente na situação. A mesma pessoa pode ser menos ou mais formal em sua linguagem, dependendo dos objetivos que tem, das situações de comunicação em que se encontra e das diferentes esferas da sociedade nas quais circula.

O nível de formalidade pode variar independentemente de os textos produzidos serem orais ou escritos. Assim, pode haver textos orais que sejam extremamente formais, como uma conferência proferida em um grande evento, e textos escritos pouco formais, como um bilhete deixado na porta da geladeira de casa para alguém da família. O quadro a seguir mostra que as relações entre formal e informal e entre oral e escrito apresentam uma gradação e que os diversos textos que produzimos em nossa vida social variam desde o mais informal e oral, como o bate-papo e a fofoca, até o mais formal e escrito, como o relatório científico e a tese.

| INFORMAL | ORAL ⟶ | | ESCRITO |
|---|---|---|---|
| | Bate-papo, fofoca<br>Caso, conversa fiada | Bilhete, carta pessoal<br>Diário | Biografia |
| | Entrevista médica<br>Relato de vivências<br>Reclamação | | Entrevista jornalística<br>Notícias<br>Carta de reivindicação |
| FORMAL | Debate<br>Palestra<br>Conferência | Carta de leitor | Editorial, ensaio<br>Relatório científico,<br>artigo científico, tese |

(Angela Kleiman. *Preciso ensinar o letramento – Não basta ensinar a ler e escrever?*. Campinas, SP: Cefiel/IEL/Unicamp, 2005-2010. p. 46.)

## GÍRIA

A gíria é uma das variedades que uma língua pode apresentar. Quase sempre é criada por um grupo social, como o dos fãs de *rap*, de *funk*, de *heavy metal*, os surfistas, os skatistas, os grafiteiros, os *bikers*, os policiais, etc. Quando restrita a uma profissão, a gíria é chamada de **jargão**. É o caso do jargão dos jornalistas, dos médicos, dos dentistas e de outras profissões.

Veja as gírias de dois desses grupos:

### Dos surfistas

***aê***: forma de saudação

***back side***: manobra em que o surfista fica de costas para a onda

***beate***: meninas de praia; estão sempre com surfista por interesse

***casca-grossa***: surfista experiente, que não teme ondas grandes

***flat***: mar sem ondas; prancha lisa

### Dos grafiteiros

***bomber***: grafiteiro que ataca ilegalmente

***king***: bom grafiteiro, admirado por seu trabalho

***old school***: grafiteiros antigos

***tag***: assinatura de grafiteiro

***top to bottom***: um trem é pintado por inteiro de cima para baixo

Fonte: Kárin Fusaro. *Gírias de todas as tribos*. São Paulo: Panda, 2001.

## EXERCÍCIOS

**1.** Leia o texto:

Quanto ao nome da Alfaiataria Aguia de Ouro cresci ouvindo meu pai contar que alguém de passagem por uma cidade do interior (nada contra as cidades do interior) e precisando de um alfaiate pediu informações e lhe foi recomendado um logo ali, muito bom. Ao ver a placa da alfaiataria disse ao proprietário lamentar muito, que embora lhe tivessem dito se tratar de um alfaiate de mão-cheia, não confiava em alguém que escrevia errado o nome do próprio negócio.

— O acento, o senhor não colocou o acento de águia, Alfaiataria Águia de Ouro.

O alfaiate olha o visitante com estranheza e explica:

— Não, senhor, Aguia [agúia] de Ouro.

(www.iel.unicamp.br/cefiel/alfaletras/biblioteca_professor/arquivos/49Textos%20de%20humor.pdf)

Rico

a) O texto constrói seu efeito de humor com base em elementos relacionados à variação linguística. Quais dialetos são colocados em oposição nessa construção?

b) No final do texto, o alfaiate explica o mal-entendido e mostra que o cliente é que não havia compreendido o texto da placa. Levante hipóteses: A explicação do alfaiate resolve o questionamento do cliente?

c) Qual personagem do texto revela ter uma visão permeada pelo preconceito linguístico? Justifique sua resposta.

**2.** Leia o trecho de uma carta de amor escrita por Olavo Bilac, poeta brasileiro que viveu entre o final do século XIX e o início do século XX.

Excelentíssima Senhora. Creio que esta carta não poderá absolutamente surpreendê-la. Deve ser esperada. Porque V. Excia. compreendeu com certeza que, depois de tanta súplica desprezada sem piedade, eu não podia continuar a sofrer o seu desprezo. Dizem que V. Excia. me ama. *Dizem*, porque da boca de V. Excia. nunca me foi dado ouvir essa declaração. Como, porém, se compreende que, amando-me V. Excia., nunca tivesse para mim a menor palavra afetuosa, o mais insignificante carinho, o mais simples olhar comovido? Inúmeras vezes lhe pedi humildemente uma palavra de consolo. Nunca a obtive, porque V. Excia. ou ficava calada ou me respondia com uma ironia cruel. Não posso compreendê-la: perdi toda a esperança de ser amado. Separemo-nos. [...]

iStockphoto/Thinkstock/Getty Images

a) Caracterize a variedade linguística e o grau de formalismo empregados pelo autor do texto.

b) Olavo Bilac viveu no final do século XIX e início do século XX. O texto é um bom exemplo de como as declarações amorosas eram feitas na época, nesse tipo de variedade linguística. Colocando-se no lugar do poeta, reescreva o texto, mantendo o conteúdo, mas empregando uma variedade linguística que seria comum entre dois jovens nos dias de hoje. Ao concluir o texto, leia-o para a classe.

## AS VARIEDADES LINGUÍSTICAS NA CONSTRUÇÃO DO TEXTO

Leia o anúncio:

Maxi Mídia

(http://lapublicidade.com/divulgacao-do-maximidia-%E2%80%9Ceverything-ages-fast%E2%80%9D/)

1. O anúncio divulga um evento que aconteceu no ano de 2010. Entretanto, há no texto elementos que misturam a época atual com outra época, mais antiga.
   a) Quais são os elementos não verbais que nos remetem a essa época mais antiga?
   b) Quais são os elementos do texto verbal que nos remetem a essa época antiga?

2. Em relação aos termos listados por você no item *b* da questão anterior, responda:
   a) Alguns ainda são utilizados hoje em dia. Quais?
   b) Em que situações e por quem eles são utilizados?

3. Apesar de o texto da parte esquerda do anúncio ter a caracterização de uma época antiga, sobre que produto ele fala? Trata-se de um produto antigo?

4. No texto à direita do anúncio, lê-se o enunciado: "No mundo de hoje tudo envelhece muito rápido".
   a) Quem é o anunciante?
   b) A que público o anúncio é dirigido?
   c) Com base nesse enunciado e no estudo feito nas questões anteriores, justifique a opção do anúncio por caracterizar o produto anunciado como algo antigo.

## SEMÂNTICA E DISCURSO

**1.** O programa "Fala, maluco", de uma rádio paulistana, promoveu um concurso de gírias para premiar autores de frases curiosas produzidas no linguajar dos jovens e das ruas. Leia, a seguir, as frases premiadas e reescreva-as de acordo com a norma-padrão.

a) "Maior corre no meu trampo hoje, mas firmão. Vou colar na minha goma, bater uma xepa e mandar um salve pra galera da minha área."

b) "Aê, tô zarpando fora que fiquei de cruzar com uns camaradas pra colar num pico classe A."

c) "Aê, Tuquinha, se liga, lagarto, que eu vou marcar uma mão pra você devolver minha lupa."

d) "Dani, para de ser mamadeira e arruma um trampo logo."

e) "Digo, se liga, você é mó talarico. Tentou furá os zoio do maluco da minha área. Se liga, meu!"

Fonte: Revista *Língua Portuguesa*, nº 15.

**2.** Além de palavras, toda língua possui também as **expressões idiomáticas**, ou seja, locuções ou conjuntos de palavras que são geralmente intraduzíveis para outras línguas.
Veja como foi o percurso feito pelos fotógrafos para, inspirados em expressões idiomáticas, chegar a fotos bem diferentes:

DA FRASE À IMAGEM O CAMINHO QUE TRANSFORMA UMA DADA EXPRESSÃO IDIOMÁTICA EM SEU EQUIVALENTE FOTOGRÁFICO

"Soltar a franga"
EXPRESSÃO

→ Liberar-se, desinibir-se
SENTIDO ANALÓGICO

→ Galinha ouriça-se ao ser solta
REFERENTE ANALÓGICO

→ Mãos soltam galinha
FOTOGRAFIA

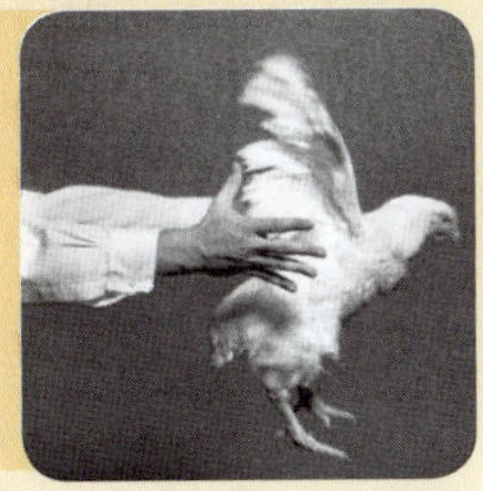

Marcelo Zocchio e Everton Ballardin

Fonte: Revista *Língua Portuguesa*, nº 15.

Observe as fotos a seguir e escreva a expressão idiomática equivalente a cada uma delas. Depois dê o sentido analógico delas.

a)

b)

c)

Fotos: Marcelo Zocchio e Everton Ballardin

Corbis/Latinstock

Carnaval de Arlequim (1924-5), de Joan Miró.

CAPÍTULO 3

# Texto e discurso – Intertexto e interdiscurso

## CONSTRUINDO O CONCEITO

Leia o anúncio:

(http://picasaweb.google.com/lh/photo/wHS4Bqn-6sJ6VlpVG4aG8A)

**1.** O anúncio tem um claro propósito comunicativo. Em relação a ele, responda:

a) Quem são os interlocutores?

b) Qual é sua finalidade principal?

c) De que tipos de linguagem ele é constituído?

d) Levante hipóteses: Em que veículos ele pode ter circulado?

**2.** A linguagem não verbal do anúncio é constituída por um desenho que faz referência ao quadro *Guernica*, de Pablo Picasso (abaixo), mundialmente conhecido por retratar os horrores da Guerra Civil Espanhola, ocorrida na década de 1930. Abaixo do desenho, lê-se: "Mudam os personagens, não muda a tragédia. Junte-se".

a) Observe novamente o desenho e compare-o ao quadro de Picasso. Que mudança principal pode ser observada em relação às personagens?

b) Levante hipóteses: Por que, segundo o anúncio, a tragédia "não muda"?

**3.** Para que um anúncio seja bem-sucedido, é necessário que ele chame a atenção do público e conquiste sua simpatia para aderir à ideia veiculada.

a) Que estratégias de persuasão o anúncio lido utiliza?

b) Na sua opinião, tais estratégias são eficientes? Por quê?

Pablo Picasso

*Guernica* (1937), de Pablo Picasso, expressa a indignação do artista diante do bombardeio do pequeno povoado de Guernica, na região basca da Espanha, ordenado pelo general Franco. Naquele momento, Franco era apoiado pelo nazismo alemão e pelo fascismo italiano.

## CONCEITUANDO

O anúncio lido é um bom exemplo do uso que se pode fazer das linguagens verbal e não verbal e dos efeitos de sentido que podem ser criados em determinadas situações.

O anúncio estabelece uma situação comunicativa em que locutor e locutário interagem por meio da linguagem. O locutor é a organização não governamental Greenpeace, e o locutário são os leitores. A linguagem é de dois tipos, verbal e não verbal. A verbal é constituída pelos enunciados "Desmatamento zero. É agora ou agora" e "Mudam os personagens, não muda a tragédia. Junte-se", e a não verbal, pelo desenho inspirado em um quadro de Picasso.

**Enunciado** é tudo o que o locutor enuncia, isto é, tudo o que ele diz ao locutário numa situação concreta de interação pela linguagem.

**Texto verbal** é uma unidade linguística concreta que é percebida pela audição (na fala) ou pela visão (na escrita) e tem unidade de sentido e intencionalidade comunicativa.

No anúncio lido, fica evidente que o texto verbal não é o único elemento responsável pela construção do sentido. A utilização de elementos da pintura de Picasso (fundo, cor, disposição, etc.) e de figuras de animais e de uma motosserra constrói o sentido de destruição do meio ambiente. O anúncio tem, portanto, uma intencionalidade clara, que é denunciar a destruição da natureza.

## Um texto é sempre verbal?

Veja como Eduardo Ferreira Grosso satiriza as relações de poder neste cartum, constituído apenas de linguagem não verbal:

(In: *Salão Internacional de Humor de Piracicaba*. Piracicaba: Centro Nacional de Pesquisa e Divulgação do Humor, 2007. p. 41.)

Ao conjunto de fatores que constituem a situação na qual é produzido um texto chamamos *contexto discursivo* ou *situação de produção*. E ao conjunto da atividade comunicativa, ou seja, o texto e o contexto discursivo, reunidos, chamamos **discurso**.

**Discurso** é a atividade comunicativa capaz de gerar sentido desenvolvida entre interlocutores. Além do enunciado verbal, engloba também elementos extraverbais, isto é, elementos que estão na situação de produção (por exemplo, quem fala, com quem fala, com que finalidade, etc.) e que também participam da construção do sentido do texto.

## EXERCÍCIOS

Leia este cartaz:

(*32º Anuário do Clube de Criação de São Paulo*, p. 288.)

1. O cartaz pode ser considerado um discurso? Por quê?

2. Que tipos de linguagem estão presentes no cartaz?

3. Considerando que todo discurso envolve interlocutores e tem uma intencionalidade, isto é, um propósito comunicativo, responda:

a) Quem produziu o cartaz?

b) No lado direito do cartaz, na parte de baixo, há este enunciado verbal: "Exija dos governantes ações concretas contra a destruição do meio ambiente". Conclua: a quem o cartaz se destina?

c) Qual é a finalidade do cartaz?

4. O enunciado verbal "Vai lavar as mãos para o abandono" remete a um episódio bíblico, no qual Pilatos, prefeito da Judeia, literalmente lava as mãos diante da multidão e deixa que o povo decida o destino de Jesus. Qual sentido é criado no enunciado verbal com a expressão "lavar as mãos"?

SOS Mata Atlântica

5. A parte não verbal do cartaz é constituída principalmente por um cano, uma torneira e uma figura que lembra uma gota d'água. Sobre o cano aparecem árvores secas, e da torneira não sai água. O que sugerem os elementos visuais situados no lugar de onde deveria sair água?

6. Uma das estratégias de persuasão utilizadas no anúncio lido é a ambiguidade, ou seja, o duplo sentido.

a) Qual é a ambiguidade explorada no cartaz?

b) Que efeito de sentido essa ambiguidade produz?

## TEXTUALIDADE, COERÊNCIA E COESÃO

Uma das grandes obras da literatura brasileira é *Grande sertão: veredas*, do escritor mineiro Guimarães Rosa. O narrador, o ex-jagunço Riobaldo, apesar de ser um homem simples do sertão, faz reflexões filosóficas profundas, cheias de poesia e sabedoria. Leia o que essa personagem pensa sobre contar histórias e sobre a saudade.

Contar é muito dificultoso. Não pelos anos que já se passaram. Mas pela astúcia que têm certas coisas passadas de fazer balancê, de se remexerem dos lugares. A lembrança da vida da gente se guarda em trechos diversos; uns com outros acho que nem se misturam [...]. Contar seguido, alinhavado, só mesmo sendo coisas de rasa importância. Tem horas antigas que ficaram muito mais perto da gente do que outras de recente data. Toda saudade é uma espécie de velhice. Talvez, então, a melhor coisa seria contar a infância não como um filme em que a vida acontece no tempo, uma coisa depois da outra, na ordem certa, sendo essa conexão que lhe dá sentido, princípio, meio e fim, mas como um álbum de retratos, cada um completo em si mesmo, cada um contendo o sentido inteiro. Talvez seja esse o jeito de escrever sobre a alma em cuja memória se encontram as coisas eternas, que permanecem...

(Guimarães Rosa. Apud Rubem Alves. *Na morada das palavras*. Campinas: Papirus, 2003. p. 139.)

Mariângela Haddad

1. Um texto, para ser um texto de verdade, não pode ser um punhado de frases soltas. Ele precisa apresentar conexões, tanto gramaticais quanto de ideias. Observe as três primeiras frases do texto. A segunda e a terceira frases iniciam-se, respectivamente, com as palavras *não* e *mas*.
   a) Que ideia anteriormente expressa é negada pela palavra *não*?
   b) A palavra *mas* introduz uma ideia que se opõe a outra anteriormente expressa. A ideia anterior se encontra na primeira ou na segunda frase?
2. A palavra *uns*, da quarta frase, refere-se a um termo anteriormente expresso, no interior da mesma frase. Qual é esse termo?
3. Releia este trecho:

> "Toda saudade é uma espécie de velhice. Talvez, então, a melhor coisa seria contar a infância não como um filme em que a vida acontece no tempo, uma coisa depois da outra, na ordem certa, sendo essa conexão que lhe dá sentido, princípio, meio e fim"

   a) Qual das ideias a seguir expressa o sentido da palavra *então* no contexto?
      - adição
      - oposição
      - conclusão
      - consequência
   b) O trecho "uma coisa depois da outra, na ordem certa" cumpre o papel de explicar uma afirmação anterior. Qual é essa afirmação?
4. Nas questões anteriores, você observou algumas das *conexões gramaticais* do texto. Além delas, existem também as *conexões de ideias*. No início do texto, o autor afirma que é difícil contar seguidamente os fatos da infância, pois eles se remexem e não aceitam a ordem linear do tempo. Diante dessa dificuldade, o autor sugere um método para contar fatos tão distantes.
   a) Qual é esse método?
   b) Dê sua opinião: Com essa sequência de ideias, o texto se mostra coerente, com ideias que se complementam, ou se mostra confuso, com ideias contraditórias e incompletas?
5. Faça uma experiência. Leia o texto de trás para a frente; depois leia-o do meio para o início e do meio para o fim. Finalmente, conclua: A sequência do texto é importante para que ele apresente determinado sentido?

Você percebeu que um texto não pode ser construído com frases soltas, desconexas. Além disso, a alteração da sequência de suas partes pode modificar profundamente seu sentido. Para um texto ter unidade de sentido, para ser um todo coerente, é necessário que apresente **textualidade**, isto é, que apresente conexões gramaticais e articulação de ideias. Em outras palavras, que apresente **coesão** e **coerência textuais**.

> **Coesão textual** são as conexões gramaticais existentes entre palavras, orações, frases, parágrafos e partes maiores de um texto.

As palavras que realizam articulações gramaticais, também chamadas *conectores*, são substantivos, pronomes, conjunções, preposições, etc. São comuns nesse papel ainda palavras como *isso*, *então*, *aliás*, *também*, *isto é*, *entretanto*, *e*, *por isso*, *daí*, *porém*, *mas*, entre outras.

No trecho "Talvez seja esse o jeito de escrever sobre a alma", por exemplo, o pronome demonstrativo *esse* é um conector, pois retoma o que foi desenvolvido antes sobre o método de contar fatos do passado "como um álbum de retratos".

Como os conectores são portadores de sentido, eles também contribuem para construir a coerência de um texto.

> **Coerência textual** é a estruturação lógico-semântica de um texto, isto é, a articulação de ideias que faz com que numa situação discursiva palavras e frases componham um todo significativo para os interlocutores.

Um dos princípios básicos da coerência textual é a *não contradição*, ou seja, as ideias não podem ser contraditórias entre si nem apresentar incoerência em relação à realidade, a não ser que a contradição seja proposital.

### Pode haver coerência sem coesão?

Há textos que se organizam por justaposição ou com elipses e, mesmo assim, podem ser considerados textos por seus leitores/ouvintes, pois constituem uma unidade de sentido.

Como exemplo de que pode haver coerência sem coesão, veja este poema do poeta e compositor Arnaldo Antunes:

sobressalto
esse desenho abstrato
minha sombra no asfalto

## A COERÊNCIA E O CONTEXTO DISCURSIVO

Além da não contradição e dos conectores, outro aspecto importante para avaliar a coerência de um texto é o *contexto discursivo*. Imagine, por exemplo, as falas seguintes, ditas por uma mãe a seus filhos:

— Está armando uma chuva muito forte. Por isso, ninguém sai de casa!
— Está armando uma chuva muito forte. Por isso, vamos sair de casa!

Os dois enunciados estão estruturalmente bem-formados, pois fazem uso do recurso coesivo *por isso* e, portanto, pode-se considerar que ambos apresentam coesão. Entretanto, pelo sentido das falas, tendemos a julgar como coerente apenas o primeiro enunciado, pelo fato de geralmente pressupormos que, se uma chuva muito forte está por vir, as pessoas não devem sair de casa.

Vejamos estas duas manchetes de jornal:

**Rio sobe com chuva e secretário recomenda ao carioca ficar em casa**

(*O Globo*, 29/1/2012.)

**Chuvas expulsam mais de 14 mil pessoas de casa no Estado do Rio**

Bombeiros resgatam família soterrada dentro de fusca nesta quarta

(*R7*, 11/1/2012.)

Amadeu Bocatios/Futura Press

No contexto discursivo da primeira manchete, o primeiro enunciado mantém-se coerente, pois ficar em casa equivale a segurança. No contexto discursivo da segunda manchete, igualmente, o enunciado "Chuvas expulsam mais de 14 mil pessoas de casa no Estado do Rio" também é coerente, pois, nessa situação, ficar em casa implica risco.

Como se vê, coerência e coesão são fatores de textualidade regulados pelo contexto discursivo. Não podem, assim, ser avaliadas em frases isoladas, desvinculadas dos textos em que estavam originalmente inseridas, desconsiderando-se a situação de comunicação.

## EXERCÍCIOS

Leia o texto:

> Era meia-noite. O Sol brilhava. Pássaros cantavam pulando de galho em galho. O homem cego, sentado à mesa de roupão, esperava que lhe servissem o desjejum. Enquanto esperava, passava a mão na faca sobre a mesa como se a acariciasse tendo ideias, enquanto olhava fixamente a esposa sentada à sua frente. Esta, que lia o jornal, absorta em seus pensamentos, de repente começou a chorar, pois o telegrama lhe trazia a notícia de que o irmão se enforcara num pé de alface. O cego, pelado com a mão no bolso, buscava consolá-la e calado dizia: a Terra é uma bola quadrada que gira parada em torno do Sol. Ela se queixa de que ele ficou impassível, porque não é o irmão dele que vai receber as honrarias. Ele se agasta, olha-a com desdém, agarra a faca, passa manteiga na torrada e lhe oferece, num gesto de amor.
>
> (Este texto reproduz aproximadamente versão ouvida junto a crianças de Araguari – MG.)
>
> (Apud Ingedore Villaça Koch e Luiz Carlos Travaglia. *A coerência textual*. 11. ed. São Paulo: Contexto, 2001. p. 49-50.)

**1.** Observe se no texto há emprego adequado de sinais de pontuação, vocabulário culto e construções de acordo com a norma-padrão. Depois conclua: O autor do texto demonstra ter domínio da linguagem escrita? Justifique sua resposta com elementos do texto.

**2.** Além do domínio vocabular e sintático da língua, o texto apresenta também marcas de coesão. Identifique no texto:

a) dois exemplos de coesão, nos quais uma palavra (substantivo, pronome, numeral, etc.) retome um termo já expresso;

b) dois exemplos de marcadores temporais, por meio dos quais se tenha ideia de sequência de fatos;

c) um conector que estabeleça uma relação de explicação.

**3.** Apesar de aparentemente bem-redigido, o texto apresenta sérios problemas de coerência.

a) A narração ocorre à meia-noite. No entanto, certas informações contradizem isso. Quais são essas informações?

b) Cite uma contradição relacionada ao cego e uma contradição relacionada à esposa.

c) Sabe-se que a Terra gira em torno do Sol. Que elementos do texto contrariam essa informação?

**4.** O texto em estudo foi produzido em uma brincadeira de crianças que incluía o relato de uma história absurda. Considerando que o objetivo do texto era produzir humor, conclua: O texto é incoerente ou coerente?

# INTERTEXTUALIDADE, INTERDISCURSIVIDADE E PARÓDIA

Você conhece a personagem Aline, do quadrinista Adão Iturrusgarai? Ela é uma adolescente que vive à procura de namorados. Desta vez, parece que ela se meteu em encrencas. Leia a tira:

(*Folha de S. Paulo*, 5/4/2004.)

A tira de Adão constrói humor por meio da mistura de três gêneros literários ou artísticos: a história em quadrinhos, o romance ou o filme policial, sugerido pela temida figura do *serial killer*, e o conto maravilhoso *Chapeuzinho Vermelho*, sugerido pelo diálogo entre o vizinho (que corresponde ao lobo) e Aline (que corresponde a Chapeuzinho Vermelho).

Ao criar sua tira, Adão não tinha a intenção de imitar os outros textos. Pretendia, sim, "dialogar" com esses textos, *citando-os* em sua tira e criando humor a partir deles. Quando um texto cita outro, dizemos que entre eles existe **intertextualidade**.

**Intertextualidade** é a relação entre dois textos caracterizada por um citar o outro.

Há diferentes tipos de intertextualidade. A intertextualidade pode ter uma base *temática*, quando os textos apresentam em comum um tema, uma determinada ideologia ou visão de mundo; por exemplo, a que ocorre entre a tragédia grega *Medeia*, de Eurípedes, e a peça teatral *Gota d'água*, de Chico Buarque, uma versão moderna desse texto. Também pode ter uma base *estilística*, quando um texto apresenta certos procedimentos muito conhecidos em outro texto, como, por exemplo, o emprego de palavras, expressões ou estruturas sintáticas similares. Compare os dois textos a seguir.

## Dialogismo: a linguagem são no mínimo dois

Segundo o teórico russo Mikhail Bakhtin, a linguagem é, por natureza, *dialógica*, isto é, sempre estabelece um diálogo entre pelo menos dois seres, dois discursos, duas palavras. Diz Bakhtin:

> Os enunciados não são indiferentes uns aos outros, nem autossuficientes; são mutuamente conscientes e refletem um ao outro... Cada enunciado é pleno de ecos e reverberações de outros enunciados, com os quais se relaciona pela comunhão da esfera da comunicação verbal [...]. Cada enunciado refuta, confirma, complementa e depende dos outros; pressupõe que já são conhecidos, e de alguma forma os leva em conta.

(*Estética da criação verbal*. 2. ed. São Paulo: Martins Fontes, 1997. p. 316.)

As armas e os barões assinalados
Que, da ocidental praia lusitana,
Por mares nunca dantes navegados
Passaram ainda além da Taprobana,
Em perigos e guerras esforçados
Mais do que prometia a força humana
E entre gente remota edificaram
Novo Reino, que tanto sublimaram.
[...]

(Luís de Camões. *Os lusíadas*. São Paulo: Abril Cultural, 1979.)

As salas e becões assinalados
Da oriental praia paulistana
Partiram em missão desumana
A bater inimigos colorados.
Depois do empate duro e fero
Três a três em pleno alçapão,
Queriam ao menos 1 a 0,
e o sonho manter no coração.
[...]

(José Roberto Torero. *Folha de S. Paulo*, 8/3/2002.)

Os versos de Luís de Camões homenageiam o heroísmo dos navegantes portugueses, que, no século XV, saindo de Portugal (a "ocidental praia lusitana") com suas caravelas, conseguiram ultrapassar a Taprobana (ilha do Ceilão, limite oriental do mundo conhecido na época). O jornalista José Roberto Torero, referindo-se a um jogo entre Santos e Internacional, ocorrido em Porto Alegre pela Copa do Brasil, estabelece uma relação intertextual com o poema de Camões, transmitindo assim a noção de grandiosidade do jogo e, ao mesmo tempo, reverenciando os esforços do grupo santista, comparados aos feitos dos navegantes portugueses.

Entre os diferentes níveis de intertextualidade, há alguns mais sofisticados, em que a relação entre o texto e o intertexto não é apenas a de uma mera citação.

Leia estes versos de dois poetas de épocas diferentes:

**Meus oito anos**

Oh! Que saudade que tenho
Da aurora da minha vida,
Da minha infância querida
Que os anos não trazem mais
Que amor, que sonhos, que flores
Naquelas tardes fagueiras
À sombra das bananeiras,
Debaixo dos laranjais!
[...]

(Casimiro de Abreu. *Poesias completas de Casimiro de Abreu.* Rio de Janeiro: Ediouro. p. 19-20.)

**Meus oito anos**

Oh que saudades que eu tenho
Da aurora de minha vida
Das horas
De minha infância querida
Que os anos não trazem mais
Naquele quintal de terra
Da Rua de Santo Antônio
Debaixo da bananeira
Sem nenhum laranjais.
[...]

(Oswald de Andrade. *Primeiro caderno do aluno de poesia Oswald de Andrade.* 4. ed. São Paulo: Globo, 2006. p. 52.)

**fagueira:** agradável, amena.

O primeiro texto, de Casimiro de Abreu, foi escrito no século XIX; o segundo texto, de Oswald de Andrade, foi escrito no século XX. As semelhanças entre os textos são evidentes, pois o assunto deles é o mesmo e há versos inteiros que se repetem. Portanto, o segundo texto cita o primeiro, estabelecendo com ele uma relação intertextual.

Observe, porém, que o segundo texto tem uma visão diferente da apresentada pelo primeiro. Neste, tudo na infância parece ser perfeito, rodeado por "amor", "sonhos" e "flores"; já no segundo texto, esses elementos são substituídos por um simples "quintal de terra", um espaço concreto e comum, sem idealização. Além disso, com o verso "sem nenhum laranjais", Oswald de Andrade ironiza Casimiro de Abreu, como que dizendo: na minha infância também havia bananeiras, mas não havia os tais "laranjais" que o Casimiro cita em seu poema.

Observe que Oswald de Andrade, com seu poema, não apenas cita o poema de Casimiro de Abreu. Ele também critica esse poema, pois considera irreal a visão que Casimiro tem da infância.

Na opinião de Oswald, infância de verdade, no Brasil, se faz com crianças brincando em quintal de terra, embaixo de bananeiras, e não com crianças sonhando embaixo de laranjeiras.

Nesse tipo de relação estabelecida entre os textos, não há apenas intertextualidade. Há uma relação mais abrangente, que envolve dois discursos poéticos distintos, duas formas diferentes de ver a infância: a de Casimiro de Abreu, mais idealizada e romântica, e a de Oswald de Andrade, moderna e antissentimental. A esse tipo de relação entre discursos, quando se evidenciam os elementos da situação de produção – quem fez, para que, em que momento histórico, com qual finalidade, etc. –, chamamos **interdiscursividade.**

**Interdiscursividade** é a relação entre dois discursos caracterizada por um citar o outro.

O tipo de relação existente entre os textos de Casimiro de Abreu e Oswald de Andrade é também chamado de **paródia**.

**Paródia** é um tipo de relação intertextual em que um texto cita outro geralmente com o objetivo de fazer-lhe uma crítica ou inverter ou distorcer suas ideias.

## EXERCÍCIOS

Leia, a seguir, os versos de uma canção de Chico Buarque e uma charge de Ziraldo, e responda às questões 1 e 2.

### Quando o carnaval chegar

Quem me vê sempre parado, distante
Garante que eu não sei sambar
Tou me guardando pra quando o carnaval chegar
Eu tô só vendo, sabendo, sentindo, escutando
E não posso falar
Tou me guardando pra quando o carnaval chegar
Eu vejo as pernas de louça da moça que passa e
[não posso pegar
Tou me guardando pra quando o carnaval chegar
Há quanto tempo desejo seu beijo
Molhado de maracujá
Tou me guardando pra quando o carnaval chegar
[...]

(http://www.chicobuarque.com.br/letras/quandooc.htm)

Ziraldo

(http://ziraldo.blogtv.uol.com.br/achargenotempo)

**1.** Em ambos os textos o tema é o carnaval. Contudo:

a) Que sentido tem o carnaval para o eu lírico da canção?

b) E para a personagem da charge?

**2.** Sabendo que a canção de Chico Buarque foi produzida e divulgada antes da charge de Ziraldo, responda:

a) Que texto estabelece uma relação intertextual com o outro?

b) Essa relação pode ser considerada também interdiscursiva? Por quê?

**3.** Muitos tipos de intertextualidade implícita ocorrem por meio da substituição de um fonema ou uma palavra, por meio de acréscimo, supressão ou transposição.

Leia os enunciados abaixo e descubra as frases originais com as quais eles mantêm relação intertextual.

a) "Penso, logo hesito." (Luis Fernando Verissimo, "Mínimas".)

b) "Quem vê cara não vê falsificação." (Anúncio dos relógios Citizen)

c) "Até que a bebida os separe." (mensagem da Associação dos Alcoólicos Anônimos)

d) "Quem espera nunca alcança." (Chico Buarque)

e) "O Instituto de Cardiologia não vê cara, só vê coração." (Propaganda do Instituto de Cardiologia do Rio Grande do Sul)

f) "Para bom entendedor, meia palavra bas." (Luis Fernando Verissimo, "Mínimas".)

g) Diga-me com quem andas e eu prometo que não digo a mais ninguém. (Internet)

(Frases extraídas do capítulo 1 da obra *Intertextualidade – Diálogos possíveis*, de Ingedore G. Villaça et alii.)

## A COERÊNCIA E A COESÃO NA CONSTRUÇÃO DO TEXTO

Leia o texto:

Subi a porta e fechei a escada.
Tirei minhas orações e recitei meus sapatos.
Desliguei a cama e deitei-me na luz.

Tudo porque
Ele me deu um beijo de boa noite...

(Anônimo. In: Irandé Antunes. *Lutar com palavras – Coesão e coerência*. São Paulo: Parábola, 2005.)

Toninho Gonçalves

1. Observe se no texto são empregados adequadamente os sinais de pontuação, se há alguma construção própria da linguagem mais culta, se é utilizada alguma conjunção como recurso coesivo. Depois, conclua: O autor demonstra ter domínio da linguagem escrita ou não? Justifique sua resposta com elementos do texto.

2. Releia as três primeiras linhas do texto:

"Subi a porta e fechei a escada.
Tirei minhas orações e recitei meus sapatos.
Desliguei a cama e deitei-me na luz."

Toninho Gonçalves

a) O trecho não apresenta problemas de escrita ou de pontuação, relativamente à norma-padrão. Entretanto, lido isoladamente, ele pode ser considerado coerente? Justifique sua resposta.

b) No trecho, os complementos dos verbos não dão sentido coerente aos enunciados. Indique a correlação lógica entre verbos e complementos:

| | |
|---|---|
| a) subi | 1. minhas orações |
| b) fechei | 2. a luz |
| c) tirei | 3. na cama |
| d) recitei | 4. a escada |
| e) desliguei | 5. a porta |
| f) deitei-me | 6. meus sapatos |

3. Nas duas últimas linhas do texto, é revelado um fato que modifica o sentido das três linhas iniciais.
a) Qual é esse fato?
b) Esse fato afeta a coerência do texto como um todo? Justifique sua resposta.
c) O que a construção dos três primeiros versos revela sobre o eu lírico?
d) Qual é a importância dessa construção para o sentido do texto?

4. O texto é incoerente? Por quê?

## SEMÂNTICA E DISCURSO

Leia o anúncio a seguir e responda às questões de 1 a 3.

DM9DDB/foto Mrcuy Hausser

(*30º Anuário do Clube de Criação de São Paulo*, p. 186.)

1. Identifique a intertextualidade que há no anúncio. Depois responda: De que modo ela é indicada no anúncio?

2. Observe a frase que há na traseira do caminhão.
   a) Quais os sentidos do verbo *tomar* nessa frase?
   b) Que tipo de sabedoria a frase pretende transmitir?
   c) O consumo de bebidas alcoólicas é proibido para quem dirige. Considerando-se esse dado, que outro sentido a frase apresenta?

3. Para promover a imagem do produto anunciado, o anunciante utiliza como argumento um valor.
   a) Qual é esse valor?
   b) Por que a imagem do produto anunciado supostamente melhora quando agregada a esse valor?

# UNIDADE 2 FONOLOGIA

Augusto de Campos. *Despoesia*. São Paulo: Perspectiva, 1994. p. 56-7.

©Corbis/Latinstock

CAPÍTULO
4

*Natureza-morta com violão* (1913), de Juan Gris.

# Sons e letras

## CONSTRUINDO O CONCEITO

Leia este poema, de José Paulo Paes:

**Poética**

conciso? com siso
prolixo? pro lixo

(Davi Arrigucci Jr., org. *Os melhores poemas de José Paulo Paes.* São Paulo: Global, 2003. p. 162.)

Thinkstock/Getty Images

1. Os dois versos do poema são construídos a partir de um jogo entre sons e letras. Compare, do ponto de vista sonoro, os pares *conciso/com siso* e *prolixo/pro lixo*.

   a) No primeiro verso "conciso" e "com siso" têm o mesmo som?

   b) E "prolixo" e "pro lixo", no segundo verso?

2. Considerando o aspecto semântico do texto, responda:

   a) Que diferença de sentido há entre "conciso" e "com siso"?

   b) Qual é o sentido da palavra *prolixo*?

3. Sabendo que um dos sentidos da palavra *poética* é o conjunto de princípios ou procedimentos que constituem a obra de um escritor ou um artista, interprete o poema e responda:

   a) O que o eu lírico pensa a respeito da *concisão*?

   b) E a respeito da *prolixidade*?

   c) O poema, em si, é um exemplo de princípio poético defendido pelo eu lírico em sua poética? Por quê?

## CONCEITUANDO

A unidade básica da comunicação é a palavra. A palavra pode ser dividida em unidades menores, como as sílabas e os sons.

Ao pronunciarmos a palavra *conciso*, que tem sete letras, produzimos seis sons: /kõsizu/. Já ao pronunciarmos a palavra *prolixo*, também de sete letras, produzimos oito sons: /proliksu/.

As unidades sonoras que constituem uma palavra ao serem pronunciadas são chamadas de **fonemas**.

Assim:

### O que é fonologia?

Fonologia é a parte da gramática que estuda os sons da língua quanto à sua função no sistema de comunicação linguística, quanto à sua organização e classificação. Também cuida de aspectos relacionados à divisão silábica, à ortografia e à acentuação das palavras, bem como indica a forma adequada de pronunciar certas palavras, de acordo com a norma-padrão da língua.

**Fonema** é a menor unidade sonora das palavras.

Leia agora a tira abaixo, de Lucas Lima, observando as palavras *abono* e *abano*.

(*Tribuna Impressa*, 9/12/2007.)

Você deve ter notado que as palavras *abono* e *abano* são constituídas de cinco fonemas. Entretanto, há uma diferença de significado entre elas, determinada pela oposição dos fonemas /o/ e /ã/.

Assim, podemos concluir que o fonema exerce duas funções:

- sozinho ou ao lado de outros fonemas, constitui palavras;
- distingue uma palavra de outra.

Quando queremos representar na escrita os sons da fala, utilizamos as **letras**. Observe a correspondência entre fonemas e letras nestas palavras:

/abonu/ – abono
/lɛki/ – leque

Portanto:

**Letra** é a representação gráfica dos fonemas da fala.

# CLASSIFICAÇÃO DOS FONEMAS

Os fonemas classificam-se em: vogais, semivogais e consoantes.

## Vogais e semivogais

Leia o texto:

> *Guia de sebos* (Nova Fronteira) é o guia pequeno e abrangente que o leitor esperava. Feito por Antonio Carlos Secchin, ele reúne endereços, serviços e comentários dos melhores sebos do Rio de Janeiro e de São Paulo, além de um anexo com indicações em outras cidades. Num país onde as livrarias cobram caro e não constituem acervo, e onde as bibliotecas são poucas e fracas, eis um mapa precioso para o amante da leitura.
>
> (*Classe*, p. 8.)

Por que, nesse texto, consta a palavra *país* e não *pais*? Qual é a diferença de pronúncia entre elas? Como podemos observar, nessas palavras, a letra *i* está representando fonemas diferentes. Em *país*, o fonema /i/ é pronunciado forte; já na palavra *pais*, o fonema /y/ (som *i*) é pronunciado fraco.

Os dois fonemas são vocálicos, pelo fato de não haver durante sua emissão nenhum obstáculo – língua, lábios, dentes – que se oponha à corrente de ar vinda dos pulmões. Porém, enquanto /i/ é uma **vogal**, sendo, por isso, capaz de constituir sílaba, /y/ é uma **semivogal**, não sendo, portanto, capaz de, sozinho, constituir sílaba.

Assim:

**Vogal** é o fonema produzido por uma corrente de ar que, vinda dos pulmões, passa livremente pela boca. As vogais funcionam como *base* da sílaba.
**Semivogal** é o fonema produzido como vogal, porém pronunciado mais fraco, com baixa intensidade; por isso, não constitui sílaba sozinho e sempre acompanha uma vogal.

Os fonemas vocálicos podem ser orais e nasais. São **orais** quando em sua produção o ar sai exclusivamente pela boca; são **nasais** quando em sua produção o ar sai simultaneamente pela boca e pelo nariz. São nasais /ã/ na palavra t*am*pa e /ẽ/ em juv*en*tude, por exemplo.

Veja a correspondência entre fonemas vocálicos e letras:

| fonemas vocálicos orais | letras correspondentes |
|---|---|
| /a/ /ɛ/ /e/ /i/ /ɔ/ /o/ /u/ | a, é, e, i, ó, o, u |
| **fonemas vocálicos nasais** | **letras correspondentes** |
| /ã/ /ẽ/ /ĩ/ /õ/ /ũ/ | ã, ẽ, ĩ, õ, ũ, am, an, em, en, im, in, om, on, um, un |

As semivogais, embora sejam apenas os sons *i* e *u* (representados pelos símbolos /y/ e /w/, respectivamente), na escrita podem corresponder a mais de uma letra. Observe:

mágoa /m a g *w a*/ — *w*: semivogal; *a*: vogal

pães /p *ã y* s/ — *ã*: vogal; *y*: semivogal

| fonemas semivocálicos | letras correspondentes |
|---|---|
| /y/ /w/ | i, e, o, u |

## Consoantes

Na produção desses fonemas, a corrente de ar vinda dos pulmões encontra obstáculos (língua, dentes, lábios). São consoantes: /b/, /d/, /f/, /l/, etc.

**Observação**

Com a reforma ortográfica de 2009, as letras *k*, *y* e *w* foram incorporadas ao nosso alfabeto. A letra ***k*** equivale sempre ao fonema /k/. Já as letras *y* e *w* podem representar diferentes fonemas.

A letra ***y*** desempenha a função de fonema vocálico /i/, em palavras como *whisky* ou *hobby*; de fonema semivocálico /y/, em palavras como *motoboy*; e de ditongo /ay/, em palavras como *Byron*.

A letra ***w***, por sua vez, desempenha a função de fonema consonantal /v/, em palavras como *Wagner*; de vogal /u/, em palavras como *William*; e de semivogal /w/, em palavras como *windsurf* ou *download*.

# SÍLABA

Leia o texto:

E o primeiro ensaio foi logo à noite.

*Ou-viram do I-piranga as margens plá-cidas...*

— Parem que assim não presta não. Falta patriotismo. Vocês nem parecem brasileiros. Vamos!

*Ou-viram do I-piranga as margens plá-cidas*
*Da Inde-pendência o brado re-tumbante!*

— Não é assim não. Retumbante tem que estalar, criaturas, tem que retumbar! É palavra... como se diz mesmo?... é palavra... ah!... onomatopaica: RETUMBANTE!

E o hino rolou ribombando:

*... da Inde-pendência o brado re-TUM-BANte!*
*E o sol da li-berdade em raios ful...*

(Antônio de Alcântara Machado. *Brás, Bexiga e Barra Funda/Laranja da China*. São Paulo: Martin Claret, 2002. p. 33.)

Observe que o narrador, para dar ideia de como as pessoas cantavam o hino nacional, isolou algumas sílabas das palavras *ouviram*, *Ipiranga*, *plácidas*, *retumbante* e *liberdade*: *ou*, *I*, *plá*, *re*, *li*. Lendo as sílabas em voz alta, você percebe que cada sílaba é pronunciada numa só emissão de voz e que sua base é sempre uma vogal.

Assim:

> **Sílaba** é um fonema ou grupo de fonemas pronunciados numa só emissão de voz.
> A base da sílaba é a vogal; sem ela não há sílaba.

### Classificação das palavras quanto ao número de sílabas

De acordo com o número de sílabas, as palavras classificam-se em:

- **monossílabas**: são palavras de uma sílaba só: não, nem, que, sol;
- **dissílabas**: são palavras de duas sílabas: noite, assim, vocês, hino;
- **trissílabas**: são palavras de três sílabas: plácidas, estalar, retumbar;
- **polissílabas**: são palavras de mais de três sílabas: brasileiros, onomatopaica.

## Sílaba tônica e sílaba átona

Numa palavra, nem todas as sílabas são pronunciadas com a mesma intensidade. Lendo em voz alta a palavra *retumbante*, percebemos que a sílaba *ban* é pronunciada com mais força que as outras.

De acordo com o modo como são pronunciadas, isto é, com maior ou menor intensidade, as sílabas classificam-se em **tônicas** e **átonas**.

> **Sílaba tônica** é a pronunciada com mais intensidade.
> **Sílaba átona** é a pronunciada com menos intensidade.

Assim:

| átona | átona | tônica | átona |
|---|---|---|---|
| re | tum | ban | te |

### Classificação das palavras quanto à posição da sílaba tônica

Quanto à posição da sílaba tônica, as palavras classificam-se em:

- **oxítonas**: quando a sílaba tônica é a última sílaba da palavra: as*sim*, vo*cês*;
- **paroxítonas**: quando a sílaba tônica é a penúltima sílaba da palavra: cria*tu*ras, Indepen*dên*cia;
- **proparoxítonas**: quando a sílaba tônica é a antepenúltima sílaba da palavra: *plá*cidas, dra*má*tico.

# ENCONTROS VOCÁLICOS

**Encontro vocálico** é a união de fonemas vocálicos – vogais ou semivogais – em uma mesma sílaba ou em sílabas diferentes. Há três tipos de encontro vocálico:

## hiato

É o encontro de duas vogais. Como só pode haver uma vogal em cada sílaba, as vogais dos hiatos ficam sempre em sílabas diferentes.

du *as* — vogal + vogal
c*a* *í* da — vogal + vogal
en j*o* *a*r — vogal + vogal

> **OBSERVAÇÃO**
>
> Os ditongos classificam-se em:
>
> - **crescentes**: quando pronunciamos primeiro a semivogal e depois a vogal (do som mais fraco para o mais forte):
>
> histór*ia* = semivogal /y/ + vogal /a/
>
> - **decrescentes**: quando pronunciamos primeiro a vogal e depois a semivogal (do som mais forte para o mais fraco):
>
> c*ou*ro = vogal /o/ + semivogal /w/

## ditongo

É o encontro de uma vogal e uma semivogal. Pelo fato de uma semivogal sozinha não poder constituir sílaba, não se pode dividir o ditongo silabicamente. Veja como são formadas as sílabas destas palavras:

can ç*ão* — vogal + semivogal
f*ai* xa — vogal + semivogal

## tritongo

É o encontro de uma semivogal + uma vogal + uma semivogal, sempre nessa ordem. Por conter uma única vogal, o tritongo é indivisível silabicamente. Veja:

q*uai* s quer — semivogal + vogal + semivogal
U ru g*uai* — semivogal + vogal + semivogal

# ENCONTROS CONSONANTAIS

**Encontro consonantal** é o agrupamento de consoantes em uma palavra:

pa*tr*iotismo *pl*ácidas *cr*iaturas *pn*eu

# DÍGRAFOS

**Dígrafo** é a combinação de duas letras que representam um único fonema:

ret*um*bante a*ss*alariado rai*nh*a

> **Os dígrafos**
>
> *lh* /λ/ – ca*lh*a
> *nh* /ɳ/ – ba*nh*a
> *qu* /k/ – *qu*eixo
> *gu* /g/ – *gu*itarra
> *rr* /R/ – ama*rr*ar
> *ss, sc, sç* /s/ – pa*ss*ar, na*sc*er, de*sç*a
> *am, an* /ã/ – t*am*pa, m*an*ta
> *em, en* /ẽ/ – s*em*pre, l*en*to
> *im, in* /ĩ/ – m*im*, c*in*to
> *om, on* /õ/ – b*om*ba, c*on*ta
> *um, un* /ũ/ – alg*um*, pres*un*to

EXERCÍCIOS

Leia o texto a seguir e responda às questões de 1 a 5.

## O que é revolução verde?

É um amplo programa idealizado para aumentar a produção agrícola no mundo por meio de melhorias genéticas em sementes, uso intensivo de insumos industriais, mecanização e redução do custo de manejo.

O programa teve início em meados do século 20, quando o governo mexicano convidou a Fundação Rockefeller, dos EUA, a fazer estudos sobre a fragilidade de sua agricultura. A partir daí, cientistas criaram novas variedades de milho e trigo de alta produtividade, que fizeram o México aumentar de forma vertiginosa sua produção. Essas sementes foram, em seguida, introduzidas e cultivadas em outros países, também com ótimos resultados. "O impacto social da revolução verde, na medida em que ajudou a erradicar a fome no mundo, fez com que Norman Ernest Borlaug, considerado o pai do movimento, ganhasse o Prêmio Nobel da Paz em 1970", diz o engenheiro agrônomo Fábio Faleiros, da Empresa Brasileira de Pesquisa Agropecuária (Embrapa).

Thinkstock/Getty Images

Mais tarde, o programa passou a sofrer críticas, que persistem até hoje. "Muitos questionam a sustentabilidade de um projeto baseado em monoculturas e que faz uso em grande escala de fertilizantes, agrotóxicos e insumos de alto custo", afirma Faleiros. Outro ponto negativo são os maus-tratos ao meio ambiente decorrentes do avanço das fronteiras agrícolas.

(Yuri Vasconcelos. Revista *Vida Simples*, nº 56. Editora Abril.)

1. Das cinco palavras a seguir, qual apresenta 11 letras e 9 fonemas?

   mexicano – erradicar – engenheiro – decorrentes

2. Em qual das alternativas abaixo todas as palavras são paroxítonas?
   a) agrícola – genéticas – século – México – agrônomo
   b) amplo – início – milho – pecuária – escala
   c) partir – produção – também – Nobel – até

3. Em qual das alternativas a seguir todas as palavras apresentam hiato?
   a) melhorias – daí – criaram – países – ambiente
   b) início – redução – outros – meio – fronteiras

4. Reescreva as palavras a seguir, destacando os encontros consonantais.
   a) amplo
   b) produtividade
   c) impacto

5. Indique a alternativa em que todas as palavras apresentam dígrafo. Depois, reescreva as palavras, destacando os dígrafos.
   a) programa – produção – cultivadas – pai – hoje – outro
   b) intensivo – erradicar – ganhasse – engenheiro – questionam

Leia a tira abaixo e responda às questões de 6 a 9.

(Adão Iturrusgarai. *Kiki – A primeira vez*. São Paulo: Devir, 2002. p. 42.)

6. Identifique na tira duas palavras que contêm dígrafo.

7. Classifique quanto ao número de sílabas as seguintes palavras da tira:

fiquei – acredito – mas – aí – campainha

8. Há, na tira, alguma palavra proparoxítona?

9. O que sugere a forma como o quadrinista representou a palavra **Alô!**?

## ORTOEPIA E PROSÓDIA

A pronúncia das palavras é bastante variável. Como se pronuncia a vogal *o* inicial nas palavras *ossos* e *ovos*? Com som aberto (ó) ou com som fechado (ô)? Como se pronuncia a palavra *Nobel*? Dando mais intensidade à sílaba *no* ou à sílaba *bel*? Para ajudar a esclarecer essas dúvidas, a fonologia desenvolve estudos sobre a pronúncia adequada das palavras, segundo a norma-padrão da língua portuguesa. Esses estudos chamam-se **ortoepia** e **prosódia**.

A **ortoepia** trata da pronúncia adequada dos fonemas e das palavras, de acordo com a norma-padrão da língua.
A **prosódia** trata da acentuação e da entoação adequadas dos fonemas, de acordo com a norma-padrão da língua.

Os exercícios a seguir referem-se a esse assunto. Em caso de dúvida, consulte os boxes laterais e/ou o dicionário.

### EXERCÍCIOS

1. Há, na língua portuguesa, inúmeras palavras que são pronunciadas com a vogal *o* aberta (som *ó*), no feminino e/ou no plural, como, por exemplo, *famosa*, *tijolos*, e outras em que no feminino e no plural a vogal *o* é fechada (som *ô*), como, por exemplo, *rostos*, *pescoços*, *soltas*, etc.

a) Leia em voz alta as palavras a seguir, uma vez na forma em que estão e outra vez passando-as para o plural.
- desaforo – globo – engodo – esboço – estorno – rosto – transtorno
- poço – grosso – fogo – corpo – morno – esforço – caroço – novo

Em qual das sequências todas as palavras são pronunciadas com som fechado (ô) tanto no singular quanto no plural?

b) Leia em voz alta também as seguintes palavras, adotando o mesmo procedimento indicado no item anterior.

- desporto – destroço – imposto – socorro – caroço – miolo – despojo
- suborno – desaforo – globo – forro – contorno – controle – canhoto

Em qual das sequências todas as palavras são pronunciadas com vogal fechada (som ô) no singular e com vogal aberta (som ó) no plural?

**2.** Em qual das sequências a seguir a letra *x* tem, na pronúncia, o som /ks/?

a) exímio – exalar – enxame – xampu – exceção – excursão – xingar

b) axila – intoxicar – tóxico – nexo – ônix – sexagenário – tórax

**3.** Certas palavras são com frequência pronunciadas de maneira que fogem à forma que têm na norma-padrão. Nos pares de palavras a seguir, qual é a forma própria da norma-padrão?

a) *beneficiente* ou *beneficente*?

b) *meteorologia* ou *metereologia*?

c) *sobrancelhas* ou *sombrancelhas*?

d) *bandeja* ou *bandeija*?

e) *esteje* ou *esteja*?

f) *seje* ou *seja*?

g) *estrupo* ou *estupro*?

h) *má-criação* ou *mal-criação*?

i) *previlégio* ou *privilégio*?

j) *mendigo* ou *mendingo*?

Rita Barreto

**4.** Leia as palavras:

| | | | |
|---|---|---|---|
| caracteres | gratuito | condor | meteorito |
| pudico | rubrica | hangar | filantropo |
| Nobel | recorde | filatelia | ínterim |

Indique as que são:

- oxítonas
- paroxítonas
- proparoxítonas

**5.** Qual dos pares de palavras abaixo não admite dupla pronúncia?

a) projétil – projetil

b) réptil – reptil

c) acróbata – acrobata

d) fúnil - funil

e) homilia – homília

f) cacoépia – cacoepia

g) amnésia – amnesia

## Palavras que podem oferecer dúvida quanto à pronúncia

- É facultativo pronunciar o *u* depois de *g* e *q* em palavras como *antiguidade* e *líquido*.
- Não se recomenda pronunciar o *u* depois de *q* em *adquirir* e *questão*.
- Escreve-se *quatorze* ou *catorze*, mas pronuncia-se *catorze*.
- A letra *x* tem som /ks/ nas palavras *táxi*, *fixo*, *sexo*.
- Não se intercala *e* ou *i* nos encontros consonantais nas palavras *pseudônimo*, *pneu*, *absoluto*, *absurdo*, *admissão*, *frear*.
- São pronunciadas de acordo com a grafia as palavras *beneficência*, *mortadela*, *gratuito* (*ui* é ditongo), *ruim* (*ui* é hiato), *irrequieto*, *salsicha*, *caderneta*.

## Palavras que podem oferecer dúvida quanto à posição da sílaba tônica

- São oxítonas: refém, sutil, ruim, mister.
- São paroxítonas: estratégia, fortuito, têxtil, fênix, clímax, edito, filantropo, sótão, quiromancia.
- São proparoxítonas: ínterim, álcool, ávido, bígamo, pântano, álibi, ômega, sílica.
- Admitem dupla prosódia: hieróglifo/hieroglifo, Oceânia/Oceania, zângão/zangão, xérox/xerox.

## SONS E LETRAS NA CONSTRUÇÃO DO TEXTO

Leia este poema, de Arnaldo Antunes:

Editora Iluminuras

"Vejo miro". *Palavra desordem*. São Paulo: Iluminuras, 2002.

**1.** Identifique os dois pares de palavras que constituem as rimas do poema.

**2.** Os pares de palavras que rimam no poema são construídos a partir de comparações, evidenciadas pela expressão "como um".

a) Associe as palavras abaixo a cada um dos pares, tendo em vista os sentidos construídos pelas comparações.

| ágil | delicado | preciso | veloz | afetuoso |
|---|---|---|---|---|

b) Levante hipóteses: O que o eu lírico vê e o que ele mira?

**3.** Em um dos pares de palavras que rimam, além da diferença entre os fonemas iniciais, há uma diferença no interior das palavras.

a) Descreva essa diferença.

b) Uma das palavras indicadas no item *a* sofre uma mudança entre a maneira como é escrita e a maneira como é pronunciada em algumas variedades linguísticas. Qual é essa mudança e como ela contribui para a sonoridade do poema?

**4.** No outro par de palavras que rimam, a diferença entre as duas palavras deve-se unicamente a dois fonemas.

a) Quais são eles?

b) Que função essencial dos fonemas é evidenciada por essa oposição?

**5.** Como conclusão do estudo do poema, assinale a alternativa falsa:

a) Os sons das letras *v/b* e *j* remetem ao som de um beijo, ao passo que o som das letras *m/t* e *r* remetem ao som de um tiro. Assim, ao ler as frases do poema, temos a impressão de ouvir o som de um beijo e o disparo de um tiro.

b) O cruzamento sugerido pela espacialidade do poema reforça a ideia de olhares cruzados entre o eu lírico e a pessoa amada.

c) A repetição de palavras de duas sílabas confere ao poema um ritmo veloz e intenso, o que contribui para construir a ideia da rapidez com que o eu lírico vê e mira seu alvo.

d) Os versos do poema estão em posições diametralmente opostas, permitindo que ele seja lido de mais de uma maneira e em mais de uma sequência.

e) A associação entre o verbo *ver* e a palavra *beijo*, apesar de contribuir para a sonoridade do poema, confere a ele estranhamento, porque a combinação entre essas duas palavras não é comum.

### Para que servem os sons e as letras?

Os sons e as letras são a base da linguagem verbal. Sem os sons, não há a fala; sem as letras, não há a escrita.

Mesmo as formas mais modernas de comunicação, como o celular e a Internet, dependem em grande parte dos sons e das letras que constituem a linguagem verbal.

Assim, os sons e as letras, como unidades básicas de construção da linguagem verbal, têm papel decisivo na preservação e na transmissão da cultura.

## SEMÂNTICA E DISCURSO

Leia este poema, de Ronaldo Azevedo, para responder às questões de 1 a 4:

| | | |
|---|---|---|
| solitário | solidário | soli ário |
| solitário | solitário | soli ário |
| solidário | solitário | soli ário |
| solidário | solidário | soli ário |

(In: *Poesia concreta*. São Paulo: Abril Educação, 1982. p. 91. Literatura Comentada.)

**1.** Tomando as duas palavras que formam as duas primeiras colunas do poema, notamos que a diferença de sentido entre elas se deve a dois fonemas.

a) Quais são eles?

b) Que função essencial dos fonemas é evidenciada por essa oposição?

**2.** Observe agora alguns dos sentidos destas palavras:

*solitário*: desacompanhado; que gosta de estar só; que não convive com seus semelhantes.
*solidário*: que tem responsabilidade ou interesse recíproco; que adere a uma causa; que partilha o sofrimento alheio.

Que tipo de relação há entre essas palavras quanto ao sentido?

**3.** Os fonemas responsáveis pela oposição entre essas palavras assemelham-se, quanto à articulação, em vários aspectos. Compare:

/t/: fonema oclusivo, oral, linguodental, surdo
/d/: fonema oclusivo, oral, linguodental, sonoro

Considerando que a diferença de sentido entre eles resulta, em última análise, da oposição entre os traços *surdo* × *sonoro*, relacione o sentido:

a) da palavra *solitário* com o traço *surdo* do fonema /t/;

b) da palavra *solidário* com o traço *sonoro* do fonema /d/.

**4.** Na última coluna, ao deixar um espaço em branco no lugar desses dois fonemas, o poeta parece abrir ao leitor a possibilidade de escolha entre ser solitário ou ser solidário. Como você preencheria essas colunas?

Leia o poema a seguir, do poeta pernambucano Ascenso Ferreira, e responda às questões 5 e 6.

**Os engenhos de minha terra**

Dos engenhos de minha terra
Só os nomes fazem sonhar:

— Esperança!
— Estrela d'Alva!
— Flor do Bosque!
— Bom-Mirar!

Um trino... um trinado... um tropel de trovoada...
e a tropa e os tropeiros trotando na estrada:

— Valo!
— Êh Andorinha!
— Êh Ventania!
— Êh...

"Meu alazão é mesmo bom sem conta!
Quando ele aponta tudo tem temor...
A vorta é esta: nada me comove!
Trem, outomove, seja lá o que for..."

"Por isso mesmo o sabiá zangou-se!
Arripiou-se foi cumer melão...
Na bananeira ele fazia: piu!
Todo mundo viu, não é mentira não..."
[...]

(In: Maria Magaly Trindade Gonçalves et al. *Antologia das antologias*. São Paulo: Musa, 1995. p. 463-4.)

Alamy/Glow Images

**5.** Releia os versos da 3ª estrofe.

a) Que fonemas consonantais se repetem?

b) Como se chama o recurso sonoro que consiste em repetir um fonema consonantal?

c) De acordo com o conteúdo desses versos, o que a repetição desses fonemas imita?

**6.** Na 5ª e na 6ª estrofes há algumas palavras grafadas conforme a pronúncia da variedade linguística falada pelas pessoas da região referida pelo eu lírico.

a) Que palavras são essas?

b) Essas palavras apresentam divergências em relação à norma-padrão quanto à ortoepia ou à prosódia?

c) Como seriam pronunciadas e escritas essas palavras de acordo com a norma-padrão?

d) Na sua opinião, por que o eu lírico optou por misturar a norma-padrão da língua com uma variedade popular e regional?

PARA CONSULTA

## CLASSIFICAÇÃO DOS FONEMAS VOCÁLICOS

| Quanto à zona de articulação | Anteriores | | | Mediais | | | Posteriores | | |
|---|---|---|---|---|---|---|---|---|---|
| Quanto ao papel das cavidades bucal e nasal | orais | | nasais | orais | | nasais | orais | | nasais |
| Quanto ao timbre | abertas | fechadas | fechadas | abertas | fechadas | fechadas | abertas | fechadas | fechadas |
| Representação fonológica | /ɛ/ | /e/ | /ẽ/ | /a/ | | /ã/ | /ɔ/ | /o/ | /õ/ |
| | | /i/ | /ĩ/ | | | | | /u/ | /ũ/ |

## CLASSIFICAÇÃO DOS FONEMAS CONSONANTAIS

| Quanto ao papel das cavidades bucal e nasal | | orais | | | | | | nasais |
|---|---|---|---|---|---|---|---|---|
| Quanto ao modo de articulação | | oclusivas | | constritivas | | | | |
| | | | | fricativas | | laterais | vibrantes | |
| Quanto ao papel das cordas vocais | | surdas | sonoras | surdas | sonoras | sonoras | sonoras | sonoras |
| Quanto ao ponto de articulação | bilabiais | /p/ | /b/ | | | | | /m/ |
| | labiodentais | | | /f/ | /v/ | | | |
| | linguodentais | /t/ | /d/ | | | | | /n/ |
| | alveolares | | | /s/ | /z/ | /l/ | /r/ | |
| | palatais | | | /ʃ/ | /ʒ/ | /λ/ | | /η/ |
| | velares | /k/ | /g/ | | | | /R/ | |

# SÍMBOLOS UTILIZADOS INTERNACIONALMENTE NA TRANSCRIÇÃO GRÁFICA

## Fonemas vocálicos

| FONEMA (SÍMBOLO) | PRONÚNCIA | LETRAS COM QUE SE GRAFAM OS FONEMAS | EXEMPLOS |
|---|---|---|---|
| /a/ | "a" | a | *as* |
| /ɛ/ | "é" | e | *pés* |
| /e/ | "ê" | e | *lê* |
| /i/ | "i" | i, e | *pi* |
| /ɔ/ | "ó" | o | *pó* |
| /o/ | "ô" | o | av*ô* |
| /u/ | "u" | u, o | t*u* |
| /ã/ | "ã" | ã, an, am | l*ã* |
| /ẽ/ | "ẽ" | en, em | l*en*do |
| /ĩ/ | "ĩ" | in, im | f*im* |
| /õ/ | "õ" | õ, on, om | l*on*ge |
| /ũ/ | "ũ" | un, um | *um* |

## Fonemas semivocálicos

| FONEMA (SÍMBOLO) | PRONÚNCIA | LETRAS COM QUE SE GRAFAM OS FONEMAS | EXEMPLOS |
|---|---|---|---|
| /y/ | "i" | e, i | mã*e*, fo*i* |
| /w/ | "u" | o, u | mág*o*a, vo*u* |

## Fonemas consonantais

| FONEMA (SÍMBOLO) | PRONÚNCIA | LETRAS COM QUE SE GRAFAM OS FONEMAS | EXEMPLOS |
|---|---|---|---|
| /p/ | "pê" | p | *p*ato |
| /b/ | "bê" | b | *b*ala |
| /t/ | "tê" | t | *t*aco |
| /d/ | "dê" | d | *d*ata |
| /k/ | "quê" | c, qu | *c*asa*c*o, *qu*ente |
| /g/ | "guê" | g, gu | *g*ato, *gu*erra |
| /f/ | "fê" | f | *f*ato |
| /v/ | "vê" | v | *v*o*v*ô |
| /s/ | "sê" | s, x, c, ç, ss, sc, sç, xc | *s*apo, e*xc*e*ss*o |
| /z/ | "zê" | z, s, x | a*z*edo, e*x*emplo |
| /ʃ/ | "xê" | ch, x | *ch*ave, ta*x*a |
| /ʒ/ | "jê" | j, g | *j*ato, *g*elo |
| /l/ | "lê" | l | a*l*ado |
| /λ/ | "lhê" | lh | a*lh*o |
| /m/ | "mê" | m | *m*ato |
| /n/ | "nê" | n | *n*ada |
| /ɲ/ | "nhê" | nh | ara*nh*a |
| /R/ | "rrê" | rr | ama*rr*o |
| /r/ | "rê" | r | ca*r*o |

Flickr Select/Getty Images

CAPÍTULO 5

# A expressão escrita: ortografia – divisão silábica

## ORTOGRAFIA

### CONSTRUINDO O CONCEITO

Leia a placa ao lado.

Daniel Cymbalista/Pulsar Imagens

1. A placa apresenta desvios em relação à norma-padrão da língua portuguesa. Que problemas ortográficos você identifica na placa?

2. A capacidade de produzir textos de acordo com as normas ortográficas da língua portuguesa ou de línguas estrangeiras revela muito sobre o grau de escolaridade das pessoas.

a) Levante hipóteses: Qual é o grau de escolaridade do autor da placa? Por quê?

b) Entre os desvios gramaticais apresentados na placa, qual é, na sua opinião, o que mais motiva preconceito linguístico? Por quê?

3. Leia a tira abaixo, de Caco Galhardo.

(*Folha de S. Paulo*, 10/3/2005.)

a) Se você fosse o revisor do jornal no qual essa tira foi publicada, que recomendação ortográfica teria feito ao autor dela?

b) Levante hipóteses: Por que o autor da tira empregou essa palavra dessa maneira?

## CONCEITUANDO

A parte da fonologia que se ocupa das questões notacionais da língua é a **ortografia**.

> **Ortografia**, da combinação dos elementos de origem grega *orto-* (reto, direito, correto) + *-grafia* (representação escrita de uma palavra), é o conjunto de regras da gramática normativa que define a escrita correta das palavras.

Muitas palavras da nossa língua têm a grafia estabelecida com base em sua etimologia. Por exemplo, a palavra *liso* é escrita com *s* porque provém da forma latina *lisus*. Da mesma forma, palavras derivadas de *liso*, como *alisar*, *alisante*, *alisável*, devem ser escritas com *s*.

São poucas as regras ortográficas existentes; por isso, convém conhecê-las ou revisá-las. Contudo, em ortografia é essencial a memória visual, o treino e a consulta ao dicionário sempre que houver necessidade.

### O tira-teima

Se o dicionário deixar dúvida quanto à ortografia de determinada palavra, pode-se consultar, ainda, o *Vocabulário ortográfico da língua portuguesa (VOLP)*, elaborado pela Academia Brasileira de Letras. Essa é uma obra de referência até mesmo para a criação de dicionários, pois traz a grafia atualizada das palavras (sem o significado). Na Internet, o *VOLP* encontra-se no endereço: www.academia.org.br/.

## Casos principais

### Emprego de *j* ou *g*

Emprega-se a letra **j**:

- nas palavras de origem árabe, africana e indígena: *pajé, jiboia, biju*;
- nas palavras derivadas de outras que já possuem **j** em seu radical: lara*nj*eira (lara*nj*a), su*j*eira (su*j*o).

Emprega-se a letra **g**:

- nas terminações **-ágio**, **-égio**, **-ígio**, **-ógio**, **-úgio**: prest*ígio*, ref*úgio*;
- geralmente nas terminações *-agem*, *-igem*, *-ugem*: gar*agem*, ferr*ugem* (exceções: pa*j*em; lambu*j*em).

Caco Galhardo

## EXERCÍCIOS

**1.** As palavras a seguir são de origem árabe, tupi ou africana. Reescreva-as, completando-as adequadamente com **j** ou **g**.

alfor☐e can☐ica ☐enipapo ☐iboia
pa☐é bi☐u acara☐é ☐irau

**2.** Observe a grafia das palavras:

ágio gorja lambuja sarja gesso
jeito varejo lisonja ágil ferrugem
nojo vertigem granja margem

Com base nesse quadro, reescreva as palavras a seguir, completando-as adequadamente com **g** ou **j**.

| | | |
|---|---|---|
| gran☐ear | gor☐eta | a☐iotagem |
| sar☐eta | a☐ilidade | no☐eira |
| lison☐eiro | ferru☐inoso | en☐essar |
| mar☐ear | lambu☐em | vare☐ista |
| en☐eitado | verti☐inoso | |

### Emprego de *x* ou *ch*

Emprega-se a letra **x**:

- normalmente depois de ditongo: cai*x*a, pei*x*e, trou*x*a (exceções: cau*ch*o, recau*ch*utar, recau*ch*utagem);
- depois de *me-* inicial: me*x*er, me*x*ilhão (exceção: me*ch*a e seus derivados);
- depois de *en-* inicial: en*x*urrada, en*x*aqueca (exceções: en*ch*er, en*ch*arcar, en*ch*umaçar e seus derivados).

## EXERCÍCIOS

**1.** Em cada uma das sequências a seguir, há apenas uma palavra que é grafada com **ch**. Identifique-a.

a) en☐aqueca – me☐erico – capi☐aba – almo☐arife – mo☐ileiro

b) ☐u☐u – ve☐ame – ☐ampu – ☐ereta – ☐ará

c) ☐arope – pra☐e – pe☐in☐a – me☐er – lu☐ação

d) pi☐ação – repu☐o – fa☐ina – ☐ará – encai☐e

e) frou☐o – o☐alá – en☐urrada – pu☐ar – en☐imento

**2.** Na tira abaixo, de Fernando Gonsales, que letras completam, de acordo com as normas ortográficas, as palavras com lacunas?

(*Folha de S. Paulo*, 30/7/2005.)

## Emprego de *s* ou *z*

Emprega-se a letra **s**:

- nos sufixos **-ês**, **-esa** e **-isa**, usados na formação de palavras que indicam nacionalidade, profissão, estado social, títulos honoríficos: chin*ês*, chin*esa*, burgu*ês*, burgu*esa*, poet*isa*;
- nos sufixos **-oso** e **-osa** (que indicam "cheio de"), usados na formação de adjetivos: delici*oso*, gelatin*osa*.

Emprega-se a letra **z**:

- nos sufixos **-ez**, **-eza**, usados para formar substantivos abstratos derivados de adjetivos: rigid*ez* (rígido), riqu*eza* (rico);
- quando um verbo é formado a partir da soma de nome (substantivo ou adjetivo) + sufixo **-izar**: animal + *-izar* = animal*izar*.

Quando o verbo é formado a partir de um nome, o sufixo acrescentado é **-ar**: análise + *-ar* = = anali*sar*.

## EXERCÍCIOS

**1.** Fazendo as adaptações necessárias, forme adjetivos acrescentando *-oso* ao final destes substantivos: preconceito, número, mistério, capricho, cobiça, valor, assombro, malícia. Em seguida, escolha um adjetivo ou um substantivo e forme uma frase.

**2.** Considerando que se emprega *s* nas formas dos verbos *pôr* e *querer* e seus compostos, reescreva as frases a seguir, completando-as adequadamente com o verbo indicado entre parênteses.

a) Se vocês □, podem sair para o recreio agora. (querer)

b) Ele não □ ficar para jantar, porque já tinha um compromisso. (querer)

c) Não seria melhor se nós □ o estoque agora e depois fôssemos almoçar? (repor)

d) Se você □ a mesa enquanto eu preparo os sanduíches, poderemos lanchar imediatamente. (pôr)

**3.** Fazendo as adaptações necessárias, acrescente os sufixos *-ar* ou *-izar* às palavras a seguir. Atenção: emprega-se o sufixo *-ar* nos verbos derivados de palavras cujo radical contém *-s*. Caso contrário, emprega-se *-izar*. Por exemplo: eterno → eternizar.

ameno – raso – bis – real – estéril –
polar – catálise – hospital – liso – fértil –
vulgar – paralisia – nacional – institucional

**4.** No texto a seguir faltam certas letras de algumas palavras. Reescreva essas palavras, completando-as com *ss*, *ç*, *ch*, *x*, *s* ou *z*, de acordo com as normas ortográficas da língua portuguesa.

## Um tenista pode ser expulso durante uma partida?

[...] No tênis, é mais correto falar descla□ifica□ão e não e□pul□ão, pois o jogador é eliminado do torneio, e não apenas da partida. É uma puni□ão pe□ada, geralmente usada como último recur□o contra os esquentadinhos. “Antes de ser descla□ificado, um tenista recebe várias penalidades, como advertên□ias verbais, perda de pontos e de games”, afirma o árbitro Ricardo Reis. Os tenistas que têm mais chan□es de ser mandados para o chuveiro são os que violam o código de conduta dos torneios. Essa lei proíbe, por exemplo, agre□ões, palavrões e “abu□o” de raquete — o popular □ilique, quando o jogador fica todo nervo□inho e arreme□a a própria raquete no chão. [...]

(Guilherme Castellar. *Mundo Estranho*, nº 44.)

Cynthia Lum/WireImage/Getty Images

Gustavo Kuerten.

**5.** Das duas formas entre parênteses, indique aquela que substitui corretamente a lacuna.

a) Você sempre gosta de □ as coisas. (dramatizar – dramatisar)

b) Os jesuítas vieram ao Brasil para □ os índios. (catequizar – catequisar)

c) A isenção do imposto certamente vai □ o crescimento da economia. (catalizar – catalisar)

d) Iniciativas como essa vão □ a população. (aterrorizar – aterrorisar)

Leia a tira a seguir, de Angeli, e responda às questões 6 e 7.

Angeli

(*Folha de S. Paulo*, 12/4/2007.)

**6.** Na tira, Moska afirma que antes não reconheceria a importância do *ócio* em sua vida.

a) O que quer dizer *ócio*?

b) As ações da personagem são compatíveis com o sentido dessa palavra? Por quê?

7. Moska diz que antes supunha que a palavra *ócio* fosse escrita com dois esses.

a) Com que outra palavra *ócio* se assemelharia, caso fosse escrita desse modo?

b) Esse desconhecimento das normas da língua escrita confirma ou nega a familiaridade da personagem com o ócio? Justifique sua resposta.

## Outras questões notacionais da língua

Angeli

### a fim de / afim

- **a fim de**: indica finalidade: Não estou *a fim de* sair hoje.
- **afim**: semelhante, com afinidade: Sempre tivemos ideias *afins*.

### ao invés de / em vez de

- **ao invés de**: ao contrário de: *Ao invés de* sair, entrou.
- **em vez de**: em lugar de: *Em vez de* reclamar, ajude-nos.

### debaixo / de baixo

- **debaixo**: em posição ou em situação inferior: Saiu emburrado, com os cadernos *debaixo* do braço.
- **de baixo**: indica origem e significa "a partir de baixo":
  O vento vinha *de baixo* e subia até o telhado da casa.

### há / a

Emprega-se **há**:

- com referência a tempo passado: Não o vejo *há* muitos anos.
- quando se trata de forma do verbo *haver*: *Há* um artigo interessante nesta revista.

Emprega-se **a**:

- com referência a tempo futuro: *A* dois minutos da peça, o ator ainda retocava a maquilagem.
- com referência a distância: Morava *a* cinco quadras daqui.

### mal / mau

Na dúvida, convém adotar esta regra prática: **mal** é oposto de *bem*; **mau** é oposto de *bom*.

Observe a substituição: mal-humorada (bem-humorada), mal-estar (bem-estar), mau agouro (bom agouro).

**Mau** é adjetivo e, portanto, modifica um substantivo: Ele é um *mau* companheiro.

Nesse caso, ocorre variação de gênero: má companheira, má-criação.

**Mal** pode ser:

- substantivo: Não há *mal* que sempre dure.
  Nesse caso, ocorre variação de número: *males*.
- advérbio: O jogador comportou-se *mal*.
- conjunção (corresponde a *quando*): *Mal* cheguei, ele saiu.
- prefixo: *mal*-educado, *mal*criado.

Nesse caso, há exigência de hífen quando à palavra segue-se outra iniciada por *vogal* e *h*: *mal*-agradecido, *mal*-humorado; nos demais casos: *mal*feito, *mal*passado.

**mas / mais**

- **mas**: porém, contudo, todavia: Gostaria de ir, *mas* não posso.
- **mais**: indica quantidade; é o contrário de *menos*:

  Gostaria de ficar *mais* com você, mas não posso.

**meio / meia**

**Meio** é advérbio quando equivalente a *mais ou menos, um pouco*:

A janela *meio* aberta deixava ver o interior da casa.

**Meia** é adjetivo quando equivalente a *metade*. Nesse caso é variável:

Comprei *meio* quilo de carne e *meia* dúzia de ovos.
Já é *meio*-dia e *meia* (hora).

## EXERCÍCIOS

**1.** Leia esta tira, de Caco Galhardo:

(*Folha de S. Paulo*, 21/11/2011.)

Imagine que você fosse revisor do jornal e essa tira chegasse às suas mãos antes de ser publicada. Você faria alguma recomendação de mudança ortográfica ao autor da tira?

**2.** Quando se faz referência a tempo passado, é redundante o acréscimo do advérbio *atrás*: ou se usa na frase apenas *há* ou se usa apenas *atrás*.
Leia o texto a seguir e depois, considerando essa informação, indique como ficaria a primeira frase se o narrador tivesse optado pelo emprego de *há*.

> Alguns anos atrás, um iogue indiano chamado Rao chocou o mundo ao dizer que iria fazer uma demonstração pública de como andar sobre a água. Na presença de 600 testemunhas ao redor de uma piscina de 2 metros de profundidade em Mumbai, na Índia, ele entoou mantras, pôs o pé direito na água, depois o esquerdo... e afundou imediatamente.
>
> (Adaptado. "54 histórias inacreditáveis". In: *Mundo Estranho*, nº 53.)

**3.** Reescreva as frases a seguir, completando-as com *mal* ou *mau*, conforme convier. Na dúvida, adote esta regra prática: *mal* é oposto de *bem*; *mau* é oposto de *bom*.

a) O jogador caiu de ☐ jeito.

b) Hoje me levantei ☐-humorado.

c) Ele é ☐-educado e ☐criado.

d) O muro ruiu, porque foi ☐ construído.

**4.** Leia esta tira, de Fernando Gonsales:

(*Folha de S. Paulo*, 7/1/2010.)

No 2º quadrinho, que palavra ou expressão completa adequadamente a frase do primeiro balão: *debaixo* ou *de baixo*?

**5.** Use uma das formas indicadas entre parênteses, conforme convier. Se necessário, consulte o dicionário.

a) A matemática e a física são ciências □. (a fim/afim)

b) Cheguei mais cedo à escola, □ de preparar a sala de vídeo. (a fim/afim)

c) Procure conversar menos e trabalhar □. (mais/mas)

d) Ele pretendia apoiá-la em seu projeto, □ na hora desistiu. (mais/mas)

e) □ baixar, o preço dos legumes subiu nesta semana. (Em vez de/Ao invés de)

f) □ ir para a praia, foi para a casa dos tios em Minas. (Em vez de/Ao invés de)

g) Ela está □ aborrecida com isso tudo. (meio/meia)

h) Rápido, Ana, já é □-dia e □. (meio/meia)

## Emprego da palavra *porque*

- Usa-se **por que**:

a) nas interrogativas diretas e indiretas:

*Por que* você demorou tanto?
Quero saber *por que* meu dinheiro está valendo menos.

b) sempre que estiverem expressas ou subentendidas as palavras *motivo*, *razão*:

Não sei *por que* ele se ofendeu.
Eis *por que* não lhe escrevi antes.

c) quando a expressão puder ser substituída por *para que* ou *pelo qual*, *pela qual*, *pelos quais*, *pelas quais*:

A estrada *por que* passei está esburacada.

d) em títulos:

*Por que* o governo substituiu o ministro da Economia

- Usa-se **por quê**:
quando a expressão aparecer em final de frase ou sozinha:

> Ria, ria, sem saber *por quê*.
> Brigou de novo? *Por quê*?

- Usa-se **porque**:
quando a expressão equivaler a *pois, uma vez que, para que*:

> Não responda, *porque* ele está com a razão.

- Usa-se **porquê**:
quando a expressão for substantivada, situação em que é sinônimo de *motivo, razão*:

> O diretor negou-se a explicar o *porquê* de sua decisão.

## EXERCÍCIOS

**1.** De acordo com o contexto, que forma completa adequadamente os balões do 1º e do 2º quadrinhos da tira a seguir: *por que, por quê, porque* ou *porquê*?

Calvin Hobbes, Bill Watterson/Universal Uclick

(Bill Watterson. *Os dias estão simplesmente lotados*. São Paulo: Best News, 1995. p. 29.)

**2.** Reescreva as frases, completando-as com *por que, por quê, porque* ou *porquê*:

a) Eles resolveram partir ☐ já era muito tarde.

b) Retiraram-se da assembleia sem dizer ☐.

c) Você fala demais. Eis ☐ não entende o que o professor explica.

d) O diretor gostaria de saber ☐ vocês sempre chegam atrasados às quartas-feiras.

e) O título da reportagem é: ☐ o novo Código de Trânsito tem falhas.

f) Não sei ☐ estou tão aborrecida hoje.

g) Ela não tem consciência do ☐ de sua atitude.

h) Você é contra a liberdade de imprensa? ☐?

## Parônimos e homônimos

Algumas palavras, como **infringir** e **infligir**, podem nos deixar em dúvida quando escrevemos textos, porque, embora tenham sentidos diferentes, apresentam semelhança na grafia e na pronúncia – palavras **parônimas** – ou diferença na grafia e semelhança na pronúncia – palavras **homônimas**.

As palavras desse tipo empregadas com mais frequência são:

**acender**: pôr fogo a
**ascender**: subir

**acento**: inflexão da voz; sinal gráfico
**assento**: lugar em que se assenta

**acético**: relativo ao vinagre
**ascético**: relativo ao ascetismo
**asséptico**: relativo à assepsia

**caçar**: perseguir a caça
**cassar**: anular

**censo**: recenseamento
**senso**: juízo claro

**cé(p)tico**: que ou quem duvida
**sé(p)tico**: que causa infecção

**cessão**: ato de ceder; doação
**seção ou secção**: corte; divisão
**sessão**: reunião; assembleia

**comprimento**: extensão
**cumprimento**: saudação

**concertar**: harmonizar; combinar
**consertar**: remendar; reparar

**coser**: costurar
**cozer**: cozinhar

**delatar**: denunciar
**dilatar**: estender; retardar

**descrição**: representação
**discrição**: ato de ser discreto; reserva

**descriminar**: inocentar
**discriminar**: distinguir

**discente**: relativo a alunos
**docente**: relativo a professores

**emergir**: vir à tona
**imergir**: mergulhar

**emigrante**: o que sai do próprio país
**imigrante**: o que entra em país estrangeiro

**eminente**: alto; excelente
**iminente**: que está prestes a ocorrer

**empoçar**: formar poça
**empossar**: dar posse a

**espiar**: espreitar
**expiar**: sofrer pena ou castigo

**espirar**: soprar; respirar; estar vivo
**expirar**: expelir o ar dos pulmões; morrer; definhar

**estada**: ato de estar, permanecer ou demorar (sempre em referência a pessoas e a animais)
**estadia**: tempo de permanência de veículos em garagem ou estacionamento

**estrato**: camada sedimentar; tipo de nuvem
**extrato**: o que foi tirado de dentro; fragmento

**flagrante**: ato de ser surpreendido em alguma situação; evidente; patente
**fragrante**: perfumado

**infligir**: aplicar (pena, repreensão)
**infringir**: violar; transgredir; desrespeitar

**intenção ou tenção**: propósito
**intensão ou tensão**: intensidade

**intercessão**: rogo; súplica
**interse(c)ção**: ponto em que duas linhas se cortam

**mandado**: ordem judicial
**mandato**: período de missão política

**prescrição**: ordem expressa
**proscrição**: eliminação, expulsão

**ratificar**: confirmar
**retificar**: corrigir

**tachar**: censurar; notar defeito em
**taxar**: estabelecer o preço ou imposto

**tráfego**: movimento, trânsito
**tráfico**: comércio ilegal e clandestino

**vultoso**: volumoso
**vultuoso**: atacado de vultuosidade (congestão da face)

## EXERCÍCIO

Empregue uma das formas indicadas entre parênteses:

a) Sejam educados! Usem de ☐. (descrição/discrição)

b) A empresa gastou uma soma ☐ em lazer para seus funcionários. (vultuosa/vultosa)

c) Em minha última viagem à costa brasileira, a ☐ do navio em Salvador permitiu que se prolongasse nossa ☐ naquela magnífica cidade. (estadia/estada)

d) O governo ☐ os direitos políticos de muitos deputados. (cassou/caçou)

e) Felizmente, os ladrões foram apanhados em ☐. (flagrante/fragrante)

f) Pedro trabalha na ☐ de secos e molhados. (cessão/sessão/seção)

g) Gosto de ir ao cinema na ☐ das dez. (cessão/sessão/seção)

h) Palmas para o nadador que acaba de ☐ e já acena para o público! (emergir/imergir)

i) O motoqueiro ☐ as leis de trânsito e o guarda ☐ a ele uma multa bem pesada. (infringiu/infligiu)

## Emprego do hífen

Usa-se o hífen:

- para ligar os elementos de palavras compostas ou derivadas por prefixação:

  guarda-roupa, ex-prefeito, pré-fabricado, pós-moderno

- para unir pronomes átonos a verbos:

  amá-lo-ei, contei-lhe, encontraram-no

- para separar palavras no fim da linha:

  con- /cretamente, concre- /tamente, concreta- /mente, concretamen- /te

Com o Acordo Ortográfico, que foi implantado no Brasil a partir de 2009, o emprego do hífen sofreu várias mudanças. Conheça, a seguir, as principais regras.

### Regras especiais do emprego do hífen

(Jean Galvão. *Folha de S. Paulo*, 9/3/2004.)

Deve-se empregar o hífen:

- nas palavras compostas por justaposição:

  couve-flor, guarda-noturno

- nos adjetivos compostos:

  azul-marinho, anglo-americano

- nos compostos sem elemento de ligação:

  vaga-lume, cata-vento, mesa-redonda, para-brisa, para-choque, etc.

  Exceções: girassol, pontapé, mandachuva, paraquedas, madressilva, etc.

- nos compostos que designam espécies botânicas, zoológicas e afins; contudo, se não pertencerem a essas áreas, não recebem o hífen:

  bico-de-papagaio (planta) e bico de papagaio (nariz adunco)
  não-me-toques (planta) e não me toques (melindres)

  Importante: São exceções as locuções consagradas pelo uso: água-de-colônia, arco-da-velha, cor-de-rosa, mais-que-perfeito, pé-de-meia, à queima-roupa.

- nos compostos entre cujos elementos há apóstrofo:

  mãe-d'água, olho-d'água, cobra-d'água

- em compostos com elementos repetidos, com ou sem alternância vocálica e consonântica:

  lenga-lenga, zum-zum, blá-blá-blá, pingue-pongue, tique-taque, tico-tico

- quando o 1º elemento termina por vogal e o 2º elemento começa por vogal idêntica ou por *h*:

  anti-inflamatório, micro-ondas, sobre-elevar, supra-auricular, semi-interno, auto-hipnose

- quando o prefixo termina em *r* (*hiper-*, *inter-*, *super-*) e o 2º elemento é iniciado por *h* ou *r*:

  hiper-requintado, inter-regional, super-revista, super-homem

- quando o prefixo termina com *b* (*ab-*, *ob-*, *sob-*, *sub-*) ou *d* (*ad-*) e o 2º elemento é iniciado por *b* ou *r*:

  sub-base, sob-roda, sub-réptil, ob-rogar, ad-renal, ad-referendar

  Exceção: adrenalina, adrenalite.

- depois de elementos como *pós-*, *pré-*, *pró-*, *sota-*, *soto-*, *vice-*, *ex-* (condição anterior):

**pós-graduação, pré-escolar, pré-história, pró-ativo, vice-reitor, soto-almirante, ex-diretor**

- nos compostos sem elemento de ligação quando o 1º elemento está representado pelas formas *além*, *aquém*, *recém*, *bem* e *sem*.

**além-mar, recém-nascido, bem-humorado, sem-vergonha**

Jean Galvão

## EXERCÍCIOS

**1.** Reescreva as palavras a seguir, antepondo-lhes o elemento indicado entre parênteses.

a) autor (co)
b) escrever (re)
c) eleito (recém)
d) vestido (bem)
e) rígido (semi)
f) resistente (hiper)
g) editar (re)
h) oficial (extra)
i) som (ultra)
j) estrutura (infra)
k) religioso (anti)
l) social (anti)
m) africano (pró)
n) reitor (sub)
o) região (micro)
p) presidente (ex)

**2.** Identifique, nas frases a seguir, aquelas que apresentam erro em relação ao emprego do hífen e corrija-as adequadamente.

a) O curso de pós-graduação de engenharia agro-industrial tem uma ótima infra-estrutura.
b) Os jogos pan-africanos são bem-organizados e super-disputados.
c) Os afrodescendentes orgulham-se de suas origens afro-brasileiras.
d) Espere aqui na antessala, que o vicepresidente vai recebê-lo para discutir os problemas macrorregionais.
e) Vá à feira e me traga uma couveflor, uma abóbora-menina, um coco-da-baía, um quilo de feijão verde e um pouco de ervadoce.

# DIVISÃO SILÁBICA

Jean Galvão

Leia este texto:

> Não adiantava nada que o céu estivesse azul porque a alma de Nicolino estava negra.
> — Ei, Nicolino! NICOLINO!
> — Que é?
> — Você está ficando surdo, rapaz! A Grazia passou agorinha mesmo.
> — Des-gra-ça-da!
> — Deixa de fita. Você joga amanhã contra o Esmeralda?
> — Não sei ainda.
> — Não sabe? Deixa de fita, rapaz! Você...
> — Ciao.
> — Veja lá, hein! Não vá tirar o corpo na hora. Você é a garantia da defesa.
> A desgraçada já havia passado.
>
> (Antônio de Alcântara Machado. *Novelas paulistanas*. Rio de Janeiro: J. Olympio, 1981. p. 22-3.)

Observe, no 5º parágrafo do texto, que o narrador separa as sílabas da palavra *desgra-çada* para dar ideia da raiva com que a personagem Nicolino referiu-se à sua amada Grazia.

Como mostra essa situação, a divisão de uma palavra em sílabas, além de seu uso mais comum – em final de linha –, pode, em determinados contextos, criar efeitos de sentido.

Ao dividir uma palavra em sílabas, lembre-se:

- quando inicia uma palavra, a consoante não seguida de vogal fica junto da sílaba que a segue: psi-ca-ná-li-se, gno-mo.
- no interior do vocábulo, a consoante não seguida de vogal fica na sílaba que a precede: ca-rac-te-res, ap-to.
- nunca se separam:
  a) os **ditongos** e os **tritongos**: lei-tu-ra, en-xa-guei.
  b) os **dígrafos** *lh, nh, ch, qu, gu*: pa-lha, a-char, quen-te.
  c) os **encontros consonantais** constituídos de *consoante* + *r* e *consoante* + *l*: a-fri-ca-no, cla-ro. Quando, porém, o *l* e o *r* dos grupos consonantais *br* e *bl* são pronunciados separadamente, compõem sílabas distintas: sub-lo-car, sub-li-nhar.
- separam-se:
  a) os **hiatos**: a-in-da, vo-ou.
  b) os **dígrafos** *rr, ss, sc, sç, xc* e os **encontros consonantais** *cc* e *cç*: car-ro, pas-so, nas-cer, des-ça, ex-ce-to, oc-ci-pi-tal, in-te-lec-ção.
  c) os **prefixos** *bis, dis, cis, trans* e *ex*, quando seguidos de vogal; se seguidos de consoante, não se formará nova sílaba: bi-sa-vó / bis-ne-to; di-sen-te-ri-a / dis-rit-mi-a; ci-sal-pi-no / cis-pla-ti-no; tran-sa-tlân-ti-co / trans-por-te; e-xau-rir / ex-por-tar.

(Santiago. *O melhor do Macanudo Taurino*. Porto Alegre: L&PM, 1997. p. 60.)

Observe, nesse cartum, que a substituição de sílabas acaba por provocar uma crítica bem-humorada ao sistema educacional universitário.

## EXERCÍCIOS

**1.** Um aluno, ao escrever um anúncio a pedido de sua professora, dividiu silabicamente a palavra *joia* de modo inadequado:

Como seria, de acordo com a norma-padrão, a divisão silábica da palavra *joia*? Por quê?

**2.** Indique os itens nos quais há palavra(s) separada(s) em desacordo com as regras de divisão silábica:

a) pers-pi-caz, ca-a-tin-ga, vo-o

b) ma-go-a, má-goa, hec-ta-re

c) ex-ces-si-vo, pa-ra-guai-o, ses-são

d) flui-do, fric-cio-nar, ru-im

e) né-ctar, subs-tân-cia, su-bs-cre-ver

f) piau-i-en-se, cis-an-di-no, fri-ís-si-mo

## A DIVISÃO SILÁBICA NA CONSTRUÇÃO DO TEXTO

Leia este anúncio:

Volkswagen

(Disponível em: http://blogdereferencia.wordpress.com/tag/publicidade/. Acesso em: 2/4/2012.)

**1.** O anúncio faz uso de um recurso gramatical para chamar a atenção do leitor.

a) Qual é esse recurso?

b) Como esse texto deveria ter sido escrito de modo que não chamasse a atenção?

**2.** No enunciado principal do anúncio se lê: "dividimos tudo o que é possível dividir".

a) Qual é a divisão que o anúncio procura divulgar?

b) Por que o enunciado, do modo como está escrito, representa uma contradição?

c) Levante hipóteses: Por que somente a palavra *dividimos* foi dividida de acordo com as regras gramaticais?

## SEMÂNTICA E DISCURSO

Leia a crônica a seguir, de Rubem Alves, e responda às questões de 1 a 6.

### Camelos e beija-flores...

A revisora informou delicadamente que era norma do jornal que todas as "estórias" deveriam ser grafadas como "histórias". É assim que os gramáticos decidiram e escreveram nos dicionários.

Respondi também delicadamente: "Comigo não. Quando escrevo 'estória' eu quero dizer 'estória'. Quando escrevo 'história' eu quero dizer 'história'. Estória e história são tão diferentes quanto camelos e beija-flores..."

Escrevi um livro baseado na diferença entre "história" e "estória". O revisor, obediente ao dicionário, corrigiu minhas "estórias" para "história". Confiando no rigor do revisor, não li o texto corrigido. Aí, um livro que era para falar de camelos e beija-flores, só falou de camelos. Foram-se os beija-flores engolidos pelo camelo...

Escoro-me no Guimarães Rosa. Ele começa o *Tutameia* com esta afirmação: "A estória não quer ser história. A estória, em rigor, deve ser contra a história".

Qual é a diferença? É simples. Quando minha filha era pequena eu lhe inventava estórias. Ela, ao final, me perguntava: "Papai, isso aconteceu de verdade?" E eu ficava sem lhe poder responder porque a resposta seria de difícil compreensão para ela. A resposta que lhe daria seria: "Essa estória não aconteceu nunca para que aconteça sempre..."

A história é o reino das coisas que aconteceram de verdade, no tempo, e que estão definitivamente enterradas no passado. Mortas para sempre. [...]

Mas as estórias não aconteceram nunca. São invenções, mentiras. O mito de Narciso é uma invenção. O jovem que se apaixonou por sua própria imagem nunca existiu. Aí, ao ler o mito que nunca existiu eu me vejo hoje debruçado sobre a fonte que me reflete nos olhos dos outros. Toda estória é um espelho. [...]

[...]

A história nos leva para o tempo do "nunca mais", tempo da morte. As estórias nos levam para o tempo da ressurreição. Se elas sempre começam com o "era uma vez, há muito tempo" é só para nos arrancar da banalidade do presente e nos levar para o tempo mágico da alma.

Assim, por favor, revisora: quando eu escrever "estória" não corrija para "história". Não quero confundir camelos e beija-flores...

(*Folha de S. Paulo*, 14/11/2006.)

**1.** O texto comenta uma oposição de natureza ortográfica que, ao ser desconsiderada, resulta, na opinião do autor, em perdas de sentido. De acordo com o texto:

a) Por que a revisora corrigiu a palavra *estória*, mudando-a para *história*?

b) Por que o autor da crônica não concorda com o procedimento da revisora?

**2.** Associe os termos *história* e *estória* às palavras e expressões da coluna da direita, de acordo com o texto:

a) história
b) estória

1. invenções, mentiras
2. reino das coisas que aconteceram de verdade
3. tempo do "nunca mais"
4. tempo da ressurreição
5. tempo mágico da alma
6. tempo da banalidade do presente

**3.** Conclua: Para o autor do texto, qual é a diferença de sentido entre *história* e *estória*?

**4.** O autor conta que escreveu um livro baseado na diferença entre *história* e *estória*. Segundo ele:

a) Por que, quando publicado, o livro falava só de camelos?

b) O que esse fato revela sobre a compreensão do texto pela revisora?

c) Levando em conta a analogia estabelecida pelo autor do texto entre *história/estória*, de um lado, e *beija-flor/camelo*, de outro lado, interprete a afirmação: "Foram-se os beija-flores engolidos pelo camelo".

**5.** O autor do texto diz escorar-se na afirmação de Guimarães Rosa: "A estória não quer ser história. A estória, em rigor, deve ser contra a história". Os argumentos apresentados por Rubem Alves acerca da diferença de sentido entre *história* e *estória* confirmam o ponto de vista de Guimarães Rosa? Por quê?

**6.** Troque ideias com os colegas: Colocando-se na posição do autor, da revisora e dos gramáticos, a quem você daria razão? Por quê?

Leia o anúncio publicitário a seguir e responda às questões 7 e 8.

CocaCola

**7.** O anúncio faz uso de uma linguagem que não é comum na esfera publicitária. Esse tipo de linguagem rompe com as convenções da escrita da língua portuguesa para criar convenções próprias.

a) Em que outra esfera e gêneros esse tipo de linguagem costuma ser utilizado?

b) A parte não verbal do anúncio confirma sua resposta anterior? Por quê?

c) Como ficaria a parte verbal do texto, caso quiséssemos reescrevê-la de acordo com as convenções tradicionais de escrita da língua portuguesa?

d) No contexto, que sentido têm as palavras "geralw" e "dixavar"?

**8.** Mesmo ficando o texto verbal adequado às convenções da escrita de nossa língua, você nota que ele difere bastante da norma-padrão.

a) Que variedade linguística é utilizada no texto?

b) Deduza: Qual é o perfil do público que o anúncio pretende atingir?

c) Com que finalidade o anunciante se apropriou desse tipo de linguagem para construir o anúncio?

CAPÍTULO 6

Lessing/Album/Latinstock

Undine ou a dança (1913), de Francis Picabia.

# A expressão escrita: acentuação

## CONSTRUINDO O CONCEITO

Leia este poema, de Arnaldo Antunes:

Arnaldo Antunes

(Disponível em: http://arnaldoantunes.blogspot.com/2010/08/o-que.html. Acesso em: 4/4/2012.)

**1.** O poema é composto por duas palavras. Que diferenças as palavras apresentam entre si quanto:

a) aos fonemas que as constituem?

b) à sílaba tônica de cada uma?

**2.** Se retirarmos os acentos das duas palavras, elas continuam sendo termos existentes na língua portuguesa.

a) Desenhe em seu caderno uma tabela como a seguinte e distribua nela as palavras *mascara, rasgará* e *rasgara*, levando em conta os critérios de tonicidade das sílabas e classificação morfológica. Veja, como modelo, a classificação da palavra *máscara*.

| | Posição da sílaba tônica | Classe morfológica |
|---|---|---|
| máscara | proparoxítona | substantivo simples comum |

b) Embora as palavras *máscara, mascara, rasgará* e *rasgara* tenham três sílabas e terminem em *a*, elas variam quanto à acentuação e à posição da sílaba tônica. A partir da tabela que você montou, tente deduzir algumas regras de acentuação.

**3.** Observe novamente o poema.

a) De que material são constituídas as letras que compõem as palavras?

b) Levante hipóteses: Ao associar as palavras *máscara* e *rasgará*, da maneira como estão formadas, que sentido o poema constrói?

## CONCEITUANDO

Ao ler o poema e responder às questões sobre ele, você deve ter observado que:

- algumas palavras têm *acento gráfico* e outras não;
- na pronúncia das palavras, ora se dá maior *intensidade sonora* a uma sílaba, ora a outra.

Assim, as palavras da nossa língua têm dois tipos de acento, de naturezas distintas: o tônico e o gráfico.

O **acento tônico** corresponde à maior intensidade sonora com que se pronuncia uma das sílabas das palavras, a **sílaba tônica**.
O **acento gráfico** é um sinal utilizado para indicar a sílaba tônica de certas palavras.

No estudo do poema, você viu a oposição entre *máscara* e *mascara*. Na fala, essas palavras distinguem-se pela maior intensidade sonora com que se pronuncia a sílaba tônica. Na escrita, como as palavras têm a mesma grafia, a distinção entre elas é feita por meio do acento gráfico.

O papel do acento gráfico é, assim, evitar, na escrita, possíveis confusões quanto à leitura e à compreensão de certas palavras.

### A reforma ortográfica de 2009

Em 2009, entrou em vigor no Brasil o Acordo Ortográfico da Língua Portuguesa assinado em 1990 pelos países lusófonos: Brasil, Portugal, Moçambique, Angola, Guiné-Bissau, Cabo Verde, Timor Leste e São Tomé e Príncipe. Contudo, somente a partir de 2016 as alterações constantes no acordo passarão a ser obrigatórias.

Para chegar ao acordo, todos os países tiveram de fazer algumas concessões. Para nós, brasileiros, as mudanças foram pequenas e afetaram apenas 0,5% das palavras.

Entre as vantagens da reforma ortográfica, está a unificação do sistema de escrita da língua. Na prática, isso quer dizer que um livro publicado em Moçambique ou em Portugal pode ser lido no Brasil ou em Angola sem causar estranhamentos. Cursos a distância, pela Internet, também foram beneficiados.

Alamy/Other Images

Praia de Vilankulo, em Moçambique.

## REGRAS DE ACENTUAÇÃO GRÁFICA

**1.** Acentuam-se os monossílabos tônicos terminados em *a*(*s*), *e*(*s*), *o*(*s*) e em ditongos abertos *éi*(*s*), *éu*(*s*) e *ói*(*s*):

| | |
|---|---|
| pá – pás | méis |
| pé – pés | céu – véus |
| pó – pós | mói – sóis |

### O que são monossílabos tônicos e monossílabos átonos?

1. Chamam-se *monossílabos tônicos* as palavras de uma única sílaba que têm intensidade sonora forte. Os *monossílabos átonos*, por terem intensidade sonora fraca, acabam por apoiar-se em outras palavras tônicas. Além do aspecto fonético, diferenciam-se também pelo significado: os monossílabos tônicos têm significação própria, enquanto os monossílabos átonos só assumem significado quando estabelecem relação entre outras palavras.
2. Os monossílabos que pertencem às classes dos substantivos, adjetivos, advérbios, além de alguns pronomes, etc., são *tônicos*. Por exemplo: *flor, má, dá, três.*
3. São monossílabos átonos as preposições, as conjunções, os artigos e alguns pronomes oblíquos, como, por exemplo, *me, nos, lhe, mas, de, o.*

**2.** Acentuam-se as palavras **oxítonas** terminadas em *a*(*s*), *e*(*s*), *o*(*s*) e *em*(*ens*) e nos ditongos abertos *éi*(*s*), *éu*(*s*), *ói*(*s*):

| | | | | | |
|---|---|---|---|---|---|
| Amapá | até | capô | também | anéis | herói(s) |
| babás | vocês | paletós | armazéns | chapéu(s) | |

**3.** Acentuam-se as **paroxítonas** terminadas em *l, n, r, x, ã*(*s*), *ão*(*s*), *i*(*s*), *ei*(*s*), *um*(*uns*), *us, ps*:

| | | |
|---|---|---|
| dócil | ímã(s) | álbum |
| hífen | órfão(s) | álbuns |
| açúcar | júri(s) | vírus |
| ônix | jóquei(s) | bíceps |

De acordo com a reforma ortográfica, **não** se acentuam os ditongos abertos **ei** e **oi** nas palavras paroxítonas: assembleia, ideia, boia, heroico.

4. Acentuam-se todas as palavras **proparoxítonas**:

lâmpada cédula público

5. Acentuam-se as vogais *i* e *u* tônicas dos hiatos, seguidas ou não de *s*, nas palavras oxítonas e paroxítonas:

aí baú sanduíche graúdo país

Exceção: Quando seguida de *nh* na sílaba seguinte, a vogal *i* tônica não é acentuada: rainha, bainha, tainha.

De acordo com a nova reforma ortográfica, **não** se acentuam as vogais **i** e **u** tônicas precedidas de ditongo das palavras paroxítonas: feiura, baiuca.

## Acento diferencial

O verbo *pôr* é acentuado para diferenciar-se da preposição *por*:

Vou *pôr* a mesa imediatamente.
A sobremesa foi feita *por* mim.

A forma verbal *pôde* (pretérito perfeito) diferencia-se de *pode* (presente do indicativo) por meio do acento circunflexo:

Ontem ele não pôde assinar os documentos.

### O trema caiu

De acordo com a reforma ortográfica, o trema deixou de existir na língua portuguesa. Assim, por exemplo, hoje se grafam: frequente, tranquilo, aguentar, sagui.

### *Vem ou vêm? Tem ou têm? Intervém ou intervêm?*

1. Os verbos **vir** e **ter** na 3ª pessoa do plural do presente do indicativo, apesar de serem monossílabos tônicos terminados em *-em*, recebem o acento circunflexo para diferenciarem-se da 3ª pessoa do singular:

ele vem — eles vêm ele tem — eles têm

Os verbos derivados de *ter* e *vir*, como **deter**, **manter**, **reter**, **intervir**, **convir**, etc., por não serem monossílabos, obedecem à regra das oxítonas. Na 3ª pessoa do plural, entretanto, usa-se o acento circunflexo para a diferenciação:

ele intervém — eles intervêm ele mantém — eles mantêm

2. Não se deve confundir o plural dos verbos citados com o dos verbos **crer**, **ler**, **ver** e **dar**:

ele crê — eles creem ele lê — eles leem ele vê — eles veem ele dê — eles deem

## EXERCÍCIOS

**1.** No texto a seguir, foram propositalmente omitidos os acentos gráficos de algumas palavras. Leia o texto integralmente e, em seu caderno, reescreva essas palavras, levando em conta as regras de acentuação da língua portuguesa.

## Estudo mostra que jogar Wii não eleva atividade fisica de criança

Boxe, tenis e dança virtuais de videogames podem não estar ajudando as crianças a satisfazerem suas necessidades diarias de exercicios.

Crianças que jogam videogames ditos "ativos" em um Nintendo Wii não realizam mais atividades fisicas moderadas ou vigorosas do que aquelas que jogam titulos nos quais ficaram sentadas no sofa, segundo um estudo da Baylor College of Medicine (Texas, EUA).

Chris Ryan/Glow Images

Alguns pesquisadores de saude publica tinham esperança de que os videogames ativos servissem como alternativa a brincadeiras ao ar livre e esportes [...]. Em especial, aquelas que vivem em bairros pouco seguros, em que nem sempre e viavel brincar na rua.

"Esperavamos que jogar videogames pudesse de fato resultar em elevação consideravel da atividade fisica das crianças", afirmou Tom Baranowski, lider da equipe de pesquisa do Baylor.

"Francamente, ficamos chocados ao constatar que não existe qualquer diferença", acrescentou.

(Disponível em: http://www1.folha.uol.com.br/equilibrioesaude/1054553-estudo-mostra que-jogar-wii-nao-eleva-atividade-fisica-de crianca.shtml. Acesso em: 4/4/2012.)

Leia as placas a seguir e responda às questões de 2 a 4.

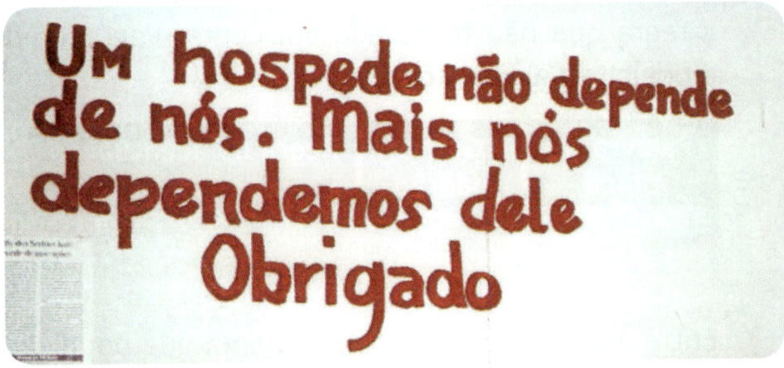


José Eduardo Camargo

(Disponível em: http://noticias.r7.com/vestibular-e-concursos/fotos/r7-corrige-placas-com-erros-de-portugues-pelo-brasil-20110620-23.html. Acesso em: 4/4/2012.)

José Eduardo Camargo

(Disponível em: http://noticias.r7.com/vestibular-e-concursos/fotos/r7-corrige-placas-com-erros-de-portugues-pelo-brasil-20110620-1.html#fotos. Acesso em: 4/4/2012.)

Reprodução

(Disponível em: http://noticias.terra.com.br/brasil/noticias/0,,OI3702539-EI8139,00-vc+reporter+antigo+posto+fiscal+e+cedido+a+policias+em+SC.html#tphotos. Acesso em: 4/4/2012.)

Reprodução

(Disponível em: http://caraguablog.blogspot.com/2010_11_01_archive.html. Acesso em: 4/4/2012.)

2. Localize as palavras que foram grafadas inadequadamente e, em seu caderno, construa uma tabela, identificando os desvios quanto à acentuação e a regra que não foi levada em conta. Veja, como modelo, a palavra *hóspede*:

| Palavra na placa | Grafia padrão | Regra de acentuação não respeitada |
|---|---|---|
| hospede | hóspede | Todas as proparoxítonas são acentuadas. |

3. Entre as palavras da tabela, há uma que pode ser escrita da maneira como aparece na placa, porém com outro significado. Identifique essa palavra e descreva a diferença morfológica e semântica entre a forma com acento e a forma sem acento.

4. Releia estas palavras, empregadas em uma das placas:

obrigatória(s)
vázio(s)

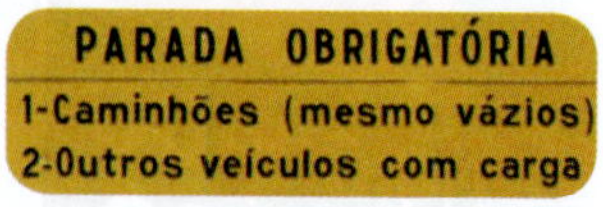

Reprodução

Conforme você já observou, uma delas não deveria ser acentuada. Tendo em vista que as duas palavras são terminadas em *-ia*/*-io*, explique por que uma é acentuada e a outra não.

5. Observe a sílaba tônica destacada nestas palavras:

*de*do *á*rabe *ál*bum

Indique o item em que a sílaba tônica das palavras esteja na mesma posição das relacionadas acima:

a) álcool – rubrica – tulipa
b) látex – pudico – avaro
c) celtibero – pêndulo – quilômetro
d) ibero – álibi – aziago

6. Observe a sílaba tônica destacada nestas palavras:

man*hã* re*fém* *lê*vedo

Indique o item em que a sílaba tônica das palavras esteja na mesma posição das relacionadas acima:

a) Nobel – mister – protótipo
b) ureter – necropsia – fôlego
c) sutil – cânon – Niágara
d) recém – néctar – erudito

7. Algumas palavras admitem dupla prosódia (pronúncia), ambas consideradas corretas. Transforme em paroxítonas as oxítonas:

zangão projetil reptil soror

8. Ocorre dupla prosódia também com palavras que podem ser paroxítonas e proparoxítonas. Transforme em proparoxítonas as paroxítonas:

acrobata alopata hieroglifo nefelibata

9. Dê as formas verbais que completam convenientemente as frases:

a) Eu pude, mas ele nunca (poder).
b) Eles (ter, pres. ind.) sabedoria, mas não (reter) na memória o que o mais simples dos homens (reter).
c) Ele só (intervir, pres. ind.) quando os outros não (intervir) por ele.

## A ACENTUAÇÃO NA CONSTRUÇÃO DO TEXTO

Leia esta tira, de Bob Thaves:

Frank Ernest, Bob Thaves/Universal Uclick for UFS

(*O Estado de S. Paulo*, 21/1/2006.)

1. Na tira, a personagem que fala faz um comentário sobre a acentuação de palavras na língua portuguesa.
   a) De acordo com o contexto, por que ela emprega o sujeito (os cágados) no plural?
   b) Que palavra desse comentário exclui os demais usuários da língua portuguesa?
   c) Portanto, na opinião da personagem, de que maneira os demais usuários acentuam as palavras?

2. Você sabe que, na escrita, o papel do acento gráfico é evitar possíveis confusões quanto à leitura e à compreensão das palavras.
   a) A palavra *cágados*, tal como está grafada na tira, deixa o leitor em dúvida quanto ao seu sentido? Por quê?
   b) Como se classifica essa palavra quanto à posição da sílaba tônica?
   c) Há uma palavra paroxítona que é parônima de *cágado*. Na sua opinião, por que a personagem não deseja ser designada por essa outra palavra?
   d) A preocupação da personagem é o emprego adequado do acento gráfico na palavra que designa sua espécie. Explique por que essa preocupação é absurda.
   e) Que recurso da escrita permitiu ao cartunista criar o humor na tira?

### Para que serve a acentuação?

A acentuação serve para auxiliar a representação escrita da linguagem.

Quando ouvimos, distinguimos com facilidade uma sílaba tônica de uma sílaba átona. Quando lemos, entretanto, isso não é tão fácil, o que pode dificultar a leitura. Assim, os sinais de acentuação cumprem o papel de distinguir, na escrita, palavras de grafia idêntica, mas de tonicidade diferente, como *secretária/secretaria*, *baba/babá*, *mágoa/magoa*, *público/publico*, etc.

## SEMÂNTICA E DISCURSO

Leia a tira a seguir, de Adão Iturrusgarai, para responder às questões de 1 a 4.

(*O Estado de S. Paulo*, 22/1/2005.)

1. A personagem da tira é um dos membros da Família Bíceps, personagens inventadas pelo cartunista.
   a) Considerando-se o contexto e essa informação, como provavelmente se caracterizam os membros dessa família?
   b) Por que motivo provavelmente Marcel está internado numa clínica para viciados em ginástica?

**2.** Marcel foi submetido a uma "dieta sedentária".

a) O que foi feito para ele se tornar sedentário?

b) A dieta alimentar prescrita para Marcel é geralmente a que se considera adequada a um doente? Por quê?

**3.** No 2º quadrinho, parece que a dieta prescrita estava dando os resultados esperados.

a) A que campo semântico pertencem as palavras *bíceps*, *tríceps* e *quadríceps*?

b) Por que essas palavras são acentuadas?

**4.** No último quadrinho, vê-se o resultado final da dieta prescrita: um músculo se desenvolveu – o pânceps.

a) Essa palavra existe na língua portuguesa?

b) A partir de que palavras ela foi criada?

c) *Bíceps*, *tríceps* e *quadríceps* referem-se a determinados músculos que têm, respectivamente, dois, três e quatro feixes fibrosos. Explique por que, de acordo com o contexto, o emprego de *pânceps* provoca humor.

**5.** Leia este quadrinho, de Caco Galhardo:

Caco Galhardo

a) O cartunista se refere a três novas regras do Acordo Ortográfico. Quais são essas regras?

b) Cite mais duas palavras – que antes eram acentuadas e agora deixaram de ser – para exemplificar alterações introduzidas pela reforma ortográfica.

# UNIDADE 3

# MORFOLOGIA: A PALAVRA E SEUS PARADIGMAS

O que o poeta quer dizer
no discurso não cabe
e se o diz é pra saber
o que ainda não sabe.

Uma fruta uma flor
um odor que relume...
Como dizer o sabor,
seu clarão seu perfume?

Como enfim traduzir
na lógica do ouvido
o que na coisa é coisa
e que não tem sentido?

A linguagem dispõe
de conceitos, de nomes
mas o gosto da fruta
só o sabes se a comes

só o sabes no corpo
o sabor que assimilas
e que na boca é festa
de saliva e papilas

invadindo-te inteiro
tal do mar o marulho
e que a fala submerge
e reduz a um barulho,

um tumulto de vozes
de gozos, de espasmos,
vertiginoso e pleno
como são os orgasmos

No entanto, o poeta
desafia o impossível
e tenta no poema
dizer o indizível:

subverte a sintaxe
implode a fala, ousa
incutir na linguagem
densidade de coisa

sem permitir, porém,
que perca a transparência
já que a coisa é fechada
à humana consciência.

O que o poeta faz
mais do que mencioná-la
é torná-la aparência
pura – e iluminá-la.

Toda coisa tem peso
uma noite em seu centro.
O poema é uma coisa
que não tem nada dentro,

a não ser o ressoar
de uma imprecisa voz
que não quer se apagar
– essa voz somos nós.

(Ferreira Gullar. In: *Melhores poemas de Ferreira Gullar*. Seleção de Alfredo Bosi. 7. ed. São Paulo: Global, 2004. p. 239-241.)

Vetta/Getty Images

Jeff Greenberg/Alamy/Other Images

CAPÍTULO 7

# Estrutura de palavras

## CONSTRUINDO O CONCEITO

Leia o anúncio:

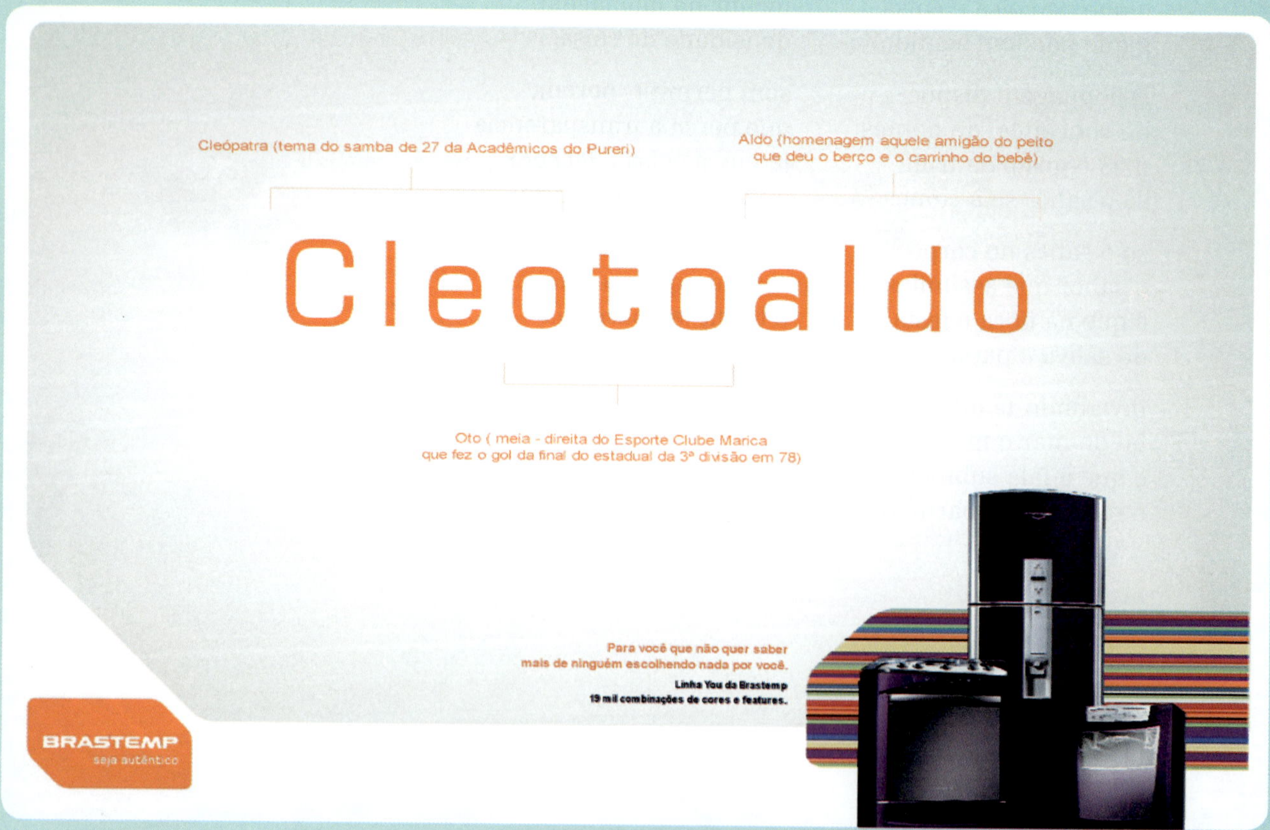


WMO

1. O texto do anúncio faz uma brincadeira com a escolha do nome de uma pessoa: Cleotoaldo.

a) Qual é o enunciado do texto que permite inferir essa informação?

b) Levante hipóteses: Quem escolheu o nome dessa pessoa? Justifique sua resposta com base no texto.

c) Releia todo o texto e conclua: Como o nome *Cleotoaldo* foi formado?

2. Assim como o nome do anúncio, as palavras da nossa língua também podem ser segmentadas em unidades portadoras de sentido. Observe as palavras abaixo, empregadas no texto:

amigão
carrinho

Ambas podem ser fragmentadas fonologicamente, em /a/ /m/ /i/ /g/ /ã/ /w/ e /k/ /a/ /R/ /i/ /ɳ/ /u/, ou em sílabas: a-mi-gão e car-ri-nho. Em uma e outra forma de segmentação, as unidades menores são portadoras de sentido?

3. As palavras *amigão* e *carrinho* também podem ser segmentadas ainda nas seguintes unidades: amig-ão e carr-inh-o. Nesse caso, temos dois elementos mórficos na primeira palavra e três na segunda.

a) Tente formar outras palavras a partir das unidades *amig-* e *carr-*.

b) Que sentido contém cada uma dessas unidades?

- amig-
- carr-

4. Observe as unidades *-ão* e *-inh* nestas palavras:

| | |
|---|---|
| pedaç*ão* | pedac*inho* |
| cadern*ão* | cadern*inho* |
| estoj*ão* | estoj*inho* |
| amig*ão* | amigu*inho* |
| carr*ão* | carr*inho* |

Thinkstock/Getty Images

a) A unidade *-inh* geralmente confere às palavras o sentido de "pequeno(a)". Entre as palavras da segunda coluna, identifique ao menos uma em que seja possível apreender também outro sentido para a unidade *-inh*. Qual é esse sentido?

b) A unidade *-ão* geralmente confere às palavras o sentido de "grande". Entre as palavras da primeira coluna, identifique ao menos uma em que seja possível apreender também outro sentido para a unidade *-ão*. Qual é esse sentido?

c) Se em vez de *carrinho* tivéssemos *carrinhos*, o sentido da palavra seria alterado. Que informação é dada pela unidade *-s*?

## CONCEITUANDO

Você observou que uma palavra pode ser segmentada em letras e sílabas e que essas unidades não são portadoras de sentido. E também que outra forma de segmentação de palavras possibilita obter unidades portadoras de sentido.

As unidades *amig-* e *carr-*, das palavras *amigão* e *carrinho*, por exemplo, podem aparecer em outras palavras, como *amiguinho, amiga, amigar, amigado* e *carreta, carreata, carrão, carroça*, a primeira delas sempre

Transtock/Masterfile/Other Images

relacionada com o sentido de "aquele que está junto de", e a segunda, com o sentido de "meio de transporte mecânico". As unidades *-inh* e *-ão* também têm sentido, informando sobre tamanhos. Unidades como essas, portadoras de sentido, chamam-se **morfemas**.

> **Morfema** é a menor unidade portadora de sentido de uma palavra.

# TIPOS DE MORFEMAS

## Radical

É o morfema que informa sobre o sentido básico da palavra:

*carr* - inh - o *pequen* - o

A partir do radical, podemos formar outras palavras. Do radical *pequen-*, por exemplo, podemos formar: *pequeninho, pequenez, pequenino, pequenito, pequenice, pequenote, apequenar, apequenado,* etc. O conjunto de palavras que têm um radical comum denomina-se **família de palavras** ou **palavras cognatas**.

Alguns radicais podem apresentar variações. É o caso, por exemplo, do radical *vit/vid*, nas palavras *vital, vitalício, revitalizar, vidinha, vidão, vidaço, vidaça.* Apesar das diferenças de sentido, essas palavras têm um núcleo significativo comum, que é o radical. Por isso, elas são palavras cognatas.

## Afixos

São morfemas que se juntam ao radical, modificando seu sentido básico. Quando são colocados *antes* do radical, chamam-se **prefixos**; quando colocados *depois* do radical, chamam-se **sufixos**. Veja:

| *a* | pequen | *ar* |
|---|---|---|
| prefixo | radical | sufixo |

## Vogal temática

É a vogal que sucede o radical de verbos e nomes.
Em verbos, indica a conjugação a que eles pertencem.
São vogais temáticas de verbos:

- **-a**, que indica a 1ª conjugação: começ *a* mos
- **-e**, que indica a 2ª conjugação: com *e* ndo
- **-i**, que indica a 3ª conjugação: produz *í* ssemos

> O verbo *pôr* e seus compostos pertencem à 2ª conjugação. Observe, por exemplo, que na forma verbal *pus* ***e*** *mos* a vogal temática é *e*.

Em nomes, há três vogais temáticas:

- **-a**: cas *a*, folh *a*
- **-e**: dent *e*, pel *e*
- **-o**: med *o*, carr *o*

São chamadas de *atemáticas* as palavras oxítonas terminadas em *a, e, i, o, u*, como *alvará, candomblé, avô, tupi, urubu*, e as palavras terminadas em consoantes, como *feliz, mulher, flor*, que recuperam a vogal temática no plural: *felizes, mulheres, flores*.

## Tema

É o radical somado à vogal temática:

| tema: *começ* (radical) + *a* (vogal temática) + mos | tema: *com* (radical) + *e* (vogal temática) + ndo | tema: *produz* (radical) + *í* (vogal temática) + ssemos |
|---|---|---|

## Desinências

São morfemas que se colocam após os radicais.

As **desinências nominais** informam sobre o *gênero* e o *número* dos nomes:

garot *a* (gênero (feminino)) *s* (número (plural))

Nesse caso, de acordo com o gramático Evanildo Bechara, o morfema *a* é desinência nominal de gênero e é, cumulativamente, vogal temática. O mesmo ocorre com o morfema *o* da palavra *garoto*.

As **desinências verbais** informam sobre o modo, o tempo, o número e a pessoa dos verbos:

começá *sse* (modo e tempo (imperfeito do subjuntivo)) *mos* (pessoa e número (1ª pessoa do plural))

Não só a desinência é portadora de informação. A ausência de desinência também informa: *começasse* (desinência número-pessoal zero: 1ª ou 3ª pessoa do singular); *garoto* (desinência de número zero: singular).

| DESINÊNCIAS VERBAIS | |
|---|---|
| **Modo-temporais** | **Número-pessoais** |
| *-va*: imperfeito do indicativo (amava) | 1ª pessoa do singular: desinência zero ou *-o* (amo, presente do indicativo) ou *-i* (pretérito perfeito) |
| *-ia*: imperfeito do indicativo (partia) | 2ª pessoa do singular: *-s* (amas) |
| *-ra*: mais-que-perfeito do indicativo (amara) | 3ª pessoa do singular: *-ϕ* (amaϕ) |
| *-sse*: imperfeito do subjuntivo (amasse) | 1ª pessoa do plural: *-mos* (amamos) |
| *-ria*: futuro do pretérito do indicativo (amaria) | 2ª pessoa do plural: *-is/-des* (amais/amardes) |
| *-ra/-re*: futuro do presente do indicativo (amará/amaremos) | 3ª pessoa do plural: *-m* (amam) |
| *-r*: futuro do subjuntivo (quiser) | |
| *-a*: presente do subjuntivo (peça) | |
| *-e*: presente do subjuntivo (ame) | |
| *-u*: pretérito perfeito do indicativo (amou) | |

**Observações**

1ª) As desinências *-ste* e *-stes* acumulam as funções número-pessoal e modo-temporal no pretérito perfeito do indicativo: quise*ste*, quise*stes*.

2ª) As chamadas formas nominais do verbo, o *infinitivo*, o *gerúndio* e o *particípio*, são marcadas respectivamente pelas desinências verbo-nominais *-r*, *-ndo* e *-do(a)*: senti*r*, chega*ndo*, destaca*do*.

## Vogais e consoantes de ligação

São elementos que aparecem no interior dos vocábulos apenas para facilitar a pronúncia ou ligar morfemas. Não constituem morfemas, porque não são portadoras de informações nem modificam o radical.

Existe vogal de ligação em: gas*ô*metro, cafe*i*cultura.

Há consoante de ligação em: mama*d*eira, cha*l*eira.

# EXERCÍCIOS

Leia o texto a seguir para responder às questões de 1 a 5.

### Por que a gente pisca?

Thinkstock/Getty Images

A gente dá cerca de 25 mil piscadas por dia, e todo esse esforço serve para espalhar lágrimas pelos olhos. Eles precisam ser mantidos úmidos e lubrificados o tempo todo para se protegerem de corpos estranhos, como poeira. As lágrimas são produzidas por glândulas e se espalham pelos olhos por meio de dois pequenos canais, os dutos lacrimais. Por dia, uma pessoa adulta produz de 1 a 2 litros de lágrimas — sem contar as derramadas no choro. Haja piscada para dar vazão a esse aguaceiro!

(*Mundo Estranho*, nº 72.)

**1.** Forme uma família de palavras a partir do radical da palavra *aguaceiro*.

**2.** Identifique no texto uma palavra formada a partir de uma variação do radical da palavra *lágrima*.

**3.** Indique o radical, a vogal temática e o tema da forma verbal *espalham*, empregada no texto.

**4.** Na palavra *úmidos*, o morfema *o* indica gênero masculino.

a) O que indica o morfema *s*?

b) Identifique no texto outras palavras que apresentam esses mesmos morfemas.

**5.** Indique a alternativa em que o elemento mórfico destacado está classificado incorretamente:

a) olho*s* – desinência nominal de número

b) precisa*m* – desinência verbal número-pessoal

c) adult*a* – desinência verbal modo-temporal

d) po*eira* – sufixo

**6.** Leia esta tira, de Adão Iturrusgarai:

Adão Iturrusgarai

(*Folha de S. Paulo*, 11/10/2004.)

A tira provoca humor por meio de um jogo entre as palavras *pessoal* e *impessoal*.

a) Qual é o significado do prefixo *im-* na palavra *impessoal*?

b) Por que o resultado obtido com as plásticas não foi capaz de resolver a insatisfação da personagem?

## OS ELEMENTOS MÓRFICOS NA CONSTRUÇÃO DO TEXTO

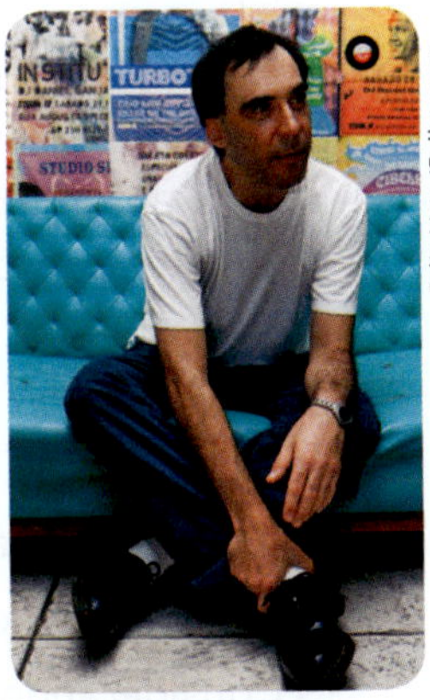

Felix Lima/Folhapress

Arnaldo Antunes.

Poemas concretos são aqueles cuja construção se baseia na utilização de recursos visuais, sonoros e gráficos. Leia o poema concreto abaixo, de autoria do poeta e compositor Arnaldo Antunes, e responda às questões propostas.

Arnaldo Antunes

(*2 ou + corpos no mesmo espaço*. São Paulo: Perspectiva, 1997. p. 55.)

**1.** O poema está organizado em duas partes, ou duas estrofes não convencionais, cada uma com o formato de um círculo. Observe as palavras e expressões que formam o círculo da esquerda, lidas no sentido horário: *gera*, *degenera*, *já era*, *regenera*. Sabendo que o verbo *gerar* origina-se da forma latina *generare*, responda:

a) As palavras *gerar*, *degenerar* e *regenerar* podem ser consideradas cognatas entre si? Por quê?

b) Que figura de linguagem se verifica na oposição entre *degenerar* e *regenerar*?

c) Que palavra desse círculo mantém com a expressão *já era* o mesmo tipo de oposição?

**2.** Observe o sentido dos prefixos *de-* e *re-*:

> *de-*: movimento de cima para baixo; origem, procedência; afastamento; extração; intensidade; significação contrária
>
> *re-*: movimento para trás; repetição; intensidade; reciprocidade; mudança de estado

a) Com quais sentidos esses prefixos foram empregados no texto?

b) Entre esses prefixos existe uma relação de oposição ou de semelhança?

**3.** A expressão *já era* não possui vínculos etimológicos com as demais do círculo da esquerda; no entanto, apresenta sonoridade e sentido que se aproximam dos de outras palavras desse círculo.

a) Que palavra do círculo se aproxima sonoramente da expressão *já era*?

b) E semanticamente?

**4.** O círculo da direita é formado pela repetição da palavra *zera*, uma forma verbal de *zerar*. Veja alguns dos sentidos da palavra *zero* registrados no *Novo dicionário Aurélio*: "Ponto em que se principiam a contar os graus e que corresponde, em alguns termômetros, à temperatura de gelo fundente; ponto inicial da maioria dos instrumentos de medição; pessoa ou coisa sem valor, sem préstimo".

Comparando as duas estrofes quanto à disposição espacial e visual na página e quanto ao sentido, responda:

a) Visualmente as duas estrofes se igualam ou se diferenciam?

b) Que relação existe entre a palavra *zero* e o círculo formado pela palavra *zera*?

c) Considerando os sentidos da palavra *zero*, aponte semelhanças entre as duas estrofes quanto ao significado.

**5.** Imagine um corpo se movimentando num círculo: ele só terá completado uma volta inteira quando passar novamente pelo ponto de partida. Nesse sentido, o ponto de partida e o de chegada são o mesmo. Ao empregar palavras como *gera* e *degenera*, o autor trabalha com a oposição *vida* e *morte*. Considerando essas informações, responda:

a) Por que o autor teria escolhido o círculo como forma para dispor seu poema?

b) Pela perspectiva do texto, a vida se esgota com a morte?

## SEMÂNTICA E DISCURSO

Leia a tira a seguir, de Laerte, e responda às questões de 1 a 3.

Laerte

**1.** É possível perceber que a tira retrata uma situação administrativa, em que um funcionário preenche uma ficha com os dados pessoais de um cliente.

O cliente compreende claramente as perguntas do funcionário? Justifique sua resposta.

**2.** O humor da tira é construído a partir de um mal-entendido entre as duas personagens, causado pela dupla possibilidade de segmentação da sequência sonora *assina*.

a) Como o cliente entendeu o que o funcionário disse?

b) Qual era a intenção do funcionário?

c) As palavras *assina* e *sina* têm o mesmo radical?

**3.** Em qual alternativa os morfemas que compõem as palavras *assina* e *sina* estão segmentados corretamente?

a) assina → a (prefixo) + ssin (radical) + a (vogal temática)
sina → sin (prefixo) + a (vogal temática)

b) assina → a (prefixo) + ssin (radical) + a (sufixo)
sina → sin (prefixo) + a (sufixo)

c) assina → assin (radical) + a (vogal temática)
sina → sin (radical) + a (vogal temática)

**4.** Indique as palavras em que o *a* inicial é prefixo:

apaziguar ateu amar acéfalo acessível adoçar

**5.** Veja o significado dado pelo jornalista e humorista José Simão a três palavras:

> **Tricotar** — Dividir em três cotas.
> **Trimestre** — Companheiro com mestrado em três áreas diferentes.
> **Tripulante** — Campeão de salto triplo.
>
> (*No país da piada pronta – Dicionário lulês, dicionário tucanês, dicionário antitucanês.* São Paulo: Editora do Bispo, 2007.)

O sentido novo dado a essas palavras baseia-se na sua desestruturação.

a) Qual é o radical de cada uma das palavras?

b) O morfema *tri-* desempenha em todas elas o papel de prefixo?

c) Explique o processo explorado pelo autor para dar um novo sentido às palavras e provocar humor.

Leia o poema a seguir e responda às questões de 6 a 8.

durassolado
petrifincado
amargamado
agrusurado
capitalienado
massamorfado

solumano
corpumano
fardumano
servumano
gadumano
desumano

(José Lino Grünewald. In: *Poesia concreta.* São Paulo: Abril Educação, 1982. Literatura Comentada.)

Filipe Rocha

**6.** Nesse poema, o autor utilizou principalmente palavras que criou a partir da combinação de alguns radicais e prefixos. Da forma como estão estruturadas, com exceção da palavra *desumano*, todas as outras não existem na língua. Apesar disso, podemos depreender significados a partir de seus radicais, como, por exemplo, no 1º verso, *dura, solo, sol, (h)umano*. Releia o poema e identifique outros radicais.

**7.** A que áreas semânticas se relaciona a maioria dos radicais do poema?

- lazer e cultura
- trabalho e capital
- família e amigos

**8.** O poema também pode ser lido na vertical. Nesse caso, ele apresenta duas colunas. Observe a coluna da direita.

a) Qual é o radical que se repete em todas as palavras dessa coluna?

b) Observe os radicais que se unem ao radical que se repete. Note que de uma palavra para outra ocorre uma gradação. Que ponto de chegada é sugerido por essa gradação?

**9.** Você já imaginou um dicionário de insultos? Pois existe! Leia este verbete:

> **enchouriçado** Ativo, arrogante. Vem de chouriço, sem que fique clara a ligação entre a arrogância e o embutido de porco.

(Altair J. Aranha. *Dicionário brasileiro de insultos*. Cotia: Ateliê, 2002. p. 124.)

Ateliê Editorial

Com base no verbete, é possível extrair algumas conclusões. Indique a conclusão falsa:

a) Na palavra *enchouriçado*, o radical é *chouriç-*.

b) Em *enchouriç - a - do*, a letra *a* é vogal temática.

c) Em *enchouriçado*, *en-* é prefixo e tem o sentido de "aproximação".

d) Em *enchouriçado*, *-ado* é sufixo e a ele se deve a adjetivação da palavra.

e) Em *enchouriçado*, o sufixo *-ado* poderia sofrer variação de gênero, recebendo a desinência nominal *-a* (enchouriçada).

# PARA CONSULTA

## RADICAIS, PREFIXOS E SUFIXOS

A maioria dos radicais, prefixos e sufixos da língua portuguesa origina-se principalmente do grego e do latim.

Há, a seguir, a relação de alguns, com significado e exemplos correspondentes.

### Radicais gregos

| RADICAL | SIGNIFICADO | EXEMPLOS |
|---|---|---|
| acro | alto, elevado | acrofobia |
| aero | ar | aeronave |
| agogo | que conduz | demagogo |
| algia | dor | nevralgia |
| antropo | homem | antropologia |
| arcaio | antigo | arcaísmo |
| auto | próprio | autobiografia, autorregulagem, auto-hipnose |
| baro | pressão, peso | barômetro |
| biblio | livro | biblioteca |
| bio | vida | biologia, biossatélite, bio-histórico |
| caco | feio, mau | cacófato |
| cali | belo | caligrafia |
| cardia | coração | taquicardia |
| cefalo | cabeça | encefalite |
| cito | célula | citoplasma |
| cracia | força, poder | democracia |
| crono | tempo | cronologia |
| da(c)tilo | dedo | datilografia |
| deca | dez | década |
| demo | povo | demografia |
| derma | pele | dermatologista |
| dinamo | força | dinamômetro |
| eco | casa | economia |
| entero | intestino | entérico |
| ergo | trabalho | ergofobia |
| etno | raça, nação | etnia |
| eto | costume | ética |
| fago | que come | antropófago |
| filo | amigo | filósofo |
| fobo | que teme | hidrófobo |
| foto | luz | fotografia |
| fone | voz, som | telefone |
| gastro | estômago | gastrite |
| geo | terra | geólogo |
| geno | nascimento | genética |
| gero | velho | geriatria |
| gine | mulher | gineceu |
| glossa, glota | língua | glossário, poliglota |
| hidro | água | hidrômetro |
| helio | sol | heliografia |

| | | |
|---|---|---|
| hema | sangue | hemácia |
| hipno | sono | hipnose |
| hipo | cavalo | hípico |
| icono | imagem | iconoclasta |
| latria | adoração | idolatria |
| leuco | branco | leucócito |
| lipo | gordura | lipemia |
| logo | palavra | diálogo |
| logia | estudo | biologia |
| mania | inclinação | maníaco |
| megalo | grande | megalomania |
| metro | medida | cronômetro |
| micro | pequena quantidade | micro-ondas |
| miso | que odeia | misantropo |
| morfo | forma | amorfo |
| necro | morto | necrópsia |
| nefro | rim | nefrite |
| neo | novo | neolatino |
| neuro | nervo | neurologia |
| odonto | dente | odontologia |
| oligo | pouco | oligarquia |
| orto | reto, correto | ortografia |
| pato | doença | patologia |
| piro | fogo | pirotécnico |
| poli | muitos | poligamia |
| pseudo | falso | pseudoprofeta |
| psico | alma | psicologia |
| quilo | mil | quilômetro |
| rino | nariz | rinite |
| sofia | sabedoria | filosofia |
| tanato | morte | tanatofobia |
| taqui | rápido | taquigrafia |
| terapia | cura | laborterapia |
| xeno | estrangeiro | xenofobia |
| zoo | animal | zoologia |

## Radicais latinos

| RADICAL | SIGNIFICADO | EXEMPLOS |
|---|---|---|
| agri | campo | agricultura |
| ambi | ambos | ambíguo |
| animi | alma | anímico |
| beli | guerra | bélico |
| capiti | cabeça | capital |
| cida | o que mata | homicida |
| cola | que habita | silvícola |
| fico | que faz ou produz | maléfico |
| frater | irmão | fraternidade |
| gena | nascido em | alienígena |
| igni | fogo | ignívoro |
| ludo | jogo | ludoterapia |
| mater | mãe | maternidade |

| | | |
|---|---|---|
| oni | todo | onipotente |
| opera | obra, trabalho | operário |
| pater | pai | paterno |
| pluri | vários | pluricelular |
| pluvi | chuva | pluvial |
| populo | povo | popular |
| puer | criança | puericultura |
| sui | a si mesmo | suicida |
| uni | um | unitário |
| vago | que vaga | noctívago |
| vermi | verme | vermífugo |
| video | que vê | vidente |
| voci | voz | vociferar |
| volo | que quer | benévolo |
| voro | que come | herbívoro |

## Prefixos gregos

| RADICAL | SIGNIFICADO | EXEMPLOS |
|---|---|---|
| a-, an- | privação, negação | anônimo, analfabeto |
| ana- | repetição, separação | análise, anacrônico |
| anfi- | duplicidade | anfiteatro |
| anti- | oposição | antídoto, antirreligioso, antissocial |
| apo- | separação | apóstata |
| arqui-, arce- | posição superior | arquétipo, arcebispo |
| cata- | movimento para baixo, ordem | cataclismo, catálogo |
| di- | duas vezes | dilema |
| dia- | através de | diálogo |
| dis- | dificuldade | dispneia |
| en-, em- | inclusão | energia, embrião |
| endo- | posição interior | endocárdio |
| epi- | posição superior | epitáfio |
| eu-, ev- | excelência | euforia, evangelho |
| ex-, ec-, exo- | movimento para fora | êxodo, eclipse, exógeno |
| hemi- | metade | hemisfério |
| hiper- | posição superior, excesso | hipertensão |
| hipo- | posição inferior | hipoteca |
| meta- | mudança | metamorfose |
| para- | proximidade | paralelo |
| peri- | em torno de | perímetro |
| pro- | posição anterior | prólogo |
| sin-, sim-, si- | simultaneidade | sintonizar, simpatia, sílaba |

## Prefixos latinos

| RADICAL | SIGNIFICADO | EXEMPLOS |
|---|---|---|
| ab-, abs- | afastamento, separação | abjurar, abstêmio, ab-rogar |
| ad-, a- | aproximação, direção | advérbio, apodrecer, ad-renal |
| ambi- | duplicidade | ambidestro |
| ante- | posição anterior | anteceder, antessala |
| bene-, ben-, bem- | bem, bom | benévolo, benfeitor, bem-apessoado |
| bis-, bi- | duas vezes | bisavô, bimestre |

| | | |
|---|---|---|
| circum-, circun- | em redor de | circunferência, circum-escolar |
| cis- | posição aquém | cisplatino |
| com-, con-, co- | companhia, combinação | companheiro, condômino, coautor |
| contra- | oposição, ação contrária | contradizer, contrarregra |
| de-, des-, dis- | movimento para baixo, afastamento, negação, ação contrária | decadência, desleal, dissidente |
| ex-, es-, e- | movimento para fora, mudança, separação | exilar, escorrer, emigrar |
| extra- | posição exterior, superioridade | extraordinário |
| in-, im-, i-, em-, en- | movimento para dentro, posição interna | ingerir, importar, inalar, embarcar, enterrar |
| in-, im-, i- | negação | incapaz, imberbe, irregular |
| inter-, entre- | posição intermediária | inter-regional, intercalar, entrelinha |
| intra-, intro- | movimento para dentro | intramuscular, intrometer |
| justa- | posição ao lado de | justapor |
| o-, ob- | oposição; posição em frente | opor, obstáculo |
| per- | movimento através de, muito, duração | percorrer, perdurar, pernoitar |
| post-, pos- | posição posterior | póstumo, pós-escrito |
| pre- | anterioridade, superioridade | preconceito, predileto, preencher |
| pro- | posição em frente, movimento para a frente | progresso, propor, proeminente |
| re- | repetição, intensidade | recomeçar, reescrever, readmitir |
| retro- | movimento para trás | retroceder |
| semi- | metade, quase | seminu, semirrígido, semiárido |
| sub-, sob-, so- | posição inferior | subsolo, sobpor, sub-reitor, sub-rogar |
| super-, sobre- | posição superior | superprodução, sobrancelha |
| trans-, tras-, tra-, tres- | através de, além de | transgredir, trasladar, traduzir, tresnoitar |
| ultra- | além de, excesso | ultravioleta |
| vice-, vis- | substituição | vice-governador, visconde |

## Correspondência entre radicais e prefixos gregos e latinos

Alguns radicais e prefixos têm correspondência na significação. Entre outros, é o caso, por exemplo, dos radicais *psico* (grego) e *animi* (latino), cuja significação é *alma*; e dos prefixos *di-* (grego) e *bi-* (latino), que têm o mesmo significado, isto é, *dois*.

## Sufixos

A maioria dos sufixos presentes na língua portuguesa é de origem latina.

Os sufixos podem ser nominais e verbais: os *nominais* formam substantivos e adjetivos; os *verbais* formam verbos. O sufixo *-mente* é o único *adverbial*.

Na relação a seguir, há alguns sufixos e seus significados.

- *-aça, -aço, -alhão, -anzil, -ão, -arra, -ázio* indicam aumento: barcaça, balaço, brincalhão, corpanzil, pobretão, bocarra, copázio.
- *-acho, -ebre, -ejo, -eto, -eta, -ico, -inha, -inho, -zinho, -zinha* indicam diminuição: riacho, casebre, lugarejo, poemeto, saleta, burrico, caixinha, livrinho, chapeuzinho, avezinha.
- *-dor, -eiro, -ista, -tor, -ário* indicam profissão: vendedor, jornaleiro, dentista, escultor, bibliotecário.
- *-ato, -aria, -tório, -tério* indicam lugar: orfanato, padaria, dormitório, batistério.
- *-ano, -ão, -eiro, -ês, -eu* indicam origem, nacionalidade: baiano, alemão, brasileiro, chinês, europeu.
- *-al, -ama, -edo, -eiro* indicam coleção: cafezal, dinheirama, arvoredo, formigueiro.
- *-ear, -entar, -icar, -itar* são utilizados na formação de verbos: espernear, amamentar, bebericar, saltitar.

Flickr RF/Getty Images

CAPÍTULO 8

# Formação de palavras

## CONSTRUINDO O CONCEITO

Leia as tiras a seguir, de Bob Thaves:

Frank Ernest, Bob Thaves/ Universal Uclick

Frank Ernest, Bob Thaves © 2008 Thaves/Universal Uclick for UFS

**1.** O humor da primeira tira é construído a partir da oposição semântica entre as palavras *fundar* e *afundar*. Ambas as palavras apresentam a mesma origem latina (*fundus*, *fundare*), porém historicamente ganharam sentidos diferentes

a) Que diferença de sentido há entre essas palavras?

b) Que elemento mórfico é responsável pela oposição de sentido entre as palavras?

**2.** A palavra *fundador*, empregada na primeira tira, apresenta o sufixo *-dor*. Compare essa palavra a estas outras: vendedor, elevador, catador, fiador, agitador.
Que sentido o sufixo *-dor* acrescenta ao radical de todas essas palavras?

**3.** O humor da segunda tira também está relacionado com o sentido e a origem das palavras.

a) Que palavras, na visão do primeiro monge, estariam ligadas pelo mesmo radical?

b) A que classes de palavras elas pertencem?

c) Que substantivo deu origem à palavra *canonizar*?

d) Que verbo poderia ser formado a partir da palavra *cano*?

e) Sabendo que várias palavras da língua se formam pelo acréscimo do sufixo *-izar* a um nome (canal + -izar = canalizar; humano + -izar = humanizar; banal + -izar = banalizar), levante hipóteses: Qual foi o raciocínio do monge para chegar à conclusão de que *canonizar* seria "entrar pelo cano"?

**4.** Observe os elementos mórficos que compõem estas palavras:

fundador
afundar
canonizado
encanar
canalizar

Frank Ernest, Bob Thaves © 2008 Thaves/ Universal Uclick for UFS

Quais dessas palavras se formaram a partir do acréscimo:

a) de apenas sufixo?

b) de prefixo e sufixo?

## CONCEITUANDO

Uma sociedade em permanente mudança, que cria a todo instante novas necessidades e novos objetos de consumo, precisa ter também uma linguagem dinâmica, que acompanhe as transformações.

Assim, sempre que for necessário um nome para designar uma ideia ou um objeto novo, o falante de uma língua poderá criar uma palavra a partir de elementos já existentes na língua, importar um termo de uma língua estrangeira ou alterar o significado de uma palavra antiga. Tais palavras são denominadas **neologismos**. Os avanços na área da informática nos últimos tempos, por exemplo, acabaram por incorporar à língua portuguesa inúmeros termos novos.

Há, na língua portuguesa, muitos processos pelos quais se formam palavras. Entre eles, os dois mais comuns são a *derivação* e a *composição*.

# PROCESSOS DE FORMAÇÃO DE PALAVRAS

## Derivação

**Derivação** é o processo pelo qual a partir de uma palavra se formam outras, por meio do acréscimo de elementos que lhe alteram o sentido primitivo ou lhe acrescentam um sentido novo.

A palavra assim formada chama-se *derivada*; a que lhe dá formação é denominada *primitiva*.

As palavras *contrapor*, *arvoredo*, *engarrafar* e *consumo*, por exemplo, originaram-se de outras já existentes na língua, ou seja, são derivadas.

Os processos de derivação são de vários tipos.

- **Derivação prefixal**: ocorre quando há acréscimo de um prefixo a um radical:

contrapor ⟶ *contra-* + *por*
prefixo radical

- **Derivação sufixal**: ocorre quando há acréscimo de um sufixo a um radical:

> arvoredo ⟶ *arvor* + *-edo*
> radical sufixo

- **Derivação parassintética**: ocorre quando há acréscimo *simultâneo* de um prefixo e de um sufixo a um radical:

> engarrafar ⟶ *en-* + *garraf* + *-ar*
> prefixo radical sufixo

As formas parassintéticas são constituídas por substantivos e adjetivos e podem ser nominais, como *alinhamento*, *embarcação*, *desalmado*, e verbais, como *anoitecer*, *enraivecer*, *endurecer*. Os prefixos que geralmente são empregados na formação de parassintéticos verbais são *es-*, *em-*, *a-*.

### *Animalzinho*: grau diminutivo ou derivação sufixal?

As gramáticas tradicionais costumam classificar os diminutivos como um dos tipos de flexão (de grau) dos nomes, assim como as flexões de gênero e número.

Os linguistas, entretanto, criticam essa visão, pois entendem que em *animalzinho*, por exemplo, o emprego do sufixo *-zinho* forma uma nova palavra. Para eles, não se trata de flexão da palavra *animal*, e sim de uma nova palavra, derivada de *animal*. Logo, *animalzinho* seria um caso de derivação sufixal.

- **Derivação prefixal e sufixal**: ocorre quando há acréscimo *não simultâneo* de um prefixo e de um sufixo a um radical:

> imperdoável ⟶ *im-* + *perdo* + *-ável*
> prefixo radical sufixo

### Observação

Atente para o fato de que a condição para a existência da parassíntese é a *simultaneidade* da anexação do prefixo e do sufixo ao radical. Se eliminarmos, por exemplo, qualquer um dos afixos da palavra *empobrecer*, o que resta não constitui palavra existente na língua:

> em/pobrecer ⟶ pobrecer (forma inexistente)
> empobr/ecer ⟶ empobr(e) (forma inexistente)

Entretanto, em *imperdoável* não ocorre parassíntese, pois existe *perdoável*.

- **Derivação regressiva**: ocorre quando há eliminação de elementos terminais (sufixos, desinências):

> consumir ⟶ consumo

Os derivados regressivos são, em sua maioria, substantivos formados pela junção das vogais temáticas nominais *-a*, *-e*, *-o* ao radical de um verbo. Esses substantivos recebem o nome de *deverbais*. Observe:

> sobrar ⟶ sobra

Alguns substantivos deverbais apresentam, simultaneamente, formas masculinas e femininas:

> custar ⟶ custo/custa

- **Derivação imprópria**: ocorre quando há mudança de sentido e de classe gramatical:

> Só compramos coisas *baratas* na feira.
> adjetivo

> Cara, a festa estava um tremendo *barato*.
> substantivo

## Composição

Leia esta tira, de Fernando Gonsales:

(Fernando Gonsales. *Níquel Náusea – Minha mulher é uma galinha.* São Paulo: Devir, 2008. p. 31.)

A palavra *Mulher-Gato*, empregada na tira, não é dicionarizada, pois se trata de um nome próprio e, ao mesmo tempo, um neologismo, criado para designar uma das personagens das histórias do super-herói Batman. Essa palavra é formada por dois radicais, *mulher* e *gat-*, que isoladamente têm significação própria.

O processo de formação de palavras resultante da união de dois radicais é denominado **composição**.

Conforme o modo como se dá a fusão dos elementos componentes, a composição ocorre por *justaposição* ou por *aglutinação.*

- **Composição por justaposição**: as palavras associadas conservam sua autonomia fonética, isto é, cada componente conserva seu acento tônico e seus fonemas:

pé-de-meia passatempo

- **Composição por aglutinação**: as palavras associadas se fundem num todo fonético, e o primeiro componente perde alguns elementos, normalmente o acento tônico, vogais e consoantes:

planalto (plano + alto) fidalgo (filho + de + algo)

## Hibridismo

Inúmeros radicais gregos e latinos também participam da formação de palavras, como primeiro ou como segundo elemento da composição. Veja a composição destas palavras:

bis + avô > bisavô crono- + -metro > cronômetro

(bis: radical latino; crono-: radical grego; -metro: radical grego)

As palavras formadas por elementos provenientes de línguas diferentes denominam-se **hibridismos**:

automóvel (grego + português) burocracia (francês + grego)

### Tu hablas portunhol?

Além dos processos clássicos de formação de palavras, há também neologismos formados a partir do cruzamento de vocábulos. É o que ocorre, por exemplo, em palavras como *chafé* (chá + café), *portunhol* (português + espanhol), *brasiguaio* (brasileiro + paraguaio).

## EXERCÍCIOS

Os textos a seguir procuram responder à pergunta "Se desse para jogar uma pedra num buraco que atravessasse o planeta, o que aconteceria com ela?", feita pela revista *Mundo Estranho* a seus leitores. A resposta mais correta e a resposta mais criativa seriam publicadas na revista e seus autores ganhariam uma assinatura dela por um ano. Leia as respostas premiadas e a resposta do físico Cláudio Furukawa, da Universidade de São Paulo. Depois responda às questões de 1 a 3.

### A mais criativa

É incrível, mas isso já aconteceu em 1961, quando um chinês que estava brincando achou um buraco e resolveu jogar uma pedra lá dentro. Naquele momento, em Londres, do outro lado do mundo, seis jovens amigos comemoravam com uma festa a formação de sua nova banda. O conjunto recém-nascido, porém, ainda não tinha nome. Após muito palpite e muita bebedeira, um deles percebeu a pedra rolando de um buraco no jardim e falou:

— Ei, Mick! Que tal Rolling Stones?

L. H. de C. (Campinas, SP)

### A mais correta

Ao jogarmos a pedra no buraco, ela é atraída pela gravidade em direção ao centro da Terra com grande aceleração e velocidade crescente. No máximo de rapidez, ela passa direto pelo centro da Terra em direção ao outro lado do buraco. Depois, como o centro continua atraindo o objeto, a pedra é desacelerada e perde velocidade. Quando a velocidade cair a zero, a rocha estará na outra extremidade do buraco, voltando a cair e reiniciando o processo no sentido inverso — ou, como diria Lulu Santos, "num indo e vindo infinito".

O. P. F. (São Paulo, SP)

[...] O físico Cláudio Furukawa, da Universidade de São Paulo (USP), completa: "Dentro da Terra, a força gravitacional que age sobre um objeto varia conforme o raio. Se a distância do centro do planeta diminui, a força gravitacional também cai, até chegar a zero no meio — mas a velocidade está em seu maior valor. Depois de passar pelo centro, o objeto é desacelerado porque volta a ser atraído, oscilando de um lado para outro como uma mola".

(*Mundo Estranho*, nº 22.)

**1.** Analise o processo de formação das seguintes palavras dos textos e depois responda ao que se pede.

| | | |
|---|---|---|
| palpite | rapidez | desacelerado |
| reiniciar | incrível | velocidade |

a) A palavra *rapidez* formou-se por derivação sufixal. Qual das outras palavras se formou pelo mesmo processo?

b) Qual é, respectivamente, o radical das palavras *desacelerado* e *incrível*? Elas foram formadas por derivação parassintética ou por derivação prefixal e sufixal?

**2.** No texto correspondente à resposta mais correta, na frase de Lulu Santos citada, há duas palavras empregadas numa classe gramatical diferente daquela a que pertencem.

a) Que palavras são essas?

b) A que classe gramatical elas pertencem habitualmente?

c) Que alteração de classe gramatical elas sofreram?

d) Conclua: Que processo de derivação ocorreu nessa frase?

**3.** Empregando a derivação prefixal e sufixal ou a derivação parassintética, forme verbos a partir dos radicais das palavras abaixo. Depois indique o tipo de derivação empregado na formação de cada verbo.

a) pedra

b) centro

c) terra

d) jardim

e) buraco

Leia a primeira estrofe de um poema de Carlos Drummond de Andrade e responda às questões de 4 a 6.

## Amar-amaro

por que amou por que a!mou
se sabia
p r o i b i d o   p a s s e a r   s e n t i m e n t o s
ternos ou sopɐɹədsəsəp
nesse museu do pardo indiferente
me diga: mas por que
amar sofrer talvez como se morre
de varíola voluntária vágula ev
idente?
[...]

(*Reunião*. 10. ed. Rio de Janeiro: José Olympio, 1980. p. 259.)

Filipe Rocha

**4.** Em relação ao título "Amar-amaro", responda: Qual é a classe morfológica da palavra *amaro* e qual é seu sentido no poema?

**5.** A palavra *amar* normalmente é verbo, mas pode ser também substantivo. Neste último caso, é derivada pelo processo de derivação imprópria. Levante hipóteses: Qual é a provável classificação morfológica e o sentido da palavra *amar* no título do poema?

**6.** Tendo em vista o sentido de *amar* e *amaro*, responda:

a) Pode-se dizer que a palavra *amaro* é formada a partir do mesmo radical que a palavra *amar*? Justifique sua resposta.

b) Que efeito de sentido é criado pela palavra composta *amar-amaro*?

## Onomatopeia

Leia esta tira, de Nik:

(*Gaturro*. Cotia-SP: Vergara e Riba, 2008. nº 1, p. 34.)

As palavras empregadas nos três primeiros quadrinhos são onomatopeias.

> **Onomatopeias** são palavras criadas com a finalidade de imitar sons e ruídos produzidos por armas de fogo, sinos, campainhas, veículos, instrumentos musicais, vozes de animais, etc. São onomatopeias: *fru-fru, pingue-pongue, zum-zum* (substantivos), *ciciar, tilintar, cacarejar, ronronar* (verbos), *pá!, pow!, zás-trás!* (interjeições).

## Redução

Um dos processos de formação de palavras consiste em reduzi-las com o objetivo de economizar tempo e espaço na comunicação falada e escrita. São tipos especiais de redução as *siglas*, as *abreviações* e as *abreviaturas*.

- **Siglas**: são empregadas principalmente como redução de nomes de empresas, firmas, organizações internacionais, partidos políticos, serviços públicos, associações estudantis e recreativas:

IBOPE (Instituto Brasileiro de Opinião Pública e Estatística)

Às vezes, as siglas provêm de outras línguas:

CD — *compact disc*

AIDS — *acquired immunological deficiency syndrome*

> **OBSERVAÇÃO**
>
> A sigla pode funcionar como palavra primitiva, tornando-se capaz, portanto, de formar derivados: *petista, peemedebista, aidético*, etc.

- **Abreviações**: consistem na redução de palavras até limites que não comprometam sua compreensão. Por exemplo: *moto* (motocicleta), *metrô* (metropolitano), *ônibus* (auto-ônibus), *foto* (fotografia), *quilo* (quilograma).
- **Abreviaturas**: consistem na redução principalmente de nomes científicos e gramaticais, de Estados e territórios, profissões, pronomes de tratamento:

PB (Paraíba) av. (avenida)

### Eu vou de refri!

Algumas palavras sofrem um processo de redução chamado *truncamento*. Essa redução ocorre quando há perda de fonemas no final da palavra, como é o caso, por exemplo, de *portuga* (português), *Maraca* (Maracanã), *estranja* (estrangeiro), *refri* (refrigerante).

## EMPRÉSTIMOS E GÍRIAS

Além dos processos de formação de palavras, outros meios de enriquecimento vocabular muito explorados são os *empréstimos* e as *gírias*.

- **Empréstimos**: são palavras estrangeiras que entram na língua em consequência de contatos entre os povos. Alguns desses empréstimos se aportuguesam, como ocorreu, por exemplo, com *iogurte* (do turco *yoghurt*), *chisbúrguer* (do inglês *cheeseburger*), *chique* (do francês *chic*); outros mantêm sua grafia original, como, por exemplo, *apartheid, diesel, shopping center, outdoor* e *office boy* (do inglês), *telex, bon vivant* e *belle époque* (do francês).

### Qual é a "língua da gente"?

A norma-padrão recomenda o emprego de estrangeirismos (palavras estrangeiras) só quando necessário, ou seja, quando não houver na língua portuguesa uma palavra correspondente ou aportuguesada. Assim, deve-se empregar *fim de semana*, em vez de *weekend* (do inglês), e *encenação*, em vez de *mise-en-scène* (do francês), que são palavras portuguesas correspondentes às estrangeiras. E devem-se empregar também formas aportuguesadas, como *abajur, xampu, recorde*, em vez de *abat-jour, shampoo, record*.

O estrangeirismo procedente do inglês é chamado *anglicismo*; o do francês, *galicismo*; o do espanhol, *espanholismo*, etc.

Os estrangeirismos já foram alvo de grandes polêmicas, dividindo os que consideram os empréstimos uma agressão à soberania da língua nacional e aqueles que veem o fenômeno como típico da evolução natural de qualquer idioma.

- **Gírias**: são palavras ou expressões de criação popular que nascem em determinados grupos sociais ou profissionais e que, às vezes, por sua expressividade, acabam se estendendo à linguagem de todas as camadas sociais. Uma das características dessa variedade linguística é seu caráter passageiro; algumas não chegam a durar mais do que alguns meses.

### Gíria dos skatistas

**Baba-egg:** pessoa muito bajuladora, tipo puxa-saco.
**Chupar uma manguita:** se dar mal, cair.
**É novas:** todo mundo já sabe.
**Madonna:** manobra radical.
**Morcegar:** andar de skate à noite.
**Pleiba:** rico que anda de skate.
**Radical:** no skate, tudo é radical. Pode ser usado como bom e ruim. Por exemplo: uma manobra radical e uma garota radical de feia.
**Tá na *hands*:** está tudo certo.
**Tem jeito?:** tudo bem?

(Marcelo Duarte. *O guia dos curiosos*. 3. ed., atualizada. São Paulo: Panda Books, 2005. p. 564.)

Thinkstock/Getty Images

## EXERCÍCIOS

Leia a tirinha:

(www.seventouch.com/2009/11/o-la-cidadaos-trago-uma-tirinha-que.html)

**1.** O humor da tira é construído a partir da contraposição dos sentidos de duas palavras. Quais são essas palavras?

**2.** Sabendo que *téo, demo* e *cracia* são radicais gregos, responda:

a) Qual é o processo de formação das palavras cujos sentidos são contrapostos na tira?

b) Qual é o sentido dos radicais *téo, demo* e *cracia*? Se necessário, consulte o dicionário.

c) Logo, a definição dada pelo garoto à palavra *teocracia* está correta?

**3.** Ao atribuir um possível sentido à palavra *democracia*, o garoto levou em conta um processo de formação de palavras. A palavra *demo*, quando empregada sozinha, pode ter os significados indicados ao lado. Conclua:

a) Qual é o sentido habitual da palavra *democracia*?

b) Qual foi o sentido provavelmente atribuído pelo garoto ao radical *demo*?

c) Por que motivo o garoto teria ficado preocupado, segundo ele afirma?

> **1** espírito maligno; demônio, diabo
> Derivação: por extensão de sentido.
> **2** pessoa de índole maldosa, cruel
> Ex.: *aquele assassino é o d.*
> Derivação: sentido figurado.
> **3** indivíduo que age com esperteza, ardil, sagacidade
> Derivação: sentido figurado.
> **4** pessoa de comportamento inquieto, turbulento
>
> (*Dicionário eletrônico Houaiss da língua portuguesa 1.0*)

Leia a tira a seguir, de Angeli, e responda às questões 4 e 5:

**4.** Os dois primeiros quadrinhos são inteiramente construídos com base na função fática da linguagem, pois neles não há um assunto específico sobre o qual as personagens conversam.

a) Se não há um assunto, que papel as falas das personagens cumprem?

b) Identifique na tira três gírias e dê o significado de cada uma, de acordo com o contexto.

**5.** Sabendo que Tantra, a personagem de calça verde e blusa branca, é apaixonada por Orelha e que esse sentimento não é correspondido, levante hipóteses: Por que a conversa não se desenvolve mais?

## PROCESSOS DE FORMAÇÃO DE PALAVRAS NA CONSTRUÇÃO DO TEXTO

Leia, a seguir, a letra de uma canção de Zeca Baleiro. Se possível, ouça a canção, disponível na Internet.

**Samba do approach**

Venha provar meu brunch
Saiba que eu tenho approach
Na hora do lunch
Eu ando de ferryboat...

Eu tenho savoir-faire
Meu temperamento é light
Minha casa é hi-tech
Toda hora rola um insight
Já fui fã do Jethro Tull
Hoje me amarro no Slash
Minha vida agora é cool
Meu passado é que foi trash...

[...]

Fica ligado no link
Que eu vou confessar my love
Depois do décimo drink
Só um bom e velho engov
Eu tirei o meu green card
E fui pra Miami Beach
Posso não ser pop-star
Mas já sou um noveau-riche...

[...]

Eu tenho sex-appeal
Saca só meu background
Veloz como Damon Hill
Tenaz como Fittipaldi
Não dispenso um happy end
Quero jogar no dream team
De dia um macho man
E de noite, drag queen...

Venha provar meu brunch
Saiba que eu tenho approach
Na hora do lunch
Eu ando de ferryboat...

(Disponível em: http://letras.terra.com.br/zeca-baleiro/43674/. Acesso em: 20/4/2012.)

Marcelo Cortes/Fotoarena

Em cada verso da canção há uma palavra estrangeira. Algumas delas já foram incorporadas à língua portuguesa e podem ser consideradas neologismos ou estrangeirismos. Em grupo, troque ideias com os colegas sobre o assunto e façam o que é pedido.

**1.** Montem uma tabela, distribuindo em colunas as palavras estrangeiras utilizadas na canção, o significado que elas têm e frases em que poderiam ser empregadas. Observem, como exemplo, a palavra *light*:

| Palavra | Significado | Exemplo de emprego |
|---|---|---|
| *light* | leve, sem gordura | Só como alimentos *light*. |

**2.** Discutam e levantem hipóteses:

a) Que efeito de sentido o autor da canção pretende construir ao utilizar tantas palavras e expressões em inglês?

b) Que explicação pode ser dada para o uso tão frequente de palavras como essas e a sua rápida incorporação ao vocabulário dos usuários da língua portuguesa no Brasil?

**3.** Alguns estudiosos da língua portuguesa condenam o uso de estrangeirismos, enquanto outros o veem como inevitável. Qual é a opinião do grupo sobre esse uso?

## Para que servem os processos de formação de palavras?

Independentemente de o falante de uma língua ter ou não conhecimento deles, os processos de formação de palavras existem e são responsáveis pela criação e incorporação de novas palavras à língua.

Num mundo em constante transformação, com objetos e conceitos que surgem a cada dia no campo da tecnologia e da ciência, a língua igualmente se transforma, se recria constantemente, adaptando-se às novas necessidades de comunicação.

Se você fosse inventor, que nome daria, por exemplo, a uma máquina que fosse capaz de trocar lâmpadas sozinha?

Conhecer os processos de formação de palavras nos habilita a utilizá-los de forma mais eficiente e criativa.

## SEMÂNTICA E DISCURSO

O anúncio ao lado divulga um programa de uma rede de televisão cujo público-alvo são os jovens. Leia-o.

WMO/MTV

(Disponível em: http://old.propmark.com.br/publique/media/07MTV02.jpg. Acesso em: 20/4/2012.)

**1.** O enunciado "Inconsequência não significa sem consequência", no alto do anúncio, faz uma alusão ao significado do prefixo *in*.

a) Qual é o processo de formação da palavra *inconsequência*?

b) Observe as palavras abaixo e seus significados:

> **indecisão**: falta de decisão
> **impossibilidade**: falta de possibilidade
> **inconveniência**: falta de conveniência

Qual é o sentido do prefixo *in*/*im* nessas palavras?

c) Considerando o sentido do prefixo *in*, qual é o sentido da palavra *inconsequência*, no anúncio?

**2.** Releia o anúncio.

a) Que programa de TV é divulgado pelo anúncio? Sobre o que ele trata?

b) Que relação pode ser estabelecida entre o assunto de que trata o programa e o termo *inconsequência*?

**3.** Os termos *inconsequência* e *consequência* fazem, no anúncio, referência a elementos distintos.

a) A que ou a quem o termo *inconsequência* faz referência?

b) A que ou a quem o termo *consequência* faz referência?

**4.** Com base no estudo realizado, conclua: Qual é o sentido do enunciado "Inconsequência não significa sem consequência", no anúncio?

PARA CONSULTA

## ABREVIATURAS

*Abreviatura* é o nome que se dá à escrita reduzida de uma palavra ou expressão. Há, a seguir, uma lista das mais comuns.

| |
|---|
| *A/C* – ao(s) cuidado(s) de |
| *a.C.* – antes de Cristo |
| *ap.* ou *apart.* – apartamento |
| *av.* – avenida |
| *bibl.* – bibliografia, bibliográfico ou biblioteca |
| *cap., caps.* – capítulo, capítulos |
| *c/c* – conta-corrente |
| *cent.* – centavo |
| *cf.* ou *cfr.* – confira, confronte, compare |
| *cit.* – citação, citado(s), citada(s) |
| *cód.* – código |
| *créd.* – crédito |
| *D.* – Dom, Dona |
| *d.C.* – depois de Cristo |
| *DD.* – Digníssimo |
| *Dr., Drª* – Doutor, Doutora |
| *dz.* – dúzia(s) |
| *E.D.* – espera deferimento |
| *e.g.* – *exempli gratia* (por exemplo) |
| *etc.* – *et coetera* (e outros) |
| *ex.* – exemplo(s) |
| *Exª* – Excelência |
| *gen.* – general |
| *h* – hora(s) |
| *hab.* – habitante |
| *ib.* ou *ibid.* – ibidem (no mesmo lugar) |
| *id.* – idem (a mesma coisa) |
| *i.e.* – isto é |
| *ltda.* – limitada |
| *min* – minuto(s) |
| *MM.* – Meritíssimo |
| *nº* – número |
| *nac.* – nacional |
| *N. da/do E.* – Nota da Editora; Nota do Editor |
| *N. do T.* – Nota do Tradutor |
| *obs.* – observação, observações |
| *op. cit.* – *opus citatum* (obra citada) |
| *p.* ou *pág., pp.* ou *págs.* – página, páginas |
| *pal.* – palavra(s) |
| *P.D.* – pede deferimento |
| *p. ex.* – por exemplo |
| *P.F.* – por favor |
| *pg.* – pago |
| *pl.* – plural |
| *p.p.* – por procuração; próximo passado |
| *P.S.* – *post scriptum* (pós-escrito) |
| *rem.te* – remetente |
| *s.d.* – sem data |
| *séc.* – século |
| *Sr., Srª* – Senhor, Senhora |
| *TV* – televisão |
| *V.* – você |
| *V.Sª* – Vossa Senhoria |
| *W.C.* – *water-closet* (banheiro) |

CAM/Fundação Calouste Gulbenkian

Entrada (1917), de Amadeo de Souza-Cardoso.

CAPÍTULO 9

# O substantivo

## CONSTRUINDO O CONCEITO

Leia o anúncio ao lado.

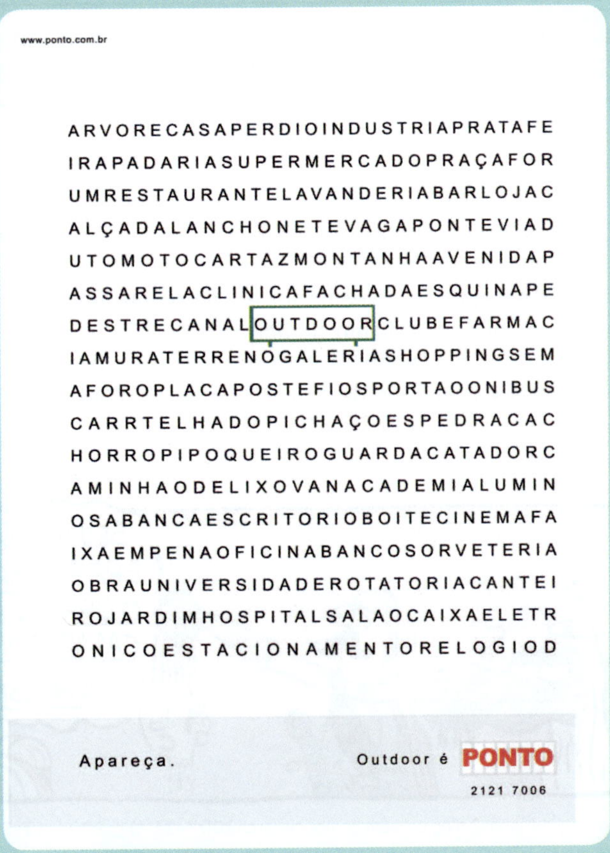


Ponto de Propaganda

(Disponível em: http://www.mppublicidade.com.br/image.php?url=trabalhos/original/142.jpg&type=img. Acesso em: 4/5/2012.)

**1.** Há, no anúncio, uma enumeração de palavras.

a) As palavras que compõem essa enumeração dizem respeito a que tipo de paisagem?

b) Entre as palavras, identifique as que nomeiam:

- seres animados
- objetos
- estabelecimentos comerciais
- meios de transporte

**2.** Observe estas duas palavras da enumeração:

BANCA     BANCO

a) É possível considerar que, no contexto do anúncio, essas palavras correspondem às formas masculina e feminina de um mesmo nome? Justifique sua resposta.

b) Entre as palavras seguintes, indique duas em que a relação entre a forma feminina e a forma masculina é a mesma que há entre banca e banco.

- casa
- montanha
- farmácia
- lixo
- pedra

**3.** A palavra *outdoor*, no anúncio, está destacada das outras. Releia os enunciados da parte inferior do anúncio:

"Apareça.
Outdoor é Ponto"

a) Levante hipóteses: Qual é o ramo de atividade da empresa anunciante?

b) Qual é o efeito de sentido criado no anúncio pela relação entre o destaque dado à palavra *outdoor* e o enunciado "Apareça"?

c) No contexto do anúncio, a palavra *Ponto* é substantivo próprio. O que justifica essa classificação?

## CONCEITUANDO

Para identificar os seres, nomear os objetos e lugares, designar sentimentos, ações, etc., necessitamos de certo tipo de palavras, como *pedestre*, *cachorro*, *placa*, *fio*, *restaurante*, *bar*, *dor*, etc. Essas palavras são denominadas **substantivos**.

**Substantivos:** são palavras que designam seres – visíveis ou não, animados ou não –, objetos, lugares, ações, estados, sentimentos, desejos, ideias.

### Morfossintaxe: forma e função

Falar é uma atividade tão habitual e natural que raramente o usuário de uma língua se dá conta dos mecanismos que regem qualquer ato de fala.

Todos os falantes inconscientemente *selecionam* e *combinam* palavras de acordo com determinadas regras interiorizadas por aqueles que se utilizam da língua.

Ao selecionar as palavras, o falante, além de considerar o sentido, leva em conta a *forma* das palavras (artigo, substantivo, verbo, etc.) em virtude da *função* (sujeito, objeto direto, predicativo, etc.) que elas assumem na oração.

Leia esta tira:

(Disponível em: http://blogdosquadrinhos2.blog.uol.com.br/noticia/arch2007-11-01_2007-11-30.html. Acesso em: 4/5/2012.)

Comparando a frase do rei com o texto não verbal, percebe-se que o efeito de humor é construído por uma inversão na combinação entre os verbos e seus complementos ("casar com a princesa" e "matar o dragão").

Evandro Alves

Há palavras que podem ocupar mais de um lugar na estrutura dos enunciados, ao contrário de outras. Entre o substantivo e seus determinantes, por exemplo, a ordem não pode ser alterada. O artigo sempre precede o substantivo, com o qual concorda em gênero e número – o(s) cavaleiro(s), a(s) princesa(s) –, nunca sendo possível o substantivo preceder o artigo.

Observe, abaixo, a estrutura sintática e as classes gramaticais que foram selecionadas para as combinações nas frases:

> O cavaleiro matou a princesa.
> O cavaleiro casou com o dragão.

| | SUJEITO | | PREDICADO | | |
|---|---|---|---|---|---|
| **Função** | adjunto adnominal | núcleo do sujeito | núcleo do predicado | objeto direto | |
| **Forma** | artigo | substantivo | verbo | artigo | substantivo |
| | o | cavaleiro | matou | a | princesa |

| | SUJEITO | | PREDICADO | | | |
|---|---|---|---|---|---|---|
| **Função** | adjunto adnominal | núcleo do sujeito | núcleo do predicado | objeto indireto | | |
| **Forma** | artigo | substantivo | verbo | preposição | artigo | substantivo |
| | o | cavaleiro | casou | com | o | dragão |

Num ato de fala, a seleção e a combinação ocorrem simultaneamente. Assim, ao estudar a forma e a função das palavras, não se pode desvincular o estudo de uma do estudo da outra, pois forma e função coexistem e seus papéis só se definem solidariamente.

De acordo com a forma que apresentam, as palavras classificam-se em: substantivos, adjetivos, numerais, artigos, pronomes, verbos, advérbios, preposições, conjunções e interjeições.

A parte da gramática que estuda a *forma* das palavras recebe o nome de **morfologia**. A que estuda a *função* das palavras na oração recebe o nome de **sintaxe**.

## Função sintática do substantivo

O substantivo figura na frase como núcleo das seguintes funções sintáticas: sujeito, objeto direto, objeto indireto, predicativo do sujeito e do objeto, complemento nominal, adjunto adverbial, agente da passiva, aposto e vocativo.

Observe a relação entre *forma* (classe gramatical) e *função* na análise dos substantivos destas frases:

O cavaleiro [sujeito] matou a princesa [OD] e casou com o dragão [OI].

- cavaleiro: substantivo, núcleo do sujeito
- princesa: substantivo, núcleo do objeto direto
- dragão: substantivo, núcleo do objeto indireto

O irmão do cavaleiro [sujeito; "do cavaleiro": adjunto adnominal] matou o dragão [OD] e casou com a princesa [OI].

- irmão: substantivo, núcleo do sujeito
- cavaleiro: substantivo, núcleo do adjunto adnominal
- dragão: substantivo, núcleo do objeto direto
- princesa: substantivo, núcleo do objeto indireto

# EXERCÍCIOS

Leia esta tira, de Quino:

Joaquín Salvador Lavado (Quino). Toda Mafalda, Livraria Martins Fontes Ltda.

(Disponível em: http://dropsculturais.wordpress.com/2012/03/15/parabens-mafalda/. Acesso em: 12/4/2012.)

**1.** A tira mostra claramente a diferença entre as duas personagens quanto a valores. Qual é essa diferença?

**2.** Contrapondo-se aos valores de Mafalda, Susanita argumenta: "Se você sair na rua sem cultura, a polícia te prende? Experimenta sair sem vestido".

a) Do ponto de vista morfológico, como se classificam os substantivos *vestidos* e *cultura*?

b) A argumentação de Susanita baseia-se em algo concreto: vestidos. Explique como a classificação morfológica de *cultura* contribui para a construção do humor do texto.

## Classificação do substantivo

Os substantivos classificam-se em:

- **comuns:** referem-se a qualquer ser de uma espécie, sem particularizá-lo: *açúcar, bolo.*
- **próprios:** nomeiam um ser em particular, destacando-o dentro da espécie ou do grupo; são grafados com letra maiúscula: *Japão, Campinas.*
- **concretos:** nomeiam seres com existência própria, isto é, que não dependem de outro ser para existir: *lápis, gato.*
- **abstratos:** nomeiam ações, qualidades, estados, sentimentos, isto é, seres que só existem em outros ou a partir da existência de outros seres: *ensino, bravura, pobreza.*
- **coletivos:** designam uma pluralidade de seres da mesma espécie: *multidão, antologia.*

**3.** Observe que, no texto a seguir, há uso excessivo do pronome relativo *que*. Em muitos casos esse *que* pode ser substituído por um substantivo, procedimento que é chamado de nominalização. A fim de deixar o texto mais fluente, substitua a palavra *que* e os verbos destacados por substantivos abstratos. Faça as adaptações necessárias.

O jornalista *que redigiu a* matéria que sugeria *que os* políticos acusados *eram inocentes* falou *que espera que o* público *o compreenda* e *que pretende* mover uma ação contra os *que o delataram.* A população, por sua vez, quer *que o* jornalista *seja condenado porque suprimiu* informações essenciais ao caso e *porque comportou-se* como se fizesse parte da quadrilha.

Thinkstock/Getty Images

**4.** Complete adequadamente as manchetes de jornal a seguir com um dos substantivos coletivos do quadro.

quadrilha colmeia antologia frota
tripulação fauna Pinacoteca

Tarsila do Amaral. *Manacá*. 1927/Coleção Simão Mendel Guss

a) Prefeitura estuda a instalação de GPS na ☐ de táxis da capital

b) ☐ expõe obras de Tarsila do Amaral

c) A ☐ não informou os passageiros sobre problemas no voo

d) Pessoas que tentaram pôr fogo em ☐ são atacadas por abelhas

e) Biólogos revelam que construção de hidrelétrica ameaça ☐

f) Lançamento de ☐ comprova perspicácia de Stanislaw Ponte Preta

g) Polícia civil prende ☐ envolvida em desvio de cargas e roubo de caminhões

### Classificação do substantivo quanto à formação

Quanto à formação, os substantivos classificam-se em:

- **primitivos:** são aqueles que dão origem a outras palavras: *livro, pedra.*
- **derivados:** são os que se originam de outras palavras: *livraria, pedregulho.*
- **simples:** são os formados por apenas uma palavra: *terra, homem.*
- **compostos:** são os formados por mais de uma palavra: *beija-flor, lobisomem.*

## FLEXÃO DO SUBSTANTIVO

Leia este poema, de Ferreira Gullar:

### Ocorrência

Aí o homem sério entrou e disse: bom dia.
Aí outro homem sério respondeu: bom dia.
Aí a mulher séria respondeu: bom dia.
Aí a menininha no chão respondeu: bom dia.
Aí todos riram de uma vez
Menos as duas cadeiras, a mesa, o jarro, as flores
as paredes, o relógio, a lâmpada, o retrato, os livros
o mata-borrão, os sapatos, as gravatas, as camisas, os lenços.

(*Melhores poemas de Ferreira Gullar*. Seleção de Alfredo Bosi. 7. ed. São Paulo: Global, 2004. p. 54.)

Marcos Guilherme

**1.** Os substantivos utilizados no poema ajudam na construção dos efeitos de sentido e do cenário em que a situação narrada ocorre. Levante hipóteses:

a) Qual fato narrado fez com que todos rissem de uma vez? Por que esse fato é engraçado?

b) Em que lugar se passa a cena? Justifique sua resposta com substantivos do texto.

c) Por que não riram os seres nomeados do sexto verso em diante?

d) Como se classificam os substantivos que nomeiam esses seres?

### Sexo e gênero

Não se deve confundir sexo com gênero, pelas seguintes razões:

- O gênero diz respeito a todos os substantivos de nossa língua, quer se refiram a seres animais providos de sexo, quer designem apenas "coisas": o gato/a gata; o banco, a casa.
- Mesmo substantivos referentes a animais ou pessoas apresentam, muitas vezes, discrepância entre gênero e sexo: *cobra* é sempre feminino; *cônjuge* é sempre masculino.

O gênero dos substantivos é um princípio puramente linguístico, convencional.

**2.** Alguns substantivos têm uma forma para o masculino e outra para o feminino.

a) Identifique no poema um par de substantivos com formas diferentes no masculino e no feminino.

b) Como é formado o masculino do substantivo *menina*?

c) Nos três últimos versos, identifique três substantivos masculinos e três substantivos femininos.

d) Nesses substantivos, as terminações *-a* ou *-o* também podem ser associadas a gênero?

e) Com base nas respostas às perguntas anteriores, conclua: Em português, existe um único modo de formar o feminino dos substantivos?

**3.** No quarto verso, é empregado o substantivo *menininha*.

a) Qual sentido o acréscimo do sufixo *-inha* confere ao substantivo menina?

b) O acréscimo do sufixo *-inha* ao substantivo *mulher* produz a mesma alteração de sentido que em *menina*?

## Gênero do substantivo

A flexão de gênero é uma só, com pouquíssimas variações: forma-se o feminino pela troca das vogais *o* e *e* por *a* ou pelo acréscimo da desinência *-a*:

lob*o* — lob*a* mestr*e* — mestr*a* autor — autor*a*

*Exceções:* avô – avó; órfão – órfã; leão – leoa; valentão – valentona.

# EXERCÍCIOS

Leia o texto a seguir e responda às questões de 1 a 4.

### Uso da palavra "Presidenta"

04/07/2011 às 18h35

A partir de 1º de janeiro de 2011, o Brasil tem pela primeira vez uma mulher na Presidência da República. A novidade, porém, trouxe uma dúvida. Para outros cargos de governo a questão do gênero não se mostrou polêmica.

À medida que mulheres foram ocupando funções como as de ministra, governadora e deputada, por exemplo, a alteração do substantivo do masculino para feminino não levantou tantos questionamentos. Mas para presidente, qual seria a regra certa: a presidente ou presidenta?

A norma culta da língua portuguesa acata as duas formas como corretas e aceitáveis. De acordo com o dicionário Houaiss, "presidenta" é o feminino de presidente, embora seja menos usual. Já o dicionário Aurélio diz que a palavra pode ser usada no masculino e feminino, apontando "presidenta" como "esposa do presidente" ou "mulher que preside".

(Disponível em: http://www2.planalto.gov.br/presidenta/uso-da-palavra-presidenta. Acesso em: 15/4/2012.)

**1.** O texto faz referência à polêmica em torno do uso da palavra *presidenta* para indicar o cargo da primeira mulher a ocupar a Presidência da República no Brasil. Menciona também os termos *ministra*, *governadora* e *deputada*, comentando que o emprego deles não causou questionamentos. Qual é o masculino desses nomes e como seu feminino é formado?

2. Cite três substantivos terminados em *e* que são empregados tanto em referência ao masculino quanto ao feminino.

3. Cite três substantivos terminados em *e* cujo feminino é formado pela troca da vogal *e* por *a*.

4. Discuta com seus colegas e com o professor: A preferência pelo uso de *presidenta* constitui uma opção relativa unicamente à flexão de gênero? Justifique sua resposta.

5. Leia o texto abaixo, observando no enunciado o emprego de *pezinho*, forma diminutiva do substantivo *pé*.

AlmapBBDO

(Disponível em: http://www.memoriadapropaganda.org.br/noticias/noticia.php?newsId=20090826B&Img=2. Acesso em: 13/4/2012.)

a) Como se dá a formação da palavra *pezinho*?

b) Além de diminuição, o diminutivo pode expressar outras ideias. Quais são essas outras ideias, habitualmente?

c) Qual sentido pode ser atribuído ao diminutivo *pezinho*, no contexto do anúncio?

6. Nos últimos tempos, muitos substantivos de origem estrangeira têm sido incorporados ao nosso léxico. Alguns mantêm sua forma original, como, por exemplo, *outdoor*, *know-how*, *shopping center*; outros já se aportuguesaram e se flexionam em número, como os demais substantivos de nossa língua: zíper, pôster, frízer, chisbúrguer, suéter, destróier. Dê o plural dessas palavras.

7. Explique o que acontece com a pronúncia dos seguintes substantivos ao serem pluralizados:

a) imposto – ovo – povo – socorro – esforço – corpo – reforço

b) acordo – transtorno – choro – esboço – gosto – rolo – conforto

## Número do substantivo simples

O plural dos substantivos simples se faz pelo acréscimo da desinência *-s*:

peixe — peixe*s*

Há, entretanto, alguns substantivos simples que fazem o plural de outras maneiras, dependendo de suas terminações. Por exemplo:

- os substantivos terminados em *-r*, *-s* ou *-z* fazem o plural acrescentando-se *-es*:

açúcar — açúcar*es* vez — vez*es*
mês — mes*es*

- os substantivos terminados em *-l* fazem geralmente o plural substituindo-se o *-l* por *-is*:

canal — cana*is* lençol — lenç*óis*

## Plural dos substantivos compostos

- Pluralizam-se as palavras variáveis (substantivo e adjetivo) e não se pluralizam as invariáveis (verbos, advérbios e interjeições) que compõem o substantivo composto:

tenentes-coronéis (subst. subst.) pequenos-burgueses (adj. subst.)
beija-flores (verbo subst.)

- Pode-se pluralizar apenas o primeiro substantivo se o segundo funcionar como *especificador*, com ou sem o auxílio de preposição:

pés-de-meia pombos-correio

- Nos compostos formados por palavras repetidas ou onomatopeias, pluraliza-se o segundo elemento:

corre-corres tico-ticos

- Não se pluraliza o adjetivo contraído *grã(o)*:

grão-duques grã-cruzes

- Nos nomes dos dias da semana pluralizam-se os dois elementos:

terças-feiras quartas-feiras

8. Em quais das sequências a seguir o plural de todos os substantivos compostos está de acordo com a norma-padrão da língua? Indique-as e depois reescreva adequadamente os substantivos que estão flexionados em desacordo com a norma-padrão.

a) lenga-lengas, abaixo-assinados, alto-falantes, quartas-feiras

b) bem-te-vis, águas-de-colônia, públicos-alvo, corre-corres

c) salário-mínimos, decretos-lei, segundas-feira, bem-te-vis

d) cartões-postais, cirurgiões-dentistas, quebra-cabeças, para-raios

e) vales-transportes, curto-circuitos, portas-mala, toca-fitas

**9.** Nos substantivos compostos, a palavra *guarda* pode ser forma verbal (do verbo *guardar*) ou substantivo. Para identificá-la morfologicamente, é útil fazer a seguinte observação: se o segundo elemento for substantivo, *guarda* é verbo; se o segundo elemento for adjetivo, *guarda* é substantivo. Com base nessa distinção, dê o plural dos seguintes substantivos compostos:

a) o guarda-roupa

b) o guarda-costas

c) o guarda-noturno

d) o guarda-chuva

**10.** Observe esta placa:

(José Eduardo Camargo. *O Brasil das placas*. São Paulo: Panda Books, 2007.)

a) A forma plural *irmões* está de acordo com a norma-padrão? Por quê?

b) Das palavras a seguir, quais formam o plural da mesma forma que irmão?

- corrimão
- latão
- anão
- cidadão

**11.** No poema abaixo, o poeta Carlos Saldanha brinca com as palavras, usando-as no aumentativo e no diminutivo, expressos por meio de sufixos. Para obter o poema em sua forma original, passe para o aumentativo as palavras que estão entre parênteses, empregando os sufixos aumentativos *-orra*, *-arra*, *-arrão*, *-ázio* ou *-anzil*. Depois, leia-o integralmente.

**De binóculo**

Abaixando o (copo)
Empunhando o espadim
Levantando o (corpo)
Indiferente ao poviléu
O (homem) abriu a (boca)
fitando admirado
O (navio) do (capitão)

(In: Heloisa Buarque de Hollanda, org. *26 poetas hoje*. 4. ed. Rio de Janeiro: Aeroplano, 2001. p. 27.)

## Flexão do substantivo ou derivação?

Há uma polêmica entre os pesquisadores sobre o grau do substantivo. Alguns consideram os aumentativos e diminutivos uma flexão do substantivo. Outros, entretanto, como Joaquim Mattoso Camara Jr., consideram o aumentativo e o diminutivo como uma derivação.

Nos substantivos, a ideia de aumento ou diminuição das proporções se expressa por meio de adjetivos ou de sufixos:

| | |
|---|---|
| homem *grande* | homem *pequeno* |
| (enorme, imenso) | (miúdo) |
| homen*zarrão* | homen*zinho* |

As ideias de grandeza e pequenez emprestam às vezes aos substantivos um valor pejorativo ou depreciativo: *cabeçorra, politicão, livreco*; outras vezes, simpatia, afeição: *filhinha, benzinho*.

## O SUBSTANTIVO NA CONSTRUÇÃO DO TEXTO

Leia a letra de uma canção do grupo Titãs e responda às questões propostas.

**O pulso**

O pulso ainda pulsa
O pulso ainda pulsa...

Peste bubônica
Câncer, pneumonia
Raiva, rubéola
Tuberculose e anemia
Rancor, cisticercose
Caxumba, difteria
Encefalite, faringite
Gripe e leucemia...

E o pulso ainda pulsa
E o pulso ainda pulsa

Hepatite, escarlatina
Estupidez, paralisia
Toxoplasmose, sarampo
Esquizofrenia
Úlcera, trombose
Coqueluche, hipocondria
Sífilis, ciúmes
Asma, cleptomania...

E o corpo ainda é pouco
E o corpo ainda é pouco
Assim...

Reumatismo, raquitismo
Cistite, disritmia
Hérnia, pediculose
Tétano, hipocrisia
Brucelose, febre tifoide
Arteriosclerose, miopia
Catapora, culpa, cárie
Câibra, lepra, afasia...

O pulso ainda pulsa
E o corpo ainda é pouco
Ainda pulsa
Ainda é pouco

Pulso
Pulso
Pulso
Pulso

Assim...

(Arnaldo Antunes, Marcelo Fromer, Tony Bellotto. Disponível em: http://letras.terra.com.br/titas/48989/. Acesso em: 17/4/2012.)

Ricardo Azoury/Pulsar Imagens

1. A letra da canção é construída a partir de um processo chamado **enumeração**, que consiste numa exposição ou relação metódica de vários elementos.
   a) Que classe de palavras predomina nessa enumeração?
   b) Como consequência, o texto é predominantemente nominal ou verbal?
   c) Entre os termos a seguir, de significação mais genérica, indique o que pode englobar a maioria das palavras enumeradas na canção.
   - problemas
   - imprevistos
   - doenças
   - dificuldades
2. Entre as palavras listadas na canção, há pelo menos cinco que podem ser consideradas "estranhas" à enumeração.
   a) Quais são essas palavras?
   b) Qual termo de significação mais genérica você utilizaria para se referir a essas palavras?
   c) Há, no texto, uma palavra que pode ser considerada polissêmica, isto é, pode ter mais de um sentido no contexto. Qual é essa palavra e quais são seus sentidos possíveis?
   d) Levante hipóteses: Que efeito de sentido é produzido na canção com a enumeração dessas palavras em um único conjunto?

**3.** Além de fazer várias enumerações, o texto repete, com pequena variação, estes enunciados:

> "O pulso ainda pulsa"
> "E o corpo ainda é pouco"

Levante hipóteses: Que relação pode ser estabelecida entre os nomes que compõem as enumerações e os enunciados acima?

### Para que serve o substantivo?

O substantivo é uma das classes de palavras essenciais da língua. É responsável pela nomeação dos seres e coisas que estão à nossa volta, bem como de nossos sentimentos e ideias. Além disso, é essencial para atender à necessidade humana de ordenar, classificar, distinguir, hierarquizar, etc. Sem os substantivos, como faríamos a distinção, por exemplo, entre peixe e homem, terra e mar, sal e mel?

Ligados diretamente à experiência e à cultura de um povo, substantivos de uma língua às vezes não encontram correspondência em substantivos de outras línguas. A palavra *saudade*, por exemplo, quase não encontra correspondência perfeita em outras línguas.

## SEMÂNTICA E DISCURSO

Leia o anúncio abaixo e responda às questões 1 e 2.

**1.** O enunciado principal do anúncio é constituído por uma única palavra: *esperança*.

a) De que material essa palavra é formada?

b) Como se classifica morfologicamente a palavra *esperança*?

**2.** Releia o enunciado da parte inferior do anúncio:

> "Sem a sua ajuda, as vítimas do câncer têm muito mais a perder."

IBCC

(Disponível em: http://www.putasacada.com.br/cancer-laiaute-bahia. Acesso em: 20/4/2012.)

Esse enunciado confere ao enunciado principal um novo sentido. Considerando esse novo sentido, responda:

a) Que tipo de tratamento de câncer está implícito no anúncio?

b) Sendo ajudadas, o que as vítimas de câncer perdem, em sentido concreto?

c) E sem ajuda, o que elas perdem?

**3.** A diferença entre substantivo concreto e substantivo abstrato às vezes é sutil e deve sempre ser considerada no contexto em que eles são empregados. Observe o conjunto de substantivos derivados do verbo *plantar* e seus respectivos empregos:

| plantar | > | planta | > | plantação | > | plantio |
|---|---|---|---|---|---|---|
| verbo | | subst. concreto | | subst. concreto ou abstrato | | subst. abstrato |

A ***planta*** crescia assustadoramente.
subst. concreto

O ***plantio*** terá início em novembro.
subst. abstrato (ação/processo)

Os trabalhadores deram início à ***plantação***.
subst. abstrato (processo)

A ***plantação*** ficava toda verdinha no mês de abril.
subst. concreto

Crie frases em que os substantivos a seguir sejam empregados como concretos e depois como abstratos.

a) solução
b) ferimento
c) casamento
d) comemoração

**4.** *Hipônimos* são palavras que, embora apresentem sentidos diferentes uma da outra, pertencem ao mesmo campo semântico. Por exemplo, as palavras *cão*, *gato*, *cabrito*, *elefante*, *leão* e *tigre* são hipônimas do substantivo *animais*. Já *animais*, por englobar as demais, é *hiperônima* delas. Leia estas sequências de substantivos:

- piloto, pedestre, médico, dentista, engenheiro
- feijoada, vinho, chá, café, refrigerante, suco
- botas, sandálias, chinelos, tênis, meias, coturnos
- infância, adolescência, viuvez, puberdade, juventude, velhice
- almoço, café, lanche, restaurante, jantar, merenda

a) Em cada uma das sequências, qual é o único substantivo que não é hipônimo?
b) Excluindo esse substantivo, que outro substantivo ou expressão hiperônima poderia englobar todos os restantes, em cada sequência?

**5.** Veja as diferenças de sentido entre estes substantivos abstratos:

***negrura***: cor negra
***negritude***: característica do negro
***negror***: escuridão densa
***negrume***: as trevas

Considerando esses sentidos, empregue-os no contexto das frases:

a) Sempre teve orgulho de sua ☐.
b) A ☐ das águas do rio é natural; por isso ele se chama rio Negro.
c) O ☐ da madrugada aos poucos ia esmaecendo, dando lugar ao sol.
d) Ninguém conseguiria enxergar nada naquele ☐.

PARA CONSULTA

## COLETIVOS

*acervo*: de obras artísticas (livros, discos, quadros, etc.)

*álbum*: de autógrafos, de fotografias, de selos

*alcateia*: de lobos

*antologia*: de textos escolhidos

*armada*: de navios de guerra

*arquipélago*: de ilhas

*arsenal*: de armas e munições

*assembleia*: de pessoas, de parlamentares

*avalancha*: de massas (terras, neves, etc.) que se desprendem

*banca*: de examinadores

*banda*: de músicos

*bateria*: de peças de guerra, de peças de cozinha, de instrumento de percussão

*cacho*: de bananas, de uvas, de cabelos encaracolados

*cáfila*: de camelos

*cancioneiro*: de poesias, de canções

*caravana*: de viajantes

*cardume*: de peixes

*carrilhão*: de sinos

*claque*: de pessoas pagas para aplaudir ou apupar um espetáculo

*clero*: de religiosos

*código*: de leis, de regras

*colônia*: de imigrantes, de bactérias, de formigas

*concílio*: de bispos

*congregação*: de religiosos, de professores

*congresso*: de deputados e senadores, ou de profissionais

*coro*: de cantores

*discoteca*: de discos

*elenco*: de atores

*enxame*: de abelhas

*enxoval*: de roupas e complementos

*esquadra*: de navios de guerra

*esquadrilha*: de aviões

*fauna*: de todos os animais de uma região

*feixe*: de lenha

*flora*: de todas as plantas de uma região

*frota*: de navios, de ônibus, de carros

*galeria*: de quadros, estátuas e objetos de arte em geral

*girândola*: de foguetes de artifício

*hemeroteca*: de jornais e revistas arquivados

*horda*: de indisciplinados, de desordeiros, de aventureiros, de bandidos ou de invasores

*junta*: de médicos ou especialistas, de bois

*júri*: de jurados

*manada*: de animais de grande porte

*mapoteca*: de mapas

*matilha*: de cães

*molho*: de chaves

*monturo*: de coisas repugnantes: de lixo, de carniça

*multidão*: de pessoas

*pinacoteca*: de quadros

*plateia*: de espectadores

*plêiade*: de pessoas ilustres: poetas, escritores, jornalistas

*ramalhete*: de flores

*rebanho*: de ovelhas

*repertório*: de músicas, de peças teatrais

*réstia*: de alho ou de cebola

*revoada*: de quaisquer aves em voo

*seleta*: de textos escolhidos

*súcia*: de gente ordinária

*tripulação*: de marinheiros

*universidade*: de escolas superiores, de faculdades

*vara*: de porcos

*viveiro*: de aves ou peixes confinados

*vocabulário*: de palavras

Royal Museums of Fine Arts, Bruxelas

*A Morte de Marat* (1793), Jacques-Louis David.

CAPÍTULO 10

# O adjetivo

## CONSTRUINDO O CONCEITO

O texto a seguir foi publicado em uma revista semanal e está reproduzido com algumas supressões de palavras, numeradas de 1 a 10. Leia-o.

### "Lixo Extraordinário" enfoca trabalho de Vik Muniz em aterro sanitário

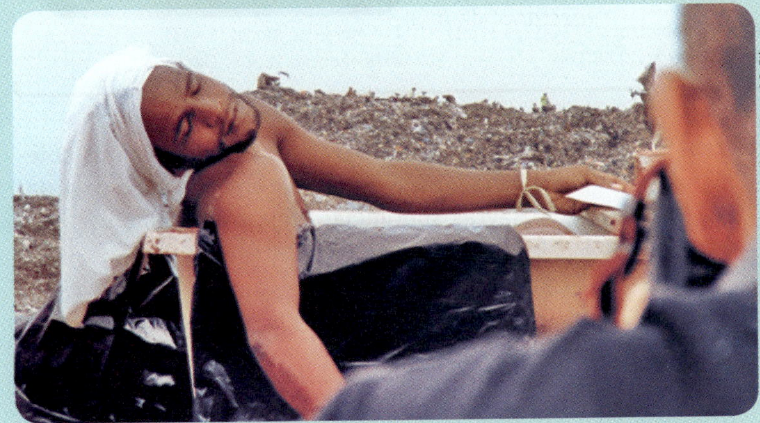

*Lixo extraordinário*. Lucy Walker, 2011/02 Filmes

Vik Muniz. *Marat (Sebastião)*, 2008. Coleção particular

À esquerda, o sindicalista Tião, retratado no documentário *Lixo extraordinário* em simulação do quadro *A morte de Marat*, de Jacques-Louis David, de 1793. À direita, o trabalho de Vik Muniz, feito de materiais recolhidos no lixão.

Espera-se que, ao assistir ao (1) **Lixo Extraordinário**, os espectadores tenham reação semelhante à da plateia do Festival de Paulínia, quando o filme foi exibido pela primeira vez, em julho de 2010. Ovacionado por alguns minutos, foi escolhido pelo público o melhor documentário da competição. A (2) recepção não foi à toa. Dirigida a seis mãos em etapas distintas pela inglesa Lucy Walker e pelos brasileiros João Jardim (*Janela da Alma*) e Karen Harley, essa coprodução tem ingredientes para comover um grande número de espectadores.

Lucy Walker iniciou o projeto de mostrar o trabalho de Vik Muniz, (3) artista plástico (4) radicado nos Estados Unidos. Ao longo de dois anos [...], Muniz e sua equipe miraram o foco nas (5) jornadas dos catadores de material (6) do Jardim Gramacho, em Duque de Caxias, no Rio de Janeiro. Trata-se do (7) aterro sanitário da América Latina, responsável por receber cerca de 70% dos dejetos da capital (8). [...]

Devido aos rumos imprevistos das filmagens, "Lixo Extraordinário" pode parecer sem norte. A fita, contudo, funciona bem ao revelar o passo a passo do (9) processo de criação de Vik Muniz, além de ser um (10) registro de desvalidos em busca de oportunidades na vida. Há, sim, um certo pendor ao paternalismo, mas nada que estremeça a análise da transformação do descartável em arte, do lixo em luxo.

(Disponível em: http://vejasp.abril.com.br/revista/edicao-2201/lixo-extraordinario-de-vik-muniz-em-aterro-sanitario. Acesso em: 17/4/2012.)

## Marat e Jacques-Louis David

"A morte de Marat" é uma das mais conhecidas obras do pintor francês Jacques-Louis David. Essa tela é uma homenagem de David a seu amigo revolucionário Jean-Paul Marat.

Marat, um radical jacobino, tinha uma doença de pele que o obrigava a permanecer várias horas na banheira. Numa das inúmeras vezes que aí permanecia, Charlotte Corday, militante do partido moderado dos girondinos, fazendo passar-se por uma informante, consegue um pretexto para se encontrar com ele e assassina Marat a punhaladas.

Logo após o assassinato, David correu para o cenário do crime, para registrá-lo. Embora o fundo seja friamente vazio, a pintura de David enfatizou o caixote, a carta que ele segura na mão, a toalha manchada de sangue e a faca que, como objetos reais, foram cultuados como relíquias sacras. David retrata Marat como um santo, numa pose similar à de Cristo na "Pietà", de Michelângelo.

[...]

(Disponível em: http://oglobo.globo.com/pais/noblat/posts/2007/11/21/a-obra-prima-do-dia-80968.asp. Acesso em: 2/5/2012.)

Royal Museums of Fine Arts, Bruxelas

*A morte de Marat* (1793), de Jacques-Louis David.

**1.** Considerando o assunto tratado no texto, responda:

a) Em qual seção da revista ele provavelmente foi publicado?

- Baladas
- *Shows*
- Luxo
- Cinema
- Crianças

b) A supressão de palavras impediu a compreensão do assunto?

**2.** As palavras que foram suprimidas no texto estão relacionadas a seguir.

a) Em grupo, releia o texto e, junto com os colegas, identifique onde se encaixa cada uma das palavras suprimidas. Veja três exemplos.

emocionante: 1 (emocionante *Lixo Extraordinário*)

bem-sucedido: 3 (bem-sucedido artista plástico)

maior: 7 (maior aterro sanitário)

paulistano
curioso
ótima
caloroso
desumanas
fluminense
reciclável

b) Com toda a classe, discuta quais foram os critérios utilizados por vocês para identificar o lugar de cada palavra.

**3.** Releia o texto, incorporando a ele as palavras suprimidas. Depois, discuta com os colegas e o professor: Qual ou quais sentidos essas palavras acrescentam ao texto?

## CONCEITUANDO

Todos os seres que nos circundam podem ser diferenciados ou particularizados por características que lhes são próprias, circunstanciais ou fruto de nossa percepção. Por exemplo, o filme *Lixo extraordinário* pode ser caracterizado como *emocionante*, *caloroso*; o artista plástico Vik Muniz como *paulistano* e *bem-sucedido*; o trabalho dos catadores do aterro, como *desumano*; a recepção do filme, como *ótima*. Essas palavras – *emocionante, caloroso, paulistano, bem-sucedido, desumano, ótima* – são **adjetivos**.

> **Adjetivos** são palavras que designam condição ou estado provisórios ou permanentes, caracterizando e particularizando os seres. Podem expressar fatos ou percepções subjetivas. Referem-se sempre a um substantivo explícito ou subentendido na frase, com o qual concordam em gênero e número.

Quanto à *formação*, os adjetivos podem ser **primitivos** (estreito, liso), **derivados** (brasileiro, louvável), **simples** (querido, perigoso) e **compostos** (científico-literário, azul-marinho).

### Função sintática do adjetivo

Na análise do adjetivo, observe a relação entre *forma* e *função*.

O *adjetivo* e a *locução adjetiva* exercem na oração as funções de adjunto adnominal, predicativo do sujeito e predicativo do objeto.

> Foi recebido na estação por um homem *forte e barbado*.
> (*forte e barbado*: adj. adn.)

O adjetivo também pode passar a *advérbio* e funcionar como adjunto adverbial, em expressões como: sorrir *amarelo*, falar *alto*, falar *baixo*, comprar *barato*, vender *caro*. Nesse caso, conserva-se invariável e na forma correspondente ao masculino singular.

Como qualquer outra classe gramatical, o adjetivo também pode substantivar-se:

> Estranhei-lhe o *desalinhado* do cabelo.

Dá-se o nome de *locução adjetiva* à expressão com valor de adjetivo formada por preposição + substantivo. Nos títulos de filmes ao lado, por exemplo, as expressões *da vida*, *de guerra* e *de ferro* constituem locuções adjetivas.

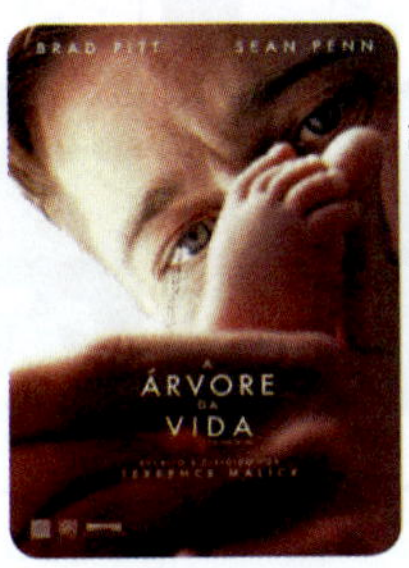


Imagem Filmes

Walt Disney

Paris Filmes

# EXERCÍCIOS

Leia este texto:

## A maratona do herói

Sampics/Corbis/Latinstock

A maratona é a mais longa, difícil e emocionante prova olímpica. Desde 1908, seu percurso é de 42.195 m. Tudo começou no ano de 490 a.C., quando soldados gregos e persas travaram uma batalha que se desenrolou entre a cidade de Maratona e o mar Egeu.

A luta estava difícil para os gregos. Comandados por Dario, os persas avançaram seu exército em direção a Maratona. Milcíades, o comandante grego, resolveu pedir reforço. Chamou Fidípides, um de seus valentes soldados. Ótimo corredor, ele levou o apelo de cidade em cidade até chegar em Atenas, 40 km distante. Voltou com 10 mil soldados e os gregos venceram a batalha, matando 6.400 persas.

Entusiasmado com a vitória, Milcíades ordenou que Fidípides fosse correndo até Atenas outra vez para informar que eles tinham vencido a batalha. Fidípides foi de novo, sem parar. Quando chegou ao seu destino, só teve forças para dizer uma palavra: "Vencemos!". E caiu morto. Em 1896, durante os primeiros Jogos Olímpicos da era moderna, Fidípides foi homenageado com a criação da prova. No início, a distância a ser percorrida era de 40 km, a mesma que separava Maratona de Atenas.

(Marcelo Duarte. *O guia dos curiosos*. 3. ed. São Paulo: Panda Books, 2005. p. 245.)

**1.** Quais adjetivos são utilizados no texto para caracterizar a prova olímpica da maratona?

**2.** Observe estas frases:

> "soldados **gregos** e **persas** travaram uma batalha"

> "os **persas** avançaram"
> "os **gregos** venceram a batalha"

Os termos destacados nas frases são substantivos ou adjetivos?
Justifique sua resposta.

## FLEXÃO DO ADJETIVO

Leia a tira ao lado.

Fernando Gonsales

(Disponível em: http://merdowski.blogspot.com.br/. Acesso em: 22/4/2012.)

1. Na tira, a personagem Níquel Náusea emprega os adjetivos *grande*, no 1º quadrinho, e *maior*, no 2º e 3º quadrinhos.

a) A que se referem esses adjetivos?

b) O substantivo a que se refere o adjetivo está explícito ou subentendido na fala da personagem?

2. As palavras *bom* e *boa* normalmente são adjetivos. Observe o 4º quadrinho.
Quando Níquel diz "Boa", essa palavra tem função adjetiva? Se sim, a que ela se refere?

3. Na sequência dos quadrinhos, Níquel fala: *grande, bem grande* e *maior*.

a) Que tipo de relação há entre esses adjetivos?

b) Leia o quadro da página 131 e depois classifique, quanto ao grau, as formas *bem grande* e *maior*.

4. No 4º quadrinho, a ratinha emprega o adjetivo *baldio*, no masculino singular.

a) A qual termo esse adjetivo se refere?

b) Segundo o dicionário, *baldio* significa "sem cultivo" ou "que não vale a pena, inútil". Considerando o segundo significado da palavra, que forma ela teria ao concordar com o substantivo *esperanças*?

Fernando Gonsales

Tal como o substantivo, o adjetivo se flexiona em *gênero* (masculino e feminino), em *número* (singular e plural) e em *grau* (comparativo e superlativo). Os exercícios a seguir tratam desse assunto. Ao resolvê-los, se tiver dúvida, consulte os boxes.

## EXERCÍCIOS

1. Grande parte dos adjetivos pátrios são simples, mas há também compostos, como, por exemplo, *anglo-francês*, *euro-asiático*, *indo-europeu*. Nesses casos, o primeiro elemento do adjetivo composto apresenta uma forma reduzida, de origem normalmente erudita. Veja as principais:

afro — africano
anglo — inglês
austro — austríaco
euro — europeu
franco — francês
greco — grego
hispano — hispânico, espanhol
indo — indiano
ítalo — italiano
luso — lusitano
nipo — nipônico, japonês
sino — chinês
teuto — teutônico, alemão

Forme os adjetivos pátrios compostos referentes a:

a) império *chinês e japonês*

b) conflitos *alemães e brasileiros*

c) línguas *indianas e europeias*

d) literatura *francesa e provençal*

e) atlas *italiano e suíço*

f) trovadores *galegos e portugueses*

g) Antiguidade *grega e latina*

h) ginásio *inglês e espanhol*

i) acordos *portugueses e brasileiros*

j) relações *africanas e europeias*

### Gênero do adjetivo

Os adjetivos formam o feminino quase sempre do mesmo modo que os substantivos, isto é, por meio da troca da vogal *o* por *a* ou do acréscimo de *a* no final da palavra:

homem *magro* — mulher *magra*

Alguns adjetivos, porém, têm uma só forma para o masculino e para o feminino:

exercício *fácil* — questão *fácil*

Os adjetivos compostos formam o feminino variando apenas o segundo elemento:

quadro *político-econômico*
integração *político-econômica*

**2.** No texto a seguir, os adjetivos estão entre parênteses. Observe os substantivos a que eles se referem e flexione-os adequadamente em gênero e número.

> E aquilo se foi constituindo numa (grande) lavanderia, (agitado) e (barulhento) com as suas cercas de varas, as suas hortaliças (verdejante) e os seus jardinzinhos de três e quatro palmos, que apareciam como manchas (alegre) por entre a negrura das (limoso) tinas (transbordante) e o revérbero das (claro) barracas de algodão (cru), armadas sobre os (lustroso) bancos de lavar. E os (gotejante) jiraus, cobertos de roupa (molhado), cintilavam ao sol, que nem lagos de metal (branco).
>
> E naquela terra (encharcado) e (fumegante), naquela umidade (quente) e (lodoso), começou a minhocar, a esfervilhar, a crescer, um mundo, uma coisa (vivo), uma geração, que parecia brotar (espontâneo), ali mesmo, daquele lameiro, e multiplicar-se como larvas no esterco.
>
> (Aluisio Azevedo. *O cortiço*. 2. ed. São Paulo: Saraiva, 2009. p. 20.)

**3.** Leia a tira:

Adão Iturrusgarai

(Disponível em: http://pseudouniverso.blogspot.com.br/2011/02/aline.html. Acesso em: 23/4/2012.)

a) Qual adjetivo Aline utilizou para caracterizar a minissaia que ela vestia no 1º quadrinho?

b) E para caracterizar a nova saia que ela tem nas mãos no 2º quadrinho? Em que grau o adjetivo está empregado?

c) Se Aline vestisse um *short*, em vez de uma minissaia, como seriam flexionados os adjetivos que ela utiliza nas suas falas?

d) Observe o 3º quadrinho. Aline resolveu o problema inicial? Justifique sua resposta.

## Número do adjetivo

Os adjetivos simples formam o plural do mesmo modo que os substantivos:

alimento saudá*vel* — alimentos saudá*veis*

Os adjetivos compostos formam o plural variando apenas o segundo elemento:

amizade luso-brasileira — amizades luso-brasileira*s*

Há, entretanto, exceções:

- *azul-marinho* e *azul-celeste* admitem duas formas: ternos *azul-marinho* ou ternos *azuis-marinhos*;
- *amarelo-canário, verde-oliva, verde-mar* e outros adjetivos compostos em que o segundo elemento é um substantivo admitem duas flexões: fardas *verde-oliva* ou fardas *verdes-olivas*; saias *amarelo-canário* ou saias *amarelos-canários*.

## Grau do adjetivo

**Grau** é uma categoria gramatical que nos adjetivos exprime quantidade e intensidade.

Os graus do adjetivo são o **comparativo** (quando se comparam dois elementos) e o **superlativo** (quando se destaca determinada característica em relação a uma pessoa ou a um grupo). Veja o esquema relativo aos graus do adjetivo:

- Comparativo
  - de igualdade: *tão* fácil *quanto* (*como*)...
  - de superioridade: *mais* fácil (*do*) *que*...
  - de inferioridade: *menos* fácil (*do*) *que*...
- Superlativo
  - relativo
    - de superioridade: *o mais* fácil *de*...
    - de inferioridade: *o menos* fácil *de*...
  - absoluto
    - analítico: *muito* (*bastante, extremamente, bem*) fácil
    - sintético: fací*limo*, paup*érrimo*, alt*íssimo*

Os adjetivos *bom, mau, grande* e *pequeno* formam o comparativo e o superlativo de modo especial. Observe:

| ADJETIVO | COMPARATIVO DE SUPERIORIDADE | SUPERLATIVO | |
|---|---|---|---|
| | | Absoluto | Relativo |
| bom | melhor | ótimo | o melhor |
| mau | pior | péssimo | o pior |
| grande | maior | máximo | o maior |
| pequeno | menor | mínimo | o menor |

4. Suponha que você tivesse que empregar no plural as expressões:

saias azul-clar□
problemas polític□-econômic□
relações lus□-brasileir□
escolas médic□-cirúrgic□

a) Como ficariam os adjetivos?

b) Conclua: Qual é o princípio que rege o plural dos adjetivos compostos?

5. Observe que nas três frases seguintes o adjetivo está no grau comparativo. Em qual delas a comparação expressa superioridade?

a) Ela é menos alta do que seu namorado.

b) Sou mais tímido que você.

c) Essa anedota é tão velha quanto o mundo.

6. Nas frases a seguir, o adjetivo está no grau superlativo:

I. Pelo jeito, você foi o menos dedicado dos alunos.

II. Essa dupla sertaneja é muito popular.

III. Você não acha que ela é a mais elegante de todas?

IV. Esse livro é ótimo.

a) Em qual delas o adjetivo está no superlativo absoluto analítico?

b) Em qual delas o adjetivo está no superlativo relativo de inferioridade?

7. Na linguagem oral e coloquial, há diversas maneiras de intensificar o grau de um adjetivo sem flexioná-lo nas formas convencionais, de acordo com a norma-padrão. Reescreva as frases a seguir, usando nas formas recomendadas pela norma-padrão os superlativos subentendidos.

a) Aquela garota é bonita pra caramba!

b) Esse sujeito é podre de rico!

c) Meu primo é mó inteligente!

d) Quando viu a cobra, o menino ficou branco de susto.

e) Ela disse que o café está caro? Põe caro nisso.

**8.** Em cada uma das frases a seguir, há uma comparação implícita. Reescreva as frases, explicitando a comparação.

a) Minha avó está muito lúcida para quem já fez 90 anos.

b) Você acha que seu irmão é careta? O meu é o dobro!

## *Mais bom, mais mau, mais grande, mais pequeno?*

As formas analíticas *mais bom, mais mau* e *mais grande*, correspondentes, respectivamente, aos adjetivos *bom, mau* e *grande*, podem ser empregadas quando se confrontam qualidades do mesmo ser. Veja:

> Pedro é bom e atencioso: mais bom do que atencioso.

Pode-se usar também *mais pequeno*, em lugar de *menor*, superlativo do adjetivo *pequeno*. Trata-se de uma forma que normalmente se evita empregar no Brasil, mas que é usada comumente em Portugal.

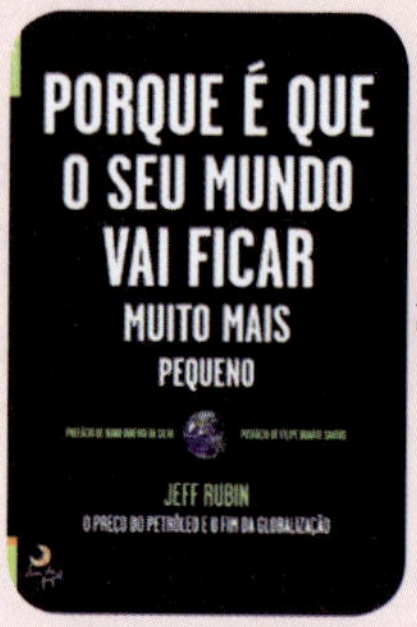

Editora Lua de Papel

A forma "mais pequeno" em título de edição portuguesa.

Leia o anúncio abaixo e responda às questões 9 e 10.

Marcus Hausser/Talent

(Disponível em: http://www.putasacada.com.br/mizuno-talent/. Acesso em: 23/4/2012.)

**9.** Na construção do sentido do anúncio, é explorado o uso de alguns adjetivos.

a) O produto anunciado é um tênis desenvolvido para uma atividade específica. Qual é essa atividade?

b) Identifique os adjetivos presentes no texto.

c) Quais das formas identificadas por você no item anterior tiveram variação de grau? Como é chamada essa variação?

d) A quais termos da frase, respectivamente, referem-se os termos *maior* e *melhor*?

**10.** No anúncio, um cachorro segura um tênis na boca. Ao fundo, um relógio marca 5h30min.

a) Levante hipóteses: Onde o cachorro está? O que ele quer?

b) A que se referem os termos *maior adversário* e *melhor amigo*? Justifique sua resposta.

c) Qual é o efeito de sentido criado por essa associação para qualificar o produto anunciado, um tênis de corrida?

## O ADJETIVO NA CONSTRUÇÃO DO TEXTO

Leia este anúncio:

YR Brasil

(Disponível em: http://quasepublicitarios.wordpress.com/2011/08/12/anuncios-da-tam/. Acesso em: 28/4/2012.)

**1.** Releia o enunciado principal do anúncio:

> "Globalização é quando uma companhia aérea brasileira tem pontualidade britânica."

a) No contexto internacional, o que é globalização?

b) A quais substantivos do enunciado os adjetivos *brasileira* e *britânica* fazem referência, respectivamente?

c) No anúncio, como os adjetivos *brasileira* e *britânica* contribuem para reforçar a noção de globalização?

**2.** No enunciado principal do anúncio, o anunciante empregou os adjetivos *aérea* e *brasileira* para caracterizar o substantivo *companhia*.

a) Suponha que o anunciante houvesse preferido a ordem *companhia brasileira aérea*, em vez de *companhia aérea brasileira*. O sentido seria o mesmo? Troque ideias com os colegas da classe.

b) Tendo em vista que se trata de um anúncio veiculado no Brasil, quais outros sentidos da caracterização *brasileira* podem favorecer a imagem da empresa?

### Para que servem os adjetivos?

Assim como os substantivos designam, organizam, distinguem e hierarquizam os seres que estão à nossa volta, ou nossos sentimentos e desejos, os adjetivos também participam dessa tarefa, modificando os substantivos, atribuindo-lhes características específicas.

Desse modo, no plano da linguagem, é por meio de adjetivos que distinguimos realidades distintas como *mar **limpo*** de *mar **poluído***; *direito **preservado*** de *direito **ultrajado***; *criança **protegida*** de *criança **abandonada***, etc.

**3.** A pontualidade da empresa enfatizada no enunciado principal do anúncio é reforçada pelo texto situado abaixo dele.

a) Qual adjetivo desse texto faz referência direta a essa ideia?

b) Qual é a relevância desse adjetivo para a construção da imagem da empresa?

**4.** Observe este trecho:

> "São 47 destinos nacionais e 11 internacionais. Todos com padrão de serviço TAM."

YR Brasil

a) Levando-se em conta o objetivo do anúncio, por qual(is) adjetivo(s) o termo *TAM* poderia ser substituído?

b) Ao afirmar que os voos têm "padrão de serviço TAM", o anúncio utiliza o nome da empresa para qualificar o padrão de serviço, como se o nome TAM fosse um adjetivo. Levante hipóteses: Que efeito de sentido essa construção confere ao anúncio?

**5.** Observe a parte não verbal do anúncio.

a) Além do avião, qual imagem aparece?

b) A qual parte do texto verbal essa imagem faz referência direta? Justifique sua resposta.

c) Levante hipóteses: De que maneira o destaque dado a essa característica contribui para uma boa imagem da empresa entre o público?

**6.** Você observou, no anúncio, o efeito de sentido criado pelo emprego de alguns recursos de linguagem relacionados ao adjetivo. Agora conclua: Considerando-se a finalidade principal de todo anúncio publicitário, que papel o adjetivo desempenha na construção desse gênero textual?

## SEMÂNTICA E DISCURSO

Leia a tira:

© 2012 King Features Syndicate/Ipress

(Disponível em: http://bibliocomics.blogspot.com.br/2010_09_01_archive.html. Acesso em: 29/5/2012.)

**1.** No 1º quadrinho, Zezé pede à irmã que o ajude a encontrar o livro da biblioteca. O que a resposta de Zoé permite ao leitor concluir sobre o comportamento do irmão?

**2.** Observe a fala de Zoé no 2º quadrinho:

> "Vou te ajudar a achar seu estúpido livro da biblioteca!"

a) A que termo da frase se refere o adjetivo *estúpido*?

b) Por que Zezé se ofende com a fala da irmã?

**3.** Diante da reclamação de Zezé, Zoé se desculpa e reformula sua frase. Observe a fala de Zoé no 4º quadrinho:

"Vou te ajudar a achar seu livro da biblioteca, estúpido!"

a) A quem se refere o adjetivo *estúpido*, nesse caso?

b) Zezé não reclama mais da fala da irmã. Levante hipóteses: Por que Zezé reage dessa forma e como seu comportamento contribui para a construção de humor na tira?

**4.** Em conversas do dia a dia, certos adjetivos, quando empregados no diminutivo ou no aumentativo, nem sempre indicam tamanho, podendo expressar outras ideias.
Observe o diminutivo nestas duas situações:

— Como é o escritório novo?
— É *arrumadinho*.

— E aí, gostou do escritório novo?
— Gostei. É *bonzinho*.

a) Em qual delas o emprego do diminutivo expressa também uma ideia de restrição?

b) Que ideia o outro diminutivo traduz?

**5.** Os adjetivos são largamente empregados, tanto na escrita quanto na fala, para caracterizar seres e coisas, indicando tamanho, cor, tipo, forma, qualidades, defeitos, etc. Entretanto, em uma notícia jornalística, por exemplo, evita-se empregar adjetivos que envolvam uma avaliação ou uma carga elevada de subjetividade, uma vez que esse tipo de texto deve se ater aos fatos narrados e ser o mais impessoal e objetivo possível.
Em quais dos itens seguintes os adjetivos expressam opinião?

a) rapaz maravilhoso, charmoso, bonitão

b) caixa amarela, retangular e nova

c) material atóxico e reciclável

d) modelo estonteante, exuberante, perfeita

**6.** Muitos adjetivos têm mais de um significado, dependendo da posição que ocupam em relação aos substantivos. Assim, por exemplo, o adjetivo *alto*, anteposto ao substantivo *funcionário*, significa "funcionário de posição elevada"; se posposto, significa "funcionário de estatura elevada".
Dê o significado dos adjetivos nos pares de expressões a seguir:

a) bravo garoto / garoto bravo

b) santa mulher / mulher santa

c) simples exercício / exercício simples

d) pobre gente / gente pobre

PARA CONSULTA

# LOCUÇÕES ADJETIVAS E ADJETIVOS CORRESPONDENTES

*de abismo*: abissal
*de abutre*: vulturino
*de açúcar*: sacarino
*da água*: aquático
*de águia*: aquilino
*da alma*: anímico
*de aluno*: discente
*de anjo*: angelical
*de árvore*: arbóreo
*de asas*: alado
*de astros*: sideral
*sem barba*: imberbe
*de bispo*: episcopal
*de bronze*: brônzeo ou êneo
*de cabeça*: cefálico
*do cabelo*: capilar
*de cal*: calcário
*do campo*: rural
*de cavalo*: equestre, equino
*de chumbo*: plúmbeo
*da chuva*: pluvial
*da cidade*: urbano
*do coração*: cardíaco, cordial
*de criança*: infantil, pueril
*de dedo*: digital
*de enxofre*: sulfúrico, sulfuroso
*de espelho*: especular
*das estrelas*: estelar
*de fábrica*: fabril
*sem fé*: incrédulo, descrente
*de filho*: filial
*de fogo*: ígneo
*da garganta*: gutural
*de gato*: felino
*de gelo*: glacial
*de guerra*: bélico
*de idade*: etária
*da Igreja*: eclesiástico
*de ilha*: insular
*de irmão*: fraternal
*de lago*: lacustre
*de leão*: leonino
*de lebre*: leporino
*de leite*: lácteo
*de limão*: cítrico
*da lua*: lunar
*de macaco*: simiesco
*de macho*: másculo
*de madeira*: lígneo
*de mãe*: materno, maternal
*da maioria*: majoritário
*da manhã*: matinal, matutino
*de marfim*: ebóreo, ebúrneo
*das margens dos rios*: ribeirinho
*de mestre*: magistral
*da minoria*: minoritário
*da moeda*: monetário
*do nariz*: nasal
*sem odor*: inodoro
*de ouro*: áureo
*de pântano*: palustre
*do paraíso*: paradisíaco
*sem pavor*: impávido
*de pirata*: predatório
*de prata*: argentino, argênteo
*de professor*: docente
*com pus*: purulento
*dos quadris*: ciático
*de rio*: fluvial
*de rocha*: rupestre
*sem sal*: insípido, insosso
*de selo*: filatélico
*de sentido*: semântico
*de som*: fonético
*sem sono*: insone
*da Terra* (planeta): terráqueo
*da terra*: terrestre ou terreno
*da terra* (solo): telúrico
*do vento*: eólio
*de verão*: estival
*de víbora*: viperino
*da voz*: vocal

© Burstein Collection/Corbis/Latinstock/Museu Nacional Centro de Arte Reina Sofia, Espanha

*Guernica* (1937), de Pablo Picasso.

CAPÍTULO 11

# O artigo e o numeral

## CONSTRUINDO O CONCEITO

Leia o texto estampado na camiseta abaixo, vendida em um *site* português.

Thinkstock/Getty Images/WMO

(Disponível em: http://www.dezpeme.com/tshirts/humor/5/35/. Acesso em: 3/5/2012.)

**tramado**: gíria do português de Portugal equivalente a "embaçado", no Brasil, isto é, ruim, difícil, de solução complicada.

**1.** O humor do texto da camiseta é construído com base na quebra de expectativa do leitor.

a) A frase "Meu sonho é ser pobre um dia" sugere que o locutor tenha qual perfil?

b) Por que essa frase causa estranhamento?

c) A explicação que vem na sequência, "porque todos os dias é tramado", faz uma revelação a respeito do perfil do locutor. Qual é ela?

d) O efeito do humor decorre do novo sentido que a frase em destaque ganha após a leitura do conjunto dos dizeres estampados na camiseta. Qual é esse novo sentido?

**2.** A ambiguidade da palavra *um* é essencial para a construção do humor do texto da camiseta.

a) Lendo apenas a primeira frase, a palavra *um* tem qual sentido?

b) Após ler a segunda frase, depreendemos outro sentido da palavra *um*. Qual é?

## CONCEITUANDO

Você deve ter observado que algumas palavras que antecedem o substantivo, como *um*, em "um dia", podem modificar-lhe o sentido. Podemos entender a expressão como "um dia qualquer" e também como "um único dia". Na primeira situação, a palavra *um* é **artigo**; na segunda, *um* é **numeral**.

> **Artigo** é a palavra que antecede o substantivo, definindo-o ou indefinindo-o.
> **Numeral** é a palavra que expressa quantidade exata de pessoas ou coisas ou o lugar que elas ocupam numa determinada sequência.

Os artigos classificam-se em:

- **definidos**: *o*, *a*, *os*, *as*, quando definem o substantivo, indicando que se trata de um ser conhecido que já foi mencionado antes, ou que é objeto de um conhecimento ou experiência:

> *A* cidade amanheceu em festa.

- **indefinidos**: *um*, *uma*, *uns*, *umas*, quando indefinem o substantivo, indicando um ser qualquer entre vários da mesma espécie e ao qual ainda não se fez menção:

> Há *um* homem na sala de espera querendo falar com você.

Os numerais classificam-se em:

- **cardinais**: designam uma quantidade de seres:

> Nessa carteira só há *duas* notas de *cinco* reais.

- **ordinais**: indicam série, ordem, posição:

> A *primeira* proposta foi aceita pela maioria dos alunos.

### Função sintática do artigo e do numeral

O artigo, definido ou indefinido, exerce na oração a função sintática de adjunto adnominal:

> *O* Amazonas é *um* grande rio.

O numeral, por sua vez, tem mais de uma função sintática. Para saber qual é ela, precisamos observar se, na oração, seu papel é de adjetivo ou substantivo. No primeiro caso, o numeral assume a função sintática de *adjunto adnominal*; no segundo caso, ele desempenha uma função sintática própria do substantivo, ou seja, de *núcleo* de um sujeito, de um objeto direto, de um objeto indireto, etc. Observe:

> Alugamos *cinco* DVDs , mas só assistimos a *dois*.
> (*cinco*: adj. adn.; *cinco DVDs*: objeto direto; *dois*: núcleo; *a dois*: objeto indireto)

- **multiplicativos**: expressam aumento proporcional a um múltiplo da unidade:

> Comprou na feira o *dobro* de livros que pretendia.

- **fracionários**: denotam diminuição proporcional a divisões (frações) da unidade:

> Coube a ela *um terço* da herança dos avós.

Alguns gramáticos acrescentam a essa classificação os **numerais coletivos**, assim chamados porque, como os substantivos coletivos, designam um conjunto de seres ou coisas. Diferentemente dos substantivos coletivos, porém, indicam um número exato de seres: *dezena, década, dúzia, centena, cento, milheiro, par,* etc.

O numeral pode referir-se a um substantivo ou substituí-lo; no primeiro caso, é **numeral adjetivo**; no segundo, **numeral substantivo**. Observe, por exemplo, no título do texto a seguir, que *primeiro* é *numeral adjetivo*, porque acompanha o substantivo *embrião*. O mesmo ocorre, no texto, com o numeral *primeira*, que acompanha a palavra *vez*. Na frase "Os dois vivem no parque", *dois* é *numeral substantivo*, porque substitui a palavra *rinocerontes*.

## Cientistas criam o primeiro embrião de rinoceronte em laboratório

Material veio de rinocerontes-negros que vivem em um zoológico na Austrália. Falta, no entanto, uma técnica para introduzir o embrião na fêmea.

Uma junta de cientistas australianos e alemães conseguiu criar, pela primeira vez no mundo, um embrião de rinoceronte em laboratório, anunciou-se nesta sexta-feira, na Austrália.

Isso aconteceu em um zoológico do Estado de New South Wales, depois de algumas tentativas que não deram certo. O material veio dos rinocerontes-negros Rocket e Kwanzaa. Os dois vivem no parque. A espécie já esteve bem perto da extinção.

Mesmo feliz com o sucesso da fertilização, a bióloga australiana Tâmara Keeley ressalta que faltam muitos anos de estudo para que um embrião como esse vire um rinoceronte de fato. Ainda não se tem uma técnica para introduzi-lo na fêmea e dar início à gestação, de 14 meses.

Até que essa técnica chegue, o embrião vai ficar armazenado em nitrogênio líquido, a uma temperatura de –196 °C.

(Disponível em: http://g1.globo.com/Noticias/Ciencia/0,,MUL591488-5603,00-CIENTISTAS+CRIAM+O+PRIMEIRO+EMBRIAO+DE+RINOCERONTE+EM+LABORATORIO.html. Acesso em: 18/4/2012.)

### Algarismos ou numerais?

Em textos, sempre que possível, devem ser empregados os numerais. Entretanto, números de telefones, datas, dados estatísticos e outros costumam ser escritos em algarismos.

Minden Pictures/LatinStock

: É comum o artigo ter o papel de substantivar uma palavra ou expressão. Por exemplo, a palavra *melhor*, empregada normalmente como adjetivo, está substantivada pelo artigo definido *o* na capa da revista ao lado. Também é comum os artigos aparecerem unidos a preposições, como no anúncio à direita, em que o artigo *o* está unido à preposição *de*, formando a combinação *do*.

Editora Abril

WWF - Brasil

## Leitura ou escrita dos numerais

- **Cardinais**: coloca-se a conjunção *e* após as centenas e dezenas:

  Paguei *mil trezentos e trinta e quatro reais* pelo computador. (1 334)

- **Ordinais**:

  a) os inferiores a 2 000 são lidos ou escritos como ordinais:

  Ela é a *milésima octingentésima quinquagésima sexta* classificada. (1 856ª)

  b) os superiores a 2 000 são lidos de forma mista, o primeiro algarismo como cardinal e os demais como ordinais:

  Sou o *dois milésimo centésimo primeiro* classificado. (2 101º)

# EXERCÍCIOS

**1.** Leia a tira ao lado.

(Fernando Gonsales. *Níquel Náusea – Nem tudo que balança cai.* São Paulo: Devir, 2003. p. 20.)

Na tira, aparecem duas palavras em negrito: *de* e *do*. No contexto, qual é a diferença de sentido provocada pelo uso das formas *de* e *do* (de + o)?

**2.** Conforme vimos, o artigo, definido ou indefinido, caracteriza-se por ser a palavra que introduz o substantivo, indicando-lhe o gênero e o número. Assim, seu emprego permite a distinção de substantivos homônimos, ou seja, palavras de origem e significados diferentes, mas com a mesma pronúncia e grafia, como *o grama* (medida de massa) e *a grama* (capim).

Dê o significado dos seguintes homônimos:

a) o cabra – a cabra

b) o cisma – a cisma

c) o coma – a coma

d) o moral – a moral

e) o foca – a foca

f) o caixa – a caixa

g) o guarda – a guarda

h) o nascente – a nascente

**3.** Em relação à leitura e à escrita dos numerais, deve-se observar que:

- na designação de papas, reis, séculos, partes de obras e artigos de lei, indicados por algarismos romanos, estes devem ser lidos como numerais ordinais até *décimo* e daí por diante como cardinais;
- na indicação dos dias do mês (excetuando-se o primeiro dia), anos e horas, usam-se os cardinais;
- na numeração de páginas e folhas de livros, como na de casas, apartamentos, quartos de hotel, cabines de navio, poltronas de teatro e equivalentes, empregam-se os cardinais; porém, estando o numeral anteposto ao substantivo, utilizam-se os ordinais.

Considerando esses usos, indique como devem ser lidos os algarismos empregados nas frases a seguir.

a) A Idade Média compreende o período que vai da Queda do Império Romano, no século V, até a Tomada de Constantinopla pelos turcos, no século XV.

b) O livro que você me indicou é tão interessante que, em poucas horas, já li até o capítulo XXII.

c) Quem proclamou a Independência do Brasil foi D. Pedro I ou D. Pedro II?

d) Por favor, abram o livro na 33ª página.

e) Você pode me buscar no aeroporto? Eu telefono avisando se regresso no dia 31 de janeiro ou 1º de fevereiro.

f) A citação encontra-se na página 25 do capítulo LXXIX.

g) Era a 213ª pessoa da fila.

**4.** Indique as frases em que o numeral está empregado em desacordo com a norma-padrão. A seguir, reescreva-as, adequando-as à norma-padrão.

a) A descrição da personagem principal encontra-se à página vinte e duas.

b) As flores devem ser entregues na rua Quarenta e Um, casa dois.

c) Ao papa Paulo Seis sucedeu João Paulo Primeiro.

d) O artigo 22 foi revogado ontem.

e) Hoje é trinta e um de janeiro; amanhã, um de fevereiro.

## O ARTIGO E O NUMERAL NA CONSTRUÇÃO DO TEXTO

Leia o anúncio a seguir e responda às questões propostas.

WWF - Brasil

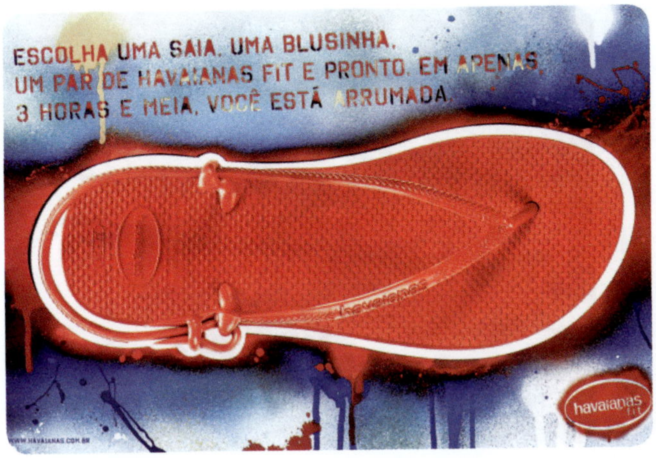


### Para que servem os artigos?

Os artigos não são apenas meros acompanhantes dos substantivos. Quase sempre, a presença ou a ausência de artigo assume um papel decisivo na precisão do sentido que se pretende dar a um texto. O artigo pode, por exemplo, particularizar ou generalizar, como em *Gostaria de ter um filho novamente / Gostaria de ter o filho novamente*; pode se referir à parte ou ao todo, como em *A comissão foi formada por moradores da rua* (alguns) / *A comissão foi formada pelos moradores da rua* (todos).

**1.** Na situação de comunicação relacionada ao anúncio:

a) Quem é o anunciante? E o produto anunciado?

b) Qual é o público-alvo do anúncio? Justifique sua resposta com expressões do texto.

c) Qual é o principal argumento de persuasão utilizado pelo anunciante?

**2.** Releia o texto verbal do anúncio, observando o emprego das palavras *uma*, *um*, *par*, *3* e *meia*.

a) Classifique como artigo, numeral ou algarismo essas palavras.

b) Ao utilizar a expressão *um par*, o anunciante se refere a um par qualquer ou a um par específico de sandálias? Justifique sua resposta.

**3.** A utilização de artigos e numerais tem papel central na construção do humor do anúncio.

a) Que ideia fica subentendida na frase "Escolha uma saia, uma blusinha, um par de Havaianas Fit e pronto"?

b) Por que o emprego do numeral que é utilizado na frase "Em apenas 3 horas e meia, você está arrumada" tem efeito humorístico?

c) Que figura de linguagem se observa na frase "Em apenas 3 horas e meia você está pronta"? Que elementos, na construção da frase, resultam nessa figura?

4. Por meio do emprego das expressões *uma*, *um* e *3 e meia*, o anúncio faz um jogo de oposições entre, por um lado, a ideia de simplicidade, despreocupação e, por outro, a ideia de sofisticação, cuidado excessivo.

a) Quais dessas expressões, no anúncio, dão ideia de simplicidade e despreocupação? Justifique sua resposta com base na classe de palavras a que elas pertencem e no sentido que elas conferem ao texto.

b) E qual a ideia de sofisticação e cuidado excessivo? Justifique sua resposta também com base na classe de palavras dos termos que a compõem e no sentido resultante de seu emprego.

c) Qual é o papel da oposição entre as ideias de simplicidade e sofisticação na construção da imagem do produto anunciado?

## SEMÂNTICA E DISCURSO

Leia o texto:

### O homem nunca pisou na Lua?

Há quem afirme de pés juntos que a conquista do nosso satélite foi mais uma farsa do governo americano — e dirigida por ninguém menos que o cineasta Stanley Kubrick

Por Alexandre Petillo

Glenn Image Gallery/Nasa Images

Esqueça tudo o que lhe ensinaram na escola: o homem nunca pisou na Lua. A célebre imagem da nave americana pousando em nosso satélite no dia 20 de julho de 1969, o passo em câmera lenta de Neil Armstrong, a bandeira do Tio Sam fincada no solo lunar... Tudo isso foi encenado em um estúdio de TV no Estado de Nevada, nos Estados Unidos. Para ganhar contornos ainda mais espetaculares, as filmagens foram dirigidas por ninguém menos que o cineasta Stanley Kubrick.

[...]

Essa tese [...] é defendida pelo escritor Bill Kaysing em seu livro *We Never Went to the Moon* ("Nunca Fomos à Lua"). Segundo Kaysing, a Nasa, agência espacial americana, não tinha tecnologia para colocar o homem na Lua em 1969.

Mas precisava fazer isso de qualquer maneira. Tudo porque, em abril de 1961, o cosmonauta soviético Yuri Gagarin conseguira entrar para a história como o primeiro homem a viajar pelo espaço. Para não ficar atrás, o presidente dos Estados Unidos, John Kennedy, fez uma promessa: até o final da década, o país mandaria astronautas para a Lua. Mas a década de 60 chegou ao fim e os americanos ainda não tinham tecnologia para chegar lá. Por isso, a Apollo 11 realmente foi lançada – mas pousou no Polo Sul. Os astronautas Neil Armstrong, Buzz Aldrin e Michael Collins foram levados secretamente a um estúdio de TV e encenaram a conquista da Lua.

(Disponível em: http://super.abril.com.br/ciencia/homem-nunca-pisou-lua-445113.shtml. Acesso em: 18/4/2012.)

**1.** O título da matéria faz referência a um fato histórico muito famoso.

a) Qual é esse fato?

b) Segundo o título, o responsável por esse feito seria "o homem". Classifique o artigo utilizado nessa expressão.

c) Deduza: A expressão "o homem" refere-se unicamente ao astronauta que pisou na Lua?

**2.** Releia o título do texto: "*O homem* nunca pisou n*a Lua*?"

Spacesuit and Spacewalk History Image Gallery/Nasa Images

a) Uma das funções específicas do artigo é a de generalizar. Compare os empregos dos artigos *o* e *a* no título do texto. Em qual das duas expressões destacadas há generalização?

b) Qual é o efeito de sentido criado por esse uso do artigo?

c) Qual é a função do artigo na outra expressão?

**3.** Leia este enunciado:

> Segundo o texto, o homem nunca pisou n*a Lua* e, nas imagens que todos viram, os astronautas pisavam em *uma lua* cenográfica.

Classifique os artigos que integram as expressões destacadas e explique os efeitos de sentido criados por eles.

**4.** Explique por que só é possível o emprego do artigo definido, e não do indefinido, nas expressões destacadas neste trecho:

> "Em abril de 1961, *o cosmonauta soviético Yuri Gagarin* conseguira entrar para *a história* como *o primeiro* homem a viajar pel*o espaço*."

**5.** Identifique, entre as afirmações que seguem, aquelas que se referem apropriadamente ao papel que têm na construção de sentidos do texto os artigos empregados nestas expressões:

- na escola
- a célebre imagem
- a bandeira do Tio Sam
- um estúdio de TV no Estado de Nevada
- os americanos

a) Os artigos definidos das expressões "na escola", "a célebre imagem" e "a bandeira do Tio Sam" têm o papel de generalizar os termos que eles antecedem, fazendo referência a todas as escolas, todas as imagens célebres e todas as bandeiras americanas.

b) O artigo definido da expressão "na escola" generaliza o termo que ele antecede, fazendo referência a toda e qualquer escola em que o leitor tenha estudado. O mesmo acontece com o artigo definido de "os americanos", que faz referência a todos os americanos.

c) Os artigos definidos das expressões "a célebre imagem" e "a bandeira do Tio Sam" particularizam os termos que eles antecedem, isto é, fazem referência a uma imagem e a uma bandeira específicas, que todos conhecem e sempre veem nas fotos que divulgam o evento mencionado no texto.

d) O uso do artigo indefinido na expressão "um estúdio de TV no Estado de Nevada" reforça a ideia de que a gravação foi feita em um único estúdio, sem a necessidade de utilizar outros cenários ou instalações diferentes.

e) O uso do artigo indefinido na expressão "um estúdio de TV no Estado de Nevada" não define em qual estúdio exatamente foi feita a encenação, reforçando a ideia de mistério que cerca o assunto de que trata o texto.

PARA CONSULTA

## NUMERAIS

| ALGARISMOS | | NUMERAIS | |
|---|---|---|---|
| Arábicos | Romanos | Cardinais | Ordinais |
| 1 | I | um | primeiro |
| 2 | II | dois | segundo |
| 3 | III | três | terceiro |
| 4 | IV | quatro | quarto |
| 5 | V | cinco | quinto |
| 6 | VI | seis | sexto |
| 7 | VII | sete | sétimo |
| 8 | VIII | oito | oitavo |
| 9 | IX | nove | nono |
| 10 | X | dez | décimo |
| 11 | XI | onze | décimo primeiro ou undécimo |
| 12 | XII | doze | décimo segundo ou duodécimo |
| 13 | XIII | treze | décimo terceiro |
| 14 | XIV | catorze ou quatorze | décimo quarto |
| 15 | XV | quinze | décimo quinto |
| 16 | XVI | dezesseis | décimo sexto |
| 17 | XVII | dezessete | décimo sétimo |
| 18 | XVIII | dezoito | décimo oitavo |
| 19 | XIX | dezenove | décimo nono |
| 20 | XX | vinte | vigésimo |
| 21 | XXI | vinte e um | vigésimo primeiro |
| 30 | XXX | trinta | trigésimo |
| 40 | XL | quarenta | quadragésimo |
| 50 | L | cinquenta | quinquagésimo |
| 60 | LX | sessenta | sexagésimo |
| 70 | LXX | setenta | septuagésimo |
| 80 | LXXX | oitenta | octogésimo |
| 90 | XC | noventa | nonagésimo |
| 100 | C | cem | centésimo |
| 200 | CC | duzentos | ducentésimo |
| 300 | CCC | trezentos | trecentésimo |
| 400 | CD | quatrocentos | quadringentésimo |
| 500 | D | quinhentos | quingentésimo |
| 600 | DC | seiscentos | seiscentésimo ou sexcentésimo |
| 700 | DCC | setecentos | setingentésimo |
| 800 | DCCC | oitocentos | octingentésimo |
| 900 | CM | novecentos | noningentésimo ou nongentésimo |
| 1 000 | M | mil | milésimo |

# GRAMÁTICA

caderno de

# revisão

conecte LIDi

Editora Saraiva

conecte

# 1. Acentuação gráfica

O sistema de acentuação gráfica em português obedece a quatro **regras gerais** (relativas aos monossílabos, oxítonos, paroxítonos e proparoxítonos) e três regras especiais que se sobrepõem às anteriores.

### Regras gerais

- Acentuam-se os **monossílabos tônicos** terminados em *a*(*s*), *e*(*s*), *o*(*s*): m*á*, d*á*s, f*é*, m*ê*s, n*ó*, p*ó*s etc.
- Acentuam-se os **oxítonos** terminados em *a*(*s*), *e*(*s*), *o*(*s*), *em*(*ens*): caj*á*, maraj*ás*, voc*ê*, caf*és*, cip*ó*, carij*ós*, tamb*ém*, armaz*éns* etc.
- Acentuam-se os **paroxítonos não** terminados em *a*(*s*), *e*(*s*), *o*(*s*), *em*(*ens*), *am*: híf*en*, prót*on*, revólv*er*, histór*ia*, sér*ie*, colég*io* etc.
- Acentuam-se **todos** os vocábulos **proparoxítonos**: lâmpada, exército, gramática etc.

### Regras especiais

- Acentuam-se os ditongos abertos, orais e tônicos: *éi*, *ói* e *éu*, dos monossílabos tônicos e das palavras oxítonas: céu, pastéis, caracóis, chapéus.
- Não se acentuam os ditongos abertos, orais e tônicos *éi* e *ói* das palavras paroxítonas: assembleia, joia.
- Acentuam-se as vogais tônicas *i* e *u* dos hiatos quando formarem sílaba sozinhas, seguidas ou não de *s*: saída, saúde, Luís, egoísmo.
- Se as vogais tônicas *i* e *u* dos hiatos vierem depois de um ditongo ou se vierem seguidas de *nh*, não serão acentuadas: cauila (cau-i-la), boiuna (boi-u-na), rainha (ra-i-nha).
- Se a vogal *i* tônica do hiato for repetida, não se emprega o acento: xiita (xi-i-ta).

# 2. Ortografia

Do grego *orthós*, "correto" + *grápheín*, "escrever", ortografia é a seção da gramática que determina a grafia correta das palavras, segundo o padrão da língua escrita culta.

### Emprego de consoantes C ou Ç

- Em palavras de origem tupi, africana e árabe: a**ç**afrão, a**ç**aí, ca**ç**anje, ca**ç**ula, mu**ç**um, pa**ç**oca, mi**ç**anga etc.
- Nos sufixos -aça, -aço, -ação, -ecer, -iça, -iço, -nça, -uça, -uço: barc**aça**, panel**aço**, denti**ção**, anoit**ecer**, inteir**iça**, moved**iço** etc.
- Após ditongos: f**ei**ção, f**oi**ce, l**ou**ça, atr**ai**çoar, tr**ai**ção etc.

### G e J

- Nas terminações *-ágio*, *-égio*, *-ígio*, *-ógio*, *-úgio*: adá**g**io, á**g**io, está**g**io, egré**g**io, ré**g**io, remí**g**io, relógio etc.
- Nas terminações *-agem*, *-igem*, *-ugem*, *-ege*, *-oge*: folha**g**em, via**g**em, verti**g**em, fuli**g**em, ferru**g**em etc.
- Nas palavras de origem estrangeira, latina ou grega: ál**g**ebra, al**g**eroz, **g**inete, **g**irafa, **g**iz (árabes); a**g**iotagem, **g**eleia, here**g**e, sar**g**ento (francesas) etc.
- Palavras de origem tupi, africana e árabe: **j**ê, **j**erivá, **j**iboia, **j**enipapo, Mo**j**i, pa**j**é; caçan**j**e, alfan**j**e, alfor**j**e etc.

### S ou Z

Usa-se a letra *s* nos seguintes casos:

- Em derivados de verbos com *nd* (*nd-ns*): asce**nd**er, asce**ns**ão, asce**ns**orista; conte**nd**er, conte**ns**ão (mas conter, contenção); este**nd**er, exte**ns**ão etc.
- Nas correlações *pel-puls*, *rg-rs*, *rt-rs*: com**pel**ir, com**pul**são; ex**pel**ir, ex**pul**são; asper**g**ir, asper**s**ão; diver**t**ir, diver**s**ão; emer**g**ir, emer**s**ão etc.
- Nas correlações *corr-curs* e *sent-sens*: **corr**er, **curs**o, per**curs**o, dis**curs**o, in**curs**o, in**curs**ão, ex**curs**ão; **sent**ir, **sens**ação etc.
- Nos títulos nobiliárquicos, nos gentílicos (procedência) e nos femininos em geral: barone**sa**, marque**sa**, prince**sa** etc.; france**sa**, finlande**sa**, holande**sa**, ingle**sa**, chine**sa** etc.
- Após ditongos: c**au**sa, l**ou**sa, m**ai**sena, **ou**sar etc.
- Nas correlações *d-s*, *nd-ns-s*: alu**d**ir, alu**s**ão; defen**d**er, defe**s**a etc.; defe**nd**er, defe**ns**or; despe**nd**er, despe**ns**a etc.

Usa-se a letra *z* nos seguintes casos:

- Nos substantivos abstratos derivados de adjetivos: ácido, acide**z**; grávida, gravide**z**, gravide**zes**; grande, grande**z**a; pequeno, pequene**z** etc.
- Nos sufixos *-izar* (e *-ização*): ameni**zar**, abali**zar**, ajui**zar**, hospitali**zar**, civili**zar**, civili**zação**, urbani**zação** etc. No entanto, usa-se *s* nas palavras terminadas em *isar* derivadas de outras palavras escritas com *s*: pesqu**isar** (pesquisa) anal**isar** (análise).

### X ou CH

Usa-se a letra *x* nos seguintes casos:

- Em vocábulos de origem árabe, tupi e africana: almo**x**arife, o**x**alá, **x**adrez, abaca**x**i, muxo**x**o, **x**avante, **x**ingar etc.
- Para, no aportuguesamento, substituir o **sh** inglês e o **j** espanhol: **x**ampu, **x**elim, **x**ou, **X**angai, **x**erez, lagarti**x**a, Tru**x**ilho etc.
- Após a inicial *en-*, desde que a palavra não seja derivada de outra com *ch*: **enx**ada, **enx**ame, **enx**ergar, **enx**erto, **enx**otar, **enx**ugar etc. (Mas: charco, encharcar; cheio, encher, enchente; choça, enchoçar etc.)
- Após a inicial *me-*, exceto "mecha", e derivados: **mex**er, **mex**erico, **mex**icano, **mex**ilhão, **mex**ilho, **mex**inflório etc.
- Após ditongos: b**aix**a, b**aix**ela, f**eix**e, fr**oux**o, gu**eix**a, tr**oux**a etc.

# 3. Morfemas

A cada uma das unidades mínimas e significativas que compõem uma palavra dá-se o nome de **morfema**.

De acordo com o papel que exercem na palavra, os elementos mórficos recebem diferentes classificações, como:

- **Radical**: núcleo mais significativo de uma palavra, é a base sobre a qual se cria uma família de vocábulos, os **cognatos**. É ao radical que se agregam os demais morfemas.
- **Afixo**: é o morfema que, anteposto (**prefixo**) ou posposto (**sufixo**) ao radical, modifica-lhe o significado, acrescendo-lhe mudanças de sentido. Além disso, pode acarretar mudanças de classe gramatical (caso do sufixo).

- **Desinência**: é o morfema indicador das flexões. Subclassifica-se como verbal e nominal. As **desinências verbais** indicam o tempo e o modo (desinência **modo-temporal**) e a pessoa e o número (desinência **número-pessoal**) do verbo. As **desinências nominais** indicam o gênero e o número de substantivos, adjetivos, pronomes e numerais (além do particípio, forma nominal do verbo).
- **Vogal temática**: é o morfema que liga o radical às desinências. Adicionada ao radical constitui o **tema**, base sobre a qual se agregam as desinências. Há as **vogais temáticas nominais**, *-a-*, *-e-*, *-o-*, em sílabas átonas finais, e as **vogais temáticas verbais**, *-a-*, *-e-*, *-i-*, que indicam as conjugações verbais.

Em muitos vocábulos, certas vogais e consoantes não se enquadram nessas categorias, pois são unidades não significativas que se acrescem puramente por motivo de eufonia ("som agradável"). São chamadas **vogais** e **consoantes de ligação**. Exemplos:

Vogais de ligação: silv**í**cola, gas**ô**metro, gas**o**duto, gas**ei**ficar, cacau**i**cultor.

Consoantes de ligação: cafe**t**eira, pe**z**inho, cha**l**eira, pobre**t**ão.

# 4. Formação das palavras

Quanto à formação, as palavras podem ser:

- **primitivas**: as que não se formam a partir de nenhuma outra palavra da língua: *sol*, *feliz*, *honra*;
- **derivadas**: as que se formam a partir de palavras primitivas: *solar*, *felicidade*, *honraria*;
- **simples**: as que contêm um único radical: *vinho*, *tempo*, *perna*;
- **compostas**: as que se formam com a união de duas ou mais palavras primitivas, ou de dois ou mais radicais: *vinagre* (vinho + acre), *passatempo* (passa + tempo), *pernalta* (perna + alta).

Essa classificação tem como fundamento os dois processos gerais de formação de novas palavras na língua: a **derivação** (na qual se forma uma palavra nova a partir de outra já existente) e a **composição** (na qual há formação de novas palavras com base em dois ou mais radicais).

- **Derivação regressiva**: consiste na supressão do segmento final (vogal temática e desinência) de um verbo no infinitivo e na **adjunção** de uma das três vogais temáticas nominais (*-a*, *-e*, *-o*): *ajudar – ajuda*; *atacar – ataque*; *abalar – abalo*.
- **Derivação imprópria**: não supõe as operações de adjunção ou supressão de morfema, de modo que a palavra primitiva e a derivada são um mesmo vocábulo, mas usado em contextos morfossintáticos e semânticos distintos. Observe: olho **azul** (adj.) — o **azul** dos seus olhos (subst.); homem **alto** (adj.) — falava **alto** (adv.).

Figura 1

dm9ddb/honda

Na chamada do anúncio, há um caso de conversão de adjetivo em advérbio: *rápido*.

- **Derivação prefixal**: ocorre com o acréscimo de prefixo ao radical. Exemplos: pôr: **a**por, **ante**por, **dis**por, **indis**por, **re**por; ter: **a**ter-se, **abs**ter-se, **con**ter, **de**ter, **entre**ter, **man**ter, **re**ter.
- **Derivação sufixal**: opera-se pela adjunção de um ou mais sufixos ao radical. Diferentemente da prefixação, pode acarretar alterações semânticas e morfológicas. Exemplos: boi: bo**iada**; formiga: formigu**eiro**; bruxa: brux**aria**.
- **Derivação prefixal e sufixal**: consiste no acréscimo de um prefixo e de um sufixo à palavra primitiva. Exemplo: **des**leal**dade**.

Figura 2

Níquel náusea / fernando gonsales / folha imagem

No primeiro quadrinho, o sufixo *-inh* gera uma aparente inadequação: a ratazana é chamada carinhosa e ironicamente de "gatinha".

- **Derivação parassintética**: é a adjunção simultânea de prefixo e sufixo ao mesmo radical. Ela gera apenas verbos: ou a partir de substantivos (**a**pedr**ejar**, **a**manh**ecer**), ou a partir de adjetivos (**a**mol**ecer**, **em**palid**ecer**, **en**gord**ar**, **e**magr**ecer**).
- **Composição**: gera vocábulos resultantes da simples **adjunção** de dois ou mais radicais (composição por justaposição), ou resultantes de **adjunção** e **supressão** (composição por aglutinação).

a) **composição por justaposição**: consiste na união de duas ou mais palavras primitivas que apenas se justapõem, sem que haja alteração ou supressão em qualquer dos elementos formadores. Esse processo nem sempre implica o uso de hífen. Exemplos: *guarda-civil*, *guarda-chuva*, *papel-alumínio*, *girassol*, *passatempo* etc.

b) **composição por aglutinação**: caracteriza-se pela adjunção de duas ou mais palavras primitivas, mas com alguma **supressão** ou **alteração** fônica numa delas. Exemplos: *aguardente* (água + ardente), *alvinegro* (alvo + negro), *auriverde* (auro + verde), *embora* (em + boa + hora).

### Casos especiais

- **Hibridismo**: chama-se **híbrido** o vocábulo resultante da adjunção de morfemas provenientes de distintas línguas: *decímetro* (latim e grego), *desconfiômetro* (português e grego), *dostoievskiano* (russo e português), *endovenoso* (grego e latim).
- **Abreviação**: consiste na supressão de fonemas de um vocábulo (em geral polissílabo) de largo uso na linguagem oral: *extra* (extraordinário), *fisio* (fisioterapia), *Floripa* (Florianópolis), *fax* (fac-símile), *pneu* (pneumático).
- **Abreviatura**: quando ocorre a supressão da maioria dos fonemas, o resultado fica tão desprovido de autonomia fonética que se torna um símbolo gráfico da palavra primitiva: Drª (doutora), qto. (quanto), GO (Goiás), RR (Roraima).
- **Sigla**: diferentemente da abreviação e da abreviatura, a **siglonimização** ocorre a partir da adjunção de duas ou mais palavras primitivas; porém, além dessa adjunção, ocorre a supressão de grandes segmentos dessas palavras primitivas: USP (Universidade de São Paulo), Banestado (Banco do Estado do Paraná).

- **Neologismo**: é um termo que designa qualquer palavra de uso recente no idioma ou qualquer palavra do idioma que passa a ter novo(s) significado(s) em virtude do caráter polissêmico de todo vocábulo: *deletar* (apagar), *disponibilizar* (tornar disponível), *jogada* (trama, acordo), *parada* e *lance* (situação) etc.

# Atividades

**1** (Uninove-SP) Leia o texto para responder à questão.

**A formiga e o vulcão**

Toda vez que acontece uma tragédia, como a do terremoto na China ou a do furacão em Mianmar, com milhares de mortos e desabrigados, eu me sinto como uma formiga tentando entender um vulcão. Aliás, também não entendo os vulcões, embora existam vulcanólogos que devem saber mais do que eu sobre o assunto. Já tentaram me explicar como essas coisas acontecem, mas fico na mesma, como o primeiro homem que viu um raio descer do céu e incendiar uma floresta.

Mesmo assim, acredito que seja mais fácil entender um vulcão ou um terremoto do que certos fenômenos na vida política e social da humanidade — e não estou me referindo exatamente ao Ronaldo Fenômeno, que andou em trapalhadas recentemente.

A renúncia da ministra Marina Silva pode ser arrolada como um desses fenômenos. Ela procurou cumprir a sua agenda ambientalista na crença de que o governo do qual fazia parte tinha o mesmo programa de ação. O problema da Amazônia foi colocado como uma questão de Estado e de governo, não de programa particular de uma ministra.

Marina atritou-se além da conta, não fez concessões — o que é fatal para qualquer político, sobretudo para aqueles que exercem cargos executivos. Pode parecer estranho que o cronista comece a falar em terremotos e vulcões e, de repente, engate a mudança ministerial da semana que passou. De quebra, falando no Ronaldo.

São fenômenos. Os especialistas compreendem essas coisas e outras mais, o mundo é assim mesmo. Não adianta explicar um vulcão a uma formiga.

Adaptado de CONY, Carlos Heitor.
*Folha de S. Paulo*, 18 maio 2008.

Assinale a alternativa correta.

a) As palavras *desabrigados* (§ 1) e *descer* (§ 1) apresentam o mesmo processo de formação, utilizando o mesmo prefixo.

b) Os substantivos *vulcanólogos* (§ 1) e *cronista* (§ 4) apresentam sufixos iguais e com mesmo significado.

c) As palavras *vulcanólogos* (§ 1) e *fenômenos* (§ 5) são formadas por derivação parassintética.

d) As palavras *vulcanólogos* (§ 1) e *humanidade* (§ 2) apresentam o mesmo processo de formação, utilizando sufixo.

e) Nas duas vezes em que o substantivo *fenômeno* ocorre no segundo parágrafo do texto, no singular e no plural, apresenta significados diferentes.

**2** (U. F. São Carlos, adaptada) Leia com atenção:

Talvez a nordestina já tivesse chegado à conclusão de que vida incomoda bastante, alma que não cabe bem no corpo, mesmo alma rala como a sua. Imaginavazinha, toda supersticiosa, que se por acaso viesse alguma vez a sentir um gosto bem bom de viver — se desencantaria de súbito de princesa que era e se transformaria em bicho rasteiro. Porque, por pior que fosse sua situação, não queria ser privada de si, ela queria ser ela mesma. Achava que cairia em grave castigo e até risco de morrer se tivesse gosto. Então defendia-se da morte por intermédio de um viver de menos, gastando pouco de sua vida para esta não acabar. Essa economia lhe dava alguma segurança pois, quem cai, do chão não passa.

Clarice Lispector. *A hora da estrela*.

Falando em coisas insólitas com relação ao estilo empregado por Clarice:

a) que efeito consegue ela ao empregar a derivação insólita "imaginavazinha", no texto?

______________________________

______________________________

______________________________

______________________________

______________________________

______________________________

______________________________

______________________________

______________________________

______________________________

b) Se você aplicasse o mesmo recurso de derivação usado por ela aos verbos *vencer* e *sorrir*, em uma frase que tivesse como sujeito o termo *os políticos*, como ficariam as palavras derivadas?

______________________________

______________________________

______________________________

______________________________

______________________________

______________________________

______________________________

______________________________

______________________________

**3** (FCSCL-SP) Assinale a alternativa que completa, correta e respectivamente, as lacunas das manchetes, extraídas de *O Estado de S. Paulo*, 3 ago. 2008.

"Moção da Câmara dos EUA e reunião de Bush com__________ irritam chineses";

"Paramilitares enriquecem à custa de __________ e medo";

"Os alimentos na __________ da humanidade";

"Explosão da China criou __________";

"Os __________ da rotina americana";

a) dissidentes – extorções – dispensa – distorções – excessos

b) dissidentes – estorções – dispensa – distorsões – escessos

c) dissidentes – extorsões – despensa – distorções – excessos

d) discidentes – estorções – dispensa – distorsões – excessos

e) disidentes – estorções – despensa – distorções – exessos

**4** (UFMA) Explique os processos de formação das palavras que compõem a última estrofe do poema:

**Já**

Já não é hoje?
não é aquioje?
Já foi ontem?
será amanhã?

Já quandonde foi?
quandonde será?

eu queria um jazinho que fosse
aquijá
tuoje aquijá.

O'NELL, Alexandre. *Poesias completas.*

______________________________

______________________________

______________________________

______________________________

______________________________

______________________________

______________________________

______________________________

______________________________

## EXERCÍCIOS COMPLEMENTARES

**1** (Unifra-RS) Assinale a alternativa em que todas as palavras estão acentuadas incorretamente.

a) látex – parabéns – baús – boia

b) herói – enxáguam – enjoo – obtém

c) zôo – idéia – hifen – orfãs

d) polens – fêmur – herói – pincéis

e) vatapá – bebê – miúdo – tranquilo

**2** (Emescam-ES) Assinale a opção que apresenta classificação equivocada dos respectivos fragmentos destacados.

a) terreno e ferreiro [radicais]

b) meninas e garotas [desinências: *-a-* de pessoa e *-s* de número]

c) cantar e chover [vogais temáticas ]

d) suavizar e uniformizar [sufixos]

e) desonesto e remarcar [prefixos]

**3** (FGV-SP) Leia o texto para responder à questão.

> Com a sociedade de consumo nasce a figura do contribuinte. Tanto quanto a palavra consumo ou consumidor, a palavra contribuinte está sendo usada aqui numa acepção particular. No capitalismo clássico, os impostos que recaíam sobre os salários o faziam de uma forma sempre indireta. Geralmente, o Estado taxava os gêneros de primeira necessidade, encarecendo-os. Imposto direto sobre o contracheque era coisa, salvo engano, inexistente. Com o advento da sociedade de consumo, contudo, criaram-se as condições políticas para que o imposto de renda afetasse uma parcela significativa da classe trabalhadora. Quem pode se dar ao luxo de consumir supérfluos ou mesmo poupar, pode igualmente pagar impostos.
>
> HADDAD, Fernando. "Trabalho e classes sociais". In: *Tempo social*, out. 1997.

Sobre os processos de formação de palavras, é correto afirmar que há a formação de um:

a) substantivo por prefixação em *supérfluos*.

b) adjetivo com sufixo com sentido de profissão em *contribuinte.*

c) substantivo com prefixo com sentido de negação em *impostos.*

d) substantivo por sufixação em *consumidor.*

e) adjetivo com prefixo com sentido de distanciamento em *advento*.

**4** (FCSCL-SP) Assinale a alternativa que identifica corretamente os respectivos sentidos dos prefixos latinos que compõem as palavras a seguir: **cis**platino, **intro**versão, **per**furar, **pros**seguir.

a) posição em frente – movimento através – separação – anterioridade.

b) contiguidade – anterioridade – movimento para baixo – posição ao lado.

c) posição aquém – movimento para dentro – separação – movimento para a frente.

d) posição aquém – movimento para dentro – movimento através – movimento para a frente.

e) contiguidade – anterioridade – posição inferior – privação.

**5** (U. E. Ponta Grossa-PR) Quanto à formação de vocábulos, é certo que:

(01) o prefixo indica negação nos vocábulos *impossíveis* e *inimaginados*.

(02) o substantivo *fundação* é formado por sufixação a partir do verbo *fundar*.

(04) *parisiense* é vocábulo composto formado por justaposição.

(08) *simultaneamente* é vocábulo formado por parassíntese a partir de um adjetivo na forma feminina.

(16) *glamorizou* é forma de pretérito perfeito de um verbo criado por derivação sufixal a partir de um estrangeirismo.

Dê a soma dos números dos itens corretos.

______________________________________________

______________________________________________

**6** (UECE, adaptada)

Carta de Micael dos Reis a um primo de São José do Monte, o mecânico Manuel Bastos:

Manequinho, não precisa mandar mais carta para a oficina de lanternagem de Zuzu Tavares, uma vez que mudei de ofício e abracei a carreira de escultor moderno. Sei como o pessoalzinho de São José do Monte vai rir ao saber que o filho de Santinho Reis está fazendo nome a poder de ferro-velho e coisa destorcida. Peguei inclinação pelo ramo no dia em que vi nos jornais um para-lama de sucata que pegou o primeiro prêmio numa demonstração de esculturagem no estrangeiro e mais depois em São Paulo. Aí, primo, meti os peitos. [...]

José Cândido de Carvalho. *Ícaro*.

Como se sabe, o léxico, isto é, o conjunto de vocábulos de uma língua, é um sistema aberto, que pode ser ampliado constantemente, desde que obedecidas determinadas regras estruturais. A criação de neologismos, ou seja, de palavras novas, é frequente na obra de José Cândido de Carvalho. Podemos indicar, no texto em estudo, dentre os neologismos criados pelo autor, o vocábulo *esculturagem*. Sobre esse vocábulo, é correto fazer a seguinte afirmação:

a) Foi formado com o sufixo *-agem*, que tem o mesmo valor semântico do sufixo que entra na formação do substantivo *folhagem*.

b) Por causa do sufixo *-agem*, *esculturagem* transmite a ideia de ação, processo, portanto de trabalho constante, que o substantivo *escultura* não transmite.

c) Guarda, em seu significado, relação com a palavra *cultura*.

d) Tem como cognatos todos os vocábulos formados com o sufixo *-agem*.

# Classes de palavras I

## 1. Substantivo

Tudo quanto se pode nomear tem como nome um **substantivo**: os seres (reais ou imaginários), os objetos, os lugares, os grupos de seres, as ações, os estados, as qualidades, as circunstâncias, as sensações, os sentimentos, os fenômenos etc.

Quanto à estrutura e formação, os substantivos podem ser **simples** (*céu*) ou **compostos** (*arranha-céus*), **primitivos** (*pulso*) ou **derivados** (*pulseira*).

Quanto à extensão (ou abrangência), a tradição gramatical define o substantivo **comum** como o designativo de qualquer unidade pertencente a um conjunto ou espécie (*rio, constelação, oceano, obra, estudante* etc.). **Próprios** são os substantivos designativos de uma unidade específica de um conjunto ou espécie (*Amazonas, Órion, Índico, Sagarana, Ricardo* etc.).

Quanto à natureza do que é nomeado, o substantivo pode ser concreto ou abstrato. São **concretos** os substantivos que "designam os seres e as coisas", o que existe por si, seja na realidade sensível, seja no domínio da imaginação (*cabeça, mulher, doutor, janela, fada, Deus, saci, gnomo, mula sem cabeça* etc.). São **abstratos** os demais substantivos, isto é, os que nomeiam ações, estados, qualidades, emoções, sentimentos (*tristeza, simpatia, clareza, inveja, queda, ascensão, ataque* etc.).

Para designar conjuntos de "seres e coisas" de uma mesma "espécie", existem os substantivos **coletivos**: *alcateia* (de lobos), *cáfila* (de camelos), *enxame* (de abelhas), *pinacoteca* (de quadros) etc.

Em geral, os substantivos apresentam flexões de **gênero** (masculino e feminino) e de **número** (singular e plural).

A maior parte dos substantivos apresenta formas diferentes para a indicação de gênero; são os substantivos **biformes**: *aluno/aluna, pai/mãe, cavaleiro/amazona* etc. Há também os que têm apenas uma forma para os dois gêneros; são chamados substantivos **uniformes**, que podem ser **comuns de dois** (*o/a estudante, o/a dentista*), **sobrecomuns** (*o cônjuge, a criança, a testemunha*) ou **epicenos** (*o jacaré-macho/o jacaré-fêmea, a girafa-macho/a girafa-fêmea*).

**Graus do substantivo**

- grau normal: menino
- grau aumentativo
  a) analítico: menino grande
  b) sintético: meninão (sufixação)
- grau diminutivo
  a) analítico: menino pequeno
  b) sintético: menininho (sufixação)

## 2. Adjetivo

**Adjetivo** é a classe constituída de palavras que modificam substantivos, pronomes e orações, atribuindo-lhes característica, aspecto, estado, modo de ser, origem.

Assim como o substantivo, os adjetivos podem ser **simples** (*belo, brasileiro, claro*) ou **compostos** (*belo-horizontino, luso-brasileiro, amarelo-claro*).

Chamam-se **pátrios** ou **gentílicos** os adjetivos que indicam origem relacionada a cidades, estados, regiões, países, continentes (*paulistano*, *paulista*, *sulista*, *brasileiro*, *sul-americano* etc.).

Assim como o substantivo, o adjetivo pode flexionar-se em **gênero** e **número**. Quanto ao **gênero**, o adjetivo também pode ser **biforme** (*belo/bela*, *gaulês/gaulesa* etc.) ou **uniforme** (o gesto *suave*, a passagem *suave*; o programa *ruim*, a situação *ruim* etc.).

Quanto à flexão de número, o plural do adjetivo simples assemelha-se à formação do plural do substantivo simples.

As formas analíticas de aumentativo e diminutivo do substantivo envolvem determinações adjetivas (*menino grande*, *menino pequeno*). Nas formas do grau comparativo e do grau superlativo relativo, o adjetivo permanece invariável, sendo modificado por advérbios de intensidade.

**Graus do adjetivo**

- grau normal: grande
- grau aumentativo: grandão (muito grande)
- grau diminutivo: grandinho (pouco grande)
- grau comparativo
  a) de superioridade:
     André é maior que a irmã.
     André é mais grande que inteligente.
  b) de igualdade:
     André é tão grande quanto a irmã.
     André é tão grande quanto inteligente.
  c) de inferioridade:
     André é menos grande que a irmã.
     André é menos grande que inteligente.
- grau superlativo
  a) absoluto analítico:
     André é muito grande.
  b) absoluto sintético:
     André é grandíssimo (ou máximo).
  c) relativo de superioridade:
     André é o maior da classe.
  d) relativo de inferioridade:
     André é o menor da classe.

## 3. Artigo

O artigo tem o papel de **especificar** ou **generalizar** o conceito nomeado pelo substantivo ao qual se antepõe. No primeiro caso, classifica-se como artigo **definido**; no segundo, como artigo **indefinido**.

O artigo flexiona-se em gênero e número de acordo com o substantivo a que se refere. Desse modo, os artigos definidos são *o*, *a*, *os*, *as*, e os indefinidos, *um*, *uma*, *uns*, *umas*.

## 4. Numeral

Os numerais têm o papel de quantificadores precisos (*cinco*, *um terço*, *quíntuplo*) e de referenciadores num ordenamento (*primeiro*, *octogésimo nono*).

Flexionam-se em número (singular e plural): *um*, *dois*, *três*; *primeiro*, *primeiros*; *último*, *últimos*; *um terço*, *dois terços*; *duplo*, *duplos* etc. Muitos se flexionam em gênero: *um*, *uma*, *dois*, *duas*; *oitavo*, *oitava*; *nonagésimo nono*, *nonagésima nona*.

Conforme a natureza da quantificação, os numerais classificam-se como **cardinais** (quantificação exata e inteira: *duas* casas, *quarenta* cadeiras), **multiplicativos** (multiplicação de quantidades: Joana apostou o *dobro* de sua fortuna no jogo) e **fracionários** (razão ou fração de quantidades: Isso não é *um terço* do que tenho de fazer). O numeral **ordinal** é referenciador: designa a posição de certo componente numa sequência ordenada (João foi o *quinto* aluno a chegar à linha final).

# 5. Pronome

A classe gramatical dos pronomes inclui vocábulos invariáveis (*isto, que, alguém*), ou variáveis em **gênero** e **número** (*algumas, sua, esse, ele, o*), e/ou variáveis em **pessoa** e **caso** (*se, lhe, ele, o*). Podem ter função **adjetiva** (ao modificar o substantivo) ou **substantiva** (ao substituí-lo). Além disso, podem ser **referenciadores** (*sua, esse, se, lhe, ele, isto, que, lo, o*), **indefinidores** (*algumas, alguém*) e, mesmo, **conectores** (*que*).

### Classificação e flexões

| Pronomes relativos | |
|---|---|
| **Variáveis** | **Invariáveis** |
| o qual, a qual, os quais, as quais, cujo, cuja, cujos, cujas, quanto, quantos, quanta, quantas | que, quem, onde, como, quando |

| Pronomes pessoais | | |
|---|---|---|
| **Reto** | **Oblíquo** | |
| | **Átono** | **Tônico** |
| eu | me | mim |
| tu | te | ti |
| ele, ela | se, o, a, lhe | si, ele, ela |
| nós | nos | nós |
| vós | vos | vós |
| eles, elas | se, os, as ,lhes | si, eles, elas |

| Pronomes pessoais de tratamento | | |
|---|---|---|
| **Pronome** | **Abreviatura** | **Emprego** |
| Você | V. — VV. | tratamento informal |
| Senhor/ Senhora | Sr. Sr.ª — Srs. Sr.$^{as}$ | tratamento mais formal |

| Pronomes pessoais de tratamento | | |
|---|---|---|
| **Pronome** | **Abreviatura** | **Emprego** |
| Vossa Alteza | V.A. — V V.AA. | príncipes, princesas, duques |
| Vossa Eminência | V.Em.ª — V.Em.$^{as}$ | cardeais |
| Vossa Excelência | V.Ex.ª — V.Ex.$^{as}$ | altas autoridades |
| Vossa Magnificência | V.Mag.ª — V.Mag.$^{as}$ | reitores de universidades |
| Vossa Majestade | V.M — VV.MM | reis e imperadores |
| Vossa Meritíssima | — | juízes de direito |
| Vossa Reverendíssima | V.Rev.$^{ma}$ — V.Rev.$^{mas}$ | sacerdotes |
| Vossa Excelência Reverendíssima | V.Ex.ª Rev.$^{ma}$– VV.Ex.$^{as}$ Rev.$^{mas}$ | bispos e arcebispos |
| Vossa Senhoria | V.S.ª — V.S.$^{as}$ | tratamento cerimonioso |
| Vossa Santidade | V.S. (não há plural) | papa |

| Pronomes possessivos | | |
|---|---|---|
| **Pessoa** | **Um possuidor** | **Mais de um possuidor** |
| 1ª | meu, minha | nosso, nossa |
| | meus, minhas | nossos, nossas |
| 2ª | teu, tua | vosso, vossa |
| | teus, tuas | vossos, vossas |
| 3ª | seu, sua | seu, sua |
| | seus, suas | seus, suas |

| Pronomes demonstrativos | |
|---|---|
| **1ª pessoa** | este, esta, estes, estas, isto |
| **2ª pessoa** | esse, essa, esses, essas, isso |
| **3ª pessoa** | aquele, aquela, aqueles, aquelas, aquilo |

Em certos contextos são também pronomes demonstrativos: *o*, *a*, *os*, *as*; *tal*, *tais*; *semelhante*(*s*), *mesmo*(*s*), *mesma*(*s*); *próprio*(*s*), *própria*(*s*).

| Pronomes interrogativos | |
|---|---|
| **Variáveis** | **Invariáveis** |
| qual, quais, quanto, quanta, quantos, quantas | que, quem |

| Pronomes indefinidos | |
|---|---|
| **Variáveis** | **Invariáveis** |
| algum, alguma | algo |
| alguns, algumas | alguém |
| nenhum, nenhuma | ninguém |
| nenhuns, nenhumas | tudo |
| todo, toda, todos, todas | cada |
| certo, certa, certos, certas | outrem |
| outro, outra, outros, outras | nada |
| muito, muita, muitos, muitas | mais |
| bastante, bastantes | demais |
| pouco, pouca, poucos, poucas | menos |
| vários, várias | |
| qualquer, quaisquer | |
| tanto, tanta, tantos, tantas | |
| quanto, quanta, quantos, quantas | |
| um, uns, uma, umas | |

# Atividades

**1** (FGV-SP) O fragmento a seguir, extraído do conto "Conversão de um Avaro", de Machado de Assis, é a base para esta questão.

Quando ele apareceu à porta, José Borges esfregou os olhos como para certificar-se de que não era sonho, e que efetivamente o colchoeiro ali lhe entrava pela sala. Pois quê! Onde, quando, de que modo, em que circunstâncias Gil Gomes calçara nunca luvas? Trazia um par de luvas, — é verdade que de lã grossa, — mas enfim luvas, que na opinião dele eram inutilidades. Foi a única despesa séria que fez; mas fê-la.

ASSIS, Machado de. "Contos fluminenses II". In *Obras completas de Machado de Assis*. São Paulo: W. M. Jackson Inc., 1957.

Classifique morfologicamente o termo destacado em negrito na passagem "que na opinião **dele** eram inutilidades" e aponte a quem ele se refere. Justifique sua resposta.

______________________________

______________________________

______________________________

**2** Leia o texto para responder à questão.

**Burocrático, francês aborda família "alternativa" na guerra**

A exceção é *clean*. Obras com odor de formol, como *Herói por acaso*, são a regra. O fato é que o cinema francês atual que vem para povoar nosso empobrecido circuito geralmente não é o atual cinema francês, que vive modernidade autoral.

Curioso. Entramos assim no tema de *Herói por acaso*: o colapso da identidade num contexto extremo. Os franceses, na Paris de Hitler, são cada vez menos franceses. Já os judeus têm de jogar fora documentos, forjar novos e ser outras pessoas.

[...]

SZYNKIER, Cláudio. *Folha de S. Paulo*, 10 jun. 2005.

Com base no excerto, é correto dizer:

a) Na manchete, tanto *burocrático* quanto *francês* são adjetivos que, mesmo no singular, referem-se à totalidade dos franceses.

b) Sem o contexto, pode-se entender que, na manchete, *francês* refere-se a um indivíduo; e, com o contexto, refere-se ao *cinema francês*.

c) As palavras *franceses* e *judeus*, apesar de se apresentarem na forma plural, representam alguns indivíduos franceses e judeus, respectivamente, e não a sua totalidade.

d) *Francês*, na manchete, e *franceses*, no texto, são adjetivos que se referem a um indivíduo do conjunto.

e) *Os franceses, na Paris de Hitler, são cada vez menos franceses*. Dessa frase, depreende-se que *franceses*, nas duas ocorrências, têm as mesmas características, o que se infere com a expressão *na Paris de Hitler*.

**3** (UFMS) Considerando o uso dos numerais, assinale a(s) alternativa(s) correta(s).

(01) Naquela entrevista, o papa João XXIII (vinte e três) citou os feitos do papa Pio VI (sexto).

(02) A resma (mil folhas de papel) serão suficientes para o trabalho solicitado.

(04) No XII Tomo (décimo segundo Tomo), encontrei todos os artigos citados no processo judicial; porém a 70ª página (septuagésima página) estava totalmente rasurada.

(08) O $m^3$ (metro linear) para o plantio da soja custará R$ 600,00 (seiscentos reais).

(16) Ele mora na casa 222 (duzentos e vinte e dois).

Dê a soma dos números dos itens corretos.

______________________________

______________________________

**4** (UFAL) Leia com atenção:

**O estudo dos gêneros não é novo, mas está na moda**

O estudo dos gêneros textuais não é novo e, no Ocidente, já tem pelo menos vinte e cinco séculos, se considerarmos que sua observação sistemática iniciou-se com Platão. O que hoje se tem é uma nova visão do mesmo tema. Seria gritante ingenuidade histórica imaginar que foi nos últimos decênios do século XX que se descobriu e iniciou o estudo dos gêneros textuais. Portanto, uma dificuldade natural no tratamento desse tema acha-se na abundância e diversidade das fontes e perspectivas de análise. Não é possível realizar aqui um levantamento sequer das perspectivas teóricas atuais.

O termo "gênero" esteve, na tradição ocidental, especialmente ligado aos gêneros literários, cuja análise se inicia com Platão para se firmar com Aristóteles, passando por Horácio e Quintiliano, pela Idade Média, o Renascimento e a Modernidade, até os primórdios do século XX. Atualmente, a noção de "gênero textual" já não mais se vincula apenas à literatura, mas é usada em etnografia, sociologia, antropologia, retórica e na linguística.

Adaptado de MARCUSCHI, Luiz Antônio. *Produção textual, análise de gêneros e compreensão*. São Paulo: Parábola, 2008. p.147.

Como se sabe, o enquadramento de uma palavra em uma determinada classe gramatical depende das funções que a palavra desempenha nos contextos em que se insere. Assim, é correto afirmar que:

a) nos enunciados: "O estudo dos gêneros textuais não é *novo*" e "Há um *novo* estudo sobre os gêneros textuais", as palavras em destaque pertencem a classes diferentes, porque suas funções são também diferentes.

b) nos enunciados: "Seria gritante ingenuidade histórica imaginar que foi nos *últimos* decênios do século XX que se descobriu e iniciou o estudo dos gêneros textuais" e "Os *últimos* serão os primeiros...", as palavras em destaque se enquadram em diferentes classes.

c) no trecho: "O termo 'gênero' esteve, na tradição ocidental, especialmente ligado aos gêneros literários, cuja análise *se* inicia com Platão para *se* firmar com Aristóteles", as palavras destacadas, embora se grafem da mesma maneira, são de classes distintas.

d) no enunciado: "*Atualmente*, a noção de gênero textual já *não* mais se vincula apenas à literatura", as palavras destacadas têm funcionamento diferente, por isso se enquadram em classes gramaticais também diferentes.

e) as palavras destacadas nos enunciados: "Não é possível realizar aqui *um* levantamento sequer das perspectivas teóricas atuais" e "De todos os livros que li, apenas *um* deles tratava dos gêneros textuais com profundidade" são da mesma classe gramatical.

## EXERCÍCIOS COMPLEMENTARES

**1** (U. E. Ponta Grossa-PR) Leia o texto.

### Amor e outros males

Uma delicada leitora me escreve: não gostou de uma crônica minha de outro dia, sobre dois amantes que se mataram. Pouca gente ou ninguém gostou dessa crônica; paciência. Mas o que a leitora estranha é que o cronista "qualifique o amor, o principal sentimento da humanidade, de coisa tão incômoda". E diz mais: "Não é possível que o senhor não ame, e que, amando, julgue um sentimento de tal grandeza incômodo".

Não, minha senhora, não amo ninguém; o coração está velho e cansado. Mas a lembrança que tenho de meu último amor, anos atrás, foi exatamente isso que me inspirou esse vulgar adjetivo — "incômodo". Na época eu usaria talvez adjetivo mais bonito, pois o amor, ainda que infeliz, era grande; mas é uma das tristes coisas desta vida sentir que um grande amor pode deixar apenas uma lembrança mesquinha; daquele ficou apenas esse adjetivo, que a aborreceu.

Não sei se vale a pena lhe contar que a minha amada era linda; não, não a descreverei, porque só de revê-la em pensamento alguma coisa dói dentro de mim. Era linda, inteligente, pura e sensível — e não me tinha, nem de longe, amor algum; apenas uma leve amizade, igual a muitas outras e inferior a várias.

A história acaba aqui; é, como vê, uma história terrivelmente sem graça, e que eu poderia ter contado em uma só frase. Mas o pior é que não foi curta. Durou, doeu e — perdoe, minha delicada leitora — incomodou.

Eu andava pela rua e sua lembrança era alguma coisa encostada em minha cara, travesseiro no ar; era um terceiro braço que me faltava, e doía um pouco; era uma gravata que me enforcava devagar, suspensa de uma nuvem. A senhora acharia exagerado se eu lhe dissesse que aquele amor era uma cruz que eu carregava o dia inteiro e à qual eu dormia pregado; então serei mais modesto e mais prosaico dizendo que era como um mau jeito no pescoço que de vez em quando doía como bursite. Eu já tive um mês de bursite, minha senhora; dói de se dar guinchos, de se ter vontade de saltar pela janela. Pois que venha outra bursite, mas não volte nunca um amor como aquele. Bursite é uma dor burra, que dói, dói, mesmo, e vai doendo; a dor do amor tem de repente uma doçura, um instante de sonho que mesmo sabendo que não se tem esperança alguma a gente fica sonhando, como um menino bobo que vai andando distraído e de repente dá uma topada numa pedra. É a angústia lenta de quem parece que está morrendo afogado no ar, é o humilde sentimento de ridículo e de impotência, é o desânimo que às vezes invade o corpo e a alma, é a "vontade de chorar e de morrer", de que fala o samba?

Por favor, minha delicada leitora; se, pelo que escrevo, me tem alguma estima, por favor: me deseje uma boa bursite.

Rubem Braga

São também significações presentes no texto, relativamente à leitora citada:

(01) O adjetivo constituinte do sintagma "delicada leitora", várias vezes empregado pelo autor em relação à leitora indignada, deixa entrever uma ironia sutil.

(02) Na forma de entender o amor, a visão da leitora se contrapõe à do autor.

(04) O adjetivo constituinte do sintagma "delicada leitora" revela a postura romântica da leitora pela forma como ela julga o amor.

(08) Nos sintagmas "minha senhora" e "minha delicada leitora", o pronome "minha" não expressa relação de posse, mas indica afetividade.

(16) O autor se desculpa com a leitora por ter qualificado o amor de "incômodo".

Dê a soma dos números dos itens corretos.

______________________________

______________________________

**2** (UECE) Assinale a alternativa em que todas as expressões destacadas têm valor de adjetivo.

a) Era *digital* trouxe inovações e *facilidades que superaram* o *que previa* a ficção.

b) Deixemos *de lado* atividades *que envolvem diversas* funções *do cérebro*.

c) Hoje, *úteis* ou não, as informações *é que* nos assediam.

d) Responda qual era a manchete *do jornal de ontem*.

**3** (UFMG) Leia estes trechos:

**Trecho I**

Substantivo é a palavra com que designamos ou nomeamos os seres em geral.

CUNHA, C.; CINTRA, L. *Nova gramática do português contemporâneo*. Rio de Janeiro: Nova Fronteira, 1985. p. 171.

**Trecho II**

Que coisa! "As coisas nadam, crescem, vibram, voam, flutuam. Alguma coisa acontece no meu coração. Coisa é música aos ouvidos. Coisa é notícia. Coisa é causa de tudo e de nada. O Coisa-ruim é coisa do outro mundo. E deste também. Mas isso é coisa feita. Coisas do arco da velha. Coisa e tal e tal e coisa. São tantas coisinhas miúdas. Coisíssima nenhuma. A coisa em si. Cada coisa em seu lugar. Não me venha com coisas. A coisa foi por água abaixo. Coisa de louco! [...] Porque uma coisa é certa: uma coisa é uma coisa e outra coisa é outra coisa. Até que se prove o contrário. Mas esse papo meu tá qualquer coisa, de modo que, se for impossível dizer coisa com coisa, não pense duas vezes: vote na coisa. Seja com a coisa uma só coisa. Coisifique-se! De repente mil coisas!"

PERISSÉ, Gabriel. http://kplus.cosmo.com.br (acesso em 30 mar. 2005)

Com base na leitura desses dois trechos, redija um texto dissertativo, relacionando a definição de substantivo (trecho I) com as possibilidades de uso e de referência que a palavra "coisa", como substantivo, adquire no trecho II.

______________________________

______________________________

______________________________

______________________________

______________________________

______________________________

______________________________

______________________________

______________________________

______________________________

______________________________

______________________________

______________________________

______________________________

______________________________

______________________________

______________________________

**4** (UEGO) Leia atentamente o texto seguinte.

— Nem eu te digo outra coisa. É difícil, come tempo, muito tempo, leva anos, paciência, trabalho e felizes os que chegam a entrar na Terra Prometida! Os que lá não penetram, engole-os a obscuridade. Mas os que triunfam! E tu triunfarás, crê-me. Verás cair as muralhas de Jericó ao som das trompas sagradas. Só então poderás dizer que está fixado. Começa nesse dia a tua fase de ornamento indispensável, de figura obrigada, de rótulo. Acabou a necessidade de farejar ocasiões, comissões, irmandades; elas virão ter contigo, com seu ar pesadão e cru de substantivos desadjetivados, e tu serás o adjetivo dessas orações opacas, o *odorífero* das flores, o *anilado* dos céus, o *prestimoso* dos cidadãos, o *noticioso* e *suculento* dos relatórios. E ser isso é ser o principal, porque o adjetivo é a alma do idioma, a sua porção idealista e metafísica. O substantivo é a realidade nua e crua, é o naturalismo do vocabulário.

ASSIS, Machado de. "Teoria do medalhão". In: *Contos*. São Paulo: FTD, 2002.

O trecho citado foi retirado do conto "Teoria do medalhão", cujo enredo consiste em o pai ensinar ao filho, que completa 21 anos, como tornar-se um medalhão. Com base nesse trecho, julgue (V ou F) as proposições a seguir.

I. A afirmação de que o adjetivo "é a alma do idioma, a sua porção idealista e metafísica" mostra a refinada e recorrente ironia machadiana, uma vez que o apreço pelos adjetivos é comum aos escritores românticos e não a Machado de Assis, cuja característica peculiar é justamente um estilo sóbrio e conciso, livre de ornamentos e excesso de adjetivos.

II. Considerando-se as metáforas do adjetivo e do substantivo, exploradas no texto como um modo de ser, percebe-se o propósito do pai de aconselhar o filho a cultivar valores da aparência, se se considerar que, na maioria das vezes, o adjetivo tem valor acessório numa oração.

III. Os adjetivos destacados no trecho são um exemplo do virtuosismo estilístico e técnico do autor, uma vez que, embora frequentemente sejam empregados como adjetivos, estão aí usados como substantivos e, dessa forma, são termos indispensáveis.

IV. No trecho, as metáforas "substantivos desadjetivados" e "orações opacas" dizem respeito aos referentes "o *odorífero* das flores, o *anilado* dos céus, o *prestimoso* dos cidadãos, o *noticioso* e *suculento* dos relatórios".

**5** (Emescam-ES) Nos textos:

I. Os livros, põe-_____ na estante.

II. Era para _____ estar _____ ontem, mas não _____ encontrei.

III. Eles viajaram ______.

IV. Está tudo acabado entre você e ______.

O preenchimento adequado das lacunas ocorre com:

a) nos – eu – com ele – o – com nós todos – mim

b) os – eu – contigo – te – conosco – eu

c) nos – eu – consigo – o – conosco – mim

d) nos – mim – consigo – lhe – com nós – eu

e) nos – eu – com você – lhe – conosco – eu

6 (UFMA, adaptada) Assinale a alternativa em que a ocorrência do pronome relativo *onde* está de acordo com a norma-padrão escrita:

a) Maio é o mês onde nasceram as gêmeas.

b) Fui falar com o chefe onde me disse o lugar e o dia da próxima reunião.

c) A casa onde nos hospedamos era muito confortável.

d) Devem-se escolher candidatos onde o passado seja garantia de boas intenções e trabalho.

e) O objetivo da reunião era fazer com que as donas de casa, onde lutavam pelo congelamento de preços, evitassem os reajustes.

# Classes de palavras II

## 1. Advérbio

Pertence à classe dos advérbios toda palavra invariável em gênero e número e que modifica sobretudo o verbo ao indicar a **circunstância** (modo, tempo, lugar, intensidade etc.) em que o processo verbal ocorre. Há também advérbios (de intensidade ou modo) que modificam adjetivos e advérbios. Um advérbio pode, ainda, referir-se a todo um enunciado (frase, período, oração).

Os advérbios classificam-se de acordo com a circunstância que indicam.

Veja abaixo alguns advérbios e locuções adverbiais.

| | |
|---|---|
| **Afirmação** | sim, certamente, efetivamente, realmente, seguramente, indubitavelmente, inquestionavelmente, sem dúvida, por certo etc. |
| **Dúvida** | acaso, porventura, possivelmente, provavelmente, quiçá, talvez etc. |
| **Intensidade** | muito, mui, pouco, assaz, bastante, mais, menos, tão, tanto, demasiado, meio, todo, completamente, profundamente, demasiadamente, excessivamente, demais, nada (*isto não é **nada** fácil!*), ligeiramente, levemente, que (***que** legal!*), quão, quanto, bem, mal, quase, como (***como** reclamam!*) etc. |
| **Lugar** | abaixo, acima, acolá, cá, lá, aqui, ali, aí, além, aquém, algures (em algum lugar), alhures (em outro lugar), nenhures (em nenhum lugar), atrás, fora, afora, dentro, perto, longe, adiante, diante, onde, aonde, donde, avante, através, defronte, detrás, em cima, ao lado, de lado, de dentro, de fora etc. |
| **Modo** | bem, mal, assim, depressa, devagar, como, adrede, debalde, alerta, melhor (mais bem), pior (mais mal), às pressas, à toa, às claras, à vontade, de mansinho, em silêncio, em coro, face a face etc.; e a maioria dos advérbios terminados em *-mente*: suavemente, corajosamente etc. |
| **Negação** | não, absolutamente, tampouco, de modo algum etc. |
| **Tempo** | agora, hoje, amanhã, depois, ontem, anteontem, já, sempre, amiúde, nunca, jamais, ainda, logo, antes, cedo, tarde, ora, outrora, afinal, então, breve, aí, aqui, nisto, à noite, à tarde etc. |

# 2. Preposição

**Preposições** são certas palavras invariáveis que estabelecem relações de dependência sintático-semântica entre termos de uma oração ou entre orações num período. Classificam-se em:

- **essenciais**: *a, ante, após, até, com, contra, de, desde, em, entre, para, perante, por, sem, sob, sobre, trás.*
- **acidentais**: *durante, como, conforme, segundo, feito, exceto, salvo, visto, consoante, mediante, tirante, fora, afora* etc.
- **locuções prepositivas**: *acerca de, a respeito de, a fim de, de acordo com, por causa de* etc.

> Algumas preposições podem combinar-se ou contrair-se com artigos ou pronomes: *ao, aos, à, às, dele, nela, pela* etc.

# 3. Conjunção

Consideram-se **conjunções** certas palavras invariáveis que conectam sobretudo orações e estabelecem entre elas relações de coordenação ou subordinação. Podem conectar termos equivalentes (coordenados) dentro de uma oração.

### Conjunções coordenativas

- **Aditivas**: *e, nem, não só... mas também.*
- **Adversativas**: *mas, porém, todavia, contudo, no entanto, entretanto, não obstante, ainda assim.*
- **Alternativas**: *ou... ou, ora... ora, quer... quer, seja... seja, já... já.*
- **Conclusivas**: *logo, pois, portanto, por conseguinte, assim, então.*
- **Explicativas**: *porque, pois, porquanto, que.*

### Conjunções subordinativas

- **Causais**: *porque, como, uma vez que, dado que, visto que, já que.*
- **Consecutivas**: *que, de modo que, de forma que, de maneira que, de sorte que.*
- **Condicionais**: *se, desde que, caso, contanto que, a não ser que, a menos que.*
- **Conformativas**: *conforme, segundo, consoante, como.*
- **Comparativas**: *como, assim como, tal como, como se, tal que, que.*
- **Concessivas**: *embora, apesar de que, ainda que, mesmo que, conquanto, posto que, se bem que, por mais que, por menos que.*
- **Finais**: *a fim de que, para que, porque.*
- **Proporcionais**: *à proporção que, à medida que, quanto mais (menos)... mais (menos).*
- **Temporais**: *quando, logo que, assim que, depois que, antes que, enquanto, desde que, mal, sempre que.*
- **Integrantes**: *que, se.*

# 4. Interjeição

As **interjeições** são certas palavras invariáveis que exprimem reações do emissor diante de um fato. Veja os exemplos:

*Oh!* que horror de situação! (situação desagradável; ideia de contrariedade)

*Cuidado*! (advertência)

> Quando duas ou mais palavras formam uma expressão com sentido de interjeição, temos uma **locução interjetiva**.

# Atividades

**1** (UFRS, adaptada)

Os testes de QI, um dos antigos parâmetros usados para medir a inteligência, já não servem mais para avaliar a capacidade cerebral de uma pessoa.

Adaptado de GUARACY, Thales e RAMALHO, Cristina. *Veja*, 19 ago. 1998.

No texto, o advérbio *mais* deixa pressuposta a ideia de que:

a) os testes de QI serviram, no passado, para medir a inteligência.

b) hoje os testes de QI são melhores que no passado para avaliar a inteligência.

c) os testes de QI nunca serviram para medir a inteligência.

d) no passado, além dos testes de QI, outros parâmetros serviram para medir a inteligência.

e) hoje os testes de QI não são melhores que no passado para avaliar a inteligência.

**2** (FCSCL-SP) Leia com calma.

I. Lá de ano **a** ano é que vinha procurá-la.

II. Rompo **à** frente, tomo a mão esquerda.

III. A mulher adormeceu **ao** seu lado.

IV. **Ao** entardecer, avistei uma povoação.

Nessas frases, as preposições em destaque indicam, respectivamente, as noções de:

a) movimento no tempo, movimento no espaço, situação no tempo, situação no tempo.

b) movimento no tempo, movimento no espaço, situação no espaço, situação no tempo.

c) movimento no tempo, movimento no espaço, situação no tempo, situação no espaço.

d) situação no espaço, situação no tempo, movimento no espaço, movimento no tempo.

e) situação no espaço, movimento no tempo, situação no espaço, movimento no tempo.

**3** (PUC-MG) Leia o poema a seguir e responda à questão.

**Apontamento**

A minha alma partiu-se como um vaso vazio.
Caiu pela escada excessivamente abaixo.
Caiu das mãos da criada descuidada.
Caiu, fez-se em mais pedaços do que havia
[loiça no vaso.

Asneira? Impossível? Sei lá!
Tenho mais sensações do que tinha quando
[me sentia eu.
Sou um espalhamento de cacos sobre um
[capacho por sacudir.

Fiz barulho na queda como um vaso que
[se partia.
Os deuses que há debruçam-se do parapeito
[da escada
E fitam os cacos que a criada deles fez de mim.

Não se zangam com ela.
São tolerantes com ela.
O que eu era um vaso vazio?

Olham os cacos absurdamente conscientes,
Mas conscientes de si-mesmos, não
[conscientes deles.

Olham e sorriem.
Sorriem tolerantes à criada involuntária.

Alastra a grande escadaria atapetada de estrelas.
Um caco brilha, virado do exterior lustroso,
[entre os astros.
A minha obra? A minha alma principal? A
[minha vida?
Um caco.
E os deuses olham-no especialmente, pois não
[sabem por que ficou ali.

Fernando Pessoa (Álvaro de Campos)

Em todas as alternativas, indicou-se adequadamente, entre parênteses, o elemento modificado pela palavra em destaque, exceto:

a) Caiu pela escada *excessivamente* abaixo. (escada)

b) Caiu das mãos de uma criada *descuidada*. (criada)

c) Olham os cacos *absurdamente* conscientes. (conscientes)

d) Alastra a grande escadaria *atapetada* de estrelas. (escadaria)

**4** (UEMS) "*Mas* assegurar-se é uma das constantes do espírito humano, e, por extensão, do espírito animal. Ouvir *da* boca dos outros a consagração do *nosso* valor, saber o sabido, quando ele nos é favorável, eis um prazer dos deuses." Os termos em itálico nos períodos acima veiculam, respectivamente, as seguintes noções:

a) superioridade – tempo – lugar

b) inferioridade – posse – origem

c) oposição – origem – posse

d) igualdade – direção – modo

e) oposição – direção – finalidade

## EXERCÍCIOS COMPLEMENTARES

**1** (ITA-SP, adaptada) A única opção em que o advérbio em destaque indica o ponto de vista do autor é:

a) "*Provavelmente*, o analfabetismo dos adultos terá sido erradicado..."

b) "Se os poderes públicos não investirem *sistematicamente* na expansão desses dois níveis..."

c) "Estes, por definição, são bens cujo usufruto é *necessariamente* coletivo..."

d) "... e não podem ser apropriados *exclusivamente* por ninguém..."

e) "... como é o caso da proteção contra vírus de computador, para citar um exemplo atual, embora ainda não *plenamente* reconhecido."

**2** (Fatec-SP) Assinale a alternativa em que o significado que as palavras destacadas imprimem no enunciado está correta e respectivamente identificado nos parênteses.

a) Anos *de* alcoolismo haviam transformado sua capacidade *de* trabalho em aposentadoria precoce. (Causa e finalidade.)

b) Agora davam força para a caçula, *cujos* olhos brilhavam *de* expectativa. (Posse e causa.)

c) Parecia que *nem* estava contra, era *só* juízo de mãe. (Negação e tempo.)

d) Moravam *em* Cangaíba — que a irmã do meio, irônica, chamava de "Canga City" — *onde* a vida alheia era parte do entretenimento. (Lugar e direção.)

e) Não hesitou em dizer que *já* estava acabado, mesmo *sem* desfile. (Tempo e condição.)

**3** (Mackenzie-SP) Leia:

Bill Watterson

Assinale a alternativa correta.

a) A interjeição *Ei*! (2º quadrinho) é utilizada para expressar o cansaço do garoto causado pela espera dos presentes.

b) No último quadrinho, a fala do tigre faz com que o garoto mude as conclusões a que tinha chegado.

c) Na expressão *velhote durão* (4º quadrinho), o aumentativo indica o tamanho do Papai Noel, imaginado como um velho alto pelo garoto.

d) A palavra *comprida* (1º quadrinho) pode ser trocada por "cumprida", já que as duas formas da escrita têm o mesmo sentido.

e) A forma verbal *carregue* (4º quadrinho) expressa fato dado como certo.

**4** (Emescam-ES) A opção que apresenta palavras destacadas de classes morfológicas idênticas é:

a) Aspiramos *a* uma vaga do curso de medicina. Não *a* verei mais.

b) Gostaria de vê-la daqui *a* pouco. O advogado presenciou *a* fuga do assaltante.

c) Quanto às notícias, selecionei *a* que mais me agradou.
A notícia *a* que você se referiu foi excelente.

d) As ameaças *a* políticos corruptos sempre são maiores do que as penas. Vemos *a* mentira por todos os lados.

e) Estes empresários se associaram *a* partidos de esquerda. *A* mim interessam as coisas que normalmente ninguém valoriza.

**5** Marque a alternativa em que a palavra *como* estabelece relação de conformidade.

a) *Como* forma de pagamento, a empresa adotou o boleto bancário.

b) Os filhos eram simpáticos e agradáveis *como* os pais, que já eram conhecidos de há muito tempo.

c) *Como* ninguém ousou pedir a sobremesa, tive de ser o cara de pau da turma e me antecipar.

d) *Como* medida de segurança, todos os funcionários se identificarão por meio de suas digitais.

e) A recepção dos funcionários ocorreu exatamente *como* havíamos planejado.

**6** (Fuom-MG) Leia atentamente cada opção, observando o que está em destaque. A seguir, marque a única alternativa cujos parênteses não retratam respectivamente as ideias introduzidas pelos destaques:

a) *Quando* a encontrei, fui logo perguntando, *mas* ele desconversou, *embora* manifestasse desejo de dialogar. (tempo – adversidade – concessão)

b) *Depois que* a vi, percebi *que*, *desde que* voltou de Brasília, ficou diferente. (tempo – complementação – tempo)

c) *Uma vez que* o destino assim determinou, *assim que* pulou do ônibus, respondeu *que* aceitava a proposta. (causa – tempo – complementação)

d) *Para* apagar a má impressão, diria a todos *que* iria lá *tão logo* pudesse. (finalidade – complementação – tempo)

e) *Desde que* concorde comigo, *sem que* ela perceba, sairei de casa *mesmo que* não permita. (tempo – condição – condição).

# Classes de palavras III

## 1. Verbo

O que nos leva à identificação de uma palavra como **verbo** são suas **características morfossintáticas**: as flexões de **tempo** e **modo** (exclusivas do verbo), além das de **número**, **pessoa** e **voz**.

Na morfologia do verbo, encontramos as seguintes classificações:

- **Radical**: é o núcleo significativo do verbo a que se agregam os demais morfemas. Exemplos: *fal-* é o radical de **fal**ar; *com-* é o radical de **com**er; *part-* é o radical de **part**ir.
- **Vogal temática**: é o morfema que possibilita a junção do radical às desinências. Além disso, ela indica a que **conjugação** pertence um verbo: **-*a*-** é a vogal temática da **primeira** conjugação (*falar*, *amar*, *cantar*); **-*e*-** é a da **segunda** conjugação (*comer*, *vender*, *beber*, *pôr*, do latim *poer*); **-*i*-** é a da **terceira** conjugação (*partir*, *cair*, *subir*).
- **Tema**: ao radical acrescido da vogal temática dá-se o nome de tema. Exemplos: *fala***-** é o tema de falar; *come***-** é o tema de comer; *parti***-** é o tema de partir.
- **Desinências**: as desinências são os morfemas gramaticais marcadores das flexões de número e pessoa (desinências **número-pessoais**) e do tempo e modo (desinências **modo-temporais**).

Observe:

fal – á – va – mos

No exemplo acima, a forma verbal pode ser dividida em:

radical: *fal-*
tema: *fala-*
vogal temática: *-a-*
desinência modo-temporal: *-va-*
desinência número-pessoal: *-mos*

**Formas rizotônicas e arrizotônicas**

São **rizotônicas** (do grego *rizo*, "raiz" e *tônos*, "força") as formas verbais cujo acento tônico ocorre **dentro** do radical: **fa**lo, **co**me, **par**tem etc. Ao contrário, **arrizotônicas** são as formas verbais cujo acento tônico ocorre **fora** do radical: fa**la**mos, come**ri**a, parti**re**mos etc.

### Flexões do verbo

- **Tempo e modo**. As flexões de tempo e modo, exclusivas do verbo, podem indicar, respectivamente, o momento em que ocorrem os processos verbais e a atitude do emissor da mensagem com relação a eles. Existem três **tempos** básicos (presente, pretérito e futuro) e três **modos**: o **indicativo**, que denota certeza (*falo, falava, falarei*); o **subjuntivo**, que exprime alguma possibilidade, dúvida, incerteza quanto à realização do fato (*talvez eu fale, se falássemos, quando falarem*); e o **imperativo**, por meio do qual se dão ordens ou se fazem pedidos, sugestões, súplicas (*Fale logo!, Não falem para ela.*).

Além dos modos e tempos, há as **formas nominais**: **gerúndio** (*falando*), **particípio** (*falado*) e **infinitivo** (*falar*).

- **Número e pessoa**. O verbo pode flexionar-se em **número** (singular e plural) e em **pessoa**: a primeira (o emissor), a segunda (o receptor) e a terceira (o referente).
- **Voz e gênero**. No processo verbal, o sujeito pode encontrar-se basicamente em três situações: ser apenas ativo, apenas passivo, ou ativo e passivo. São essas situações que fundamentam a ocorrência, respectivamente, das vozes **ativa**, **passiva** e **reflexiva**. Exemplo:

O candidato *resolveu* a questão. (voz ativa)

A questão foi *resolvida* pelo candidato. (voz passiva)

O candidato *corrigiu-se* a tempo. (voz reflexiva)

## Classificação quanto à vogal temática

- **Primeira conjugação (-*ar*)**. A maioria dos verbos pertence ao grupo caracterizado pela vogal temática -*a*- e pela relativa regularidade. À exceção de alguns verbos, tende a não oferecer dificuldades na conjugação.
- **Segunda conjugação (-*er*)**. Identificado pela vogal temática -*e*-, esse grupo inclui o verbo *pôr* (e seus derivados). Oriundo do latim *ponere*, o verbo *pôr* lentamente se modificou, e a vogal temática desapareceu do infinitivo (*ponere* > *põer* > *poer* > *pôr*), mas subsiste em formas como põe, põem, pus*é*ssemos etc. À segunda conjugação pertencem muitos verbos irregulares, abundantes, defectivos e anômalos: *ver, pôr, ter, haver, ser, precaver* etc.
- **Terceira conjugação (-*ir*)**. Relativamente poucos, os verbos com a vogal temática -*i*- tendem a uma irregularidade na conjugação. É o caso dos verbos *ir, vir, polir*, além dos terminados em *ertir, erir, ergir, enir, brir, udir, uir* etc., e grande parte dos defectivos.

## Quanto aos paradigmas de conjugação

- **Regulares**. São os verbos que mantêm inalterado o seu radical nas etapas de conjugação e obedecem rigorosamente aos paradigmas.
- **Irregulares**. São os verbos cujo radical (ou desinência) sofre alteração em alguma etapa da conjugação verbal; fogem, portanto, ao paradigma da respectiva conjugação.
- **Anômalos**. Não há consenso sobre os verbos anômalos. A distinção entre **irregulares** e **anômalos** não é adotada pela Nomenclatura Gramatical Portuguesa, enquanto a Nomenclatura Gramatical Brasileira classifica como **anômalos** os verbos *ser, ir, ver, vir, estar, haver* e *pôr*, por causa da enorme irregularidade que apresentam.

- **Abundantes**. Chamam-se abundantes os verbos que apresentam mais de uma forma para a mesma flexão. Tal é o caso do verbo *haver* conjugado no presente (nós *havemos* ou *hemos*, vós *haveis* ou *heis*) e dos verbos que têm mais de uma forma no particípio: *pagar* (*pagado*, *pago*), *imprimir* (*imprimido*, *impresso*), *aceitar* (*aceitado*, *aceito*) etc.
- **Defectivos**. Os verbos defectivos apresentam lacunas na conjugação, isto é, não se conjugam em todas as flexões; é o caso, por exemplo, dos verbos *reaver* e *precaver*, que não têm a maioria das formas dos presentes e dos imperativos. Assim, frases como "Sempre *reavejo* o que perdi" e "Quero que ela se *precavenha*" não fazem parte do padrão culto do idioma.

Além dessas categorias, há os verbos **auxiliares**, que participam da conjugação nas **locuções verbais** nos tempos compostos.

# Atividades

**1** (FCSCL-SP) Assinale a alternativa que completa as lacunas da frase com a flexão culta dos verbos "ver", "vir", "crer" e "convir", respectivamente: Se você a ___, quando ___, diga-lhe que eu ___ na sua história, se lhe ___.

a) ver – vier – cri – convier

b) ver – vier – acreditei – convir

c) vir – vir – acreditei – convier

d) ver – vir – cri – convir

e) vir – vier – cri – convier

**2** (FGV-SP) Assinale a alternativa em que é incorreto o uso do particípio regular ou irregular.

a) Não haveria mais o que discutir, pois o mancebo havia entregado o livro para Íris.

b) Aquiles sentiu um puxão nas fraldas da camisa, que estavam soltas. O ajudante do delegado aproximou-se e cochichou que ele seria solto em poucos minutos.

c) Era verdade que a fruta parecia passada, que recendia a podre. Lozardo provocou o pároco, mas percebeu que logo todas as luzes seriam acesas. Afastou-se da fruteira.

d) A lei tinha já extinto qualquer penalidade para aquele ato, que não mais era considerado ilícito.

e) José Américo tinha soltado o freio da motocicleta, para evitar acidente maior. Mesmo assim, as consequências da queda foram bastante sérias.

**3** (UECE) Leia o fragmento abaixo e responda ao que se pede:

> Supõe tu um campo de batatas e duas tribos famintas. As batatas apenas chegam para alimentar uma das tribos, que assim adquire forças para transpor a montanha e ir à outra vertente, onde há batatas em abundância; mas, se as duas tribos dividirem em paz as batatas do campo, não chegam a nutrir-se suficientemente e morrem de inanição. A paz, nesse caso, é a destruição; a guerra é a conservação. Uma das tribos extermina a outra e recolhe os despojos, diz Quincas Borba a Rubião para explicar-lhe a teoria do humanitismo. E completa: "ao vencido, ódio ou compaixão; ao vencedor, as batatas".
>
> Machado de Assis. *Quincas Borba.*

"Supõe tu um campo de batatas e duas tribos famintas." Pelo emprego do verbo *supor* no imperativo afirmativo, percebe-se que o narrador está contando a historieta a um único interlocutor, que trata familiarmente. Considerando que, ao se mudar o interlocutor e a intenção do falante, altera-se a forma verbal, marque a opção que não atende a essa orientação.

a) Se o narrador tratasse o ouvinte por você, demonstrando familiaridade com ele — Suponha você um campo de batatas e duas tribos famintas.

b) Se houvesse mais de um ouvinte, e o narrador quisesse demonstrar respeito cerimonioso por eles — Suponde vós um campo de batatas e duas tribos famintas.

c) Se houvesse um único ouvinte, e o narrador quisesse ser gentil com ele — Supões tu um campo de batatas e duas tribos famintas.

d) Se o narrador, para efeito expressivo, se incluísse entre os ouvintes — Suponhamos nós um campo de batatas e duas tribos famintas.

**4** (UFCE) Leia as afirmações a seguir.

O presente do indicativo expressa ação concomitante com o momento da fala.

O pretérito perfeito do indicativo expressa ação já concluída no passado em relação ao momento da fala.

O pretérito imperfeito do indicativo expressa ação concomitante a outra no passado.

O pretérito mais-que-perfeito do indicativo expressa ação anterior a outra no passado.

a) Analise as frases adiante e a seguir preencha os parênteses, de acordo com o seguinte código:

( 1 ) se a forma verbal destacada corresponde à descrição

( 2 ) se a forma verbal destacada não corresponde à descrição

( ) Ele *dera* sua resposta antes que Alice tivesse chegado.

( ) *Pudera* ele viesse a ser um dos candidatos ao cargo.

( ) *Estive* na sua casa ontem bem cedo.

( ) Agora, o país *vive* uma crise sem precedentes.

( ) Se eu pudesse, eu me *encontrava* com você no parque.

( ) Ela *falava* de você quando chegamos.

b) Construa duas frases com o verbo *conquistar* no presente do indicativo expressando:

1. ação anterior ao momento da fala.

______________________________________________

______________________________________________

______________________________________________

______________________________________________

______________________________________________

______________________________________________

______________________________________________

______________________________________________

______________________________________________

______________________________________________

______________________________________________

______________________________________________

______________________________________________

2. ação posterior ao momento da fala.

______________________________________________

______________________________________________

______________________________________________

______________________________________________

______________________________________________

______________________________________________

______________________________________________

______________________________________________

______________________________________________

______________________________________________

______________________________________________

______________________________________________

______________________________________________

______________________________________________

______________________________________________

## EXERCÍCIOS COMPLEMENTARES

**1** (Unisales-ES) "E na hora de intermediar pelo inglês..."

Dos períodos abaixo, o único em que o verbo em *-iar* é usado seguindo a conjugação do verbo "intermediar" é:

a) Num país cheio de dúvidas e incertezas, há sempre muitas pessoas que *adiam* suas decisões.

b) Os linguistas, com certeza, não *apreciam* os programas usados pela internet nas traduções dos textos.

c) Todos os estudiosos da língua *anseiam* por um tradutor mais fiel para textos e substituir os programas usados hoje.

d) Os brasileiros *copiam* frequentemente frases feitas que, muitas vezes, têm outra tradução, dificultando a compreensão de um texto.

e) Na falta de uma frase própria, os usuários da língua portuguesa *associam* suas ideias a fórmulas já prontas, repetindo assim o que já foi dito em textos anteriores.

**2** (UFPE) Em "... o Leonardo fingiu que *passava* distraído por junto dela, e com o ferrado sapatão assentou-lhe uma valente pisadela no pé direito", o verbo destacado está no pretérito imperfeito do modo indicativo.

Como verdadeiro atualizador gramatical, sob o ponto de vista aspectual, julgue (V ou F) as afirmativas.

I. Pode-se dizer que o imperfeito faz referência ao evento como alguma coisa que está em curso, continuando.

II. É correto assegurar que o imperfeito está neutralizando o valor de passado que ele carrega e exprime, aí, a mera opinião do narrador.

III. Pode-se dizer que o imperfeito referencia algo como um estado que resulta de um processo anterior.

IV. Na frase citada, o imperfeito parece estar exprimindo uma continuidade que se converteu em "habitualidade", razão por que se transforma, aí, em presente do passado, valor que se pode constatar em muitas outras frases da língua portuguesa.

**3** (U. F. Uberlândia-MG) Assinale a única alternativa em que o emprego do tempo verbal em destaque não está adequadamente explicado.

a) "Todo mundo *deveria estudar* um pouco de economia, psicologia e direito..." — O tempo verbal está sendo empregado para suavizar o que foi dito em forma de ordem.

b) "Uma fã do pianista Arthur Moreira Lima disse que *daria* a vida para tocar como ele." — O tempo verbal está sendo empregado para indicar um fato já concluído no passado.

c) "A maioria *estuda* e *namora* o futuro cônjuge nos mínimos detalhes..." — O tempo verbal está sendo utilizado para expressar uma verdade científica.

d) "A sociedade, os excluídos e seus futuros professores *agradecerão* efusivamente." — O tempo verbal está sendo empregado para indicar um fato posterior ao momento em que se fala.

**4** (FCSCL-SP, adaptada) Leia um trecho do capítulo CXLVIII, da obra *Dom Casmurro*, de Machado de Assis:

**É bem, e o resto?**

Agora, por que é que nenhuma dessas caprichosas me fez esquecer a primeira amada do meu coração? Talvez porque nenhuma tinha os olhos de ressaca, nem os de cigana oblíqua e dissimulada. Mas não é este propriamente o resto do livro. O resto é saber se a Capitu da praia da Glória já estava dentro da de Matacavalos, ou se esta foi mudada naquela por efeito de algum caso incidente. Jesus, filho de Sirach, se soubesse dos meus primeiros ciúmes, dir-me-ia, como no seu cap. IX, vers. 1': "Não tenhas ciúmes de tua mulher para que ela não se meta a enganar-te com a malícia que aprender de ti." Mas eu creio que não, e tu concordarás comigo; se te lembras bem da Capitu menina, hás de reconhecer que uma estava dentro da outra, como a fruta dentro da casca.

É bem, qualquer que seja a solução, uma coisa fica, e é a suma das sumas, ou o resto dos restos, a saber, que a minha primeira amiga e o meu maior amigo, tão extremosos ambos e tão queridos também, quis o destino que acabassem juntando-se e enganando-me... A terra lhes seja leve! Vamos à História dos Subúrbios.

Assinale a alternativa correta quanto ao emprego da pessoa gramatical.

a) ... e você concordará comigo; se te lembras bem da Capitu menina, hás de reconhecer que uma estava dentro da outra, como a fruta dentro da casca.

b) ... e você concordará comigo; se se lembra bem da Capitu menina, há de reconhecer que uma estava dentro da outra, como a fruta dentro da casca.

c) ... e tu concordarás comigo; se te lembras bem da Capitu menina, há de reconhecer que uma estava dentro da outra, como a fruta dentro da casca.

d) ... e você concordará comigo; se lhe lembra bem da Capitu menina, hás de reconhecer que uma estava dentro da outra, como a fruta dentro da casca.

e) ... e tu concordarás comigo; se se lembra bem da Capitu menina, hás de reconhecer que uma estava dentro da outra, como a fruta dentro da casca.

**5** Só não há correta correlação entre os tempos verbais em:

a) Talvez um dia nosso povo chegue à Terra Prometida, mas não será nesta geração.

b) Auxiliares do presidente dizem que seria muito caro politicamente tirar Marina Silva do Meio Ambiente. Os entraves ambientais de que Lula tanto fala seriam mais problemas gerenciais de Dilma do que obstáculos criados por Marina ou pela legislação.

c) O arraial de Desemboque, berço da colonização do Triângulo Mineiro, está prestes a ruir e a desaparecer do mapa de Minas Gerais. Fundado em 1743, o pouco que sobrou preserva características do passado, misturadas com certa influência importada dos centros urbanos.

d) Ao fazer compra pela internet, Leandro orienta que o consumidor verifica se o endereço da página esteja correto observando o endereço real no canto inferior esquerdo do *browser* e se as informações estavam asseguradas, devendo aparecer um pequeno cadeado no canto inferior direito.

e) Segundo Gouveia, quando ele levou o celular à loja, a empresa o informou que não havia um modelo disponível e pediu ao leitor para que a nota fiscal fosse enviada para haver o reembolso.

**6** (Uncisal) Leia as frases.

I. A ascensão do cristianismo no Império Romano *daria* um novo rumo a esse tipo de assistência.

II. Doenças epidêmicas *dizimavam* as tropas cristãs, mais que os muçulmanos.

Com relação às formas verbais destacadas, pode-se afirmar que expressam, correta e respectivamente, sentido de:

a) ação habitual e processo definitivamente concluído.

b) possibilidade de um fato e presente universal.

c) fato habitual no passado e fato posterior à situação.

d) avaliação de um fato e atenuação de uma ordem.

e) incerteza de um fato passado e fato habitual no passado.

# Período simples

## 1. Frase, oração e período

A **sintaxe**, no domínio da gramática tradicional, estuda a função e a relação entre as palavras no contexto da comunicação. Combinadas ou sozinhas, as palavras formam frases, orações e períodos.

**Frase** é o enunciado que, constituído de uma ou mais palavras, pode ser compreendido efetivamente, quando escrito num contexto.

O conceito de frase é muito amplo e pode compreender enunciados curtos ou longos, com uma palavra ou dezenas delas, com verbo ou sem verbo. O conceito de oração, porém, é bem mais específico e complexo, além de implicar a presença do verbo.

**Oração** é a frase ou segmento de frase que se articula em torno de um verbo ou locução verbal, explícitos ou implícitos, com sujeito ou sem ele.

**Período** é a frase com uma ou mais orações; pode ser **simples** (com uma oração, chamada absoluta) ou **composto** (com duas ou mais orações).

## 2. Termos essenciais

### Sujeito

**Sujeito** é o termo a que se refere o processo verbal do predicado.

### Tipos de sujeito

- **Sujeito determinado**. Quando expresso na oração, o sujeito pode apresentar um núcleo — sujeito simples — ou mais de um núcleo — sujeito composto.
- **Sujeito indeterminado**. Fundamentalmente, em três situações ocorre indeterminação do sujeito:

a) com verbo na 3ª pessoa do plural, desde que não haja alguma informação prévia ou contextual (ou desde que eles sejam insuficientes para determinar o sujeito):

*Falaram* bem de nós.

b) com verbo **intransitivo**, **de ligação** ou **transitivo indireto** na **3ª pessoa do singular**, e com a aposição do pronome **se**, denominado índice de indeterminação do sujeito:

*Vivia-se* tranquilamente nesta cidade.

c) com verbo no **infinitivo impessoal**:

Era-lhe penoso *dominar* aquela matéria.

- **Oração sem sujeito**. Os verbos geralmente têm sujeito. São denominados verbos **pessoais**. Contudo, há os que não o têm: são os verbos **impessoais**, cujo processo não é atribuível a um ser, já que exprimem fenômenos meteorológicos, decorrência de tempo, datas, horas, distâncias etc.

Naquela tarde, *nevou* durante horas.
Sempre *haverá* pessoas dispostas a ajudar. (verbo *haver* com sentido de existir)
*Fazia* anos que não se encontravam. (verbo *fazer* no sentido de tempo decorrido)
*São* duas e meia. (verbo *ser* na indicação de tempo em geral)

### Predicado

**Predicado** é o termo que, de vários modos, relaciona-se ao sujeito.

Na classificação do predicado, é fundamental que se conheça a **transitividade** verbal nas orações. Os verbos podem ser de **ligação**, **transitivos** ou **intransitivos**.

- **Verbos de ligação**. São aqueles que apenas "ligam" o sujeito a uma qualidade, característica ou estado (**predicativo do sujeito**).
- **Verbos transitivos**. São aqueles que necessitam de complemento(s) para que a mensagem seja transmitida com clareza. Podem ser:
  a) **verbo transitivo direto**: não exige preposição e seu complemento é chamado **objeto direto**;
  b) **verbo transitivo indireto**: exige preposição e seu complemento é chamado **objeto indireto**;
  c) **verbo transitivo direto e indireto**: exige os dois complementos (objeto direto e objeto indireto).
- **Verbos intransitivos**. São aqueles que não necessitam de complemento; bastam-se para transmitir a mensagem, pois já possuem significação completa.

#### Tipos de predicado

- **Predicado verbal**: é constituído de verbo transitivo ou intransitivo.

Os genros caminhavam em passadas cada vez mais lentas e hesitantes. (*caminhavam em passadas cada vez mais lentas e hesitantes* = predicado verbal)

- **Predicado nominal**: é constituído de verbo de ligação (*ser, estar, permanecer* etc.) e tem como núcleo significativo um termo relacionado ao sujeito, que é o **predicativo do sujeito**.

A comadre é muito bondosa. (*é muito bondosa* = predicado nominal)

- **Predicado verbo-nominal**: é o predicado que apresenta dois núcleos, um expresso por um verbo, e outro, por um nome, que é o predicativo **do sujeito** (quando o núcleo se referir ao sujeito da oração) ou **do objeto** (quando o núcleo se referir ao objeto — direto ou indireto).

O rapaz saiu aborrecido. (*saiu aborrecido* = predicado verbo-nominal)

## 3. Termos integrantes

### Complementos verbais

Os complementos verbais (ou objetos) constituem, em geral, o alvo da ação exercida pelo sujeito.

#### Objeto direto

O **objeto direto** mais frequentemente se conecta ao verbo sem a mediação de uma preposição.

Tomava *todas as precauções*, estudava *o freguês* pelo direito e pelo avesso, duplicava *o preço da mercadoria* [...]

Graciliano Ramos. *Angústia*.

*Tomava*, *estudava* e *duplicava* são verbos transitivos diretos e precisam de um termo que complete o seu sentido; logo, *todas as precauções*, *o freguês* e *o preço da mercadoria* são objetos diretos.

### Objeto indireto

O **objeto indireto** é um complemento com preposição exigida por verbo transitivo indireto ou transitivo direto e indireto.

Todos os participantes acreditaram *nas promessas ouvidas*.

O verbo *acreditar* não se liga diretamente a seu complemento (*as promessas ouvidas*), é necessária a preposição *em*; portanto, *nas promessas ouvidas* é objeto indireto.

### Complemento nominal

O **complemento nominal** integra um nome e sempre aparece preposicionado, completando o sentido da mensagem que se deseja expressar.

Todos os funcionários estavam cientes da situação da empresa. (*da situação da empresa* = complemento nominal do adjetivo *cientes*; note que o complemento veio antecedido de preposição)

### Agente da voz passiva

**Agente da passiva** é um complemento que, na voz passiva, designa o agente do processo cujo alvo é o sujeito passivo (ou paciente).

Os processos foram estudados *pelos advogados*.

**Voz passiva**: o sujeito recebe a ação, e quem a pratica é o agente da passiva. (As regras do jogo são aceitas *por todos os integrantes*.)

**Voz ativa**: o sujeito faz a ação. (*Todos os integrantes* aceitam as regras da competição.)

**Voz reflexiva**: quando o sujeito pratica e recebe a ação. (Carlos *privou-se* de divertimentos durante longos anos.)

# 4. Termos acessórios

### Adjunto adnominal

Os **adjuntos adnominais** modificam, especificam, delimitam e determinam os substantivos da oração. Podem ser expressos por: adjetivos, locuções adjetivas, artigos, pronomes adjetivos (possessivos, demonstrativos etc.), numerais e orações adjetivas.

Só retomou *um* passo *indiferente*, ao acercar da linha do caminho *de ferro*, onde um carro *de lenha* e *dous* homens esperavam diante da cancela, que se fechara para *a lenta* passagem de *um* trem carregado de pipas.

Eça de Queirós. *A ilustre casa de Ramires*.

**Diferenças entre adjunto adnominal e complemento nominal**

| Adjunto adnominal | Complemento nominal |
|---|---|
| Relaciona-se a substantivos | Relaciona-se a substantivos, a adjetivos e a advérbios |
| Pode ter ou não preposição | Sempre tem preposição |
| Tem sentido "ativo" | Tem sentido "passivo" |
| Às vezes indica posse | Nunca indica posse |

### Adjunto adverbial

O **adjunto adverbial** é o termo que, em geral, apresenta a circunstância (tempo, lugar, modo etc.) em que ocorre o processo verbal, embora também possa modificar adjetivo, advérbio ou mesmo todo um enunciado.

O cachorro dormia *na poltrona*, *sossegadamente*.

### Aposto

O **aposto** é o termo da oração que amplia, resume, explica algo sobre outro termo (nome) citado. Pode ser:

- **explicativo**: O senhor Joaquim, *dono da farmácia*, morreu de desgosto ao ser traído pela esposa.
- **especificativo**: O poeta *Manuel Bandeira* deixou uma obra exemplar.
- **resumidor**: Parentes, amigos, conhecidos, *todos* serão convidados para a nossa festa de casamento.
- **enumerador**: Todos serão convidados para a nossa festa de casamento: *parentes, amigos, conhecidos*.

## 5. Vocativo

Fora dos limites do sujeito e do predicado e, por isso, classificado à parte, o **vocativo** é o termo que representa o ser que é chamado, interpelado.

# Atividades

**1** (Insper-SP) Analise o emprego do verbo "fazer" nos excertos a seguir:

**I**

Seria excessivo dizer que hoje já não se fazem bons filmes, mas não é excessivo dizer que já não se fazem filmes como antigamente.

BORIS, Fausto. *Folha de S.Paulo*, 28 maio 2006.

**II**

Eu tinha apenas dezessete anos / No dia em que saí de casa / E não fazem mais de quatro semanas que eu estou na estrada.

*Primeira canção da estrada*. Sá e Guarabyra.

**III**

Uma coisa é patente: não fazem mais espelhos como antigamente.

Assinale **V** (verdadeiro) ou **F** (falso) em cada uma das alternativas a seguir:

( ) Nos três excertos, o sujeito de "fazem" tem a mesma classificação: é indeterminado.

( ) Em I, o verbo "fazer" está na voz passiva sintética, e o sujeito é simples.

( ) Em I, ocorre uma falha de concordância verbal, uma vez que o índice de indeterminação do sujeito "se" exige verbo no singular.

( ) Em II, ocorre oração sem sujeito, por isso, o verbo não poderia ser flexionado no plural.

( ) Em III, seria obrigatória a inclusão do índice de indeterminação do sujeito.

A sequência correta é:

a) V – F – V – F – V

b) F – F – V – V – F

c) F – V – F – V – F

d) V – F – V – F – F

e) F – V – F – V – V

**2** O adjunto adnominal faz parte dos "termos acessórios" da sintaxe, ou seja, não é fundamental para a informação. Nas frases que seguem, há vários adjuntos adnominais destacados, mas em apenas uma delas esses termos realmente são "acessórios", quer dizer, sua presença ou ausência não interfere no significado da frase. Assinale a alternativa em que eles se encontram.

a) *A* minha prima amava mais ao noivo do que aos *próprios* irmãos.

b) Aquele não era *um* dia somente, era *o* dia.

c) *Cada* cidadão deve colaborar com *sua* parte na limpeza da cidade.

d) *A* divulgação dos aprovados ocorreu depois do horário *previsto*.

e) *A* declaração que ele deu à imprensa complicou ainda mais *seu* caso com os integrantes da quadrilha.

**3** (FCSCP-SP) Assinale a alternativa que indica, respectivamente, a função sintática exercida pelos termos em destaque:

I. *À cunhada de Mário* ficava entregue a gelatina com frutas.

II. À cunhada de Mário ficava entregue *a gelatina com frutas*.

III. *A cunhada de Mário* ficava entregue à gelatina com frutas.

IV. A cunhada de Mário ficava *entregue* à gelatina com frutas.

a) objeto indireto – sujeito – predicativo – predicativo

b) predicativo – objeto indireto – predicativo – sujeito

c) objeto indireto – sujeito – sujeito – predicativo

d) predicativo – objeto indireto – sujeito – predicativo

e) objeto indireto – objeto indireto – sujeito – sujeito

**4** Observe atentamente os exemplos a seguir:

I. — Ei, *pivete*, vem cá.

— O senhor falou comigo, *moço*?

— Tem mais alguém aqui além de você, *fedelho*?

— Não, *senhor*, não tem não.

— Então.

II. *Meu amor, minha flor*, / Eu preciso estar perto de você / A todo momento / Eu já não aguento mais / Essa solidão / Esse tormento

[...]

Flávio Venturini

O vocativo é um termo independente, não se relaciona ao verbo nem ao nome; entretanto, estabelece relações importantes a serem interpretadas no (con)texto. Que tipo de relação estabelecem os vocativos destacados nos textos?

## EXERCÍCIOS COMPLEMENTARES

**1** (U. E. Maringá-PR) Leia com atenção.

Disponível em http://tiras-hagar.blogspot.com/2006_04_01_archive.html.

Na tirinha, em "...dizer pra elas o que é bom pra elas?", temos dois complementos que se classificam, respectivamente, como:

a) objeto indireto e complemento nominal.
b) objeto direto e complemento nominal.
c) objeto indireto e objeto indireto.
d) complemento nominal e complemento nominal.
e) objeto indireto e objeto direto

**2** (FGV-SP) Leia e responda ao que se pede.

Com a sociedade de consumo nasce a figura do contribuinte. Tanto quanto a palavra consumo ou consumidor, a palavra contribuinte está sendo usada aqui numa acepção particular. No capitalismo clássico, os impostos que recaíam sobre os salários o faziam de uma forma sempre indireta. Geralmente, o Estado taxava os gêneros de primeira necessidade, encarecendo-os. Imposto direto sobre o contracheque era coisa, salvo engano, inexistente. Com o advento da sociedade de consumo, contudo, criaram-se as condições políticas para que o imposto de renda afetasse uma parcela significativa da classe trabalhadora. Quem pode se dar ao luxo de consumir supérfluos ou mesmo poupar, pode igualmente pagar impostos.

HADDAD, Fernando. "Trabalho e classes sociais". In: *Tempo Social*, out. 1997.

Com o advento da sociedade de consumo, contudo, criaram-se as condições políticas para que o imposto de renda afetasse uma parcela significativa da classe trabalhadora.

a) "Com o advento da sociedade de consumo" é uma expressão adverbial indicativa de causa.
b) A forma verbal "criaram-se" poderia ser flexionada também no singular, já que o sujeito da oração é indeterminado.
c) Considerando a regência do verbo "afetar", caso seu complemento fosse substituído por pronome, a frase assumiria a redação:"... para que o imposto de renda lhe afetasse".
d) Na expressão "imposto de renda", o emprego sintático da expressão preposicionada é o mesmo que o da expressão destacada em — Sempre reclamava "do imposto alto".
e) Na análise sintática da expressão "uma parcela significativa da classe trabalhadora", vê-se que os termos "parcela" e "trabalhadora" exercem a mesma função.

**3** (Ulbra-RS)

## O dia em que matamos James Cagney

Uma vez fomos ao cinema Apolo.

Sendo matinê de domingo, esperávamos um bom filme *de mocinho*. Comíamos *bala* café com leite e batíamos na cabeça dos outros com nossos bibis. Quando as luzes se apagaram, aplaudimos e assobiamos; mas depois que *o filme* começou, fomos ficando apreensivos.

O mocinho, que se chamava James Cagney, era baixinho e não dava em ninguém. Ao contrário: cada vez que encontrava o bandido — um sujeito alto e bigodudo chamado Sam —, levava uma surra de quebrar os ossos. Era murro, e tabefe, e chave-inglesa, e até pontapé na barriga. James Cagney apanhava, sangrava, ficava de olho inchado — e não reagia.

A princípio estávamos murmurando, e logo batendo os pés. Não tínhamos nenhum respeito, nenhuma estima por aquele fracalhão repelente.

[...]

Moacyr Scliar

No segundo parágrafo do texto: "Sendo matinê... ficando apreensivos", em "de mocinho", "bala" e "o filme", a função sintática é, respectivamente:

a) adjunto adnominal, adjunto adverbial de lugar e objeto direto.

b) adjunto adnominal, objeto direto e sujeito.

c) adjunto adverbial de modo, adjunto adverbial de lugar e sujeito.

d) complemento nominal, adjunto adverbial de lugar e sujeito.

e) adjunto adnominal, adjunto adverbial de lugar e sujeito.

**4** (UEMS) Os termos negritados na estrofe:

> É tempo. Faze
> **tua cidade eterna**, e nela habita:
> antes que venham **ventos**, e te levem
> do peito o amor — este tão belo amor
> que dá grandeza e graça **à tua vida**.

MELLO, Thiago de. *Vento geral. Poesia 1951/1981*. 2. ed. Rio de Janeiro: Civilização Brasileira, 1984.

exercem, respectivamente, função sintática de:

a) sujeito, objeto direto e complemento nominal.

b) objeto direto, objeto direto e complemento nominal.

c) objeto direto, objeto direto e objeto indireto.

d) objeto direto, sujeito e objeto indireto.

e) sujeito, objeto indireto e complemento nominal.

**5** Observe as frases a seguir:

a) "*Os meus* braços *descarnados* movem-se como braços *de velho*." (Graciliano Ramos)

b) Braços movem-se como braços.

c) Compramos *uma linda* cesta *de Natal* e nela colocamos *os* presentes *de todos*.

d) Compramos cesta e nela colocamos presentes.

As frases dos itens *b* e *d* foram reescritas sem os adjuntos adnominais. Explique a diferença de sentido entre elas e suas frases originais.

**6** (Esamc-GO) Leia as frases a seguir e depois assinale a afirmação incorreta:

I. Os deputados irritados deixaram a Câmara.

II. Os deputados deixaram a Câmara irritados.

III. Os deputados, irritados, deixaram a Câmara.

a) Na frase I, entende-se que somente os deputados irritados é que deixaram a Câmara.

b) Na frase II, todos estavam irritados e todos deixaram o recinto.

c) Ainda na frase I, subentende-se que havia também deputados não irritados e que estes não deixaram a Câmara.

d) As frases II e III são semântica e sintaticamente iguais.

e) Na frase II, o vocábulo "irritados" expressa uma circunstância de modo.

# Colocação pronominal / Período composto por coordenação

## 1. Colocação pronominal

Os pronomes pessoais oblíquos átonos desempenham, muitas vezes, função de complementos verbais e devem assumir posição em relação aos verbos que complementam conforme determinadas regras.

### Próclise

O pronome oblíquo átono antepõe-se ao verbo em:

- **enunciados negativos** (*não, nunca, jamais* etc.).

  Ele jamais *me* escutou...

- **orações com advérbios** ou **com locuções adverbiais**.

  É lá que esta alma, árida como a urze, sente, quando aí *se* abriga, refrescá-la como orvalho do céu. (Alexandre Herculano)

- **pronomes relativos, indefinidos** e **demonstrativos**.

  Todas as pessoas de que *me* falou estão presentes no evento. (*que* = pronome relativo)

  Tudo *me* leva a crer que foram os meninos que fizeram essa bagunça! (*tudo* = pronome indefinido)

  Aquilo *nos* fez muito mal. (*aquilo* = pronome demonstrativo)

- **conjunções subordinativas**.

  Insisto em que *se* ocupe de alguma atividade intelectual. (*que* = conjunção subordinativa integrante)

- **orações com verbo no gerúndio precedido da preposição *em*.**

  A situação da nossa fábrica era calamitosa, em *se* tratando de capital.

- **enunciados interrogativos**.

  Quem *a* avisou sobre as novas datas dos exames?

- **enunciados exclamativos** ou **optativos** (que exprimem desejo).

  Deus *o* abençoe.

### Mesóclise

Ocorre a **mesóclise** quando o verbo está no futuro do pretérito ou no futuro do presente e se não há casos que exijam próclise.

Calar-*me*-ia diante de tal assunto.

Sentir-*se*-á culpado quando vir o resultado.

### Ênclise

Os pronomes átonos geralmente se colocam em **ênclise** (pospostos ao verbo).

Disseram-*me* o que lhe aconteceu.

Amo-*te* mais que a tudo.

Em algumas situações, essa colocação pronominal distancia-se muito da que ocorre no português falado do Brasil:

*Me* conta tudo!

*Te* adoro.

Com pronomes pessoais retos e com substantivos não há regra para a colocação do pronome, o que caracteriza esses casos como facultativos. Observe:

Eu *a* encontrei às sete horas. / Eu encontrei-*a* às sete horas.

Com tempos verbais compostos (formados pelos verbos **auxiliares** *ter* ou *haver* + **particípio** do verbo principal), o pronome oblíquo átono poderá ser colocado antes, no meio ou depois do **verbo auxiliar**, e nunca depois do particípio, seguindo as regras de próclise, mesóclise e ênclise.

## 2. Orações coordenadas

Ocorre **período composto** quando em um enunciado há mais de uma oração.

Dá-se o nome de **coordenação** quando há relativa autonomia sintática entre as orações.

Quando apresenta conjunção, a oração coordenada denomina-se **sindética**; sem ela, é **assindética**. A primeira se classifica em:

- **Aditiva**: é aquela que meramente adiciona um processo ao antecedente.

  Não só pagou suas dívidas, / *como também* emprestou-lhe dinheiro.

- **Adversativa**: apresenta contraste, contradição, oposição de uma expectativa.

  Sempre tentavam, / *mas* nunca conseguiam.

- **Alternativa**: apresenta fatos que mutuamente se excluem.

  *Ou* ficamos, / *ou* seremos desmoralizados.

- **Conclusiva**: contém uma dedução que parte de uma premissa.

  Nunca lhe dei motivos para desconfianças; / *portanto*, não aceito essa cena de traição.

- **Explicativa**: apresenta um fato argumentativo que justifica uma afirmação anterior.

  Pode ter nevado muito, / *porque* tudo ainda continua branco.

# Atividades

**1** (Unisa-SP) Leia para responder à questão.

Sem nenhum aviso prévio, submeti a duas meninas de 12 anos, estudantes de uma escola privada paulistana (Oswald de Andrade), um teste de leitura que foi aplicado aos alunos da rede de ensino municipal da cidade de São Paulo, cujo resultado acaba de ser divulgado. Elas não estão entre as primeiras da classe nem estão abaixo da média, entretanto atingiram a pontuação de 325, ou seja, acertaram todas as questões — a escala vai de 0 a 325, correspondendo a diferentes habilidades. Acertaram sem demonstrar dificuldade. A força desse fato só aparece na comparação: só 2,9% dos alunos da oitava série da rede pública conseguiram chegar ao nível mais alto. O detalhe é que as duas estudantes da escola privada vêm da sexta série. [...]

Para chegar ao nível 300, seria preciso ler um artigo de nove linhas no qual se informa que, ao contrário da maioria dos rios que correm para o mar, o Tietê vai para o interior. Logo em seguida, apresentou-se uma poesia de Mário de Andrade, onde se lê: rio que entras pela terra / e que me afastas do mar.

Diante de um teste de múltipla escolha, cerca de 90% dos alunos da oitava série não souberam fazer uma relação entre a imagem poética e a explícita informação sobre a direção do Tietê, ou seja, não indicaram a opção de que o rio segue em direção ao interior, já explícita, com todas as letras, no artigo.

DIMENSTEIN, Gilberto. *Folha de S.Paulo*, 10 fev. 2008.

Assinale a alternativa que substitui por pronome um dos complementos da oração: "Submeti a duas meninas de 12 anos um teste de leitura" refazendo a sintaxe com o emprego da regência do verbo "submeter", de acordo com o uso padrão do português do Brasil.

a) Submeti-lhes a um teste.

b) Submeti-as a um teste.

c) Submeteu-se-as a um teste.

d) Submeteu-se-lhes a um teste.

e) Submeti-as um teste.

**2** (FGV-SP) Assinale a alternativa em que a colocação dos pronomes oblíquos átonos atende à norma culta.

a) Era claro que Nestor estava preocupado, mas otimista. "Ergueri-me depressa, enfrentando-lhe todos os arroubos."

b) Ao ver-se cercado pelas emas, concluiu: os animais poder-se-iam perder, se o ajudante não os controlasse.

c) Não disse-lhe palavra. Partiu a galope, sem olhar para trás.

d) Farei-o melhor do que você, embora não tenha tanta prática.

e) Tendo encontrado-a sozinha na sala, deu-lhe um beijo maroto na face.

**3** (F. Adelmar Rosado-PI) Leia o texto, para responder à questão.

### A melhor opção

Todos começaram a dizer que o ouro é a melhor opção de investimento. Fernão Soropita deixou-se convencer e, não tendo recursos bastantes para investir na Bolsa de Zurique, mandou fazer uma dentadura de ouro maciço.

Substituir sua velha dentadura convencional por outra, preciosa e ridícula, valeu-lhe aborrecimentos. O protético não queria aceitar a encomenda; mesmo se esforçando por executá-la com perfeição, o resultado foi insatisfatório. O aparelho não aderia à boca. Seu peso era demasiado. A cada correção diminuía o valor em ouro. E o ouro subindo de cotação no mercado internacional.

O pior é que Fernão passou a ter medo de todos que se aproximavam dele. O receio de ser assaltado não o abandonava. Deixou de sorrir e até de abrir a boca.

Na calçada a moça lhe perguntou onde fica a Rua Gonçalves Dias. Respondeu inadvertidamente, e a moça ficou fascinada pelo brilho do ouro ao sol. Daí resultou uma relação amorosa, mas Fernão não foi feliz. A jovem apaixonara-se pela dentadura e não por ele. Mal se tornaram íntimos, arrancou-lhe a dentadura enquanto ele dormia, e desapareceu com ela.

Carlos Drummond de Andrade.
*O sorvete e outras histórias.*

Considerando os sentidos do texto, as orações "O aparelho não aderia à boca. Seu peso era demasiado" podem ser unidas no seguinte período composto:

a) O aparelho não aderia à boca nem seu peso era demasiado.

b) O aparelho não aderia à boca, mas seu peso era demasiado.

c) O aparelho não aderia à boca, porque seu peso era demasiado.

d) O aparelho não aderia à boca, embora seu peso fosse demasiado.

**4** (FMU-SP)

> Aproxima-se a seca. O sertanejo adivinha-o [...]. Entretanto não foge logo, abandonando a terra a pouco e pouco invadida pelo limbo candente que irradia do Ceará.
>
> Euclides da Cunha. *Os sertões*.

"Entretanto" é conjunção adversativa. Começando o período sem a adversativa, com o mesmo sentido, escreveríamos assim:

a) O sertanejo não foge logo, embora adivinhe a seca.

b) O sertanejo não foge logo, porque adivinha a seca.

c) O sertanejo não foge logo, para quem adivinha a seca.

d) O sertanejo não foge logo, quando adivinha a seca.

e) O sertanejo não foge logo, se adivinhar a seca.

## EXERCÍCIOS COMPLEMENTARES

**1** (PUC-SP) Observe a seguinte passagem: "Pare aí", me diz você. "O escrevente escreve antes, o leitor lê depois." "Não!" lhe respondo, "não consigo escrever sem pensar em você por perto, espiando o que escrevo". Nela, o autor, utilizando o discurso direto, apresenta um diálogo imaginário entre o autor e seu leitor, introduzindo a linguagem oral no texto escrito. Por essa razão:

a) os pronomes oblíquos átonos foram colocados depois do verbo.

b) os pronomes oblíquos átonos são enclíticos.

c) os pronomes oblíquos átonos não foram utilizados no diálogo.

d) os pronomes oblíquos átonos são proclíticos.

e) os pronomes oblíquos átonos são mesoclíticos.

**2** (U. E. Ponta Grossa-PR, adaptada) Leia com atenção:

> A história acaba aqui; é, como vê, uma história terrivelmente sem graça, e que eu poderia ter contado em uma só frase. Mas o pior é que não foi curta. Durou, doeu e — perdoe, minha delicada leitora — incomodou.

Quanto à constituição sintática da sequência "Durou, doeu e incomodou", é correto afirmar:

(01) Trata-se de um período composto por coordenação.

(02) Os três verbos se relacionam a um mesmo sujeito.

(04) É um período que contém orações independentes.

(08) Trata-se de um período misto, em que se observa não só coordenação como também subordinação.

Dê a soma dos números dos itens corretos.

Leia o texto a seguir para responder às questões 3 e 4.

Transforma-se o amador na cousa amada,
por virtude do muito imaginar;
não tenho, *logo*, mais que desejar,
pois em mim tenho a parte desejada.

Se nela está minh'alma transformada,
que mais deseja o corpo de alcançar?
Em si somente pode descansar,
pois consigo tal alma está liada.

*Mas* esta linda e pura semideia,
que, como um acidente em seu sujeito,
assi co'a alma minha se conforma,

está no pensamento como ideia:
e o vivo e puro amor de que sou feito,
como a matéria simples busca a forma.

Camões

**3** (Fuvest-SP) A relação semântica expressa pelo termo *logo* no verso "não tenho, *logo*, mais que desejar" ocorre igualmente em:

a) Não se lembrou de ter um retrato do menino. E *logo* o retrato que tanto desejara.
b) Acendia, tão *logo* anoitecia, um candeeiro de querosene.
c) É um ser humano, *logo* merece nosso respeito.
d) E era *logo* ele que chegava a esta conclusão.
e) Adoeceu, e *logo* naquele mês, quando estava cheio de compromissos.

**4** (Fuvest-SP) A conjunção *mas*, que aparece no início do primeiro terceto, é usada para:

a) apresentar uma síntese das ideias contidas nos quartetos, que funcionam como tese e antítese.
b) opor à satisfação expressa nos quartetos a insatisfação trazida por uma ideia incompleta e pelo conformismo.
c) substituir o conectivo *e*, assumindo valor aditivo, já que não há oposição entre os quartetos e os tercetos.
d) iniciar um pensamento conclusivo, podendo ser substituída pelo conectivo *portanto*.
e) introduzir uma ressalva em relação às ideias que foram expressas nos quartetos.

**5** (Unisa-SP) Leia:

O que distingue os milhares de anos de história do que consideramos os tempos modernos? A resposta transcende em muito o progresso da ciência, da tecnologia, do capitalismo e da democracia.

O passado remoto foi repleto de cientistas brilhantes, de matemáticos, de inventores, de tecnólogos e de filósofos políticos. Centenas de anos antes do nascimento de Cristo, os céus haviam sido mapeados, a grande biblioteca de Alexandria fora construída e a geometria de Euclides era ensinada. A demanda por inovações tecnológicas para fins bélicos era tão insaciável quanto atualmente. Carvão, óleo, ferro e cobre estiveram a serviço dos seres humanos por milênios, e as viagens e comunicações marcaram os primórdios da civilização conhecida.

A ideia revolucionária que define a fronteira entre os tempos modernos e o passado é o domínio do risco: a noção de que o futuro é mais do que um capricho dos deuses e de que homens e mulheres não são passivos ante a natureza.

Peter L. Bernstein. *Desafio aos deuses*.

Em termos sintáticos, há, no segundo parágrafo do texto, o predomínio de orações:

a) adjetivas.

b) causais.

c) finais.

d) comparativas.

e) coordenadas.

**6** Leia os enunciados.

I. Espera-se que a festa de casamento deles seja um verdadeiro acontecimento, pois vão estar parentes como dona Lídia, João Carlos e tio Jonas.

II. Espera-se que a festa de casamento deles seja um verdadeiro acontecimento, mas vão estar parentes como dona Lídia, João Carlos e tio Jonas.

Os enunciados apresentados possuem uma orientação argumentativa diferente, embora as palavras sejam praticamente as mesmas. Explique essa diferença.

# Período composto por subordinação / Orações substantivas

## 1. Orações subordinadas

Dá-se o nome de subordinação à **dependência** sintática entre as orações. Nela, a oração que modifica ou complementa, e exerce algum papel sintático (objeto direto, adjunto etc.), é chamada **subordinada**, e a oração que é complementada ou modificada recebe o nome de **oração principal**.

De acordo com a função que desempenha, a oração subordinada classifica-se como **adjetiva** (função de adjunto adnominal), **adverbial** (função de adjunto adverbial) e **substantiva** (desempenha as demais funções).

## 2. Orações subordinadas substantivas

As orações subordinadas substantivas ligam-se a orações principais que não são íntegras em termos sintáticos, nem autossuficientes em termos semânticos. As orações substantivas **desenvolvidas** são geralmente introduzidas pelas conjunções integrantes (*que* ou *se*). As **reduzidas** têm verbo no infinitivo e podem vir conectadas por preposição.

As orações subordinadas substantivas desempenham, no corpo sintático da oração principal, as funções de sujeito (oração substantiva subjetiva), predicativo do sujeito (predicativa), objeto direto (objetiva direta), objeto indireto (objetiva indireta), complemento nominal (completiva nominal) e aposto (apositiva).

- **Oração subordinada substantiva subjetiva**. A oração principal de uma subjetiva estrutura-se com verbo de ligação e predicativo do sujeito, verbo intransitivo na terceira pessoa do singular e verbo na voz passiva analítica ou sintética, e a oração subordinada sempre exerce a função de sujeito da oração principal:

  *Era óbvio* que ele a odiava.

  *Constava* que o réu fora inocentado.

  *Foi dito* que nós retornaríamos depois de um mês.

- **Oração subordinada substantiva predicativa**. A oração principal de uma oração predicativa sempre contém sujeito e verbo de ligação:

  *A verdade é* que seríamos vitoriosos.

- **Oração subordinada substantiva objetiva direta**. Sua oração principal apresenta verbo transitivo direto ou verbo transitivo direto e indireto:

  *Supúnhamos* que o traríamos logo.

  *Contei-lhe* que ela fora a responsável por aquilo.

- **Oração subordinada substantiva objetiva indireta**. Sua oração principal apresenta verbo transitivo indireto ou verbo transitivo direto e indireto:

*Não se esqueça* de que tudo passa.

*Lembrei-me* de que o auxiliaria.

- **Oração subordinada substantiva completiva nominal**. Tal oração desempenha a função de complemento nominal de um substantivo, adjetivo ou advérbio presente na oração principal:

  Tivemos *confiança* de que nos pagariam.

- **Oração subordinada substantiva apositiva**. Explica, esclarece, desenvolve o sentido de um substantivo ou pronome presente na oração principal:

  Só desejo uma coisa: *que saia já daqui.*

# Atividades

**1** (Insper-SP) Leia atentamente:

**Esperança**

Lá bem no alto do décimo segundo andar
[do Ano
Vive uma louca chamada Esperança
E ela pensa que quando todas as sirenas
Todas as buzinas
Todos os reco-recos tocarem
Atira-se
E
— ó delicioso voo!
Ela será encontrada miraculosamente
[incólume na calçada,
Outra vez criança ...
E em torno dela indagará o povo:
— Como é teu nome, meninazinha de
[olhos verdes?
E ela lhes dirá
(É preciso dizer-lhes tudo de novo!)
Ela lhes dirá bem devagarinho, para que
[não esqueçam:
— O meu nome é ES-PE-RAN-ÇA...

Mario Quintana. *Nova antologia poética.*

Na passagem "É preciso **dizer-lhes tudo de novo!**", a oração em negrito exerce a mesma função sintática que:

a) "E ela pensa **que [...] Atira-se...**"

b) "Vive **uma louca** chamada Esperança... "

c) "Ela será encontrada miraculosamente **incólume** na calçada..."

d) "Ela **lhes** dirá bem devagarinho..."

e) "O **meu** nome é ES-PE-RAN-ÇA..."

**2** Classifique as orações destacadas de acordo com a legenda a seguir:

a) objetiva indireta

b) completiva nominal

c) apositiva

d) principal

( ) Insistimos *em que permanecesse por mais alguns dias.*

( ) *A verdade é* que não sou quem você pensa.

( ) Havia dúvidas *de que aquela história fosse verídica.*

( ) Todos tinham certeza *de que ele morrera.*

( ) Aguardavam ansiosos apenas uma coisa: *que respondessem positivamente.*

( ) Lembrei-me *de que precisava urgentemente daqueles documentos.*

( ) Tive o pressentimento *de que ele iria chegar.*

( ) Ele tem receio *de que as dívidas se acumulem.*

( ) Tenho certeza *de que ele vai viajar.*

**3** Em "O garoto quis **que eu comprasse biscoitos**", a oração destacada classifica-se como subordinada:

a) substantiva objetiva direta.

b) adjetiva restritiva.

c) substantiva predicativa.

d) substantiva subjetiva.

e) substantiva apositiva.

**4** (ITA-SP, adaptada) Com relação às orações destacadas:

I. "... o essencial é *que lutes*"

II. "as criaturas humanas é *que disputam aos cães*"

III. "com todo o acúmulo de sagacidade *que lhe deram*"

é correto afirmar que:

a) são orações subordinadas substantivas introduzidas por conjunção integrante.

b) apenas em I e II o *que* funciona como conjunção integrante.

c) apenas em II e III o *que* funciona como conjunção integrante.

d) apenas em I há oração subordinada substantiva.

e) a palavra *que* não é conjunção integrante em nenhuma das três ocorrências.

## EXERCÍCIOS COMPLEMENTARES

**1** (Fuvest-SP, adaptada)

> [...] Concordei que assim era, mas aleguei que a velhice de d. Plácida estava agora ao abrigo da mendicidade: era uma compensação. Se não fossem os meus amores, provavelmente d. Plácida acabaria como tantas outras criaturas humanas; donde se poderia deduzir que o vício é muitas vezes o estrume da virtude. O que não impede que a virtude seja uma flor cheirosa e sã. A consciência concordou, e eu fui abrir a porta à Virgília.
>
> Machado de Assis.
> *Memórias póstumas de Brás Cubas.*

"Concordei que assim era, mas aleguei que a velhice de d. Plácida estava agora ao abrigo da mendicidade: era uma compensação."

Qual é a oração subordinada substantiva objetiva direta que pode ser encontrada nesse trecho?

______________________________________________

______________________________________________

______________________________________________

**2** (UFCE) O período abaixo está dividido em orações.

(I) Seu coração batia excitado

(II) quando o pai lhe dizia

(III) que as alegações constitucionalistas dos paulistas eram um simples pretexto para a sublevação

(IV) pois ele nomeara uma comissão

(V) para elaborar o projeto da nova Constituição brasileira.

Julgue (V) ou (F), conforme sejam verdadeiras ou falsas as afirmações acerca do período.

I. A oração (II) é subordinada com relação à (I) e principal com relação à (III).

II. O período é composto por coordenação e subordinação.

III. A oração (IV) é uma coordenada conclusiva.

IV. A oração (III) é objeto direto de "dizia".

______________________________________________

______________________________________________

______________________________________________

______________________________________________

______________________________________________

3 (U. Passo Fundo-RS) A seguir, há três períodos com uma oração em destaque em cada um deles. A opção em que aparece a função sintática de cada uma dessas orações é:

I. A notícia *de que voltarias mais tarde* deixou teus pais intranquilos.

II. Ninguém se opôs *a que manifestasse livremente suas ideias*.

III. Quero saber *se ainda tens simpatia por aquelas pessoas*.

a) complemento nominal – complemento nominal – sujeito

b) complemento nominal – objeto indireto – adjunto adverbial de condição

c) complemento nominal – objeto indireto – objeto direto

d) objeto indireto – complemento nominal – adjunto adverbial de condição

e) objeto indireto – objeto indireto – objeto direto

4 (U. Passo Fundo-RS, adaptada) Leia os períodos a seguir:

I. "É certo **que a presença de alguns estrangeiros junto a comunidades indígenas tem provavelmente produzido grandes vazamentos de conhecimento tradicional sobre princípios ativos de plantas medicinais e outras substâncias valiosas para a indústria farmacêutica e de cosméticos**."

II. "A ciência não chegou nem perto **de mapear as matrizes de plantas e animais da região em qualquer proporção considerável**, pois nem se conhece de que níveis de grandeza se está falando."

III. "Seria útil para o Brasil **que a imprensa fizesse mais do que apenas noticiar a criação do novo estatuto**, mas que também procurasse desenhar o perfil de seus autores e acompanhar o esboço do projeto, para que especialistas independentes pudessem dar sua contribuição."

Em relação aos períodos transcritos, só é correto o que se afirma em:

a) Todas as orações que integram os períodos são subordinadas.

b) A função sintática exercida pelas orações em destaque em I, II e III é de sujeito da oração principal.

c) Em II, a oração destacada exerce função sintática de complemento nominal de um advérbio da oração anterior.

d) Em II, a oração introduzida por "de que níveis" é subordinada adverbial.

e) Em III, "para o Brasil" exerce função sintática de adjunto adnominal de "útil".

5 (UFTM-MG) Texto para responder à questão.

[...] por que é que nenhuma dessas caprichosas me fez esquecer a primeira amada do meu coração? Talvez porque nenhuma tinha os olhos de ressaca, nem os de cigana oblíqua e dissimulada. Mas não é este propriamente o resto do livro. O resto é saber se a Capitu da Praia da Glória já estava dentro da de Matacavalos, ou se esta foi mudada naquela por efeito de algum caso incidente. Jesus, filho de Sirach, se soubesse dos meus primeiros ciúmes, dir-me-ia, como no seu cap. IX, vers. 1: "Não tenhas ciúmes de tua mulher para que ela não se meta a enganar-te com a malícia que aprender de ti". Mas eu creio que não, e tu concordarás comigo; se te lembras bem da Capitu menina, hás de reconhecer que uma estava dentro da outra, como a fruta dentro da casca. E bem, qualquer que seja a solução, uma cousa fica, e é a suma das sumas, ou o resto dos restos, a saber, que a minha primeira amiga e o meu maior amigo, tão extremosos ambos e tão queridos também, quis o destino que acabassem juntando-se e enganando-me... A terra lhes seja leve!

Machado de Assis. *Dom Casmurro.*

Assinale a alternativa em que a oração em destaque exerce a mesma função sintática que o trecho destacado em: "O resto é saber *se a Capitu da Praia da Glória já estava dentro da de Matacavalos*".

a) ... Jesus, filho de Sirach, *se soubesse dos meus primeiros ciúmes*, dir-me-ia...

b) ... ela não se meta a *enganar-te com a malícia...*

c) ... hás de reconhecer *que uma estava dentro da outra*, ...

d) ... *se te lembras bem da Capitu menina*, hás de reconhecer...

e) ... enganar-te com a malícia *que aprender de ti.*

**6** (U. F. São Carlos-SP, adaptada) Marque a opção que contém oração subordinada substantiva completiva nominal:

a) "Tanto eu como o Pascoal tínhamos medo de que o patrão topasse Pedro Barqueiro nas ruas da cidade."

b) "Era preciso que ninguém desconfiasse do nosso conluio para prendermos o Pedro Barqueiro."

c) "Para encurtar a história, patrãozinho, achamos Pedro Barqueiro no rancho, que só tinha três divisões: a sala, o quarto dele e a cozinha."

d) "Quando chegamos, Pedro estava no terreiro debulhando milho, que havia colhido em sua rocinha, ali perto."

e) "Pascoal me fez um sinalzinho, eu dei a volta e entrei pela porta do fundo para agarrar o Barqueiro pelas costas."

# Orações adjetivas

## 1. Orações com função de adjunto adnominal

As orações subordinadas adjetivas:

- são as que modificam um termo de natureza substantiva; por isso, têm valor **adjetivo**, equiparando-se (sintaticamente) ao **adjunto adnominal**;
- são introduzidas por um **pronome relativo**, que relaciona as orações, retomando um termo antecedente;
- podem ter sentido particular (especial) ou sentido universal;
- frequentemente, são adjetivos desenvolvidos em forma de oração. Por exemplo, em "Os alunos *que tinham estudado* (ou seja, os alunos *estudiosos*) foram promovidos", a oração subordinada adjetiva é *que tinham estudado* e *Os alunos foram promovidos* é a oração principal.

Os pronomes relativos que geralmente introduzem uma oração adjetiva são *que* e *quem*, e estes podem ser substituídos por: *o qual, a qual, os quais, as quais, cujo, cuja, cujos, cujas*. Podem ocorrer ainda *onde*, *como* e, menos frequentes, *quanto*, *quantos* e *quando*.

Pense só nas coisas fantásticas / que acontecerão no futuro. (*Pense só nas coisas fantásticas* = oração principal; *que acontecerão no futuro* = oração subordinada adjetiva restritiva)

Observe que as orações do exemplo foram ligadas pelo pronome relativo *que*, podendo ser substituído por *as quais*: Pense só nas coisas fantásticas / *as quais* acontecerão no futuro.

O termo da oração principal a que a oração subordinada adjetiva está relacionada é chamado **termo antecedente**, e o pronome relativo da oração adjetiva possui justamente a função de retomar esse termo antecedente. Exemplo:

E o primeiro / *que entrava* no tanque / ficava curado de sua doença. (João 5:4) (termo antecedente retomado pelo pronome relativo *que* = o primeiro)

# 2. Classificação das orações subordinadas adjetivas

As orações com sentido especial e as orações com sentido universal são, respectivamente, orações subordinadas adjetivas **restritivas** e orações subordinadas adjetivas **explicativas**, as quais serão analisadas a seguir.

### Orações subordinadas adjetivas restritivas

As orações subordinadas adjetivas restritivas limitam e especificam o significado do antecedente, dando-lhe sentido particular, para dizer que se trata de **um** dentro de **uma série**, ou às vezes para dizer que se trata de um tipo especial, introduzindo uma informação indispensável ao sentido da frase, que se liga ao antecedente sem pausa, portanto, sem vírgula.

2006 king features syndicate/intercontinental press

Lembra-se daquele casal *sobre o qual falei*, que nunca briga nem discute?

No período da tirinha, a oração subordinada adjetiva restritiva é *sobre o qual falei*. Para chegar a essa classificação, primeiramente se analisa o sentido da oração, que nesse caso é o de especificar o casal sobre o qual a personagem quer falar. Nota-se também que a oração principal (*Lembra-se daquele casal*) não está separada da oração subordinada por vírgula.

### Orações subordinadas adjetivas explicativas

As orações subordinadas adjetivas explicativas não particularizam o substantivo que retomam, são generalizantes, apenas esclarecem algo que já lhe é próprio, enfatizando sua maior característica.

Ocorrem com vírgula.

Retomando a fala da tirinha do Hagar, pode-se notar que há no período, além de uma oração subordinada adjetiva restritiva, uma oração subordinada adjetiva explicativa. Veja:

Lembra-se daquele casal sobre o qual falei, *que nunca briga nem discute*?

A oração subordinada adjetiva explicativa enfatiza uma característica que já é do casal: um casal que nunca briga nem discute.

Observe a diferença de sentido nos períodos transcritos a seguir:

Os meninos de rua *que pedem esmolas* são desprezados pela população da cidade.

Os meninos de rua, *que pedem esmolas*, são desprezados pela população da cidade.

No primeiro período, o trecho destacado indica que somente os meninos de rua que pedem esmolas são desprezados pela população. Trata-se de uma oração subordinada adjetiva restritiva, uma vez que o sentido aparece restrito a uma parcela do grupo apontado. A informação aparece de forma diferente no segundo período, no qual o que se percebe é uma marca característica de todos os meninos de rua (todos são pedintes) e, por isso, são todos desprezados pela população. Nesse caso, há uma oração subordinada adjetiva explicativa.

# Atividades

**1** (ITA-SP) Leia com atenção:

A vegetação do cerrado é influenciada pelas características do solo e do clima, bem como pela frequência de incêndios. O excesso de alumínio provoca uma alta acidez no solo, o que diminui a disponibilidade de nutrientes e o torna tóxico para plantas não adaptadas. A hipótese do escleromorfismo oligotrófico defende que a elevada toxicidade do solo e a baixa fertilidade das plantas levariam ao nanismo e à tortuosidade da vegetação.

Além disso, a variação do clima nas diferentes estações (sazonalidade) tem efeito sobre a quantidade de nutrientes e o nível tóxico do solo. Com baixa umidade, a toxicidade se eleva e a disponibilidade de nutrientes diminui, influenciando o crescimento das plantas.

Já outra hipótese propõe que o formato tortuoso das árvores do cerrado se deve à ocorrência de incêndios. Após a passagem do fogo, as folhas e gemas (aglomerados de células que dão origem a novos galhos) sofrem necrose e morrem. As gemas que ficam nas extremidades dos galhos são substituídas por gemas internas, que nascem em outros locais, quebrando a linearidade do crescimento.

Quando a frequência de incêndios é muito elevada, a parte aérea (galhos e folhas) do vegetal pode não se desenvolver e ele se torna uma planta anã. Pode-se dizer, então, que a combinação entre sazonalidade, deficiência nutricional dos solos e ocorrência de incêndios determina as características da vegetação do cerrado.

Adaptado de STELLA, André e FIGUEIREDO, Isabel. *Ciência hoje*, mar. 2008.

Considere o trecho abaixo:

Após a passagem do fogo, as folhas e gemas (aglomerados de células que dão origem a novos galhos) sofrem necrose e morrem. As gemas que ficam nas extremidades dos galhos são substituídas por gemas internas, que nascem em outros locais, quebrando a linearidade do crescimento. (3º parágrafo)

Nesse trecho, as orações adjetivas permitem afirmar que:

I. nem todas as células produzem novos galhos.

II. algumas gemas se localizam nas extremidades dos galhos.

III. todas as gemas internas nascem em outros pontos do galho.

Está(ão) correta(s):

a) apenas a I.

b) apenas I e II.

c) apenas a II.

d) apenas a III.

e) todas.

**2** (Unicamp-SP) Leia atentamente os textos a seguir:

I. "Estes são alguns dos equipamentos que a reserva de mercado não permitia a entrada no país sem a autorização do Depin." (*Folha de S. Paulo*, 18 out.1992.)

II. "Fazer pesquisa insinuando que 64% dos brasileiros acham que existe corrupção no governo Itamar não é um ato inteligente, de um jornal de que todos gostamos e que é dever de nós brasileiros lutar pela conservação de sua isenção." (Adaptado de Ewerton Almeida, vice-líder do PMDB da Bahia. *Folha de S.Paulo*, 8 jun. 1993.)

Reescreva os trechos apresentados, introduzindo as sequências *cuja entrada* e *cuja isenção*, respectivamente. (Faça apenas as alterações necessárias, decorrentes da nova estrutura das frases.)

**3** (Insper-SP) Compare estes períodos:

I. Os investidores que temiam ser vítimas da crise global financeira abandonaram o mercado de ações.

II. Os investidores, que temiam ser vítimas da crise global financeira, abandonaram o mercado de ações.

A respeito do emprego de vírgulas, é correto afirmar:

a) Em I, a ausência de vírgulas cria o pressuposto de que ainda há pessoas investindo na Bolsa de Valores.

b) Em II, a presença de vírgulas indica que somente alguns investidores temiam ser vítimas da crise financeira.

c) A análise dos períodos permite afirmar que as vírgulas têm apenas a função de demarcar pausas na leitura.

d) Em I, subentende-se que todos os investidores deixaram de aplicar seu dinheiro no mercado de ações.

e) Em II, as vírgulas foram usadas para destacar a ideia de restrição, presente na oração subordinada adjetiva.

**4** (Uncisal) Leia texto:

**Psicologia de um vencido**

Eu, filho do carbono e do amoníaco,
Monstro de escuridão e rutilância,
Sofro, desde a epigênesis da infância,
A influência má dos signos do zodíaco.

Profundissimamente hipocondríaco,
Este ambiente me causa repugnância...
Sobe-me à boca uma ânsia análoga à ânsia
Que se escapa da boca de um cardíaco.

Já o verme — este operário das ruínas —
Que o sangue podre das carnificinas
Come, e à vida em geral declara guerra,

Anda a espreitar meus olhos para roê-los,
E há-de deixar-me apenas os cabelos,
Na frialdade inorgânica da terra!

Augusto dos Anjos

O último verso da 2ª estrofe — "Que se escapa da boca de um cardíaco" — funciona sintaticamente como:

a) complemento da forma verbal "sobe-me".

b) complemento nominal do adjetivo "análoga".

c) caracterizador do substantivo "ânsia" (última palavra do verso anterior).

d) caracterizador do substantivo "boca".

e) complemento nominal da expressão "uma ânsia análoga".

## EXERCÍCIOS COMPLEMENTARES

**1** (U. F. Santa Maria-RS)

**Brasil, mostra a tua cara**

Ao criar um livro, um quadro ou uma canção, o artista brasileiro dos dias atuais tem uma preocupação a menos: parecer brasileiro. A noção de cultura nacional é algo tão incorporado ao cotidiano do país que deixou de ser um peso para os criadores. Agora, em vez de servir à pátria, eles podem servir ao próprio talento. Essa é uma "conquista deste século". Tem como marco a Semana de Arte Moderna de 1922, uma espécie de grito de independência artística do país, cem anos depois da independência política. Até esta data, o brasileiro era, antes de tudo, um envergonhado. Achava que pertencia a uma raça inferior e que a única solução era imitar os modelos culturais importados. Para acabar com esse complexo, foi preciso que um grupo de artistas de diversas áreas se reunisse no Teatro Municipal de São Paulo e bradasse que ser brasileiro era bom. [...]

*Veja*, 22 dez. 1999.

"Essa é uma 'conquista deste século'. Tem como marco a Semana de Arte Moderna de 1922, uma espécie de grito de independência artística do país, cem anos depois da independência política."

Reunindo os dois períodos em um único período, pode-se ter o seguinte:

*A.* Essa é uma conquista deste século que tem como marco a Semana de Arte Moderna de 1922...

*B.* Essa é uma conquista deste século cujo marco é a Semana de Arte Moderna de 1922...

Julgue (V ou F) as proposições a seguir:

I. Na construção *A*, *que* gera ambiguidade na estrutura frasal, pois o segmento retomado por ele pode ser tanto *conquista* quanto *século*.

II. Na construção *B*, o emprego de *cujo* estabelece a mesma relação de posse encontrada em *que tem* na construção *A*.

III. Na construção *B*, o elemento com o qual *cujo* concorda é *século*, seu antecedente.

**2** (PUC-RJ) Leia:

**O açúcar**

1 O branco açúcar que adoçará meu café
2 nesta manhã de Ipanema
3 não foi produzido por mim
4 nem surgiu dentro do açucareiro por [milagre.

5 Vejo-o puro
6 e afável ao paladar
7 como beijo de moça, água
8 na pele, flor
9 que se dissolve na boca. Mas este açúcar
10 não foi feito por mim.
11 Este açúcar veio
12 da mercearia da esquina e tampouco o [fez o Oliveira,
13 dono da mercearia.
14 Este açúcar veio
15 de uma usina de açúcar em Pernambuco
16 ou no estado do Rio
17 e tampouco o fez o dono da usina.

18 Este açúcar era cana
19 e veio dos canaviais extensos
20 que não nascem por acaso
21 no regaço do vale.

22 Em lugares distantes, onde não há [hospital
23 nem escola,
24 homens que não sabem ler e morrem de [fome
25 aos 27 anos
26 plantaram e colheram a cana
27 que viraria açúcar.

28 Em usinas escuras,
29 homens de vida amarga
30 e dura
31 produziram este açúcar
32 branco e puro
33 com que adoço meu café esta manhã em [Ipanema.

GULLAR, Ferreira. *Dentro da noite veloz & Poema sujo*. São Paulo: Círculo do Livro, s/d.

No poema "O açúcar", Ferreira Gullar faz amplo uso de orações adjetivas, como ilustra especialmente a passagem entre os versos 22 e 27:

Em lugares distantes, onde não há hospital / nem escola, / homens que não sabem ler e morrem de fome / aos 27 anos / plantaram e colheram a cana / que viraria açúcar.

Uma das orações adjetivas destacadas pode ser substituída por um adjetivo de valor correspondente. Faça tal substituição.

**3** (ESPM-SP) Analise as duas frases seguintes e depois assinale a afirmação errônea:

I. O Serviço de Vigilância Sanitária quer fechar restaurantes que não mantêm higiene.

II. O Serviço de Vigilância Sanitária quer fechar restaurantes, que não mantêm higiene.

a) Na frase I, somente os restaurantes que não mantêm higiene é que serão passíveis de fechamento.

b) Na frase II, todos os restaurantes não mantêm higiene e todos serão passíveis de fechamento.

c) Na frase I (sem vírgula), há ideia de restrição, de limitação, de particularização da qualidade.

d) Na frase II (com vírgula), há ideia de generalização da qualidade.

e) A presença da vírgula na frase II omite um verbo, constituindo-se um zeugma.

**4** (Unicamp-SP) Em matemática, o conceito de dízima periódica faz referência à representação decimal de um número no qual um conjunto de um ou mais algarismos se repete indefinidamente.

No texto a seguir, o autor comparará determinada estrutura linguística a uma dízima periódica.

[...] acabaremos prisioneiros do repto político sutilíssimo que permite, com toda a força do poder legítimo, o regime do plebiscito eletrônico. Ou seja, a do povo que quer o que quer o príncipe que quer o que quer o povo. Nosso risco histórico é que esta sentença se pode repetir ao infinito, como dízima periódica e não como a conta certa da democracia que merecemos, afinal, sem retórica, nem de deslumbramentos com que nos sature o príncipe Valente.

ALMEIDA, Cândido Mendes de. O príncipe, o espelho e o povo. In: *Folha de S. Paulo*.

a) Descreva o trecho que pode ser expandido como uma dízima periódica.

b) Imagine que o autor quisesse demonstrar a possibilidade dessa repetição infinita. Nesse caso, deveria expandir o trecho em questão. Faça essa expansão avançando o equivalente a três algarismos de uma dízima.

c) Identifique, no trecho, a palavra (operador linguístico) que torna possível a existência, na língua, de construções sintáticas repetitivas semelhantes à dízima periódica.

**5** (ITA-SP) Para que os enunciados apresentados a seguir se reduzam a uma só frase, algumas adaptações e correções podem e devem ser realizadas. Assinale a opção que melhor os reestrutura — gramatical e estilisticamente, respeitando as sugestões dadas nos parênteses e as relações de sentido sugeridas pelos próprios enunciados.

I. A raposa lembra os despeitados. (oração principal)

II. Atributos dos despeitados; fingem-se superiores a tudo.

III. A raposa desdenha das uvas. (oração adjetiva)

IV. Causa do desdenho; não poder alcançar as uvas.

a) Porque não pode alcançar as uvas de que ela desdenha, à raposa, fingindo-se superior a tudo, lembra os despeitados.

b) A raposa, desdenhando das uvas que não se podem alcançar, lembra os despeitados que se fingem superiores a tudo.

c) A raposa, que desdenha das uvas porque não pode alcançá-las, lembra os despeitados, que se fingem superiores a tudo.

d) Como não pode alcançar as uvas a raposa que se finge superior a tudo e as desdenha, lembra os despeitados.

e) Fingindo-se superior a todos, a raposa que, desdenha das uvas porque não as pode alcançar, lembra os despeitados.

**6** (Vunesp, adaptada)

Classifique as orações do período transcrito a seguir: "Alguma coisa que eu disse distraído... foi despertar melodias esquecidas dentro da alma de alguém."

# Orações adverbiais

## Orações com função de adjunto adverbial

A oração subordinada adverbial indica a **circunstância** em que ocorre o processo verbal da oração principal: causa, consequência, condição, conformidade, comparação, concessão, finalidade, proporção ou tempo.

### Oração adverbial causal

O sanfoneiro foi embora / *porque as pessoas não dançavam mais.*

Veja que a causa de o sanfoneiro ter ido embora foi o fato de as pessoas não dançarem mais, o que está expresso na oração adverbial causal.

*Como os recursos de expressão eram minguados*, tentavam remediar a deficiência falando alto. (Graciliano Ramos)

Introduzida pela conjunção *como*, a oração destacada é subordinada adverbial causal; consequentemente, a oração à qual se liga é principal.

### Oração adverbial comparativa

A oração comparativa contém aquilo com que é comparado o processo expresso na oração principal.

Nenhum avião cuida melhor dos passageiros do que um *airbus*. E ninguém no mundo cuida melhor de um *airbus* do que a TAM. (Propaganda da TAM)

Nesse exemplo, depreende-se:

*Nenhum avião cuida melhor dos passageiros* = oração principal

*do que um* airbus [*cuida*] = oração subordinada adverbial comparativa

*E ninguém no mundo cuida melhor de um* airbus = oração principal

*do que a TAM* [*cuida*] = oração subordinada adverbial comparativa

### Oração adverbial concessiva

A oração concessiva contém um processo verbal que supostamente poderia impedir que o fato expresso na oração principal ocorresse (ou deixasse de ocorrer).

*Embora* estivesse chovendo, as crianças foram à praia.

*Embora estivesse chovendo* = oração subordinada adverbial concessiva

*as crianças foram à praia* = oração principal

A ideia de contrariedade à lógica expressa na oração concessiva funda-se no pressuposto de que é muito melhor ir à praia com sol.

## Oração adverbial condicional

Essa oração condiciona a ocorrência ou a não ocorrência do processo apresentado na oração principal.

*Se* você baixar um pouco esse som, parar de cantar e ficar dez minutos sem dançar, talvez consiga responder à pergunta.

*Se você baixar um pouco esse som* = oração subordinada adverbial condicional

... *parar de cantar* = oração subordinada adverbial condicional com a supressão de termos já subentendidos (*se* você)

... *e ficar dez minutos sem dançar* = oração subordinada adverbial condicional (com os mesmos termos subentendidos)

... *talvez consiga responder à pergunta* = oração principal

## Oração adverbial conformativa

*Conforme* determina a lei, / todos os direitos são meus.

Observe que o processo revelado na oração principal ocorre de acordo com aquilo que se expressa na oração subordinada. Portanto, a oração conformativa contém um processo verbal em relação ao qual o fato expresso na outra oração está em conformidade.

## Oração adverbial consecutiva

As orações subordinadas adverbiais consecutivas exprimem a consequência do fato ocorrido na oração principal. Observe:

Todas as teorias físicas [...] deveriam se prestar a uma descrição tão simples *que* até uma criança pudesse entender. (Albert Einstein)

Note que o fato de até uma criança poder entender decorre da simplicidade da descrição das teorias físicas.

## Oração adverbial final

As orações subordinadas adverbiais finais exprimem a finalidade do fato ocorrido na oração principal.

Enviou um postal / *a fim de que* todos soubessem onde estava.

*Enviou um postal* = oração principal; *a fim de que todos soubessem onde estava* = oração subordinada adverbial final

A finalidade de enviar o postal é fazer as pessoas saberem onde seu remetente estava.

## Oração adverbial temporal

As orações subordinadas adverbiais temporais revelam a circunstância de tempo (de anterioridade, simultaneidade, posterioridade) em que ocorre o processo inscrito na oração principal.

Fernando Gonsales

Você pode chocar meu ovo / *enquanto* eu vou ao banco? *(Você pode chocar meu ovo* = oração principal; *enquanto eu vou ao banco* = oração subordinada adverbial temporal — nesse caso, o fato ocorrido na oração principal é simultâneo à ação que se apresenta na subordinada)

### Oração adverbial proporcional

As orações subordinadas adverbiais proporcionais estabelecem uma relação de proporcionalidade, direta ou inversa, com o fato da oração principal.

*À proporção que* os produtos rareavam, / os preços subiam.

*À proporção que os produtos rareavam* = oração subordinada adverbial proporcional; *os preços subiam* = oração principal

Como a classificação das orações subordinadas adverbiais é feita com base em critérios semânticos, é imprescindível que se identifique a circunstância que a oração adverbial expressa para classificá-la sintaticamente. Além disso, é necessário avaliar os valores semânticos das conjunções e locuções conjuntivas adverbiais, muitas das quais são polissêmicas.

# Atividades

**1** (UFAL) "**Como** se sabe, os escritores brasileiros do período romântico interpretaram o ideário de sua escola literária num contexto criado pela independência política" (Adaptado de ILARI, Rodolfo e BASSO, Renato. *O português da gente*. São Paulo: Contexto, 2006. p. 214-218.). O termo destacado nesse trecho tem o mesmo valor sintático-semântico do termo destacado em:

a) **Como** seria possível prever o que iria acontecer com a língua do Brasil, após a sua Independência política?

b) Não se sabe ao certo **como** a questão da língua nacional foi tratada antes das ideias revolucionárias dos românticos.

c) No Brasil, assim **como** em Portugal, as questões linguísticas foram alvo de reflexões dos autores da literatura.

d) **Como** não houve apoio significativo às ideias de Alencar, sua obra foi menosprezada até há pouco tempo.

e) José de Alencar contribuiu bastante para a consolidação de uma "língua brasileira", **como** atestam seus romances.

**2** (UFCE) Cada alternativa a seguir apresenta um trecho de *Memórias póstumas de Brás Cubas* em que ocorre o uso de "qual". Assinale a única em que "qual" está empregado com a mesma função que assume em "Quantos, **qual** tu sem Deus, acham que a morte é o fim!".

a) "**Qual** deles: o hortelão ou o advogado?"

b) "Cada **qual** prognosticava a meu respeito o que mais lhe quadrava ao sabor."

c) "Minto: amanheceu morta; saiu da vida às escondidas, tal **qual** entrara."

d) "Quem diria, há anos... Um homenzarrão! E bonito! **Qual**! Você não se lembra de mim."

e) "Já prometeu a si mesmo escrever uma breve memória, na **qual** relate o achado do livro."

**3** (FGV-SP) Leia atentamente o fragmento seguinte.

Religiosamente, pela manhã, ele dava milho na mão para a galinha cega. As bicadas tontas, de violentas, faziam doer a palma da mão calosa. E ele sorria. Depois a conduzia ao poço, onde ela bebia com os pés dentro da água.

João Alphonsus

Observe o período a seguir:

*Ele fala mais / do que eu (falo).*

Entre as duas orações destacadas, há uma relação de comparação.

Agora observe o período seguinte:

"As bicadas tontas, de violentas, faziam doer a palma da mão calosa."

Nesse período, qual a relação estabelecida entre, de um lado, *de violentas* e, de outro, *faziam doer a palma da mão calosa?*

Leia o texto para responder à questão 4.

[...] Antes de concluir este capítulo, fui à janela indagar da noite por que razão os sonhos haviam de ser assim tão tênues que se esgarçavam ao menor abrir de olhos ou voltar de corpo, e não continuavam mais. A noite não me respondeu logo. Estava deliciosamente bela, os morros palejavam de luar e o espaço morria de silêncio. Como eu insistisse, declarou-me que os sonhos já não pertenciam à sua jurisdição. Quando eles moravam na ilha que Luciano lhes deu, onde ela tinha o seu palácio, e donde os fazia sair com as suas caras de vária feição, dar-me-ia explicações possíveis. Mas os tempos mudaram tudo. Os sonhos antigos foram aposentados, e os modernos moram no cérebro das pessoas. Estes, ainda que quisessem imitar os outros, não poderiam fazê-lo; a ilha dos sonhos, como a dos amores, como todas as ilhas de todos os mares, são agora objeto da ambição e da rivalidade da Europa e dos Estados Unidos.

Era uma alusão às Filipinas. Pois que não amo a política, e ainda menos a política internacional, fechei a janela e vim acabar este capítulo para ir dormir.

Adaptado de Machado de Assis, *Dom Casmurro*.

**Palejar**: tornar-se pálido, empalidecer.
**Luciano**: escritor grego, criador do diálogo satírico.

**4** (FGV-SP) Considere o trecho:

...os sonhos haviam de ser assim tão tênues que se esgarçavam ao menor abrir de olhos ou voltar de corpo...

Identifique o tipo de relação existente entre as duas orações.

## EXERCÍCIOS COMPLEMENTARES

**1** (U. E. Ponta Grossa-PR) Leia:

**Como um filho querido**

Tendo agradado ao marido nas primeiras semanas de casado, nunca mais quis ela se separar da receita daquele bolo. Assim, durante 40 anos, a sobremesa louvada compôs sobre a mesa o almoço de domingo, e celebrou toda a data em que o júbilo se fizesse necessário.

Por fim, achando ser chegada a hora, convocou ela o marido para o conciliábulo apartado no quarto. E tendo decidido ambos, comovidos, pelo ato solene, foi a esposa mais uma vez à cozinha assar a massa açucarada, confeitar a superfície.

Pronto o bolo, saíram juntos para levá-lo ao tabelião, a fim de que se lavrasse ato de adoção, tornando-se ele legalmente incorporado à família, com direito ao prestigioso sobrenome Silva, e nome Hermógenes, que havia sido do avô.

Marina Colasanti. In: *Contos de amor rasgados*.

Assinale as alternativas que reescrevem corretamente o período: "Tendo agradado ao marido nas primeiras semanas de casado, nunca mais quis ela se separar da receita daquele bolo".

(01) Visto que agradava ao marido nas primeiras semanas de casado, nunca mais quis ela se separar da receita daquele bolo.

(02) Porque agradara ao marido nas primeiras semanas de casado, nunca mais quis ela se separar da receita daquele bolo.

(04) Como agradou ao marido nas primeiras semanas de casado, nunca mais quis ela se separar da receita daquele bolo.

(08) Portanto, agradara ao marido nas primeiras semanas de casado, nunca mais quis ela se separar da receita daquele bolo.

Dê a soma dos números do itens corretos.

**2** (U. F. Uberlândia-MG) Em qual dos períodos seguintes há uma oração subordinada adverbial que expressa ideia de concessão?

a) Diz-se que a obra de arte é aberta; possibilita, portanto, várias leituras.

b) Pode criticar, desde que fundamente sua crítica em argumentos.

c) Tamanhas são as exigências da pesquisa científica, que muitos desistem de realizá-la.

d) Os animais devem ser adestrados, ao passo que os seres humanos devem ser educados, visto que possuem a faculdade de inteligência.

e) Não obstante haja concluído dois cursos superiores, é incapaz de redigir uma carta.

**3** (Vunesp)

### A palavra

Tanto que tenho falado, tanto que tenho escrito — como não imaginar que, sem querer, feri alguém? Às vezes sinto, numa pessoa que acabo de conhecer, uma hostilidade surda, ou uma reticência de mágoas. Imprudente ofício é este, de viver em voz alta.

Às vezes, também a gente tem o consolo de saber que alguma coisa que se disse por acaso ajudou alguém a se reconciliar consigo mesmo ou com a sua vida de cada dia; a sonhar um pouco, a sentir uma vontade de fazer alguma coisa boa.

Rubem Braga

Com base nas seguintes expressões: "ofício imprudente" e "ferimento de alguém", crie um período composto em que a segunda oração expresse a causa da primeira.

Leia o texto seguinte para responder à questão 4.

### A vírgula não foi feita para humilhar ninguém

Era Borjalino Ferraz e perdeu o primeiro emprego na Prefeitura de Macajuba por coisas de pontuação. Certa vez, o diretor do Serviço de Obras chamou o amanuense para uma conversa de fim de expediente. E aconselhativo:

— Seu Borjalino, tenha cuidado com as vírgulas. Desse jeito, o amigo acaba com o estoque e a comarca não tem dinheiro para comprar vírgulas novas.

Fez outros ofícios, semeou vírgulas empenadas por todos os lados e acabou despedido. Como era sujeito de brio, tomou aulas de gramática, de modo a colocar as vírgulas em seus devidos lugares. Estudou e progrediu. Mais do que isso, saiu das páginas da gramática escrevendo bonito, com rendilhados no estilo. Cravava vírgulas e crases como um ourives crava pedras. O que fazia o coletor federal Zozó Laranjeira apurar os óculos e dizer com orgulho:

— Não tem como o Borjalino para uma vírgula e mesmo para uma crase. Nem o presidente da República!

E assim, um porco-espinho de vírgulas e crases, Borjalino foi trabalhar, como escriturário, na Divisão de Rendas de São Miguel do Cupim. Ficou logo encarregado dos ofícios, não só por ter prática de escrever como pela fama de virgulista. Mas, com dois meses de caneta, era despedido.

O encarregado das rendas, sujeito sem vírgulas e sem crase, foi franco:

— Seu Borjalino, sua competência é demais para repartição tão miúda. O amigo é um homem de instrução. É um dicionário. Quando o contribuinte recebe um ofício de sua lavra, cuida que é ordem de prisão. O Coronel Balduíno dos Santos quase teve um sopro no coração ao ler uma peça saída de sua caneta. Pensou que fosse ofensa, pelo que passou um telegrama desaforado ao Senhor Governador do Estado. Veja bem! O Senhor Governador.

E por colocar bem as vírgulas e citar Nabucodonosor em ofício de pequena corretagem, o esplêndido Borjalino foi colocado à disposição do olho da rua. Com uma citação no Diário Oficial e duas gramáticas debaixo do braço.

José Cândido de Carvalho.
*Porque Lulu Bergantim não atravessou o Rubicon.*
Rio de Janeiro: José Olympio, 1971.

**4** As orações destacadas nos períodos transcritos são, respectivamente:

"**Como era sujeito de brio**, tomou aulas de gramática...",

"Cravava vírgulas e crases **como um ourives crava pedras**."

a) subordinada adverbial causal e subordinada adverbial comparativa.

b) subordinada adverbial consecutiva e subordinada adverbial conformativa.

c) subordinada adverbial consecutiva e subordinada adverbial causal.

d) subordinada adverbial conformativa e subordinada adverbial consecutiva.

e) subordinada adverbial comparativa e subordinada adverbial causal.

**5** (PUC-SP)

### O tio aquático

Os primeiros vertebrados, que no Carbonífero deixaram a vida aquática pela vida terrestre, derivavam dos peixes ósseos pulmonados, cujas nadadeiras podiam ser roladas sob o corpo e usadas como patas sobre a terra.

Agora já estava claro que os tempos aquáticos haviam terminado, recordou o velho Qfwfq, e aqueles que se decidiam a dar o grande passo eram sempre em número maior, não havendo família que não tivesse algum dos seus entes queridos lá no seco; todos contavam coisas extraordinárias sobre o que se podia fazer em terra firme, e chamavam os parentes. Então, os peixes jovens, já não era mais possível segurá-los; agitavam as nadadeiras nas margens lodosas **para** ver se funcionavam **como** patas, **como** haviam conseguido fazer os mais dotados. **Mas** precisamente naqueles tempos se acentuavam as diferenças entre nós: existia a família que vivia em terra havia várias gerações e cujos jovens ostentavam maneiras que já não eram de anfíbios mas quase de répteis; e existiam aqueles que ainda insistiam em bancar o peixe e assim se tornavam ainda mais peixes do que quando se usava ser peixe.

[...]

Italo Calvino. *As cosmicômicas.*

As palavras destacadas no 2º parágrafo do texto indicam, respectivamente:

a) finalidade, oposição, comparação, conformidade.

b) oposição, finalidade, conformidade, oposição.

c) conformidade, finalidade, oposição, comparação.

d) finalidade, comparação, conformidade, oposição.

e) comparação, finalidade, oposição, conformidade.

**6** (PUC-SP)

### Apelo

Amanhã faz um mês que a Senhora está longe de casa. Primeiros dias, para dizer a verdade, não senti falta, bom chegar tarde, esquecido na conversa da esquina. Não foi ausência por uma semana: o batom ainda no lenço, o prato na mesa por engano, a imagem de relance no espelho.

Com os dias, Senhora, o leite pela primeira vez coalhou. A notícia de sua perda veio aos poucos: a pilha de jornais ali no chão, ninguém os guardou debaixo da escada. Toda a casa era um corredor deserto, e até o canário ficou mudo. Para não dar parte de fraco, ah, Senhora, fui beber com os amigos. Uma hora da noite eles se iam e eu ficava só, sem o perdão de sua presença a todas as aflições do dia, como a última luz na varanda.

E comecei a sentir falta das primeiras brigas por causa do tempero na salada — o meu jeito de querer bem. Acaso é saudade, Senhora? Às suas violetas, na janela, não lhes poupei água e elas murcham. Não tenho botão na camisa, calço a meia furada. Que fim levou o saca-rolhas? Nenhum de nós sabe, sem a Senhora, conversar com os outros: bocas raivosas mastigando. Venha para casa, Senhora, por favor.

TREVISAN, Dalton. In: BOSI, A. (org.). *O conto brasileiro contemporâneo.* São Paulo: Cultrix, 1997.

Sobre a subordinação, relembre: "é a construção sintática em que uma oração determinante, e pois subordinada, se articula com outra, determinada por ela e principal em relação a ela". (CÂMARA JR., Mattoso. *Dicionário de filologia e gramática*. Rio de Janeiro: J. Ozon, 1971. p. 362.) Em seguida, assinale a alternativa correta:

a) Em "Para não dar parte de fraco, ah, Senhora, fui beber com os amigos", estabelece-se uma relação de meio e fim.

b) Em "Amanhã faz um mês que a Senhora está longe de casa", a subordinação se dá entre o verbo *faz* e seu complemento verbal "que a Senhora está longe de casa".

c) Em "Uma hora da noite eles se iam e eu ficava só...", a relação de subordinação expressa a ideia de adição consecutiva.

d) Em "Nenhum de nós sabe, sem a Senhora, conversar com os outros: bocas raivosas mastigando", a subordinação se dá entre o verbo *sabe* e seu sujeito, representado pela oração reduzida de infinitivo "conversar com os outros".

e) Em "E comecei a sentir falta das primeiras brigas por causa do tempero na salada — o meu jeito de querer bem", estabelece-se uma relação de condição-condicionado.

# Orações reduzidas e período misto

## 1. Orações subordinadas sem conjunção

Chamam-se **desenvolvidas** as orações subordinadas conectadas à principal por meio de uma conjunção subordinativa ou de um pronome relativo, e seu verbo se apresenta no modo indicativo ou subjuntivo. Há também as orações subordinadas **reduzidas**, que não se iniciam por conjunção ou pronome relativo, e seu verbo aparece numa das formas nominais: **infinitivo**, **gerúndio** ou **particípio**.

No texto do anúncio apresentado, retirado da revista *Época* (13 dez. 2004), há um exemplo de oração subordinada reduzida. Observe:

"O melhor jeito de *tratar* as diferenças: com igualdade." (*O melhor jeito* [*é*] *com igualdade* = oração principal; *de tratar as diferenças* = oração subordinada substantiva completiva nominal reduzida de infinitivo)

Para chegar a essa classificação, basta desenvolver a oração: "O melhor jeito de que tratem as diferenças é com igualdade". (*O melhor jeito é com igualdade* = oração principal; *de que tratem as diferenças* = oração subordinada substantiva completiva nominal)

## 2. Classificação das orações reduzidas

### Reduzidas de particípio

O particípio, desde que sem verbo auxiliar, aparece em orações adverbiais ou adjetivas. Exemplos:

Repôs os livros *deixados sobre o tapete*. (adjetiva)

*Iniciada sua fala*, calaram-se todos. (adverbial temporal)

### Reduzidas de gerúndio

O gerúndio ocorre em orações reduzidas adverbiais e adjetivas. Exemplos:

Ouvi aquelas velhinhas *cochichando algo a seu respeito*. (adjetiva)

*Persistindo os sintomas*, procure um médico. (temporal ou condicional)

### Reduzidas de infinitivo

As formas de infinitivo impessoal e pessoal aparecem em subordinadas adjetivas, substantivas e adverbiais. Observe que as substantivas só se reduzem com verbo no infinitivo. Exemplos:

Era uma aula *de deixar zonzo*. (adjetiva)

Correu *a ponto de desmaiar*. (adverbial)

Julguei melhor *deixá-los em paz*. (substantiva)

Diferentemente, a oração subordinada desenvolvida tem seu verbo flexionado no modo indicativo ou subjuntivo, além de se conectar à principal por meio de conjunção ou locução conjuntiva (caso da oração adverbial e da substantiva), ou por meio de pronome relativo (caso da oração adjetiva).

## 3. Período misto

Estudar análise sintática significa compreender que os termos e/ou orações mantêm entre si relações de subordinação ou de coordenação.

Existem os períodos que são compostos por coordenação e por subordinação — os chamados **períodos mistos**.

Leia atentamente o fragmento de texto a seguir:

O veterinário Clóvis Borges parou o carro numa avenida isolada em Curitiba, na semana passada, desceu com o filho Ricardo, de 13 anos, e dois sobrinhos. As crianças iam cortar um pínus. Ao dar os primeiros golpes com um facão, uma senhora parou o carro e, escandalizada, pôs-se a defender a natureza e criticar a falta de cidadania do diretor da organização Sociedade de Pesquisa de Vida Selvagem (SPVS). Esse é o tipo de reação que Borges espera nos próximos dias. [...]

PATZSCH, Luciano. Verdes contra as árvores. *Época*, p. 107, 13 dez. 2004.

O fragmento de texto é constituído de quatro períodos:

**1º período – composto por coordenação**

*O veterinário Clóvis Borges parou o carro numa avenida isolada em Curitiba, na semana passada* = oração coordenada assindética

*desceu com o filho Ricardo, de 13 anos, e dois sobrinhos* = oração coordenada assindética

**2º período – simples com oração absoluta**

*As crianças iam cortar um pínus.*

**3º período – composto por subordinação e coordenação (período misto)**

*Ao dar os primeiros golpes com um facão* = oração subordinada adverbial temporal reduzida de infinitivo

*uma senhora parou o carro* = oração principal (em relação à anterior) e coordenada assindética (em relação à posterior)

*e, escandalizada, pôs-se a defender a natureza* = oração coordenada sindética aditiva (em relação à anterior e à posterior)

*e [pôs-se a] criticar a falta de cidadania do diretor da organização Sociedade de Pesquisa de Vida Selvagem (SPVS)* = oração coordenada sindética aditiva (em relação à anterior)

**4º período – composto por subordinação**

*Esse é o tipo de reação* = oração principal

*que Borges espera nos próximos dias* = oração adjetiva restritiva

Dificilmente alguém faz esse tipo de análise quando lê ou escreve um texto, mas conhecer a estrutura da língua e as possibilidades de relações que se estabelecem entre as orações é tarefa importante para quem deseja (e precisa) ler e escrever bem, empregando todos os mecanismos e recursos linguísticos disponíveis para os mais diferentes objetivos.

Chama-se **interferente**, **intercalada** ou **justaposta** a oração que não é coordenada nem subordinada, apenas se justapõe a outra para esclarecer, advertir, ressalvar, enfim, "interferir"; separada por travessões, parênteses ou até mesmo vírgulas, pode ser excluída sem alteração de sentido para a frase. Exemplo:

— Júnior — *o chefe estava nervoso* —, acabe logo esse trabalho!!!

# Atividades

**1** (UFF-RJ)

**Qual será o futuro das cidades?**

[...] Independentemente de tamanho ou localização, as cidades vão enfrentar ao menos um desafio comum: o aumento da tensão urbana provocado pela crescente desigualdade entre seus moradores. Não há mágica tecnológica à vista capaz de resolver as dificuldades. Os urbanistas apontam o planejamento como antídoto para o caos. Os governos precisam apostar em parcerias com a iniciativa privada e a sociedade civil. Será necessário coordenar ações locais e iniciativas conjuntas entre cidades de uma mesma região.

*Folha de S. Paulo*, 2 maio 1999.

Reescreva o último período do texto apresentado, transformando a oração reduzida em outra iniciada por conectivo, conservando o mesmo valor sintático da oração e fazendo apenas as alterações necessárias:

"Será necessário coordenar ações locais e iniciativas conjuntas entre cidades de uma mesma região".

______________________________

______________________________

______________________________

______________________________

______________________________

______________________________

______________________________

______________________________

______________________________

______________________________

______________________________

**2** (Uespi, adaptada) Leia o texto e responda ao que se pede:

Os tiranos e os autocratas sempre compreenderam que a capacidade de ler, o conhecimento, os livros e os jornais são potencialmente perigosos. Podem insuflar ideias independentes e até rebeldes nas cabeças de seus súditos. O governador real britânico da colônia da Virgínia escreveu em 1671: "graças a Deus não há escolas, nem imprensa livre; e espero que não [as] tenhamos nestes [próximos] cem anos; pois o conhecimento introduziu no mundo a desobediência, a heresia e as seitas, e a imprensa divulgou-as e publicou os libelos contra os melhores governos. Que Deus nos guarde de ambos!" Mas os colonizadores norte-americanos, compreendendo em que consiste a liberdade, não pensavam assim. Em seus primeiros anos, os Estados Unidos se vangloriavam de ter um dos índices mais elevados — talvez o mais elevado — de cidadãos alfabetizados do mundo.

Atualmente, os Estados Unidos não são o líder mundial em alfabetização. Muitos dos que são alfabetizados não conseguem ler, nem compreender matérias escritas mais complexas, — como um artigo científico, um manual de instruções, o documento de uma hipoteca ou um programa eleitoral.

As rodas dentadas da pobreza, da ignorância, da falta de esperança e baixa autoestima se engrenam para criar um tipo de máquina do fracasso perpétuo que esmigalha os sonhos de geração a geração. Nós todos pagamos o preço de mantê-la funcionando. O analfabetismo é a sua cavilha.

Ainda que endureçamos os nossos corações diante da vergonha e da desgraça experimentada pelas vítimas, o ônus do analfabetismo é muito alto para todos os demais — o custo das despesas médicas e da hospitalização, o custo de crimes e prisões, o custo de programas de educação especial, o custo da produtividade perdida e de inteligências potencialmente brilhantes que poderiam ajudar a solucionar os dilemas que nos perseguem.

Frederick Douglas ensinou que a alfabetização é o caminho que vai da escravidão para a liberdade. Há muitos tipos de escravidão e muitos tipos de liberdade. Mas saber ler ainda é o caminho.

Adaptado de Carl Sagan. *O caminho para a liberdade*.

"Que Deus nos guarde de ambos! Mas os colonizadores norte-americanos, **compreendendo em que consiste a liberdade**, não pensavam assim". O segmento destacado expressa um sentido de:

a) oposição.

b) condição.

c) comparação.

d) causalidade.

e) concessão.

**3** (UERJ, adaptada) "O mal de Isaías é *ser ambíguo*."

O período acima contém uma oração subordinada substantiva, reduzida de infinitivo. Abaixo, a oração em destaque que também se classifica como subordinada substantiva reduzida é:

a) "Ninguém chega a uma grande obra *sem passar por obras pequenas*." (Machado de Assis)

b) "Publica-se um livro como se correm os dados: *para ver o* que sai." (Manuel Antônio de Almeida)

c) "*Para entender*, nós temos dois caminhos, o da sensibilidade e o da inteligência."(Manoel de Barros)

d) "O sujeito que não se considera um gênio não deve se dedicar *a fazer literatura*." (Nelson Rodrigues)

**4** (U. F. São Carlos-SP)

O cajueiro já devia ser velho quando nasci. Ele vive nas mais antigas recordações de minha infância: belo, imenso, no alto do morro, atrás de casa. Agora vem uma carta dizendo que ele caiu.

[...] Tudo sumira; mas o grande pé de fruta-pão ao lado de casa e o imenso cajueiro lá no alto eram como árvores sagradas protegendo a família. Cada menino que ia crescendo ia aprendendo o jeito de seu tronco, a cica de seu fruto, o lugar melhor para apoiar o pé e subir pelo cajueiro acima, ver de lá o telhado das casas do outro lado e os morros além, sentir o leve balanceio na brisa da tarde. [...]

BRAGA, Rubem. Cajueiro. In: *O verão e as mulheres*. 5. ed. Rio de Janeiro: Record, 1991.

Há no texto orações reduzidas de gerúndio e de infinitivo. Assinale a alternativa em que a forma verbal da oração reduzida está desenvolvida corretamente, entre parênteses.

a) "... protegendo a família" (*que protegiam a família*).

b) "... para apoiar o pé..." (*porque apoiaria o pé*).

c) "... e subir pelo cajueiro acima..." (*e que subiria pelo cajueiro acima*).

d) "... ver de lá o telhado das casas do outro lado e os morros além..." (*para que veja de lá o telhado das casas do outro lado e os morros além*).

e) "... sentir o leve balanceio na brisa da tarde" (*quando sentisse o leve balanceio na brisa da tarde*).

## EXERCÍCIOS COMPLEMENTARES

**1** (FGV-SP) Observe os períodos a seguir e escolha a alternativa correta em relação à ideia expressa, respectivamente, pelas conjunções ou locuções "sem que", "por mais que", "como", "conquanto", "para que".

1. Sem que respeites pai e mãe, não serás feliz.
2. Por mais que corresse, não chegou a tempo.
3. Como não tivesse certeza, preferiu não responder.
4. Conquanto a enchente lhe ameaçasse a vida, Gertrudes negou-se a abandonar a casa.
5. Mandamos colocar grades em todas as janelas para que as crianças tivessem mais segurança.

a) condição – concessão – causa – concessão – finalidade

b) concessão – causa – concessão – finalidade – condição

c) causa – concessão – finalidade – condição – concessão

d) condição – finalidade – condição – concessão – causa

e) finalidade – condição – concessão – causa – concessão

**2** (U. E. Ponta Grossa-PR, adaptada) Sobre o período "Não é possível que o senhor não ame, e que, amando, julgue um sentimento de tal grandeza incômodo", estão corretas as afirmações:

(01) As duas orações introduzidas pela palavra "que" exercem, em relação à principal, uma função substantiva de sujeito.

(02) Dentre as duas orações reduzidas, uma tem valor causal.

(04) A palavra "que", nas duas orações subordinadas que introduz, é pronome relativo.

(08) As duas orações introduzidas pela palavra "que" relacionam-se entre si por meio do processo de coordenação.

(16) Dentre as quatro orações constituintes, uma tem a forma reduzida.

Dê a soma dos números dos itens corretos.

______________________________

**3** (U. E. Ponta Grossa-PR)

**Carmela**

Dezoito horas e meia. Nem mais um minuto porque a madama respeita as horas de trabalho. Carmela sai da oficina. Bianca vem ao seu lado.

A Rua Barão de Itapetininga é um depósito sarapintado de automóveis gritadores. As casas de modas (Ao *chic* parisiense, São Paulo-Paris, Paris elegante) despejam nas calçadas as costureirinhas, que riem, falam alto, balançam os quadris como gangorras.

Alcântara Machado. *Novelas paulistanas*.

A respeito de aspectos sintáticos presentes no texto, assinale o que for correto.

a) Não há predicado nominal.

b) Há uma oração subordinada adverbial.

c) O vocábulo "costureirinhas" exerce a função de sujeito da oração a que pertence.

d) Há o predomínio de períodos simples.

e) Há uma oração subordinada adjetiva.

**4** (ITA-SP) Forme um período composto por subordinação a partir dos enunciados seguintes:

I. A raposa lembra os despeitados. (oração principal)

II. Atributo dos despeitados: fingem-se superiores a tudo.

III. A raposa desdenha das uvas. (oração adjetiva)

IV. Causa do desdenho: não poder alcançar as uvas.

________________________________________

________________________________________

________________________________________

________________________________________

________________________________________

________________________________________

________________________________________

________________________________________

________________________________________

________________________________________

________________________________________

________________________________________

________________________________________

**5** (ITA-SP) Assinale o texto que estilística e gramaticalmente expressa, com a necessária clareza, ênfase e correção, a indicação de cada frase, dada nos parênteses:

I. A Igreja viveu verdadeira via-crúcis no México. (oração principal)

II. Noventa por cento da população do México ser católica. (oposição)

III. A essa via-crúcis não faltou uma cruenta perseguição religiosa. (atributo II)

a) Dado que 90% da população do México seja católica, a Igreja mexicana viveu verdadeira via-crúcis à qual não faltou cruenta perseguição religiosa.

b) A Igreja viveu verdadeira via-crúcis no México, mas 90% de sua população são de católicos, e a isso não faltou cruenta perseguição religiosa.

c) Sendo 90% da população católica, a Igreja viveu no México uma verdadeira via-crúcis, onde não faltou uma cruenta perseguição religiosa.

d) Não obstante 90% da população seja católica, a Igreja viveu no México verdadeira via-crúcis, a que não faltou cruenta perseguição religiosa.

e) Apesar de que uma cruenta perseguição religiosa não haja faltado, a Igreja viveu verdadeira via-crúcis no México, cujo 90% de sua população é católica.

**6** (U. E. Londrina-PR) Considere as frases a seguir:

I. Eles estavam preocupados com o problema que causaram.

II. Eles apresentaram suas explicações.

III. As explicações não eram convincentes.

Reunidas em um só período, elas estarão em correta relação lógica e sintática na frase:

a) Apresentaram suas explicações porque estavam preocupados com o problema causado por eles, pois não eram convincentes.

b) As explicações não eram convincentes, mas eles as apresentaram, contudo estavam preocupados com o problema que haviam causado.

c) Preocupados com o problema que haviam causado, eles apresentaram suas explicações, ainda que não convincentes.

d) Quando apresentaram suas explicações, elas não eram convincentes, portanto estavam preocupados com os problemas que causaram.

e) Quanto mais eles apresentavam suas explicações, mais elas não eram convincentes, à medida que eles estavam preocupados com o problema que causaram.

# Concordância nominal e verbal

## 1. A concordância

A concordância **verbal** e **nominal** é um domínio da sintaxe que descreve os mecanismos de flexões verbais e nominais de acordo com os quais os termos se "harmonizam" num enunciado. Dois princípios básicos regem essas correlações flexionais: todo **determinante nominal** (artigo, adjetivo, numeral, pronome adjetivo e substantivo) flexiona-se em **número** e **gênero** de acordo com o substantivo que modifica; e todo **verbo** flexiona-se em **número** e **pessoa** (e **gênero**, no particípio) conforme o **sujeito** da oração.

## 2. Casos especiais de concordância nominal

### Concordância com mais de um substantivo

- Quando **anteposto** aos substantivos, o adjetivo concorda com o **mais próximo**.

  A secretária deixava transparecer extrema apreensão e nervosismo.

- Quando **posposto** aos substantivos, o adjetivo flexiona-se no masculino plural **ou** concorda com o substantivo mais próximo, desde que se refira apenas a este.

No texto da propaganda a seguir, a concordância nominal é feita apenas com o substantivo mais próximo, pois a ideia é a de que somente o *scanner* é colorido, e não a impressora e a copiadora.

vꞩs comunicações/xerox corporation

> Sempre se flexiona no plural o adjetivo que desempenha a função sintática de predicativo do sujeito ou do objeto relacionado a mais de um substantivo:
>
> Os alunos e a professora pareciam *exaustos* depois da aula.

### Concordância com mais de um adjetivo

- O substantivo permanece no singular e repete-se o artigo antes dos adjetivos.

  Admiro *a* arte *romana* e *a grega*.

- O substantivo vai para o plural e não se repete o artigo antes dos adjetivos.

  Admiro *as artes* romana e grega.

## Dúvidas frequentes

- **É bom, é necessário, é proibido**

Quando o sujeito é precedido de determinante (artigo, adjetivo, numeral ou pronome), o predicativo flexiona-se em gênero e número.

A coalhada é *boa* para a saúde.

Quando o sujeito não é precedido de artigo ou outro determinante, a expressão permanece invariável.

É *proibido entrada* de pessoas estranhas.

- **Anexo, incluso, leso, mesmo, obrigado, próprio, quite**

Essas palavras concordam em gênero e número com o substantivo ou pronome a que se referem.

*Os protocolos* seguem *anexos* à correspondência.

*Os inventários* vão *inclusos*.

*Ela mesma* preparou os doces.

*Eles mesmos* limparam toda a casa.

*Eles próprios* detectaram as falhas.

Agora *eles* estão *quites* com o serviço militar.

Será que a greve é um crime de *leso-patriotismo*?

- **Só**

A palavra *só*, quando significa *sozinho*, é adjetivo e varia em número. Quando equivale a *somente*, é advérbio e, portanto, invariável.

Os dois queriam ficar *sós* para conversar. (sozinhos)

*Só* eles não compareceram à reunião. (somente)

> As expressões *a sós* e *em anexo* são invariáveis:
>
> Todos desejam ficar a *sós* em algum momento.
>
> Os documentos vão em *anexo*.

- **Barato, bastante, caro, meio, muito, pouco**

Essas palavras podem ser adjetivos (ou ter função adjetiva) ou advérbios. Como adjetivos, flexionam-se conforme o substantivo a que se referem.

As *roupas* não estão *baratas*. (*baratas* = adjetivo)

Tenho *bastantes* motivos para tal comportamento. (*bastantes* = pronome indefinido adjetivo)

*Muitos exemplares* desapareceram. (*muitos* = pronome adjetivo)

Aqueles corredores tinham *poucas chances* na maratona. (*poucas* = pronome adjetivo)

Bebeu *meia garrafa* de vinho e estava bêbado. (*meia* = numeral fracionário, com valor adjetivo)

Como advérbios, essas palavras são invariáveis.

Aqueles materiais custam *barato*.

Tanto as crianças quanto os adultos pareciam *bastante* cansados.

Estivemos *muito* perto da vitória.

Falamos *pouco* durante a festa.

As portas ficaram *meio* abertas.

- **Possível**

A palavra *possível*, em expressões como *o*(*s*) *mais*, *a*(*s*) *mais*, *o*(*s*) *melhor*(*es*), *a*(*s*) *melhor*(*es*), *o*(*s*) *pior*(*es*), *a*(*s*) *pior*(*es*), *o*(*s*) *maior*(*es*), *a*(*s*) *maior*(*es*), *o*(*s*) *menor*(*es*), *a*(*s*) *menor*(*es*), varia conforme o artigo que a acompanha.

Suas referências eram *as melhores possíveis*.

Seu comprometimento era *o maior possível*.

- **Concordância por silepse de gênero**

Nesse caso, a concordância se faz com a ideia implícita, e não com a palavra escrita.

São Paulo parece *abandonada* pelos políticos. (= a cidade de São Paulo)

# 3. Concordância verbal

### Sujeito simples e suas particularidades

- Quando o sujeito é o pronome relativo *que*, o verbo concorda com o termo antecedente.

Fomos nós que o acusamos do roubo.

- Quando o sujeito é o pronome relativo *quem*, o verbo concorda com o pronome, na terceira pessoa do singular, ou com o termo antecedente.

Foram eles quem escreveu esse romance.

Foram eles quem escreveram esse romance.

- Quando o sujeito é formado por pronomes de tratamento, o verbo flexiona-se na terceira pessoa do singular ou do plural.

Vossa Senhoria ainda não assinou os papéis.

- Com nome próprio plural, há duas possibilidades de concordância verbal:

a) Se o nome admite artigo, o verbo flexiona-se no plural.

*As* Minas Gerais *são* um estado belíssimo.

b) Se o nome não é acompanhado de artigo, o verbo flexiona-se no singular.

Minas Gerais *diz* "não" à violência.

c) Se o nome é título de obra, o verbo flexiona-se no plural ou no singular.

*Os lusíadas são* o maior poema épico em língua portuguesa.
*Os lusíadas é* o maior poema épico em língua portuguesa.

- Quando o núcleo do sujeito é um substantivo coletivo singular, usa-se o verbo no singular.

A *alcateia estava* na montanha.

Entretanto, se o sujeito coletivo está distanciado do verbo, flexiona-se no singular ou no plural.

O bando, sem forças para prosseguir, entregou-se à polícia.

O *bando*, sem forças para prosseguir, *entregaram-se* à polícia.

- Quando o sujeito é formado por pronome indefinido ou interrogativo no plural + pronome pessoal, como *alguns de nós*, *poucos de vós*, *quais de nós* etc., o verbo concorda com o pronome indefinido ou interrogativo, ou com o pronome pessoal.

Quais de nós *irão* para São Paulo amanhã?

Quais de nós *iremos* para São Paulo amanhã?

Se o pronome indefinido ou interrogativo está no singular, o verbo concorda com ele:

*Qual* de nós não teme a violência urbana?

- Quando o sujeito é formado pelas expressões *mais de*, *menos de*, *cerca de*, *perto de*, seguidas de numeral, o verbo concorda com o numeral da expressão.

Menos de dez pessoas *ficaram* feridas no acidente.

Mais de um juiz *foi* preso pela polícia federal.

Emprega-se o verbo no plural quando:

a) a expressão *mais de um* está repetida:

*Mais de um* aluno, *mais de um* pai *faltaram* à reunião.

b) o verbo indica reciprocidade:

*Mais de um* lutador *feriram-se*.

- Quando o sujeito é constituído pelo pronome relativo nas expressões *um dos que*, *uma das que*, o verbo flexiona-se no plural ou no singular.

Iara é *uma das que* não *concorda(m)* com o reajuste.

- Quando o sujeito é uma oração subordinada (reduzida ou desenvolvida), o verbo é flexionado na terceira pessoa do singular.

Basta *checar as assinaturas*.

Oração subordinada substantiva subjetiva reduzida de infinitivo

- Se o sujeito apresenta expressões partitivas (*a maioria de*, *a maior parte de*, *uma porção de* etc.) seguidas de um nome no plural, usa-se o verbo no singular ou no plural.

A maior parte dos alunos *saiu-se* (ou saíram-se) bem nas provas.

- Quando o sujeito é a expressão *cada um* ou *cada uma* seguida de nome no plural, o verbo fica no singular.

Cada um de nós *deve* fazer sua parte.

- Quando o sujeito é constituído por expressões numéricas, fracionárias ou de porcentagem, ocorrem as seguintes concordâncias:

a) Quando o sujeito é apenas numeral, o verbo concorda com este.

Não adianta, pois 1% não *resolve* nosso problema.

Durante o debate, 92% *votaram* pela saída do participante.

b) Quando o numeral se antepõe a um nome, o verbo concorda no singular ou no plural.

Na catástrofe, 30% da população *foi enviada* para os abrigos.

Na catástrofe, 30% da população *foram enviados* para os abrigos.

c) Quando o numeral é precedido de artigo ou pronome adjetivo, o verbo concorda com estes.

Os 10% de lucro já *foram contabilizados*.

- Nas expressões *haja vista / hajam vista*, observe que *vista* é invariável.

Tiago deve voltar, *haja vista* os acontecimentos.

Tiago deve voltar, *hajam vista* os acontecimentos.

## Sujeito composto e suas particularidades

- Com sujeito composto **anteposto** ao verbo:

a) Se os núcleos do sujeito são sinônimos, o verbo flexiona-se no plural ou no singular.

*Horror* e *medo faziam* parte daquela população.

*Horror* e *medo fazia* parte daquela população.

b) Isso também ocorre quando os núcleos estão em sequência gradativa.

*Ventos*, *vendavais*, *furacões* não os *tirariam* dali.

*Vento*, *vendaval*, *furacão* não os *tiraria* dali.

c) Se os núcleos vêm resumidos pelos pronomes indefinidos *tudo*, *nada*, *alguém*, *ninguém* ou *cada um*, usa-se verbo no singular.

Festas, baladas, carros, *nada* o *animava*.

- Quando o sujeito composto está **posposto** ao verbo, este se flexiona no plural ou de acordo com o núcleo mais próximo.

*Dividirão* a terra o governo e os latifundiários.

*Dividirá* a terra o governo e os latifundiários.

- Se o sujeito é composto por pessoas gramaticais diferentes, emprega-se o verbo no plural, obedecendo às seguintes regras: a primeira pessoa prevalece sobre a segunda e a terceira, e a segunda prevalece sobre a terceira.

*Eu*, *tu* e *ele vamos* convencê-lo da verdade. (Note que o verbo está na primeira pessoa do plural.)

*Tu* e *ele* não *deveis* pensar assim. (*tu* e *ele* = vós)

*Tu* e *ele* não *devem* pensar assim. (*tu* e *ele* = vocês)

- No caso de o sujeito composto ter seus núcleos ligados por *ou*, o verbo:

a) fica no singular se a ideia é de exclusão.

Marina *ou* Lúcia *será* promovida a chefe de seção.

b) vai para o plural se a ideia é de adição.

São Paulo *ou* Rio de Janeiro *são* metrópoles.

- Com os núcleos do sujeito composto ligados pela preposição *com*, usa-se o verbo no plural quando se pretende conferir igual ênfase àqueles núcleos.

O diretor *com* o seu elenco *venceram* o festival de teatro.

Entretanto, o verbo fica no singular se se quer dar maior importância ao primeiro núcleo; nesse caso, convém separar os termos por vírgula.

O técnico, *com* seus auxiliares, *chegou* ao estádio poucos minutos antes do jogo.

- Com sujeitos formados pelas expressões *um e outro, nem um nem outro* (e flexões), o verbo é flexionado indiferentemente no plural ou no singular.

*Nem um nem outro tocou* no assunto.

*Nem uma nem outra falaram* a verdade.

- Com sujeitos compostos por núcleos ligados por *nem* e por expressões como *não só... mas também, tanto... quanto, não só... como também* etc., usa-se o verbo, preferencialmente, no plural.

*Tanto* você *quanto* ele *precisam* levar a documentação ao cartório.

*Não só* a dança *como também* o teatro de nossa escola *receberam* prêmios.

*Nem* eu *nem* você *concordamos* com Júlia.

## 4. Concordância especial de alguns verbos

Alguns verbos flexionam-se de modo distinto de certas regras estudadas anteriormente.

### Verbo com apassivador

Verbos com o pronome apassivador *se* concordam com o termo apassivado. Por exemplo, a frase *Joga-se búzios e tarô* desvia-se dessa regra de concordância verbal, pois, ao estar na voz passiva sintética, o verbo deveria concordar com os termos *búzios e tarô*. Por isso, a redação adequada é: *Jogam-se búzios e tarô*.

### Verbo com índice de indeterminação do sujeito

Nesse caso, o verbo sempre é empregado na terceira pessoa do singular.

*Trata-se* de assuntos muito importantes.
↳ VTI + índice

### Os verbos *bater, dar, soar*

Na indicação de horas, o verbo concorda com o número de horas.

*Bateram* dez horas no sino da capela.

(Mas: *Bateu* dez horas **o** sino da capela.)

*Deram* nove horas no relógio da cozinha.

(Mas: *Deu* nove horas **o** relógio da cozinha.)

### O verbo *parecer* seguido de infinitivo

Em frases com o verbo *parecer* seguido de infinitivo, há duas possibilidades de concordância verbal:

a) Flexiona-se *parecer*, e não o verbo no infinitivo.

Essas rosas *parecem* dizer adeus.

b) Flexiona-se o infinitivo, e não *parecer*.

Essas rosas parece *dizerem* adeus.

### Verbos impessoais (exceto *ser*)

Esses verbos sempre ficam na terceira pessoa do singular, na forma simples ou em locuções.

*Havia dez* anos que não a encontrava.

### O verbo *ser*

a) Quando sujeito e predicativo designam "coisas" e têm números diferentes, o verbo *ser* concorda com o termo pluralizado.

Nem tudo na vida *são flores*.

b) Quando um dos dois termos é designativo de "pessoa", o verbo *ser* concorda com este.

*Marina é* suas maiores alegrias.

c) O verbo *ser* concorda com o pronome pessoal, seja ele sujeito ou predicativo.

A autoridade aqui *sou eu*.

d) Nas orações sem sujeito, o verbo *ser* concorda com o termo que normalmente indica hora, dia, distância.

*Era* uma hora da madrugada quando entrou.

e) O verbo *ser* concorda com o predicativo quando o sujeito é *que* ou *quem* interrogativos.

*Quem serão* os ganhadores do concurso?

*Que são* substâncias alcalinas?

f) Nas expressões indicadoras de quantidade (*é muito, é pouco, é bastante* etc.), o verbo flexiona-se na terceira pessoa do singular.

Trezentos gramas de queijo *é* suficiente para o lanche.

Três quilômetros *é* muito.

Um *é* pouco, dois *é* bom, três *é* demais.

# Atividades

**1** (U. F. Viçosa-MG) Reescreva o texto a seguir, passando *mudança* para o plural e substituindo *problema* por *irregularidades*. Faça as alterações estritamente necessárias para que o texto continue adequado ao uso culto da língua.

"Uma vez que nesta semana deverá ser providenciada a mudança que se fizer necessária na portaria do prédio, pedimos aos senhores condôminos que, quando ocorrer qualquer problema relacionado ao recebimento de suas correspondências, comuniquem o fato ao síndico."

**2** (Vunesp, adaptada) "Há anos que existe vazamentos tóxicos em todos os rios do país, causando danos à fauna e à flora. Precisamos sair da inércia ou essa situação levará-nos a um desastre completo!" (Carta de leitor a um jornal, comentando desastre ecológico.)

Nesse texto, além do problema de colocação pronominal em *levará-nos*, que, de acordo com a norma-padrão do português do Brasil, deveria ser *nos levará* ou *levar-nos-á*, há um problema de concordância verbal.

a) Identifique o trecho em que há problema de concordância.

______________________________

______________________________

______________________________

______________________________

b) Reescreva o trecho, corrigindo-o.

______________________________

______________________________

______________________________

______________________________

**3** (Fuvest-SP) Observe este anúncio:

Adaptado de *Folha de S.Paulo*, 26 set. 2008.

Se os sujeitos dos verbos "descubra" e "pensa" estivessem no plural, como deveria ser redigida a frase utilizada no anúncio?

______________________________

______________________________

______________________________

______________________________

______________________________

______________________________

______________________________

______________________________

**4** (U. F. São Carlos-SP) Leia o texto.

O Supremo Tribunal Federal varreu da legislação brasileira mais uma herança da ditadura militar: a obrigatoriedade do diploma de jornalista para quem exerce a profissão. Ao defender o fim dessa excrescência, o relator do caso, ministro Gilmar Mendes, disse que ela atentava contra a liberdade de expressão garantida pela Constituição Federal a todos os cidadãos. "Os jornalistas são aquelas pessoas que se dedicam profissionalmente ao exercício pleno da liberdade de expressão. O jornalismo e a liberdade de expressão, portanto, são atividades imbricadas por sua própria natureza e não podem ser pensados e tratados de forma separada", afirmou o ministro. Além de ferir o direito constitucional, já que impedia pessoas formadas apenas em outra área de manifestar seu conhecimento e pensamento por meio da atividade jornalística, a exigência teve o seu ridículo exposto por uma comparação brilhante de Gilmar Mendes: "Um excelente *chef* de cozinha certamente poderá ser formado numa faculdade de culinária, o que não legitima o Estado a exigir que toda e qualquer refeição seja feita por profissional registrado mediante diploma de curso superior nessa área".

*Veja*, 24 jun. 2009.

Com base nas falas de Gilmar Mendes:

a) o que justifica na perífrase verbal — podem ser pensados — a flexão do verbo "poder" e o plural masculino do particípio do verbo "pensar"?

______________________________________

______________________________________

______________________________________

______________________________________

______________________________________

______________________________________

______________________________________

______________________________________

______________________________________

b) reescreva o fragmento textual referente ao exemplo do *chef* de cozinha, transpondo-o para a questão do jornalismo.

______________________________________

______________________________________

______________________________________

______________________________________

______________________________________

______________________________________

______________________________________

______________________________________

______________________________________

______________________________________

## EXERCÍCIOS COMPLEMENTARES

**1** (UFCE) Analise os termos dos parênteses que acompanham cada uma das frases da coluna 1 e complete a coluna 2 e a 3, de acordo com os códigos a seguir:

**Código para a coluna 2**

I. Se só uma forma completar corretamente a frase.

II. Se ambas as formas completarem corretamente a frase.

**Código para a coluna 3**

(1) Sujeito composto de gêneros diferentes leva o predicativo para o masculino plural.

(2) Substantivos sinônimos levam o adjetivo a concordar com o substantivo mais próximo.

(3) *Mesmo/próprio/só* concordam com a palavra a que se referem.

(4) Adjetivo posposto a dois ou mais substantivos de gêneros diferentes vai para o masculino plural ou concorda com o mais próximo.

(5) Adjetivo anteposto a dois ou mais substantivos concorda com o substantivo mais próximo.

**Coluna 1**

Alzira tinha crença e fé ______ em seu pai, Getúlio Vargas. (exagerada – exagerados)

Coluna 2 ______

Coluna 3 ______

**Coluna 1**

A Era Vargas foi uma época de ______ atitudes e comportamentos. (novas – novos)

Coluna 2 ______

Coluna 3 ______

**Coluna 1**

Às vésperas daquele 24 de agosto, estavam ______ o presidente e sua segurança. (desorientado – desorientados)

Coluna 2 ______

Coluna 3 ______

**Coluna 1**

Alzira, ela ______, retirou do palácio todos os pertences de seu pai. (mesmo – mesma)

Coluna 2 ______

Coluna 3 ______

**Coluna 1**

Pessoas se aglomeravam em casa e prédio ______ para ver o esquife do presidente. (antigo – antigos)

Coluna 2 ______

Coluna 3 ______

______________________________________________

______________________________________________

______________________________________________

**2** (FGV-SP) Assinale a alternativa correta quanto à concordância verbal, de acordo com a norma culta.

a) O desperdício de matérias-primas, o estímulo ao consumismo, a obsolescência programada, tudo isso ainda dita as regras. / É preciso que se encontrem novos modelos para resolver os problemas de geração de empregos. / Os mais pobres são os que menos vantagens obtêm com o crescimento do PIB.

b) O desperdício de matérias-primas, o estímulo ao consumismo, a obsolescência programada, tudo isso ainda ditam as regras. / É preciso que se encontre novos modelos para resolver os problemas de geração de empregos. / Os mais pobres são os que menos vantagens obtêm com o crescimento do PIB.

c) O desperdício de matérias-primas, o estímulo ao consumismo, a obsolescência programada, tudo isso ainda dita as regras. / É preciso que se encontrem novos modelos para resolver os problemas de geração de empregos. / Os mais pobres são os que menos vantagens obtém com o crescimento do PIB.

d) O desperdício de matérias-primas, o estímulo ao consumismo, a obsolescência programada, tudo isso ainda ditam as regras. / É preciso que se encontre novos modelos para resolver os problemas de geração de empregos. / Os mais pobres são os que menos vantagens obtém com o crescimento do PIB.

e) O desperdício de matérias-primas, o estímulo ao consumismo, a obsolescência programada, tudo isso ainda ditam as regras. / É preciso que se encontrem novos modelos para resolver os problemas de geração de empregos. / Os mais pobres são os que menos vantagens obtêm com o crescimento do PIB.

**3** (UFPE) A concordância verbal e a nominal estão de acordo com a norma-padrão em:

a) Houveram implicações boas e más naquelas atitudes dos empresários de Pernambuco.

b) Propostas, o mais adequadas possíveis, em termos de qualidade, foi apresentada aos trabalhadores.

c) Quaisquer deslizes perante o consumidor, nessa área, provoca problemas para a empresa.

d) É necessário paciência para poderem os trabalhadores conseguirem seus plenos direitos.

e) A ação social, um dos temas mais discutidos atualmente, faz os interessados repensarem a política fiscal.

**4** (Unifesp) Assinale a alternativa em que a frase está correta, segundo a norma-padrão, quanto aos aspectos de concordância.

a) Grande parte das variantes linguísticas é avaliada de forma negativa por uma parcela significativa das pessoas.

b) Não só o valor linguístico como também o valor social estão implicado quando se tratam de variações linguísticas.

c) As variantes linguísticas são consideradas inferior por segmentos de maior poder aquisitivo.

d) Frases de jornalista e capa de revistas, com frequência, mostra que é possível cometer algum deslize linguístico.

e) Existe muitas formas de dizer uma mesma coisa, conforme ensina a teoria sociolinguística.

**5** (Insper-SP) Leia o texto:

Os problemas envolvendo concordância talvez sejam o mais evidente exemplo brasileiro de que um idioma é, acima de tudo, fato social: mesmo quando linguisticamente o "erro" não contraria a índole da língua, mesmo se há evidências de que o brasileiro cancela a regra em sua fala, é alto o peso social no modo como os falantes encaram o problema.

Para Maria Helena de Moura Neves, do Mackenzie e da Unesp de Araraquara, muito do que se diz sobre concordância em cartilhas e manuais é posto só em termos de regras a ser obedecidas.

[...]

Com deslizes de concordância não parece haver distinção de classe e nem seria preciso puxar a memória para lembrar José Sarney, presidente do Senado, em uma de suas defesas no episódio dos atos secretos, nomeações e gastos na calada da noite, sem assinatura oficial. "Não há atos nenhum que não estão na rede", emendou o senador.

Um escorregão gramatical de uma figura pública ganha relevo, muitas vezes desproporcional ao tropeço. Mas equívoco como o de Sarney, escancarado em jornais de grande circulação, ilustra como são maleáveis as regras de concordância na fala, em relação às impostas pela escrita.

*Revista Língua*, set. 2009.

Analise as afirmações seguintes:

I. Especialistas em linguagem defendem que é necessário promover mudanças nas gramáticas em relação às regras de concordância.

II. O deslize cometido pelo presidente do Senado é um claro exemplo de que as elites estão mais expostas aos desvios de concordância.

III. O teor do estudo da concordância, nas gramáticas, é prescritivo, sem que haja espaço para a observação das variantes linguísticas.

De acordo com o texto, está correto o que se afirma em:

a) I, II e III.

b) Apenas I.

c) Apenas II e III.

d) Apenas II.

e) Apenas III.

**6** (Unicamp-SP) O jornal *Folha de S. Paulo* introduz com o seguinte comentário uma entrevista (de 8 dez. 1988) com o professor Paulo Freire:

"A gente cheguemos" não será uma construção gramatical errada na gestão do Partido dos Trabalhadores em São Paulo.

Os trechos da entrevista nos quais a *Folha* se baseou para fazer tal comentário foram os seguintes:

— A criança terá uma escola na qual a sua linguagem seja respeitada [...]. Uma escola em que a criança aprenda a sintaxe dominante, mas sem desprezo pela sua.

— Esses oito milhões de meninos vêm da periferia do Brasil [...] Precisamos respeitar a (sua) sintaxe mostrando que sua linguagem é bonita e gostosa, às vezes é mais bonita que a minha. E, mostrando tudo isso, dizer a ele: "Mas para tua própria vida tu precisas dizer 'a gente chegou' (em vez de 'a gente cheguemos'). Isso é diferente, (a abordagem) é diferente. É assim que queremos trabalhar, com abertura, mas dizendo a verdade".

Responda de forma sucinta.

a) Qual é a posição defendida pelo professor Paulo Freire com relação à correção de erros gramaticais na escola?

b) O comentário do jornal faz justiça ao pensamento do educador? Justifique a sua resposta.

# Regência verbal e nominal / Crase

## 1. Regência verbal

A **regência verbal** trata da relação estabelecida entre o verbo e os termos que o modificam — os objetos diretos e indiretos e os adjuntos adverbiais. Nessa relação, pode-se ou não usar preposição, e, dada a polissemia, os verbos têm variações de sentido; por isso, também apresentam distintos comportamentos sintáticos. Ademais, deve-se considerar a distância entre as prescrições das gramáticas (e dos dicionários de regência verbal) e o uso efetivo de milhares de verbos na língua portuguesa do Brasil em suas múltiplas variantes.

### Casos especiais de regência verbal

#### Abraçar

- **Transitivo direto**, no sentido de cingir com os braços, tomar entre os braços, ou ocupar-se de.

  Todos *abraçaram* a causa.

- **Transitivo indireto** e **pronominal**, no sentido de entrelaçar-se:

  *Abraçou-se* à amiga antes de ir embora.

#### Agradar

- **Transitivo direto**, no sentido de fazer agrados, acarinhar, afagar.

  O garoto *agradou* seu cãozinho o dia todo.

- **Transitivo indireto**, no sentido de ser agradável, cair no agrado, regendo a preposição *a*.

  O vestido que usou *agradou* a todos.

#### Aspirar

- **Transitivo direto**, no sentido de sorver, respirar.

  *Aspirava* suavemente o aroma da manhã.

  *Aspirou* o pó que vinha da construção.

- **Transitivo indireto**, no sentido de pretender, desejar muito, regendo a preposição *a*.

  *Aspirava* às melhores notas.

  Catarina *aspirava* a uma casa própria.

#### Assistir

- **Transitivo direto** ou **indireto**, no sentido de ajudar, auxiliar, dar assistência a.

  *Assistimos* (a)os mendigos da cidade.

  O médico *assistiu* (a)o acidentado.

- **Transitivo indireto**, no sentido de ver, presenciar, regendo a preposição *a*.

  Os jovens *assistiram* ao filme a tarde toda.

  A novela a que *assistimos* é fabulosa.

- **Transitivo indireto**, no sentido de caber (razão ou direito), regendo a preposição *a*.

  Esse direito *assiste*, exclusivamente, aos advogados de defesa.

- **Intransitivo**, no sentido de morar, residir, regendo a preposição *em*.

  Roberval *assiste* em São Joaquim da Barra.

### Chamar

- **Transitivo direto**, no sentido de fazer vir, convocar.

  Naquele dia, o pai o *chamara* para que saíssem juntos.

  O técnico da seleção *chamou* dois jogadores daquele time.

- **Transitivo direto** ou **indireto** (com objeto seguido de predicativo preposicionado ou não), no sentido de apelidar, denominar.

  *Chamavam*-no de prestativo. / *Chamavam*-no prestativo.

  *Chamavam*-lhe prestativo. / *Chamavam*-lhe de prestativo.

- **Transitivo direto** e **indireto**, no sentido de repreender ou atrair a atenção, regendo a preposição *a* ou *para*.

  O regente *chamou* o músico à atenção várias vezes durante o ensaio.

  O jogador *chamou* para si a responsabilidade do pênalti.

### Chegar, ir, voltar, dirigir-se, retornar

- **Intransitivos**, no sentido de atingir data ou local, regendo a preposição *a*.

  *Chegamos* ao momento tão esperado.

  A comitiva *voltou* a São Paulo atrasada.

### Custar

- **Transitivo direto**, no sentido de ter determinado valor, valer.

  Aquele presente *custou* mil reais!

- **Transitivo indireto**, no sentido de ser custoso, difícil, regendo a preposição *a*; nesse caso, é unipessoal, tendo como sujeito uma oração.

  *Custou* a nós todos dizer a verdade.

  *Custa* a mim acreditar que isso tenha acontecido.

- **Transitivo direto** e **indireto**, no sentido de ser conseguido à custa de, regendo a preposição *a*.

  Aquele emprego *custou* a ele muitos dias de entrevista.

### Esquecer, lembrar, recordar

- **Transitivos diretos**, quando não pronominais.

  Nossa avó sempre *esquecia* o guarda-chuva na igreja.

  Sempre *lembro* fatos desagradáveis quando ouço a voz dele.

- **Transitivos indiretos**, quando pronominais, regendo a preposição *de*.

  Os favelados não *se esquecem* da chacina.

  *Recordei-me* das aulas de inglês.

### Namorar

Esse verbo é tradicionalmente apenas **transitivo direto** e não admite preposição.

Júlio *namorava* Roberta; agora, *namora* Soraia.

### Obedecer, desobedecer

Esses verbos são **transitivos indiretos** e regem a preposição *a*.

As crianças *obedeceram* ao avô.

Aqueles que *desobedeceram* aos regulamentos devem ser punidos severamente.

### Preferir

- **Transitivo direto**, no sentido de dar primazia, escolher antes.

  Não suportando a dor, o paciente *preferiu* a morte.

  A decisão é sua de *preferir* esse caminho.

- **Transitivo direto** e **indireto**, no sentido de ter preferência, regendo a preposição *a*.

  Naquela profusão de cores, *preferiu* os tons de amarelo aos tons de azul.

  *Preferem* os filmes europeus aos latino-americanos.

### Visar

- **Transitivo direto**, no sentido de mirar, apontar arma de fogo, e no de dar ou pôr visto (em documento).

  *Visou* o animal e atirou sem piedade.

  *Visaram* os cheques independentemente dos altos valores.

- **Transitivo indireto**, no sentido de ter em vista, pretender, desejar, regendo a preposição *a*.

  Aquelas obras *visavam* ao bem da população.

### Regência verbal e pronome relativo

Leia as frases que seguem:

Fernando Pessoa é o poeta português *que eu mais gosto*.

Não é essa a faculdade *que eu viso*.

Na primeira frase, como o verbo *gostar* é considerado transitivo indireto, regeria a preposição *de*, que não aparece na oração adjetiva; na segunda frase, *visar* tem o sentido de desejar muito e rege a preposição *a*, também ausente na oração. Refazendo as duas orações de acordo com a língua padrão, tem-se:

Fernando Pessoa é o poeta português *de* que eu mais *gosto*.

Não é essa a faculdade *a* que eu *viso*.

Rara na linguagem coloquial, a regência verbal com pronome relativo está de acordo com a norma culta nesta construção: *com quem posso contar sempre = posso contar sempre com alguém.*

## 2. Regência nominal

Substantivos, adjetivos e advérbios podem reger termos preposicionados (adjuntos adnominais e complementos nominais).

Em construções sintáticas mais complexas, como no período composto com oração subordinada adjetiva, o termo regente e o termo regido podem distanciar-se na oração.

Naquela viagem, encontrei um primo muito querido *o qual* tenho muita *afinidade*.

Nesse período, o pronome relativo *o qual* inicia a oração adjetiva, referindo-se a *primo*. Embora o pronome seja adequado, faltou a preposição *com*, regida pelo termo *afinidade*.

Ao refazer o período temos:

Naquela viagem, encontrei um primo muito querido *com* o *qual* tenho muita *afinidade*.

A oração *com o qual tenho muita afinidade* realiza-se no contexto como "tenho muita afinidade com um primo muito querido".

## 3. Crase

**Crase** (que vem do grego e significa "fusão", "mistura") é um fenômeno gramatical em que há a contração da preposição *a* com um segundo *a*, que pode ser artigo definido, pronome demonstrativo (*a* = aquela) ou o *a* inicial de outros demonstrativos: *aquele(s), aquela(s), aquilo.*

Observe o exemplo a seguir:

O livro encontrado no pátio pertence *à* professora de química.

O verbo *pertencer* rege o objeto com a preposição *a*, e *professora de química,* nesse caso, admite o artigo definido *a*. Desse encontro resulta a crase, indicada pelo emprego do **acento grave**.

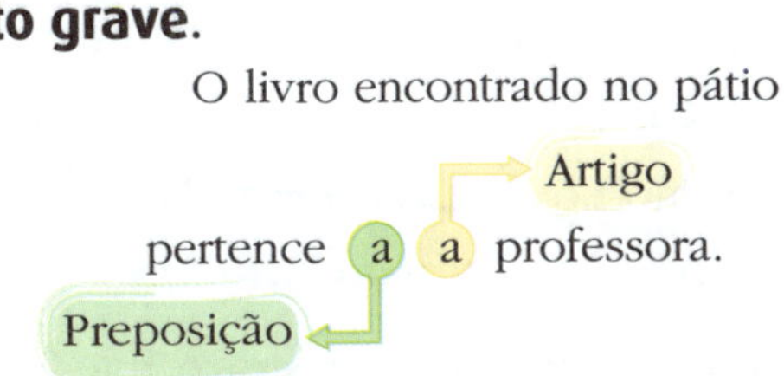


A crase não ocorre antes de palavras que não sejam precedidas de artigo feminino, como substantivos masculinos, verbos, infinitivos e quase todos os pronomes:

Fomos a *pé* para a escola.

Não faça a redação a *lápis*.

Os produtos estão com preços a *partir* de R$ 2,00.

Rafaela ligou a *cobrar* em minha casa.

Faça os pedidos a *essa* garçonete.

- **Nomes geográficos**. Não ocorre o fenômeno da crase antes de nomes de lugares que não admitem artigo feminino.

  Costumo ir *a Santos* durante minhas férias.

  Entretanto, com nomes de lugares que admitam artigo ou outro determinante, ocorre crase.

  Iremos *à China* em nossas férias.

- **Casa** e **terra**. Não ocorre o fenômeno da crase antes da palavra *casa* quando esta significa o próprio lar.

  Corri *a casa* para buscar o celular que havia esquecido.

  Se a palavra *casa* está modificada por algum determinante, admite artigo; nesse caso, havendo preposição, pode ocorrer crase.

  Voltou *à casa da avó* após muitos anos.

  Com a palavra *terra* no sentido de "chão firme", em oposição a "mar" ou "espaço", não ocorre crase.

  Quando o navio aportou, alguns desceram *a terra* para fazer turismo pelo local.

- **Hora**. Em geral, ocorre o fenômeno da crase nas expressões indicadoras de hora(s), mesmo que esse termo esteja subentendido.

  Encontramo-nos *às sete horas* da noite e despedimo-nos *às quatro da manhã*.

- **Locuções**. Pode ocorrer a crase nas locuções prepositivas, conjuntivas e adverbiais formadas por substantivos: à medida que, às vezes, à noite, às pressas, às avessas etc.

  Encontramo-nos *à noite* para terminarmos o trabalho de Física.

> Não ocorre crase nas expressões adverbiais femininas de instrumento:
>
> Preferiu redigir a carta a *caneta* e sem rasuras.
>
> O amante foi morto *a bala*.

- **À moda de**. Sempre ocorre o fenômeno da crase na expressão *à moda de*, ainda que a palavra *moda* esteja subentendida.

  Era um autor que adorava escrever *à Machado de Assis*, mesmo considerando-o difícil.

- **Distância**. Ocorre crase antes da palavra *distância*, desde que determinada.

  Fiquei *à distância de dez metros* do local do acidente.

  Mas:

  Não enxergo bem *a distância*.

- **Pronomes pessoais**. Não há crase antes de pronomes pessoais retos, oblíquos e de tratamento, exceto *senhora* e *senhorita*.

  Dirigiu-se *a Sua Santidade* e ajoelhou-se.

  Emprestei *à senhora* todos os meus livros de receita.

- **Palavras repetidas**. Entre palavras repetidas não ocorre crase.

  Foram *pouco a pouco* se convencendo da verdade.

- **Pronomes demonstrativos *aquele(s), aquela(s), aquilo***. Ocorre crase quando o termo antecedente exigir a preposição *a*.

  Assistimos *àquela* cena deprimente e não pudemos fazer nada para evitar.

- **Pronomes relativos *a qual* e *as quais***. Poderá ocorrer crase com os pronomes relativos *a qual* e *as quais* se o verbo da oração adjetiva exigir preposição.

  A região *à qual* iremos jamais foi explorada pelo homem. (O local *ao* qual iremos jamais foi explorado pelo homem.)

### Casos facultativos

#### Nomes próprios femininos

Enviamos os cartões *à Susana*.

Enviamos os cartões *a Susana*.

Emprestei meu carro *à Marcela*.

Emprestei meu carro *a Marcela*.

### Com a preposição *até*

Fomos *até a ponte* para vermos o acidente.

Fomos *até à ponte* para vermos o acidente.

Levaram os suspeitos algemados *até a delegacia*.

Levaram os suspeitos algemados *até à delegacia*.

### Pronomes possessivos femininos

Como diante dos pronomes possessivos o uso do artigo é facultativo, a crase também o é.

Entreguei os documentos *à sua* mãe.

Entreguei os documentos *a sua* mãe.

Observe que a fala do segundo balão admite mais de uma interpretação.

**Sem** acento grave: "Foi Sven que me apresentou a minha mulher" (= a minha mulher foi-me apresentada por Sven).

**Com** acento grave: "Foi Sven que me apresentou à minha mulher" (= eu, Hagar, fui apresentado por Sven à minha mulher). Note que, nesse caso, a crase desfaz a ambiguidade.

# Atividades

**1** (Unifesp)

Adaptado de Caco Galhardo. *Julio & Gina*.

Os espaços da frase devem ser preenchidos, respectivamente, com:

a) de que – a – Por que – Porque

b) que – a – Porque – Porque

c) de que – a – Por quê – Por que

d) que – à – Por que – Por quê

e) de que – à – Por quê – Porque

**2** (UFMS) Avalie as duas frases que seguem:

I. Ela cheirava à flor de romã.

II. Ela cheirava a flor de romã.

Considerando o uso da crase, é correto afirmar:

(01) As duas frases estão escritas adequadamente, dependendo de um contexto.

(02) As duas frases são ambíguas em qualquer contexto.

(04) A primeira frase significa que alguém exalava o perfume da flor de romã.

(08) A segunda frase significa que alguém tem o perfume da flor de romã.

(16) O "a" da segunda frase deveria conter o acento indicativo da crase.

Dê a soma dos números dos itens corretos.

**3** (ITA-SP) Leia o texto seguinte:

Antes de começar a aula — matéria e exercícios no quadro, como muita gente entende —, o mestre sempre declamava um poema e fazia vibrar sua alma de tanta empolgação e os alunos ficavam admirados. Com a sutileza de um sábio foi-nos ensinando a linguagem poética mesclada ao ritmo, à melodia e a *própria sensibilidade artística*. Um verdadeiro deleite para o espírito, uma sensação de paz, harmonia.

OSÓRIO, T. Meu querido professor. Jornal *Vale Paraibano*, 15 out. 1999.

a) Qual a interpretação que pode ser dada à ausência da crase no trecho "a própria sensibilidade artística"?

b) Qual seria a interpretação caso houvesse a crase?

**4** Justifique a presença ou a ausência do acento indicador de crase nas frases que seguem.

a) Não digo que sempre haja alguém à sua inteira disposição, mas o preço do hotel está ao seu alcance.

b) Não se tratava de uma simples volta a casa, mas uma volta à casa dos sonhos e dos encantos.

c) Os portugueses atravessaram o oceano e chegaram, após algum tempo, à terra sonhada.

d) Após muitos esforços, o homem chegou até a Lua.

## EXERCÍCIOS COMPLEMENTARES

**1** (FGV-SP) Considere as frases:

I. O rapaz estava chateado, pois chegou à moça e disse que não era mais possível continuar o namoro.

II. O rapaz estava chateado, pois chegou a moça e disse que não era mais possível continuar o namoro.

a) Que interpretação se pode dar a cada uma das frases, levando em conta as expressões "à moça" e "a moça"?

b) Do ponto de vista sintático, qual a função que exercem as expressões "à moça" e "a moça"?

______________________________________

______________________________________

______________________________________

______________________________________

______________________________________

______________________________________

**2** (Ibmec-RJ) Da leitura da tira é possível depreender que:

(Nani, Vereda Tropical, Editora Record)

a) considerando-se a regência do verbo "combater", pode-se constatar que, na verdade, não é possível empregar a crase.

b) há, na última fala, a clara intenção de apresentar um jogo de palavras, fazendo um trocadilho com as palavras "crase" e "crise".

c) não ocorrerá crase apenas se o verbo "combater" for empregado como intransitivo, ou seja, se ele não exigir complemento verbal.

d) haverá crase se a "sombra" representar o modo como será combatido, isto é, com função de adjunto adverbial.

e) a última fala é uma explicação de que, nesse caso, a crase é facultativa, preservando-se o mesmo sentido.

**3** (Fuvest-SP)

I. O que mudou na legislação eleitoral como era em 1989

[...]

Apenas pessoas físicas podiam fazer doações [...]

Entidades de classe ou sindicais não podiam contribuir com os partidos.

[...]

*Folha de S. Paulo*, 3 dez. 1994.

II. Contribuir: I. [...] Tomar parte em despesa comum; pagar contribuição; dar dinheiro, com outros (para determinado fim [...] "Você não contribui para as obras da igreja?" [...]

Contribuí com cem cruzados. Poucos paroquianos deixaram de contribuir. [...]

C. P. Luft. *Dicionário de regência verbal.*

a) O período enquadrado em I apresenta uma incorreção na regência verbal. Redija-o corretamente, com base na informação de II.

______________________________________

______________________________________

______________________________________

______________________________________

______________________________________

______________________________________

b) Ainda com base em II, formule uma explicação adequada para o uso da preposição no período enquadrado em I.

______________________________________

______________________________________

______________________________________

______________________________________

______________________________________

______________________________________

______________________________________

______________________________________

**4** (FGV-SP) Assinale a alternativa em que os textos publicitários estão corretos quanto à regência verbal, de acordo com a norma culta.

a) Mitsubishi Pajero Sport

Lembre-se de que é muito espaçoso.

Não se esqueça que é um Pajero.

Tudo o de que você precisa é minimizar riscos na sua

carteira de ações.

RiscoOnline Theca

b) Mitsubishi Pajero Sport

Lembre de que é muito espaçoso.

Não esqueça de que é um Pajero.

Tudo o de que você precisa é minimizar riscos na sua

carteira de ações.

RiscoOnline Theca

c) Mitsubishi Pajero Sport

Lembre de que é muito espaçoso.

Não se esqueça que é um Pajero.

Tudo o que você precisa é minimizar riscos na sua carteira

de ações.

RiscoOnline Theca

d) Mitsubishi Pajero Sport

Lembre-se que é muito espaçoso.

Não esqueça de que é um Pajero.

Tudo o que você precisa é minimizar riscos na sua carteira

de ações.

RiscoOnline Theca

e) Mitsubishi Pajero Sport

Lembre-se de que é muito espaçoso.

Não se esqueça de que é um Pajero.

Tudo o de que você precisa é minimizar riscos na sua

carteira de ações.

RiscoOnline Theca

**5** "O mestre aludia à filosofia, às artes, à maneira diferente de enxergar o mundo."

Explique o que aconteceria se retirássemos o acento indicador de crase da frase dada.

______________________________________________

______________________________________________

______________________________________________

______________________________________________

______________________________________________

______________________________________________

______________________________________________

______________________________________________

______________________________________________

______________________________________________

**6** (UFRS)

A notícia saiu no *The Wall Street Journal*: a "ansiedade superou a depressão como problema de saúde mental predominante nos EUA". Para justificar o absurdo, o autor da matéria recorre a *um psicoterapeuta* e a *um sociólogo*. O primeiro descreve ansiedade como "condição dos privilegiados" que, livres de ameaças reais, se dão ao luxo de "olhar para dentro" e criar medos irracionais; o segundo diz que "vivemos na era mais segura da humanidade" e, no entanto, "desperdiçamos bilhões de dólares em medos bem mais ampliados do que seria justificável". Sem meias palavras, os peritos dizem algo mais ou menos assim: os americanos estão nadando em riqueza e, como não têm do que se queixar, adquiriram o costume neurótico de desentocar medos irracionais para projetá-los no admirável mundo novo ao redor.

A explicação impressiona pela ingenuidade ou pela má-fé. Ninguém contrai o "mau hábito" de olhar para dentro de si do dia para a noite. A obsessão consigo não é um efeito colateral do modo de vida atual; é um dos seus mais indispensáveis ingredientes. O crescimento exagerado do interesse pelo "mundo interno" e pelo corpo é a contrapartida do desinteresse ou hostilidade pelo "mundo externo" e pelos outros. Diz o catecismo: só confie em seu corpo e em sua mente. O resto é concorrente; o resto está sempre cobiçando e disputando seu emprego, seu sucesso, seu patrimônio e sua saúde. Sentir medo e ansiedade, em condições semelhantes, é um estado emocional perfeitamente racional e inteligível.

Em bom português, sentir-se condenado a jamais ter repouso físico ou mental, sob pena de perder a saúde, a longevidade, a forma física, o desempenho sexual, o emprego, a casa, a segurança na velhice, pode ser um inferno em vida para os pobres ou para os ricos. Os candidatos à ansiedade são, assim, bem mais numerosos e bem menos ociosos do que pensam o psicoterapeuta e o sociólogo.

Adaptado de COSTA, J. F. A ansiedade da opulência. *Folha de S. Paulo*, 19 mar. 2000.

Considere as seguintes afirmações acerca do uso da crase no texto.

I. Caso substituíssemos um psicoterapeuta (par. 1) e um sociólogo por psicoterapeutas e sociólogos, seriam criadas as condições necessárias para o uso da crase.

II. Caso substituíssemos a expressão "jamais ter repouso físico ou mental" (par. 3) por "uma constante vigilância física ou mental", seriam criadas as condições necessárias para o uso da crase.

III. Caso substituíssemos candidatos (par. 3) por postulantes, seriam mantidas no contexto da frase as condições para o emprego da crase.

Quais estão corretas?

a) Apenas I.
b) Apenas II.
c) Apenas III.
d) Apenas II e III.
e) I, II e III.

# Funções do se e do que / Pontuação

## 1. As diversas funções do *se*

A seguir, apresentaremos as várias funções que a palavra *se* desempenha, associadas às classes de palavras.

- **Conjunção subordinativa integrante**:

  Indagamos / *se* o caminho que fazíamos estava correto.

  A oração *Indagamos* é a principal, e seu verbo é transitivo direto, necessitando, portanto, de um objeto direto, função desempenhada pela oração subordinada que se inicia com o *se*, que, nesse caso, é uma conjunção integrante.

- **Conjunção subordinativa condicional**: no primeiro quadrinho, é usado o *se* como conjunção subordinativa condicional, que introduziu uma oração subordinada adverbial condicional: *Se eu chegar tarde de novo*.

2011 king features Syndicate/ipress

- **Substantivo**: acompanhado de artigo, pronome ou adjetivo, o *se* classifica-se como substantivo.

  O *se* deste documento está ilegível.

- **Partícula apassivadora**: quando o *se* é partícula apassivadora, o período constrói-se com verbo transitivo direto ou transitivo direto e indireto na voz passiva sintética.

  Compra-*se* ouro. (voz passiva sintética)

  Ouro *é comprado*. (voz passiva analítica)

- **Índice de indeterminação do sujeito**: uma das formas de se indeterminar um sujeito é usar o índice de indeterminação (ou partícula de indeterminação do sujeito) — o *se*.

  Guerreia-*se* por banalidades.

- **Partícula expletiva**: quando apenas enfatiza o enunciado, podendo até mesmo ser excluído sem grande prejuízo do sentido para o texto.

  Passaram-*se* os anos e nada mudou naquela cidade.

- **Parte integrante do verbo**: alguns verbos se conjugam sempre acompanhados por pronomes. São os chamados **verbos pronominais**.

  Getúlio Vargas suicidou-*se* na manhã de 24 de agosto de 1954.

- **Pronome reflexivo**: ocorre nas orações em que a ação parte do sujeito e recai sobre ele mesmo.

  Como pronome reflexivo, a palavra *se* poderá exercer as seguintes funções sintáticas:

a) **objeto direto**:

Com essa grana curta, a gente tem de *se* virar...

b) **objeto indireto**:

Certas comunidades impõem-*se* costumes rígidos.

c) **sujeito de um verbo no infinitivo**:

Marcelo deixou-*se* ficar em situação caótica.

## 2. As diversas funções do *que*

- **Substantivo**: recebe acento circunflexo e possui o sentido de "algo", "alguma coisa", ou nomeia uma das letras do alfabeto.

  Meu bem-querer
  Tem um *quê* de pecado
  Acariciado pela emoção.
  [...]

  Djavan

- **Interjeição**: exprime espanto, admiração, deve receber acento circunflexo e não exerce função sintática específica.

  *Quê*! Vocês não receberam o décimo terceiro salário?

- **Preposição**: pode equivaler à preposição *de*.

  Se eu quiser falar com Deus
  Tenho *que* ficar a sós
  Tenho *que* apagar a luz
  Tenho *que* calar a voz

  Gilberto Gil

- **Partícula expletiva ou de realce**: apenas enfatiza o enunciado, podendo até mesmo ser excluído dele.

  Eu quase *que* desmaiei de susto e medo.

- **Advérbio**: equivale ao advérbio *quão* e tem a função sintática de adjunto adverbial de intensidade.

  *Que* (= *quão*) maluca é aquela mulher!

- **Conjunção coordenativa aditiva**: une duas estruturas coordenadas, desde que a segunda oração seja uma afirmação acrescentada ao que foi dito na primeira.

  As mulheres cozinhavam *que* cozinhavam, mesmo assim o jantar não ficava pronto.

- **Conjunção coordenativa explicativa**: o *que* introduz uma oração coordenada sindética explicativa.

  Venha logo, / *que* preciso contar-lhe uma novidade.

- **Conjunção coordenativa alternativa**: quando une termos da mesma oração, indicando possibilidade ou alternação entre eles.

  Um *que* (= *ou*) outro brincava no parque daquele condomínio.

- **Conjunção subordinativa integrante**: quando inicia as orações subordinadas substantivas.

  Minha certeza é / *que* ele virá no próximo mês. (*que ele virá no próximo mês* = oração subordinada substantiva predicativa)

- **Pronome indefinido substantivo**: quando equivale a "que coisa".

  Ela me disse não sei o *quê*.

- **Pronome indefinido adjetivo**: ao determinar um substantivo.

  Não sei nem *que* caminho seguir.

- **Pronome interrogativo substantivo**:

  *Que* ocorreu naquela mansão?

- **Pronome interrogativo adjetivo**:

  *Que* fim levou Fabrício?

- **Pronome relativo**: introduz as orações subordinadas adjetivas explicativas e restritivas. Nesse caso, refere-se a um termo antecedente e desempenha uma função sintática dentro da oração subordinada adjetiva.

Ei! Você é o gato *que* comeu meu irmão! (*que* = pronome relativo exercendo a função de sujeito)

Você é o gato *que* comeu meus dois irmãos! (*que* = pronome relativo exercendo a função de sujeito)

# 3. Pontuação

Os sinais dividem-se em:

a) **sinais de pausa**: indicativos de que não houve quebra na continuidade do discurso, isto é, de que a frase ainda não foi concluída. São eles:

- a vírgula ( , )
- o travessão (—)
- os parênteses (   )
- o ponto e vírgula ( ; )
- o dois-pontos ( : )

b) sinal de pontuação indicativo de que houve **término do discurso** ou de parte dele:

- o ponto ( . )

c) **sinais de melodia** ou **entonação**, indicativos de intenção ou estado emotivo:

- o ponto de interrogação ( ? )
- o ponto de exclamação ( ! )
- as reticências (...)
- as aspas (" ")

## A vírgula

Usa-se a vírgula para:

- Intercalar termos como adjuntos adverbiais, apostos, expressões explicativas e algumas conjunções.

Ao chegar o carteiro, *naquela tarde fria,* ficamos todos aliviados com as boas notícias. (vírgulas isolando o adjunto adverbial de tempo na frase)

- Destacar um adjunto adverbial, com mais de uma palavra no início da oração.

*Naquela sala*, havia obras de pintores famosos.

- Destacar um objeto direto ou indireto anteposto a objeto pleonástico.

*Às meninas,* tudo lhes era permitido.

- Marcar a omissão de uma palavra.

As meninas estavam no quarto, e os meninos, na sala. (segunda vírgula no lugar do verbo *estar*)

- Isolar o vocativo.

*Meus amigos*, agradeço a todos por terem aceitado meu convite. (vocativo no início da oração)

- Separar termos de mesma função sintática.

Com a herança recebida, o sobrinho pretendia comprar *casa*, *carro*, *moto* etc. (*casa*, *carro*, *moto* = objetos diretos)

- Separar local e data.

Campinas, 17 de novembro de 2008.

- Separar as orações coordenadas assindéticas.

Viajamos, passeamos, fizemos novos amigos.

- Separar as orações coordenadas sindéticas.

a) unidas por *e* e com diferentes sujeitos:

Chegamos sem as reservas, *e* os hotéis não tinham vagas.

b) conectadas pela conjunção *e* com valor adversativo:

Todos precisam trabalhar, *e* não se encontra emprego.

c) com as conjunções *mas, senão, pois, porque* (explicativa), ou as conjunções alternativas *ou... ou, ora... ora, quer... quer* etc.

Carla pode não ter entendido, *mas* eu fiz aquilo para ajudar.

d) quando se quer isolar as conjunções adversativas *porém, todavia, entretanto, no entanto, contudo* e as conjunções conclusivas *logo, pois, portanto.*

Pretendia trabalhar até mais tarde; *entretanto*, o cansaço o vencia.

- Separar orações subordinadas adverbiais desenvolvidas e reduzidas, sobretudo quando estão antepostas à principal. Quando a oração subordinada está posposta à oração principal, o uso da vírgula é facultativo.

*Se procurasse com mais cuidado*, certamente encontraria o que deseja. (oração subordinada adverbial condicional anteposta à oração principal)

Pode ocorrer o uso da vírgula separando uma oração subordinada posposta à oração principal no caso de a oração subordinada ser substantiva apositiva.

- Separar orações subordinadas adjetivas explicativas da oração principal.

O sistema bancário, *que parecia ser tão seguro*, foi completamente fraudado.

- Separar orações intercaladas.

Sobre a dívida externa, *disse o ministro*, não deixará de ser paga.

Não se separam por vírgulas: o sujeito do predicado, o verbo de seu complemento, o núcleo substantivo de um adjunto adnominal ou complemento nominal.

## O ponto e vírgula

O ponto e vírgula é usado para:

- separar orações que já contenham vírgula(s).

Naquela manhã, o ar estava frio; o vento, cortante.

- separar os vários itens de uma lei, de um decreto, de um contrato etc.

Art. 23 — É competência comum da União, dos Estados, do Distrito Federal e dos Municípios:

[...]

VI. proteger o meio ambiente e combater a poluição em qualquer de suas formas;

VII. preservar as florestas, a fauna e a flora;

[...]

Constituição Federal. Legislação Ambiental.

## O ponto

O ponto indica pausa de grande duração e é empregado para encerrar os períodos, sejam eles simples ou compostos, desde que não tenham sido terminados por orações interrogativas ou exclamativas.

O ponto é também usado nas abreviaturas, no final das orações independentes.

### O ponto de interrogação

O ponto de interrogação é usado em sentenças interrogativas diretas. Observe:

atb comunicações

Em determinados casos, como no do texto do anúncio, o ponto de interrogação encerra períodos curtos, mas de significado amplo. Se tomarmos como exemplo a primeira linha da propaganda (O Guga?), e o contexto, deduzimos que a pergunta é: O Guga vem ao torneio de tênis?

### O ponto de exclamação

O ponto de exclamação é usado após palavras, expressões ou frases que indiquem espanto, surpresa, entusiasmo, susto, cólera, piedade, súplica.

O seu trabalho é inteligente! Envolvente! Surpreendente!

### O dois-pontos

O dois-pontos marca uma pausa repentina no ritmo de uma frase e tem como função principal introduzir uma explicação ou enumeração.

É usado para:

- introduzir uma fala.

O advogado indagava, explicava, contestava e dizia ao final:

— Pode este jovem ser culpado de tal crime?

- introduzir uma explicação ou desenvolvimento de ideias anteriormente enunciadas.

Os procedimentos para atingirmos nossas metas são estes: negociamos a dívida, admitimos mais profissionais capacitados, aumentamos a produção e arrecadamos mais divisas.

- introduzir um esclarecimento ou resumo do que foi dito anteriormente.

Em sua igreja não mando: somente assisto e apoio.

### As reticências

Usam-se as reticências para:

- indicar que foram suprimidas algumas partes.

Já vem a Primavera desfraldando
Pelos ares as roupas perfumadas
[...]

Filinto Elísio

- expressar hesitação ou surpresa.

— O que você pretende com isso?

— Eu... eu... só queria agradar.

- deixar o sentido da frase em aberto, ficando a cargo do leitor completá-lo.

Fiz o que fiz com a intenção de ajudar; entretanto...

- indicar que o pensamento enveredou por caminho imprevisto, inesperado, ou produzindo uma ironia.

Procuramos pelo melhor presente e acabamos comprando esse pinguim cor-de-rosa que me pareceu bem bonitinho talvez...

### As aspas

As aspas são usadas para:

- destacar palavras ou expressões.

2011 king features syndicate/ipress

- indicar palavras ou expressões estrangeiras e gírias.

  Todos os alunos estavam "light" no laboratório de informática.

  Eduardo está com a "corda no pescoço".

- indicar citações textuais retiradas de outros autores.

  Segundo Celso Cunha, "para reconstruir aproximadamente o movimento vivo da elocução oral, serve-se da pontuação".

- indicar ironia.

  Rodrigo, com essa roupa, está se achando "intelectual".

- indicar título de obras, capítulos ou partes de um texto.

  Ela subiu sem pressa a tortuosa ladeira. À medida que avançava, as casas iam rareando, modestas casas espalhadas sem simetria e ilhadas em terrenos baldios. (Lygia Fagundes Telles. "Meus contos preferidos".)

### O travessão

O travessão simples (—) serve para indicar o discurso direto, isto é, que alguém está falando. Usa-se travessão para indicar a mudança do interlocutor nos diálogos.

— Mãe, eu posso sair do castigo?

— Só se for para estudar, filha!

O duplo travessão ( — — ) é usado para substituir dupla vírgula, principalmente se a intenção for enfatizar o termo intercalado.

A fim de não explicar o problema ao pai — havia batido o carro —, inventou uma mentira.

### Os parênteses

Os parênteses costumam ser usados para isolar explicações, reflexões ou comentários dentro do texto.

Em muitas situações, um chá (mesmo que não seja medicinal) resolve alguns males.

# Atividades

**1** (FCSCL-SP) "Concordo com a avaliação de Marcuse, **que** foi a expressão lúcida de um conjunto de possibilidades **que** se manifestaram em 1968. Acho **que** as diferenças entre os dois momentos são mais importantes do que qualquer tentativa de aproximá-los." Nessa frase, as palavras assinaladas assumem, respectivamente, as funções sintáticas de:

a) conjunção subordinativa causal, pronome relativo, conjunção subordinativa integrante.

b) conjunção subordinativa conformativa, pronome relativo, pronome relativo.

c) conjunção subordinativa conformativa, pronome relativo, conjunção subordinativa integrante.

d) pronome relativo, conjunção subordinativa integrante, pronome relativo.

e) pronome relativo, pronome relativo, conjunção coordenativa explicativa.

**2** (Unifesp) Leia a tirinha para responder às questões:

FALA, MENINO! | LUIS AUGUSTO

Adaptado de *A tarde*, Salvador, 1º jul. 2007.

a) Na tirinha, há três ocorrências da palavra "se". Indique o sentido de cada uma delas nas frases em que ocorrem.

b) Reescreva a última frase da tirinha, alterando o registro para a norma-padrão da língua portuguesa, em primeira pessoa do plural.

**3** (FGV-SP) Leia o texto.

**Amorim, pede pra sair**

O fracasso das negociações comerciais de Doha ecoa a falência verbal que levou o ministro das Relações Exteriores, Celso Amorim, a entrar nas reuniões com o pé esquerdo e a sair delas com a autoridade destroçada por duas declarações de natureza intrinsecamente perversa.

*Veja*, 6 ago. 2008.

Se fosse retirada a vírgula do título do texto, haveria alteração de sentido? Justifique a sua resposta.

**4** (UFAL)

[...] Outra coisa, porém, bem diferente, é o uso gratuito de palavras em inglês como o que se verifica hoje no Brasil. A não ser pela vocação novidadeira — e caipira — de quem se deslumbra diante de qualquer coisa que o aproxima do "estrangeiro", não há nenhuma razão para que se diga *sale* no lugar de liquidação, ou qualquer motivo para falar *off* em vez de desconto. Tais anomalias são um dos sintomas do subdesenvolvimento e exprimem, no seu ridículo involuntário, a mentalidade de quem confunde modernidade com uma temporada em Miami. [...]

*Folha de S. Paulo*, 20 out. 1997.

Em "A não ser pela vocação novidadeira — e caipira — de quem se deslumbra", a função do travessão duplo é:

a) ligar grupo de palavras que se encadeiam em coordenação.
b) indicar que o período não está concluído.
c) intercalar um termo que explica o que o antecede.
d) enfatizar a carga semântica da expressão *caipira*.
e) valorizar o efeito de suspense das ideias.

## EXERCÍCIOS COMPLEMENTARES

**1** (Cefet-MG) Relacione as funções do "se" com suas respectivas ocorrências.

**Funções do "se"**

1. Pronome apassivador
2. Índice de indeterminação do sujeito
3. Conjunção condicional
4. Pronome reflexivo

**Ocorrências**

a) Viam-se apenas os tetos irregulares das casas.

b) ... se fosse para o verdadeiro cão, eu cavaria pouco, ...

c) ... tendo-se como falso centro, dividia assimetricamente o planalto.

d) Porque vivia-se tentando dar ao acontecimento...

e) E agora, mais matemático ainda, procurava um meio de não se ter punido.

A sequência correta encontrada:

a) 1 – 2 – 3 – 4 – 1

b) 1 – 3 – 1 – 2 – 4

c) 1 – 3 – 4 – 2 – 4

d) 2 – 3 – 4 – 1 – 3

e) 3 – 2 – 1 – 4 – 2

**2** (ESPM-SP) Assinale a alternativa cuja pontuação esteja correta:

a) Mas, o fim da prisão dos consumidores com programas de tratamento para viciados, repercutiu pouco sobre problemas graves associados ao mercado de drogas ilegais: a violência, o contrabando de armas e a corrupção dos agentes do Estado.

b) Mas o fim da prisão dos consumidores, com programas de tratamento para viciados repercutiu pouco sobre problemas graves associados ao mercado de drogas ilegais; a violência, o contrabando de armas e a corrupção dos agentes do Estado.

c) Mas o fim da prisão dos consumidores, com programas de tratamento para viciados, repercutiu pouco sobre problemas graves associados ao mercado de drogas ilegais; a violência, o contrabando de armas e a corrupção, dos agentes do Estado.

d) Mas o fim da prisão dos consumidores, com programas de tratamento para viciados, repercutiu pouco sobre problemas graves associados ao mercado de drogas ilegais: a violência, o contrabando de armas e a corrupção dos agentes do Estado.

e) Mas o fim da prisão dos consumidores com programas de tratamento para viciados repercutiu pouco, sobre problemas graves associados ao mercado de drogas ilegais: a violência, o contrabando de armas, e a corrupção dos agentes do Estado.

**3** Responda ao que se pede.

a) Explique a diferença de sentido entre as frases que seguem.

I. O Brasil não perdeu a final da Copa do Mundo da França porque Ronaldo jogou fora de suas condições ideais.

II. O Brasil não perdeu a final da Copa do Mundo da França, porque Ronaldo jogou fora de suas condições ideais.

b) Que mecanismo gramatical provoca essa diferença?

**4** (FAJ-SP)

**Segurança**

O ponto de venda do condomínio era a sua segurança. Havia as belas casas, os jardins, os *playgrounds*, as piscinas, mas havia, acima de tudo, segurança. Toda a área era cercada por um muro alto. Havia um portão principal com muitos guardas que controlavam tudo por um circuito de TV. Só entravam no condomínio os proprietários e visitantes devidamente identificados e crachados.

Mas os assaltos começaram assim mesmo. Ladrões pulavam os muros e assaltavam as casas.

Os condôminos decidiram colocar torres com guardas ao longo do muro alto. Nos quatro lados. As inspeções tornaram-se mais rigorosas no portão de entrada. Agora não só os visitantes eram obrigados a usar crachá. Os proprietários e seus familiares também. Não passava ninguém pelo portão sem se identificar para a guarda. Nem as babás. Nem os bebês.

Mas os assaltos continuaram.

Decidiram eletrificar os muros. Houve protestos, mas no fim todos concordaram. [...]

VERISSIMO, Luis Fernando. *Comédias para se ler na escola*. Rio de Janeiro: Objetiva, 2001. p. 97-99.

No terceiro parágrafo do texto, o autor:

I. Comete sérios erros de pontuação, demonstrando desconhecer as regras da gramática normativa.

II. Faz uso da pontuação como recurso estilístico, para enfatizar o exagero das medidas de segurança.

III. Poderia ter usado, para os três últimos períodos, a seguinte pontuação: "Não passava ninguém pelo portão sem se identificar para a guarda: nem os bebês, nem as babás".

Está(ão) correta(s):

a) apenas I.
b) apenas II.
c) apenas II e III.
d) apenas III.
e) I, II e III.

**5** (Fuvest-SP)

"As pessoas ficam zoando, falando que a gente não conseguiria entrar em mais nada, por isso vamos prestar Letras", diz a candidata ao vestibular. Entre os motivos que a ligaram à carreira estão o gosto por literatura e inglês, que estuda há oito anos.

Adaptado da *Folha de S. Paulo*, 22 out. 2000.

a) As aspas assinalam, no texto dado, a fala de uma pessoa entrevistada pelo jornal. Identifique duas marcas de coloquialidade presentes nessa fala.

b) No trecho que não está entre aspas ocorre um desvio em relação à norma culta.

Reescreva o trecho, fazendo a correção necessária.

**6** (Fuvest-SP)

> No dia 19, Juscelino registrou a amargura que lhe dominava: “Não estou bem por dentro”, anotou. “Uma das razões que tornaram (*sic*) triste a longa permanência na fazenda é a ausência de alguns amigos”.
>
> *O Estado de S. Paulo*, 14 mar. 1996.

Usa-se *sic* entre parênteses, numa citação, para indicar que o texto original é aquele mesmo, por errado ou estranho que pareça.

a) Apresente uma justificativa para aceitar ou não o *sic* usado pelo autor do texto.

b) Há no texto uma construção que justifica o emprego do *sic*. Transcreva-a, aplicando o *sic* no lugar adequado.

# Figuras de linguagem

## 1. Figuras de sintaxe

As figuras de sintaxe fundamentam-se na reordenação sintática da estrutura da oração.

- **Elipse**. É a supressão de termos oracionais subentendidos.

  A lua, um pequeno disco branco só, lá em cima. (elipse do verbo *é*)

- **Zeugma**. É a supressão de uma unidade linguística ou de um sintagma já ocorrente num enunciado.

  São estas as tradições das nossas linhagens; [são] estes os exemplos de nossos avós. (Alexandre Herculano)

Agência G11 - Revista Vip, mar. 2004, p. 13.

A chamada do anúncio torna-se mais concisa e elegante com o recurso ao zeugma:

Para a pele (é) um tratamento de beleza.

- **Hipérbato ou inversão**. Consiste na inversão de termos ou orações num período.

  Mas como causar pode seu favor
  Nos corações humanos amizade,
  Se tão contrário a si é o mesmo Amor? (Luís Vaz de Camões)

- **Pleonasmo**. É uma redundância de caráter expressivo que, a princípio, pouco ou nada acresce ao enunciado do ponto de vista semântico.

  Quando *com os olhos* eu quis *ver* de perto. (Alberto de Oliveira)

- **Polissíndeto**. Trata-se da repetição enfática de um síndeto (conjunção ou pronome relativo).

Onde queres revólver sou coqueiro
*E* onde queres dinheiro sou paixão
Onde queres descanso sou desejo
*E* onde sou só desejo queres não
*E* onde não queres nada nada falta
*E* onde voas bem alto eu sou o chão
*E* onde pisas o chão minha alma salta
*E* ganha liberdade na amplidão.

Caetano Veloso

- **Assíndeto**. Ao contrário do polissíndeto, consiste na supressão de conjunções em orações que se dispõem em sequência.

Crispiniano espantou a mosca do açucareiro, afastou a cadeira, acendeu um Kiss-Me-De-Luxo, procurou os chinelos com os pés.

Antônio de Alcântara Machado. *Brás, Bexiga e Barra Funda e outros contos.*

- **Anáfora**. É a repetição de uma palavra ou expressão no início dos versos ou frases seguidas.

*Vi uma estrela* tão alta,
*Vi uma estrela* tão fria!
*Vi uma estrela* luzindo
Na minha vida vazia.

Manuel Bandeira

# 2. Figuras fônicas

Há figuras que resultam de operações no plano dos fonemas.

- **Aliteração**. Consiste na reiteração de um ou mais fonemas consonantais.

A **M**úsica da **M**orte, a nebulosa,
estranha, i**m**ensa **m**úsica sombria,
passa a tre**m**er pela **m**inh'al**m**a e fria
gela, fica a tre**m**er **m**aravilhosa...

Cruz e Sousa

- **Assonância**. Trata-se da ocorrência reiterada de um mesmo fonema vocálico.

Ó Form**a**s **a**lv**a**s, br**a**nc**a**s, Form**a**s cl**a**r**a**s
de lu**a**r**e**s, de n**e**v**e**s, de n**e**blin**a**s!...
Ó Form**a**s v**a**g**a**s, flu**i**d**a**s, cr**i**st**a**l**i**n**a**s...
**I**ncensos dos tur**í**bulos d**a**s **a**r**a**s...

Cruz e Sousa

- **Onomatopeia**. Vocábulo simples ou composto criado com o fim de tentar imitar sons.

O *tique-taque* do relógio perturbava-nos.

- **Paranomásia**. É a ocorrência de palavras com fonias semelhantes, mas semanticamente distintas.

Os *magnetes* atraem o ferro; os *magnatas*, o ouro.

Antônio Vieira

# 3. Figuras de palavras

As figuras de palavras originam-se da alteração semântica das unidades linguísticas.

- **Metáfora**. Consiste no estabelecimento de uma identidade entre dois elementos, partindo-se de algum traço comum a ambos.

Eras na vida *a pomba predileta*
Que sobre um mar de angústias conduzia
O ramo da esperança. Eras *a estrela*
Que entre as névoas do inverno cintilava
Apontando o caminho ao pegureiro.
Eras *a messe de um dourado estio.*
Eras *o idílio de um amor sublime.*
Eras *a glória, a inspiração, a pátria,*
*O porvir de teu pai*! [...]

Fagundes Varela

- **Catacrese**. Consiste em transferir a uma palavra o sentido próprio de outra, constituindo formas já incorporadas aos usos da língua.

Ele *embarcou* no avião. (embarcar → barco)

- **Metonímia ou sinédoque**. A metonímia fundamenta-se na substituição de um termo por outro com o qual mantenha uma correlação lógica, sem que haja prejuízo na interpretação do sentido do enunciado em que é usada. Essa troca pode ocorrer de várias maneiras:

a) **do autor pela obra**:

Durante o simpósio, citaram muito *Alencar* e *Machado*.

b) **da marca pelo produto**:

Cada corpo tem o *Parmalat* que precisa. (Propaganda da Parmalat)

c) **do continente pelo conteúdo**:

Consumiram muitas *caixas* de frutas frescas.

d) **do abstrato pelo concreto**:

*A juventude*, muitas vezes, desrespeita os mais velhos.

e) **do efeito pela causa**:

Atingiu seus objetivos graças ao seu próprio *suor*. (suor = efeito; causa = esforço)

f) **do lugar pelo produto**:

Cristiano oferecia *um havana* a cada convidado que chegava. (Havana = lugar; charuto = produto)

g) **da coisa pela sua representação (do sinal pela coisa significada)**:

Chegar *ao Planalto* é o grande sonho de muitos políticos. (Planalto = Presidência)

h) **do indivíduo pela classe ou espécie**:

Marcelo era considerado *um judas* pela turma.

i) **do singular pelo plural**:

Foi onde *o paulista* fundou o país da Esperança. (paulista = um indivíduo por todos)

j) **do gênero pela espécie**:

*Os mortais* pensam que são os donos do mundo.

l) **da matéria pelo objeto**:

*O aço* cortou a cabeça dos revoltosos.

m) **da parte pelo todo (ou o inverso)**:

Falta *teto* para tantas vítimas das enchentes. (teto = parte; casa = todo)

# 4. Figuras de pensamento

As figuras de pensamento revelam intenções do emissor no nível extratextual.

- **Antítese**. É a contraposição simétrica de expressões ou palavras antonímicas.

Uma parte de mim
é multidão:
outra parte estranheza
e solidão.

Ferreira Gullar

- **Comparação**. Trata-se da colocação de dois sentidos em paralelo no qual estão presentes a unidade linguística **comparante** e a **comparada**; é feita com o uso de conjunções ou locuções conjuntivas. Observe:

- **Hipérbole**. Tem no exagero a finalidade de enfatizar um processo.

É a vaidade, Fábio, nesta vida,
Rosa, que da manhã lisonjeada,
*Púrpuras mil*, com ambição dourada,
Airosa rompe, arrasta presumida.

Gregório de Matos

- **Apóstrofe**. É equivalente ao vocativo na análise sintática, é a interpelação em meio ao enunciado.

Upa! Cá estamos. Custou-te, não, *leitor amigo*?

Machado de Assis

- **Gradação**. Consiste na enumeração de processos numa intensificação crescente (clímax) ou decrescente (anticlímax).

O primeiro milhão *excita*, *acirra*, *assanha* a gula do milionário.

Olavo Bilac

- **Eufemismo**. Recurso que suaviza, em certos fatos, a crueza que poderia ferir a susceptibilidade do referente ou do receptor da mensagem.

  Naquela terrível luta, muitos *dormiram para sempre*. (= morreram)

- **Ironia**. É o uso de palavras ou expressões com sentido oposto ao que se tenciona significar.

  *Bonito* cabelo o seu! (Parece uma vassoura!)

- **Sinestesia**. É a fusão de impressões provenientes de dois ou mais sentidos num único registro:

  Avista-se o grito das araras. (João Guimarães Rosa) (visão e audição)

- **Prosopopeia** (personificação). Ocorre quando são atribuídas características animadas a entes inanimados:

richard kohout/andréas/toscano/dm9ddb

Por prosopopeia, a empresa torna-se um ente animado, capaz de ouvir algo.

# Atividades

**1** (Vunesp)

**Sauna Brasil**

Os brasileiros fomos informados ontem do caráter de pelo menos uma parcela da base parlamentar governista. É gente com a qual "só se pode conversar na sauna e pelado" — avisa quem entende de base parlamentar governista, o ministro das Comunicações, Sérgio Motta.

*Folha de S. Paulo*, 8 maio 1997.

O princípio básico da concordância verbal em nosso idioma prevê que o verbo deva ser flexionado em número e pessoa de acordo com o sujeito da oração. Em alguns casos, devido a circunstâncias do contexto, esse princípio pode ser transgredido. Ocorre nesses casos a chamada concordância ideológica. Tomando por base esse comentário:

a) aponte uma passagem do texto de Clóvis Rossi em que o verbo não segue uma das flexões impostas pelo sujeito;

b) interprete, com base no contexto, as razões estilísticas que levaram o autor a preferir tal forma de concordância.

**2** (Fimca-RO) Leia os versos de *Por você* para responder à questão.

Por você eu dançaria tango no teto
Eu limparia os trilhos do metrô
Eu iria a pé do Rio a Salvador

Eu aceitaria a vida como ela é
Viajaria a prazo pro inferno
Eu tomaria banho gelado no inverno

Por você eu deixaria de beber
Por você eu ficaria rico num mês
Eu dormiria de meia pra virar burguês

Eu mudaria até o nome
Eu viveria em greve de fome
Desejaria todo o dia a mesma mulher

Por você eu conseguiria até ficar alegre
Pintaria todo o céu de vermelho
Eu teria mais herdeiros que um coelho

Frejat, Maurício Barros e Mauro Santa Cecília.

Considere as definições para compreender as ideias do texto:

**Anáfora**: repetição de uma palavra ao longo de um texto.
**Antítese**: oposição entre ideias.
**Gradação**: disposição das ideias em uma sequência.
**Hipérbole**: expressão exagerada de uma ideia.
**Prosopopeia**: atribuição de qualidades humanas a seres não humanos.

Assinale a alternativa que traz, respectivamente, o recurso empregado na elaboração geral do texto e o recurso empregado em todos os versos em destaque.

a) Gradação e prosopopeia.
b) Gradação e antítese.
c) Anáfora e hipérbole.
d) Anáfora e antítese.
e) Prosopopeia e hipérbole.

**3** (UFTM-MG) Leia:

Minha mulher, a solidão,
Consegue que eu não seja triste.
Ah, que bom é ao coração
Ter este bem que não existe!

Recolho a não ouvir ninguém,
Não sofro o insulto de um carinho
E falo alto sem que haja alguém:
Nascem-me os versos do caminho.

Senhor se há bem que o céu conceda
Submisso à opressão do Fado,
Dá-me eu ser só — veste de seda —,
E fala só — leque animado.

PESSOA, Fernando.
In: *Obra poética em um volume*, 1986.

Na primeira estrofe, Fernando Pessoa se vale de duas figuras para expressar a atitude do eu lírico diante da solidão; trata-se, respectivamente, de:

a) metonímia e metáfora.
b) onomatopeia e aliteração.
c) personificação e paradoxo.
d) metáfora e metonímia.
e) paradoxo e antítese.

**4** (Unicamp-SP, adaptada) Em sua coluna na *Folha Ilustrada*, Mônica Bergamo comenta sobre o curta-metragem *Um Caffé com o Miécio*. Transcrevemos parte da coluna a seguir:

[...] Quando ouvia a trilha sonora do curta *Um caffé com o Miécio*, que Carlos Adriano finaliza sobre o caricaturista, colecionador de discos e estudioso Miécio

Caffé (1920-2003), Caetano Veloso se encantou por uma música específica. Era a desconhecida marchinha "A voz do povo", de Malfitano e Frazão, que Orlando Silva gravou em 1940, cuja letra diz "Que raiva danada que eu tenho do povo, que não me deixa ser original". "É um manifesto, como sua obra", disse o *músico baiano* ao *cineasta paulistano*.

Adaptado de BERGAMO, Mônica. *Folha de S.Paulo*, 11 out. 2003.

As expressões *músico baiano* e *cineasta paulistano* retomam elementos anteriormente apresentados no texto. Como funciona esse processo de retomada?

## EXERCÍCIOS COMPLEMENTARES

**1** (UERJ)

### O império das lentes

Nas cerimônias de casamento, as retinas das testemunhas foram substituídas pela *camcorder* do sujeito de terno gasto que grava o enlace andando de um lado para o outro (o distinto padre pode dar licença, por favor?). Cônscia de sua relevância mística, a madrinha chora no exato instante em que os refletores lhe incandescem a maquiagem. Nas festas de escolas primárias, os alunos aprenderam a se apresentar para filmadoras e não mais para pais e mães. Sob o foco automático, a criança já não enxerga o sorriso de orgulho ou de apreensão na face do pai; vê apenas a *handycam* que mascara o seu rosto. Se a televisão é a arena da história contemporânea, as câmaras de vídeo domésticas se tornaram o olhar autorizado da intimidade familiar (e de outras intimidades nem tão familiares assim). [...]

BUCCI, Eugênio. *Veja*, 3 dez. 1996.

"Cônscia de sua relevância mística, a madrinha chora no exato instante em que os refletores lhe incandescem a maquiagem."

No trecho citado, o autor emprega a ironia para intensificar sua crítica à situação descrita. Explique como esse recurso de linguagem intensifica a referida crítica.

**2** (PUC-SP) A questão refere-se ao texto seguinte:

Verdes mares bravios de minha terra natal, onde canta a jandaia nas frondes da carnaúba;

Verdes mares que brilhais como líquida esmeralda aos raios do sol nascente, perlongando as alvas praias ensombradas de coqueiros;

Serenai verdes mares, e alisai docemente a vaga impetuosa para que o barco aventureiro manso resvale à flor das águas.

Esse trecho é o início do romance *Iracema*, de José de Alencar. O uso repetitivo da expressão *verdes mares* e os verbos *serenai* e *alisai*, indicadores de ação do agente natural, imprimem ao trecho um tom poético apoiado em duas figuras de linguagem:

a) anáfora e prosopopeia.

b) pleonasmo e metáfora.

c) antítese e inversão.

d) apóstrofe e metonímia.

e) metáfora e hipérbole.

**3** (U. F. Juiz de Fora-MG, adaptada) As estrofes apresentadas a seguir foram retiradas do poema "Vozes d'África", de Castro Alves. "Vozes d'África" é um dos textos em que o poeta expressa sua indignação diante da escravidão.

### Vozes d'África

Deus! ó Deus, onde estás que não respondes!?

Em que mundo, em qu'estrela tu t'escondes,

Embuçado nos céus?

Há dois mil anos te mandei meu grito,

Que embalde, desde então, corre o infinito...

Onde estás, Senhor Deus?...

[...]

Mas eu, Senhor!... Eu triste, abandonada,

Em meio dos desertos esgarrada,

Perdida marcho em vão!

Se choro... bebe o pranto a areia ardente!

Talvez... pra que meu pranto, ó Deus clemente,

Não descubras no chão!...

[...]

Cite e explique a figura de linguagem (observada nesse fragmento) pela qual o poeta estrutura o poema.

______________________________

______________________________

______________________________

______________________________

______________________________

______________________________

______________________________

**4** (U. F. São Carlos-SP) Leia e responda ao que se pede:

— Não refez então o capítulo? — indagou ela logo que entrei.

— Oh, não, Miss Jane. Suas palavras abriram-me os olhos.

Convenci-me de que não possuo qualidades literárias e não quero insistir — retruquei com ar ressentido.

— Pois tem de insistir — foi sua resposta [...] Lembre-se do esforço incessante de Flaubert para atingir a luminosa clareza que só a sábia simplicidade dá. A ênfase, o empolado, o enfeite, o contorcido, o rebuscamento de expressões, tudo isso nada tem com a arte de escrever, porque é artifício e o artifício é a cuscuta da arte. Puros maneirismos que em nada contribuem para o fim supremo: a clara e fácil expressão da ideia.

— Sim, Miss Jane, mas sem isso fico sem estilo...

Que finura de sorriso temperado de meiguice aflorou nos lábios da minha amiga!

— Estilo o senhor Ayrton só o terá quando perder em absoluto a preocupação de ter estilo. Que é estilo, afinal?

— Estilo é... — ia eu responder de pronto, mas logo engasguei, e assim ficaria se ela muito naturalmente não mo definisse de gentil maneira.

— ... é o modo de ser de cada um. Estilo é como o rosto: cada qual possui o que Deus lhe deu. Procurar ter um certo estilo vale tanto como procurar ter uma certa cara. Sai máscara fatalmente essa horrível coisa que é a máscara...

— Mas o meu modo natural de ser não tem encantos, Miss Jane, é bruto, grosseiro, inábil, ingênuo. Quer então que escreva desta maneira?

— Pois perfeitamente! Seja como é, e tudo quanto lhe parece defeito surgirá como qualidades, visto que será reflexo da coisa única que tem valor num artista — a personalidade.

Monteiro Lobato. *O presidente negro.*

**Gustave Flaubert** (1821-1880): escritor realista francês considerado um dos maiores do Ocidente.
**Cuscuta**: planta parasita.

No último parágrafo do texto, Miss Jane tenta convencer Ayrton fazendo uso de uma figura chamada:

a) paradoxo.
b) elipse.
c) ironia.
d) eufemismo.
e) pleonasmo.

**5** (Enem-MEC) Leia:

**Para o Mano Caetano**

O que fazer do ouro de tolo
Quando um doce bardo brada a toda brida,
Em velas pandas, suas esquisitas rimas?
Geografia de verdades, Guanabaras postiças
Saudades banguelas, tropicais preguiças?
A boca cheia de dentes
De um implacável sorriso
Morre a cada instante
Que devora a voz do morto, e com isso,
Ressuscita vampira, sem o menor aviso
[...]
E eu soy lobo-bolo? lobo-bolo
Tipo pra rimar com ouro de tolo?
Oh, Narciso Peixe Ornamental!
*Tease me, tease me* outra vez
Ou em banto baiano
Ou em português de Portugal
Se quiser, até mesmo em americano
De Natal
[...]

Lobão

***Tease me***: caçoe de mim, importune-me.

Na letra da canção apresentada, o compositor Lobão explora vários recursos da língua portuguesa, a fim de conseguir efeitos estéticos ou de sentido. Nessa letra, o autor explora o extrato sonoro do idioma e o uso de termos coloquiais na seguinte passagem:

a) "Quando um doce bardo brada a toda brida" (v. 2)
b) "Em velas pandas, suas esquisitas rimas?" (v. 3)
c) "Que devora a voz do morto" (v. 9)
d) "lobo-bolo / Tipo pra rimar com ouro de tolo? (v. 11-12)
e) "*Tease me, tease me* outra vez" (v. 14)

**6** (Vunesp, adaptada) A questão seguinte toma por base um fragmento do conto "Uma história de mil anos", do escritor, editor e polemista Monteiro Lobato (1882-1948).

— *Hu... hu...*

E como nos ínvios da mata soluça a juriti.

Dois *hus* — um que sobe, outro que desce.

O destino do *u*!... Veludo verde-negro transmutado em som — voz das tristezas sombrias. Os aborígines, maravilhosos denominadores das coisas, possuíam o senso impressionista da onomatopeia. *Urutáu, urú, urutú, inambú* — que sons definirão melhor essas criaturinhas solitárias, amigas da penumbra e dos recessos?

A juriti, pombinha eternamente magoada, é toda *us*. Não canta, geme em *u* — geme um gemido aveludado, lilás, sonorização dolente da saudade.

O caçador passarinheiro sabe como ela morre sem luta ao mínimo ferimento. Morre em *u*...

Já o sanhaço é todo AS. Ferido, debate-se, desfere bicadas, pia lancinante.

A juriti apaga-se como chama de algodão. Frágil torrão de vida, extingue-se como se extingue a vida do torrão de açúcar aos simples contacto da água. Um *u* que se funde.

LOBATO, Monteiro. *Negrinha*. 9. ed. São Paulo: Brasiliense, 1959.

No conto "Uma história de mil anos", Monteiro Lobato interpreta os valores expressivos dos sons com que representamos o canto dos pássaros, bem como de vocábulos onomatopaicos que a língua portuguesa herdou do tupi. Com base nesse comentário, responda:

Para exprimir relações entre som e sentido, os escritores muitas vezes se servem da sinestesia, ou seja, da mescla de diferentes impressões sensoriais, como o sintagma "ruído áspero e frio", em que se misturam sensações auditivas ("ruído") e tácteis ("áspero e frio"). Localize, no quinto parágrafo do conto, um sintagma em que ocorre procedimento semelhante e identifique as impressões sensoriais evocadas.

# Sumário da parte 2

*Quadro Claro* (1913), de Wassily Kandinsky.

CAPÍTULO 12

# O pronome

## CONSTRUINDO O CONCEITO

Leia a tira ao lado.

Calvin Hobbes, Bill Watterson © 1988 Watterson/Dist. by Universal Uclick

(Bill Watterson)

(Disponível em: http://chadameianoite.blogspot.com.br/2010/11/calvin-and-hobbes.html. Acesso em: 16/4/2012.)

**1.** Na tira, Calvin conversa com as flores. No 1º, no 2º e no 3º quadrinhos:

a) Quais palavras das falas de Calvin se referem a ele mesmo, isto é, à 1ª pessoa do discurso, aquela que fala?

b) Quais palavras das falas de Calvin se referem às flores, isto é, à 2ª pessoa do discurso, aquela com quem se fala?

**2.** Calvin estabelece uma situação de relação direta entre ele e suas interlocutoras, as flores.

a) Na relação com as flores, Calvin se coloca em posição de superioridade ou igualdade? Por que ele se coloca assim?

b) Tendo em vista o que acontece no último quadrinho, conclua: A afirmação feita por Calvin era verdadeira?

**3.** Observe as falas e as fisionomias de Calvin. É possível considerar que há uma gradação no comportamento do garoto nos três primeiros quadrinhos, interrompida por um desfecho inesperado no 4º quadrinho.

a) Descreva sucintamente a gradação na fisionomia de Calvin nos três quadrinhos iniciais.

b) No último quadrinho, qual sentimento é explicitado na fisionomia de Calvin?

c) Com humor, o autor da tira retrata e ironiza uma característica que não é exclusiva da personagem. Qual é essa característica?

Calvin Hobbes, Bill Watterson © 1988 Watterson/Dist. by Universal Uclick

## CONCEITUANDO

Na tira lida, há na fala de Calvin referência às três pessoas do discurso:

- 1ª pessoa: quem fala, o *locutor*;
- 2ª pessoa: com quem se fala, o *locutário* ou *interlocutor*;
- 3ª pessoa: de que ou de quem se fala, o *assunto* ou *referente*.

Assim, Calvin exerce o papel de locutor (1ª pessoa), e as flores, o de locutárias ou interlocutoras (2ª pessoa); o assunto ou referente é o poder que Calvin supõe ter. As palavras *vocês, eu, mim, suas, minhas* indicam a pessoa do discurso, substituem *flores* e *Calvin* e acompanham *destino, vida*.

As palavras *vocês, eu, mim, suas, minhas* são **pronomes**.

Calvin Hobbes, Bill Watterson © 1988 Watterson/Dist. by Universal Uclick

> **Pronomes** são palavras que substituem ou acompanham outras palavras, principalmente substantivos, fazendo referência às pessoas do discurso. Podem também remeter a palavras, orações e frases expressas anteriormente.

Os pronomes que funcionam como substantivos chamam-se **pronomes substantivos**, e os que acompanham substantivos, **pronomes adjetivos**.

*Eu* controlo o *seu* destino

*Eu* → pronome substantivo

*seu* → pronome adjetivo

# PRONOMES PESSOAIS

Leia o seguinte painel de poemas ou trechos de poemas de autoria de Vinícius de Morais.

Foto: Folhapress

Ilustração: Estúdio Ampla Arena

### O morro não tem vez

O morro não tem vez  
E o que ele fez já foi demais  
Mas olhem bem vocês  
Quando derem vez ao morro  
Toda a cidade vai cantar

[...]

### O nosso amor

O nosso amor  
Vai ser assim  
Eu pra você  
Você pra mim

Tristeza  
[...]

### A Berlim

Vós os vereis surgir da aurora mansa  
Firmes na marcha e uníssonos no brado  
Os heroicos demônios da vingança  
Que vos perseguem desde Stalingrado.  
[...]

### Soneto de carta e mensagem

"Sim, depois de tanto tempo volto a ti  
Sinto-me exausta e sou mulher e te amo  
Dentro de mim há frutos, há aves, há tempestades  
E apenas em ti há espaço para a consolação

"Sim, meus seios vazios me mortificam – e nas noites  
Eles têm ânsias de semente que sente germinar seu broto  
Ah, meu amado! é sobre ti que eu me debruço  
E é como se me debruçasse sobre o infinito!

"Pesa-me, no entanto, o medo de que me tenhas esquecido  
Ai de mim! que farei sem o meu homem, sem o meu esposo  
Que rios não me levarão de esterilidade e de tristeza?

"Mulher, para onde caminharei senão para a sombra  
Se tu, oh meu companheiro, não me fecundares  
E não esparzires do teu grão a terra pálida dos lírios?..."

### Formosa

Formosa, não faz assim  
Carinho não é ruim  
Mulher que nega  
Não sabe, não  
Tem uma coisa de menos  
No seu coração

A gente nasce, a gente cresce  
A gente quer amar  
Mulher que nega  
Nega o que não é para negar  
A gente pega, a gente entrega  
A gente quer morrer  
Ninguém tem nada de bom  
Sem sofrer  
Formosa mulher!

### Mensagem a Rubem Braga

A meu amigo Rubem Braga  
Digam que vou, que vamos bem: só não tenho é coragem de escrever  
Mas digam-lhe. Digam-lhe que é Natal, que os sinos  
Estão batendo, e estamos no Cavalão: o Menino vai nascer  
Entre as lágrimas do tempo. Digam-lhe que os tempos estão duros  
Falta água, falta carne, falta às vezes o ar: há uma angústia  
Mas fora isso vai-se vivendo. Digam-lhe que é verão no Rio  
[...]

(Disponível em: http://www.viniciusdemoraes.com.br/site/. Acesso em: 20/4/2012.)

Após ler os textos, discuta com o professor e os colegas: Que palavras ou expressões o poeta empregou para se referir às pessoas do discurso?

Os pronomes pessoais designam diretamente as pessoas do discurso, isto é, quem fala (1ª pessoa), com quem se fala (2ª pessoa) e de que ou de quem se fala (3ª pessoa).

**Pronomes pessoais** são aqueles que indicam as três pessoas do discurso.

Os pronomes pessoais classificam-se em *retos* e *oblíquos*, de acordo com a função que desempenham na oração.

Os **retos** exercem a função de sujeito ou predicativo do sujeito.

Os **oblíquos** funcionam como complemento.

O pronome oblíquo que se refere ao mesmo ser indicado pelo pronome reto é chamado de **pronome reflexivo**.

Veja a classificação dos pronomes nestes versos:

*Vós* (S – pron. reto) *os* (OD – pron. oblíquo) vereis surgir da aurora mansa

[...] é sobre *ti* (adj. adv.; *ti* – pron. oblíquo) que *eu* (S – pron. reto) *me* (OD – pron. reflexivo (a mim mesmo)) debruço

### Vós: um pronome em extinção

Atualmente, o pronome pessoal *vós* raramente é empregado nas situações cotidianas de comunicação; em seu lugar, tem-se utilizado *vocês*. A forma *vós* ainda é empregada em textos bíblicos e literários e em situações muito formais, como textos jurídicos e políticos, por exemplo. Também é usado para criar um efeito de respeito ou subordinação ao interlocutor.

Segue o quadro tradicional dos pronomes pessoais da língua portuguesa. Leia-o e depois compare-o ao quadro apresentado pelo boxe **Contraponto**.

| PRONOMES PESSOAIS | | | | |
|---|---|---|---|---|
| **Número** | **Pessoa** | **Retos** | **Oblíquos** | |
| | | | **Átonos (usados sem preposição)** | **Tônicos (usados com preposição)** |
| Singular | 1ª | eu | me | mim, comigo |
| | 2ª | tu | te | ti, contigo |
| | 3ª | ele/ela | o, a, lhe, se | si, ele, ela, consigo |
| Plural | 1ª | nós | nos | nós, conosco |
| | 2ª | vós | vos | vós, convosco |
| | 3ª | eles/elas | os, as, lhes, se | si, eles, elas, consigo |

## Contraponto

O sistema de pronomes pessoais do português brasileiro vem sofrendo mudanças há muito tempo e já começa a ser descrito de modo diferente pelos linguistas.

O linguista Ataliba Castilho, por exemplo, acrescenta outras palavras à tradicional lista de pronomes pessoais do português brasileiro e organiza-a em dois grupos: o do português formal e o do informal.

Veja o quadro apresentado pelo linguista:

| | Pessoa | Português brasileiro formal | | Português brasileiro informal | |
|---|---|---|---|---|---|
| | | **Sujeito** | **Complemento** | **Sujeito** | **Complemento** |
| Singular | 1ª | eu | me, mim, comigo | eu, a gente | eu, me, mim, prep + eu, mim |
| | 2ª | tu, você, o senhor, a senhora | te, ti, contigo, prep + o senhor, com a senhora | você/ocê/tu | você/ocê/cê, te, ti, prep + você/ocê (=docê, cocê) |
| | 3ª | ele, ela | o/a, lhe, se, si, consigo | ele/ei, ela | ele, ela, lhe, prep + ele, ela |
| Plural | 1ª | nós | nos, conosco | a gente | a gente, prep + a gente |
| | 2ª | vós, os senhores, as senhoras | vos, convosco, prep + os senhores, as senhoras | vocês/ocês/cês | vocês/ocês/cês, prep + vocês/ocês |
| | 3ª | eles, elas | os/as, lhes, se, si, consigo | eles/eis, elas | eles/eis, elas, prep + eles/eis, elas |

(Ataliba T. de Castilho. *Nova gramática do português brasileiro*. São Paulo: Contexto, 2010. p. 477.)

**Observações:**

- No português brasileiro falado atualmente, as formas *você*, *a gente* e *vocês* são utilizadas também como pronomes pessoais e fazem referência, respectivamente, à 2ª pessoa do singular e à 1ª e à 2ª pessoas do plural. Formalmente, entretanto, correspondem à 3ª pessoa, tanto na conjugação verbal quanto na formação das formas oblíquas e átonas.
- Os pronomes oblíquos *o, a, os, as* assumem as formas *lo, la, los, las* após as formas verbais terminadas em *r, s* ou *z*, e as formas *no, na, nos, nas*, após fonemas nasais (*am, em, õe*, etc.).
- Quando em uma oração ocorrem dois pronomes átonos, um com a função de objeto direto e outro com a função de objeto indireto, eles podem combinar-se: Devolveram-me a revista → Devolveram-ma.

### *Eu ou mim?*

Os pronomes pessoais *eu* e *tu* desempenham a função de sujeito, enquanto os oblíquos tônicos *mim* e *ti* desempenham outras funções.

Observe o emprego do pronome *eu* na fala do lutador Anderson Silva, o Spider:

**Spider: 'O que der para eu fazer para massagear meu ego, vou fazer'**

**Campeão dos médios do UFC, Anderson Silva se diz um homem vaidoso com a aparência: 'Só não vou ao cabeleireiro porque não tenho cabelo'.**

(Disponível em: http://sportv.globo.com/site/eventos/combate/noticia/2012/03/spider-o-que-der-para-eu-fazer-para-massagear-meu-ego-vou-fazer.html. Acesso em: 20/4/2012.)

Josh Hedges/Zuffa LLC/Zuffa LLC/Getty Images

Anderson Silva.

De acordo com a norma-padrão, na fala do lutador Anderson Silva não seria adequado empregar *mim* no lugar de *eu*. Isso porque o pronome reto *eu* funciona como sujeito do verbo *fazer*, que se encontra no infinitivo. Da mesma maneira, não seria adequado empregar o pronome pessoal *ti*, por exemplo, na frase "Trouxe o livro para *tu* leres".

Na norma culta, os pronomes pessoais retos *eu* e *tu* (e somente eles) não podem ser regidos de preposição e desempenhar função de complemento. Por isso, na função de complemento, a preposição obriga o uso dos pronomes oblíquos tônicos *mim* e *ti*. Se o lutador tivesse dito "Para *mim*, é preciso fazer o que for possível para manter a aparência", seria adequado o emprego do pronome oblíquo, em vez do pronome pessoal do caso reto, pois, nessa frase, o pronome *mim* não desempenha a função de sujeito.

Veja outros exemplos:

> Não há mais nada entre *mim* e *você*. (entre *mim* e *você*: adj. adv.)
>
> Ela chegou até *mim* e abraçou-me carinhosamente. (até *mim*: adj. adv.)

**Conosco ou com nós? Consigo ou ...?**

Na norma-padrão, os pronomes oblíquos *si* e *consigo* só podem ser empregados como reflexivos na 3ª pessoa:

> Vaidosa, ela só fala de *si* mesma.
> O professor trouxe as avaliações *consigo*.

Os demais, *comigo*, *contigo*, *conosco*, *convosco*, são utilizados normalmente:

> Ela simpatizou *comigo/conosco*.

O emprego de *com vós* e *com nós* é admitido quando estes forem reforçados por *outros*, *mesmos*, *próprios*, *todos*, *ambos* ou qualquer numeral:

> Ele já discutiu *com nós* ambos/com *nós* dois.

## Função sintática dos pronomes pessoais

Conforme você deve ter observado:

1º) os pronomes pessoais são sempre pronomes substantivados;
2º) para distingui-los e empregá-los, é necessário saber que função sintática desempenham na oração.

Assim:

- Os *pronomes retos* empregam-se como sujeito e predicativo do sujeito:

> *Eu* (S) sou *eu* (PS), ora.

- Os *pronomes oblíquos* (átonos ou tônicos) geralmente exercem na frase a função de objeto direto ou indireto.

Os *átonos* de 3ª pessoa *o, a, os, as* funcionam como objeto direto; *lhe, lhes,* como objeto indireto; os demais, *me, te, se, nos, vos,* podem ser objeto direto ou indireto, dependendo da predicação do verbo que completam:

Convidou-*me/os* a sair. (*me/os* = OD)
Emprestaram-*me/lhe* os livros. (*me/lhe* = OI)

Os *tônicos* são sempre precedidos de preposição. Por isso, sua função sintática só pode ser determinada pela predicação do verbo ou nome ao qual servem de complemento:

Carolina é fiel *a ele*. (*a ele* = CN)
O trabalho foi feito *por mim*. (*por mim* = agente da passiva)

Em muitos casos, o pronome oblíquo pode equivaler a um pronome possessivo, situação em que exerce a função de adjunto adnominal:

Rasgara-*me* o livro → Rasgara o *meu* livro. (*me* = adj. adn.; *meu* = adj. adn.)

## PRONOMES DE TRATAMENTO

Leia esta tira, de Laerte:

(*Folha de S. Paulo*, 7/2/2003.)

Observe que, no 1º quadrinho, a personagem dirige-se aos moradores do prédio tratando-os por *senhores*. Essa e outras palavras e expressões, como *você, Vossa Senhoria, Vossa Santidade, Vossa Excelência*, etc., são **pronomes de tratamento**.

**Pronomes de tratamento** são palavras e expressões empregadas para tratar de modo familiar ou cerimonioso o interlocutor.

Apesar de designarem o interlocutor – a pessoa com quem se fala (2ª pessoa) –, os pronomes de tratamento exigem verbo e pronome na 3ª pessoa. Veja:

*Você* se esqueceu de me devolver o livro.
*Vossa Excelência* trouxe os relatórios?

Empregamos alguns pronomes de tratamento precedidos de *Sua* quando nos referimos à pessoa; e precedidos de *Vossa* quando nos dirigimos diretamente a nosso

### Que forma devemos empregar: *tu* ou *você*?

As duas formas são válidas. Embora, no Brasil, a maioria das pessoas empregue o pronome de tratamento *você* para se dirigir ao interlocutor, em algumas cidades do Sul, do Norte e do Nordeste, predomina o emprego do pronome pessoal reto *tu*. O importante, ao seguir a norma culta, é não misturar as formas: ou se usa apenas a 2ª pessoa (*tu*) ou somente a 3ª (*você*). Na linguagem coloquial é comum haver mistura de tratamento.

interlocutor. Assim, numa situação formal, se uma pessoa fosse se dirigir ao presidente da República, diria, por exemplo, "*Vossa Excelência* aceita mais café?", porque está se dirigindo diretamente a seu interlocutor. Em outro contexto, em conversa com outra pessoa, diria, por exemplo, referindo-se ao presidente: "*Sua Excelência* tomou duas xícaras de café".

São pronomes de tratamento, entre outras, as formas de tratamento, cerimônia ou reverência constantes do quadro:

| FORMAS DE TRATAMENTO | | |
|---|---|---|
| **Tratamento** | **Abreviatura** | **Usado para** |
| você | v. | pessoas com quem temos intimidade |
| Vossa Alteza | V. A. | príncipes, duques |
| Vossa Eminência | V. Emª | cardeais |
| Vossa Excelência | V. Exª | altas autoridades do governo e das forças armadas |
| Vossa Magnificência | V. Magª | reitores de universidades |
| Vossa Majestade | V. M. | reis, imperadores |
| Vossa Santidade | V. S. | papa |
| Vossa Senhoria | V. Sª | funcionários públicos graduados, oficiais (até coronel) e pessoas de cerimônia |
| senhor, senhora | sr., sra. | geralmente pessoas mais velhas que nós ou a quem queremos tratar com distanciamento e respeito; a forma *senhorita*, já caindo em desuso, é empregada para moças solteiras |

## EXERCÍCIOS

O poema a seguir, de autoria de Ferreira Gullar, foi musicado pelo cantor Fagner. Leia-o e responda às questões de 1 a 3. E, se possível, ouça a canção, disponível na Internet.

### Cantiga para não morrer

Quando você for se embora,
moça branca como a neve,
me leve.

Se acaso você não possa
me carregar pela mão,
menina branca de neve,
me leve no coração.

Se no coração não possa
por acaso me levar,
moça de sonho e de neve,
me leve no seu lembrar.

E se aí também não possa
por tanta coisa que leve
já viva em seu pensamento,
menina branca de neve,
me leve no esquecimento.

(Ferreira Gullar. In: *Melhores poemas de Ferreira Gullar*. Seleção de Alfredo Bosi. 7. ed. São Paulo: Global, 2004. p. 120.)

John Singer Sargent. *Sally Fairchild*, c.1890/The Bridgeman Art Library/Getty Images/Coleção particular

1. Qual pronome o eu lírico utiliza para se dirigir a sua amada? Como se classifica esse pronome?

2. Em que pessoa estão os verbos e os outros pronomes utilizados pelo eu lírico para fazer referência à interlocutora? Esse uso segue a norma-padrão?

3. No poema, o eu lírico se dirige à mulher amada, procurando persuadi-la.

   a) O que ele deseja?

   b) Por que a escolha gramatical dos pronomes contribui para que o eu lírico alcance seu objetivo?

4. Leia a tira a seguir.

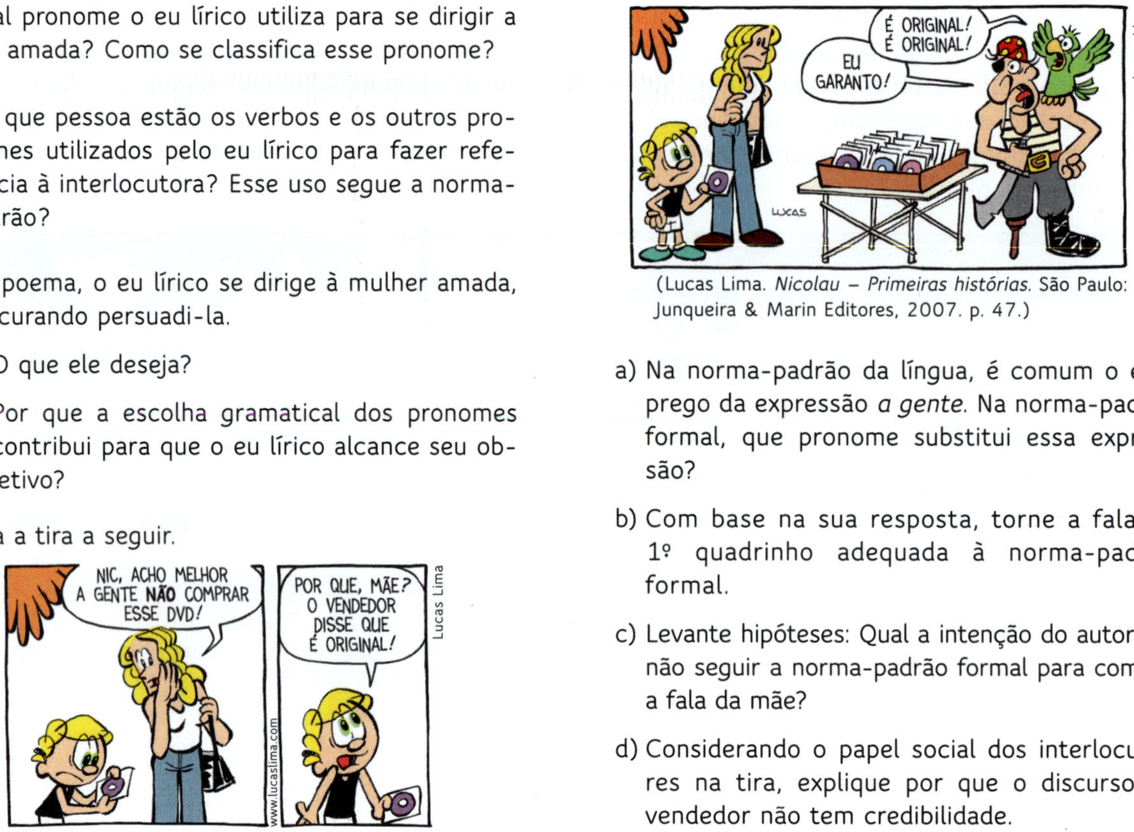


(Lucas Lima. *Nicolau – Primeiras histórias*. São Paulo: Junqueira & Marin Editores, 2007. p. 47.)

   a) Na norma-padrão da língua, é comum o emprego da expressão *a gente*. Na norma-padrão formal, que pronome substitui essa expressão?

   b) Com base na sua resposta, torne a fala do 1º quadrinho adequada à norma-padrão formal.

   c) Levante hipóteses: Qual a intenção do autor em não seguir a norma-padrão formal para compor a fala da mãe?

   d) Considerando o papel social dos interlocutores na tira, explique por que o discurso do vendedor não tem credibilidade.

## PRONOMES POSSESSIVOS

Reveja, ao lado, um dos quadrinhos da tira reproduzida no início do capítulo. Observe que, nas frases "Eu controlo o *seu* destino!" e "As *suas* vidas estão nas *minhas* mãos!", a palavra *seu* refere-se a *destino*; *suas*, a *vidas*; e *minhas*, a *mãos*.

Calvin Hobbes, Bill Watterson © 1988 Watterson/Dist. by Universal Uclick

As palavras *seu*, *suas* e *minhas* indicam posse e concordam com a coisa possuída – *destino*, *vidas* e *mãos*, respectivamente – e também com a pessoa do discurso que é o possuidor: *seu* refere-se ao destino *das flores* (o interlocutor, 3ª pessoa); *suas*, às vidas também *das flores* (o interlocutor, 3ª pessoa); e *minhas*, às mãos *de Calvin* (o locutor, 1ª pessoa).

*Seu*, *suas* e *minhas* são **pronomes possessivos**.

> **Pronomes possessivos** são aqueles que indicam posse em relação às três pessoas do discurso.

Nas três situações, os pronomes possessivos acompanham substantivos. Por isso, são chamados de **pronomes possessivos adjetivos**. Quando o pronome possessivo substitui um substantivo, chama-se **pronome possessivo substantivo**. Veja:

As *suas* vidas estão nas *minhas* mãos, mas a *minha* não está nas *suas*.

| *suas* | *minhas* | *minha* | *suas* |
|---|---|---|---|
| pron. posses. adjetivo | pron. posses. adjetivo | pron. posses. substantivo | pron. posses. substantivo |

Eis o quadro dos pronomes possessivos, referentes às três pessoas do discurso:

| PRONOMES POSSESSIVOS | | | | | |
|---|---|---|---|---|---|
| | | Singular | | Plural | |
| Número | Pessoa | Masculino | Feminino | Masculino | Feminino |
| Singular | 1ª | meu | minha | meus | minhas |
| | 2ª | teu | tua | teus | tuas |
| | 3ª | seu | sua | seus | suas |
| Plural | 1ª | nosso | nossa | nossos | nossas |
| | 2ª | vosso | vossa | vossos | vossas |
| | 3ª | seu | sua | seus | suas |

## PRONOMES DEMONSTRATIVOS

Leia este anúncio:

DM9DDB

Leia agora o texto verbal do anúncio:

Daqui a exatamente 3 horas, 12 minutos e 18 segundos uma fileira de tanques de guerra irá passar por esta avenida. Desrespeitando qualquer lógica, um civil desarmado entrará na frente desses tanques, impedindo a passagem com o próprio corpo. Uma pessoa mais atenta irá registrar esse instante. Mais de 1 bilhão irão conhecê-lo. **Grandes fotos acontecem sem briefing**.

Observe que, ao se referir à avenida retratada na foto, o texto emprega a forma *esta*. Na segunda frase, para se referir aos tanques mencionados na frase anterior, emprega a forma *desses* e, para retomar tudo o que foi dito anteriormente, utiliza, na terceira frase, a forma *esse*.

## Estudante chinês enfrenta tanque de guerra

Aconteceu no dia 5 de junho de 1989. Uma onda de protestos, de diferentes grupos sociais insatisfeitos com o regime totalitário implementado na China, teve início no dia 15 de abril daquele ano. [...] No dia 4 de junho, aconteceu a tragédia conhecida como Massacre da Praça da Paz Celestial. O governo, indisposto a acatar as reivindicações dos manifestantes, enviou tropas do exército para pôr fim à desordem. Como resultado, cerca de 800 pessoas perderam a vida. No dia seguinte, mais de 40 tanques de guerra foram incumbidos de fiscalizar a cidade à procura de novos protestos. Nesse dia, um estudante se colocou à frente do primeiro tanque para tentar impedir a sua passagem. O fotógrafo Jeff Widener flagrou o momento, e desde então a imagem tornou-se um símbolo mundial pela paz. A identidade e o paradeiro do estudante até hoje não foram desvendados.

AP Photo/Jeff Widener/Glow Images

Estudante à frente dos tanques.

As palavras *esta* e *esse(s)* são **pronomes demonstrativos**.

**Pronomes demonstrativos** são aqueles que situam pessoas ou coisas em relação às três pessoas do discurso. Essa localização pode se dar no tempo, no espaço ou no próprio texto.

No anúncio, os pronomes *esta*, *esses* e *esse* acompanham, respectivamente, os substantivos *avenida*, *tanques* e *instante*; por isso, são **pronomes demonstrativos adjetivos**. Quando ocupam o lugar de um substantivo, são **pronomes demonstrativos substantivos**. Veja este exemplo:

*Isso* aconteceu no dia 5 de junho de 1989.

Nessa frase, o pronome demonstrativo ocupa o lugar de um substantivo, como, por exemplo, *o fato*, *o massacre*; por isso, tem uma função substantiva.

No português brasileiro falado, o sistema ternário de pronomes demonstrativos (relativo às três pessoas do discurso) está sofrendo mudanças e vem se transformando em um sistema binário. Contudo, recomenda-se observar as indicações da norma-padrão, em situações em que se exige o registro culto e formal.

Eis o quadro dos pronomes demonstrativos:

| PRONOMES DEMONSTRATIVOS | | | | | |
|---|---|---|---|---|---|
| Pessoa | Variáveis | | | | Invariáveis |
| | Masculino | | Feminino | | |
| | Singular | Plural | Singular | Plural | |
| 1ª | este | estes | esta | estas | isto |
| 2ª | esse | esses | essa | essas | isso |
| 3ª | aquele | aqueles | aquela | aquelas | aquilo |

São também pronomes demonstrativos *o*, *a*, *os*, *as*, quando equivalem a *isto*, *isso*, *aquele*, *aquela*, *aqueles*, *aquelas*; *mesmo* e *próprio*, quando reforçam pronomes pessoais ou fazem referência a algo expresso anteriormente; *tal* e *semelhante*, quando equivalem a *esse*, *essa*, *aquela*:

Imagino *o* que ela já sofreu. (= aquilo)

Eu *mesma* vi a cena repetir-se.

Em *tais* ocasiões é preciso prudência. (= essas)

Para empregar os pronomes demonstrativos de acordo com a norma-padrão, devemos levar em conta critérios como espaço, tempo e referência a elementos no interior do próprio discurso:

**Em relação ao espaço**

- *Este(s)*, *esta(s)* e *isto* indicam o que está perto da pessoa que fala:

> *Este* relógio de bolso que *eu* estou usando pertenceu a meu avô.

- *Esse(s)*, *essa(s)* e *isso* indicam o que está perto da pessoa com quem se fala:

> Mamãe, passe-me, por favor, *essa* revista que está perto de *você*.

- *Aquele(s)*, *aquela(s)* e *aquilo* indicam o que está distante tanto da pessoa que fala como da pessoa com quem se fala:

> Olhem *aquela* casa. É um exemplo da arquitetura colonial brasileira.

## Pronomes demonstrativos: um sistema em mudança

A maior parte dos falantes brasileiros, incluindo os que empregam a norma culta, já não faz uma distinção rigorosa entre os demonstrativos de 1ª e 2ª pessoas, principalmente quando estão numa situação de fala informal.

Para alguns linguistas, isso é sinal de que o sistema ternário desses pronomes está se transformando em um sistema binário. Essa constatação quer dizer que, na prática, os pronomes estão sendo utilizados do seguinte modo: de um lado, os pronomes de 1ª ou 2ª pessoa; de outro, os pronomes de 3ª pessoa.

Assim, um falante tende a dizer, indiferentemente, "Nesse momento" ou "Neste momento". O que vai determinar se ele se refere ao momento presente ou a um momento anteriormente enunciado no discurso é o contexto.

Apesar dessa tendência da língua, é importante conhecer o sistema ternário clássico dos pronomes demonstrativos e saber empregá-lo quando necessário.

**Em relação ao tempo**

- *Este(s)*, *esta(s)* e *isto* indicam o tempo presente em relação à pessoa que fala:

> *Esta* tarde irei ao supermercado fazer a compra do mês.

- *Esse(s)*, *essa(s)* e *isso* indicam o tempo passado, mas relativamente próximo à época em que se situa a pessoa que fala:

> *Essa* noite dormi mal; tive pesadelos horríveis.

- *Aquele(s)*, *aquela(s)* e *aquilo* indicam um afastamento no tempo, referido de modo vago ou como tempo remoto:

> *Naquele* tempo, os filhos das classes abastadas iam estudar em Portugal.

**Em relação ao falado ou escrito ou ao que se vai falar ou escrever**

- *Este(s)*, *esta(s)* e *isto* são empregados quando se quer fazer referência a alguma coisa sobre a qual ainda se vai falar:

> São *estes* os assuntos da reunião: informes gerais, discussão do uso das quadras nos intervalos entre as aulas, abertura da cantina aos sábados.

• *Esse(s)*, *essa(s)* e *isso* são empregados quando se quer fazer referência a alguma coisa sobre a qual já se falou:

Sua participação nas olimpíadas de Matemática, *isso* é o que mais desejamos agora.

• *Este* e *aquele* são empregados quando se faz referência a termos já mencionados; *aquele* para o referido em primeiro lugar e *este* para o referido por último:

Pedro e Paulo são alunos que se destacam na classe: *este* pela rapidez com que resolve os exercícios de Matemática; *aquele* pela criatividade em produção de textos.

## EXERCÍCIOS

Leia estas tiras:

(Fernando Gonsales, *Folha de S. Paulo*, 30/6/2008.)

**PIRATAS DO TIETÊ** LAERTE

(Laerte, *Folha de S. Paulo*, 25/2/2012.)

**1.** Observe a situação de comunicação retratada em cada tira.

a) Em qual delas existe maior formalidade no discurso? Justifique sua resposta.

b) Levante hipóteses: A que você atribui essa formalidade?

**2.** Observe o emprego do pronome demonstrativo no 1º balão das duas tiras.

a) O uso desses pronomes está de acordo com a norma-padrão? Por quê?

b) Considerando as situações de comunicação, existe incoerência em alguma das tiras quanto ao emprego dos pronomes? Justifique sua resposta.

**3.** Na segunda tira, uma das personagens emprega uma forma pronominal em desuso na língua atual: "*vo-lo* trouxesse". Em relação à forma *vo-lo*, responda:

a) Como é constituída essa forma pronominal?

b) A que ou a quem ela se refere?

**4.** Compare as tiras. O que elas têm em comum quanto ao conteúdo?

# PRONOMES INDEFINIDOS

Leia o anúncio:

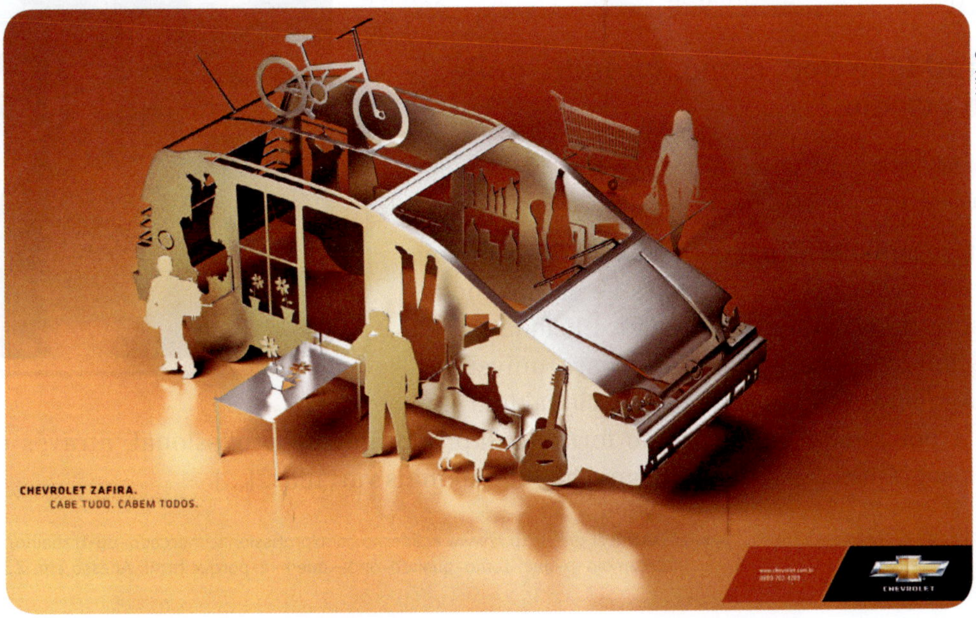


WMcCann

(Disponível em: http://garciapaulo.files.wordpress.com/2010/05/1.jpg. Acesso em: 4/5/2012.)

Observe que, na parte verbal do anúncio, as palavras *tudo* e *todos* se referem de modo genérico aos objetos e pessoas caracterizados na imagem.

*Tudo* e *todos* são **pronomes indefinidos**.

> **Pronomes indefinidos** são aqueles que fazem referências vagas, imprecisas e genéricas a substantivos.

Os pronomes indefinidos podem ser variáveis, isto é, sofrer flexão de gênero e número, como, por exemplo, *todos* os familiares, *toda* a família; ou invariáveis, como, por exemplo, *cada* familiar, *cada* família.

Os indefinidos podem também, como a maior parte dos pronomes, ser **pronomes substantivos** e **pronomes adjetivos**. Veja:

Cabem *todos* os seus familiares nesse carro; nele cabe *tudo*.

*todos* — pron. indefinido adjetivo

*tudo* — pron. indefinido substantivo

Eis o quadro dos pronomes indefinidos da nossa língua:

| PRONOMES INDEFINIDOS | |
|---|---|
| **Variáveis** | **Invariáveis** |
| algum, nenhum, todo, outro, muito, pouco, certo, vário, tanto, quanto, qualquer, qual | alguém, ninguém, tudo, outrem, nada, cada, algo, que, quem |

Os pronomes indefinidos também aparecem na forma de locuções: *cada um, cada qual, qualquer um, seja qual for, seja quem for, todo aquele que*, etc.

# PRONOMES INTERROGATIVOS

Leia este texto jornalístico:

Thinkstock/Getty Images

**Intercâmbio: o que, como, quando, onde, quem e por quê?**

Seis perguntas básicas que podem ajudar a decidir o melhor programa e melhor momento para viajar

O intercâmbio já foi um privilégio de poucos. Hoje em dia, essa prática já se popularizou e muitas modalidades surgiram como opção aos já tradicionais High School e intercâmbios profissionais para universitários. Atualmente, a experiência internacional tem sido procurada por muitos adultos como forma de aprimoramento profissional, através dos mais diversos programas. As rotas também estão muito mais variadas. [...]

[...]

(Disponível em: http://www.ecaderno.com/profissional/mercado-de-trabalho/1844/intercambio-o-que-como-quando-onde-quem-e-porque.html. Acesso em: 23/4/2012.)

As palavras (*o*) *que* e *quem*, que aparecem no título do texto, referem-se a *intercâmbio* de forma indefinida, genérica e imprecisa. Trata-se de palavras que têm a função de perguntar sobre o elemento a que se referem.

(*O*) *que* e *quem* são **pronomes interrogativos.**

**Pronomes interrogativos** são os pronomes indefinidos *que*, *quem*, *qual* e (*o*) *que* quando empregados em frases interrogativas.

Os pronomes interrogativos podem aparecer tanto em perguntas diretas quanto em indiretas e ser empregados como **pronomes substantivos** e como **pronomes adjetivos**. Veja:

*Que* (pron. inter. adj.) horas são? (interrogativa direta)

Gostaria de saber *quem* (pron. inter. subst.) falou na reunião. (interrogativa indireta)

## Função sintática dos pronomes

Os pronomes possessivos, demonstrativos, indefinidos e interrogativos, quando são *adjetivos*, desempenham na oração a função de adjunto adnominal; quando são *substantivos*, desempenham na oração as funções próprias dos substantivos, ou seja, de sujeito, objeto direto, objeto indireto, etc. Veja os exemplos:

Empreste-me *seu* (adj. adn.; pron. poss. adj.) caderno. Esqueci o *meu* (OD; pron. poss. subst.) em casa.

*Ninguém* (S; pron. indef. subst.) imaginava *quem* (S; pron. inter. subst.) era *aquele* (adj. adn.; pron. demonstr. adj.) ilustre visitante.

## PRONOMES RELATIVOS

Leia este texto:

### Verde ou maduro?

Sempre me perguntei se a água que gostosamente mata a sede vem do mesmo coco que se rala. Explica meu consultor para assuntos baianos, José Frazão [...]: a água vendida vem mais do coqueiro-anão, aqui introduzido na primeira metade do século 20. Chega aos quatro metros e seu coco-verde fornece a água e a fina polpa que se come de colher. Quando amadurece, diz Frazão, o pé em geral não segura a penca. Os cocos caem, inaproveitáveis.

Já o coqueiro-da-baía, com cinco séculos de Brasil, que sobe a 30 metros, além da água do fruto verde, dá o coco maduro, da casca marrom. Com este é que preparamos delícias como moqueca, arroz de coco, cuscuz. Frazão ensina: pela cor da palha em cima da penca, o nordestino é capaz de distinguir o coco pururuca, maduro, mas ainda tenro, com o qual se faz a cocada mais tenra. [...]

(In: Mylton Severiano. *Brasil: Almanaque de cultura popular*, nº 109.)

Thinkstock/Getty Images

A frase que inicia o texto poderia também ter esta redação:

Sempre me perguntei (1ª oração)
se a água vem do mesmo coco (2ª oração)
a água gostosamente mata a sede (3ª oração)
o coco se rala. (4ª oração)

Observe que, nessa redação, o texto ficaria confuso, repetitivo e menos direto. Para evitar isso, as palavras repetidas foram substituídas pela palavra *que*.

Quando substitui uma palavra ou expressão antecedente, isto é, já mencionada, a palavra *que* é um **pronome relativo**.

**Pronome relativo** é aquele que liga orações e se refere a um termo anterior – o antecedente.

Eis o quadro dos pronomes relativos:

| PRONOMES RELATIVOS | | | | |
|---|---|---|---|---|
| Variáveis | | | | Invariáveis |
| Masculino | | Feminino | | |
| Singular | Plural | Singular | Plural | |
| o qual | os quais | a qual | as quais | que |
| cujo | cujos | cuja | cujas | quem |
| quanto | quantos | – | quantas | onde |

Os pronomes relativos podem ser precedidos ou não de preposições. Veja:

o coco-verde fornece a água e a fina polpa *que* se come de colher.

O nordestino é capaz de distinguir o coco pururuca, *com o qual* se faz a cocada mais tenra.
(com = preposição)

## Função sintática dos pronomes relativos

Os pronomes relativos assumem um duplo papel no período: representam um antecedente e servem de elemento de subordinação na oração que iniciam. Por isso, sempre desempenham uma função sintática nas orações que iniciam: pode ser de sujeito, objeto direto, objeto indireto, predicativo, adjunto adnominal, adjunto adverbial, complemento nominal e agente da passiva. Observe:

O remédio custa muito caro. Eu preciso *do remédio*. (do remédio = OI)

O remédio *de que* preciso custa muito caro. (de que = OI)

O pronome relativo *cujo* funciona geralmente como adjunto adnominal; e o relativo *onde*, como adjunto adverbial:

A família a *cujo* imóvel se referem mudou-se do Brasil. (cujo = adj. adn.)

A cidade *onde* nasci é muito calma e agradável. (onde = adj. adv.)

# EXERCÍCIOS

Leia a tira a seguir e responda às questões 1 e 2.

Atlantic Syndication

(*Folha de S. Paulo*, 21/2/2003.)

**1.** No 2º quadrinho, as personagens empregam vários pronomes.

a) Como se classifica o pronome *todas*?

b) Identifique um pronome relativo e seu antecedente.

c) Justifique o emprego do pronome demonstrativo *isso*.

**2.** No 3º quadrinho, identifique:

a) um pronome indefinido substantivo;

b) o pronome demonstrativo substantivo que se refere às garotas que o dono de Garfield não conhece.

**3.** O pronome indefinido *todo*, quando precede substantivo, sendo, portanto, pronome adjetivo, tem o sentido de *qualquer* ou *todos*. Se, porém, for sucedido pelo artigo *o/a* (*todo o*), exerce uma função adjetiva em relação ao substantivo que acompanha, e seu sentido passa a ser *inteiro(a)*. Veja:

> *Toda* cidade vibrou com os jogos olímpicos. (Todas as cidades vibraram...)
>
> *Toda* a cidade vibrou com os jogos olímpicos. (A cidade inteira vibrou...)

Reescreva as frases, completando-as adequadamente com *todo* ou *todo o*:

a) □ colheita foi perdida com a seca dos últimos meses.

b) □ aluno em final de curso deve passar pela secretaria para assinar documentos.

c) Preenchi □ cupom e enviei-o pelo correio.

d) □ Brasil vibrou e se entristeceu com a Copa de 1998.

## O PRONOME NA CONSTRUÇÃO DO TEXTO

Leia a tira:

(*Nik. Gaturro.* Cotia-SP: Vergara & Riba, 2008. p. 89.)

**1.** A situação retratada na tira ocorre em um escritório. No 1º quadrinho, o homem de cabelo e bigode branco diz: "Quem foi o culpado?".

a) Levante hipóteses: Que relação há entre esse homem e as outras pessoas?

b) O que justifica semântica e morfologicamente o emprego da palavra *quem*?

**2.** No último quadrinho, Gaturro conclui: "Nada melhor do que um escritório para aprender os pronomes".

a) Que tipos de pronome foram empregados na tira?

b) A que pessoas do discurso pertencem os pronomes?

c) O que essa diversidade de pronomes mostra quanto à postura das pessoas que respondem à pergunta feita no 1º quadrinho?

**3.** Considerando os pronomes pessoais do caso reto, qual deles o homem gostaria de ouvir como resposta?

### Para que servem os pronomes

Pronomes são palavras que exercem papel fundamental nas interações verbais. São eles que indicam as pessoas do discurso, expressam formas sociais de tratamento e substituem, acompanham ou retomam palavras e orações já expressas. Contribuem, assim, para garantir a síntese, a clareza, a coerência e a coesão do texto.

## SEMÂNTICA E DISCURSO

Leia a tira:

(Disponível em: http://giscreatio.blogspot.com.br/2010/09/palestra-com-cartunista-caco-galhardo.html. Acesso em: 4/5/2012.)

**1.** A tira retrata uma situação de comunicação em uma empresa.

a) Levante hipóteses: Que relação de trabalho há entre o homem e a mulher? Justifique sua resposta.

b) As respostas da moça atendem à expectativa de seu interlocutor? Justifique sua resposta.

c) Levante hipóteses: Quais respostas eram esperadas pelo interlocutor?

d) Conclua: Em que sentido as respostas da jovem contribuem para a construção do humor da tira?

**2.** Considerando a situação de comunicação entre as personagens e o uso que elas fazem da linguagem, responda:

a) Nesse contexto, haveria necessidade de que a linguagem fosse rigorosamente monitorada, com o fim de ficar de acordo com a norma-padrão? Por quê?

b) No 1º e no 3º quadrinhos, o homem emprega vários pronomes. Quais são utilizados por ele em referência à interlocutora?

c) Em relação às regras gramaticais da norma-padrão, é possível afirmar que há desvios? Explique.

**3.** O homem, na tira, ainda utiliza os pronomes *esta* (em *nesta*) e *algo*.

a) Por que, para se referir à empresa, ele utiliza a forma *nesta*?

b) Justifique semanticamente o emprego do pronome indefinido *algo* na fala da personagem no 3º quadrinho.

**4.** Observe as frases:

> "O *que* te move nesta empresa?"
> "Falo de algo maior, *que* te faz dar seu suor."

A palavra *que* não tem a mesma função nas duas frases. Explique em que consiste essa diferença e classifique a palavra em cada ocorrência.

Museu Salomon R. Guggenheim, Nova York

*A criança-carburador* (1919), de Francis Picabia.

CAPÍTULO 13

# O verbo

## CONSTRUINDO O CONCEITO

A foto ao lado é do fotógrafo francês Pierre Verger, que viveu na Bahia entre 1946 e 1996, ano de sua morte. Nela é retratado um dos temas pelos quais o fotógrafo mais se interessou em nosso país: a cultura popular.

Fundação Pierre Verger

(*O Brasil de Pierre Verger*. Rio de Janeiro: Fundação Pierre Verger, 2006. p. 40.)

1. A foto retrata uma cena de rua da década de 1950, época em que circulavam bondes. Observe a imagem.

a) Qual é o destino do bonde?

b) Quanto custava a passagem?

2. Observe o homem que está à frente do bonde, do lado de fora.

a) Como ele está vestido?

b) O que tem nas mãos?

c) Pela expressão facial, como ele parece estar?

3. Observe o local, como está o dia e as vestimentas de outras pessoas do bonde.

a) Deduza: Que evento da cultura popular brasileira está acontecendo?

b) Levante hipóteses: Para onde essas pessoas estão indo ou de onde estão voltando?

c) Você acha que esse evento envolvia muitas pessoas? Por quê?

d) Em que momento do dia ocorre a cena?

4. Leia este comentário de Ordep Serra a respeito do travestimento carnavalesco:

> Como regra, tem de ser mesmo acentuado o contraste entre a evidência da condição masculina do travestido e sua fantasia feminina. Um travestimento muito benfeito, capaz de iludir [...], é coisa que o travestido carnavalesco típico evita. A maquiagem, os trejeitos de mulher, as roupas femininas são exagerados, mas também ficam visíveis traços másculos do portador, que resultam até salientados.
>
> ("Carnaval dos travestidos – Verger e as metamorfoses do carnaval". In: *O Brasil de Pierre Verger*, cit., p. 33.)

Fundação Pierre Verger

Observe a pessoa que está no detalhe da foto reproduzido acima e o homem que está à frente do bonde, na página anterior.
O comentário de Ordep Serra se aplica a essas pessoas da foto? Justifique sua resposta.

5. A cena retratada expressa movimento, ações. Indique, entre as ações a seguir, aquelas que estão relacionadas à cena.

a) subir e descer
b) falar
c) rir
d) segurar-se
e) ir
f) chorar
g) brincar
h) olhar
i) ouvir

## CONCEITUANDO

Ao responder às questões acima, você deve ter empregado palavras ou expressões como *ir*, *estar*, *custar*, *vestir*, *usar*, *calçar*, *rir*, *subir*, *descer*, etc. Essas palavras são **verbos**.

> **Verbos** são palavras que exprimem ação, estado, mudança de estado e fenômenos meteorológicos, sempre em relação a um determinado tempo.

Veja alguns exemplos de emprego de verbos:

O bonde *ia* para Cascadura.
(ação)

As pessoas *estavam* fantasiadas.
(estado)

*Fazia* sol.
(fenômeno meteorológico)

Fundação Pierre Verger

# LOCUÇÃO VERBAL

Observe a forma verbal destacada nesta frase:

> O bonde *está indo* para Cascadura.

*Está indo* é uma expressão formada por dois verbos – *está* (verbo *estar* no presente do indicativo) + *indo* (verbo *ir* no gerúndio) – com valor de um, pois equivale a *vai*.

Nas locuções verbais, conjuga-se apenas o verbo auxiliar, pois o verbo principal vem sempre numa das formas nominais: infinitivo, gerúndio ou particípio.

Os verbos auxiliares de uso mais frequente são *ter*, *haver*, *ser*, *estar* e *ir*.

Quando a locução verbal é constituída de formas dos verbos auxiliares *ter* e *haver* mais o particípio do verbo principal, temos um **tempo composto**. Veja este exemplo:

> Ele já *tinha saído* (ou *havia saído*) para o trabalho quando você me telefonou.

Nessa frase, a forma verbal destacada está no pretérito mais-que-perfeito composto e corresponde, na forma simples, ao pretérito mais-que-perfeito do indicativo:

> Ela já *saíra* para o trabalho quando você me telefonou.

### O gerúndio e o gerundismo

Você já ouviu falar em gerundismo? É o uso exagerado e inadequado do gerúndio. Compare estas frases:

> Enquanto você faz compras, vou estar jogando futebol.
> Vou estar verificando o que podemos fazer.

Observe que, na 1ª frase, a locução *vou estar* + gerúndio é adequada, uma vez que comunica a ideia de uma ação que ocorre no momento da outra. Na 2ª frase, entretanto, essa ideia não ocorre, pois a locução verbal *vou estar* + gerúndio se refere a um futuro em andamento. Nesse caso, portanto, deve-se empregar *vou verificar* ou *verificarei*.

# FLEXÃO DOS VERBOS

Os verbos flexionam-se em número, pessoa, modo, tempo e voz.

## Número e pessoa

As três pessoas do verbo são as mesmas do discurso, ou seja, aquelas que envolvem todo ato de comunicação, e podem estar no singular ou no plural. Observe as variações de pessoa e de número relativas ao presente do verbo *escrever*, por exemplo:

- *1ª pessoa* (quem fala): *Eu* escrev*o* bem./*Nós* escreve*mos* bem.
- *2ª pessoa* (com quem se fala): *Tu* escreve*s* bem./*Vós* escreve*is* bem.
- *3ª pessoa* (de quem ou de que se fala): *Ele*(*a*) escreve bem./*Eles*(*as*) escreve*m* bem.

## Modo

- **Indicativo**: É o modo da certeza, o que expressa algo que seguramente acontece, aconteceu ou acontecerá:

> Eu *leio* todos os dias.

### Que modo usar nas orações subordinadas substantivas?

Emprega-se o indicativo geralmente nas orações que completam o sentido de verbos como *afirmar*, *compreender*, *comprovar*, *crer* (no sentido afirmativo), *dizer*, *pensar*, *ver*, *verificar*.

Emprega-se o subjuntivo depois de verbos ligados à ideia de ordem, proibição, pedido, súplica, condição e outros semelhantes, como *desejar*, *duvidar*, *implorar*, *lamentar*, *negar*, *ordenar*, *pedir*, *proibir*, *querer*, *suplicar*.

Veja os exemplos:

> *Afirmo* que ele *vem* à reunião de formatura.
> *Duvido* que ele *venha* à reunião de formatura.

- **Subjuntivo:** É o modo da dúvida, o que expressa a incerteza, a possibilidade de algo vir a acontecer:

> Meus pais querem que eu *leia* todos os dias.

- **Imperativo:** É o modo geralmente empregado quando se tem a finalidade de exortar o interlocutor a cumprir a ação indicada pelo verbo. É o modo da persuasão, da ordem, do pedido, do conselho, do convite:

> *Leia* todos os dias, nem que seja um pequeno texto!

Publicis Salles Norton

(*29º Anuário do Clube de Criação de São Paulo*. p. 238.)

O modo imperativo é muito usado nas propagandas, uma vez que elas têm por objetivo influenciar o interlocutor, persuadi-lo ou mesmo fazer-lhe um apelo.

## Tempo

Leia estas frases:

> *Disse* adeus aos pais e *partiu* com a caravana.
> Este *é* aquele com quem *viverei* de agora em diante.

Observe que cada uma das formas verbais destacadas transmite uma noção temporal diferente. Na primeira frase, as formas verbais *disse* e *partiu* se referem a fatos que já aconteceram; na segunda, a forma verbal *é* se refere a algo que ocorre no momento em que se fala, enquanto a forma *viverei* se refere a um fato que ainda vai acontecer. Assim, os verbos *dizer* e *partir* estão no *pretérito*, também chamado de *passado* (*disse*, *partiu*), o verbo *ser* está no *presente* (*é*) e o verbo *viver*, no *futuro* (*viverei*).

Os verbos apresentam flexão de tempo nos modos indicativo e subjuntivo.

### Flexões de tempo no modo indicativo

Os tempos do modo indicativo são:

- **presente:** expressa uma ação que está ocorrendo no momento em que se fala ou uma ação que se repete ou perdura:

> Nós *moramos* aqui.

- **pretérito:** subdivide-se em:
  - **pretérito perfeito:** transmite a ideia de uma ação completamente concluída:

> Eu *joguei* bola ontem.

  - **pretérito imperfeito:** transmite a ideia de uma ação habitual ou contínua ou que vinha acontecendo, mas foi interrompida por outra:

> Ele sempre me *visitava* aos domingos. (ação contínua)
> Nós *fechávamos* a porta quando as visitas chegaram. (ação interrompida)

– **pretérito mais-que-perfeito**: expressa a ideia de uma ação ocorrida no passado, mas anterior a outra ação, também passada:

Quando ele saiu, eu já *fizera* minha lição.

- **futuro**: subdivide-se em:
  – **futuro do presente**: expressa a ideia de uma ação que ocorrerá num tempo futuro em relação ao tempo atual:

Eu *irei* à praia amanhã.

  – **futuro do pretérito**: expressa a ideia de uma ação que ocorreria desde que certa condição tivesse sido atendida:

Eu *iria* à praia, se estivesse em férias.

## Flexões de tempo no modo subjuntivo

Os tempos do modo subjuntivo são:

- **presente**: indica um fato incerto no presente ou um desejo, sendo empregado normalmente depois de expressões como *convém que, é necessário que, é possível que, tomara que, talvez*:

Talvez eu *faça* um curso de inglês este ano.

- **pretérito imperfeito**: indica um fato incerto ou improvável ou um fato que poderia ter ocorrido mediante certa condição:

Se ele *pensasse* no futuro, estudaria mais.

- **futuro**: expressa a ideia de um acontecimento possível no futuro:

Quando ele *chegar*, nós iniciaremos a reunião.

(Ziraldo. *O menino Maluquinho em quadrinhos*. Porto Alegre: L&PM, 1991.)

## Voz

A voz do verbo indica o tipo de relação que o sujeito mantém com o verbo. São três as vozes verbais:

- **ativa**: o sujeito pratica a ação verbal e, por isso, é um sujeito agente:

A imobiliária do meu tio *alugou* todas as casas velhas da vila.
(A imobiliária do meu tio: sujeito agente; alugou: ação verbal)

- **passiva**: o sujeito sofre a ação expressa pelo verbo e, por isso, é um sujeito paciente. Há dois tipos de passiva:
  - **analítica**: formada pelo verbo *ser* ou *estar* mais o particípio do verbo principal:

> Todas as casas velhas da vila *foram alugadas* pela imobiliária do meu tio.
> (Todas as casas velhas da vila: sujeito paciente; foram alugadas: verbo ser + particípio)

  - **sintética**: formada pelo acréscimo do pronome apassivador, normalmente em frases nas quais o verbo precede o sujeito paciente:

> Alugaram-*se* todas as casas velhas da vila.
> (se: pronome apassivador; todas as casas velhas da vila: sujeito paciente)

- **reflexiva**: o sujeito pratica e recebe a ação verbal:

> O garoto feriu-*se* com o estilete.
> (O garoto: sujeito agente e paciente; se: pronome reflexivo)

## EXERCÍCIOS

Leia a anedota a seguir e responda às questões 1 e 2.

> Dois camaradas se <u>encontram</u> quando estão passeando com seus cachorros na rua.
>
> Um deles, muito convencido, diz:
>
> — O meu cachorro <u>consegue</u> ler!
>
> O outro, mais convencido ainda:
>
> — Eu já <u>sabia</u>. O meu me <u>contou</u>!
>
> (Amir Mattos, org. *Brincadeiras, pegadinhas e piadas da Internet*. Belo Horizonte: Leitura, 2001. p. 12.)

**1.** Reconheça o tempo em que estão as formas verbais sublinhadas na anedota.

**2.** Identifique a locução verbal que aparece na anedota e substitua-a por uma forma verbal simples de sentido equivalente.

**3.** Complete as frases, empregando no futuro do pretérito os verbos indicados:

a) Se ela trouxesse as chaves, nós ☐ entrar no salão. (poder)

b) Se eles deixassem, vocês ☐ as cartas. (escrever)

c) Eu ☐ o convite, se pudesse. (aceitar)

d) Se nós disséssemos isso, certamente eles se ☐. (ofender)

**4.** Complete as frases, empregando no futuro do presente os verbos indicados:

a) Quando eles chegarem, nós ☐ imediatamente seu convite. (entregar)

b) Quando ela vir você tão bem, não ☐. (acreditar)

c) Enquanto eu não obtiver todos os dados, não ☐ a pesquisa. (terminar)

# FORMAS NOMINAIS DO VERBO

Leia este texto:

## Atrás do espesso véu

Disse adeus aos pais e, montada no camelo, partiu com a longa caravana na qual seguiam seus bens e as grandes arcas do dote. Atravessaram desertos, atravessaram montanhas. Chegando afinal à terra do futuro esposo, eis que ele saiu de casa e veio andando ao seu encontro. "Este é aquele com quem viverás para sempre", disse o chefe da caravana à mulher. Então ela pegou a ponta do espesso véu que trazia enrolado na cabeça, e com ele cobriu o rosto, sem que nem se vissem os olhos. Assim permaneceria dali em diante. Para que jamais soubesse o que havia escolhido, aquele que a escolhera sem conhecê-la.

(Marina Colasanti. *Contos de amor rasgados.* Rio de Janeiro: Rocco, 1986. p. 47.)

Blendimages RM/Other Images

Observe que, no texto, entre outras, aparecem três formas verbais:

"e veio *andando* ao seu encontro"
"o que havia *escolhido*"
"sem *conhecê*-la"

As formas verbais destacadas acima chamam-se, respectivamente, **gerúndio**, **particípio** e **infinitivo** e constituem as **formas nominais** dos verbos, pois podem desempenhar também a função de um nome. Veja:

Estou lhe devolvendo os livros *emprestados*. → Estou lhe devolvendo os livros que me *emprestou*.

*emprestados*: forma nominal correspondente a adjetivo
*emprestou*: verbo

As formas nominais do verbo derivam do tema (radical + vogal temática) acrescido das desinências:

- **-r**: para o *infinitivo*: atravess*ar*, conhec*er*, part*ir*
- **-do**: para o *particípio*: atravessa*do*, permaneci*do*, escolhi*do*
- **-ndo**: para o *gerúndio*: anda*ndo*, permanece*ndo*, parti*ndo*

As formas nominais não podem exprimir por si nem o tempo nem o modo. Seu valor de modo e tempo depende do contexto em que aparecem.

O **infinitivo** apresenta o processo verbal em potência, exprimindo a ação verbal propriamente dita; aproxima-se, desse modo, do substantivo. Veja:

*Ler* é um prazer.

O **gerúndio** transmite a ideia de que a ação verbal está em curso; desempenha, assim, as funções exercidas pelo advérbio e pelo adjetivo. Observe:

"*Chegando* afinal à terra do futuro esposo, eis que ele saiu de casa e veio *andando* ao seu encontro."

O **particípio** transmite a ideia de que o processo da ação verbal chegou ao fim; pode desempenhar a função de um adjetivo e, nesse caso, concorda em gênero e número com o substantivo a que se refere. Veja:

A jovem não escolhera, foi *escolhida*.

## EXERCÍCIOS

Leia esta tira, de Fernando Gonsales:

(*Níquel Náusea – Minha mulher é uma galinha.* São Paulo: Devir, 2008. p. 14.)

**1.** Em que tempo e modo se encontram as formas verbais do 1º quadrinho?

**2.** Na frase do 2º quadrinho, temos:

a) formas verbais no infinitivo e no gerúndio, respectivamente.

b) formas verbais no infinitivo e no particípio, respectivamente.

c) formas verbais no particípio e no gerúndio, respectivamente.

d) formas verbais no gerúndio e no infinitivo, respectivamente.

**3.** Em cada fala do 4º quadrinho, há uma forma verbal omitida, identificável pelo contexto. Qual é ela? Em que tempo e modo ela está?

**4.** Como é característico das tiras, o último quadrinho surpreende o leitor. Qual é o elemento responsável por essa surpresa e por que ele provoca humor?

# CLASSIFICAÇÃO DOS VERBOS

Os verbos classificam-se, quanto à flexão, em *regulares*, *irregulares*, *anômalos*, *defectivos* e *abundantes*; e, quanto à função, em *auxiliares* e *principais*.

## Verbos regulares e irregulares

Leia esta tira:

(Adão Iturrusgarai. *Kiki, a primeira vez.* São Paulo: Devir, 2002. p. 14.)

No 1º balão da tira, aparece com destaque o verbo *tatuar* (1ª conjugação). Se conjugarmos esse verbo no presente, no imperfeito e no futuro do indicativo, observaremos que ele não apresenta alterações no radical e que as desinências variam de acordo com um modelo. O verbo *tatuar* e todos os outros que ao serem conjugados não sofrem alteração no radical e cujas desinências variam de acordo com um modelo são chamados de **regulares**. Veja:

eu tatu*o* | eu tatua*va* | eu tatua*rei*

No 2º balão da tira, aparece a forma *faça*, do verbo *fazer* (2ª conjugação). Ao conjugar esse verbo na mesma pessoa e nos tempos verbais que conjugamos o verbo *tatuar*, veremos que ele sofre alterações no radical. O verbo *fazer* e muitos outros que sofrem alteração no radical ou se afastam do modelo de conjugação ao qual pertencem, como *dar*, *estar* e *ter*, são chamados de **irregulares**. Compare, por exemplo, o verbo *arrepender-se*, que é regular, com o verbo *fazer*, que é irregular:

| | | |
|---|---|---|
| eu me arrepend*o* | eu me arrepend*ia* | eu me arrepender*ei* |
| eu fa*ço* | eu faz*ia* | eu far*ei* |

### Os morfemas dos verbos

- **Radical:** contém a significação básica da palavra; normalmente ele se repete em todos os modos e tempos, sem sofrer modificações. No verbo *atravessar*, por exemplo, o radical é *atravess-*.
- **Vogal temática:** é a vogal que se segue ao radical dos verbos e indica a conjugação a que eles pertencem: *-a* indica a 1ª conjugação: am*a*r; *-e* indica a 2ª conjugação: beb*e*r; *-i* indica a 3ª conjugação: part*i*r.
- **Tema:** é o radical somado à vogal temática: atravess + a = *atravessa*.
- **Desinências:** são morfemas que indicam a pessoa do discurso (1ª, 2ª ou 3ª), o número (singular ou plural), o tempo e o modo do verbo: atravessa + *re* + *mos*.

O mesmo se dá com outros verbos, como *caber* (caibo, coube), *poder* (podemos, puder), *ter* (tenha, tivesse), *dizer* (diga, disseram), *haver* (hei, houve), *ir* (fui, vamos), *vir* (vim, veio, viesse), *ver* (vejo, visse, vir), etc.

Para saber se um verbo é regular ou irregular, basta conjugá-lo no presente ou no pretérito perfeito do indicativo. Se esses dois tempos seguirem o modelo dos verbos regulares, os outros tempos também seguirão. Se não, é sinal de que são irregulares.

## Verbos anômalos, defectivos e abundantes

**Anômalos** são os verbos que, ao serem conjugados, apresentam no radical alterações mais profundas que as sofridas pelos verbos irregulares. Veja:

- *ser*: presente do indicativo: sou, és, é, somos, sois, são
  pretérito perfeito do indicativo: fui, foste, foi, fomos, fostes, foram
  pretérito imperfeito do indicativo: era, eras, era, etc.
- *ir*: presente do indicativo: vou, vais, vai, vamos, ides, vão
  pretérito perfeito do indicativo: fui, foste, foi, fomos, etc.
  pretérito imperfeito do indicativo: ia, ias, ia, íamos, etc.

**Defectivos** são os verbos que, ao serem conjugados, não apresentam todos os tempos, modos ou pessoas. Na maioria dos casos, a defectividade verbal é devida à eufonia ou à significação. O verbo *abolir*, por exemplo, não é conjugado na 1ª pessoa do singular do presente do indicativo porque, por tradição, soa mal.

Os verbos *reaver* e *precaver(-se)* só têm, no presente do indicativo, a 1ª e 2ª pessoas do plural – *nós reavemos, vós reaveis, nós precavemos, vós precaveis*. Quando necessário, suprimos a ausência das outras pessoas empregando um sinônimo – eu *recupero* (para *reaver*) – ou uma forma equivalente – eu *consigo reaver*.

Esses verbos apresentam o imperativo afirmativo: *reavei* vós, *precavei* vós; faltam-lhes, entretanto, o imperativo negativo e o presente do subjuntivo. Nos demais tempos verbais, conjugam-se normalmente: *reouve, reaverei, reouvesse*, etc.

**Abundantes** são verbos que apresentam duas ou mais formas equivalentes: *havemos* e *hemos*; *entopem* e *entupem*; *matado* e *morto*.

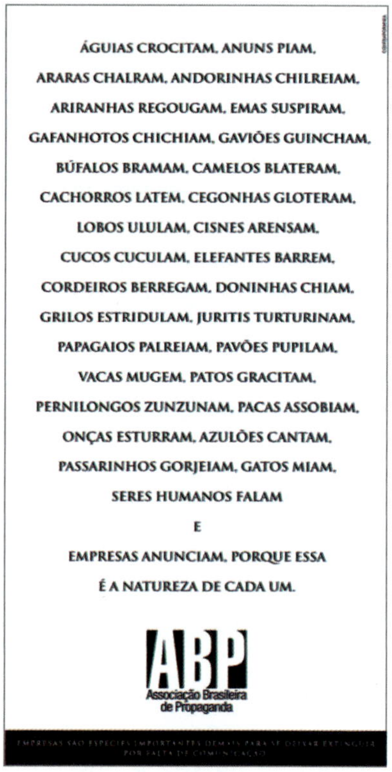


Contemporânea

(*O Globo*, 1º/3/2004.)

Observe, nesse anúncio, o emprego de vários verbos que designam vozes de animais – *crocitar, chalrar, chilrear*... Esses verbos são defectivos, pois só são conjugados na 3ª pessoa, em virtude de sua significação.

Normalmente, a abundância ocorre no *particípio*: um regular, terminado em *-ado* (1ª conjugação) ou *-ido* (2ª e 3ª conjugações), e outro irregular, proveniente do latim ou de nome que passou a ter aplicação como verbo. Eis uma relação dos particípios regulares e irregulares mais comuns:

| INFINITIVO | PARTICÍPIO REGULAR | PARTICÍPIO IRREGULAR |
|---|---|---|
| aceitar | aceitado | aceito, aceite |
| acender | acendido | aceso |
| benzer | benzido | bento |
| eleger | elegido | eleito |
| entregar | entregado | entregue |
| enxugar | enxugado | enxuto |

| INFINITIVO | PARTICÍPIO REGULAR | PARTICÍPIO IRREGULAR |
|---|---|---|
| expressar | expressado | expresso |
| expulsar | expulsado | expulso |
| extinguir | extinguido | extinto |
| frigir | frigido | frito |
| ganhar | ganhado | ganho |
| isentar | isentado | isento |
| imprimir | imprimido | impresso |
| incorrer | incorrido | incurso |
| matar | matado | morto |
| omitir | omitido | omisso |
| romper | rompido | roto |
| salvar | salvado | salvo |
| soltar | soltado | solto |
| submergir | submergido | submerso |
| suspender | suspendido | suspenso |
| tingir | tingido | tinto |
| vagar | vagado | vago |

Os particípios regulares geralmente são empregados na construção dos tempos compostos da voz ativa e, portanto, acompanham os verbos auxiliares *ter* e *haver*. Os particípios irregulares acompanham *ser* e *estar*. Veja os exemplos:

A direção *tinha suspendido* as aulas por falta de energia.
As aulas *foram suspensas* por falta de energia.

## CONJUGAÇÕES

Conjugar um verbo é flexioná-lo em alguns de seus modos, tempos, pessoas, números e vozes. O conjunto de todas essas flexões, de acordo com determinada ordem, chama-se **conjugação**. Todos os verbos da língua portuguesa pertencem a três conjugações, caracterizadas pela vogal temática:

- *1ª conjugação:* os verbos que têm a vogal temática *-a*: pens *a* r;
- *2ª conjugação:* os verbos que têm a vogal temática *-e*: entend *e* r;
- *3ª conjugação:* os verbos que têm a vogal temática *-i*: reflet *i* r.

Como a vogal temática aparece com mais clareza no infinitivo, costuma-se geralmente indicar pela terminação dessa forma verbal (vogal temática + desinência *-r*) a conjugação a que um dado verbo pertence. Assim, os verbos terminados em *-ar* no infinitivo pertencem à 1ª conjugação; os terminados em *-er*, à 2ª; os terminados em *-ir*, à 3ª.

O verbo *pôr*, do mesmo modo que seus derivados, como *repor*, *supor*, *compor*, *apor*, *antepor*, etc., pertence à 2ª conjugação, pois historicamente perdeu a vogal temática *-e*. Observe a evolução da forma latina de *pôr* para a forma atual: ponere > poer > pôr.

# EXERCÍCIOS

Leia o texto a seguir e responda às questões de 1 a 3.

**Todo mundo falando**

Se somos parentes tão próximos dos chimpanzés, por que apenas os humanos conseguem falar? Cientistas da David Geffen School of Medicine, da California University, se aproximaram da resposta ao descobrir diferenças significativas nas versões humana e primata de um gene conhecido como FOXP2, relacionado com a fala. O trabalho pode resultar em drogas para tratar melhor de distúrbios humanos que afetam a fala, como o autismo.

(*Conhecer*, out. 2010, p. 15.)

Brad Wilson/Iconica/Getty Images

**1.** Identifique a pessoa, o número, o tempo e o modo em que estão os verbos destacados nestas frases do texto:

a) "Se *somos* parentes tão próximos dos chimpanzés"

b) "Cientistas [...] se *aproximaram* da resposta"

**2.** Identifique as locuções verbais empregadas no texto.

**3.** No enunciado "O trabalho *pode resultar* em drogas para tratar melhor de distúrbios humanos que afetam a fala, como o autismo", o que a locução verbal destacada expressa?

a) A ideia de certeza a respeito dos resultados da pesquisa.

b) A ideia de incerteza quanto aos resultados da pesquisa.

c) A ideia de possibilidade de tratamentos por meio dos resultados da pesquisa.

d) A ideia de desconfiança quanto aos resultados da pesquisa.

**4.** Leia a tira abaixo:

Adão Iturrusgarai

(*Folha de S. Paulo*, 28/12/2010.)

Troque ideias com os colegas:

a) A forma *pôr* que aparece no último quadrinho está no infinitivo ou no futuro do subjuntivo?

b) Ela está empregada de acordo com a norma-padrão? Por quê?

# FORMAÇÃO DOS TEMPOS VERBAIS SIMPLES

Em português, há dois tempos primitivos – o presente do indicativo e o pretérito perfeito do indicativo – e uma forma nominal – o infinitivo impessoal – dos quais derivam todos os tempos e formas nominais.

## Tempos derivados do presente do indicativo

Do *presente do indicativo* deriva o *presente do subjuntivo*.

- *1ª conjugação:* troca-se a vogal final do presente do indicativo por *-e*.
- *2ª e 3ª conjugações:* troca-se a vogal final da 1ª pessoa do presente do indicativo por *-a*.

Veja:

| 1ª CONJUGAÇÃO | | 2ª CONJUGAÇÃO | | 3ª CONJUGAÇÃO | |
|---|---|---|---|---|---|
| **Presente do indicativo** | **PRESENTE DO SUBJUNTIVO** | **Presente do indicativo** | **PRESENTE DO SUBJUNTIVO** | **Presente do indicativo** | **PRESENTE DO SUBJUNTIVO** |
| pens*o* | pens*e* | vend*o* | vend*a* | part*o* | part*a* |
| pensas | penses | vendes | vendas | partes | partas |
| pensa | pense | vende | venda | parte | parta |
| pensamos | pensemos | vendemos | vendamos | partimos | partamos |
| pensais | penseis | vendeis | vendais | partis | partais |
| pensam | pensem | vendem | vendam | partem | partam |

Constituem exceções os verbos *haver*, *ir*, *ser*, *estar*, *querer* e *saber*, que no presente do indicativo e no presente do subjuntivo se conjugam assim:

- **haver**: hei, hás, há, havemos, haveis, hão / haja, hajas, haja, hajamos, hajais, hajam
- **ir**: vou, vais, vai, vamos, ides, vão / vá, vás, vá, vamos, vades, vão
- **ser**: sou, és, é, somos, sois, são / seja, sejas, seja, sejamos, sejais, sejam
- **estar**: estou, estás, está, estamos, estais, estão / esteja, estejas, esteja, estejamos, estejais, estejam
- **querer**: quero, queres, quer, queremos, quereis, querem / queira, queiras, queira, queiramos, queirais, queiram
- **saber**: sei, sabes, sabe, sabemos, sabeis, sabem / saiba, saibas, saiba, saibamos, saibais, saibam

Do *presente do indicativo* e do *presente do subjuntivo* originam-se o *imperativo afirmativo* e o *negativo*. Veja, como exemplo, a formação do imperativo do verbo *dizer*, observando que:

- no *imperativo* não existe a 1ª pessoa do singular;
- no *imperativo afirmativo* as formas da 2ª pessoa (do singular e do plural) originam-se do presente do indicativo sem *-s*; as demais são as mesmas do *presente do subjuntivo*;
- no *imperativo negativo* as formas de todas as pessoas coincidem com as do *presente do subjuntivo*.

| Presente do indicativo | IMPERATIVO AFIRMATIVO | Presente do subjuntivo | IMPERATIVO NEGATIVO |
|---|---|---|---|
| eu digo | ——— | eu diga | ——— |
| tu dize~~s~~ → | dize tu | tu digas → | não digas tu |
| ele diz | diga você ← | ele diga → | não diga você |
| nós dizemos | digamos nós ← | nós digamos → | não digamos nós |
| vós dizei~~s~~ → | dizei vós | vós digais → | não digais vós |
| eles dizem | digam vocês ← | eles digam → | não digam vocês |

O verbo *ser*, nas formas da 2ª pessoa (*tu* e *vós*) do imperativo, apresenta exceções: *sê* (tu), *sede* (vós). As demais pessoas formam-se do mesmo modo que os outros verbos.

Fernando Gonsales

(*Folha de S. Paulo*, 29/8/2007.)

: A princesa trata o seu interlocutor, o príncipe-sapo, na 2ª pessoa do plural; daí o emprego do imperativo negativo *não brinqueis* no último quadrinho.

## Tempos derivados do pretérito perfeito do indicativo

Do tema do *pretérito perfeito do indicativo* derivam:

- o *pretérito mais-que-perfeito do indicativo*, juntando-se ao tema as desinências *-ra*, *-ras*, *-ra*, *-ramos*, *-reis*, *-ram*;
- o *pretérito imperfeito do subjuntivo*, juntando-se ao tema as desinências *-sse*, *-sses*, *-sse*, *-ssemos*, *-sseis*, *-ssem*;
- o *futuro do subjuntivo*, acrescentando-se ao tema as desinências *-r*, *-res*, *-r*, *-rmos*, *-rdes*, *-rem*.

Como modelo, observe a formação destes tempos do verbo *fazer*:

| Pretérito perfeito do indicativo | PRETÉRITO MAIS-QUE-PERFEITO DO INDICATIVO | PRETÉRITO IMPERFEITO DO SUBJUNTIVO | FUTURO DO SUBJUNTIVO |
|---|---|---|---|
| fiz | fizera | fizesse | fizer |
| fizeste | fizeras | fizesses | fizeres |
| fez | fizera | fizesse | fizer |
| fizemos | fizéramos | fizéssemos | fizermos |
| fizestes | fizéreis | fizésseis | fizerdes |
| fizeram | fizeram | fizessem | fizerem |

## Tempos derivados do infinitivo impessoal

Do *infinitivo impessoal* derivam:

- o *futuro do presente do indicativo*, juntando-se ao tema as desinências *-rei*, *-rás*, *-rá*, *-remos*, *-reis*, *-rão*;
- o *futuro do pretérito do indicativo*, juntando-se ao tema as desinências *-ria*, *-rias*, *-ria*, *-ríamos*, *-ríeis*, *-riam*;
- o *infinitivo pessoal*, juntando-se ao tema as desinências *-es* (2ª p. do sing.) e *-mos*, *-des*, *-em* (respectivamente 1ª, 2ª e 3ª p. do plural), em todas as conjugações;
- o *pretérito imperfeito do indicativo*, juntando-se, na 1ª conjugação, as desinências *-va*, *-vas*, *-va*, *-vamos*, *-veis*, *-vam*; e, na 2ª e na 3ª conjugações, *-ia*, *-ias*, *-ia*, *-íamos*, *-íeis*, *-iam*.

Como modelo, observe a formação do futuro do presente, do futuro do pretérito do indicativo e do infinitivo pessoal do verbo *estudar*.

| Infinitivo impessoal | FUTURO DO PRESENTE DO INDICATIVO | FUTURO DO PRETÉRITO DO INDICATIVO | INFINITIVO PESSOAL |
|---|---|---|---|
| estudar | estudarei<br>estudarás<br>estudará<br>estudaremos<br>estudareis<br>estudarão | estudaria<br>estudarias<br>estudaria<br>estudaríamos<br>estudaríeis<br>estudariam | estudar<br>estudares<br>estudar<br>estudarmos<br>estudardes<br>estudarem |

Como modelo, observe a formação do pretérito imperfeito do indicativo nas três conjugações:

| Infinitivo impessoal | | | PRETÉRITO IMPERFEITO DO INDICATIVO | | |
|---|---|---|---|---|---|
| 1ª conj. | 2ª conj. | 3ª conj. | 1ª conj. | 2ª conj. | 3ª conj. |
| lavar | perceber | abrir | lavava<br>lavavas<br>lavava<br>lavávamos<br>laváveis<br>lavavam | percebia<br>percebias<br>percebia<br>percebíamos<br>percebíeis<br>percebiam | abria<br>abrias<br>abria<br>abríamos<br>abríeis<br>abriam |

Os verbos *dizer*, *fazer*, *trazer* e derivados perdem o *-ze* no futuro do presente e no futuro do pretérito: direi, diria; farei, faria; trarei, traria.

Os verbos *ser*, *ter*, *vir* e *pôr* tomam, no pretérito imperfeito do indicativo, respectivamente, estas formas: era, eras...; tinha, tinhas...; vinha, vinhas...; punha, punhas...

# FORMAÇÃO DOS TEMPOS VERBAIS COMPOSTOS

## Modo indicativo

- *Pretérito perfeito composto:* formado pelo presente do indicativo do verbo auxiliar *ter* + o particípio do verbo principal: tenho cantado, tens cantado, tem cantado, temos cantado, tendes cantado, têm cantado.
- *Pretérito mais-que-perfeito composto:* formado pelo imperfeito do indicativo do verbo auxiliar *ter* (ou *haver*) + o particípio do verbo principal: tinha cantado, tinhas cantado, tinha cantado, etc.
- *Futuro do presente composto:* formado pelo futuro do presente simples do verbo auxiliar *ter* (ou *haver*) + o particípio do verbo principal: terei cantado, terás cantado, terá cantado, etc.
- *Futuro do pretérito composto:* formado pelo futuro do pretérito simples do verbo auxiliar *ter* (ou *haver*) + o particípio do verbo principal: teria cantado, terias cantado, teria cantado, etc.

## Modo subjuntivo

- *Pretérito perfeito composto:* formado pelo presente do subjuntivo do verbo auxiliar *ter* (ou *haver*) + o particípio do verbo principal: tenha cantado, tenhas cantado, tenha cantado, etc.
- *Pretérito mais-que-perfeito composto:* formado pelo imperfeito do subjuntivo do verbo auxiliar *ter* (ou *haver*) + o particípio do verbo principal: tivesse cantado, tivesses cantado, tivesse cantado, etc.
- *Futuro composto:* formado pelo futuro do subjuntivo do verbo auxiliar *ter* (ou *haver*) + o particípio do verbo principal: tiver cantado, tiveres cantado, tiver cantado, etc.

## Formas nominais

- *Infinitivo impessoal composto:* formado pelo infinitivo impessoal do verbo *ter* (ou *haver*) + o particípio do verbo principal: ter cantado.
- *Infinitivo pessoal composto:* formado pelo infinitivo pessoal do verbo *ter* (ou *haver*) + o particípio do verbo principal: ter cantado, teres cantado, ter cantado, termos cantado, terdes cantado, terem cantado.
- *Gerúndio composto:* formado pelo gerúndio do verbo auxiliar *ter* (ou *haver*) + o particípio do verbo principal: tendo cantado.

## EXERCÍCIOS

Leia o poema a seguir, de Mário Quintana, e responda às questões de 1 a 3.

**Quem ama inventa**

Quem ama inventa as coisas que ama...
Talvez chegaste quando eu te sonhava.
Então de súbito acendeu-se a chama!
Era a brasa dormida que acordava...
E era um revoo sobre a ruinaria,
No ar atônito bimbalhavam sinos,
Tangidos por uns anjos peregrinos
Cujo dom é fazer ressurreições...
Um ritmo divino? Oh! Simplesmente
O palpitar de nossos corações
Batendo juntos e festivamente,
Ou sozinhos, num ritmo tristonho...
Oh! meu pobre, meu grande amor distante,
Nem sabes tu o bem que faz à gente
Haver sonhado... e ter vivido o sonho!

(*A cor do invisível.* São Paulo: Global, 2005. p. 58.)

Mariângela Haddad

**1.** Numere os versos do poema e observe o tempo, o modo e a pessoa em que estão os verbos, em especial os que aparecem nos versos 2 e 14.

a) A quem se dirige o eu lírico?

b) Em que pessoa verbal o eu lírico trata seu interlocutor?

c) O eu lírico mantém coerência nesse tratamento que dá ao seu interlocutor? Por quê?

**2.** As formas verbais *chegaste* e *sabes* estão, respectivamente:

a) no pretérito perfeito do indicativo e no imperativo negativo.

b) no pretérito imperfeito do indicativo e no presente do indicativo.

c) no pretérito perfeito do indicativo e no presente do indicativo.

d) no pretérito mais-que-perfeito do indicativo e no imperativo negativo.

**3.** Dê uma interpretação para o título do poema.

**4.** Reescreva as frases, empregando adequadamente no imperativo os verbos indicados:

a) Não ☐ tuas obrigações e ☐ um bom aluno. (esquecer, ser)

b) ☐ suas promessas, não ☐ demagogo. (cumprir, ser)

c) ☐, mas não se ☐ lá mais que meia hora. (ir, demorar)

d) ☐-me seu lápis, Augusto. (emprestar)

e) ☐ o que eu tenho a dizer: ☐ à risca as instruções. (ouvir, seguir)

**5.** Reescreva as frases, passando os verbos para o imperativo negativo e conservando-os no mesmo número e na mesma pessoa:

a) Põe os livros na estante, por favor.

b) Traze as encomendas amanhã.

c) Peça o livro a Pedro e leia o capítulo 1.

d) Sede tolerante com os outros.

e) Mantende a calma e intervinde na questão.

**6.** Reescreva as frases, empregando a flexão apropriada dos verbos indicados:

a) ☐ o projeto, Excelência. É preciso que duzentos carros ☐ na garagem. (rever, caber)

b) Gostaria que ☐ a minha casa com seus pais. (vir)

c) Tenho certeza de que, se ele ☐ o resultado dos exames, ficará muito feliz. (saber)

d) Faremos somente o que Vossa Excelência ☐. Mas, por favor, ☐ com bom-senso. (propor, agir)

e) Vá quando ☐. (querer)

## O VERBO NA CONSTRUÇÃO DO TEXTO

Leia, ao lado, um anúncio que divulga um jornal de TV.

TV Gazeta/Divulgação

**1.** Releia o enunciado principal do anúncio:

> "Entenda o que os políticos *querem dizer* quando *dizem* que não *disseram* aquilo que *haviam* dito."

Associe as colunas, relacionando as formas verbais destacadas no enunciado ao sentido que pode ser atribuído a cada uma:

| | |
|---|---|
| a) querem dizer | 1. a fala dos políticos |
| b) dizem | 2. a verdadeira intenção dos políticos |
| c) não disseram | 3. as falsas promessas dos políticos |
| d) haviam dito | 4. o assunto do discurso dos políticos |

**2.** O anúncio sugere que o jornal divulgado por ele pode ajudar seus telespectadores.

a) Em que, segundo ele, consiste essa ajuda?

b) O que é sugerido pelo anúncio sobre a fala dos políticos?

**3.** Na parte inferior do anúncio, lê-se: "Opinião, independência e objetividade. Jornal da Gazeta. Segunda a sexta às 19h e sábados às 19h30".

a) A que ou a quem dizem respeito os substantivos *opinião*, *independência* e *objetividade*?

b) Que relação há entre esses substantivos e a ideia veiculada pelo anúncio?

### Para que serve o verbo?

O verbo está diretamente relacionado com a existência e com a ação do homem no mundo. Por exemplo, toda vez que queremos dizer que alguém *fez* alguma coisa ou que alguém *é*, empregamos verbos. Assim, juntamente com o nome, o verbo é a base da linguagem verbal.

**4.** Observe as formas verbais *disseram* e *haviam dito*.

a) Em que tempo e modo elas estão?

b) *Haviam dito* é uma forma verbal composta. A qual forma simples ela equivale?

c) Leia novamente o anúncio em estudo e levante hipóteses: Por que, no enunciado principal, foi feita a opção pela forma composta *haviam dito* e não pela simples equivalente a ela?

**5.** Os verbos *entender* e *dizer* têm papel fundamental na construção de sentidos no anúncio.

a) O que a repetição do verbo *dizer* sugere quanto ao discurso da maioria dos políticos?

b) Por que o verbo *entender* foi empregado uma única vez?

**6.** Na sua opinião, é possível um jornal impresso ou de TV veicular notícias com absoluta imparcialidade?

Son Salvador/EM/D.A Press

## SEMÂNTICA E DISCURSO

Leia o cartaz ao lado, de Ziraldo.

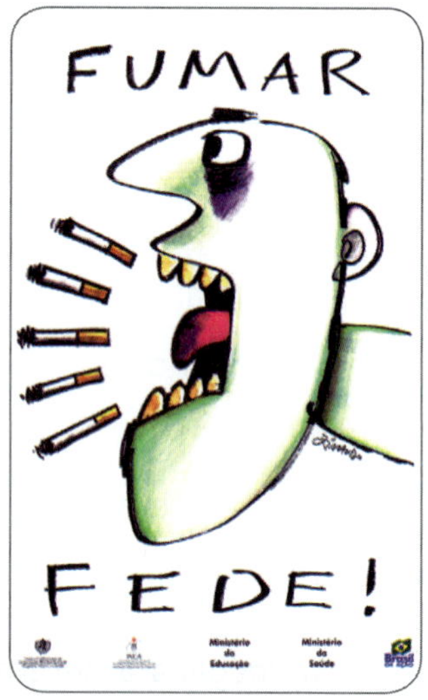


Ziraldo/Ministério da Educação

(Ricardo Leite. *Ziraldo em cartaz*. Rio de Janeiro: Senac, 2009. p. 241.)

**1.** Dependendo de sua finalidade, um cartaz pode assumir um caráter argumentativo. No cartaz lido:

a) O que os logotipos na parte de baixo informam sobre quem é o locutor?

Ziraldo/Ministério da Educação

b) Quem são os destinatários?

c) Qual é a finalidade?

d) Qual é o principal argumento utilizado?

e) Qual é a relação semântica entre a imagem e o enunciado verbal?

**2.** O enunciado verbal do cartaz é constituído basicamente pelos verbos *fumar* e *feder*.

a) Em que modo ou forma nominal eles estão empregados?

b) Um desses verbos, no contexto, assume o papel de um nome. Qual é esse verbo? Que papel ele assume?

**3.** Nos gêneros argumentativos, como o anúncio publicitário, o texto de campanha comunitária e certos cartazes, é comum o emprego de verbos no imperativo.

a) No cartaz em estudo, que enunciado verbal o locutor poderia ter utilizado, se tivesse optado por empregar esse modo verbal?

b) Por que, no cartaz em estudo, o anunciante optou por não empregar o modo imperativo?

Leia o texto a seguir e responda às questões de 4 a 6.

Juntando tudo, Virgínia fez uma bola e atirou-a no cesto. Meu Deus, que distante lhe parecia aquele tempo. Aquela gente. Bruna casada com Afonso e com uma filha começando a fazer perguntas. Otávia prometendo para breve uma exposição de pintura. Natércio já aposentado, cada vez mais casmurro. Mais fechado. Letícia já famosa, segundo Bruna sugeriu. Conrado enfurnado na chácara, tocando piano e criando pombos... Na casa, em lugar de Frau Berta, ficara uma portuguesa chamada Inocência. Sim, tudo mudara e ficara longe.

(Lygia Fagundes Telles)

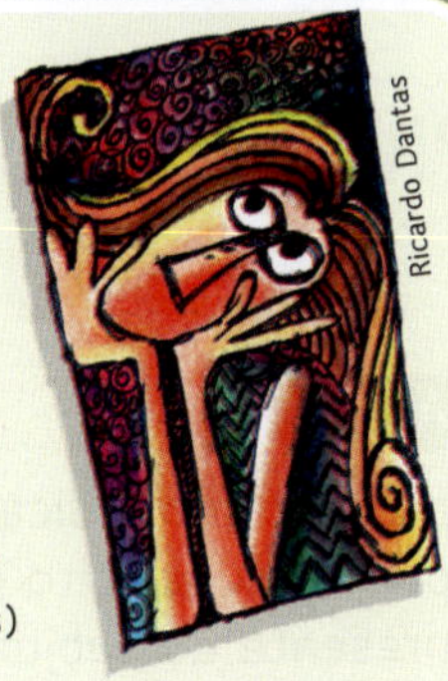

Ricardo Dantas

**4.** Observe que o narrador, nesse texto, lembrando-se de alguns fatos do passado, emprega muitos verbos nas formas nominais, omitindo os verbos auxiliares.

a) Que verbo auxiliar poderia ser empregado junto com as formas nominais *casada*, *prometendo*, *aposentado*, *fechado* e *enfurnado*?

b) De acordo com o contexto, em que tempo e modo esse verbo seria empregado?

**5.** O gerúndio é uma forma nominal que exprime a ideia de que a ação verbal está ocorrendo naquele momento, enquanto o particípio transmite a ideia de que o processo verbal chegou ao fim.

a) Que personagens, citadas no texto, dão ao leitor a ideia de estarem estabilizadas, numa situação definitiva? Qual dessas formas nominais é empregada em referência à condição dessas personagens?

b) Que personagens, ao contrário, dão ao leitor a ideia de que estão ativas, em permanente ação? Qual dessas formas nominais é empregada em referência a essas personagens?

c) Que formas nominais são empregadas para caracterizar a personagem Conrado?

**6.** Observe estas frases do texto:

"Natércio já aposentado" "Letícia já famosa"

De acordo com o contexto, que circunstância o emprego da palavra *já* (advérbio) expressa nessas frases?

- a permanência de um estado
- a chegada a determinado ponto que causa mudança de estado
- a chegada a determinado ponto que indica o término de um processo

**7.** Leia os dois textos seguintes e responda às questões propostas.

Num domingo de sol, à tarde, uma turma de meninos e meninas conversa preguiçosamente na praça, sem decidir o que fazer. De repente, um deles diz:
— E se fôssemos passear de bicicleta ou nadar no clube?

Pai e filho discutiam sobre um problema qualquer. O filho, teimoso, falava sem parar. O pai, já muito bravo e cheio, diz:
— E se você fechasse a boca e fosse para o seu quarto?

a) Qual é a intenção do falante em cada uma das frases interrogativas nesses contextos?

b) Substituindo o imperfeito do subjuntivo por outro tempo verbal, transforme as frases interrogativas dos dois textos em outras de sentido equivalente.

PARA CONSULTA

## PRINCIPAIS VERBOS IRREGULARES

Apresentamos, a seguir, os principais verbos irregulares em algumas pessoas e tempos.

### Aderir

- presente do indicativo: adiro, aderes, adere, aderimos, aderis, aderem
- pretérito perfeito do indicativo: aderi, aderiste, aderiu, aderimos, aderistes, aderiram
- presente do subjuntivo: adira, adiras, adira, adiramos, adirais, adiram

### Averiguar

- presente do indicativo: averiguo/averíguo, averiguas/averíguas, averigua/averígua, averiguamos, averiguais, averiguam/averíguam
- pretérito perfeito do indicativo: averiguei, averiguaste, averiguou, averiguamos, averiguastes, averiguaram
- presente do subjuntivo: averigue/averígue, averigues/averígues, averigue/averígue, averiguemos, averigueis, averiguem/averíguem

### Caber

- presente do indicativo: caibo, cabes, cabe, cabemos, cabeis, cabem
- pretérito perfeito do indicativo: coube, coubeste, coube, coubemos, coubestes, couberam
- futuro do presente do indicativo: caberei, caberás, caberá, caberemos, cabereis, caberão

### Construir

- presente do indicativo: construo, constróis, constrói, construímos, construís, constroem
- pretérito perfeito do indicativo: construí, construíste, construiu, construímos, construístes, construíram
- presente do subjuntivo: construa, construas, construa, construamos, construais, construam

### Crer

- presente do indicativo: creio, crês, crê, cremos, credes, creem
- pretérito perfeito do indicativo: cri, creste, creu, cremos, crestes, creram
- presente do subjuntivo: creia, creias, creia, creiamos, creiais, creiam

### Dar

- presente do indicativo: dou, dás, dá, damos, dais, dão
- pretérito perfeito do indicativo: dei, deste, deu, demos, destes, deram
- presente do subjuntivo: dê, dês, dê, demos, deis, deem

### Dizer

- presente do indicativo: digo, dizes, diz, dizemos, dizeis, dizem
- pretérito perfeito do indicativo: disse, disseste, disse, dissemos, dissestes, disseram
- futuro do presente do indicativo: direi, dirás, dirá, diremos, direis, dirão

### Fazer

- presente do indicativo: faço, fazes, faz, fazemos, fazeis, fazem
- pretérito perfeito do indicativo: fiz, fizeste, fez, fizemos, fizestes, fizeram
- futuro do presente do indicativo: farei, farás, fará, faremos, fareis, farão

**Ir**

- presente do indicativo: vou, vais, vai, vamos, ides, vão
- pretérito perfeito do indicativo: fui, foste, foi, fomos, fostes, foram
- futuro do presente do indicativo: irei, irás, irá, iremos, ireis, irão
- futuro do subjuntivo: for, fores, for, formos, fordes, forem

**Odiar**

- presente do indicativo: odeio, odeias, odeia, odiamos, odiais, odeiam
- pretérito perfeito do indicativo: odiei, odiaste, odiou, odiamos, odiastes, odiaram
- presente do subjuntivo: odeie, odeies, odeie, odiemos, odieis, odeiem

**Poder**

- presente do indicativo: posso, podes, pode, podemos, podeis, podem
- pretérito perfeito do indicativo: pude, pudeste, pôde, pudemos, pudestes, puderam
- presente do subjuntivo: possa, possas, possa, possamos, possais, possam

**Pôr**

- presente do indicativo: ponho, pões, põe, pomos, pondes, põem
- pretérito perfeito do indicativo: pus, puseste, pôs, pusemos, pusestes, puseram
- futuro do presente do indicativo: porei, porás, porá, poremos, poreis, porão
- imperfeito do subjuntivo: pusesse, pusesses, pusesse, puséssemos, pusésseis, pusessem

**Querer**

- presente do indicativo: quero, queres, quer, queremos, quereis, querem
- pretérito perfeito do indicativo: quis, quiseste, quis, quisemos, quisestes, quiseram
- presente do subjuntivo: queira, queiras, queira, queiramos, queirais, queiram

**Requerer**

- presente do indicativo: requeiro, requeres, requer, requeremos, requereis, requerem
- pretérito perfeito do indicativo: requeri, requereste, requereu, requeremos, requerestes, requereram
- presente do subjuntivo: requeira, requeiras, requeira, requeiramos, requeirais, requeiram

**Saber**

- presente do indicativo: sei, sabes, sabe, sabemos, sabeis, sabem
- pretérito perfeito do indicativo: soube, soubeste, soube, soubemos, soubestes, souberam
- presente do subjuntivo: saiba, saibas, saiba, saibamos, saibais, saibam

**Trazer**

- presente do indicativo: trago, trazes, traz, trazemos, trazeis, trazem
- pretérito perfeito do indicativo: trouxe, trouxeste, trouxe, trouxemos, trouxestes, trouxeram
- presente do subjuntivo: traga, tragas, traga, tragamos, tragais, tragam

**Valer**

- presente do indicativo: valho, vales, vale, valemos, valeis, valem
- presente do subjuntivo: valha, valhas, valha, valhamos, valhais, valham

**Ver**

- presente do indicativo: vejo, vês, vê, vemos, vedes, veem
- pretérito perfeito do indicativo: vi, viste, viu, vimos, vistes, viram
- futuro do presente do indicativo: verei, verás, verá, veremos, vereis, versão
- futuro do subjuntivo: vir, vires, vir, virmos, virdes, virem

### Vir

- presente do indicativo: venho, vens, vem, vimos, vindes, vêm
- pretérito perfeito do indicativo: vim, vieste, veio, viemos, viestes, vieram
- futuro do presente do indicativo: virei, virás, virá, viremos, vireis, virão
- futuro do subjuntivo: vier, vieres, vier, viermos, vierdes, vierem

## PRINCIPAIS VERBOS DEFECTIVOS

Apresentamos, a seguir, os principais verbos defectivos em algumas pessoas e tempos.

### Abolir

- presente do indicativo: não se conjuga na 1ª pessoa do singular: aboles, abole, abolimos, abolis, abolem
- pretérito perfeito do indicativo: aboli, aboliste, aboliu, abolimos, abolistes, aboliram
- presente do subjuntivo: não há

### Falir

- presente do indicativo: só possui a 1ª e a 2ª pessoa do plural: falimos, falis
- pretérito perfeito do indicativo: fali, faliste, faliu, falimos, falistes, faliram
- presente do subjuntivo: não há

### Precaver

- presente do indicativo: só possui a 1ª e a 2ª pessoa do plural: precavemos, precaveis
- pretérito perfeito do indicativo: precavi, precaveste, precaveu, precavemos, precavestes, precaveram
- presente do subjuntivo: não há

### Reaver

- presente do indicativo: só possui a 1ª e a 2ª pessoa do plural: reavemos, reaveis
- pretérito perfeito do indicativo: reouve, reouveste, reouve, reouvemos, reouvestes, reouveram
- presente do subjuntivo: não há

## CONJUGAÇÃO DOS VERBOS AUXILIARES

Há, a seguir, a conjunção completa dos principais verbos auxiliares: *ser*, *estar*, *ter* e *haver*.

| MODO INDICATIVO | | | | | | | |
|---|---|---|---|---|---|---|---|
| Presente | | | | Pretérito perfeito | | | |
| sou | estou | tenho | hei | fui | estive | tive | houve |
| és | estás | tens | hás | foste | estiveste | tiveste | houveste |
| é | está | tem | há | foi | esteve | teve | houve |
| somos | estamos | temos | havemos | fomos | estivemos | tivemos | houvemos |
| sois | estais | tendes | haveis | fostes | estivestes | tivestes | houvestes |
| são | estão | têm | hão | foram | estiveram | tiveram | houveram |
| Pretérito imperfeito | | | | Pretérito mais-que-perfeito | | | |
| era | estava | tinha | havia | fora | estivera | tivera | houvera |
| eras | estavas | tinhas | havias | foras | estiveras | tiveras | houveras |
| era | estava | tinha | havia | fora | estivera | tivera | houvera |
| éramos | estávamos | tínhamos | havíamos | fôramos | estivéramos | tivéramos | houvéramos |
| éreis | estáveis | tínheis | havíeis | fôreis | estivéreis | tivéreis | houvéreis |
| eram | estavam | tinham | haviam | foram | estiveram | tiveram | houveram |

| MODO INDICATIVO | | | | | | | |
|---|---|---|---|---|---|---|---|
| Futuro do presente | | | | Futuro do pretérito | | | |
| serei | estarei | terei | haverei | seria | estaria | teria | haveria |
| serás | estarás | terás | haverás | serias | estarias | terias | haverias |
| será | estará | terá | haverá | seria | estaria | teria | haveria |
| seremos | estaremos | teremos | haveremos | seríamos | estaríamos | teríamos | haveríamos |
| sereis | estareis | tereis | havereis | seríeis | estaríeis | teríeis | haveríeis |
| serão | estarão | terão | haverão | seriam | estariam | teriam | haveriam |

| MODO SUBJUNTIVO | | | | | | | |
|---|---|---|---|---|---|---|---|
| Presente | | | | Pretérito imperfeito | | | |
| seja | esteja | tenha | haja | fosse | estivesse | tivesse | houvesse |
| sejas | estejas | tenhas | hajas | fosses | estivesses | tivesses | houvesses |
| seja | esteja | tenha | haja | fosse | estivesse | tivesse | houvesse |
| sejamos | estejamos | tenhamos | hajamos | fôssemos | estivéssemos | tivéssemos | houvéssemos |
| sejais | estejais | tenhais | hajais | fôsseis | estivésseis | tivésseis | houvésseis |
| sejam | estejam | tenham | hajam | fossem | estivessem | tivessem | houvessem |

| Futuro | | | |
|---|---|---|---|
| for | estiver | tiver | houver |
| fores | estiveres | tiveres | houveres |
| for | estiver | tiver | houver |
| formos | estivermos | tivermos | houvermos |
| fordes | estiverdes | tiverdes | houverdes |
| forem | estiverem | tiverem | houverem |

| MODO IMPERATIVO | | | |
|---|---|---|---|
| Afirmativo | | | |
| sê tu | está tu | tem tu | há tu |
| seja você | esteja você | tenha você | haja você |
| sejamos nós | estejamos nós | tenhamos nós | hajamos nós |
| sede vós | estai vós | tende vós | havei vós |
| sejam vocês | estejam vocês | tenham vocês | hajam vocês |
| Negativo | | | |
| não sejas tu | não estejas tu | não tenhas tu | não hajas tu |
| não seja você | não esteja você | não tenha você | não haja você |
| não sejamos nós | não estejamos nós | não tenhamos nós | não hajamos nós |
| não sejais vós | não estejais vós | não tenhais vós | não hajais vós |
| não sejam vocês | não estejam vocês | não tenham vocês | não hajam vocês |

| FORMAS NOMINAIS | | | | |
|---|---|---|---|---|
| **Infinitivo** | ser | estar | ter | haver |
| **Gerúndio** | sendo | estando | tendo | havendo |
| **Particípio** | sido | estado | tido | havido |

CAPÍTULO 14

# O advérbio

*Impressão, nascer do sol* (1872), de Claude Monet.

## CONSTRUINDO O CONCEITO

Observe este quadro, de Georges de La Tour:

Louvre, Paris

*O trapaceiro com ás de ouros (1635-40)*, de Georges de La Tour.

1. Na cena retratada no quadro não há luz artificial. Portanto, é dia ou noite?

2. Três pessoas jogam cartas a dinheiro.
   a) Como e onde estão os jogadores de carta?
   b) Quem é provavelmente a mulher que está em pé?
   c) Como é o olhar das duas mulheres?

3. Observe o título do quadro e a atitude das pessoas retratadas.
   a) De que modo o trapaceiro age no jogo?
      - com medo
      - com desespero
      - com astúcia
      - com desprezo
   b) O trapaceiro vai conseguir enganar os outros jogadores? Por quê?

4. Na sua opinião, qual será o desfecho desse jogo?

5. Transpondo a linguagem visual para a verbal, complete o texto seguinte, de acordo com as indicações entre parênteses e com os elementos do quadro observados anteriormente.

Três pessoas estão sentadas ☐ (lugar) e jogam cartas. O jogador sentado ☐ (lugar) está trapaceando, pois pega, ☐ (modo), duas cartas que estão escondidas ☐ (lugar). Ele, entretanto, ☐ (negação) está conseguindo enganar seus parceiros de jogo, pois a criada provavelmente viu sua trapaça quando passou ☐ (lugar) dele para servir o vinho e troca olhares com a mulher, avisando-a. A mulher ☐ (dúvida) o desmascare.

*O trapaceiro com ás de ouros* (1647), Georges de La Tour

## CONCEITUANDO

As palavras que se referem principalmente ao verbo, dando ideia de lugar, tempo, modo, causa, etc., são chamadas de **advérbios**.

**Advérbio** é a palavra que indica as circunstâncias em que se dá a ação verbal.

O conjunto de duas ou mais palavras que têm valor de advérbio denomina-se **locução adverbial**:

O jogador pega cartas escondidas *com astúcia*.

### O advérbio modifica apenas o verbo?

Etimologicamente, *advérbio* (*ad*, "junto de" + verbo) significa "termo que acompanha o verbo". Apesar disso, os advérbios de intensidade podem acompanhar, além de verbos, substantivos, adjetivos e advérbios. Veja:

*Quase* médico, já consulta com eficiência.
adv. subst.

O menino tem olhos *muito* claros, expressivos.
adv. adj.

A vida lhe corre *muito* bem.
adv. adv.

Alguns advérbios podem, ainda, se referir a uma oração inteira:

*Felizmente*, tudo se resolveu.
adv. oração

# VALORES SEMÂNTICOS DOS ADVÉRBIOS E DAS LOCUÇÕES ADVERBIAIS

Os advérbios e as locuções adverbiais são classificados de acordo com seu valor semântico, isto é, com o sentido que apresentam ou a circunstância que indicam.

Alguns dos valores semânticos dos advérbios e das locuções adverbiais são estes:

- **tempo**: *ontem, hoje, agora, antes, depois*: "O que aconteceu? Você chegou *cedo*!".
- **modo**: *bem, mal, assim, depressa* e quase todos os advérbios terminados em *-mente*, como, por exemplo, *felizmente, suavemente*: "Saiu *repentinamente* da reunião e não se justificou".
- **lugar**: *aqui, ali, lá, abaixo, acima, longe, fora, dentro*: "Meus tios moraram *perto* de nós durante muitos anos".
- **dúvida**: *possivelmente, porventura, quiçá*: "*Talvez* chegue a tempo para assistir ao casamento".
- **afirmação**: *decerto, certamente, realmente, efetivamente*: "*Sim*, senhor, eu vi tudo".
- **negação**: *não, nem, nunca, tampouco*: "Ela *não* está bem de saúde hoje".

Além de ter esses valores semânticos, as locuções adverbiais podem indicar ainda outras circunstâncias, como: assunto, companhia, fim, etc. Veja alguns exemplos:

O conferencista falou *sobre literatura brasileira*. (assunto)
Foi ao teatro *com os amigos*. (companhia)
Foi, *apesar da proibição*. (concessão)
Só sairá da escola *com autorização*. (condição)
Fez o edifício *conforme o projeto*. (conformidade)
Preparou-se com afinco *para os exames vestibulares*. (fim)
Redigiu o texto final *com uma caneta-tinteiro*. (instrumento)

### Função sintática do advérbio

O *advérbio* e a *locução adverbial* desempenham na oração a função de adjunto adverbial, classificando-se de acordo com as circunstâncias que acrescentam ao verbo, ao adjetivo e ao advérbio:

*Meio* tonta, deixou-se cair na cama.
adj. adv. de intensidade

### Advérbios interrogativos

Os advérbios interrogativos *onde, quando, como* e *por que* são empregados nas orações interrogativas diretas e indiretas em referência, respectivamente, a lugar, tempo, modo e causa. Observe, na tira a seguir, o emprego dos advérbios interrogativos *onde* e *por que*, indicando, respectivamente, lugar e causa.

Calvin Hobbes, Bill Watterson © 1990 Watterson/ Dist. by Universal Uclick

(Bill Watterson. *O progresso científico deu "tilt"*. São Paulo: Best, 1991. v. 2, p. 25.)

## EXERCÍCIOS

**1.** O poema a seguir, de Arnaldo Antunes, é construído quase inteiramente com advérbios e locuções adverbiais. Leia-o.

*Em cima* de cima assim e acima sobre
do alto e de alto a baixo *debaixo* ao lado
*atrás* e de lado a lado detrás e sob *acolá*
e além de *ali* depois pelo centro entre
de fora dentro *na frente* e *já* de ago-
ra em frente e *daqui defronte* através
e rente no fundo no fundo no fundo
em pé *de repente perto* envolvido em
torno envolvendo em volta e de vol-
ta já e também no meio na mosca no
alvo na hora fora daqui mas a pou-
cos pés *pouco a pouco* aos pés através
atrás de viés e em e ainda *mais* e ainda
*agora* e a cada vez de uma vez ain-
da no fundo no fundo no fundo ante e
antes de então e então durante e enquan-
to aqui *por enquanto adiante* avante
acerca e portanto ao largo ao redor e lá
e *nos arredores* nos cantos cá de pas-
sagem logo tangente longe distante e
onde no mundo *no mundo* no mundo

(*Melhores poemas*. Seleção de Noemi Jaffe. São Paulo: Global, 2010. p. 95.)

a) Classifique os advérbios e as locuções adverbiais em destaque no texto, de acordo com os valores semânticos que exprimem no contexto.

b) Troque ideias com os colegas: Considerando-se que advérbios e locuções adverbiais geralmente exprimem circunstâncias relativas a ações expressas por verbos e que o poema termina com "no mundo no mundo no mundo", que interpretação pode ser dada ao poema?

**2.** Leia o anúncio abaixo:

Globo Marcas

(*Veja*, nº 2050.)

a) No anúncio, a expressão *sinal vermelho* apresenta mais de um sentido. Relacionando a imagem principal do anúncio a essa expressão, indique os sentidos que ela apresenta no contexto.

b) Explique a oposição entre *sinal vermelho* e *planeta azul*.

c) No texto principal do anúncio, há uma locução adverbial e um advérbio. Identifique-os e indique o valor semântico que eles exprimem.

## Flexão do advérbio

Os advérbios são palavras invariáveis em gênero e número. Observe:

Há *menos* pessoas naquela fila.
Eles moram *longe* da escola.

Entretanto, podem sofrer variação de grau, apresentando-se nos graus *comparativo* e *superlativo*. Esses graus são formados por processos análogos aos da flexão de grau dos adjetivos.

**Comparativo**

- de superioridade: Falou *mais* baixo *que* (ou *do que*) o colega.
- de igualdade: Falou *tão* baixo *quanto* (ou *como*) o colega.
- de inferioridade: Falou *menos* baixo *que* (ou *do que*) o colega.

**Superlativo**

- sintético: Falou *baixíssimo* (*altíssimo*, *dificílimo*, etc.).
- analítico: Falou *muito* baixo (*extremamente* baixo, *consideravelmente* alto, *muito* difícil, etc.).

**3.** Há palavras que em determinados contextos são adjetivos (portanto, variáveis) e em outros são advérbios (portanto, invariáveis). Observe:

Você comeu *rápido* demais.
advérbio

Vocês são *rápidos* demais para comer.
adjetivo

Viajamos para *longe*, para terras estranhas.
advérbio

Viajamos por terras *longes* e estranhas.
adjetivo

Identifique nas frases seguintes se a palavra destacada é adjetivo ou advérbio.

a) As crianças vão *melhor*, obrigada. Já estão sem febre.

b) O molho de tomate está *melhor* agora, mais saboroso, você não acha?

c) Ana, Carla, Joana e Rose são as *melhores* alunas do 2º ano.

d) Visitei-os ontem e encontrei-os *pior*, mais abatidos e aflitos.

e) Tente elaborar outro plano, porque este apresentou os *piores* resultados.

## Melhor, pior / mais bem, mais mal

*Melhor* e *pior* são comparativos de *bem* e *mal* (como também dos adjetivos *bom* e *mau*), respectivamente, sendo, portanto, invariáveis. Observe:

Ninguém conhece *melhor* seus interesses do que eu.

As formas *mais bem* e *mais mal* podem ser empregadas, desde que junto de adjetivos representados por particípios. Veja este exemplo:

Os contribuintes estavam *mais bem* informados do que há um ano.

4. Reescreva as frases, completando-as com *meio* ou *meia*, conforme convier:

a) A porta do camarim estava ☐ aberta e, por instantes, vimos a cantora se maquilando.

b) Não a incomode, pois hoje ela está ☐ triste.

c) Era ☐-dia e ☐ quando o almoço foi servido.

d) Para dar um sabor especial ao molho de salada, acrescente o suco de ☐ limão e ☐ colher de sobremesa de mostarda.

### *Meio ou meia?*

O numeral *meio* ("metade de um") é uma palavra variável, ou seja, flexiona-se em gênero. Veja:

Tomei *meio* copo de refrigerante, e ela, *meia* xícara de leite.
Suas aulas iniciam-se *meio*-dia e *meia*. (meia hora)

Já o advérbio *meio* ("um tanto, não inteiramente, quase") é invariável, isto é, não admite flexão.

Assim:

Maria está *meio* aborrecida hoje.

## O ADVÉRBIO NA CONSTRUÇÃO DO TEXTO

Leia esta crônica, de Luis Fernando Verissimo:

### De domingo

Filipe Rocha

— Outrossim...

— O quê?

— O que o quê?

— O que você disse.

— Outrossim?

— É.

— O que é que tem?

— Nada. Só achei engraçado.

— Não vejo a graça.

— Você vai concordar que não é uma palavra de todos os dias.

— Ah, não é. Aliás, eu só uso domingo.

— Se bem que parece mais uma palavra de segunda-feira.

— Não. Palavra de segunda-feira é "óbice".

— "Ônus".

— "Ônus" também. "Desiderato". "Resquício".

— "Resquício" é de domingo.

— Não, não. Segunda, no máximo terça.

— Mas "outrossim", francamente...

— Qual é o problema?

— Retira o "outrossim".

— Não retiro. É uma ótima palavra. Aliás, é uma palavra difícil de usar. Não é qualquer um que usa "outrossim". Tem que saber a hora certa. Além do dia.

— Aliás, uma palavra que uso pouco é "aliás".

— Pois você não sabe o que está perdendo. "Aliás" é ótimo. Muito bom também é "não obstante".

— "Não obstante"! Acho que essa eu nunca usei.

— "Não obstante" é de sábado.

— Quais são as outras palavras de domingo?

— Bem, tem "bel-prazer".

— "Bel-prazer" é fantástico.

— "Trâmites", "paulatino" ou "paulatinamente", "destarte"...

— "Amiúde" é de domingo?

— Não, meio de semana. De domingo é "assaz".

— Mas o que é que você estava dizendo?

— O que era mesmo? Eu parei no outrossim...

— Não. Eu não aceito outrossim.

— Como, não aceita?

— Não quero. Outrossim, não. Usa outra palavra.

— Mantenho o outrossim.

— Então é fim de papo.

— Você vai me tirar o outrossim da boca? Eu tive um trabalho danado para arranjar uma frase para encaixar o outrossim e agora não posso usar?

— Pra cima de mim, não.

— Deveras, eu...

— Deveras não!

— Mas deveras é de domingo.

— Não. Retira o deveras. Retira o deveras!

(*Novas comédias da vida privada.* Porto Alegre: L&PM, 1996. p. 158-9.)

**1.** A crônica é construída com base no diálogo entre duas personagens. O que motiva a discussão entre elas?

**2.** As personagens mencionam várias palavras de pouco uso. Associe as duas colunas, relacionando as palavras da primeira coluna ao sentido que elas têm:

| | |
|---|---|
| a) óbice | 1. realmente, de fato |
| b) desiderato | 2. bastante, suficientemente |
| c) resquício | 3. vontade, capricho |
| d) outrossim | 4. empecilho, estorvo |
| e) não obstante | 5. igualmente, do mesmo modo |
| f) assaz | 6. o que se deseja, aspiração |
| g) deveras | 7. resto, resíduo |
| h) bel-prazer | 8. apesar de, embora |
| i) amiúde | 9. com frequência |

Filipe Rocha

**3.** As personagens associam as palavras a dias de semana. Releia este trecho:

"— Ah, não é. Aliás, eu só uso [outrossim] domingo.
— Se bem que parece mais uma palavra de segunda-feira."

No contexto, qual é a diferença entre uma palavra "de domingo" e uma palavra "de segunda-feira"?

**4.** Observe estes trechos do texto:

> "eu só uso domingo"
> "uma palavra que eu uso pouco"
> "acho que essa eu nunca usei"

a) Que advérbios acompanham o verbo *usar* nesses trechos? Classifique-os, de acordo com o valor semântico que têm no contexto.

b) Considerando o tema da discussão, o que justifica o emprego de advérbios com esse valor semântico?

**5.** Observe as palavras destacadas nestes trechos:

> "Mantenho o *outrossim.*"
> "Retira o *deveras.*"
> "*Aliás* é ótimo."

Embora todas elas sejam originalmente advérbios, no contexto desempenham outro papel gramatical.

a) Qual é esse papel?

b) Justifique sua resposta anterior, levando em conta cada um dos empregos.

**6.** Observe o emprego da palavra *deveras* neste trecho:

> "— Para cima de mim, não. — Deveras, eu... — Deveras não!"

a) Levando em conta as intenções dos interlocutores, responda: Qual é o sentido da palavra *deveras* em cada situação?

b) Qual é o papel morfológico da palavra *deveras* em cada um desses empregos?

**7.** Um advérbio pode exprimir uma circunstância relativa a um verbo e também um ponto de vista a respeito de uma afirmação. No texto, em quais das situações abaixo o advérbio se refere a uma afirmação?

a) "Acho que essa eu *nunca* usei".

b) "– *Deveras*, eu..."

c) "– Mas 'outrossim', *francamente*..."

**8.** Como conclusão de estudo, assinale a alternativa falsa em relação ao texto lido:

a) O texto tem caráter metalinguístico, uma vez que promove uma reflexão sobre a língua e sobre sua capacidade de produzir sentidos.

b) Há, no texto, um grande número de advérbios, o que se justifica pelo fato de as personagens discutirem quando, como e por que usam certas palavras.

c) O texto revela que o brasileiro conhece mal sua própria língua, pois não domina plenamente o vocabulário e o valor expressivo das palavras.

d) O texto mostra que, embora a língua tenha uma natureza social, o uso que se faz dela envolve escolhas pessoais e subjetivas.

# SEMÂNTICA E DISCURSO

No anúncio a seguir, o anunciante é a The Nature Conservancy, uma das principais organizações do mundo que atuam na defesa do meio ambiente. Leia-o e responda às questões de 1 a 6.

> A nossa riqueza ecológica representa uma das maiores fontes de vida do planeta. Infelizmente, ela está sob sérias ameaças, sendo reduzida a cada dia que passa.
>
> Para conservar o nosso patrimônio e restaurar áreas degradadas, a The Nature Conservancy (TNC) forma parcerias com empresas privadas, setores do governo e sociedade. Sempre conciliando desenvolvimento econômico com conservação da natureza, a TNC já ajudou a conservar uma área equivalente a quatro vezes o estado do Rio de Janeiro.
>
> Para saber mais sobre o nosso trabalho, visite o nosso site
>
> www.nature.org/brasil

The Nature Conservancy

(*Horizonte Geográfico*, nº 134, p. 62.)

**1.** O anúncio é constituído de parte verbal e parte não verbal.

a) Que elementos compõem a parte não verbal?

b) O que a imagem evidencia?

**2.** O texto escrito no *post-it* (papel de recado) faz um alerta.

a) Sobre o que ele alerta?

b) Levante hipóteses: Por que a frase foi escrita em um *post-it*?

**3.** No texto do *post-it* há dois advérbios. Quais são eles? Que valores semânticos expressam?

**4.** A foto e o *post-it* estão sobrepostos a um fundo verde.

a) Levando em conta quem é o anunciante, estabeleça relações entre os advérbios, as cores do anúncio, a imagem que aparece na fotografia e a finalidade do anúncio.

b) Responda: Qual finalidade o anunciante tinha em vista com a publicação desse anúncio?

**5.** Uma das características do advérbio é poder ocupar diferentes posições em uma frase. Releia esta frase:

> "Algumas espécies aqui foram extintas antes de serem descobertas."

a) Que outras posições o advérbio *aqui* pode ocupar na frase sem que haja mudança de sentido?

b) Se o advérbio *aqui* fosse empregado no final da frase, o sentido do enunciado seria o mesmo? Justifique sua resposta.

Glow Images, Inc./Getty Images

CAPÍTULO 15

# Palavras relacionais: a preposição e a conjunção

## CONSTRUINDO O CONCEITO

Leia esta fábula:

### A andorinha e os pássaros

Nos primeiros dias da estação de caça, a andorinha sentiu o perigo que rondava seus irmãos. Convocou então os pássaros para uma assembleia e aconselhou-os a arrancar dos carvalhos as parasitas viscosas. E acrescentou:

— Se vocês não conseguirem fazer isso, vão até os homens e peçam-lhes para não recorrer ao visco para nos pegar.

Os pássaros riram, achando que a andorinha não estava bem do juízo. Ela, por seu lado, foi até os homens e pediu-lhes clemência. Eles a acolheram por vê-la tão inteligente e deram-lhe abrigo. A andorinha encontrou refúgio e proteção entre eles; já os outros pássaros foram pegos e serviram de alimento para os homens.

Quem sabe prever os perigos consegue se safar melhor.

(Esopo. *Fábulas de Esopo*. Porto Alegre: L&PM, 1997. p. 81.)

Cindy Kassab/Corbis/Latinstock

**visco:** suco vegetal glutinoso no qual se envolvem varinhas para apanhar pássaros; visgo.

**1.** Leia estes pares de palavras:

- estação — caça
- foi — os homens
- pássaros — uma assembleia

a) Do modo como as palavras de cada par estão organizadas, há alguma palavra que as relaciona entre si?

b) Volte ao texto e identifique a palavra que liga as palavras de cada par.

c) A relação entre as palavras, no texto, é explicitada pelas palavras que as ligam?

d) Associe as palavras que ligam as palavras de cada par ao sentido relacionado a cada uma.

- movimento no espaço
- tipo
- direção, finalidade

**2.** Há, na fábula, várias palavras ligadas pela palavra *para*: "*para* não recorrer", "*para* nos pegar", "*para* os homens". Em qual das três expressões a palavra *para* indica finalidade?

**3.** Observe agora estes pares de orações:

- "vocês não conseguirem fazer isso"
  "vão até os homens"
- "Ela, por seu lado, foi até os homens"
  "pediu-lhes clemência"

a) Volte ao texto e identifique a palavra que liga as orações de cada par.

b) Em qual par de orações a palavra que as liga estabelece uma relação de adição?

## CONCEITUANDO

Você observou que é possível estabelecer relações entre palavras e orações, ligando-as por meio de outras palavras. As palavras que estabelecem relações entre palavras e orações são chamadas de **palavras relacionais**. Quando ligam duas palavras são denominadas **preposições**; quando ligam orações são chamadas de **conjunções**.

Em "foi *até* os homens", a preposição *até* cumpre o papel de ligar a palavra *foi* à palavra *homens*, exprimindo a noção de movimento no espaço. Em "*Se* vocês não conseguirem fazer isso, vão até os homens", a conjunção *se* cumpre o papel de ligar uma oração a outra, estabelecendo entre elas uma relação de condição.

Zuri

As conjunções relacionam também termos semelhantes da mesma oração. Veja:

A andorinha encontrou refúgio e proteção entre eles.
(refúgio e proteção: objeto direto)

Concluindo:

**Preposição** é a palavra que liga duas outras palavras, de forma que o sentido da primeira é completado pela segunda.

**Conjunção** é a palavra ou expressão que relaciona duas orações ou dois termos de mesmo valor sintático.

As relações estabelecidas pelas preposições e conjunções contribuem para que um texto apresente textualidade, isto é, seja coerente e coeso, e não apenas uma sequência de palavras ou frases sem sentido.

# A PREPOSIÇÃO

As principais preposições são: *a, ante, após, até, com, contra, de, desde, em, entre, para, perante, por (per), sem, sob, sobre, trás.*

Sairemos *após* o jantar.

Duas ou mais palavras empregadas com valor de preposição constituem uma **locução prepositiva**: *ao lado de, além de, depois de, através de, dentro de, abaixo de, a par de.* A locução prepositiva sempre termina por preposição.

*Antes de* sair, feche portas e janelas.

## Combinação e contração

As preposições *a, de, em, por, para* e *com* podem ligar-se a outras palavras (artigo, pronome ou advérbio), formando combinações e contrações.

### Combinação

Ocorre quando não há perda de fonema na ligação entre a preposição e o artigo ou entre a preposição e o advérbio. Observe:

De manhã, ela enviou o bilhete *ao* namorado.
prep. + art.

Eu gostaria de saber *aonde* ela quer chegar.
prep. + adv.

### Contração

Ocorre quando há perda de fonema na ligação entre a preposição e o artigo, entre a preposição e o pronome pessoal, entre a preposição e o pronome demonstrativo ou entre a preposição e o advérbio. Observe:

O carro novo *do* meu irmão veio com defeito de fábrica.
prep. + art. (de + o)

As cartas e as fotografias estão *nesta* caixa antiga.
prep. + pron. dem. (em + esta)

Ela não para de falar *nele*.
prep. + pron. pess. (em + ele)

Pode deixar que eu continuo a varrer *daí* para frente.
prep. + adv. (de + aí)

(*Época*, nº 525.)

No texto principal do anúncio – "5 de junho, Dia Mundial do Meio Ambiente" –, a palavra *do* é uma contração, resultante da ligação entre a preposição *de* e o artigo *o*.

Quando a preposição *a* se une ao artigo *a* ou aos pronomes *aquele*, *aquilo*, ocorre um tipo especial de contração, denominado *crase*. Na escrita, a crase é indicada com o acento grave. Observe:

Fomos *à* feira de livros promovida pela biblioteca de nossa escola.
prep. *a* + art. *a*

O conferencista referiu-se *àquele* assunto que estudamos ontem.
prep. *a* + pron. *aquele*

## EXERCÍCIO

O texto a seguir fala sobre ratos de laboratório. Leia-o e complete-o com preposições, combinações ou contrações a fim de torná-lo compreensível.

### De onde vêm? Para onde vão?

Thinkstock/Getty Images

Os roedores que existem apenas porque a ciência precisa deles nascem □ biotérios (do latim "lugar onde fica a vida"), uma espécie □ berçário que segue normas rígidas □ higiene e conforto ditadas □ órgãos internacionais [...]. A ideia é mantê-los limpos e livres □ doenças, □ não comprometer os resultados □ estudos. [...]

A mania □ limpeza ajuda □ manter as cobaias aptas □ os experimentos, mas é também uma forma □ respeitar seu estilo natural de ser. Pois, acredite, ratos não são seres imundos, nem os □ bueiro. [...]

Os cuidados não param □ aí. □ biotérios, os ratos são tratados □ a mordomia □ um hotel cinco estrelas. [...]

### Drogas e aventuras

Não é à toa que os ratos se escondem atrás □ lata □ lixo ou □ bueiros. Eles temem espaços abertos e altura. Os cientistas aproveitam esse ponto fraco □ fazer testes □ ansiedade. Soltá-los □ piscinas fundas, onde eles não possam se apoiar, é uma □ formas □ testar suas reações. Mas o brinquedo mais popular □ medicina comportamental é o labirinto, usado □ avaliação □ ansiedade há mais de 20 anos. [...]

Os labirintos também servem □ analisar o quanto a bebedeira pode fazer mal. □ um estudo □ alcoolismo [...] ratos receberam doses diárias □ álcool □ longo □ 4 meses. Após o período, tiveram □ enfrentar desafios □ avaliar o prejuízo cognitivo. Eles tinham □ entrar □ um labirinto □ água e chegar □ uma plataforma [...]. Os alcoólatras demoravam mais. [...]

### Roedor sem dor

Depois de uma vida desafiando os próprios medos, bebendo ou fazendo sexo, chega a hora □ aposentadoria. □ dois anos, os roedores já estão velhos como um humano □ 80. Aí, há dois finais: a eutanásia ou virar refeição □ cobras. Os pesquisadores garantem que tudo é feito □ analgésicos □ que não sofram. Justo. Afinal, dedicaram sua vida □ bem □ ciência e muitos deixam descendentes □ seguir o trabalho.

(*Galileu*, nº 247.)

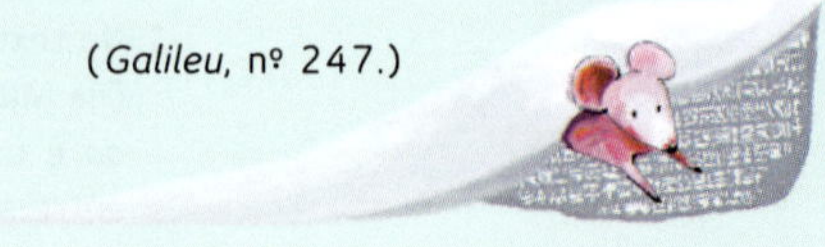
Mariângela Haddad

## Os valores semânticos da preposição

No texto principal do anúncio abaixo, a palavra *do* é contração da preposição *de* com o artigo *o*. Observe que a preposição *de*, além de ligar os substantivos *África* e *Sul*, serve para caracterizar o substantivo *África*. Assim, as preposições, além de terem o papel de ligar palavras, apresentam *valor semântico*, isto é, significado próprio.

No final do texto do anúncio, a preposição *per* (= por), presente na contração *pelo* (per + o), indica "lugar por onde".

Aroldo Araújo

(*Espaço D*, ano 2, nº 8.)

De acordo com a relação que as preposições estabelecem entre as palavras, inúmeros são os valores semânticos que elas exprimem. Entre eles, estão estes:

- **assunto**: O sacerdote falou *da* fraternidade.
- **causa**: A criança estava trêmula *de* frio.
- **origem**: As tulipas vêm *da* Holanda.
- **direção contrária**: Agiu *contra* todos.
- **distância no espaço**: Daqui *a* dois quilômetros há um bar.
- **fim**: Saíram *para* pescar bem cedinho.
- **meio**: Vim *de* ônibus.
- **posse**: Esta casa é *de* meu pai.
- **delimitação**: É uma pessoa rica *de* virtudes.
- **conformidade**: Como é teimoso! Saiu *ao* avô.
- **instrumento**: Redigiu os artigos *a* lápis.
- **lugar**: Os livros estão *sobre* a mesa da sala.
- **matéria**: Ganhou uma correntinha *de* ouro.

## EXERCÍCIOS

Leia este poema, de Roseana Murray:

### Chão

Meu universo é um chão
de terra,
aí fermentam as palavras,
os símbolos, os sons
com que me unto
todos os dias para atravessar
a ponte entre a poesia e as horas.

(*Poemas para ler na escola*. Rio de Janeiro: Objetiva, 2011. p. 40.)

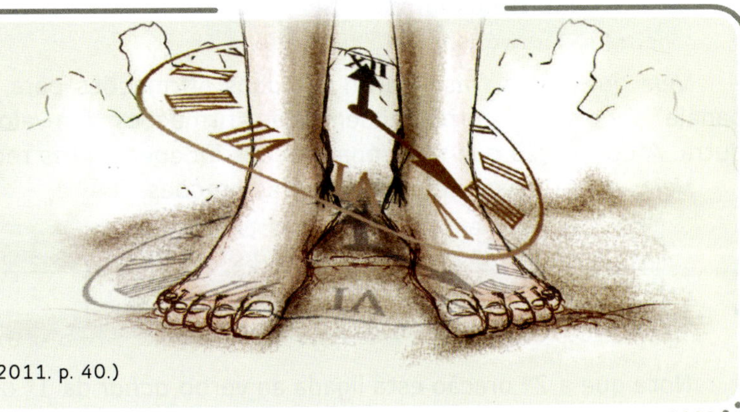

Ricardo Dantas

1. A que atividade o eu lírico do poema se dedica diariamente?

2. Identifique as preposições empregadas no poema e o valor semântico de cada uma delas no contexto.

**3.** A preposição *para*, além do valor semântico de finalidade, também pode expressar:

- movimento em direção a um ponto;
- lugar a que se é mandado;
- lugar para onde se vai com a intenção de permanecer;
- direção ou sentido;
- objetivo, utilidade;
- tempo em que algo será feito.

O que a preposição *para* destacada em cada uma das frases a seguir expressa?

a) Prestou concurso *para* juiz.

b) O poeta foi degredado *para* a África.

c) Partiu *para* os Estados Unidos.

d) Deixou as tarefas *para* o dia seguinte.

e) Olhou *para* os lados.

f) Encaminhou-se *para* a porta.

# A CONJUNÇÃO

Duas ou mais palavras empregadas com valor de conjunção, como *já que*, *visto que*, *se bem que*, *a fim de que*, constituem uma **locução conjuntiva**. Veja:

Comparecerei à reunião, *a não ser que* surja um imprevisto.

## Classificação das conjunções

Leia a tira a seguir.

(Bill Watterson. *Tem alguma coisa babando embaixo da cama*. São Paulo: Conrad, 2008. p. 39.)

Observe a estrutura destas orações da tira:

O ovo queimou, *e* grudou na panela
1ª oração | 2ª oração
conjunção

Veja que nessa frase Calvin faz duas afirmações para sua mãe: "O ovo queimou" e "grudou na panela". As orações correspondentes às afirmações têm valor equivalente e são independentes uma da outra. A conjunção que relaciona orações independentes recebe o nome de **conjunção coordenativa**.

Veja, agora, como se relacionam as orações:

Acho *que* você consegue raspar o fundo com essa chave de fenda.
1ª oração | 2ª oração
conjunção

Note que a 2ª oração está ligada ao verbo *achar* da 1ª oração, informando aquilo que Calvin supôs que sua mãe conseguiria fazer. As duas orações, portanto, mantêm entre si uma relação de dependência, uma vez que uma completa a outra. A conjunção que relaciona orações de modo que uma seja dependente de outra é chamada de **conjunção subordinativa**.

Assim:

> As **conjunções coordenativas** ligam palavras ou orações de mesmo valor sintático.
> As **conjunções subordinativas** inserem uma oração na outra, estabelecendo entre elas uma relação de dependência sintática.

## EXERCÍCIOS

Leia a tira a seguir e responda às questões de 1 a 3.

Gaturro, Nik © 2006 Nik/Dist. by Universal Uclick

(Nik. *Gaturro*. Cotia-SP: Vergara&Riba, 2008. p. 61.)

**1.** No contexto da tira, no 1º e no 2º quadrinho, o verbo *dizer* precisa de complemento.

a) Quais são as orações que complementam o sentido desse verbo nos dois quadrinhos?

b) Portanto, nos dois quadrinhos, que relação existe entre a 1ª e a 2ª oração: de coordenação ou de subordinação?

**2.** Se eliminarmos a conjunção *e* da fala de Gaturro no 4º quadrinho, teremos: "Fechamos em oito, todos saem satisfeitos, ok?!". Observe que, nesse caso, a 1ª e a 2ª oração não dependem uma da outra sintaticamente. Então conclua: A conjunção *e* é coordenativa ou subordinativa?

**3.** Releia o 1º e o 2º quadrinho.

a) Identifique a conjunção ou locução conjuntiva que vincula as duas informações lidas pela personagem.

b) Essa conjunção ou locução conjuntiva é coordenativa ou subordinativa?

**4.** Leia este poema, de Carlos Drummond de Andrade:

> **Lembrete**
>
> Se procurar bem, você acaba encontrando
> não a explicação (duvidosa) da vida,
> mas a poesia (inexplicável) da vida.
>
> (*A lua no cinema e outros poemas*. São Paulo: Cia. das Letras, 2011. p. 129.)

a) Identifique as conjunções presentes no poema.

b) As conjunções são coordenativas ou subordinativas?

c) Embora o tema do poema seja a vida, o título dele, "Lembrete", sugere algo pouco importante. Trata-se, de fato, de uma contradição?

## Valores semânticos das conjunções coordenativas

As conjunções coordenativas podem ser:

1. **Aditivas:** servem para ligar dois termos ou duas orações de mesmo valor sintático, estabelecendo entre eles uma ideia de adição. São as conjunções *e, nem (e não), que, não só... mas também.*

> Ele não respondeu às minhas cartas *nem* me telefonou.

2. **Adversativas:** ligam dois termos ou orações, estabelecendo entre eles uma relação de oposição, contraste, ressalva. São elas: *mas, porém, todavia, contudo, no entanto, entretanto, e* (com valor de *mas*).

> A mulher chamou imediatamente o médico, *porém* não foi atendida.

3. **Alternativas:** ligam palavras ou orações, estabelecendo entre elas uma relação de separação ou exclusão. São as conjunções *ou, ou... ou, já... já, ora... ora, quer... quer,* etc.

> O mecânico *ora* desparafusava o motor do carro, *ora* juntava outras peças espalhadas pelo chão.

4. **Conclusivas:** introduzem uma oração que exprime conclusão em relação ao que se afirmou anteriormente. São elas: *logo, pois* (no meio ou no fim da oração), *portanto, por conseguinte, por isso, assim,* etc.

> Meu irmão estudou muito o ano inteiro; *logo*, deve ir bem nos exames.

5. **Explicativas:** ligam duas orações de modo que a segunda justifica ou explica o que se afirmou na primeira. São as conjunções *que, porque, porquanto, pois* (no início da oração).

> Vá rápido, *pois* já está começando a chover.

### A conjunção coordenativa *pois*

Dependendo da posição que ocupa na frase, a conjunção coordenativa *pois* pode estabelecer duas relações diferentes. Quando inicia oração, estabelece uma relação de justificativa: "Pai, me dê uma carona, *pois* estou perdendo a hora da escola". Nesse caso, é *explicativa*. Quando vem posposta a um termo da oração a que pertence, estabelece uma relação de conclusão: "Filho, o carro está com o pneu furado; não tenho, *pois* (= portanto), condição de levar você". Nesse caso, é *conclusiva*.

## EXERCÍCIOS

**1.** Associe as conjunções coordenativas destacadas nas frases seguintes a um destes valores semânticos:

- adição
- conclusão
- alternância
- exclusão
- oposição
- explicação

a) Nunca abra esta porta *ou* vai se arrepender amargamente.

b) Volte sempre, *porque* adoro conversar.

c) *Ora* ela diz uma coisa, *ora* afirma outra.

d) Começou o trabalho com entusiasmo; *contudo*, não fiquei convencido de sua mudança de atitude.

e) Sempre foi honesto comigo; *portanto*, que razão tenho para duvidar dele?

f) Fale baixo, *que* há pessoas estudando.

g) Não telefonou *nem* deixou recado.

Leia a tira a seguir, de Laerte, e responda às questões 2 e 3.

(Laerte. *Classificados*. São Paulo: Devir, 2004. v. 3, p. 34.)

**2.** No 2º quadrinho da tira, seu Randal poderia ter se expressado assim:

> "Você odeia criança, por isso elas te adoram, Luís!"

a) Qual é o valor semântico da conjunção coordenativa *por isso* na frase acima?

b) Que outras conjunções com o mesmo valor semântico poderiam substituir *por isso*, nessa frase?

**3.** Releia estas frases da tira:

> "Eu odeio criança, seu Randal!"
> "É exatamente por isso que elas te adoram, Luís!"

Observe que, entre as duas frases, há uma *oposição* de ideias.

a) Como seu Randal poderia se expressar caso quisesse reunir em um período composto as informações das duas frases?

b) Qual seria a classificação da conjunção que faria a ligação entre as duas orações?

**4.** Observe a relação semântica existente entre as orações de cada um dos itens a seguir. Depois una-as em uma única frase, empregando uma destas conjunções coordenativas: *e*, *nem*, *mas*, *porém*, *porque*, *pois*, *logo*.

a) A vida é generosa. Às vezes torna-se cruel.

b) Ele vive mentindo. Não merece confiança.

c) Ela amava seu marido. Admirava-o muito.

d) Não dê informações falsas em seu currículo. Aquele entrevistador não se deixa enganar.

e) Ele não estudou. Não se esforçou. Perdeu muitas oportunidades na vida.

f) Perdeu muitas oportunidades na vida. Não estudou.

## Valores semânticos das conjunções subordinativas

As conjunções subordinativas ligam duas orações, sendo uma a **principal** e a outra **subordinada**, de modo que a subordinada completa sintaticamente a principal. Observe:

> Alugou apenas um DVD *porque* os demais não lhe interessaram.
> (Alugou apenas um DVD = oração principal; *porque* = conjunção; *porque* os demais não lhe interessaram = oração subordinada)

As conjunções subordinativas compreendem dois grupos: as *integrantes* e as *adverbiais*.

As **integrantes** são as conjunções *que* e *se* quando introduzem orações que funcionam como sujeito, objeto direto, objeto indireto, predicativo, complemento nominal ou aposto da oração principal.

> Acredito *que* ele terá sucesso em Paris.
> (Acredito = oração principal; *que* ele terá sucesso em Paris = oração que funciona como objeto direto da oração principal)

As **adverbiais** iniciam orações que exprimem uma circunstância adverbial relacionada ao enunciado da oração principal.

Já estava em casa (oração principal) *quando* o temporal desabou sobre a cidade (oração que exprime uma circunstância de tempo em relação à oração principal)

As conjunções adverbiais classificam-se em *causais, comparativas, concessivas, condicionais, conformativas, consecutivas, finais, proporcionais* e *temporais*.

Bill Watterson/Dist. by Atlantic Syndication

Observe na fala de Calvin que o emprego da locução conjuntiva subordinativa adverbial causal *já que* introduz a causa (estar doente) do fato mencionado na oração principal: trazer o café da manhã para a mãe.

1. **Causais:** iniciam oração que indica a causa, o motivo, a razão do efeito expresso na oração principal: *que* (= porque), *porque, como, visto que, já que, uma vez que, desde que*, etc.

   Foi bem-sucedido no vestibular, *porque* estudou bastante.

2. **Comparativas:** iniciam oração que estabelece uma comparação em relação a um elemento da oração principal: *como, que, do que* (depois de *mais, menos, maior, menor, melhor, pior*), *qual* (depois de *tal*), *quanto* (depois de *tanto* ou *tão*), *assim como, bem como*.

   Maria é *tão* inteligente *quanto* Ana.

3. **Concessivas:** iniciam oração que indica uma concessão relativamente ao fato expresso na oração principal, ou seja, indica um fato contrário ao expresso na oração principal, mas insuficiente para impedir sua realização: *embora, conquanto, ainda que, mesmo que, se bem que, por mais que*, etc.

   Ele não concordará com isso, *por mais* que você insista.

4. **Condicionais:** iniciam oração que expressa uma condição para que ocorra o fato expresso na oração principal: *se, caso, contanto que, salvo se, a menos que, a não ser que*, etc.

   *Se* eu tivesse companhia, iria hoje ao teatro.

5. **Conformativas:** iniciam oração que estabelece uma ideia de conformidade em relação ao fato expresso na oração principal: *conforme, como, segundo*, etc.

   Fizemos a pesquisa, *conforme* a orientação do professor de Ciências.

6. **Consecutivas:** iniciam oração que indica uma consequência, um efeito do fato expresso na oração principal: *que* (precedido dos advérbios de intensidade *tal, tão, tanto, tamanho*), *de forma que, de modo que*, etc.

   Trabalhei *tanto* hoje, *que* estou morto de cansaço.

7. **Finais:** iniciam oração que apresenta uma finalidade em relação ao fato expresso na oração principal: *para que, a fim de que, porque* (= *para que*), *que*, etc.

   Chegue mais cedo *a fim de que* possamos preparar a pauta da reunião.

8. **Proporcionais:** iniciam oração que indica concomitância, simultaneidade ou proporção em relação a outro fato: *à proporção que, à medida que, enquanto*, etc.

O medo das pessoas crescia, *à medida que* o temporal aumentava.

9. **Temporais:** iniciam oração que indica o momento, a época da ocorrência de certo fato: *quando, antes que, depois que, até que, logo que, desde que*, etc.

*Enquanto* a mãe preparava o lanche, o filho arrumava a mesa.

## EXERCÍCIOS

**1.** Observe a relação semântica existente entre as orações de cada um dos itens a seguir. Depois una-as em uma única frase, empregando uma destas conjunções subordinativas: *como, desde que, assim que, que.*

a) Nunca mais me escreveu. Viajou.

b) Houve protestos. Divulgaram as novas medidas econômicas.

c) Já disse. Sou seu adversário político.

d) Gritou tanto. Ficou rouco.

e) As calças de brim são tão práticas. Todos as usam.

**2.** Leia os textos seguintes, tentando perceber possíveis relações semânticas entre as orações. Depois complete-os com pelo menos duas das conjunções ou locuções conjuntivas indicadas entre parênteses, de modo a estabelecer relações de coerência e coesão entre as orações.

a) "☐ ninguém estava preparado para aquilo, ficaram todos ali apalermados, se entreolhando calados. ☐ alguém se lembrou de pedir explicações sobre as atividades da companhia, Geraldo já ia longe na bicicleta vermelha." (José J. Vieira) (conforme, como, uma vez que, que, quando)

b) "☐ acendia a palha com as mãos em concha, via ☐ o motorista carregava perto do depósito, em dois galões, a gasolina do trator." (Mafra Carbonieri) (já que, enquanto, tão como, porém, que, sem que)

c) "☐ se calça a luva ☐ não se põe o anel, / ☐ se põe o anel ☐ não se calça a luva." (Cecília Meireles) (logo, que, ou, porque, e, a fim de que)

## A CONJUNÇÃO NA CONSTRUÇÃO DO TEXTO

Leia o poema a seguir, do poeta contemporâneo Antonio Cicero, e responda às questões.

### Maresia

O meu amor me deixou
levou minha identidade
não sei mais bem onde estou
nem onde a realidade.

Ah, se eu fosse marinheiro
era eu quem tinha partido
mas meu coração ligeiro
não se teria partido

ou se partisse colava
com cola de maresia
eu amava e desamava
sem peso e com poesia.

Ah, se eu fosse marinheiro
seria doce meu lar
não só o Rio de Janeiro
a imensidão e o mar

leste oeste norte sul
onde um homem se situa
quando o Sol sobre o azul
ou quando no mar a Lua

não buscaria conforto
nem juntaria dinheiro
um amor em cada porto
ah, se eu fosse marinheiro.

Laerte Silvino

(*A lua no cinema e outros poemas.* São Paulo: Cia. das Letras, 2011. p. 62.)

1. Na 1ª estrofe, o eu lírico se refere a como ficou após uma decepção amorosa.

a) Qual é o sentido, no contexto, de "levou minha identidade"?

b) Relacione os versos 3 e 4 à resposta que você deu no item anterior.

2. Para deixar de sofrer por amor, o eu lírico refugia-se em uma situação hipotética.

a) Qual é essa situação hipotética?

b) Por que essa situação seria uma solução para o mal de amor?

c) Por que, nessa situação, o amor seria mais leve?

3. O poema pode ser dividido em duas partes: a primeira parte, formada pelas estrofes 1, 2 e 3; e a segunda, pelas estrofes 4, 5 e 6. Observe as formas verbais empregadas nas duas partes e, considerando a norma-padrão, responda:

a) Na primeira parte, as formas verbais do pretérito imperfeito do indicativo estão em correlação com as formas *fosse* e *partisse*, do pretérito imperfeito do subjuntivo?

b) Na segunda parte, os tempos e modos verbais estão correlacionados?

c) Como o eu lírico imagina sua vida na segunda parte?

4. Compare as duas partes do poema.

a) Qual delas se refere a ideias impossíveis de realizar?

b) Qual se refere a ideias possíveis de realizar?

c) As formas verbais empregadas no poema têm relação com a possibilidade e impossibilidade de realização?

5. Diante da frustração que vive no plano real, o eu lírico procura se situar em um plano hipotético, da imaginação.

a) Nas estrofes de 2 a 6, que conjunção se destaca?

b) Qual dos seguintes valores semânticos essa conjunção expressa?

- causa
- consequência
- condição
- concessão
- tempo

c) Que papel essa conjunção desempenha na construção de sentido no poema, considerando-se o desejo do eu lírico?

### Para que servem as preposições e as conjunções?

Com o desenvolvimento do ser humano nos mais diferentes campos – científico, social, cultural, tecnológico, etc. –, as formas de comunicação e de relacionamento social tornam-se cada vez mais complexas. Para dar conta da complexidade crescente do mundo e das ideias, a linguagem verbal também se desenvolve e cria mecanismos específicos para estabelecer relações entre as ideias. É o caso das preposições e das conjunções, termos que ligam palavras e orações, estabelecendo relações de coordenação, subordinação, oposição, causalidade, consequência, comparação, etc.

## SEMÂNTICA E DISCURSO

Leia a tira a seguir e responda às questões 1 e 2.

(Fernando Gonsales. *Níquel Náusea – Com mil demônios*. São Paulo: Devir, 2002. p. 20.)

**1.** No 1º quadrinho, o garoto que faz a pergunta conta com certa interpretação do interlocutor para a expressão "tirar leite".

a) Qual é essa interpretação?

b) Qual é o sentido com que ele empregou a expressão?

Fernando Gonsales

**2.** O humor da tira é construído com base na ambiguidade do valor semântico da preposição *de*.

a) Em "leite de vaca", *de vaca* equivale a *vacum*, e em "leite de cabra", *de cabra* equivale a *caprino*. Na expressão "leite de gato", *de gato* equivale a que expressão?

b) Na interpretação esperada inicialmente pelo garoto para "tirar leite de gato", a preposição *de* especifica de qual animal se extrai o leite. Qual é o valor semântico de *de* nessa situação:
- restrição ou delimitação
- posse
- matéria

c) Qual é o valor semântico da preposição *de* no 3º quadrinho?
- restrição ou delimitação
- posse
- matéria

O texto a seguir é um trecho da crônica "No subúrbio da gramática", de Paulo Mendes Campos. Leia-o e responda às questões de 3 a 5.

**Conjunção** — Palavra invariável que liga e relaciona entre si duas orações completas ou incompletas. Exemplos: [...] Casimiro de Abreu aos oito anos de idade andava descalço, conforme se sabe. — Sete cidades gregas reclamam a cidadania de Homero, e, contudo, há quem afirme que ele nem nasceu. — D. H. Lawrence gostava de cachorros, de crisântemos, de cobras venenosas, mas embirrava muito com as pessoas. — Não sei se Rui Barbosa teria medo de avião. — Caso Cleópatra estivesse viva, os fotógrafos não a deixariam em paz; daí o ter morrido; sem embargo, ninguém sabe que espécie de ofídio lhe deu a morte. [...] — Jarry já chora, já ri. Todo mundo gostava de La Fontaine, visto que tratava bem as formigas. — Kant era mais pontual do que o relógio. [...] — Desde que Shelley caísse na água, Byron ficava apavorado.

**3.** Nesse texto, o cronista faz um jogo entre o conceito gramatical e a licença poética, ou seja, os exemplos apresentam orações relacionadas entre si por conjunções, mas oferecem sobre as pessoas citadas informações que não passam de um exercício de imaginação. Considerando as informações sobre as pessoas, tente responder:

a) Que expressão, no 1º exemplo, mantém uma relação intertextual com um poema do poeta romântico Casimiro de Abreu?

b) Levante hipóteses: Por que Cleópatra atrairia a atenção de fotógrafos, se isso fosse possível na época?

c) A que fábula de La Fontaine o cronista se refere?

**4.** Entre as pessoas citadas, há uma cujo nome sugere uma parte de uma locução conjuntiva.

a) Qual é essa pessoa?

b) Que valor semântico a locução conjuntiva empregada nesse trocadilho feito pelo cronista apresenta?

**5.** Relacione as colunas a seguir: a 1ª contém o nome de algumas pessoas citadas no texto; a 2ª, os valores semânticos das conjunções ou das locuções conjuntivas empregadas nas frases que se referem a essas pessoas.

| | |
|---|---|
| a) Casimiro de Abreu | 1. comparação |
| b) D. H. Lawrence | 2. causa |
| c) Cleópatra | 3. conformidade |
| d) La Fontaine | 4. condição |
| e) Kant | 5. oposição |

CAPÍTULO 16

Roy Lichtenstein

*Som da música* (1964), de Roy Lichtenstein.

# A interjeição

## CONSTRUINDO O CONCEITO

Leia a tira:

Fernando Gonsales

**1.** No 1º quadrinho, a ratinha faz uma pergunta a Níquel Náusea.

a) Descreva a reação que o ratinho tem quando ouve a pergunta.

b) Tendo em vista a reação do ratinho, deduza: Qual é o significado da fala "Hum", nesse quadrinho?

**2.** Releia a fala de Níquel no 2º quadrinho e levante hipóteses: Qual é a relação entre o que diz e o aparente desconforto em que fica com a pergunta inicial?

**3.** No 3º quadrinho, a ratinha diz a Níquel: "Puxa!! Obrigada!". Que sentimentos as palavras da ratinha expressam?

**4.** Observe a fisionomia de Níquel no 3º quadrinho.

a) A reação da ratinha foi a que ele esperava? Justifique sua resposta.

b) Que reação ele esperava que a ratinha tivesse?

c) Caso o que a ratinha disse atendesse à expectativa de Níquel, que palavras ou expressões ela provavelmente teria usado?

5. Observe as palavras *hum*, *puxa* e *obrigada*, na tira. Retomando o estudo feito nas questões anteriores, identifique entre os itens a seguir o que se refere adequadamente à função dessas palavras na tira.

- Expressam alegria e satisfação, tanto por parte do enunciador como por parte do destinatário.
- Caracterizam psicologicamente as personagens da tira, uma vez que se referem a emoções que elas têm.
- Expressam sensações e sentimentos, prevendo e provocando certas reações no interlocutor.
- Apontam seres e objetos que participam da história e/ou compõem o cenário da tira.

Fernando Gonsales

## CONCEITUANDO

Pelos exercícios anteriores, você observou que, de acordo com o contexto, muitas palavras podem expressar sensações e sentimentos, ou provocar reações no interlocutor, fazendo com que ele adote certo tipo de comportamento. As palavras e expressões que desempenham esse tipo de papel chamam-se **interjeições**.

**Interjeição** é a palavra que expressa emoções, apelos, sentimentos, sensações, estados de espírito.

Duas ou mais palavras que, juntas, desempenham o papel de interjeição constituem uma **locução interjetiva**.

Você ainda acha que ele virá? *Que esperança!*

# CLASSIFICAÇÃO DAS INTERJEIÇÕES

As interjeições e locuções interjetivas classificam-se de acordo com seus valores semânticos, que dependem fundamentalmente do contexto e da entonação. Entre outras, podemos distinguir as que expressam:

- **advertência**: Cuidado!, Olhe!, Atenção!, Fogo!
- **agradecimento**: Obrigado!, Valeu!, Grato!
- **alegria**: Ah!, Eh!, Oh!, Oba!, Viva!
- **alívio**: Ufa!, Ah!
- **ânimo**: Coragem!, Força!, Ânimo!
- **apelo** ou **chamamento**: Socorro!, Ei!, Ô!, Oi!, Alô!, Psiu!, Ó de casa!
- **aplauso**: Muito bem!, Bravo!, Bis!, É isso aí!
- **aversão** ou **contrariedade**: Droga!, Porcaria!, Credo!
- **desejo**: Oxalá!, Tomara!, Quisera!, Queira Deus!, Quem dera!
- **dor**: Ai!, Ui!, Ah!
- **espanto, surpresa**: Oh!, Puxa!, Quê!, Nossa!, Nossa mãe!, Virgem!, Caramba!
- **medo**: Oh!, Credo!, Cruzes!
- **reprovação**: Bah!, Ora!, Ora, bolas!, Só faltava essa!, Fora!, Para!
- **satisfação**: Viva!, Oba!, Boa!, Bem!
- **silêncio**: Silêncio!, Psiu!

## Interjeições: sínteses de emoção

As interjeições permitem expressar, em uma única palavra, estados de espírito às vezes complexos. Assim, podem ser recursos eficientes na redação de textos que precisam ser sucintos e objetivos, como títulos de livros e nomes de revista. Veja os exemplos:

Editora Sextante

Editora Gente

Editora Abril

Editora Leitura

Qualquer palavra, dependendo do contexto e do tom com que é falada, pode se tornar uma interjeição. A palavra *bravo*, por exemplo, é normalmente adjetivo. Mas, quando alguém grita "*Bravo!*", no final de um espetáculo, torna-se uma interjeição de aplauso. É também o que ocorre no caso do nome da revista *Bravo!*.

## EXERCÍCIO

Nos textos a seguir, extraídos de um jornal de grande circulação, foram eliminadas as interjeições. Leia-os com atenção e complete-os com uma das interjeições do quadro abaixo, de acordo com o contexto:

| oxalá | ufa | bingo | oba | xi | credo |
|---|---|---|---|---|---|

a)

A credencial conseguida de última hora causou uma boa sensação. □, vou cobrir o show do U2 de um camarote. Nada de pista, empurra-empurra, fila para o banheiro. E não vou morrer de fome, com preguiça de enfrentar a massa para ter um sanduíche seco como prêmio.

(Disponível em: http://www1.folha.uol.com.br/folha/ilustrada/ult90u58107.shtml. Acesso em: 20/4/2012.)

b)

Quando li, no início da semana, a notícia de que a Enciclopédia Britânica migraria do papel para a internet, pensei baixinho: □, agora sim que acabou o papel. Dias depois, descobri, em "El País", que alguém mais havia tido a mesma sensação. "A morte do papel agitou o mundo da cultura, sensível como poucos à queda dos símbolos", escreveu Tereixa Constenla.

(Disponível em: http://www1.folha.uol.com.br/colunas/clovisrossi/1062770-acabou-o-papel-nao-o-jornalismo.shtml. Acesso em: 20/4/2012.)

c)

Até que enfim vimos uma parcela da sociedade brasileira se mexer contra a corrupção que detona os cofres e recursos públicos no Brasil. [...] É um bom exemplo de cidadania ativa e um começo para que a sociedade brasileira saia do seu torpor e apatia paralisantes, deixe de ser tão passiva e tolerante [...].□ essa centelha se espalhe por todo o país.

(Disponível em: http://www1.folha.uol.com.br/paineldoleitor/secaodecartas/971925-violencia-dia-da-independencia-11-de-setembro.shtml. Acesso em: 20/4/2012.)

## A INTERJEIÇÃO NA CONSTRUÇÃO DO TEXTO

Leia esta crônica, de Fabrício Corsaletti:

### Conversa contemporânea

— Hmmm, Renata, tá uma delícia!

— Que bom que vocês gostaram.

— Fantástico!

— Incrível!

— Ma-ra-vi-lho-so!

— Genial, Renatinha!

— É fácil de fazer. É só escolher bem os olhos de tatu, temperar com capacetes frescos...

— De motoboy?

— Não. Tem que ser de motocross.

— Tá. E que mais?

— Aí afogam-se as folhas de manjericão em azeite de lágrimas, e forno!

— Eu disse que era azeite de lágrimas!

— E essa torta, como você conseguiu essa textura?

— Me passa o vinho, por favor?

— Simples. Vai no Santa Bárbara, compra picanha de grilo moída e mistura com polvilho alemão. Pronto. Se quiser, joga umas presilhas por cima que fica ótimo. O Túlio não gosta. Né, amor?

— Demais, Renatinha, demais!

— Mano, ontem fui no Le Bateau, ou Le Manteau, não lembro agora...

— É Le Manteau.

— Tá, não importa. Comi uma quiche que foi a melhor quiche que comi na vida. De cebolinha com fios de cabelo de albinos calvos. Coisa de louco.

[...]

— Ixe, esqueci a sobremesa no fogo. Já volto.

— Ela tá feliz, né?

— Super!

— E como ela tá mandando bem!

— As suas massas também são ótimas, Marcos.

— Por que cê tá me falando isso? Não precisa me comparar com a Renata. Parece que eu tô com inveja dela.

— Tá um pouquinho...

— Era só o que me faltava.

— Abram espaço que eu tô chegando... Licença! Licençaaa...

— Uhu!

— Aêêê!

— O que é?

— Doce de leite de baby camelo com pêssegos frígidos aquecidos em banho josé maria.

— Hmmmmm...

— Arrasou!

— Me passa o vinho? Ei, me passa o vinho aí!

(Disponível em: http://www1.folha.uol.com.br/saopaulo/1076377-conversa-contemporanea.shtml. Acesso em: 27/4/2012.)

1. A crônica retrata a conversa de um grupo de amigos reunidos em uma refeição.

a) Que elementos estranhos a uma refeição são a base para a criação do humor no texto?

b) Que crítica se depreende da crônica?

2. Qualquer palavra, dependendo do contexto e do tom com que é falada, pode se tornar uma interjeição.

a) Indique a classe gramatical a que, normalmente, pertencem as palavras:

- fantástico, incrível, maravilhoso
- licença
- demais
- Arrasou!

b) No texto, as palavras relacionadas no item anterior mantêm seu papel gramatical original ou desempenham o papel de interjeição? Justifique sua resposta.

3. As interjeições cumprem um papel importante na construção do sentido do texto lido.

a) De modo geral, que valor semântico elas têm no contexto?

b) Esse valor semântico é coerente com o contexto? Justifique sua resposta.

## SEMÂNTICA E DISCURSO

Leia o poema que segue, de Mário Quintana, e responda às questões de 1 a 4.

### Hai-kai de outono

Uma folha, ai
melancolicamente
cai!

(*A cor do invisível.* Porto Alegre: Globo, 1994. p. 23.)

Zuri

1. O autor dá ao poema o nome "Hai-kai de outono". Haicai é um tipo de composição poética japonesa, de forma fixa e curta, que apresenta três versos e dezessete sílabas poéticas, assim distribuídas: o 1º e o 3º versos com cinco sílabas e o 2º com sete sílabas.

a) O número de versos do poema coincide com o do haicai japonês?

b) E o número de sílabas poéticas?

c) E a distribuição das sílabas em cada verso?

**Pílula de sabedoria**

Espécie de pílula filosófica e existencial, o haicai é um poema de origem japonesa e normalmente se relaciona com as estações do ano, com a passagem do tempo e com a humanização da natureza. O haicai é considerado o principal legado que um oriental pode deixar a seus descendentes.

2. As palavras *ai* e *cai* têm entre si uma relação sonora e semântica.

a) Qual é a classe gramatical da palavra *ai*? Qual é o seu valor semântico?

b) Que relações essa palavra estabelece com *cai* do ponto de vista sonoro?

c) E do ponto de vista semântico?

d) Que outra palavra do poema reforça o sentido da palavra *ai*?

3. A característica principal do haicai é a síntese. Releia o título do poema de Mário Quintana. Por que é possível antever no título todo o poema?

4. Leia o boxe lateral. Por seu conteúdo, é possível dizer que o haicai de Mário Quintana se identifica ou não com a tradição dos haicais japoneses? Justifique.

# UNIDADE 4 SINTAXE: A PALAVRA EM AÇÃO

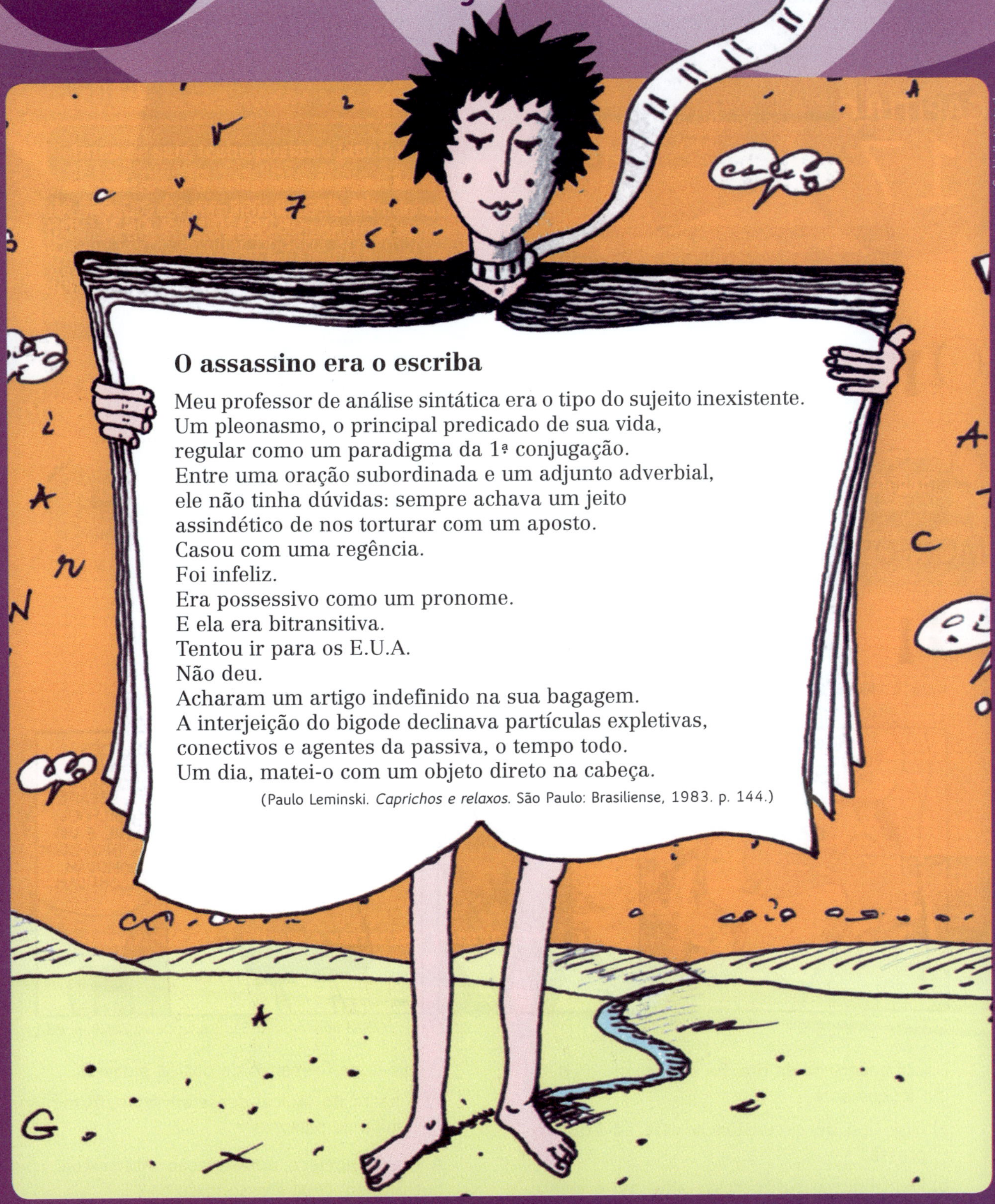

Corbis/Latinstock

**O assassino era o escriba**

Meu professor de análise sintática era o tipo do sujeito inexistente.
Um pleonasmo, o principal predicado de sua vida,
regular como um paradigma da 1ª conjugação.
Entre uma oração subordinada e um adjunto adverbial,
ele não tinha dúvidas: sempre achava um jeito
assindético de nos torturar com um aposto.
Casou com uma regência.
Foi infeliz.
Era possessivo como um pronome.
E ela era bitransitiva.
Tentou ir para os E.U.A.
Não deu.
Acharam um artigo indefinido na sua bagagem.
A interjeição do bigode declinava partículas expletivas,
conectivos e agentes da passiva, o tempo todo.
Um dia, matei-o com um objeto direto na cabeça.

(Paulo Leminski. *Caprichos e relaxos*. São Paulo: Brasiliense, 1983. p. 144.)

Museo Thyssen – Bornemisza/Scala

In *Port* (1917), de Albert Gleizes.

CAPÍTULO 17

# O modelo morfossintático – o sujeito e o predicado

## MORFOSSINTAXE: A SELEÇÃO E A COMBINAÇÃO DE PALAVRAS

### CONSTRUINDO O CONCEITO

Leia a tira a seguir, de Fernando Gonsales, e responda às questões 1 e 2.

Fernando Gonsales

(*Tédio no chiqueiro*. São Paulo: Devir, 2006. p. 23.)

1. No 2º quadrinho da tira, foi empregado o advérbio *loucamente*.
   a) Que tipo de circunstância esse advérbio expressa?
   b) Identifique o sufixo desse advérbio e empregue-o na formação de outras palavras.
   c) A partir do radical desse advérbio, forme uma família de palavras.
2. A tira estabelece uma relação intertextual com outro texto. Qual é esse texto?

**3.** Na anedota a seguir, foram propositalmente suprimidas duas palavras. Leia-a.

> O prefeito foi visitar o manicômio da cidade. Chegando à biblioteca, vê um homem pendurado no teto, de cabeça para baixo. Preocupado, diz à bibliotecária do hospício:
>
> — O que é que esse □ está fazendo aí no teto?
>
> — Ele pensa que é um lustre.
>
> — Permitir isso é uma □! Ele pode cair e se machucar! Por que não o tiram daí?
>
> — Mas, à noite, como é que a gente vai fazer para ler no escuro?

a) Uma ou outra das palavras suprimidas na anedota poderia ser *loucamente*?

b) De acordo com o contexto, que palavras da família do radical *louc-* podem completar adequadamente as lacunas da anedota?

c) A que classe gramatical pertence cada uma dessas palavras: à dos substantivos, à dos adjetivos, à dos verbos ou à dos advérbios?

## CONCEITUANDO

Na tira e na anedota, para combinar as palavras *loucamente*, *louco* e *loucura* com outras palavras das frases de modo que ficassem de acordo com o contexto, os autores precisaram selecioná-las. Essas palavras têm o mesmo radical. Quando é acrescentado ao radical *louc-* o sufixo *-ura*, forma-se um substantivo – *loucura*; quando é acrescentado o sufixo *-mente*, forma-se um advérbio – *loucamente*.

Concluindo:

> A combinação entre sufixos e radicais determina a classe gramatical das palavras. Esta, por sua vez, determina as possibilidades de combinação das palavras no contexto.

Para chegar à resposta sobre quais palavras completam adequadamente a anedota, você exercitou o princípio fundamental da linguagem: o da *seleção* e *combinação* de palavras.

Na fala ou na escrita, a seleção e a combinação de palavras são condicionadas pelo sentido que se quer dar ao enunciado. Nessas situações, as possibilidades de quem usa a língua são amplas, pois todas as palavras (o léxico) e as várias possibilidades de combinação estão à sua disposição.

É nesse princípio básico da língua – a seleção e a combinação de palavras – que residem os estudos essenciais da gramática: a *morfologia* e a *sintaxe*.

> A **morfologia** estuda as classes gramaticais, isto é, o campo da seleção, enquanto a **sintaxe** estuda o campo da *combinação* de palavras.

Uma vez que selecionar e combinar são procedimentos que ocorrem simultaneamente nos atos da fala e da escrita, o estudo da língua requer um tratamento morfossintático, isto é, que sejam levadas em conta, ao mesmo tempo, as relações morfológicas e sintáticas entre as palavras.

### Forma e função

Ao selecionar as palavras, o usuário da língua leva em conta não só o sentido, mas também a forma das palavras (artigo, substantivo, verbo, adjetivo, advérbio, etc.) e a função (sujeito, objeto direto, adjunto adnominal, adjunto adverbial, etc.) que elas assumem na frase.

Leia esta anedota:

O freguês sentou-se e pediu um chope. O garçom trouxe o chope e o freguês pediu para trocar por um suco de laranja. O garçom trocou, o freguês bebeu e saiu sem pagar.

— Ei! — disse o garçom. — O senhor não pagou o suco de laranja.

— Claro que não! Eu o troquei pelo chope!

— É... Mas o senhor não pagou o chope.

— Claro que não! Eu não o bebi!

Rico

Nesta frase dita pelo garçom "O senhor não pagou o suco de laranja", veja as combinações realizadas, isto é, a estrutura sintática da frase e as classes gramaticais que foram selecionadas para as combinações:

| | O | senhor | não | pagou | o | suco | de | laranja. |
|---|---|---|---|---|---|---|---|---|
| seleção | artigo | substantivo | advérbio | verbo | artigo | substantivo | preposição | substantivo |
| combinação | adj. adn. | núcleo | adj. adv. | verbo transitivo | adj. adn. | núcleo | adj. adn. | |
| | | | | | objeto direto | | | |
| | sujeito | | predicado | | | | | |

Como você pode observar, o agrupamento das palavras de acordo com sua *forma* deve ser feito com base na função sintática que elas têm nas frases.

Isso significa que não se pode desvincular a morfologia (parte da gramática que estuda a forma das palavras) da *sintaxe*, e vice-versa, pois forma e função coexistem e seus papéis só se definem no contexto. As palavras constituem grupos *morfológicos* e, ao serem combinadas em frases, adquirem um papel *sintático*.

Fazer a *análise morfossintática* de uma palavra significa, portanto, reconhecer a classe gramatical a que ela pertence e, ao mesmo tempo, a função sintática que ela desempenha em determinada oração.

# FRASE – ORAÇÃO – PERÍODO

## CONCEITUANDO

Leia este diálogo entre namorados, de Luis Fernando Verissimo:

— Eu...

— Queria me dizer uma coisa?

— É. Acho que...

— Esta nossa relação não vai dar certo?

— Isso. Eu simplesmente não...

— Aguenta mais?

— Exato. Esse seu hábito de...
— Terminar as frases dos outros?
— É. É! Eu tentei, mas...
— Não consegue?
— Não consigo. Não é nada...
— Contra mim? É só por que eu termino as suas frases?
— É. Porque você...
— Faço isso?
— É. Sempre termina a...
— Frase dos outros? Porque eu já sei o que vão dizer. Você é o quinto ou sexto namorado que me diz a mesma coisa.
— Quer dizer que nós nos tornamos...
— Previsíveis? Se tornaram.
— Todos reclamam...
— Da mesma coisa? Reclamam.
— Bom, então é...
— Tchau?
— É.

("Namorados". *O Estado de S. Paulo*, 13/6/2004.)

Ricardo Dantas

Nesse texto, os namorados interagem por meio de enunciados – palavras ou conjuntos de palavras – que constituem unidades menores do texto e que têm sentido completo, ou seja, eles estabelecem comunicação por meio de **frases**.

O trecho "Todos reclamam da mesma coisa?" é uma unidade do texto e tem sentido completo; por isso é uma **frase**.

"Todos reclamam da mesma coisa?", além de frase, é uma **oração**, porque apresenta um *verbo* – *reclamar*.

Normalmente, as frases apresentam pelo menos um verbo. Quando isso não ocorre, dizemos que são frases nominais, como "Que susto!", "Droga", "Fora!".

Na escrita, a frase começa com letra maiúscula e termina com ponto, ponto de interrogação, ponto de exclamação ou reticências. Na fala, a frase é marcada pela entonação, isto é, um tom de voz que expressa a intenção de quem fala.

No início do texto, o namorado diz, hesitante, "Eu...". Se quisermos expressar a intenção do namorado, devemos ler essa frase com um tom de voz que mostre insegurança, indecisão, embaraço.

## Tipos de frase

Há quatro tipos de frase:

- **a interrogativa**, que usamos para fazer uma pergunta:

  Quem chegou?

- **a declarativa**, que usamos para dar uma resposta, uma informação ou contar alguma coisa:

  Choveu a noite toda.

- **a exclamativa**, que usamos para expressar espanto, surpresa, emoção, admiração, alegria, etc.:

  Que bela canção você compôs!

- **a imperativa**, que usamos para expressar uma ordem, um desejo, um pedido:

  Feche a janela, por favor.

Concluindo:

> **Frase** é a unidade de texto que numa situação de comunicação é capaz de transmitir um pensamento completo.
> **Oração** é o enunciado que se organiza em torno de um verbo.

Dá-se o nome de **período** à frase organizada em oração ou orações. O período pode ser:

- **simples**, quando constituído de uma só oração:

  Eu não *aguento* mais esse seu hábito.

- **composto**, quando constituído de duas ou mais orações:

  *Acho* que esta nossa relação não *vai dar* certo.

O **período composto** pode ser:

- **período composto por coordenação:** as orações são autônomas, independentes sintaticamente e chamadas de coordenadas:

  Eu *tentei*, mas não *consegui*.

- **período composto por subordinação:** as orações funcionam como termos de outras orações, são dependentes sintaticamente e denominam-se subordinadas:

  "Você é o quinto ou sexto namorado que me diz a mesma coisa."

- **período composto por coordenação e por subordinação:** apresenta orações coordenadas e subordinadas:

  O rapaz *chegou* e *disse* à namorada que não a *suportava* mais.

## EXERCÍCIOS

Leia a tira:

(Bill Watterson. *Tem alguma coisa babando embaixo da cama*. São Paulo: Conrad do Brasil, 2008. p. 55.)

**1.** Qual dos enunciados a seguir é uma frase e também uma oração?

a) Rá!

b) Você acredita nisso?

**2.** Leia este trecho da fala de Calvin, do 1º quadrinho:

A carta diz que se eu copiar e mandar para vinte pessoas, eu vou ter sorte.

a) Quantas orações há nessa frase? Lembre-se de que cada verbo (ou locução verbal) indica a existência de uma oração.

b) Trata-se de um período composto por coordenação, por subordinação ou por coordenação e subordinação?

c) Identifique, na tira, outro período com classificação semelhante.

**3.** Leia estes dois enunciados:

> Um homem em Seattle quebrou a corrente e ficou careca.
> Essas cartas são para os patetas supersticiosos.

a) Qual dos enunciados acima é um período simples?

b) Por que o outro enunciado é um período composto por coordenação?

# SUJEITO E PREDICADO

## CONSTRUINDO O CONCEITO

Leia o anúncio:

Gustavo Victorino/DM9DDB

(Disponível em: http://www.dm9ddb.com.br/?attachment_id=2075. Acesso em: 28/5/2012.)

Observe estas orações do texto:

> "Desculpas engordam."
> "Eu começo na segunda."

a) Qual é o assunto principal de cada uma das orações, isto é, sobre o que cada uma delas fala?

b) Com quais termos das orações as formas verbais *engordam* e *começo* concordam, respectivamente?

c) Reescreva as duas frases, mantendo os mesmos verbos e substituindo os termos *desculpas* e *eu*:

- Uma simples desculpa □.
- Nós □ na segunda.

Conclua: Qual alteração as formas verbais utilizadas nas frases sofreram?

d) Complete a oração a seguir com um artigo e um substantivo, tendo em vista o contexto do anúncio.

- Eu começo □ na segunda.

## CONCEITUANDO

Conforme você observou, as substituições, nas orações "Desculpas engordam" e "Eu começo na segunda", do substantivo *desculpas* pela sua forma no singular e do pronome pessoal da 1ª pessoa do singular *eu* pelo da 1ª pessoa do plural *nós* provocaram alterações nos verbos. A parte das orações que, ao ser alterada quanto a singular/plural, leva o verbo à mesma alteração, é chamada de **sujeito**; o restante da oração é chamado de **predicado**.

O sujeito de uma oração pode ser identificado com base em características semânticas ou sintáticas, ou seja, relacionadas ao sentido ou à posição dos termos na oração. De acordo com o critério semântico, *sujeito é aquilo de que se fala*, ou seja, o assunto, ou o agente da ação verbal. De acordo com o critério sintático, o *sujeito é o termo da oração que concorda com o verbo*.

Nas orações "Desculpas engordam", ou "A academia é bem-equipada", não podemos considerar *desculpas* e *a academia* como agentes das formas verbais *engordam* e *é*, respectivamente, mas inferimos com certa facilidade que são o assunto, aquilo de que se fala. Assim, é o critério semântico que nos permite identificar o sujeito dessas orações.

Na oração "Eu começo na segunda", entretanto, o assunto parece ser *dieta* ou *exercícios físicos*, e não *eu*, que identificamos como o sujeito ao buscar o agente da ação verbal.

Como podemos notar, o critério sintático é o mais eficiente e objetivo para a identificação do sujeito das orações. Observe a concordância entre sujeito e verbo:

*Desculpas engordam.*
*A academia é* bem-equipada.
*Eu começo* na segunda.

O uso de diferentes critérios para a definição de conceitos sintáticos dá margem a equívocos na análise linguística, como o que é tema deste cartum:

Ivam Cabral

Ao responder à pergunta da professora, "Quem é o sujeito da oração?", o aluno confunde a análise sintática com uma apreciação de valor sobre o sujeito. Assim, estabelece relações de sentido entre o conteúdo da frase e a noção sintática de sujeito. Com base nessa ideia, caracteriza como "mané" aquele que "confia na honestidade dos políticos", deixando de lado o critério sintático que nos leva a considerar que o sujeito dessa frase é o termo *o eleitor*, que concorda com o verbo e está explícito na oração.

O critério sintático de concordância do sujeito com o verbo, por si só, também pode ser ineficiente em construções nas quais há mais de um termo que concorda com o verbo, como a seguinte:

A criança mordeu o cachorro.

Na frase acima, pelo critério semântico, visto que é mais usual um cachorro morder uma criança, somos levados a pensar que pode ter havido uma inversão de termos. No entanto, apesar de uma ser menos e a outra mais comum, as duas possibilidades podem ser aceitas e, nesse caso, classificamos como sujeito o termo que precede imediatamente o verbo, isto é, *a criança*.

Com base nesses exemplos, percebemos que, em análise sintática, tanto os critérios semânticos quanto os sintáticos são importantes, mas isoladamente nem sempre são suficientes. Concluímos, então:

**Sujeito** é o termo da oração que:
- concorda com o verbo;
- está imediatamente anteposto ao verbo quando este concorda com dois termos;
- pode constituir o assunto de que se fala;
- pode ser o agente da ação verbal;
- normalmente apresenta como núcleo um substantivo, um pronome ou uma palavra substantivada.

**Predicado** é o termo da oração que:
- geralmente apresenta um verbo;
- pode dizer algo a respeito do sujeito.

O sujeito nem sempre inicia a oração. Veja:

Soou na escuridão *uma pancada seca*.

Na oração sem sujeito (impessoal), o predicado é a citação pura de um fato:

Choveu fininho ontem à noite.

Identificado o sujeito, o restante da oração constitui o predicado. Observe:

Todas as noites, depois do jantar, (predicado)
*eu e minha família* (sujeito) assistimos à televisão. (predicado)

Mais importante do que identificar o sujeito e o predicado de uma oração é analisar como essas categorias sintáticas constituem os enunciados e, dependendo das construções, reconhecer os efeitos de sentido que podem proporcionar.

## EXERCÍCIOS

Leia a tira:

Joaquín Salvador Lavado (Quino). Toda Mafalda, Livraria Martins Fontes Ltda.

http://www.sempretops.com/diversao/tirinhas-da-mafalda/attachment/mafalda/

**1.** Nos dois primeiros quadrinhos, o homem carrega uma placa com a frase "Não funciona". Descreva a estrutura dessa frase.

**2.** O sujeito ao qual o predicado *não funciona* se refere não pode ser identificado nos dois primeiros quadrinhos.

a) Qual é a relação entre a omissão do sujeito na frase da placa nos dois quadrinhos iniciais e o comportamento de Mafalda ao longo da tira?

b) No 3º quadrinho, é revelado o sujeito ao qual o predicado *não funciona* se refere. Reescreva a frase, empregando a estrutura sujeito + predicado.

**3.** Observe a fisionomia de Mafalda no último quadrinho.

a) Que sentimento ela expressa?

b) Levante hipóteses: Por que a menina tem essa reação?

# A PREDICAÇÃO

Leia este poeminha de Mário Quintana:

**Simultaneidade**

— Eu amo o mundo! Eu detesto o mundo!
Eu creio em Deus! Deus é um absurdo!
Eu vou me matar! Eu quero viver!
— Você é louco?
— Não, sou poeta.

(In: *A corda invisível*. São Paulo: Globo. © by Elena Quintana.)

Compare os predicados destas orações do poema:

Você *é louco*? Eu *amo* o *mundo*!

Observe que, na 1ª oração, o predicado indica o estado do sujeito *você* naquele momento: "*é louco*". Já na 2ª oração, o predicado informa a ação do sujeito *eu*: "amo o mundo". Os verbos que ligam o sujeito às suas características, ao seu estado ou às suas qualidades são chamados de **verbos de estado** ou **de ligação**. Os demais verbos, que indicam ação ou fenômenos meteorológicos, são chamados de **verbos significativos** ou **nocionais**. Assim:

**Predicação** é o tipo de relação que o verbo mantém com o sujeito da oração. De acordo com essa relação, há dois grupos de verbos: os **de estado** ou **de ligação** e os **significativos** ou **nocionais**.

## Verbos de ligação

Veja estas orações do poema:

Você *é* louco? Eu *sou* poeta!

Observe que os verbos não expressam ações do sujeito, mas, sim, ligam o sujeito a seu atributo, isto é, a seu estado ou a suas características; daí serem denominados **verbos de ligação**.

**Verbo de ligação** é aquele que serve como elemento de ligação entre o sujeito e seu atributo.

Veja outros exemplos:

Minha namorada *está* atrasada.
Os alunos *permaneceram* quietos durante a palestra de ciências.
Pedro e Paulo *pareciam* felizes em sua nova casa.
Nós *ficamos* alegres por ela.
A novela *continua* enfadonha.
O rapaz *tornou*-se prefeito da cidadezinha num piscar de olhos.

O atributo do sujeito é chamado de **predicativo**.

## Verbos significativos

### Verbos transitivos e intransitivos

Agora, observe os verbos destes versos, de Mário Quintana:

> Detrás do muro *surge* a lua.
> Na praça a banda *toca* de repente
> Um samba histérico...

No 1º verso, a forma verbal *surge* está na 3ª pessoa do singular, porque concorda com o sujeito *a lua*. Se invertermos a posição do sujeito, teremos: "Detrás do muro, *a lua surge*". Observe que a ação expressa pelo verbo *surgir* se refere apenas ao sujeito e não se estende a outros seres. Nesse caso, dizemos que o verbo é **intransitivo**.

Veja outros exemplos de verbos intransitivos:

> A carta e o telegrama já *chegaram*.
> O caminhão do gás já *passou*.
> *Amanheceu*.

O 2º e o 3º versos de Mário Quintana formam a oração: "Na praça a banda toca de repente um samba histérico". Observe que, também nessa oração, a forma verbal *toca* indica a ação praticada pelo sujeito (*a banda*), mas a ação expressa pelo verbo *tocar* recai sobre outro ser: um samba histérico. O termo *um samba histérico* completa o sentido do verbo *tocar* (quem toca, toca alguma coisa), tornando precisa a informação da frase. Quando isso ocorre, isto é, quando o verbo necessita de um complemento, dizemos que ele é um verbo **transitivo**.

Assim, concluímos:

### Como determinar a predicação de um verbo?

A predicação de um verbo somente pode ser determinada no contexto da frase em que ele aparece. Veja, por exemplo, que o verbo *virar*, em contextos diferentes, tem diferentes classificações:

> Diante do ocorrido, papai *virou* uma fera.
> VL
> A canoa *virou*.
> VI
> Antes de servir, ela *virou* o assado na travessa.
> VTD

**Transitividade verbal** é a necessidade que alguns verbos apresentam de ter outras palavras como complemento. A esses verbos que exigem complemento chamamos de **transitivos** e aos que não exigem complemento chamamos de **intransitivos**.

Compare agora os complementos dos verbos transitivos nestas duas orações:

> Eu amo (VT) *o mundo*. (complemento)
> Eu creio (VT) *em Deus*. (complemento)

Observe que, na 1ª oração, o complemento *o mundo* se liga diretamente ao verbo, sem preposição. Nesse caso, dizemos que o verbo é **transitivo direto**. Já na 2ª oração, o complemento *em Deus* se liga ao verbo por meio de uma preposição (*em*). Nesse caso, dizemos que o verbo é **transitivo indireto**.

Além dos verbos transitivos diretos e dos indiretos, há também os verbos **transitivos diretos e indiretos**, assim chamados por exigirem dois complementos, um sem preposição (objeto direto) e outro com preposição obrigatória (objeto indireto). Veja este exemplo:

> A moça *ensinava* (VTDI) pintura (OD) *a* (preposição) meia dúzia de garotos (OI).

# EXERCÍCIOS

Leia o anúncio a seguir e responda às questões 1 e 2.

AlmapBBDO

**1.** As sandálias anunciadas são conhecidas atualmente pela variedade de cores e modelos disponíveis aos consumidores. Com base nessa informação, no enunciado verbal e na imagem do anúncio, responda:

a) Que característica da imagem do anúncio chama atenção em relação às cores utilizadas?

b) O enunciado principal do anúncio consiste em um período com duas orações, a segunda com verbo elíptico. Veja:

> Sem a cauda colorida, um pavão tem (1ª oração)
>
> o mesmo charme (1ª oração) que um pato [tem]. (2ª oração)

Identifique o sujeito e o predicado da primeira oração.

c) Levante hipóteses: Qual relação pode ser estabelecida entre a sandália anunciada e o sujeito da primeira oração do enunciado?

**2.** Considerando o enunciado "Sem a cauda colorida, um pavão tem o mesmo charme que um pato", responda:

a) O pato é uma ave reconhecida por ter muito ou pouco charme?

b) O que significa, portanto, ter o charme de um pato?

c) Conclua: Qual é o efeito de sentido criado pela associação entre a afirmação do enunciado e a imagem, no anúncio?

# O SUJEITO E O PREDICADO NA CONSTRUÇÃO DO TEXTO

Leia o cartaz ao lado.

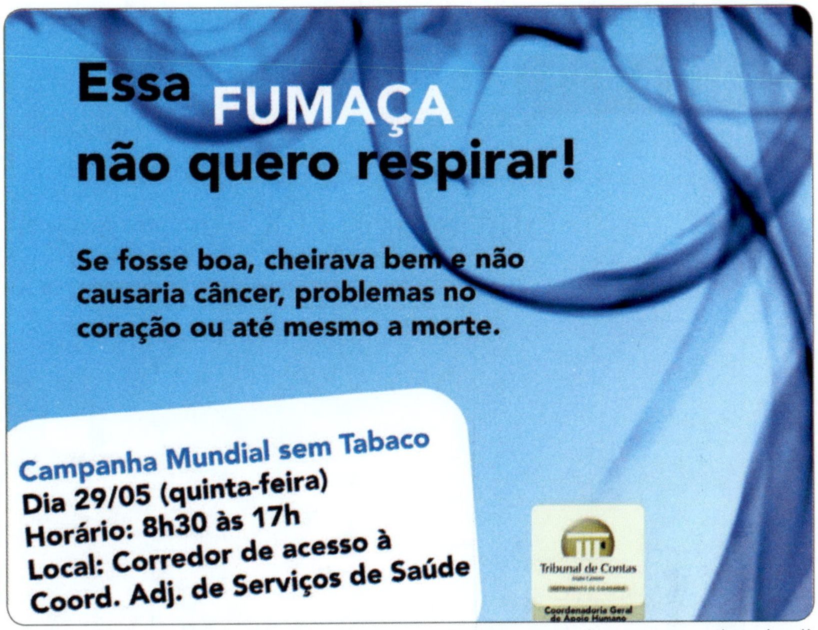


Tribunal de Contas - Mato Grosso

(http://babicmello.blogspot.com.br/2009/01/campanha-contra-o-tabaco.html)

**1.** Observe o enunciado principal do cartaz:

> "Essa fumaça
> não quero respirar"

a) A qual fumaça ele se refere? Justifique sua resposta com base nos elementos verbais e não verbais que compõem o cartaz.

b) O enunciado está estruturado na ordem sujeito + predicado (verbo e complementos)? Justifique sua resposta.

c) O sujeito da oração constituída pelo enunciado não está explícito, mas pode ser inferido. Qual é ele?

**2.** Releia este enunciado do cartaz:

> "Se fosse boa, cheirava bem e não causaria câncer, problemas no coração ou até mesmo a morte."

a) Identifique e classifique quanto à predicação os verbos que ele apresenta.

b) O sujeito das formas verbais *fosse*, *cheirava* e *causaria* não está explícito, mas pode ser inferido no contexto do cartaz. Qual é ele?

**3.** Leia estas frases:

> Essa fumaça não cheira.
> Eu cheirei sua camisa hoje de manhã.
> Seu cabelo cheira a cigarro.

a) Classifique o verbo *cheirar*, quanto à predicação, e seus complementos em cada frase.

b) Qual é o sentido do verbo *cheirar* em cada uma das orações?

c) Conclua: O que pode acontecer com o sentido de um verbo quando sua transitividade e a função dos termos que o complementam são modificadas?

## Para que servem o sujeito e o predicado?

Sujeito e predicado são as estruturas linguísticas fundamentais da linguagem verbal.

Para nos referirmos ao mundo que está à nossa volta – aos seres que existem, aos fatos que acontecem, aos sentimentos e ideias que temos, às ações que realizamos, etc. – e interagirmos com outras pessoas, quase inevitavelmente lançamos mão do sujeito e do predicado.

Sujeito e predicado estão diretamente relacionados à necessidade que o ser humano tem de verbalizar o que pensa e sente: sobre o mundo, sobre si mesmo e sobre suas relações.

# SEMÂNTICA E DISCURSO

Leia a notícia a seguir e responda às questões de 1 a 3.

AMBIENTE

## 'Sopa de plástico' do Pacífico aumentou 100 vezes em 40 anos

**SEGUNDO ESTUDO, ACÚMULO DE PLÁSTICO PODE PROVOCAR DESEQUILÍBRIO MARINHO**

Rajesh Nirgude/AP/Glow Images

Pesquisa divulgada nesta quarta-feira mostra que mancha de lixo no Pacífico Norte aumentou 100 vezes nos últimos 40 anos (Rajesh Nirgude/AP)

O enorme redemoinho de lixo plástico flutuante do norte do Pacífico aumentou 100 vezes nos últimos 40 anos, revelou um artigo publicado na revista Biology Letters nesta quarta-feira.

Cientistas alertam que a 'sopa de microplástico', cujas partículas medem menos de cinco milímetros, ameaça alterar o ecossistema marinho porque favorece a reprodução de um tipo de inseto que serve de alimento para peixes, tartarugas e aves.

(Disponível em: http://veja.abril.com.br/noticia/ciencia/sopa-de-plastico-do-pacifico-aumentou-100-vezes-em-40-anos. Acesso em: 28/5/2012.)

**1.** Observe as seguintes orações empregadas no texto:

"'Sopa de plástico' do Pacífico aumentou 100 vezes em 40 anos"
"acúmulo de plástico pode provocar desequilíbrio marinho"
"O enorme redemoinho de lixo plástico flutuante do norte do Pacífico aumentou 100 vezes nos últimos 40 anos"
"a 'sopa de microplástico' [...] ameaça alterar o ecossistema marinho"

a) Identifique o sujeito das formas verbais *aumentou*, *pode provocar*, *aumentou* e *ameaça alterar* utilizadas nas orações.

b) Levante hipóteses: Quem é responsável pelos problemas decorrentes do acúmulo de plástico no oceano? Trata-se dos sujeitos identificados nas orações?

**2.** Observe agora estas construções:

> "Pesquisa divulgada nesta quarta-feira mostra"
> "revelou um artigo publicado na revista Biology Letters"
> "Cientistas alertam"

a) Identifique o sujeito das formas verbais *mostra*, *revelou* e *alertam* utilizadas nas construções.

b) Levante hipóteses: Quem é responsável pelos dados divulgados na notícia? Trata-se dos sujeitos dos verbos empregados nas construções?

**3.** Com base em suas respostas nas questões anteriores, conclua:

a) Quais sentidos são construídos por meio das escolhas que o autor de um texto faz ao relacionar sujeito e predicado?

b) Na notícia lida, qual é o efeito da escolha pela omissão ou explicitação dos responsáveis pelas ações verbais?

Leia a tira a seguir, de Laerte, e responda às questões 4 e 5.

**4.** No 1º quadrinho, Hugo faz à funcionária de uma locadora uma pergunta sobre um suposto filme.

a) Qual seria a principal característica desse filme, segundo Hugo?

b) Levante hipóteses: Qual era a real intenção de Hugo ao fazer a pergunta à moça?

**5.** Leia estas orações:

> Ele não percebe seu papel de palhaço.
> "ela acaba achando ele sensacional!"
> "ela é internada no hospício"
> Ele é o enfermeiro responsável pelo eletrochoque.

a) Identifique o sujeito e o predicado de cada oração.

b) Compare o sentido das frases e identifique a mudança de tom que ocorre de uma para outra.

c) Levante hipóteses: Por que ocorre essa mudança?

d) O texto não verbal, isto é, a fisionomia e a postura das personagens em cada quadrinho, confirma sua resposta no item anterior? Por quê?

e) Considerando a intencionalidade subjacente aos diálogos da tira, conclua: De que maneira a repetição de *ele* e *ela* como sujeito das orações ajuda a construir o efeito de humor da tira?

CAPÍTULO 18

Paradeiro desconhecido

Primeiro painel do tríptico *As mil e uma noites* (1900-1912), de Vittorio Zecchin.

# Termos ligados ao verbo: objeto direto, objeto indireto, adjunto adverbial

## OBJETO DIRETO E OBJETO INDIRETO

### CONSTRUINDO O CONCEITO

Leia este anúncio:

Agência África

**1.** Observe as frases abaixo:

"Dê uma banana para a cidade."
Dê uma banana para o mico-leão.

a) Quais são os termos que se ligam ao verbo *dar* nas duas frases, complementando-o?

b) Com que sentidos o verbo *dar* foi empregado?

**2.** Tendo em vista o duplo sentido da expressão *dar uma banana* levante hipóteses:

a) Ao explorar esses dois sentidos da expressão, quais características do carro o anúncio ressalta?

b) E do seu público-alvo?

## CONCEITUANDO

Você observou que o verbo *dar* é transitivo, pois é empregado com complementos. Nas orações "Dê uma banana para a cidade" e "Dê uma banana para o mico-leão", *uma banana* liga-se ao verbo diretamente, sem preposição, e *para a cidade* e *para o mico-leão* ligam-se ao verbo por meio de uma preposição (*para*). Nesse caso, dizemos que o verbo é **transitivo direto e indireto** e seus complementos se chamam, respectivamente, **objeto direto** e **objeto indireto**.

**Objeto direto** é o termo que se liga diretamente, isto é, sem preposição, a um verbo transitivo.
**Objeto indireto** é o termo que se liga indiretamente, isto é, por meio de uma preposição, a um verbo transitivo.

Há ainda dois outros tipos de verbos transitivos. O verbo **transitivo direto**, que é complementado por um **objeto direto**, e o verbo **transitivo indireto**, que é complementado por um **objeto indireto**. Veja estes exemplos:

O motorista aventureiro *gosta* (VTI) desse carro (OI).

O motorista aventureiro *compra* (VTD) esse carro (OD).

## EXERCÍCIOS

**1.** Leia este texto:

### Por que todo mundo usava peruca na Europa dos séculos XVII e XVIII?

Museu do Prado, Madri

Não era todo mundo, apenas os aristocratas. A moda começou com Luís XIV (1638-1715), rei da França. Durante seu governo, o monarca adotou a peruca pelo mesmo motivo que muita gente usa o acessório ainda hoje: para esconder a calvície.

O resto da nobreza gostou da ideia e o costume pegou.

[...]

Mas, por mais elegante que parecesse ao pessoal da época, a moda das perucas também era nojenta: "proliferava todo tipo de bicho, de baratas, de camundongos, nesses cabelos postiços", afirma o estilista João Braga, professor de História da Moda das Faculdades Senac, em São Paulo.

Em 1789, com a Revolução Francesa, veio a guilhotina, que extirpou a maioria das cabeças com perucas. Símbolo de uma nobreza que se desejava exterminar, elas logo caíram em desuso. [...]

(*Mundo Estranho*, nº 3.)

a) Identifique, no 1º parágrafo do texto três objetos diretos.

b) Na oração "O resto da nobreza gostou da ideia", o termo *da ideia* é objeto direto ou indireto?

**2.** Reescreva os seguintes enunciados, substituindo os verbos destacados pelos verbos entre parênteses. Depois classifique os objetos dos novos enunciados. Veja o exemplo:

> Os filhos *amam* os pais. (obedecer)
> Os filhos obedecem aos pais.
> aos pais: OI

a) Os meninos *quebraram* os brinquedos. (entreter-se)

b) A canção *comoveu* o público. (agradar)

c) Ela não *admite* desculpas tolas. (acreditar)

d) Ela *adora* doces e refrigerantes. (gostar)

# OBJETO DIRETO PREPOSICIONADO

Leia esta frase:

> O pai o filho ama.

Qual é o sujeito dessa frase: *o pai* ou *o filho*? Para desfazer a ambiguidade, é possível empregar o **objeto direto preposicionado**, adequando a frase à intenção do falante. Assim, se o sujeito for *o pai*, teremos: "*Ao filho* o pai ama"; se o sujeito for *o filho*, teremos: "*Ao pai* o filho ama". Nessas frases, *ao filho* e *ao pai* são objetos diretos preposicionados.

O objeto direto preposicionado ocorre quando um verbo *transitivo direto* apresenta um *objeto direto precedido* de preposição. O emprego da preposição, nesse caso, não é exigido pelo verbo, uma vez que este é transitivo direto, mas se justifica por motivo de clareza, precisão ou estilo.

O objeto direto preposicionado aparece:

- com os verbos que exprimem sentimentos:

> Ele só ama *a* você, Ana!

- para evitar ambiguidade:

> A *Abel* matou Caim.

- para enfatizar o complemento verbal:

> Cumpri *com* o prometido.

- para realçar a ideia de parte, porção:

> Tomava *do vinho* com prazer.

Quando for representado pelos pronomes oblíquos tônicos (mim, ti, si, ele, nós, vós), o objeto direto terá de ser obrigatoriamente preposicionado:

> Eles enganaram a mim.
> (a mim: OD preposicionado)

# OBJETO DIRETO E OBJETO INDIRETO PLEONÁSTICOS

Às vezes, para enfatizar o termo que funciona como objeto, costuma-se enunciá-lo por meio de um pronome oblíquo com sentido e função equivalentes. A esse objeto de reforço dá-se o nome de **objeto pleonástico**. Observe estes exemplos:

> Essas meninas, já *as* vi em algum lugar.
> (Essas meninas: OD; *as*: OD pleonástico)
>
> Às minhas poesias, não *lhes* dava nenhuma atenção.
> (Às minhas poesias: OI; *lhes*: OI pleonástico)

# OS PRONOMES OBLÍQUOS COMO OBJETO

Os pronomes oblíquos geralmente exercem na frase a função de objeto direto ou indireto.

Os pronomes oblíquos átonos de 3ª pessoa quase sempre têm função definida (*o, a, os, as* – objeto direto; *lhe, lhes* – objeto indireto), enquanto os demais (*me, te, se, nos, vos*) funcionam como objeto direto ou indireto, dependendo da predicação do verbo que completam. Veja os exemplos:

Comprei-*as* ontem. (Comprei: VTD; *as*: OD)

Emprestei-*lhe* minhas revistas. (Emprestei: VTDI; *lhe*: OI; minhas revistas: OD)

Ele *nos* trouxe de carro. (*nos*: OD; trouxe: VTD)

Ele *nos* enviou umas revistas americanas. (*nos*: OI; enviou: VTDI; umas revistas americanas: OD)

Os pronomes oblíquos tônicos, por serem sempre precedidos de preposição, têm sua função sintática determinada pela predicação do verbo ao qual servem de complemento, podendo ser objeto direto ou indireto. Veja:

Entregou o telegrama *a mim*. (Entregou: VTDI; *a mim*: OI)

Escolheram a ele e não *a mim*. (Escolheram: VTD; a ele: OD preposicionado; *a mim*: OD preposicionado)

## Prazer em conhecê-lo

Você certamente já reparou que, em determinadas situações, dizemos "Vou trazer ele para cá", enquanto em outras dizemos "Muito prazer em conhecê-lo".

Essa variação quanto ao emprego dos pronomes reto e oblíquo na função de objeto decorre do grau de formalismo exigido pelo contexto. Sabemos que, de acordo com a norma-padrão formal da língua, somente os pronomes oblíquos podem exercer a função de objeto, ao passo que os pronomes retos exercem a função de sujeito. Apesar disso, em situações informais de comunicação, como, por exemplo, no ambiente familiar, soa melhor ouvirmos "Vou trazer ele para cá" do que "Trá-lo-ei para cá".

## Lembre-se

Os pronomes oblíquos *o, a, os, as* assumem as formas *lo, la, los, las* após formas verbais terminadas em *r, s,* ou *z*; e assumem as formas *no, na, nos, nas* após fonemas nasais (*am, em, õe,* etc.). Observe:

Vou vender minha bicicleta. → Vou vendê-*la*.
Põe os pacotes sobre a mesa. → Põe-*nos* sobre a mesa.

Quando numa oração ocorrem dois pronomes átonos, um objeto direto e outro indireto, eles podem combinar-se. Essa combinação resulta em formas eruditas, encontradas em textos clássicos da literatura, em textos jurídicos e bíblicos. Veja um exemplo de Machado de Assis:

> [...] Andrade abriu a carteira com grande afetação, tirou uma nota de vinte mil réis e deu-lha; e, com a mesma afetação, ordenou-lhe que se retirasse. O Leandro saiu.

Nessa frase, na forma *lha*, ocorre simultaneamente um objeto direto, *a*, e um objeto indireto, *lhe*, de modo que deu-*lha* corresponde a *deu-a* (a nota de vinte mil réis) *a Leandro*.

## Morfossintaxe dos objetos

Os objetos podem ser representados por substantivo, pronome substantivo, numeral, palavra ou expressão substantivada. Observe:

Não sabíamos *de nada* (pronome; OI).

Como resposta, recebeu *um não* (palavra substantivada; OD).

## EXERCÍCIOS

**1.** Compare as duas frases seguintes, nas quais os pronomes nos/nós e os/eles foram empregados como objeto direto e como objeto direto preposicionado:

> Nem ele nos entende, nem nós os entendemos.
>
> "Nem ele entende a nós, nem nós a eles." (Camões)

Há diferença de sentido entre elas?

**2.** Reescreva as frases a seguir, substituindo por pronomes oblíquos os objetos destacados. Veja o exemplo:

> Eu fiz *os exercícios* mais de uma vez.
> Eu *os* fiz mais de uma vez.

a) Ver *o filme* hoje é impossível.

b) Colocaram *os livros* nas estantes?

c) Restituí o livro *à bibliotecária* dentro do prazo.

d) Os visitantes olhavam admirados *os quadros impressionistas*.

e) Na próxima semana, envio *as avaliações* pela minha irmã.

**3.** O trecho a seguir foi extraído do texto "Exageros de mãe", de Millôr Fernandes. Leia-o.

> [...] Oh, meu Deus do céu, esse menino me deixa completamente maluca. Estou aqui há mais de um século esperando e o senhor não vem tomar banho. [...] Se **te** pegar outra vez mexendo no açucareiro, te corto a mão. Oh, meu Deus, eu sou a mulher mais infeliz do mundo. Não chora desse jeito que você vai acordar o prédio inteiro. [...] Mas, furou de novo o sapato: você acha que seu pai é dono de sapataria, pra **lhe** dar um sapato novo todo dia? [...] Eu juro que um dia eu largo isso tudo e nunca ninguém mais **me** vê. Não se passa um dia que eu não tenha que dizer a mesma coisa. Não quero mais ver você brincando com esses moleques, esta é a última vez que estou **lhe** avisando.
>
> (*10 em humor*. Rio de Janeiro: Expressão e Cultura, 1968. p. 15.)

Ricardo Dantas

a) Levante hipóteses: Quem fala no texto? Com quem?

b) A quem se referem os pronomes de 1ª, 2ª e 3ª pessoas destacados no texto?

c) Identifique no texto expressões que têm relação semântica com "exageros de mãe".

d) Identifique as funções sintáticas dos pronomes destacados no texto e os verbos que eles completam.

## ADJUNTO ADVERBIAL

No anúncio reproduzido no início do capítulo, no enunciado verbal "Dê uma banana para a cidade. E, depois, para o mico-leão", o termo *depois* expressa uma circunstância de tempo em relação à ação indicada pelo verbo *dar*. Esse termo é, sintaticamente, chamado de **adjunto adverbial**.

**Adjunto adverbial** é o termo que indica as circunstâncias em que se dá a ação verbal.

Além de lugar, os adjuntos adverbiais expressam diferentes valores semânticos. Veja alguns deles:

- **causa**: A moça chorava *de alegria*.
- **companhia**: Na viagem, levou *consigo* o livro.
- **dúvida**: *Talvez* eu faça esse curso.
- **fim**: Preparou-se *para a apresentação teatral*.
- **instrumento**: Cortou-se *com um caco de vidro*.
- **tempo**: Há *nesta noite* a estreia de um filme.
- **intensidade**: Nas reuniões, fala *pouco*.
- **lugar**: Moro *num país tropical*.
- **modo**: Saiu *sem destino, às pressas*.
- **afirmação**: *Sim*, eles virão.
- **negação**: *Não* vá, pode ser perigoso.

Os adjuntos adverbiais de intensidade, além de acompanhar o verbo, podem acompanhar substantivos, adjetivos e advérbios. Veja:

Ele é *muito* homem. (homem: substantivo) Ela mora *tão* longe! (longe: advérbio) Estou *muito* cansado. (cansado: adjetivo)

### Morfossintaxe do adjunto adverbial

O adjunto adverbial pode ser representado por advérbio, locução adverbial e oração subordinada adverbial. Observe:

O alpinista subiu cautelosamente a montanha.
(cautelosamente: advérbio — adj. adv. de modo)

## EXERCÍCIOS

Leia a tira a seguir, de Caco Galhardo, e responda às questões de 1 a 4.

(*Folha de S. Paulo*, 8/11/2011.)

1. Observe o emprego da expressão *um dia*, no 1º quadrinho, e da expressão *esse dia*, no 2º e no 3º quadrinhos. As duas expressões desempenham a mesma função sintática? Justifique sua resposta.

2. Há, na tira, uma palavra que se contrapõe semanticamente à expressão *um dia*.
   a) Qual é essa palavra?
   b) Qual é a sua função sintática?

3. Levante hipóteses: Por que o adjunto adverbial de tempo ganha destaque nessa tira?

4. Relacione a parte verbal com a parte não verbal da tira. As duas partes estão em sintonia? Por quê?

5. Observe os adjuntos adverbiais sublinhados nas frases:
   a) Ele ficou sozinho no meio da praça.
   b) Ontem, fui de metrô ao colégio com meu melhor amigo.
   c) Conseguiu abrir a caixa de madeira com um canivete.
   d) No segundo bimestre, não haverá mudanças muito radicais na fábrica.
   e) Hoje, despertei preguiçosamente às dez horas.

   Em que frase há o conjunto adverbial que expressa o valor semântico:
   - de instrumento?
   - de companhia?

## OS TERMOS LIGADOS AO VERBO NA CONSTRUÇÃO DO TEXTO

Leia este poema, de João Cabral de Melo Neto:

### Tecendo a manhã

Um galo sozinho não tece uma manhã:
ele precisará sempre de outros galos.
De um que apanhe esse grito que ele
e o lance a outro; de outro galo
que apanhe o grito que um galo antes
e o lance a outro; e de outros galos
que com muitos outros galos se cruzem
os fios de sol de seus gritos de galo
para que a manhã, desde uma teia tênue,
se vá tecendo, entre todos os galos.

2

E se encorpando em tela, entre todos,
se erguendo tenda, onde entrem todos,
se entretendendo para todos, no toldo
(a manhã) que plana livre de armação.
A manhã, toldo de um tecido tão aéreo
que, tecido, se eleva por si: luz balão.

Psonha

(*Poesias completas*. 3. ed. Rio de Janeiro: José Olympio, 1979. p. 19.)

1. A começar pela referência feita no título, o poema trata do amanhecer.

a) A que atividade manual o amanhecer é comparado no poema? Que termos nos permitem fazer essa associação?

b) De acordo com o poema, quem são os responsáveis por tecer a manhã?

c) De que forma eles agem para que a manhã nasça?

2. Observe a transitividade dos verbos destacados nestes versos do poema:

> "Um galo sozinho não *tece* uma manhã:
> ele *precisará* sempre de outros galos.
> De um que apanhe esse grito que ele
> e o *lance* a outro [...]"

a) Quais termos se ligam a esses verbos, complementando-os?

b) Dois desses termos se ligam aos verbos por meio de preposição. Quais são esses termos? Quais são os verbos?

3. Releia estes versos do poema:

> "ele precisará *sempre* de outros galos.
> [...]
> E se encorpando em tela, *entre todos*,
> se erguendo tenda, onde entrem todos,
> se *entretendendo para todos*, no toldo
> (a manhã) que plana livre de armação.
> A manhã, toldo de um tecido tão aéreo
> que, tecido, se eleva *por si*: luz balão."

### Para que servem os objetos?

Os objetos estão diretamente relacionados às ações do homem, sobre a natureza e sobre seu meio social e cultural. Toda vez que, na frase, mencionamos os seres que se modificam ou se transformam por ação do homem, empregamos os objetos: plantar *uma árvore*, fazer *um bolo*, gostar *de alguém*, assistir *a um filme*, etc. Assim, os objetos contribuem, no plano da linguagem, para exprimir a capacidade humana de agir e de transformar a realidade.

a) A forma verbal *entretender* é um neologismo, isto é, uma palavra criada pelo autor. Que sentidos ela apresenta no contexto?

b) Os termos em destaque são um advérbio e três locuções adverbiais, que se ligam, respectivamente, às formas verbais *precisará*, *encorpando*, *entretendendo* e *se eleva* para acrescentar a elas alguns sentidos. Determine qual é o valor semântico de cada termo.

4. Releia o seguinte trecho do poema:

> "De um que apanhe esse grito que ele
> e o lance a outro; de outro galo
> que apanhe o grito que um galo antes
> e o lance a outro [...]"

a) Há, no 1º e no 3º versos do trecho acima, uma elipse, isto é, uma omissão, de um termo. Qual pode ser esse termo omitido nos versos?

b) Que efeito essa omissão provoca na construção de sentidos do poema?

5. Na toldo-manhã que se ergue, entram todos. Essa ideia de coletividade que permeia o poema permite-nos fazer associações com a vida humana.
   a) O que representam os galos, o ato de tecer e a manhã?
   b) Que valores humanos são evocados? Justifique sua resposta com situações do texto.

6. Como conclusão de estudo, responda: De que modo o entrelaçamento sintático e a elipse de algumas palavras contribuem para a construção dos sentidos do texto?

## SEMÂNTICA E DISCURSO

Leia este poema, de Ferreira Gullar:

### Morte de Clarice Lispector

Enquanto te enterravam no cemitério judeu
do Caju
(e o clarão de teu olhar soterrado
resistindo ainda)
o táxi corria comigo à borda da Lagoa
na direção de Botafogo
as pedras e as nuvens e as árvores
no vento
mostravam alegremente
que não dependem de nós

(*Melhores poemas de Ferreira Gullar.* Seleção de Alfredo Bosi. 7. ed. São Paulo: Global, 2004. p. 153.)

Thinkstock/Getty Images

1. O eu lírico do poema dirige-se a uma pessoa, representada pelos pronomes *te*, *teu* e *nós*.
   a) Considerando-se o contexto do poema, quem é essa pessoa?
   b) No primeiro verso, qual é a função sintática desempenhada pelo pronome *te*?
   c) Qual é a transitividade do verbo *enterrar* nesse verso?
   d) Levante hipóteses: Por que o sujeito do verbo *enterrar* não está explícito?

2. No trecho correspondente aos quatro últimos versos:
   a) Qual é a transitividade das formas verbais *mostravam* e *dependem*?
   b) Qual é o sujeito da forma verbal *mostravam*?
   c) Que relação semântica é estabelecida no poema entre o sujeito da forma verbal *mostravam*, o eu lírico, o interlocutor do eu lírico e o restante do mundo?

3. A palavra *alegremente* é representativa da constatação feita pelo eu lírico do poema.
   a) Como ela se classifica sintaticamente?
   b) Que efeitos de sentido o emprego dessa palavra produz no poema?

Erich Lessing/Album/Latinstock

: *Black patch* (1912), Kandinsky.

CAPÍTULO 19

# O predicativo – Tipos de predicado

## PREDICATIVO DO SUJEITO E DO OBJETO

### CONSTRUINDO O CONCEITO

Leia esta tira, de Caco Galhardo:

(*Folha de S. Paulo*, 25/11/2011.)

**1.** Há, na tira, uma palavra que foge à norma-padrão. Qual é ela? Qual seria sua forma adequada e o que ela significa?

**2.** Lili sente muita raiva de seu ex-marido, Reginaldo. De acordo com o balão do 1º quadrinho:

a) Que característica ela atribui ao estado como se sente?

b) Que característica ela atribui às próprias energias?

c) Qual é a função sintática do termo *minhas energias*?

**3.** O humor da tira reside na ambiguidade de "energias renovadas".

a) Qual parece ser o sentido dessa expressão no 1º quadrinho?

b) Que novo sentido a expressão ganha a partir da leitura do 3º quadrinho?

## CONCEITUANDO

Na tira, na oração "hoje [eu] estou ótima", observamos que ao **sujeito**, *eu* (elíptico), é atribuída uma característica, qualidade ou estado: *ótima*. A esse atributo do sujeito chamamos **predicativo do sujeito**. Já na oração "Sinto minhas energias renovadas", a característica de *renovadas* é atribuída ao objeto direto *minhas energias*. A esse atributo do objeto chamamos **predicativo do objeto**.

> **Predicativo do sujeito** é o termo que atribui características, qualidade ou estado ao sujeito.
> **Predicativo do objeto** é o termo que atribui características, qualidade ou estado ao objeto direto ou ao objeto indireto.

A ligação entre o sujeito e o predicativo é feita por um verbo – o **verbo de ligação**. Veja alguns exemplos:

> Sua presença *é* perturbadora.
> Não sei por que o diretor *está* tão aborrecido hoje.
> Com a chuva, as árvores *ficaram* mais viçosas e bonitas.
> O garoto *permaneceu* calado o tempo todo.
> Mesmo com nossos conselhos, ela *continua* nervosa.

Tanto o predicativo do sujeito quanto o predicativo do objeto podem vir acompanhados de preposição ou do conectivo *como*. Veja os exemplos:

> Ele era tido *por* incompetente.
> PS
> Eles o adotaram *por* filho.
> PO
> Ele foi eleito *como* deputado.
> PS
> Finalmente o deram *como* morto.
> PO

### Morfossintaxe do predicativo

O predicativo do sujeito pode ser representado por substantivo ou expressão substantivada, por adjetivo ou locução adjetiva e por pronome e numeral. Observe:

> Este livro é uma *raridade*. (substantivo; uma raridade: PS)
> Eles eram *quatro*. (numeral; PS)

O predicativo do objeto pode ser representado por substantivo e adjetivo ou locução adjetiva. Veja:

> Ela o viu *triste*. (adj.; PO)
> *Ele a viu em desespero*. (loc. adj.; PO)

### O verbo de ligação implícito

Nas conversas do dia a dia e na linguagem publicitária, é comum o verbo de ligação ficar implícito, subentendido. No enunciado principal do anúncio abaixo, por exemplo, a omissão do verbo de ligação *estar* torna o texto mais direto. Ele equivale a "Volkswagen está presente no projeto de recuperação de partituras da música erudita brasileira". A forma verbal *está* liga o sujeito ao seu predicativo.

Volkswagen

(*Almanaque Brasil de Cultura Popular*, ano 1, nº 4.)

# EXERCÍCIOS

**1.** Leia esta tira, de Fernando Gonsales:

(*Folha de S. Paulo*, 14/11/2007.)

Na frase da fala do 1º quadrinho:

a) Qual é a função sintática do termo *a joaninha*?

b) Portanto, o termo *um inseto simpático* é predicativo do sujeito ou predicativo do objeto?

**2.** Complete as orações a seguir com um predicativo do sujeito.

a) Sabino caminhava □ no meio da noite.

b) O mendigo e seu companheiro tornaram-se □.

c) □, a garoa molhava homens e mulheres na rua.

d) Já lhe disse que só ficarão □ as lâmpadas da sala.

**3.** Complete as orações a seguir com um predicativo do objeto.

a) Os alunos encontraram □ os bancos e as mesas.

b) Comprei alguns acessórios para tornar meu escritório mais □.

c) Os operários elegeram-no □.

d) Os funcionários chamavam-lhe □.

## TIPOS DE PREDICADO

Você aprendeu que o **predicado** é o termo da oração que afirma alguma coisa sobre o sujeito e apresenta um verbo que normalmente concorda com o sujeito em número e pessoa. Observe o sujeito e o predicado destas frases dos textos que você leu anteriormente neste capítulo:

| Você | já *sorriu* hoje? |
|---|---|
| sujeito | predicado |

| Eu | *estou* ótima. |
|---|---|
| sujeito | predicado |

| Todo mundo | *acha* a joaninha um inseto simpático! |
|---|---|
| sujeito | predicado |

O predicado pode ser constituído por diferentes estruturas. Veja:

I. Na oração "Você já sorriu hoje?", o verbo *sorrir* (*sorriu*), por ser um verbo significativo, é o *núcleo* do predicado, ou seja, é a palavra que corresponde à informação mais importante sobre o sujeito. Quando isso ocorre, temos o **predicado verbal**:

| | núcleo: *sorriu* |
|---|---|
| Você | já *sorriu* hoje? |
| sujeito | predicado verbal |

II. Já na oração "Eu estou ótima", o verbo *estar* (*estou*) não traz informações sobre o sujeito; é um verbo de ligação, cujo papel é apenas ligar o sujeito (*Eu*) ao seu predicativo (*ótima*). Assim, o único termo capaz de acrescentar informações sobre o sujeito é o predicativo do sujeito. Nesse caso, como o núcleo do predicado é o predicativo do sujeito, temos o **predicado nominal**:

Eu (sujeito) *estou* ótima (núcleo) . (predicado nominal)

III. Já na oração "Todo mundo acha a joaninha um inseto simpático", o predicado contém dois núcleos: um verbo significativo (*acha*) e um nome (*simpático*, o predicativo do objeto). Nesse caso, o verbo dá informações sobre o sujeito – a ação realizada por ele –, e o nome atribui uma característica ao objeto direto, *a joaninha*. Quando o predicado apresenta dois núcleos, temos o **predicado verbo-nominal**.

Todo mundo (sujeito) *acha* (núcleo) a joaninha *simpática* (núcleo) . (predicado verbo-nominal)

Fernando Gonsales

Também é predicado verbo-nominal aquele que, além de um verbo significativo, apresenta predicativo do sujeito. Veja um exemplo:

O menino (sujeito) *caminhava* (núcleo) *apressado* (núcleo) . (predicado verbo-nominal)

Para facilitar a identificação de um predicado verbo-nominal, podemos desmembrá-lo em dois predicados: um verbal e um nominal. Assim, o predicado da oração "O menino caminhava apressado" pode ser desmembrado em:

O menino caminhava (VI) . (predicado verbal)      O menino estava (VL) apressado (PS) . (predicado nominal)

Concluindo:

**Predicado verbal** é aquele que apresenta como núcleo um verbo significativo (VI, VTD, VTI ou VTDI).

**Predicado nominal** é aquele que apresenta como núcleo um predicativo do sujeito, que se liga ao sujeito por meio de um verbo de ligação.

**Predicado verbo-nominal** é aquele que apresenta dois núcleos: um verbo significativo e um predicativo (do sujeito ou do objeto).

Em resumo, as estruturas básicas dos predicados são as seguintes:

| I. Predicado verbal: | II. Predicado nominal: | III. Predicado verbo-nominal: |
|---|---|---|
| VI<br>VT + OD/OI | VL + PS | VI + PS<br>VT + OD/OI + PS/PO |

## EXERCÍCIOS

Leia esta tira, de Adão Iturrusgarai:

(*Aline: numas de colegial.* Porto Alegre: L&PM, 2011. p. 31.)

**1.** Observe as orações dos dois primeiros quadrinhos.

a) Qual é o sujeito dessas orações?

b) Levante hipóteses: Por que o sujeito das orações não está explícito?

**2.** Em relação ao 3º quadrinho, responda: Qual é o sujeito das formas verbais *vai durar*, *receber* e *enobrece*?

**3.** Releia as orações a seguir, observando a predicação dos *verbos*.

"Consegui um emprego!"
"Agora sou um cidadão honrado!"
"Sou um trabalhador!"
"Quanto tempo vai durar isso?"
"O trabalho enobrece o homem!"

a) Qual é a predicação dos verbos? Se houver objeto(s), identifique-o(s) e classifique-o(s).

b) Em que orações há predicativo do sujeito? Identifique-o(s).

c) Com base em suas respostas nos itens anteriores, classifique os predicados das orações.

Leia a tira a seguir, de Fernando Gonsales, e responda às questões de 4 a 6.

(*Folha de S. Paulo*, 20/5/2011.)

**4.** Em relação ao 1º quadrinho:

a) Qual é a predicação do verbo *achar*?

b) Qual é a função do termo *as centopeias*?

c) E a função do termo *sexies*?

d) Como se classifica, portanto, o predicado da oração?

**5.** Em relação ao último quadrinho:

a) Qual é a predicação do verbo *cruzar*?

b) E a função do termo *as pernas*?

c) Como se classifica o predicado da oração?

**6.** O humor da tira revela-se no último quadrinho. Como ele é construído?

**7.** Nos textos a seguir, classifique o predicado das orações destacadas e indique seus núcleos:

a) "*Parou, hesitante, em frente à banca de jornais.* Examinou as capas de revistas uma por uma. *Tirou do bolso o recorte,* consultou-o."

(Carlos Drummond de Andrade)

b) "*Agora a vela estava apagada.* Era tarde. *A porta gemia.* O luar entrava pela janela. O nordeste espalhava folhas secas no chão."

(Graciliano Ramos)

## O PREDICADO NA CONSTRUÇÃO DO TEXTO

Leia a seguir a letra de uma canção de Gilberto Gil e responda às questões propostas.

### A raça humana

A raça humana é
Uma semana
Do trabalho de Deus

A raça humana é a ferida acesa
Uma beleza, uma podridão
O fogo eterno e a morte
A morte e a ressurreição

A raça humana é
Uma semana
Do trabalho de Deus

A raça humana é o cristal de lágrima
Da lavra da solidão
Da mina, cujo mapa
Traz na palma da mão

A raça humana é
Uma semana
Do trabalho de Deus

A raça humana risca, rabisca, pinta
A tinta, a lápis, carvão ou giz
O rosto da saudade
Que traz do Gênesis
Dessa semana santa
Entre parênteses
Desse divino oásis
Da grande apoteose
Da perfeição divina
Na Grande Síntese

A raça humana é
Uma semana
Do trabalho de Deus

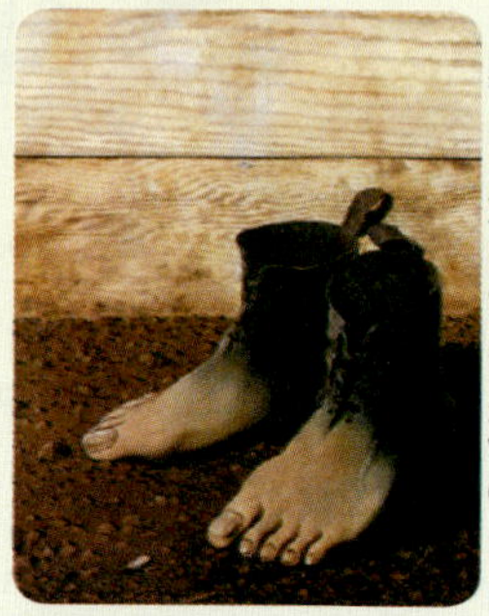
René Magritte. *O modelo vermelho*/ Coleção Particular

*O modelo vermelho* (1934), de René Magritte.

(*Todas as letras*. São Paulo: Companhia das Letras, 1996. p. 261. © Gege Edições Musicais – Brasil e América do Sul/Preta Music – Resto do mundo.)

**1.** A letra da canção se propõe a refletir sobre um dos temas mais inquietantes de toda a história da humanidade: a raça humana e suas origens.

a) Que palavras ou expressões do texto comprovam a busca das origens?

b) A abordagem do tema é, portanto, científica ou mítica?

**2.** Observando a estrutura sintática das estrofes, notamos que quase todas elas são semelhantes. Veja a 1ª estrofe, que também é o refrão:

"A raça humana é / Uma semana / Do trabalho de Deus"

a) Identifique a função sintática dos termos *a raça humana* e *uma semana do trabalho de Deus*.

b) Classifique o predicado dessa oração.

c) Que outras estrofes apresentam uma estrutura sintática semelhante?

d) Qual é a única estrofe que apresenta uma estrutura sintática completamente diferente?

**Para que servem os predicativos?**

O predicativo do sujeito serve para atribuir características ou uma informação nova ao sujeito. Serve também para indicar seu estado físico ou emocional, em determinada circunstância.

Já o predicativo do objeto serve para indicar atributos circunstanciais ou transitórios dos objetos. Por exemplo: "Encontrei meu irmão *abatido*"; "Gosto de você *bem-arrumada*".

**3.** Ao conceituar a raça humana, o eu lírico faz uso de uma linguagem figurada, metafórica, como neste verso: "A raça humana é a ferida acesa".

a) Qual é a função sintática do termo *a ferida acesa*?

b) Que outras metáforas são empregadas na 2ª estrofe com a mesma função sintática?

c) Sobre a metáfora *ferida acesa*, Gil comenta: "Eu adorava essa expressão do Caetano Veloso, 'ferida acesa' [da canção 'Luz do Sol': 'Marcha o homem sobre o chão / Leva no coração uma ferida acesa'], e resolvi transpô-la, traduzi-la para o contexto de 'A raça humana', 'Ferida acesa': como se o pus fosse luz...". Explique as associações que Gil faz entre *ferida acesa*, *pus* e *luz*.

**4.** Observe este trecho da canção: "A raça humana risca, rabisca, pinta / A tinta, a lápis, carvão ou giz / O rosto da saudade".

a) Qual é a predicação dos verbos *riscar, rabiscar* e *pintar*?

b) Logo, que tipo de predicado essas orações possuem?

**5.** Como conclusão de estudo, compare estes dois trechos quanto ao sentido e ao tipo de predicado:

> I. "A raça humana é / Uma semana / Do trabalho de Deus"
> II. "A raça humana risca, rabisca, pinta / A tinta, a lápis, carvão ou giz / O rosto da saudade/ Que traz do Gênesis"

Em seguida, indique os itens que traduzem afirmações apropriadas sobre o texto:

a) São empregadas duas estruturas sintáticas distintas, com diferentes finalidades: o predicado nominal é empregado quando se quer conceituar a raça humana: "A raça humana é [...]"; o predicado verbal, com verbos transitivos, quando se quer dizer o que a raça humana *faz*.

b) Os verbos de ligação facilitam a construção das metáforas, que desempenham a função sintática de predicativo do sujeito, o núcleo do predicado verbal.

c) Tanto nas estrofes em que predomina o predicado nominal (o que o homem é) quanto naquela em que predomina o predicado verbal (o que o homem faz), tudo lembra o Gênesis, o que comprova a abordagem mítica do tema.

d) A "Grande Síntese" a que faz referência o texto é a raça humana.

e) A "semana santa" a que faz referência o texto é a semana da criação do mundo.

## SEMÂNTICA E DISCURSO

Leia o anúncio a seguir e responda às questões 1 e 2.

Agência Objectiva

(*Folha de S. Paulo*, 28/2/2010. Serafina.)

1. O anúncio foi produzido pelo governo do Estado da Bahia.

a) A quem ele se destina?

b) Qual é o objetivo do anúncio?

2. No enunciado "Na Bahia, depois do Carnaval, a festa continua.":

a) Qual é o sentido do verbo *continuar*?

b) E a predicação?

3. Você aprendeu que a predicação de um verbo somente pode ser determinada no contexto da frase em que ele é empregado. Nos enunciados a seguir, qual é o sentido e a predicação do verbo *continuar*?

a) Mesmo cansada, ela continuava o seu serviço.

b) Minha dor de cabeça continuou até a noite.

c) Aquela cidade continua linda.

4. O verbo *ficar* também pode apresentar diferentes sentidos, dependendo do contexto. Observe estes quadrinhos:

I.

(Adão Iturrusgarai. *Aline 5: numas de colegial*. Porto Alegre: L&PM, 2011. p. 111.)

II.

(Idem, p. 64.)

III.

(Fernando Gonsales. *Níquel Náusea: a vaca foi pro brejo atrás do carro na frente dos bois*. São Paulo: Devir, 2010. p. 7.)

IV.

(Fernando Gonsales. *Níquel Náusea: minha mulher é uma galinha*. São Paulo: Devir, 2008. p. 18.)

a) Qual é o sentido do verbo *ficar* em cada quadrinho?

b) Em qual dos quadrinhos o verbo *ficar* é transitivo indireto?

c) Em qual deles o verbo é de ligação, seguido de um predicativo do sujeito?

*Pintura e antipintura* (1927-37), de Joan Miró.

CAPÍTULO 20

# Tipos de sujeito

## CONSTRUINDO O CONCEITO

Leia este texto:

### O humor é virtual

***Mas a risada é bem real em tempos de internet***

A televisão matou a janela (como dizia Nelson Rodrigues)? Pouco provável. São raras as ocasiões em que a chegada de um novo meio aniquila o anterior. Certamente o advento do cinema falado fez mal aos atores de cinema mudo que não tinham "voz" para a telona (episódio que é recuperado, em tom de comédia, no clássico *Cantando na Chuva*). E o humor em tempos de internet, que é dele? Há duas formas de ver a questão. Por um lado, a internet — em sites estilo Youtube — está dispensando a narrativa, uma vez que basta se conectar para ver determinada situação hilária. Esse, pois, foi o resultado de uma pesquisa feita recentemente na Inglaterra. Assim: aquela conversa de segunda-feira na firma, quando alguém narrava longamente, e com detalhes, que viu na TV como um sujeito acima do peso tropeçava na neve e era quase abocanhado por um urso branco, sumiu do mapa. Para que contar, se é possível ver? Aqui jaz a anedota, concluiu a pesquisa. Por outro lado, nunca se conviveu com tanto humor. Ligue o computador e comprove: há cada vez mais sites e blogs experimentando um novo humor — muitas vezes absorvidos pelas mídias tradicionais, como a TV e o cinema. Esquetes, montagens capciosas de imagens de celebridades em momentos constrangedores e paródias de notícias representam esse novo humor, deboche correndo solto na rede. Pois o homem é o único animal que ri, dizia Aristóteles. Ri e se conecta.

Keystone

Cena do filme *Cantando na chuva*.

(Adaptado de: Leandro Sarmatz. *Vida Simples*, nº 63.)

1. De acordo com o texto, que mudança o humor tem sofrido em tempos de Internet? Explique como se dá essa mudança.

2. Leia estas orações do texto:

- Certamente o advento do cinema falado fez mal aos atores de cinema mudo.
- Esquetes, montagens capciosas de imagens de celebridades em momentos constrangedores e paródias de notícias representam esse novo humor.

a) Qual é o sujeito de cada uma das orações?

b) Destaque o núcleo de cada um desses sujeitos.

3. Leia as orações:

- a chegada de um novo meio aniquila o anterior
- Aqui jaz a anedota
- Por outro lado, nunca se conviveu com tanto humor.
- Ligue o computador

a) Em qual delas o sujeito não aparece explicitamente, mas pode ser facilmente identificado pela terminação do verbo?

b) Em qual delas não é possível saber ou determinar de quem se está falando?

## CONCEITUANDO

Keystone

Cena do filme *O artista*, de Michel Hazanavicius, que faz uma homenagem ao cinema mudo.

Quando uma oração tem sujeito, ele pode ser simples, composto, desinencial ou indeterminado. Há também orações sem sujeito.

## SUJEITO SIMPLES, COMPOSTO E DESINENCIAL

Ao responder aos exercícios acima, você deve ter observado que:

- o sujeito pode ter um ou mais núcleos:

sujeito
Certamente o advento do cinema falado fez mal aos atores de cinema mudo
núcleo

sujeito
Esquetes, montagens capciosas de imagens de celebridades [...] e paródias de notícias
núcleo núcleo núcleo
representam esse novo humor.

Quando apresenta um só núcleo, o sujeito é chamado de **sujeito simples**; quando apresenta dois ou mais núcleos, é chamado de **sujeito composto**.

- o sujeito pode não aparecer na oração, mas ser facilmente identificado pela desinência (terminação) do verbo:

Ligue (você) o computador

Quando está implícito na desinência do verbo, o sujeito é classificado como **sujeito desinencial**.

## Morfossintaxe do sujeito

O núcleo de um sujeito pode ser representado por substantivo, pronome pessoal do caso reto, pronome demonstrativo, relativo, interrogativo ou indefinido, numeral, palavra ou expressão substantivada. Observe alguns exemplos:

> Todas as tardes, *eu* e *ele* passeávamos juntos.
> Apresento-lhe o rapaz *que* lhe trouxe a encomenda.
> *Viver* é perigoso.

## EXERCÍCIOS

Leia o texto a seguir para responder às questões de 1 a 3.

### Por que certos alimentos são ardidos ou refrescantes?

Por mais diferentes que sejam, as sensações provocadas por um prato apimentado e por uma bala de menta têm a mesma origem. Isso porque a mucosa da boca e a língua possuem milhares de nervos sensíveis à dor: os nocirreceptores. Quando se queima ou se espeta a língua, esses nervos são acionados e enviam para o cérebro a sensação de dor. Nesses dois casos, a origem da dor é física. Acontece que certos alimentos contêm substâncias que também estimulam os nocirreceptores — só que por uma reação química. As mais conhecidas dessas substâncias são justamente a capsaicina, presente nas pimentas, e o mentol, encontrado nas várias espécies de menta e hortelã. "Quando adicionado aos alimentos ou ao cigarro, o mentol entra em contato com os nocirreceptores da boca, promovendo uma sensação de frio que consideramos refrescante. Da mesma forma, a capsaicina da pimenta provoca um ardor apreciado por muitas pessoas", diz a neurofisiologista Débora Fior Chadi, da Universidade de São Paulo (USP). Só não vá exagerar. Um prato muito apimentado pode causar lacrimejamento, salivação excessiva, e muita, muita dor.

Thinkstock/Getty Images

(*Mundo Estranho*, nº 7.)

**1.** Leia estas orações do texto e indique aquela (ou aquelas) cujo sujeito é simples.

a) as sensações provocadas por um prato apimentado ou por uma bala de menta têm a mesma origem
b) a origem da dor é física
c) que consideramos refrescante
d) Um prato muito apimentado pode causar lacrimejamento, salivação excessiva, e muita, muita dor.

**2.** Na oração "porque a mucosa da boca e a língua possuem milhares de nervos sensíveis à dor: os nocirreceptores", o sujeito é composto. Indique os núcleos do sujeito.

**3.** Que tipo de sujeito ocorre nestas orações?

a) e enviam para o cérebro a sensação de dor
b) que consideramos refrescante

# SUJEITO INDETERMINADO

Releia este trecho do texto que inicia o capítulo:

> Por outro lado, nunca se conviveu com tanto humor.

Observe que o autor não quer determinar o sujeito que praticou a ação de conviver com tanto humor.

Nesse caso, o sujeito do verbo *conviver* é **indeterminado**.

> **Sujeito indeterminado** é aquele que não é nomeado na oração, ou por não se querer nomeá-lo ou por se desconhecer quem pratica a ação.

A indeterminação do sujeito se dá por meio de dois procedimentos:

- colocando-se o verbo (ou o auxiliar, se houver locução verbal) na 3ª pessoa do plural, sem referência a seres determinados:

> *Rasgaram* meu livro de Matemática.

> *Telefonaram* para você.

- empregando-se a partícula *se* junto com a 3ª pessoa do singular dos verbos:
  - intransitivos: *Vive-se* bem aqui.
  - transitivos indiretos: *Precisa-se* de motorista com prática.
  - de ligação: *Era-se* jovem naquela época.

  O pronome *se*, nesse caso, recebe o nome de **índice de indeterminação do sujeito**.

## EXERCÍCIOS

Leia a tira a seguir e responda às questões de 1 a 3.

Fernando Gonsales

(Fernando Gonsales. *Níquel Náusea – A vaca foi pro brejo atrás do carro na frente dos bois.* São Paulo: Devir, 2010. p. 38.)

**1.** No 1º quadrinho, uma das falas da personagem consiste em uma oração com sujeito indeterminado.

a) Qual é essa oração?

b) Em que pessoa está o verbo dessa oração?

c) Levante hipóteses: Caso a personagem quisesse determinar um sujeito, como ficaria a frase?

**2.** Que outros tipos de sujeito há na tira?

**3.** O humor das tiras geralmente resulta de uma quebra de expectativa. Esse procedimento ocorre nessa tira? Por quê?

4. Indetermine o sujeito das orações a seguir, empregando o verbo na 3ª pessoa do singular + o pronome *se*. Veja o exemplo:

> Estudo melhor depois de uma noite bem-dormida.
>
> Estuda-se melhor depois de uma noite bem-dormida.

a) Os cidadãos precisam de serviço público de qualidade.

b) A família acreditava na recuperação dos bens roubados.

c) As garotas só falam sobre o acontecido.

d) Os manifestantes reclamam contra a falta de segurança nas estradas.

e) O governador decidiu pela implantação de uma escola na região sul do Estado.

# ORAÇÃO SEM SUJEITO

Leia estes textos, de Mário Quintana:

Filipe Rocha

(*Poesia completa*. Rio de Janeiro: Nova Aguilar, 2006. p. 979.)

1. Em relação ao texto "Mistérios noturnos", responda:

   a) Que associação o poeta faz entre o soluçar das almas e as torneiras das pias?

   b) Qual é o sujeito da oração que constitui o texto?

2. Em "Nota noturna":

   a) Que sentido(s) a palavra *nota* apresenta?

   b) Qual é o sujeito da oração que constitui o texto?

3. Observe o enunciado que constitui o texto "Imagem".

   a) Quantas orações há nele?

   b) O termo *coisas tão simples e tão puras* é sujeito ou objeto direto (do verbo *haver*)?

Observe que, entre os três enunciados que constituem os textos de Mário Quintana lidos, um apresenta verbo impessoal, isto é, que não tem sujeito nem sofre flexão de pessoa. Trata-se do verbo *haver*, que, no contexto, tem o sentido de "existir". Temos, nesse caso, uma **oração sem sujeito**.

**Oração sem sujeito** é aquela em que a declaração expressa pelo predicado não é atribuída a nenhum ser.

## Verbos impessoais

Os verbos impessoais apresentam-se sempre na 3ª pessoa do singular. Eis os principais:

- os que indicam fenômenos da natureza: *chover*, *nevar*, *gear*, *ventar*, *trovejar*, *relampejar*, *anoitecer*, *fazer* (frio, calor), *entardecer*, etc.:

*Escureceu* cedo hoje.

- o verbo *haver* com o sentido de "existir":

*Havia* pessoas descontentes na fila do banco. (*Havia* = Existiam)

- os verbos *fazer*, *haver* e *ir* quando indicam tempo decorrido:

*Fazia* semanas que ele viajara.
*Há* dias que não assisto à televisão.
*Vai* para dois meses que não recebo carta de meu irmão.

- o verbo *ser*, na indicação de tempo em geral:

*Era* noite fechada quando chegamos à cidadezinha.

## EXERCÍCIOS

Leia a tira abaixo, de Lucas Lima, para responder às questões de 1 a 3.

(*Tribuna Impressa*, 3/6/2008.)

**1.** Nas interações verbais, sempre está em evidência o papel social de cada um dos interlocutores.

a) Ao lermos apenas o 1º quadrinho, que papel social a mulher parece ocupar?

b) No 2º quadrinho, percebemos o papel social da mulher e a intencionalidade de sua fala inicial. Qual é essa intencionalidade?

**2.** No 2º quadrinho, a personagem diz "Existem outras coisas na vida!".

a) Qual é o sujeito dessa oração?

b) Como ficaria essa frase, se substituíssemos a forma verbal *existem* pela forma correspondente do verbo *haver*?

c) Nesse caso, o sujeito continuaria sendo simples? Justifique sua resposta.

**3.** Classifique o sujeito da frase dita pelo sorveteiro.

**4.** As orações a seguir não apresentam sujeito; no predicado, há uma locução verbal constituída de verbo auxiliar (*poder* ou *dever*) + verbo principal (*haver* ou *fazer*). Reescreva-as, transformando a locução verbal em um único verbo e mantendo a impessoalidade. Veja um exemplo:

> Deve haver pregos e parafusos nessa gaveta.
> Há pregos e parafusos nessa gaveta.

a) Ande logo, pode haver idosos e gestantes na fila.

b) Deve fazer uns quatro anos que não tiro férias.

c) Pode haver outras formas de contribuir nesta campanha contra a fome.

d) Que pena você ter se atrasado! Deve fazer dez minutos que eles saíram.

## VOZES DO VERBO

Entre os tipos de sujeito, destacam-se ainda os sujeitos *agente* e *paciente*, identificáveis pela voz do verbo.

Leia esta tira, de Laerte:

(*Deus 2 – A graça continua*. São Paulo: Olho d'Água, 2002. p. 31.)

Compare, quanto ao sujeito, estas orações da tira:

> Então manipula isto! Fui possuído por um demônio!!

Observe que, na 1ª oração, o sujeito (tu) *exerce a ação* expressa pela forma verbal *manipula*. O sujeito é, portanto, agente. Quando o sujeito da oração é *agente*, a voz do verbo é **ativa**.

Na 2ª oração, a ação não é praticada pelo sujeito (eu), mas *por um demônio*. O sujeito, nesse caso, *sofre a ação* expressa pela forma verbal *fui possuído*. O sujeito é, portanto, *paciente*. Quando o sujeito da ação é paciente, a voz do verbo é **passiva**.

O sujeito pode ser ainda *agente e paciente* da ação verbal. Na oração "Ele feriu-se com a faca", por exemplo, o sujeito (ele) *pratica e recebe a ação* expressa pela forma verbal *feriu-se*. A voz do verbo, nesse caso, é **reflexiva**.

**Voz** é a forma como se apresenta a ação expressa pelo verbo em relação ao sujeito. Essa relação pode ser de atividade, de passividade ou de atividade e passividade ao mesmo tempo.

## Voz ativa

Ocorre quando a ação expressa pelo verbo é praticada pelo sujeito:

Aquele jovem (sujeito agente) optou (voz ativa) por Medicina.

## Voz passiva

Ocorre quando a ação expressa pelo verbo é recebida pelo sujeito:

A carta de solicitação (sujeito paciente) foi digitada (voz passiva) pela secretária.

### Morfossintaxe do agente da passiva

O agente da passiva pode ser representado por um substantivo ou uma palavra substantivada, pronome ou numeral.

Sua proposta foi aceita pela *maioria dos condôminos*.

Como nessa oração o sujeito é paciente, o termo que indica quem exerce a ação verbal (aquele que age) – *pela secretária* – é o **agente da passiva**.

**Agente da passiva** é o termo da oração que, na voz passiva, designa o ser que pratica a ação recebida pelo sujeito.

Esse termo é sempre introduzido pelas preposições *por* (ou *per*) e *de*. Veja outro exemplo:

Aquela faixa de terra (sujeito paciente) foi desapropriada (voz passiva) *pelo governo federal* (agente da passiva).

A **voz passiva** pode ser:

- **analítica**: formada pelos verbos *ser* ou *estar* + particípio do verbo principal + agente da passiva:

Os edifícios arrojados (sujeito paciente) foram construídos (verbo auxiliar + particípio) por uma empresa multinacional (agente da passiva).

Laerte

- **sintética**: formada por verbo transitivo direto na 3ª pessoa + *se* (pronome apassivador ou partícula apassivadora) + sujeito paciente:

Construíram-se (verbo + partícula apassivadora) edifícios arrojados (sujeito paciente).

| TRANSFORMAÇÕES NA MUDANÇA DA VOZ ATIVA PARA A VOZ PASSIVA | |
|---|---|
| Voz ativa | O sapateiro (sujeito agente) *conserta* (V T D) sapatos femininos (OD). |
| Voz passiva analítica | Sapatos femininos (sujeito paciente) *são consertados* pelo sapateiro (agente da passiva). |
| Voz passiva sintética | *Consertam*-se (pronome apassivador) sapatos femininos (sujeito paciente). |

Você deve ter observado que:

- o objeto direto da voz ativa passa a sujeito da voz passiva analítica;
- o tempo do verbo principal (no caso, *conserta*, presente do indicativo) é transferido para o verbo auxiliar *ser* (*são*), ao passo que o principal vai para o particípio (*consertados*);
- o verbo no particípio concorda com o sujeito em gênero e número;
- a preposição *por* (ou *per*) se junta ao sujeito da voz ativa para formar o *agente da passiva*;
- o sujeito é paciente tanto na voz passiva analítica quanto na passiva sintética;
- o verbo, na voz passiva, concorda com o sujeito paciente;
- na voz passiva sintética nunca há agente da passiva;
- para admitir flexão de voz, é necessário que o verbo seja transitivo direto ou transitivo indireto, uma vez que o objeto direto da voz ativa transforma-se em sujeito da voz passiva.

### Voz passiva analítica ou sintética: qual empregar?

Você pode empregar tanto uma quanto outra. Entretanto, convém observar qual das formas é mais adequada à situação.

A voz passiva sintética geralmente é empregada em situações em que se exige maior formalidade no discurso. Além disso, ela exige atenção redobrada na concordância verbal e na colocação pronominal.

Já a passiva analítica se aproxima mais da linguagem escrita coloquial e da linguagem oral; por isso pode ser a forma mais adequada quando se busca uma comunicação direta e espontânea com o interlocutor, como nos anúncios classificados, por exemplo. Compare estas duas frases e note a diferença:

> A gente / Nós ainda não conhece / conhecemos os novos proprietários do imóvel.
> Ainda não se conhecem os novos proprietários do imóvel.

## Voz reflexiva

Ocorre quando a ação expressa pelo verbo é simultaneamente *praticada* e *recebida* pelo sujeito. É formada com verbos como *vestir-se*, *ferir-se*, *enfeitar-se*, etc.

> Mãe e filha (sujeito agente e paciente) se abraçam (voz reflexiva).

Exprime-se a voz reflexiva juntando-se às formas da voz ativa os pronomes oblíquos (me, te, se, nos, vos) da mesma pessoa do sujeito: eu *me* penteio, tu *te* vestes, ele *se* machuca, nós *nos* ferimos, vós *vos* olhais, eles *se* veem.

## EXERCÍCIOS

**1.** Leia esta tira, de Laerte:

Laerte

(*Folha de S. Paulo*, 17/4/2004.)

a) Identifique o sujeito das orações que aparecem no 1º, 2º, 4º, 6º, 7º e último quadrinhos da tira.

b) Identifique a voz dos verbos dessas orações.

c) Reescreva as orações, colocando os verbos na voz passiva analítica e fazendo as adaptações necessárias.

d) Em que consiste o humor da tira?

**2.** Reescreva as orações a seguir, passando as que estão na voz passiva analítica para a passiva sintética, e as que estão na voz passiva sintética para a ativa e a passiva analítica.

a) Permite-se a venda de ingressos até 30 minutos antes do início do espetáculo.

b) Contestava-se a falta de transporte público na cidade.

c) Os envolvidos no caso de corrupção foram condenados pela Justiça.

**3.** Identifique quais das frases seguintes apresentam verbo transitivo direto e passe-as para a voz passiva analítica, destacando o agente da passiva.

Laerte

a) Não se esqueça de estudar para a prova.

b) Uma junta médica acompanhará o estado de saúde do presidente.

c) O morador acatou a decisão da associação.

d) Um grupo de empresas especializadas traçará o plano.

## O SUJEITO NA CONSTRUÇÃO DO TEXTO

Leia este texto, de Luis Fernando Verissimo:

### Inimigos

O apelido de Maria Teresa, para Norberto, era "Quequinha". Depois do casamento, sempre que queria contar para os outros uma da sua mulher, o Norberto pegava sua mão, carinhosamente, e começava:

— Pois a Quequinha...

E a Quequinha, dengosa, protestava:

— Ora, Beto!

Com o passar do tempo, o Norberto deixou de chamar a Maria Teresa de Quequinha; se ela estivesse ao seu lado e ele quisesse se referir a ela, dizia:

— A mulher aqui...

Ou, às vezes:

— Esta mulherzinha...

Mas nunca mais de Quequinha.

(O tempo, o tempo. O amor tem mil inimigos, mas o pior deles é o tempo. O tempo ataca em silêncio. O tempo usa armas químicas.)

Vicente Mendonça

Com o tempo, Norberto passou a tratar a mulher por “Ela”.

— Ela odeia o Charles Bronson.

— Ah, não gosto mesmo.

Deve-se dizer que o Norberto, a esta altura, embora a chamasse de Ela, ainda usava um vago gesto da mão para indicá-la. Pior foi quando passou a dizer “essa aí” e apontar com o queixo.

— Essa aí...

E apontava com o queixo, até curvando a boca com um certo desdém.

(O tempo, o tempo. O tempo captura o amor e não o mata na hora. Vai tirando uma asa, depois a outra...)

Hoje, quando quer contar alguma coisa da mulher, o Norberto nem olha na sua direção. Faz um meneio de lado com a cabeça e diz:

— Aquilo...

(*Novas comédias da vida privada.* Porto Alegre: L&PM, 1996. p. 70-1.)

**1.** No início do casamento, Norberto e Maria Teresa tratam-se carinhosamente por Beto e Quequinha. Com o passar do tempo, entretanto, Beto vai mudando o tratamento dado à mulher: "A mulher aqui...", "Esta mulherzinha...", "Ela", "Essa aí..." e "Aquilo...". Observando a sequência de palavras com as quais ele passa a tratá-la, responda:

a) Que função desempenham nas frases as palavras que ele usa para se referir à mulher?

b) Grande parte dessas frases tem predicado explícito?

## Para que servem as vozes verbais

As vozes estão relacionadas à intencionalidade discursiva. Se desejamos enfatizar o sujeito da ação, empregamos a voz ativa; se desejamos ressaltar a ideia de passividade, empregamos a voz passiva. Veja um exemplo:

> Governo eleva preços dos combustíveis.
> Preços dos combustíveis são elevados pelo governo.

**2.** As palavras que o marido emprega para referir-se à mulher apresentam uma gradação.

a) O diminutivo em *Quequinha* tem o mesmo valor semântico que o empregado em *mulherzinha*?

b) Na expressão *A mulher aqui*, o substantivo *mulher* foi empregado, de acordo com o contexto, no sentido de pessoa do sexo feminino, em oposição a homem, ou em oposição a marido?

c) Se essa palavra fosse empregada em oposição ao outro termo, que determinante deveria acompanhá-la?

d) Que atitude o marido demonstra ter em relação à esposa ao empregar o pronome pessoal *ela*?

e) Como você sabe, os pronomes demonstrativos transmitem informações sobre a proximidade ou distanciamento de certo objeto demonstrado em relação ao locutor.

- Ao se referir à mulher, o locutor primeiramente utiliza o pronome *essa* e depois o pronome *aquilo*. O que essa alteração revela quanto ao relacionamento do casal?
- Os demonstrativos neutros (*isto*, *isso*, *aquilo*) não são normalmente empregados em referência a pessoas. No entanto, o marido se refere à mulher empregando um deles – *aquilo*. O que esse fato revela?

**3.** Ao longo dos anos, o marido vai dispensando à mulher formas de tratamento cada vez mais degradantes. Apesar disso, nas frases a mulher sempre ocupa a função de sujeito. Como se sabe, o sujeito é um dos termos essenciais da oração.

a) Existe coerência entre o destaque dado à mulher nas frases e o destaque que o marido lhe dá no casamento?

b) O texto procura comprovar a tese de que o tempo corrói o amor. Considerando o relacionamento entre Maria Teresa e Norberto, levante hipóteses: Por que o casamento se mantém?

## SEMÂNTICA E DISCURSO

Leia o anúncio a seguir e responda às questões de 1 a 4.

Governo Federal

(*IstoÉ* 7/9/2011, p. 4-5.)

**1.** O anúncio foi publicado na semana em que se comemora a Independência do Brasil.

a) Quem produziu o anúncio?

b) A quem ele é dirigido?

**2.** Observe a imagem. Ela é composta de mãos justapostas e abertas, pintadas com o desenho e as cores da bandeira brasileira.

a) As mãos são da mesma pessoa? Justifique sua resposta e dê uma possível razão para essa escolha do anunciante.

b) Que relação há entre o anúncio e o contexto em que ele foi publicado?

**3.** O enunciado verbal principal do anúncio é formado por duas orações:

> "O Brasil está em boas mãos."
> "Nas mãos do povo brasileiro."

a) Qual é o sujeito da primeira oração?

b) Na segunda oração, há uma expressão subentendida. Qual é ela?

c) Que sentido tem a expressão "estar em boas mãos", empregada na primeira oração?

d) E a expressão "nas mãos", empregada na segunda oração?

**4.** Compare o enunciado verbal principal do anúncio com este:

> O Brasil está nas boas mãos dos brasileiros.

O efeito de sentido dos dois enunciados é o mesmo? Justifique sua resposta.

**5.** Leia esta tira, de Fernando Gonsales:

(*Níquel Náusea – Minha mulher é uma galinha*. São Paulo: Devir, 2008. p. 11.)

Se explicitarmos o sujeito das frases dos três balões da tira, teremos:

> *Meus filhotes* são especiais, (porque) *meus filhotes* não brincam de roda como os *seus filhotes* (brincam).
> *Meus filhotes* brincam de icosaedro.

Na tira, entretanto, a personagem deixou o sujeito implícito nas frases do 2º e do 3º balão, para evitar a repetição e tornar a comunicação mais ágil e dinâmica.

Nas seguintes sequências de orações, elimine palavras ou expressões que exercem a função de sujeito e ligue as orações por meio das palavras ou expressões indicadas. Faça as adaptações necessárias.

a) Há nomes / nomes andam / nomes / nomes rastejam / nomes / nomes voam. (Ramalho Ortigão) (que)

b) A tempestade foi muito violenta. A tempestade devastou a ponte e as plantações ribeirinhas. (tão... que)

c) Antigamente, Mariano mandava fazer suas camisas e calças. Ultimamente, Mariano as compra feitas, em lojas de departamentos. (porém)

CAPÍTULO 21

*Improviso 26* (1912), de Wassily Kandinsky.

# Termos ligados ao nome: adjunto adnominal e complemento nominal

Entre os termos da oração, há aqueles que se ligam aos verbos – objeto direto, objeto indireto e adjunto adverbial – e aqueles que se ligam aos nomes – adjunto adnominal, complemento nominal e aposto. Neste capítulo, você vai estudar o adjunto adnominal e o complemento nominal.

## CONSTRUINDO O CONCEITO

Leia esta tira, de Bill Watterson:

Bill Watterson/Dist. by Atlantic Syndication

(*Há monstros debaixo da cama?*. Lisboa: Gradiva, 2002. p. 123.)

**1.** Leia estas frases da tira:

> "Tem um ar nojento."
> "É comida vegetariana."

a) Nessas frases, o sujeito está implícito. Qual é ele?

b) A que termos se referem as palavras *nojento* e *vegetariana*?

c) A que classe gramatical essas palavras pertencem?

**2.** Leia esta frase da tira:

> "(Comida vegetariana) Faz bem à saúde."

Observe que o termo *bem* é um complemento da forma verbal *faz*; é um *objeto direto*.

a) O termo *à saúde* é complemento de que palavra?

b) Esse termo é regido de preposição?

**3.** Calvin manifesta, diante da comida que sua mãe lhe oferece, uma preferência comum entre as crianças. Qual é ela?

## CONCEITUANDO

# ADJUNTO ADNOMINAL

Ao identificar o núcleo do objeto direto da oração "Tem um ar nojento", da tira estudada, você observou que há palavras que se referem a ele:

- **um** é artigo indefinido que indefine *ar*,
- **nojento** é adjetivo que caracteriza *ar*.

Quando modificam um núcleo (qualquer que seja sua função sintática: sujeito, objeto direto, objeto indireto, adjunto adverbial, etc.), os artigos e os adjetivos exercem a função de **adjunto adnominal**. Também podem exercer essa função as locuções adjetivas, os pronomes possessivos, demonstrativos e indefinidos e os numerais.

Concluindo:

> **Adjunto adnominal** é o termo da oração que modifica um substantivo, qualquer que seja sua função sintática, qualificando-o, especificando-o, determinando-o ou indeterminando-o.

DCS

Observe que, no enunciado principal do anúncio, o termo "todo o seu lado detalhista, perfeccionista e exibicionista" é o objeto direto do verbo *mostrar*. Com exceção do substantivo *lado*, que é o núcleo do objeto, as demais palavras – *todo, o seu, detalhista, perfeccionista, exibicionista* – são adjuntos adnominais.

Em certos casos, o adjunto adnominal pode ser representado por um pronome pessoal oblíquo equivalente a um possessivo. Observe:

> Roubaram-*lhe* as economias. → Roubaram as *suas* economias.
> Tomou-*me* as mãos. → Tomou as *minhas* mãos.

## Morfossintaxe do adjunto adnominal

O adjunto adnominal pode ser expresso por adjetivo, locução adjetiva, artigo (definido e indefinido), pronome adjetivo (possessivo, demonstrativo, indefinido, interrogativo e relativo) e numeral. Veja alguns exemplos:

pron. dem. — pron. pos. — adjetivo — artigo — loc. adj.

Pode levar também *este* jornal; *meu* filho *caçula* já leu *o* caderno *de esportes*.

OD (este jornal) — sujeito (meu filho caçula) — OD (o caderno de esportes)

adj. adn. — adj. adn. — adj. adn. — adj. adn. — adj. adn.

# EXERCÍCIOS

**1.** Nas frases a seguir, o adjunto adnominal está representado por uma locução adjetiva. Transforme-a em adjetivo, conforme o exemplo:

> O espetáculo *de dança* foi suspenso até segunda ordem.
>
> O espetáculo *coreográfico* foi suspenso até segunda ordem.

a) Hoje, à tarde, visitaremos uma exposição *de selos*.

b) Desligue esse rádio. Essas músicas parecem cantos *de morte*.

c) Não se aborreça. O tempo logo melhorará: são apenas chuvas *de verão*.

d) Não se esqueça de catalogar os livros por faixa *de idade*, já que facilita a consulta.

e) A decisão *do juiz* nos foi favorável.

f) A professora licenciou-se por um mês, pois estava com problemas nas cordas *da voz*.

g) Na assembleia legislativa, este é um partido *da minoria* ou *da maioria*?

h) Novamente você teve um comportamento *de criança*.

i) O médico prescreveu-lhe algumas sessões de fisioterapia para suas dores *nas costas*.

j) Tanto o corpo administrativo quanto o *dos professores* e o *dos alunos* participarão da campanha de arrecadação de brinquedos para crianças carentes.

k) O sindicato *dos patrões* está irredutível.

l) O espetáculo *de circo* foi um sucesso.

m) As águas *da chuva* provocaram uma erosão.

n) O brilho *das estrelas* iluminava o caminho.

Leia a tira a seguir e responda às questões de 2 a 4.

(*Folha de S. Paulo*, 2/10/2011.)

**2.** Observe, na frase dita pela personagem, os termos *na mesa do escritório* e *o emprego dos meus sonhos*.

a) Ambos os termos estão relacionados à locução verbal *vivo dormindo*. No entanto, cada um deles cumpre um papel diferente. Que informação cada um desses termos acrescenta à locução verbal?

b) Classifique sintaticamente esses termos.

c) Como se classificam sintaticamente as palavras *a* e *o*, do termo *na mesa do escritório*, e as palavras *o*, *os* e *meus*, do termo *o emprego dos meus sonhos*?

**3.** Quais são, na frase dita pela personagem, os adjuntos adnominais que modificam os substantivos *mesa* e *emprego*?

**4.** Na fala da personagem há, ao mesmo tempo, um jogo de palavras e uma aparente contradição. Em que consistem esse jogo de palavras e essa aparente contradição?

## COMPLEMENTO NOMINAL

Conforme vimos no início do capítulo, há palavras que complementam verbos e há palavras que complementam nomes. Compare:

Tem (VTD) *um ar nojento* (OD).

Faz (VTD) bem (OD) *à saúde*.

Na 1ª frase, o termo *um ar nojento* complementa o verbo *ter;* como *ter* é um verbo transitivo direto, o termo *um ar nojento* é objeto direto. Observe que, nesse caso, o sentido da oração está completo, não falta nenhuma informação.

Na 2ª frase, o termo *bem* complementa o verbo *fazer*; como *fazer* é um verbo transitivo direto, o termo *bem* é objeto direto. Em outro contexto, se a frase terminasse em *faz bem*, ela poderia apresentar sentido completo. Contudo, na tira, faltaria a informação que o locutor desejou transmitir: bem a alguma coisa. Nesse caso, a expressão *à saúde* complementa o substantivo *bem*. Como o substantivo *bem* é um nome, dizemos que o termo *à saúde* é complemento nominal. O complemento nominal é normalmente regido de preposição.

Concluindo:

**Complemento nominal** é o termo sintático que complementa nomes, isto é, substantivos, adjetivos e advérbios.

Veja outros exemplos:

O torcedor tinha fé (substantivo; OD) *em seu time* (CN).

A oposição votou favoravelmente (advérbio; adj. adv.) *ao governo* (CN).

Fiquei indiferente (adjetivo; PS) *a sua desculpa* (CN).

### Morfossintaxe do complemento nominal

O complemento nominal pode ter como núcleo substantivo ou palavra substantivada, pronome e numeral. Observe os exemplos:

Estou ansiosa *pelo sábado*.
Depositava toda confiança *em nós*.

## Existem nomes transitivos?

A transitividade não é uma característica exclusiva dos verbos. Alguns substantivos derivados de verbos herdaram a transitividade destes. Os complementos dos verbos chamam-se *objetos* (*diretos* ou *indiretos*); os complementos dos nomes, *complementos nominais*. Veja alguns exemplos:

VTD: amar a verdade (OD) → amor/amante da verdade (CN)

VTI: aludir aos defeitos (OI) → alusão aos defeitos (CN)

VTDI: entregar os cadernos (OD) aos alunos (OI) → entrega dos cadernos (CN) aos alunos (CN)

## Não confunda

É comum certa dificuldade para distinguir entre complemento nominal e adjunto adnominal quando este aparece expresso por uma locução adjetiva.

Para facilitar a distinção, lembre-se de que:

- o complemento nominal complementa o sentido de um nome transitivo (substantivo, adjetivo ou advérbio), enquanto o adjunto adnominal acompanha apenas substantivo.

Desse modo, se o termo introduzido por preposição estiver ligado a um adjetivo ou a um advérbio, ele será, sem dúvida, complemento nominal. Observe:

Ele é perito (adjetivo) *em* cirurgia (CN).　　Ela está longe (advérbio) *da* verdade (CN).

No caso de o termo introduzido por preposição aparecer ligado a um substantivo, ele poderá ser complemento nominal ou adjunto adnominal. Se o substantivo for transitivo e o termo estiver funcionando como **alvo** para o qual tende um movimento, um sentimento ou uma disposição, será complemento nominal. Se isso não ocorrer, será adjunto adnominal. Veja os exemplos:

A resposta (subst. transitivo sujeito) *aos grevistas* (alvo / CN) não os convenceu.　　A resposta (subst./sujeito) *do patrão* (adj. adnominal) não os convenceu.

Na 1ª frase, a resposta tem como alvo *os grevistas*; na 2ª frase, *do patrão* não é o alvo, mas o agente, o emissor da resposta.

- o adjunto adnominal indica tipo, matéria, substância ou possuidor. Observe a diferença:

Ela tem amor de mãe (adj. adn.).　　Ele tem amor à mãe (CN).

Na 1ª frase, *de mãe* indica o tipo de amor (materno); na 2ª frase, *à mãe* é o alvo do amor.

É muito comum também confundirmos, em razão da presença da preposição, complemento nominal com objeto indireto.

Para diferenciar uma função da outra, lembre-se de que o *objeto indireto* complementa um *verbo*, enquanto o *complemento nominal* complementa um *nome* (substantivo, adjetivo ou advérbio). Veja:

Necessito (verbo; VTI) *de* (prep.) sua ajuda (OI).　　Tenho (VTD) necessidade (nome (subst.); OD) *de* (prep.) sua ajuda (CN).

# EXERCÍCIOS

**1.** Transforme em substantivos os verbos transitivos destacados. Veja o exemplo:

> *Gostar* dos estudos
>
> O *gosto* pelos estudos

Observe que os termos que completam os verbos (os objetos) tornam-se, com a transformação, complementos nominais, porque passam a complementar substantivos.

a) *Combater* contra a tirania

b) *Confiar* em Deus

c) *Desagradar* aos pais

d) *Responder* pelos atos praticados

e) *Investir* em educação e saúde

**2.** Reescreva as frases a seguir, transformando o verbo destacado em substantivo. Depois identifique o complemento nominal. Veja um exemplo:

> A instituição de caridade *necessita* de agasalhos para doação.
>
> A instituição de caridade tem *necessidade* de agasalhos para doação. / CN: de agasalhos

a) Ele *conhece* o assunto.

b) Ela *requereu* afastamento por motivo de doença.

c) Na reunião, o diretor *referiu-se* ao relatório anual da empresa.

d) O advogado *expôs* seus argumentos ao juiz.

Leia a tira a seguir e responda às questões de 3 a 5.

Angeli

(Angeli. *Chiclete com banana. Folha de S. Paulo*, 13/4/2011.)

**3.** No 1º quadrinho da tira, a personagem revela à outra que tem saudade.

a) Qual é o alvo da saudade que a personagem sente?

b) Como se classifica sintaticamente o termo que é o alvo da saudade que a personagem sente?

**4.** Observe o 2º e o 3º quadrinhos.

a) Troque ideias com os colegas: Os adjetivos *novo*, *empolgante* e *criativo* são adjuntos adnominais ou predicativos do sujeito?

b) Como se classifica o termo *tão*, que acompanha os adjetivos *novo*, *empolgante* e *criativo*?

c) No 3º quadrinho, o termo que indica o motivo pelo qual os jovens se reuniam nas ruas é complemento nominal. Qual é ele?

**5.** Como é comum nas tiras, o último quadrinho reserva uma surpresa para o leitor. Qual é ela?

# O ADJUNTO ADNOMINAL NA CONSTRUÇÃO DO TEXTO

Leia o poema a seguir, de Sérgio Capparelli, e responda às questões propostas.

**Navegando em rede**

Cibernauta de mar aberto,
Por que navegas tão perto?

Faço declarações de amor,
em rede, pelo computador.

Cibernauta de mar bravio,
Por que navegas no frio?

Esse frio não enregela
O canto que fiz para ela.

Cibernauta, muito cuidado,
Com um *bit* equivocado.

Trago, em meio à tormenta,
carinhos sabor de menta.

(*33 ciberpoemas e uma fábula virtual.* Porto Alegre: L&PM, 1996. p. 32.)

Marcos Guilherme

*bit*: unidade mínima de informação processada por um computador.

**1.** O poema é constituído por um diálogo.

a) Quem são os interlocutores nesse diálogo?

b) Qual é o teor do diálogo?

**2.** No decorrer do diálogo e também na palavra *cibernauta*, há a fusão de dois campos semânticos: o da navegação e o da informática.

Identifique palavras e expressões de cada um desses campos semânticos.

**3.** O poema é formado por dísticos, isto é, estrofes de dois versos cada uma. Releia os dísticos 1, 3 e 5.

a) Que termos são utilizados pelo locutor para determinar o núcleo *cibernauta*, no 1º e no 3º dísticos?

b) No 5º dístico, há uma advertência: "muito cuidado, / Com um *bit* equivocado". Qual é a função sintática do termo *com um* bit *equivocado*?

**4.** Observe as palavras e expressões destacadas nestes trechos das respostas do cibernauta:

"declarações *de amor*" — "*O* canto que fiz para ela" — "carinhos [com] sabor *de menta*"

Que função sintática elas têm?

## Para que servem o adjunto adnominal e o complemento nominal?

O adjunto adnominal serve para indicar atributos permanentes dos seres, coisas e conceitos que fazem parte de nossa vida: céu *azul*, cidadão *participativo*, verdade *discutível*, etc.

O complemento nominal frequentemente é empregado quando lidamos com sentimentos, ideias e conceitos abstratos. Por exemplo, ter "esperança *de uma vida melhor*", sentir "confiança *no amigo*", empreender "uma luta *pela liberdade*", etc.

**5.** Os termos do campo semântico da navegação empregados no poema têm um duplo sentido.

a) Interprete, sob o ponto de vista da informática, as expressões:

- mar aberto
- navegar no frio
- tormenta; mar bravio

b) Que interpretação pode ser dada à expressão "um *bit* equivocado"?

**6.** Observe que o poema apresenta um número maior de adjuntos adnominais do que de complementos nominais. Relacionando a forma gramatical ao conteúdo do poema, explique: A que se deve essa incidência maior do adjunto?

## SEMÂNTICA E DISCURSO

Leia o anúncio:

Governo Federal

(Revista *Gol*, nº 116, p. 111.)

**1.** O anúncio foi publicado na revista de uma empresa aérea.

a) Quem é o anunciante?

b) A que público o anúncio se destina?

**2.** Compare os termos destacados neste trecho do enunciado verbal principal do anúncio:

> "Patrocinar o judô *brasileiro* é ter a certeza *de duas coisas* [...]"

a) Qual é a função sintática de *brasileiro*? Justifique a resposta do ponto de vista semântico.

b) Qual é a função sintática de *de duas coisas*? Justifique a resposta do ponto de vista semântico.

**3.** As duas coisas de que o locutor tem certeza são: "que nossos atletas vão lutar nas maiores competições do mundo. E que não vão voltar de mãos vazias".

a) Quais adjuntos adverbiais correspondem às circunstâncias em que ocorrerão as ações indicadas pelas locuções verbais *vão lutar* e *(não) vão voltar*?

b) Que adjuntos adnominais especificam os núcleos desses adjuntos adverbiais ou conferem atributos a eles?

c) Observe esses adjuntos adnominais. Que sentido eles atribuem ao desempenho dos judocas brasileiros?

**4.** A imagem do anúncio mostra a bandeja onde os passageiros põem seus objetos metálicos ao passar pelo raio-X nos aeroportos. Examine o conteúdo da bandeja e responda: Que relação há entre a parte verbal e a imagem do anúncio?

Coleção particular

Menina que corre sobre o balcão (1912), de Giacomo Balla.

CAPÍTULO 22

# Termos ligados ao nome: aposto e vocativo

## CONSTRUINDO O CONCEITO

Leia esta tira, de Quino.

Joaquín Salvador Lavado (Quino)

(Quino. *Mafalda 2.* São Paulo: Martins Fontes, 1998. p. 14.)

1. Colocando-se no papel da mãe, Mafalda consegue imaginar um bom presente para ela no Dia das Mães. Explique a dificuldade que Filipe tem para lidar com papéis sociais.
2. Para se dirigir ao amigo, Mafalda chama-o duas vezes. Que palavra ela utiliza para chamá-lo?
3. No 2º quadrinho, Mafalda diz: "Já sei o que vou dar para a minha mãe". A palavra *o*, nesse contexto, é um pronome demonstrativo, equivalente a *aquilo*. Que palavra ou expressão desse quadrinho esclarece o sentido da palavra *o*?

CONCEITUANDO

## APOSTO

Você notou que, no 2º quadrinho, Mafalda emprega a expressão *um livro* com a finalidade de identificar o presente que escolheu para dar à sua mãe, já que o pronome *o* não esclarece qual é o presente. Quando isso ocorre, temos um **aposto**.

**Aposto** é o termo da oração que se refere a um substantivo, a um pronome ou a uma oração para explicá-los, ampliá-los, resumi-los ou identificá-los.

Entre o aposto e o termo a que ele se refere quase sempre há uma pausa, marcada na escrita pela vírgula, ou, em casos especiais, por dois-pontos, travessão ou parênteses.

Quando o aposto especifica ou individualiza o termo a que se refere, geralmente não há pausa. Veja:

Àquela hora a avenida *Brasil* estava intransitável

O aposto pode vir precedido de expressões explicativas, como *isto é*, *a saber*, ou da preposição acidental *como*. Observe os exemplos:

O resto, *isto é*, *as louças*, *os cristais e os talheres*, irá nas caixas menores.

Este advogado, *como representante da comunidade*, é imprescindível.

### Morfossintaxe do aposto

O aposto pode ser representado por substantivo, pronome e oração subordinada substantiva (apositiva):

Festas, passeios, viagens, *nada* (pron.) agrada a João, *meu amigo* (subst.).

## VOCATIVO

Na tira de Quino, Mafalda diz *Filipe! Filipe!*, evidenciando, desse modo, seu interlocutor. Esse termo recebe o nome de **vocativo**.

**Vocativo** é o termo da oração por meio do qual chamamos ou interpelamos nosso interlocutor, real ou imaginário.

O vocativo, na escrita, aparece isolado por vírgulas ou seguido de ponto de exclamação e pode vir precedido da interjeição de chamamento *ó*. Veja os exemplos:

Você viu, *doutor*, que notícia agradável?
*Pessoal!* Vamos embora!
*Ó filho*, me ajude a carregar as compras.

O vocativo pode ocorrer no início, no meio ou no final da frase. Quando se inclui numa oração, não se anexa à estrutura do sujeito ou do predicado. Veja:

Filipe (vocativo), já sei qual é o presente.

Já sei, Filipe (vocativo), qual é o presente.

Já sei qual é o presente, Filipe (vocativo).

# EXERCÍCIOS

**1.** O aposto pode ser empregado para:

1. enumerar ou recapitular; nesse caso pode vir precedido pelas expressões *a saber, por exemplo, isto é*, ou ser representado por um pronome indefinido, como *tudo, nada, ninguém, qualquer*, etc.
2. marcar uma distribuição, por meio de *um e outro, este e aquele*, etc.
3. marcar uma especificação, uma individualização; nesse caso, pode vir ou não preposicionado.
4. explicar, resumir ou identificar.

Indique com qual desses casos os apostos destacados a seguir se identificam.

a) O poema "*Vou-me embora pra Pasárgada*" é do grande poeta *Manuel Bandeira*.

b) Só jantava comidas leves: *uma salada, uma sopa de legumes, um caldo de carne*.

c) Greystoke, *a lenda de Tarzã, o rei da selva*.

d) Os rapazes eram dois bons profissionais, *um em informática e o outro em engenharia*.

**2.** Considerando o contexto, compare os termos sublinhados nas frases seguintes e explique por que o da 1ª é aposto e o da 2ª é adjunto adnominal.

- O escritor <u>Machado de Assis</u> trabalhou a maior parte de sua vida como funcionário público.
- Os romances de <u>Machado de Assis</u> aprofundam a análise psicológica das personagens.

**3.** Leia os versos e a tira a seguir.

Ó, meu amigo, meu herói
Ó, como dói
Saber que a ti também corrói
A dor da solidão
[...]

(Gilberto Gil. "Meu amigo, meu herói". In: http://letras.terra.com.br/gilberto-gil/46220/)

(*Folha de S. Paulo*, 23/2/2010.)

a) Identifique um aposto e um vocativo nesses textos.

b) Levante hipóteses: O que justifica, no 2º quadrinho da tira, o emprego do ponto de exclamação, em vez de vírgula, depois de "a viúva negra"?

# O APOSTO E O VOCATIVO NA CONSTRUÇÃO DO TEXTO

Leia o poema a seguir, de Arnaldo Antunes, e responda às questões propostas.

**reza**

vida,
minha dádiva,
venha de manhã e dure a vida
minha dádiva,
venha de manhã e dure a vida,
minha dádiva,
venha de manhã e dure hoje

(*2 ou + corpos no mesmo espaço*. São Paulo: Perspectiva, 1997. p. 67.)

1. Embora apresente uma única estrofe, o poema está visualmente organizado em três partes encadeadas, como se fossem três degraus. A palavra *vida*, ao mesmo tempo que abre cada uma das partes, também faz o encadeamento entre elas.

   a) Qual é a função sintática da palavra *vida* no 1º verso?

   b) A expressão *minha dádiva* apresenta ambiguidade sintática e semântica. Indique as funções sintáticas possíveis dessa expressão no contexto e o efeito de sentido que ela atribui ao texto, de acordo com cada uma dessas funções.

2. A palavra *vida*, no final do 3º verso, ao fazer o encadeamento da 1ª e da 2ª partes do poema, apresenta oscilação sintática e, consequentemente, oscilação semântica. Que função sintática ela desempenha, se considerada:

   a) no contexto da 1ª parte?

   b) no contexto da 2ª parte?

> **Para que servem o aposto e o vocativo?**
>
> Enquanto o aposto serve para esclarecer ou ampliar o sentido de uma palavra do próprio texto, o vocativo remete à *situação comunicacional*, evidenciando o interlocutor e abrindo o canal da comunicação.
>
> Assim, quando nos dirigimos ao interlocutor com um vocativo – por exemplo, *querida, filhinha, paiê, professora, vô*, etc. –, desejamos não apenas deixar claro que é com essa pessoa que estamos falando, mas também que ela preste atenção ao que vamos falar.

3. Além de buscar produzir efeitos por meio da *disposição visual* das palavras no papel, o poema também busca produzir *efeitos sonoros*, aproximando, por exemplo, palavras com fonemas ou sílabas semelhantes. Identifique os grupos de palavras que fazem parte desse jogo sonoro.

4. Observe que, ao término de cada uma das partes, há o verso "venha de manhã e dure a vida". Na última parte, porém, a expressão *a vida* é substituída por *hoje*.

   a) A palavra *hoje* possui o mesmo valor sintático de *a vida*?

   b) Considerando as ideias gerais do poema, que efeito provoca a substituição de um termo pelo outro?

5. O poema se intitula "reza". A oração é um gênero textual que apresenta algumas particularidades de linguagem e de construção, como:

   - invocação de uma entidade religiosa (Deus, santos, etc.);
   - verbos que expressam pedido;
   - repetição de partes.

   a) Considerando essas características, identifique as semelhanças do poema em estudo com a oração.

   b) Conclua: nessa "reza", qual é o desejo maior do eu lírico?

## SEMÂNTICA E DISCURSO

1. Leia esta frase:

   > Nosso mais novo funcionário, Fernando, demitiu-se ontem.

   Dependendo da situação e da entonação dada à frase, ela pode apresentar dois sentidos.

   a) Quais são esses sentidos?

   b) Que função sintática o termo *Fernando* desempenha em cada um dos sentidos?

   c) Dê à frase uma redação na qual *Fernando* só possa ser vocativo.

   d) Dê à frase uma redação na qual *Fernando* só possa ser aposto.

Leia o poema a seguir, de José Paulo Paes, e responda às questões de 2 a 4.

## Os inconfidentes (I)

Vila Rica, Vila Rica,
Cofre de muita riqueza:
Ouro de lei no cascalho,
Diamantes à flor do chão.
Num golpe só da bateia,
Nosso bem ou perdição.

Vila Rica, Vila Rica,
Ninho de muito vampiro:
O padre com pés de altar,
O bispo com sua espórtula,
O ouvidor com seu despacho
E o povo feito capacho.

Vila Rica, Vila Rica,
Teatro de muito som:
Cláudio no seu clavicórdio,
Alvarenga em sua flauta,
Gonzaga na sua lira.
Vozes doces, mesa lauta.

Vila Rica, Vila Rica,
Masmorra de muita porta:
Para negro fugitivo,
Para soldado rebelde,
Para poeta e poemas,
Nunca faltaram algemas.

Vila Rica, Vila Rica,
Forja de muito covarde:
Só o corpo mutilado
De um bravo e simples alferes
Te salva e te justifica
Vila Rica vil e rica.

(*O melhor poeta da minha rua*. São Paulo: Ática, 2008. p. 97-8.)

Coleção particular

*Paisagem de Ouro Preto II* (1924), de Tarsila do Amaral.

**alferes**: antigo posto militar no Exército brasileiro, equivalente ao de segundo-tenente, hoje.
**bateia**: recipiente de madeira ou metal utilizado no garimpo.
**clavicórdio**: antigo instrumento musical formado por cordas e teclado.
**espórtula**: esmola.
**inconfidentes**: participantes da Inconfidência Mineira.
**lauta**: farta, abundante.

**2.** O verso "Vila Rica, Vila Rica" se repete no início de todas as estrofes do poema.
a) Quem é o interlocutor do eu lírico? Justifique sua resposta.
b) Qual é a função sintática do termo "Vila Rica", em cada estrofe?

**3.** Observe as expressões que constituem o 2º verso de cada estrofe, empregadas em referência a Vila Rica.
a) Quais são essas expressões?
b) Que papel semântico elas têm?
c) Que função sintática elas desempenham?

**4.** O último verso, "Vila Rica vil e rica", resume o poema inteiro.
a) Quais estrofes do poema se referem à vileza dos habitantes da cidade?
b) Quais descrevem a "riqueza" da cidade?
c) Que fato histórico o poema procura descrever nessas cinco estrofes?
d) Troque ideias com os colegas: Qual é a função sintática de "Vila Rica vil e rica"?

Tarsila do Amaral. *Paisagem de Ouro Preto II*

# GRAMÁTICA

## caderno de competências

Conecte LIDi

Editora Saraiva

# Sumário

# Sumário da parte 3

AST Fotoworks/Alamy/Other Images

CAPÍTULO 23

# Período composto por subordinação: as orações substantivas

## CONSTRUINDO O CONCEITO

Leia o anúncio a seguir:

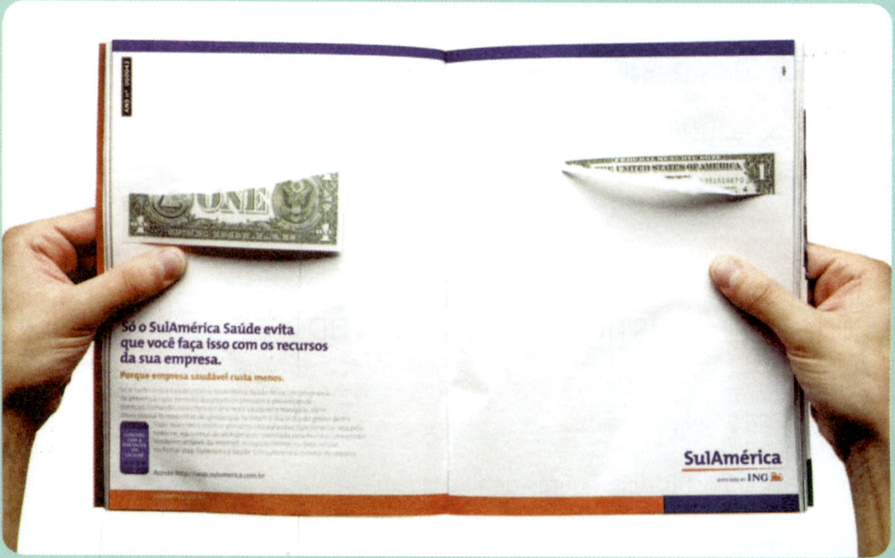


MPM Propaganda

(*34º Anuário do Clube de Criação de São Paulo*, p. 137.)

1. A respeito do anúncio, responda:
   a) Qual é a sua finalidade?
   b) A quem ele é dirigido, principalmente?
   c) A cédula rasgada que se vê é dinheiro de que país?
   d) Que relação há entre a cédula rasgada e o enunciado verbal em destaque?

2. O enunciado verbal em destaque no anúncio consiste em um período composto, formado por duas orações, ligadas pela conjunção *que*. Veja:

   Só o SulAmérica Saúde evita | que você faça isso com os recursos da sua empresa.
   (Só o SulAmérica Saúde evita = 1ª oração; que você faça isso com os recursos da sua empresa = 2ª oração)

   a) Qual é a predicação do verbo *evitar*?
   b) Qual das duas orações é a principal? Qual é a subordinada?
   c) Observe esta correspondência:

   Só o SulAmérica Saúde evita | que você faça isso com os recursos da sua empresa.

   Só o SulAmérica evita | isso.
   (evita = VTD; isso = OD)

   Com base na correspondência que você observou, deduza: Qual é a função sintática da oração *que você faça isso com os recursos da sua empresa*?

## CONCEITUANDO

Como você pôde observar, a oração *que você faça isso com os recursos da sua empresa* funciona como objeto direto do verbo *evitar* da oração principal. Por isso, recebe o nome de **oração objetiva direta**. Como equivale a um substantivo ou a um pronome substantivo, denomina-se **oração substantiva**. Além disso, por ser sintaticamente dependente da oração principal – *Só o SulAmérica Saúde evita* –, uma vez que é o objeto direto do verbo *evitar*, é denominada **oração subordinada**.

Assim:

**Oração subordinada substantiva** é aquela que tem valor de *substantivo* e exerce, em relação a outra oração, a função de *sujeito, objeto direto, objeto indireto, predicativo, complemento nominal* ou *aposto*.

### *Que ou se?*

Em relação ao emprego das conjunções integrantes, utilizamos *que* quando o verbo exprime uma certeza e *se* quando exprime uma incerteza. Exemplos: "Já sei *que* você não vai participar" e "Não sei *se* ele vai participar".

As orações substantivas são normalmente introduzidas pelas conjunções subordinativas integrantes *que* e *se*. Podem também, em alguns casos, ser introduzidas por um pronome indefinido, por um pronome ou advérbio interrogativo ou exclamativo. Veja:

| | | |
|---|---|---|
| Não sabemos | (por) quanto<br>quem<br>por que<br>como<br>quando<br>onde | vendeu sua motocicleta seminova. |

A oração subordinada "quando você traz trabalho para casa" é introduzida pelo advérbio *quando*.

## CLASSIFICAÇÃO DAS ORAÇÕES SUBSTANTIVAS

A oração substantiva pode desempenhar no período as mesmas funções que o substantivo pode exercer nas orações: *sujeito*, *objeto direto*, *objeto indireto*, *predicativo*, *complemento nominal* e *aposto*. Assim, de acordo com sua função, recebe as seguintes denominações: *subjetiva*, *objetiva direta*, *objetiva indireta*, *predicativa*, *completiva nominal* e *apositiva*.

### Subjetiva

Exerce a função de *sujeito* da oração de que depende ou em que se insere:

Consta (or. principal) | que as contas de água e luz já foram pagas. (or. subordinada substantiva subjetiva)

**Observação**

Certos verbos e certas expressões comumente têm por sujeito uma oração subordinada substantiva. São, entre outros:

- *acontecer*, *constar*, *cumprir*, *importar*, *urgir*, *ocorrer*, *parecer*, *suceder*, quando empregados na 3ª pessoa do singular;
- *sabe-se*, *conta-se*, *é sabido*, *ficou provado* (expressões na voz passiva);
- *é bom*, *é claro*, *parece certo*, *está visto* (expressões constituídas por um verbo de ligação acompanhado do predicativo).

**Como reconhecer uma oração subordinada substantiva?**

Quando a oração é substantiva, ela quase sempre pode ser substituída por um substantivo ou por um pronome substantivo, como *isto*, *isso*, *aquilo*. Observe:

Peça-lhe que me traga sal. (OSSOD) → Peça-lhe isso. (OD)

### Objetiva direta

Exerce a função de *objeto direto* do verbo da oração principal:

Achamos (VTD; or. principal) | que você deve partir imediatamente. (or. subord. substantiva objetiva direta)

### Objetiva indireta

Exerce a função de *objeto indireto* do verbo da oração principal:

Convenceu-o (VTDI, OD; or. principal) | de que o trabalho era fácil. (or. subord. substantiva objetiva indireta)

## Predicativa

Exerce a função de *predicativo* de um termo que é sujeito da oração principal:

> sujeito / VL
> O problema é | que o prazo para as inscrições já terminou.
> or. principal | or. subord. substantiva predicativa

## Completiva nominal

Exerce a função de *complemento nominal* de um substantivo ou adjetivo da oração principal:

> VL / predicativo
> Estava convicto | de que ele era inocente.
> or. principal | or. subord. subst. completiva nominal

## Apositiva

Exerce a função de *aposto* de um nome da oração principal:

> VTDI / OI / OD
> Dei-lhe um conselho: | (que) não se importasse mais com o caso.
> or. principal | or. subord. substantiva apositiva

Frequentemente é precedida por dois-pontos e, às vezes, pode vir entre vírgulas.

# EXERCÍCIOS

Leia a tira a seguir, de Fernando Gonsales, e responda às questões 1 e 2.

(*Níquel Náusea – Minha mulher é uma galinha*. São Paulo: Devir, 2008. p. 30.)

**1.** No 1º quadrinho da tira, na fala da atendente, há uma oração subordinada substantiva. Identifique-a e classifique-a.

**2.** Nas tiras, o humor normalmente é construído a partir de quebra de expectativa, representada por uma situação surpreendente, que geralmente ocorre no último quadrinho. Qual é a situação surpreendente responsável pelo humor da tira?

Leia ou cante os versos da canção a seguir, de Tom Jobim e Vinícius de Morais, e responda às questões de 3 a 6.

Paul Bradbury/Getty Images

**Eu sei que vou te amar**

Eu sei que vou te amar
Por toda a minha vida eu vou te amar
Em cada despedida eu vou te amar
Desesperadamente, eu sei que vou te amar
E cada verso meu será
Pra te dizer que eu sei que vou te amar
Por toda a minha vida

Eu sei que vou chorar
A cada ausência tua eu vou chorar
Mas cada volta tua há de apagar
O que esta ausência tua me causou

Eu sei que vou sofrer
A eterna desventura de viver
À espera de viver ao lado teu
Por toda a minha vida

(Fermata do Brasil/Editora Musical Arapuã Ltda.)

**3.** Observe o primeiro verso de cada uma das estrofes:

Eu sei que vou te amar
Eu sei que vou chorar
Eu sei que vou sofrer

Cada um desses versos é formado por duas orações, ligadas pela conjunção *que*. Esses períodos são compostos por coordenação ou por subordinação?

**4.** O verbo *saber* é transitivo direto e, portanto, exige complemento.

a) Qual é o objeto direto desse verbo em cada um desses períodos?

b) O que a repetição dessa estrutura sintática sugere quanto aos sentimentos do eu lírico?

**5.** O eu lírico dessa canção é correspondido no amor? Justifique a sua resposta com versos do poema.

**6.** Explique o valor semântico das expressões adverbiais *por toda a minha vida* e *desesperadamente*, considerando o sentimento amoroso do eu lírico.

Leia o cartum a seguir, de Nilson, e responda às questões 7 e 8.

Nilson Adelino Azevedo

**7.** Na fala da personagem, há três orações.

a) Qual delas é subordinada?

b) A que palavra da oração anterior ela está ligada?

c) Logo, como se classifica a oração subordinada? Por quê?

**8.** O cartum de Nilson mantém uma relação intertextual com o quadro *Os retirantes* (1944), de Candido Portinari, que retrata nordestinos em retirada, vitimados pela seca. Observe a obra de Portinari, ao lado, e responda:

a) Que nova contextualização o cartunista fez para atualizar o drama retratado por Portinari?

b) É possível associar o humor do cartum a humor negro? Justifique sua resposta.

Museu de Arte de São Paulo Assis Chateaubriand, MASP, SP

*Os retirantes* (1944), de Candido Portinari.

## ORAÇÕES SUBSTANTIVAS REDUZIDAS

Leia, a seguir, a letra de uma canção de Tom Jobim. Se possível, ouça a canção.

**Wave**

Vou te contar
Os olhos já não podem ver
Coisas que só o coração pode entender
Fundamental é mesmo o amor
É impossível ser feliz sozinho

O resto é mar
É tudo que não sei contar
São coisas lindas
Que eu tenho pra te dar
Vem de mansinho a brisa e me diz
É impossível ser feliz sozinho

Da primeira vez era a cidade
Da segunda o cais e a eternidade

Agora eu já sei
Da onda que se ergueu no mar
E das estrelas que esquecemos de contar
O amor se deixa surpreender
Enquanto a noite vem nos envolver

(Disponível em: www2.uol.com.br/tomjobim/ml_wave.htm. Acesso em: 7/6/2012.)

Observe o último verso das duas primeiras estrofes: É impossível ser feliz sozinho (or. subord. substantiva subjetiva: *ser feliz sozinho*)

Outra redação possível para o verso seria: É impossível que eu seja feliz sozinho (or. subord. substantiva subjetiva: *que eu seja feliz sozinho*)

Nos dois períodos apresentados, as orações destacadas são substantivas subjetivas e ambas expressam a mesma ideia.

A oração subordinada substantiva *que eu seja feliz sozinho* apresenta o verbo no modo subjuntivo e é introduzida por uma conjunção. Por isso, é uma **oração desenvolvida**.

**Oração desenvolvida** é aquela que apresenta o verbo no modo indicativo, subjuntivo ou imperativo e é introduzida por um conectivo (palavra de ligação).

A oração subordinada substantiva *ser feliz sozinho* apresenta verbo no infinitivo e dispensa a conjunção. É, portanto, uma **oração reduzida**.

> **Oração reduzida** é aquela que apresenta o verbo numa das formas nominais (infinitivo, gerúndio e particípio) e não precisa de conectivo.

Na língua portuguesa, há três tipos de orações subordinadas reduzidas: **de infinitivo**, **de gerúndio** e **de particípio**.

As orações subordinadas substantivas geralmente são reduzidas de infinitivo.

## EXERCÍCIOS

**1.** Transforme a oração reduzida de infinitivo numa oração desenvolvida cujo verbo fique na voz passiva pronominal. Veja o exemplo:

> Convém fazer a manutenção das máquinas periodicamente.
> Convém que se faça a manutenção das máquinas periodicamente.

a) Seria bom encontrar as meninas na praia.

b) Parece certo mudar a data do evento.

c) Convém comprar os ingressos antecipadamente.

d) É preciso atualizar os endereços do cadastro.

e) "É preciso amar as pessoas como se não houvesse amanhã." (Renato Russo)

No texto a seguir há uma pergunta de um leitor e a resposta que a pesquisadora Sonia Maciel da Rosa Osman dá a ela. Leia o texto e responda às questões de 2 a 4.

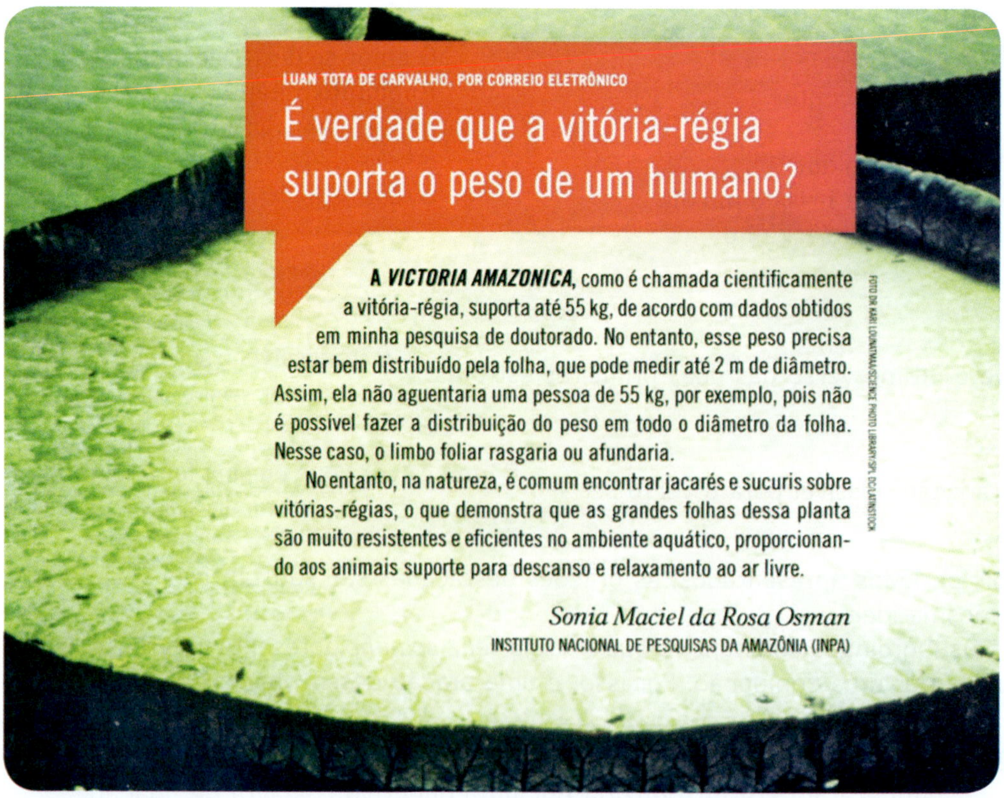

LUAN TOTA DE CARVALHO, POR CORREIO ELETRÔNICO

É verdade que a vitória-régia suporta o peso de um humano?

**A *VICTORIA AMAZONICA*,** como é chamada cientificamente a vitória-régia, suporta até 55 kg, de acordo com dados obtidos em minha pesquisa de doutorado. No entanto, esse peso precisa estar bem distribuído pela folha, que pode medir até 2 m de diâmetro. Assim, ela não aguentaria uma pessoa de 55 kg, por exemplo, pois não é possível fazer a distribuição do peso em todo o diâmetro da folha. Nesse caso, o limbo foliar rasgaria ou afundaria.

No entanto, na natureza, é comum encontrar jacarés e sucuris sobre vitórias-régias, o que demonstra que as grandes folhas dessa planta são muito resistentes e eficientes no ambiente aquático, proporcionando aos animais suporte para descanso e relaxamento ao ar livre.

*Sonia Maciel da Rosa Osman*
INSTITUTO NACIONAL DE PESQUISAS DA AMAZÔNIA (INPA)

(*Ciência Hoje*, nº 283, p. 5.)

2. Há, no texto, quatro orações subordinadas substantivas. Identifique-as.

3. Das quatro orações subordinadas, três desempenham a mesma função.

a) Quais são elas?

b) Que função desempenham?

c) Quais delas são reduzidas de infinitivo?

4. Como se classifica a oração subordinada substantiva que tem função diferente das outras três?

5. Na linguagem escrita, para dar expressividade, clareza e concisão ao texto, devemos, sempre que possível, evitar a repetição da conjunção *que*. No caso do emprego das orações subordinadas substantivas, dispomos dos recursos de substituir o verbo por um substantivo ou transformar a oração desenvolvida em uma oração substantiva reduzida. Veja o exemplo:

> Basta *que* o diretor *assine* no verso do requerimento.
> Basta a *assinatura* do diretor no verso do requerimento.
> Basta o diretor *assinar* no verso do requerimento.

Reescreva as frases a seguir, substituindo o verbo por um substantivo e transformando as orações subordinadas substantivas desenvolvidas em orações reduzidas correspondentes.

a) O advogado sugeriu que interpretássemos a lei.

b) A ordem é que se mantenha o atleta no clube.

c) É importante que adquiramos computadores de última geração.

d) Não importa que a diretoria aprove ou não o nosso projeto.

e) É imprescindível esta medida: que se mude o horário.

## AS ORAÇÕES SUBSTANTIVAS NA CONSTRUÇÃO DO TEXTO

Leia este poema, de Carlos Drummond de Andrade:

### Poema da necessidade

É preciso casar João,
é preciso suportar Antônio,
é preciso odiar Melquíades,
é preciso substituir nós todos.

É preciso salvar o país,
é preciso crer em Deus,
é preciso pagar as dívidas,
é preciso comprar um rádio,
é preciso esquecer fulana.

É preciso estudar volapuque,
é preciso estar sempre bêbado,
é preciso ler Baudelaire,
é preciso colher as flores
de que rezam velhos autores.

É preciso viver com os homens,
é preciso não assassiná-los,
é preciso ter mãos pálidas
e anunciar o FIM DO MUNDO.

(*Sentimento do mundo.* Rio de Janeiro: Record.
© Graña Drummond – www.carlosdrummond.com.br)

Filipe Rocha

**volapuque:** língua auxiliar de comunicação internacional criada em 1879 pelo alemão Johann M. Schleyer.

1. O poema é construído a partir de uma estrutura paralelística, caracterizada por repetição de palavras e de estruturas sintáticas. Tomando o 1º verso – "É preciso casar João" – como exemplo dos outros, responda:

a) Qual é a oração principal desse período?

b) Como se classifica a oração *casar João*?

2. Como você sabe, as orações substantivas têm esse nome porque equivalem a um substantivo. Veja essa equivalência em relação ao 1º verso da 2ª estrofe:

> É preciso *salvar o país*. → É preciso o *salvamento do país*.

Faça o mesmo em relação aos demais versos da 2ª estrofe, ou seja, substitua as orações substantivas por substantivos correspondentes.

3. A oração *É preciso* se repete em quase todos os versos do poema.
   a) Que efeito de sentido tem a repetição dessa oração no texto?
   b) Que relação existe entre essa repetição e o título do poema?
   c) As necessidades apontadas pelo eu lírico são de diferentes tipos: de ordem prática, emocional, material, espiritual, etc. De que tipo são as necessidades reunidas na 3ª estrofe?

4. A oração *É preciso* situa-se temporalmente no presente. Apesar disso, projeta a necessidade – representada por palavras com função de sujeito da oração principal – para um plano hipotético e futuro. Isso permite levantar hipóteses sobre a visão do eu lírico a respeito da realidade e da vida presentes.
   a) Qual é essa visão?
   b) Indique o item que completa corretamente a seguinte afirmação:
   O fato de o sujeito se ligar à oração principal sempre por relações de subordinação, portanto nunca diretamente, acentua ainda mais:
   - a possibilidade real de o eu lírico transformar a realidade.
   - o distanciamento entre o desejo do eu lírico e sua realização efetiva.
   - a ideia de que o mundo não existe fora do desejo do eu lírico.

5. No último verso, a expressão *FIM DO MUNDO*, que finaliza o poema, é destacada pelo uso de maiúsculas. Considerando a carga negativa do texto, dê uma interpretação coerente ao verso final.

## SEMÂNTICA E DISCURSO

1. Leia os versos a seguir, da canção "Último desejo", de Noel Rosa, confrontando o valor semântico das conjunções integrantes destacadas.

> Se alguma pessoa amiga
> Pedir *que* você lhe diga
> *Se* você me quer ou não,
> Diga que você me adora,
> Que você lamenta e chora
> A nossa separação...

Que diferença de sentido há entre elas nesse contexto?

### Pronome oblíquo na função de sujeito?

Embora desempenhem normalmente a função sintática de objetos (diretos ou indiretos), os pronomes oblíquos às vezes podem fazer o papel de adjunto adnominal, de complemento nominal e até de sujeito. Veja:

| A mãe viu | quando ela entrou em casa. |
|---|---|
| or. principal | or. subord. subst. objetiva direta |

Reduzindo, temos:

> A mãe *a* viu entrar em casa.
> A mãe viu — oração principal
> a entrar em casa — or. subord. subst. objetiva direta reduzida de infinitivo

Da mesma forma que na oração desenvolvida o pronome *ela* é o sujeito de *entrar*, na oração reduzida o sujeito do verbo é o pronome oblíquo *a*.

**2.** Observe a classificação das orações neste período:

> Ouvi | que eles gritavam palavras de ordem.
> or. principal | or. subord. substantiva objetiva direta

Agora veja como fica a 2ª oração, transformada em reduzida:

> Ouvi-os gritar palavras de ordem.

Repare que, nesse caso, não se emprega na norma-padrão a forma "Ouvi eles gritar palavras de ordem".

Reescreva os períodos a seguir, adequando à norma-padrão as orações subordinadas substantivas reduzidas.

a) Vi ela sussurrando algo no ouvido da amiga.

b) Mandei eles sair da sala imediatamente.

c) Desejamos ver ele jogando futebol profissionalmente.

d) De madrugada, a mãe encontrou ele navegando na Internet.

e) Deixe eu dormir até mais tarde, mãe.

Leia a tira a seguir e responda às questões 3 e 4.

(*Folha de S. Paulo*, 3/12/2011.)

**3.** Helga dá conselhos à filha, que pretende se casar. Com base na tira, por que é possível afirmar que Helga tem uma visão objetiva e "prática" do relacionamento familiar?

**4.** Na frase correspondente à fala de Helga, no 2º quadrinho:

> "Quando ela a visitar, *faça-a sentir(-se)* como parte da família"

a) Como ficaria o trecho em destaque, desenvolvendo-se a oração reduzida?

b) Na forma desenvolvida, que palavra corresponde ao pronome oblíquo *a*? Que função sintática essa palavra desempenha?

c) Identifique e classifique as orações que fazem parte do trecho destacado.

Georgia O'Keeffe. From the Lake Nº 3. 1924. The Bridgeman Art Library/Grupo Keystone

CAPÍTULO 24

# Período composto por subordinação: as orações adjetivas

## CONSTRUINDO O CONCEITO

Leia este poema, de Ferreira Gullar:

### Perde e ganha

Vida tenho uma só
que se gasta com a sola do meu sapato
a cada passo pelas ruas
e não dá meia-sola.

Perdi-a já
em parte
num pôquer solitário,
mas ganhei de novo
para um jogo comum.

E neste jogo a jogo
inteira, a cada lance,
que a vida ou se perde ou se ganha com os demais
e assim se vive
que o mais é pura perda.

(*Toda poesia*. 18. ed. Rio de Janeiro: José Olympio, 2009. p. 172.)

Marcos Guilherme

**1.** Na primeira estrofe do poema há um período composto por subordinação. Observe:

> "Vida tenho uma só que se gasta com a sola do meu sapato"

A oração *que se gasta com a sola do meu sapato* está subordinada à oração anterior por meio do conectivo *que*, um pronome relativo.

a) Que palavras, expressas anteriormente, esse conectivo retoma e substitui?

b) Substitua o pronome relativo *que* pelas palavras que são retomadas por ele. Que função sintática essas palavras desempenham na oração *que se gasta com a sola do meu sapato*?

**2.** O período composto analisado na questão anterior também poderia ter sido construído assim:

> Tenho só uma vida, *gasta* com a sola do meu sapato.

a) Nesse período, qual é a classe gramatical da palavra *gasta*?

b) Que função sintática a palavra *gasta* desempenha?

**3.** No poema "Perde e ganha", o eu lírico reflete sobre a vida e a compara a um jogo.

a) Que expressões do campo semântico de jogo são utilizadas para construir essa comparação?

b) Nesse jogo, o eu lírico prefere o jogo solitário ou o jogo coletivo? Por quê?

## CONCEITUANDO

Você observou que, na primeira estrofe do poema, há um período composto por subordinação, que pode ser desmembrado assim:

| Vida tenho uma só | que se gasta com a sola do meu sapato |
|---|---|
| oração principal | oração subordinada |

Ou, na ordem direta:

| Tenho só uma vida, | que se gasta com a sola do meu sapato |
|---|---|
| oração principal | oração subordinada |

Como vimos, a expressão *que se gasta*, da oração subordinada, poderia ser expressa por meio do adjetivo *gasta*. Teríamos, então:

| (eu) | Tenho | só | uma vida, | gasta | com a sola do meu sapato |
|---|---|---|---|---|---|
| sujeito | | adj. adv. | OD | pred. do objeto | complemento nominal |

A oração *que se gasta com a sola do meu sapato* tem o mesmo papel que o adjetivo *gasta*, que é o de modificar o substantivo *vida*. A oração que cumpre esse papel é chamada de **oração subordinada adjetiva**.

Observe também que a oração *que se gasta com a sola do meu sapato* tem com a anterior (*Vida tenho uma só*) uma relação de dependência, de subordinação.

Concluindo:

> **Oração subordinada adjetiva** é aquela que tem valor de adjetivo, pois cumpre papel de determinar um substantivo (nome ou pronome) antecedente.

As orações subordinadas adjetivas são introduzidas pelos pronomes relativos *que, quem, onde, o qual* (*a qual, os quais, as quais*), *cujo* (*cuja, cujos, cujas*).

### Uma dica

Para reconhecer um pronome relativo e, portanto, uma oração subordinada adjetiva, procure trocar o pronome relativo que introduz a oração por *o(a) qual, os(as) quais*, regidos ou não de preposição. O emprego desse artifício só não é possível com o conectivo *cujo* e suas variantes. Entretanto, *cujo* é sempre pronome relativo. Veja como a frase "Os carros que você já dirigiu mudaram muito", do anúncio ao lado, ficaria: "Os carros os quais você já dirigiu mudaram muito".

Caso Design Comunicação

(*Época*, nº 733, p. 59.)

## VALORES SEMÂNTICOS DAS ORAÇÕES ADJETIVAS

Imagine a seguinte situação: está acontecendo uma reunião de professores, e o coordenador diz:

> — Neste bimestre, se todos concordarem, adotaremos algumas medidas pedagógicas. Os alunos que têm dificuldade em compreensão de textos terão aulas aos sábados.

Observe a estrutura sintática da última frase dita pelo coordenador:

| Os alunos | que têm dificuldade em compreensão de textos | terão aulas aos sábados. |
|---|---|---|
| or. principal | or. subordinada adjetiva | or. principal |

Nesse caso, quem terá aulas aos sábados? Naturalmente a intenção do coordenador é informar que somente terá aulas aos sábados *uma parte dos alunos*, isto é, aqueles que têm dificuldade em compreensão de textos.

Repare, agora, na alteração de sentido que ocorre na frase quando a oração adjetiva é colocada entre vírgulas:

> Os alunos, que têm dificuldade em compreensão de textos, terão aulas aos sábados.

Nesse outro caso, quem terá aulas aos sábados? Todos os alunos. A intenção do coordenador agora é outra. Ele afirma que *todos os alunos* têm dificuldade em compreensão de textos.

No primeiro caso, a oração adjetiva *restringe, particulariza* o sentido da palavra *alunos*; por isso, é uma **oração subordinada adjetiva restritiva**. No segundo caso, a oração acrescenta à palavra *alunos* uma informação que já é de conhecimento do interlocutor; por isso, é uma **oração subordinada adjetiva explicativa**. Ela *generaliza, universaliza* o sentido da palavra *alunos*: todos os alunos têm dificuldade em compreensão de textos; por isso, todos terão aulas aos sábados.

# CLASSIFICAÇÃO DAS ORAÇÕES ADJETIVAS

As orações subordinadas adjetivas classificam-se em:

**restritivas**

São as que delimitam, restringem ou particularizam o sentido de um nome (substantivo ou pronome) antecedente. Na escrita, ligam-se ao antecedente diretamente, sem vírgulas.

Ela distribuiu às crianças os doces *que estavam sobre a mesa*.

**explicativas**

São as que acrescentam ao antecedente uma informação que já é do conhecimento do interlocutor; assim, generalizam ou universalizam o sentido do antecedente. Na escrita, aparecem entre vírgulas.

A candidata, *de quem temos excelentes referências*, chegou para a entrevista.

### Substantivas ou adjetivas?

Na frase "Espero que ele saiba o *que faz*... odiaria estar servindo de cobaia ou coisa assim", do quadrinho ao lado, a oração destacada é subordinada substantiva ou adjetiva?

Observe que a forma verbal *saiba* da oração subordinada substantiva objetiva direta é transitiva direta e que seu objeto é a palavra *o* (pronome demonstrativo com o sentido de "aquele, aquilo"), e não a oração *que faz*. Trata-se, portanto, de uma *oração subordinada adjetiva restritiva*, que se refere ao antecedente *o*.

Veja como ficaria o período com a substituição de *o* por *aquilo*:

Espero que ele saiba *aquilo* (OD) *que* (pron. relativo) faz...

(Laerte. *Overman – O álbum. O mito.* São Paulo: Devir: Jacarandá, 2003. p. 18.)

# ORAÇÕES ADJETIVAS REDUZIDAS

As orações subordinadas adjetivas podem ser desenvolvidas ou reduzidas. Quando reduzidas, têm o verbo no *infinitivo*, no *gerúndio* ou no *particípio*.

Observe os exemplos:

Encontrei pai e filho a *discutir* futebol.
Na sala havia um garoto *mascando* chiclete.
Você já viu os livros *comprados* pela biblioteca?

## EXERCÍCIOS

Leia o anúncio a seguir e responda às questões de 1 a 3.

Greenpeace

(http://capuccinobrain.blogspot.com.br/)

Em português, o texto do anúncio é "Não é só uma árvore que está sendo cortada".

**1.** O anúncio foi publicado pelo Greenpeace, uma ONG (organização não governamental) que luta em defesa do meio ambiente. Observe a imagem e o enunciado verbal do anúncio.

a) Como é o ambiente retratado na imagem? Descreva-o.

b) A figura em destaque na imagem representa uma simbiose entre dois seres vivos. Quais são eles?

c) Por que, no anúncio, a figura em destaque na imagem e o enunciado verbal se complementam?

d) Que interpretação pode ser dada ao anúncio como um todo?

**2.** No enunciado verbal do anúncio, há duas orações. Identifique e classifique cada uma delas.

**3.** Empregando uma ou mais orações adjetivas – restritivas ou explicativas –, crie outro enunciado verbal que explicite a ideia principal do anúncio.

Leia os versos a seguir, de Carlos Drummond de Andrade, e responda às questões 4 e 5.

### Canção amiga

Rengim Mutevellioglu/Getty Images

Eu preparo uma canção
em que minha mãe se reconheça,
todas as mães se reconheçam,
e que fale com dois olhos.
[...]

(*Reunião*. 10. ed. Rio de Janeiro: José Olympio, 1980. p. 154.)

**4.** Identifique e classifique as orações subordinadas adjetivas presentes no versos.

**5.** O que justifica o emprego da conjunção *e* antes da oração "que fale com dois olhos"?

**6.** Compare, quanto ao sentido, estes enunciados:

O mico-leão-dourado que está em extinção vive no Sudeste do país.
O mico-leão-dourado, que está em extinção, vive no Sudeste do país.

a) Que diferença de sentido há entre os enunciados?

b) Como se classificam as orações subordinadas desses enunciados?

c) Levando em conta as informações que você tem sobre a fauna brasileira, qual dos enunciados você considera mais coerente com a realidade? Por quê?

## FUNÇÕES SINTÁTICAS DO PRONOME RELATIVO

Além de indicar a subordinação, o pronome relativo, por meio do qual se inicia uma oração adjetiva, exerce também uma função sintática na oração a que pertence.

Leia este anúncio:

Almap BBDO/foto: Maurício Nahas

No enunciado em destaque no anúncio, o pronome relativo *que* refere-se ao termo antecedente *caras* e o substitui na oração adjetiva, exercendo a função de sujeito.

Observe:

| Fernão Dias, Anchieta e Raposo Tavares eram caras | *que* adoravam mato. |
|---|---|
| | (*que*: pronome relativo com função de sujeito) |
| or. principal | or. subordinada adjetiva |

Desdobrando esse período, temos:

| Fernão Dias, Anchieta e Raposo Tavares | eram | caras. | Caras | adoravam | mato. |
|---|---|---|---|---|---|
| sujeito | VL | pred. do sujeito | sujeito | VTD | OD |

Observe que podemos substituir o pronome relativo pelo antecedente e, em seguida, analisá-lo sintaticamente na oração adjetiva:

| Fernão Dias, Anchieta e Raposo Tavares eram caras | que adoravam mato. |
|---|---|
| or. principal | or. subordinada adjetiva |

| Fernão Dias, Anchieta e Raposo Tavares eram | caras. | Caras | adoravam | mato. |
|---|---|---|---|---|
| | pred. do sujeito | sujeito | VTD | OD |

A função sintática do pronome relativo *que* é, assim, aquela que seu antecedente tem na oração adjetiva:

| Fernão Dias, Anchieta e Raposo Tavares eram caras | *que* adoravam mato. |
|---|---|
| | sujeito (*que*) |

Os pronomes relativos desempenham as seguintes funções:

- **sujeito:** As cartas *que* estão na gaveta são para você.
- **objeto direto:** Aqui está o livro *que* você me emprestou.
- **objeto indireto:** As músicas *de que* gosto são muitas.

- **predicativo:** "Reduze-me ao pó *que* fui". (Cecília Meireles)
- **complemento nominal:** O projeto com *o qual* ficou entusiasmado não foi aprovado pela diretoria.
- **adjunto adnominal:** O homem *cujo* carro comprei mudou-se para os Estados Unidos.
- **adjunto adverbial:** A cidade *onde* nasci é muito tranquila.
- **agente da passiva:** O colega *por quem* fomos enganados desapareceu.

## EXERCÍCIOS

Leia a tira a seguir e responda às questões 1 e 2.

(Fernando Gonsales. *Folha de S. Paulo*, 18/12/2003.)

**1.** Nos quadrinhos, há três períodos compostos por subordinação adjetiva.

> É daqueles [sonhos] chatos *em que* você não é você?
> E você está num lugar *que* de repente vira outro?
> E tem um cara *que* parece outro

a) As orações subordinadas adjetivas ligam-se à oração anterior por meio de conectivos. Que palavras, expressas anteriormente, esses conectivos substituem?

b) Qual é a função de cada um dos pronomes relativos?

**2.** Por que a personagem perdeu a vontade de contar o sonho?

**3.** Transforme cada um dos pares de orações a seguir em um período composto, por meio do emprego dos pronomes relativos *que* ou *quem*, precedidos ou não de preposição. Veja o exemplo:

> Preciso de um amigo.
> Ele deve ter sensibilidade.
> O amigo de que preciso deve ter sensibilidade.

a) Necessito de um amor.
Ele vai tirar-me da solidão.

b) Convivo com pessoas interessantes.
Elas são versadas em música, literatura e ciência.

c) Discordei do professor.
Ele não conseguia me convencer.

d) Este é o autor.
Tenho grande admiração por ele.

e) Aqui está a testemunha.
Confio nela.

### A concisão da frase

Para evitar repetições e explicitar as ligações entre as ideias nas frases, podemos subordinar orações, empregando conjunções e pronomes. Dessa forma é possível construir textos coesos, expressivos e econômicos. Veja o exemplo:

> A casa parecia ser nova. O muro da casa caiu.
> A casa *cujo* muro caiu parecia ser nova.

4. Transforme cada um dos pares de orações a seguir em um período composto, por meio do emprego do pronome relativo *qual*, precedido ou não de preposição. Veja o exemplo:

> Gostei desta peça teatral.
> Já tinha ouvido bons comentários sobre ela.
> Gostei desta peça teatral sobre a qual já tinha ouvido bons comentários.

a) Vencemos o problema.
Lutamos contra ele durante longo tempo.

b) O incidente ocorreu na classe.
Nela ficaram poucas pessoas, após o fato.

c) Este é o novo ritmo.
Diante dele, é preciso liberar a sensibilidade.

d) Esse é um assunto importante.
Devemos meditar sobre ele.

5. Transforme cada um dos pares de orações a seguir em um período composto, por meio do emprego do pronome relativo *cujo* (ou *cuja*, *cujos*, *cujas*), precedido ou não de preposição. Veja o exemplo:

> Esta é uma árvore centenária.
> Seus galhos se mantêm vigorosos.
> Esta é uma árvore centenária cujos galhos se mantêm vigorosos.

a) Há projetos de limpar a baía de Guanabara.
Suas águas estão quase mortas.

b) Chamei os alunos para discutir problemas econômicos.
Seus pais estão desempregados.

c) São Paulo é uma cidade industrial.
Suas fábricas são de grande porte.

d) Recebi a visita de meu irmão no último domingo.
Acreditei em suas palavras.

e) A menina teve uma crise de choro.
Sua mãe se feriu no acidente.

6. Forme períodos compostos, substituindo por um pronome relativo a palavra destacada nos pares de orações abaixo. A seguir, destaque o pronome relativo e indique sua função sintática. Veja o exemplo:

> O diretor já ocupou cargos importantes.
> O *diretor* foi nomeado ontem.
> O diretor *que* foi nomeado ontem já ocupou cargos importantes. / sujeito

a) Ele não ganhou nada.
*Ele* trabalhou bastante.

b) As anedotas causaram riso geral.
O viajante contou *anedotas*.

c) Foi deprimente o filme.
Assistimos ao *filme*.

d) Este é o livro.
Você fez alusão ao *livro* na aula.

e) Ele tem um carro.
As portas do *carro* estão enferrujadas.

7. Leia esta tira:

(Dik Browne. *Folha de S. Paulo*, 4/7/2003.)

Que pronome relativo (seguido ou não de preposição) completa o 1º quadrinho da tira, de acordo com o contexto?

## AS ORAÇÕES ADJETIVAS NA CONSTRUÇÃO DO TEXTO

Leia este poema, de Affonso Romano de Sant'Anna:

**O leitor e a poesia**

Poesia
não é o que o autor nomeia,
é o que o leitor incendeia.

Não é o que o autor pavoneia,
é o que o leitor colha à colmeia.

Não é o ouro na veia,
é o que vem na bateia.

Poesia
não é o que o autor dá na ceia,
mas o que o leitor banqueteia.

(Affonso Romano de Sant'Anna. *Melhores poemas*. 3. ed. Seleção de Donaldo Schüler. São Paulo: Global, 1997. p. 150.)

**1.** O poema faz uma reflexão sobre o que é a *poesia*, tradicionalmente vista como fruto da criatividade ou da inspiração do poeta. Observe os versos em que o eu lírico diz o que a poesia *não é* e os versos em que ele diz o que a poesia *é*.

a) Em síntese, o que o eu lírico nega na definição de poesia?

b) O que o eu lírico afirma que é a poesia?

c) Que novidade reside nesse conceito de poesia, considerando-se a visão tradicional?

**2.** De acordo com o poema, poesia é "o que o leitor incendeia", "o que o leitor banqueteia", "o que vem na bateia". Troque ideias com os colegas: Que interpretação pode ser dada a essas definições de poesia?

**3.** O poema é construído por meio de paralelismos (estruturas de repetição) sintáticos e semânticos. Observe a estrutura destes dois versos:

> (Poesia) não é o / que o autor nomeia,
> (Poesia) é o / que o leitor incendeia.

a) A que classe gramatical pertencem as palavras *o* e *que* nesses dois versos?

b) Qual é a função sintática dessas palavras nesses versos?

4. Observe que tanto o pronome relativo quanto a oração adjetiva têm fundamental importância na construção dos sentidos do poema.

a) Como se classificam as orações adjetivas empregadas no texto?

b) Considerando o tema e a finalidade do poema, responda: Por que as orações adjetivas foram empregadas com tanto destaque?

## SEMÂNTICA E DISCURSO

Leia o anúncio a seguir e responda às questões de 1 a 3.

Governo Federal

(*Horizonte Geográfico*, nº 140, p. 2-3.)

1. O anúncio faz parte de uma campanha publicitária e foi publicado em várias revistas e jornais.

a) Quem é o anunciante?

b) A quem o anúncio se destina?

c) Que finalidade ele tem em vista?

2. O anúncio estabelece intertextualidade com um importante quadro do pintor impressionista francês Claude Monet (reproduzido ao lado).

a) No enunciado verbal principal, o anunciante praticamente se desculpa com o pintor. Do que ele se desculpa?

b) Em que se apoia a afirmação do anúncio de que a água é mais valiosa que um quadro, mesmo que de Monet?

The Bridgeman Art Library/Grupo Keystone

*Braço do rio Sena perto de Giverny* (1897), de Claude Monet.

**3.** Na parte inferior do anúncio, lê-se o seguinte enunciado:

> "A Petrobras sabe da importância da água para o planeta. Por isso, água e clima são os temas do Programa Petrobras Ambiental. No período de 2008 a 2012, estão sendo investidos R$ 500 milhões em projetos que, entre outras ações, contribuem para preservar e recuperar os ecossistemas aquáticos. Se o futuro é um desafio, a Petrobras está pronta."

a) Identifique a oração subordinada adjetiva presente nesse enunciado e classifique-a.

b) Por que o anunciante optou por não empregar vírgula depois da palavra *projetos*, da oração anterior?

c) Considerando sua resposta no item anterior, responda: Qual é o papel semântico da expressão "entre outras ações"?

**4.** Em anúncios publicitários e em títulos de matérias jornalísticas, livros e filmes, é comum o emprego de orações adjetivas.
Leia o anúncio:

YR Brasil

(*IstoÉ*, nº 2 164, p. 2-3.)

a) Qual é a oração adjetiva empregada no enunciado verbal em destaque no anúncio? Como ela se classifica?

b) Considerando a finalidade do anúncio, responda: Por que esse tipo de oração adjetiva é fundamental nesse enunciado?

**5.** Na linguagem escrita, por razão de clareza e concisão, deve-se evitar a repetição do conectivo *que*. No caso do emprego das orações subordinadas adjetivas, um dos recursos para isso é empregar o adjetivo no lugar da oração. Veja o exemplo:

> Em seus textos, você deve usar uma letra *que pode ser lida*.
>
> Em seus textos, você deve usar uma letra *legível*.

Reescreva as frases, transformando as orações subordinadas adjetivas em adjetivos:

a) Por favor, não faça um discurso *que não tem fim*.

b) Ele sente pelo filho adotivo um amor *que não se pode definir*.

c) São marcas *que não se podem apagar*.

d) Este é um tipo de tarefa *que não se executa*.

e) É um texto *que não se pode entender*.

f) Este é um argumento *que não se pode refutar*.

**6.** Suponha que dois estabelecimentos bancários enviem a seus clientes pensionistas os seguintes avisos:

> *Banco 1*: Os pensionistas que recebem seu contracheque no dia 1º terão atendimento especial nesta agência bancária.
>
> *Banco 2*: Os pensionistas, que recebem seu contracheque no dia 1º, terão atendimento especial nesta agência bancária.

Os dois avisos têm o mesmo sentido? Por quê?

Maurice Esteve. Composição. 1904./Coleção Particular/Grupo Keystone

CAPÍTULO 25

# Período composto por subordinação: as orações adverbiais

## CONSTRUINDO O CONCEITO

Abaixo estão reproduzidas as páginas de abertura de uma reportagem sobre hábitos alimentares. Leia-as.

Editora Globo

(*Galileu*, nº 251, p. 46-7.)

**1.** A imagem de um brigadeiro riscado por um X é ilustrativa das afirmações feitas nos enunciados verbais que iniciam a reportagem.

a) No contexto, o que representa o xis no brigadeiro?

b) Que palavra ou expressão do título da página da esquerda corresponde a esse sinal?

**2.** Nos enunciados dispostos acima e abaixo da imagem do brigadeiro, há palavras e expressões adverbiais indicativas de tempo.

a) Identifique-as.

b) Que relação semântica há entre essas palavras e expressões e as palavras *hábitos* e *rotina* empregadas nos enunciados da página da esquerda?

**3.** No período "Quando [você] sobe na balança, sempre se arrepende", da página da direita, há duas orações. Veja:

> Quando [você] sobe na balança, | sempre se arrepende.

Observe o tipo de relação que há entre as duas orações e responda:

a) Qual das orações é a principal? Qual é a subordinada?

b) Que palavra faz conexão entre as orações? Qual é o valor semântico expresso por ela?

c) Conclua: Que tipo de circunstância relativa ao verbo da oração principal a oração subordinada expressa?

## CONCEITUANDO

Ao responder às questões anteriores, você notou que o enunciado "Quando sobe na balança, sempre se arrepende" constitui um período composto, formado por duas orações, uma das quais (a subordinada) complementa o sentido da outra (a principal). Veja:

> Quando [você] sobe na balança, (oração subordinada) | sempre se arrepende. (oração principal)

A oração subordinada *quando [você] sobe na balança* poderia ser substituída por uma palavra como, por exemplo, *depois*, que desempenharia a função de adjunto adverbial.

Veja a correspondência entre a oração *quando [você] sobe na balança* e a palavra que poderia substituí-la:

> Depois (adjunto adverbial) sempre se arrepende.

> Quando [você] sobe na balança, (oração subordinada adverbial) sempre se arrepende.

Observe que:

- a oração *quando [você] sobe na balança* é dependente sintaticamente da oração principal, porque equivale a um adjunto adverbial; por isso, é uma **oração subordinada adverbial**.
- a oração *quando [você] sobe na balança* corresponde a um adjunto adverbial de tempo – *depois*, por exemplo – e, assim, exerce a mesma função que este; por isso, é denominada **oração subordinada adverbial temporal**.

Concluindo:

> **Oração subordinada adverbial** é aquela que tem valor de advérbio (ou de locução adverbial) e, por isso, exerce em relação ao verbo da oração principal a função de adjunto adverbial.

As orações adverbiais se relacionam com a oração principal exprimindo diversas circunstâncias: causa, condição, concessão, comparação, consequência, conformidade, tempo, finalidade, proporção. Por exemplo, no anúncio abaixo, a oração subordinada adverbial *que a gente precisou fazer isso* indica uma consequência relativa à afirmação da oração anterior – [é] *Tão silencioso* –, enquanto a oração subordinada adverbial *para saber* indica uma finalidade em relação ao fato expresso na oração principal: *precisou fazer isso.*

Talent

(*28º Anuário do Clube de Criação de São Paulo*, p. 117.)

## VALORES SEMÂNTICOS DAS ORAÇÕES ADVERBIAIS

De acordo com as circunstâncias que expressam, as orações subordinadas adverbiais classificam-se em *causais*, *consecutivas*, *conformativas*, *concessivas*, *comparativas*, *condicionais*, *finais*, *proporcionais* e *temporais*.

### Causais

Indicam a *causa* do efeito expresso na oração principal:

Não compareceu à reunião dos condôminos *porque viajou.*

São introduzidas pelas conjunções subordinativas causais: *porque*, *visto que*, *que*, *posto que*, *uma vez que*, *como* (sempre anteposto à oração principal), etc.

### Consecutivas

Expressam uma *consequência*, um efeito do fato mencionado na oração principal:

Trabalhou tanto *que adoeceu.*

São introduzidas pelas conjunções subordinativas consecutivas: *que* (precedida de *tal, tão, tanto, tamanho*), *de sorte que, de modo que*, etc.

## Conformativas

Estabelecem uma ideia de concordância, de *conformidade* entre um fato nelas mencionado e outro expresso na oração principal:

> *Conforme prometeu*, pagará a dívida na próxima semana.

São introduzidas pelas conjunções subordinativas conformativas: *como, conforme, segundo, consoante*, etc.

## Concessivas

Indicam uma *concessão*, um fato contrário ao expresso na oração principal, porém insuficiente para anulá-lo:

> Não percebeu nada, *embora estivesse atento*.

São introduzidas pelas conjunções subordinativas concessivas: *embora, conquanto, que, ainda que, mesmo que, se bem que, por mais que*, etc.

## Comparativas

Estabelecem uma *comparação* em relação a um elemento da oração principal:

> Trabalha *como um escravo*.

São introduzidas pelas conjunções subordinativas comparativas: *como, que, do que, assim como,* (*tanto*) *quanto*, etc.

Sindepark

Nas orações comparativas, é comum o verbo ser o mesmo da oração principal e, por isso, ficar subentendido. Na frase "Faça como a gente, adote o consumo consciente!", do folheto reproduzido ao lado, subentende-se a forma verbal *faz*: "Faça como a gente [faz]".

### Condicionais

Expressam uma hipótese ou *condição* para que ocorra o fato expresso na oração principal:

Irei à praia logo cedo, *se não chover*.

São introduzidas pelas conjunções subordinativas condicionais: *se, caso, contanto que, desde que, salvo se, a menos que, sem que*, etc.

### Finais

Indicam uma *finalidade* relativa ao fato expresso na oração principal:

Tentei de tudo *para que ele tocasse um instrumento musical*.

São introduzidas pelas conjunções subordinativas finais: *para que, a fim de que, que*.

### Proporcionais

Indicam uma *proporção* relativa ao fato expresso na oração principal:

*À medida que se aproximava a hora do exame*, a tensão aumentava.

São introduzidas pelas conjunções subordinativas proporcionais: *à proporção que, à medida que, ao passo que, quanto mais... (mais)*, etc.

### Temporais

Indicam o momento, a época, o *tempo* de ocorrência do fato expresso na oração principal:

Houve protestos *depois que o diretor saiu da reunião*.

São introduzidas pelas conjunções subordinativas temporais: *quando, enquanto, logo que, assim que, mal*, etc.

## ORAÇÕES ADVERBIAIS REDUZIDAS

Do mesmo modo que as orações substantivas e adjetivas, as orações adverbiais podem apresentar-se nas formas **desenvolvida** ou **reduzida**, com o verbo no *infinitivo*, no *gerúndio* ou no *particípio*. Veja os exemplos:

Apesar de se esforçar muito, não obteve a premiação.
or. subord. adv. concessiva reduzida de infinitivo

Estudando, aprenderá Matemática.
or. subord. adv. condicional reduzida de gerúndio

Distribuídas as tarefas, cada um voltou ao trabalho.
or. subord. adv. temporal reduzida de particípio

## EXERCÍCIOS

**1.** Leia o seguinte texto de campanha:

Governo Federal

(*Superinteressante*, nº 289, p. 28-9.)

Observe estes enunciados do texto:

- "Se você agir, podemos evitar."
- "Se você tiver febre alta com dor de cabeça, dor atrás dos olhos, no corpo e nas juntas, vá imediatamente a uma unidade de saúde."

a) Os dois enunciados constituem períodos compostos em que há uma oração subordinada adverbial. Identifique e classifique essas orações subordinadas adverbiais.

b) Considerando a situação de comunicação, justifique o emprego do tipo de oração subordinada adverbial presente nos enunciados.

c) Como ficariam os enunciados caso as orações subordinadas que eles representam fossem transformadas em orações reduzidas?

**2.** Leia este poema:

**Razão de ser**

Escrevo. E pronto.
Escrevo porque preciso,
preciso porque estou tonto.
Ninguém tem nada com isso.
Escrevo porque amanhece,
e as estrelas lá no céu
lembram letras no papel,
quando o poema me anoitece.
A aranha tece teias.
O peixe beija e morde o que vê.
Eu escrevo apenas.
Tem que ter por quê?

(Paulo Leminski. *Melhores poemas*. 6. ed. Seleção de Fred Góes, Álvaro Martins. São Paulo: Global, 2002. p. 133.)

Há, no poema, dois tipos de oração subordinada adverbial.

a) Quais são eles? Cite uma oração de cada tipo.

b) Considerando o tema e o título do poema, por que há predomínio de um desses tipos de oração subordinada adverbial?

Leia a tira a seguir e responda às questões 3 e 4.

(Angeli. *Luke e Tantra – Sangue bom*. São Paulo: Devir/Jacarandá, 2000. p. 11.)

**3.** No 1º quadrinho da tira, na fala da personagem Luke, há um período composto. Nesse período, a oração *vendo os meninos bonitos do colégio* é subordinada reduzida. Desenvolva-a e classifique-a.

**4.** Observe, no 2º quadrinho da tira, a frase dita pela personagem Luke. Trata-se de um período composto de duas orações. Que tipo de relação semântica existe entre elas?

**5.** Classifique as orações subordinadas adverbiais reduzidas destacadas:

a) *Ao viajar*, não tome bebidas alcoólicas.

b) Não pude participar do campeonato *por estar muito gripado*.

c) Ofendi meu amigo *sem querer*.

d) "Você, *varrendo o quarto*, não terá encontrado algumas?" (Graciliano Ramos)

e) *Surpreendido em falta grave*, o menino chorava copiosamente.

f) *Mesmo relido o texto*, André não entendeu metade.

g) *Prevendo uma atitude agressiva*, não disse absolutamente nada.

**6.** Leia, a seguir, versos do poeta cabo-verdiano Daniel Felipe e um anúncio.

> Que importa a melodia,
> se acaso aos outros dou,
> com pávida alegria,
> O pouco que me sou?
>
> (Disponível em: www.jornaldepoesia.jor.br/daniel02.html. Acesso em: 5/7/2012.)

(*Época – Edição histórica: 60 anos*, nº 733, p. 37. Editora Globo.)

A conjunção *se*, dependendo do contexto em que é empregada, pode assumir valores semânticos diferentes.

a) Em qual dos textos a conjunção *se* tem o valor semântico de condição?

b) Que valor semântico a conjunção *se* tem no outro texto? Que conjunção poderia substituí-la, sem alteração de sentido?

## AS ORAÇÕES ADVERBIAIS NA CONSTRUÇÃO DO TEXTO

Leia o texto a seguir, de Ferreira Gullar.

### Meu povo, meu poema

Meu povo e meu poema crescem juntos
como cresce no fruto
a árvore nova

No povo meu poema vai nascendo
como no canavial
nasce verde o açúcar

No povo meu poema está maduro
como o sol
na garganta do futuro

Meu povo em meu poema
se reflete
como a espiga se funde em terra fértil

Ao povo seu poema aqui devolvo
menos como quem canta
do que planta.

(*Toda poesia (1950/1980)*. São Paulo: Círculo do Livro. p. 217.)

Images.com/Corbis/Corbis (DC)/Latinstock

**1.** Ao longo do texto, o eu lírico faz um jogo com as palavras *povo* e *poema*, alternando funções e a posição delas na frase. Observe:

> "Meu povo e meu poema crescem juntos"
> "No povo meu poema vai nascendo"
> "Meu povo em meu poema / se reflete"
> "Ao povo seu poema aqui devolvo"

a) Qual é a função sintática da palavra *povo* em cada um desses enunciados?

b) E a função sintática da palavra *poema*?

c) Compare suas respostas nos itens *a* e *b*. O que as funções sintáticas sugerem quanto à relação entre povo e poema?

d) Qual é o efeito de sentido produzido pela identidade entre povo e poema?

e) Que verso do poema comprova sua resposta no item anterior?

f) O título do poema confirma ou nega sua resposta no item anterior? Por quê?

**2.** Em cada estrofe do poema, há uma oração que é subordinada adverbial e tem participação importante na construção dos sentidos do texto. Como se classifica essa oração?

**3.** Em cada estrofe, é feita uma comparação entre povo/poema e outro elemento.

a) A que povo/poema é comparado em cada estrofe?

b) O que têm em comum todos os elementos a que povo/poema é comparado?

c) Considerando a concepção de fazer poético do eu lírico, o que esses elementos acrescentam à relação povo/poema?

**4.** Na última estrofe, o eu lírico declara:

> "Ao povo seu poema aqui devolvo / menos como quem canta / do que planta."

a) Se o eu lírico é o criador do poema, por que ele diz "Ao povo *seu* poema aqui devolvo"?

b) Qual seria o papel do poeta, segundo o eu lírico, na criação do poema?

c) Explique os dois versos finais do poema: "menos como quem canta / do que planta".

d) Pode-se dizer que a concepção de poesia expressa no poema é social? Por quê?

### Para que servem as orações adverbiais?

As orações adverbiais estabelecem relações lógicas e coesivas importantes na construção do sentido de um texto. Servem para inserir noções de tempo, finalidade, condição, concessão ou, ainda, para estabelecer comparação, concomitância ou relações de causa e consequência entre dois fatos.

Embora as orações adverbiais sejam comuns na fala, alguns dos seus tipos aparecem mais frequentemente em textos escritos de acordo com a norma-padrão da língua e com certo grau de elaboração de ideias.

## SEMÂNTICA E DISCURSO

Leia o anúncio ao lado.

**1.** Em relação ao anúncio, responda:

a) Que finalidade ele tem?

b) A quem ele se dirige?

**2.** Os anúncios publicitários normalmente apresentam parte verbal e parte não verbal.

a) Que imagens compõem a parte não verbal do anúncio?

b) Levante hipótese: Por que, nesse anúncio, há pouco destaque para imagens?

**3.** Observe este enunciado:

> "Quando você pensa em uma marca de carro, qual..."

a) Levante hipóteses: Como poderia ser concluída a segunda oração do período?

b) Com a segunda oração concluída, teríamos um período composto. Classifique as orações que formariam esse período composto.

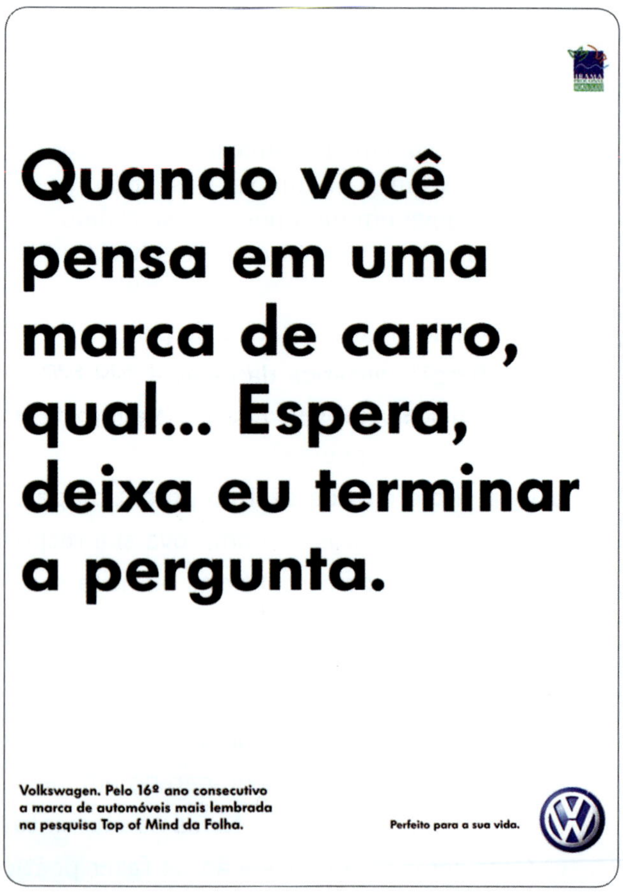


Top of Mind

(*Folha Top of Mind*, 24/10/2006.)

**4.** O anúncio simula uma situação de diálogo direto com o interlocutor.

a) Que elementos do enunciado verbal comprovam isso?

b) A linguagem utilizada no anúncio é formal ou informal? Justifique sua resposta.

c) Que finalidade o tipo de linguagem empregada pelo anunciante tem em vista?

**5.** Reescreva as frases a seguir, estabelecendo entre as orações a relação semântica indicada entre parênteses. Veja um exemplo:

> Esforçou-se muito, mas não conseguiu bons resultados. (concessão)
> Não conseguiu bons resultados, embora tenha se esforçado muito.

a) Chegando o momento, todos sairão rapidamente. (tempo)

b) Estando doente, Manuel não veio à reunião dos condôminos. (causa)

c) Já sabiam que estávamos bem-preparados, contudo não esperavam a vitória. (concessão)

d) Como ficamos muito preocupados, saímos rapidamente do local. (consequência)

e) Corra ou chegará atrasado. (condicional)

f) Ao chegar o conferencista, todos se calaram. (tempo)

g) Pensando certo, respondeu errado. (concessão)

h) Abertas as portas, os visitantes entraram no museu. (tempo)

**6.** Empregando o processo subordinativo, forme dois períodos com as frases de cada item. No primeiro período, estabeleça entre as orações uma relação de causa; no segundo, uma relação de consequência. Se necessário, mude a ordem dos termos ou das orações.

a) Agiu impensadamente. Foi chamado de tolo.

b) A Prefeitura está sem verbas. A construção de mil casas populares foi abandonada.

c) Sua opinião sobre saúde pública é insensata. Eu me recuso a aceitá-la.

d) Falava baixinho. Eu não o entendia direito.

**7.** A conjunção *que* tem diferentes valores semânticos (consequência, comparação, finalidade, concessão). Indique o valor semântico expresso por essa conjunção nas orações subordinadas adverbiais destacadas nos períodos a seguir.

a) Guardou-os tão bem, *que agora não sabe onde estão.*

b) "Fiz-lhe sinal *que se calasse.*" (Machado de Assis)

c) *Uma hora que fosse*, para ele seria pouco.

d) Ele conhece mais geografia *que você.*

**8.** Todas as orações subordinadas adverbiais dos períodos a seguir iniciam-se pela conjunção *como*. Agrupe-as de acordo com o valor semântico expresso por essa conjunção e indique-o.

a) Ele faz certas brincadeiras como uma criança.

b) Como fosse tímido, dificilmente perguntava algo ao professor.

c) Como os recursos eram escassos, tentavam remediar o irremediável.

d) Nós ajudamos os flagelados como foi possível.

e) "Eu deixo a vida como deixa o tédio
Do deserto, o poento caminheiro." (Álvares de Azevedo)

f) Procederam como ordenavam as leis.

Alamy/Other Images

*Abstrato psicodélico* (2007), de Oleksiy Maksymenko.

CAPÍTULO 26

# Período composto por coordenação: as orações coordenadas

## CONSTRUINDO O CONCEITO

Leia este anúncio:

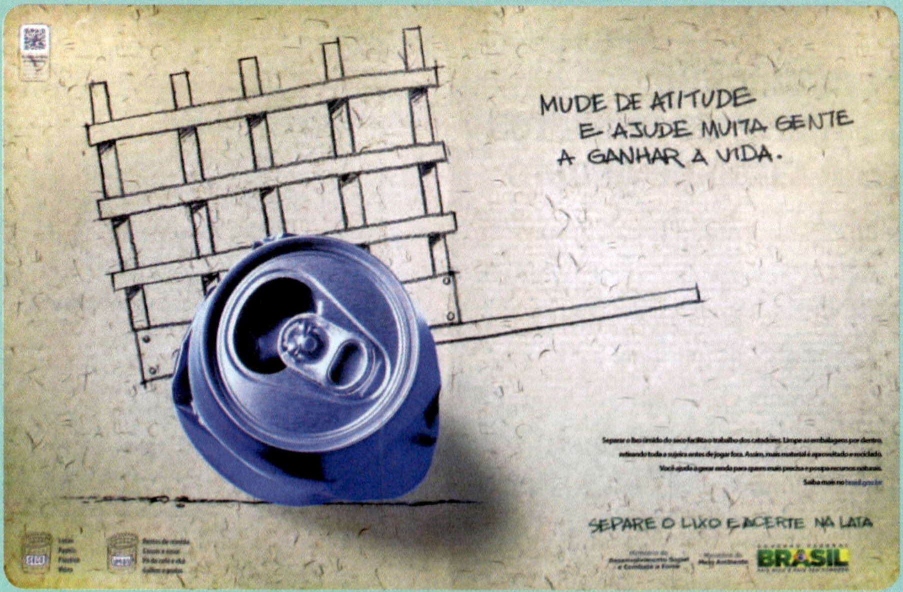


Governo Federal

(*Fórum*, nº 100, p. 26-7.)

**1.** Um anúncio tem a finalidade de informar as pessoas, sensibilizá-las e convencê-las sobre determinado produto ou ideia. Observe a parte inferior do anúncio:

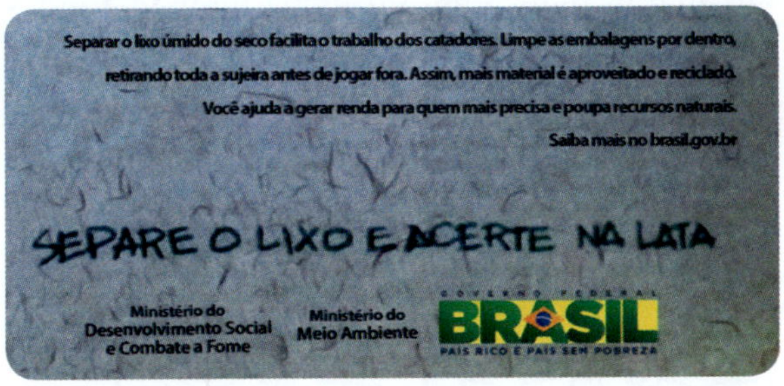


Governo Federal

a) Quem é o anunciante? E o destinatário?

b) Qual é a finalidade do anúncio?

**2.** Observe a parte verbal do anúncio.

a) O enunciado "Separe o lixo e acerte na lata" apresenta ambiguidade, ou seja, duplo sentido. Explique em que consiste essa ambiguidade.

b) Nos três enunciados que compõem a parte verbal do anúncio, predominam formas verbais do imperativo: *mude*, *ajude*, *limpe*, *separe*, *acerte*. Na sua opinião, por que o anunciante deu preferência a esse modo verbal?

**3.** Observe a parte não verbal do anúncio.

a) Que imagem aparece em destaque?

b) Que relação há entre a parte verbal e a parte não verbal do anúncio?

**4.** Observe estes períodos:

Mude de atitude (1ª oração) e ajude muita gente (2ª oração)

Separe o lixo (1ª oração) e acerte na lata. (2ª oração)

Governo Federal

a) Há duas orações em cada período. Entre elas existe relação de dependência sintática? Justifique sua resposta.

b) As orações de cada período são conectadas por uma conjunção. Que conjunção estabelece a ligação entre elas?

c) Que tipo de relação essa conjunção estabelece entre as orações?

- oposição
- alternância
- explicação
- conclusão
- adição

d) Como é classificada a conjunção que estabelece esse tipo de relação?

## CONCEITUANDO

Você notou que, nos períodos "Mude de atitude e ajude muita gente" e "Separe o lixo e acerte na lata", as orações são ligadas pela conjunção coordenativa aditiva *e* e são independentes sintaticamente. Como nenhuma funciona como termo da outra, elas constituem **orações coordenadas**, formando períodos compostos por coordenação.

A 1ª oração de cada período não se inicia com conjunção; por isso, é **coordenada assindética** (*síndeto* = conjunção coordenativa). Já a 2ª oração de cada período é introduzida por conjunção; por isso, é **coordenada sindética**.

**Oração coordenada sindética** é aquela que é introduzida por conjunção coordenativa.
**Oração coordenada assindética** é aquela que não é introduzida por conjunção.

## VALORES SEMÂNTICOS DAS ORAÇÕES COORDENADAS SINDÉTICAS

As orações coordenadas sindéticas têm relação com outra oração do período e classificam-se de acordo com o valor semântico da conjunção que as introduz.

### Aditivas

Estabelecem em relação à oração anterior uma noção de acréscimo, adição.

Ele comprou a passagem *e partiu no primeiro trem.*

São introduzidas pelas conjunções coordenativas aditivas: *e*, *nem*, *que*, ou pelas locuções correlativas: *não só... mas (também)*, *tanto... como*, etc.

Laerte

(Laerte. *Hugo para principiantes*. São Paulo: Devir, 2005.)

Observe, no 3º quadrinho da tira, que a conjunção *e* estabelece uma ideia de adição em relação ao fato mencionado anteriormente, no 2º quadrinho: "Após a mensagem, você vai conhecer as incríveis vantagens do plano tecle-plus! *E* vai conhecer o nosso superbonequinho!".

## Adversativas

Estabelecem em relação à oração anterior uma ideia de oposição, contraste, compensação, ressalva.

São introduzidas pelas conjunções coordenativas adversativas: *mas*, *porém*, *todavia*, *contudo*, *no entanto*, *entretanto*, *senão*, etc.

JWT/Ford

(*Veja*, nº 2196, p. 10-1.)

Observe que, no enunciado principal do anúncio, há uma oposição de ideias entre as orações. Se o carro usa eletricidade, é de esperar que haja um custo por esse tipo de energia. No entanto, como esse custo não existe, as duas orações estão em oposição, que é marcada pela conjunção adversativa *mas*.

Alternativas

Expressam alternância, ligando orações que indicam ideias que se excluem.

Todas as tardes ia ao cinema *ou fazia pequenas compras em lojas da região.*

Unilever

São introduzidas pelas conjunções coordenativas alternativas: *ou, ou... ou..., ora... ora, já... já, quer... quer*, etc.

Observe que a oração *ou vai amarelar* liga-se à oração anterior com um valor alternativo, para exprimir a incompatibilidade das duas propostas sugeridas pelo anúncio.

Conclusivas

Exprimem ideia de conclusão relativa à declaração feita na oração anterior. Veja este ditado popular:

O destino não é uma questão de sorte, é uma questão de escolha. *Portanto, não é algo* a se esperar, e sim a conquistar.

São introduzidas pelas conjunções coordenativas conclusivas: *logo, pois* (posposto ao verbo), *portanto, por isso, de modo que*, etc.

Explicativas

Exprimem ideia de explicação relativa à declaração feita na oração anterior:

Use sempre protetor solar, passe um hidratante em sua pele e lave o rosto 2 vezes ao dia com água e sabonete neutro. A massagem também é sempre bem-vinda, *pois ajuda no relaxamento* e ativa a circulação linfática e venosa.

(Campanha de prevenção de doenças venosas e arteriais - SBACVSP.)

São introduzidas pelas conjunções coordenativas explicativas: *porque, que, pois* (anteposto ao verbo), etc.

## Distinção entre as orações coordenadas explicativas e as orações adverbiais causais

Tanto as orações coordenadas explicativas quanto as orações adverbiais causais podem ser introduzidas pelas conjunções *que* e *porque*. Por essa razão, às vezes fica difícil distinguir esses dois tipos de oração, principalmente quando não se conhece bem o contexto situacional e a intenção do locutor. Tal dificuldade, contudo, poderá ser eliminada se observarmos estes princípios básicos:

- A oração coordenada explicativa cumpre o papel de explicar o que foi afirmado na oração anterior. Veja:

| Choveu | porque a rua está molhada. |
|---|---|
| or. coord. assindética | or. coord. sindética explicativa |

| Maria sumiu na festa, | porque ninguém mais a viu. |
|---|---|
| or. coord. assindética | or. coord. sindética explicativa |

- A oração subordinada adverbial causal cumpre o papel de advérbio em relação à oração principal, isto é, indica a causa da ação expressa pelo verbo da oração principal. Observe:

| Choveu | porque houve muita evaporação. |
|---|---|
| or. principal | or. subord. adverbial causal |

- A oração coordenada explicativa é empregada com frequência depois de orações imperativas e optativas. Veja:

| Não zombe dele, | que está apaixonado. |
|---|---|
| or. imperativa | or. coord. sind. explicativa |

| Deus te ajude, | porque és ousado. |
|---|---|
| or. optativa | or. coord. sind. explicativa |

## ORAÇÕES INTERCALADAS

Leia as frases seguintes, de Machado de Assis, e observe as orações destacadas:

É muito esperto o seu menino, *exclamaram os ouvintes.*
Tive (*por que não direi tudo?*) tive remorsos.

Na primeira frase, a oração destacada indica quem exclamou "É muito esperto o seu menino"; na segunda, a oração entre parênteses corresponde a uma ressalva feita pelo narrador-personagem. Observe que essas orações constituem acréscimos feitos ao texto com a finalidade de dar algum esclarecimento adicional, não fundamental. Essas orações são chamadas de **orações intercaladas** ou **interferentes**.

Assim:

**Oração intercalada** ou **interferente** é aquela que é inserida em outra com a finalidade de indicar o autor de uma citação, fazer um esclarecimento, uma ressalva, uma advertência, um desabafo, emitir uma opinião ou pedir desculpas.

Esse tipo de oração é sintaticamente independente e em geral aparece entre vírgulas, travessões ou parênteses. Veja outros exemplos:

> "Um dia — *que linda manhã fazia!* — resolvemos um grande problema." (Marques Rebelo)
>
> "E amaria o rapaz de suéter e sapato de basquete, que costuma ir ao Rio, ou (*murmurava-se*) o homem casado, que já tinha ido até à Europa e tinha um automóvel e uma coleção de espingardas magníficas." (Rubem Braga)

## EXERCÍCIOS

**1.** Leia o anúncio:

Governo do Estado de São Paulo

(*Veja São Paulo*, ano 44, nº 12, p. 61.)

a) No enunciado principal do anúncio, embora haja um ponto separando as orações, há entre elas uma relação de coordenação. Classifique as orações.

b) No contexto, que relação semântica há entre a oração sindética e a oração anterior?

c) Normalmente, as orações dos períodos compostos são separadas por vígulas. Nesse caso, qual a finalidade do anunciante ao colocar um ponto entre as orações?

**2.** Observe a parte não verbal do anúncio.

a) De que a imagem é constituída?

b) Que relação há entre a linguagem verbal e a linguagem não verbal do texto?

**3.** Leia as orações dos itens a seguir, observando o tipo de relação semântica existente entre elas. Depois reescreva-as, ligando-as com uma conjunção coordenativa que faça o período ficar coerente.

a) O garoto não estava bem. Chorava. Gemia baixinho.

b) Havia muito serviço ainda na cozinha. De raiva, ninguém trabalhava. Não falava.

c) Siga o roteiro proposto. Abandone a competição.

d) Façam silêncio. Há gente doente.

e) Ele é seu pai. Respeite-lhe a vontade pelo menos desta vez.

f) Dormi tarde. Acordei cedo.

g) Li. Reli seu texto. Não o entendi.

## AS ORAÇÕES COORDENADAS NA CONSTRUÇÃO DO TEXTO

Leia o poema a seguir, do poeta e compositor Arnaldo Antunes:

### Inferno

*"Lasciate ogni speranza voi ch'entrate"*

Aqui a asa não sai do casulo, o azul
não sai da treva, a terra
não semeia, o sêmen
não sai do escroto, o esgoto
não corre, não jorra
a fonte, a ponte
devolve ao mesmo lado, o galo
cala, não canta a sereia, a ave
não gorjeia, o joio
devora o trigo, o verbo envenena
o mito, o vento
não acena o lenço, o tempo
não passa mais, adia,
a paz entedia, para
o mar, sem maremoto,
como uma foto, a vida,
sem saída, aqui,
se apaga a lua, acaba
e continua.

Amadeo de Souza-Cardoso. *Pintura* (Coty). 1917

*Pintura* (1917), de Amadeo de Souza-Cardoso.

(In: *2 ou + corpos no mesmo espaço*. São Paulo: Perspectiva, 1997. p. 58-9.)

**1.** Na obra *2 ou + corpos no mesmo espaço*, da qual foi extraído o poema, a frase "Lasciate ogni speranza voi ch'entrate" encontra-se numa página e o poema, na página seguinte. Essa frase, cuja tradução é "Deixai toda esperança, vós que entrais", foi extraída do canto III da parte "Inferno" da *Divina comédia*, do poeta humanista italiano Dante Alighieri. Trata-se, na obra de Dante, da inscrição gravada no portal de entrada para o inferno. Arnaldo Antunes, tomando por epígrafe esse verso, faz dele uma espécie de "porta de entrada" para o seu poema.

a) Que relação existe entre o poema e a epígrafe?

b) Em dois versos foi empregado o advérbio *aqui*. Levante hipóteses: Onde fica o inferno para o eu lírico?

**2.** Na *Divina comédia*, Dante, conduzido pelo poeta Virgílio, adentra o portal do inferno e descreve o que vê:

Ali, suspiros, queixas e lamentos
cruzavam-se pelo ar, na escuridão,
fazendo-me hesitar por uns momentos.

Línguas estranhas, gírias em profusão,
exclamações de dor, acentos de ira,
gritos, rangidos e bater de mão,
[...]

Vegetam como os sáurios indolentes;
eu os via desnudos, aguilhoados
por vespas e por moscas renitentes.

Tinham de sangue os rostos salpicados,
que lhe caía ao peito e aos pés também,
pasto, no chão, dos vermes enojados.

(Tradução de Cristiano Martins. *Divina comédia*. São Paulo: Edusp, 1976. p. 98-9.)

**sáurio:** lagarto

Prisma Archivo/Alamy/Other Images

*Divina comédia. Purgatório* (1868), por Gustave Doré.

Compare o texto de Arnaldo Antunes ao de Dante e aponte semelhanças entre eles quanto às ideias.

**3.** O poema de Arnaldo Antunes é constituído por várias orações. Cada uma delas trata de um dos aspectos da visão infernal: a asa que não vinga, o azul sem vida, a terra infértil, etc.
Observe que as orações do poema constituem um único período.

a) O período é simples ou composto?

b) Se composto, por coordenação ou por subordinação?

c) Classifique as orações desse período.

d) Relacionando forma e conteúdo, levante hipóteses: Por que toda a visão do inferno ficou concentrada num único período?

**4.** A enumeração dos elementos que compõem a visão infernal parece não ter fim. Um desses elementos, contudo, parece sintetizar todos os outros. Releia os quatro versos finais do poema:

> "como uma foto, a vida,
> sem saída, aqui,
> se apaga a lua, acaba
> e continua"

a) Qual é o sujeito das formas verbais *acaba* e *continua*?

b) Que elemento resume todos os elementos anteriores?

c) Explique a comparação entre a vida e a foto.

d) Dê uma interpretação coerente à aparente contradição entre *acaba* e *continua*.

## Para que servem as orações coordenadas?

As orações coordenadas, por estabelecerem relações sintáticas e lógicas mais simples do que as subordinadas, são frequentemente empregadas em textos que visam à comunicação direta com o público.

É o caso, por exemplo, de textos como receitas, folhetos informativos, cartazes e até mesmo o do jornal falado de rádio e televisão. Nesses textos, quando não se emprega o período simples, a preferência normalmente é pelo período composto por coordenação.

**5.** Às vezes, apesar de não haver conectivos ligando certas orações, é possível observar certo tipo de relação semântica entre elas, como se a conjunção estivesse implícita. Veja estes exemplos:

> Estou procurando a passagem há uma hora, não achei. (mas / oposição)
> Você não foi à minha casa ontem, estou aqui hoje. (por isso / conclusão)
> Passou perto do banco, resolveu entrar. (e / adição)

a) No poema, é possível observar a existência de um nexo semântico entre as orações. De que tipo é esse nexo?

b) Esse valor equitativo entre as orações faz crer que, para o eu lírico, os elementos enumerados – asa, azul, terra, sêmen, etc. – apresentam o mesmo grau ou diferentes graus de importância na constituição da visão do inferno?

**6.** Observe no último verso do poema o valor semântico da palavra *e*, única conjunção empregada no poema. Como você sabe, essa conjunção normalmente indica *adição*. Considerando o contexto, verifique se, de fato, a conjunção *e* apresenta esse valor semântico. Caso não, qual seria o seu real valor semântico? Justifique sua resposta.

**7.** Entre os itens que seguem, indique aqueles que melhor traduzem o papel desempenhado pelas orações coordenadas na construção do sentido do texto lido.

- Exercendo papéis sintáticos equivalentes, cada uma das orações coordenadas compõe um aspecto desse painel infernal que é a própria vida.
- Estabelecendo entre si nexos semânticos de adição, as orações coordenadas somam as impressões de morte e aniquilamento da "vida sem saída".
- As orações coordenadas criam, no poema, relações de dependência sintática que equivalem, no plano da existência, às relações de subordinação entre a vida e a morte.

## SEMÂNTICA E DISCURSO

Leia o anúncio a seguir e responda às questões 1 e 2.

Governo do Estado do Espírito Santo

(*Viagem*, ano 15, nº 7, p. 137.)

**1.** Releia estes enunciados verbais do anúncio:

- "Sai da montanha, visita um museu. Sai do museu para uma reserva ecológica."
- "Descubra o Espírito Santo. Seu destino é aqui."

a) Observe o tipo de relação existente entre as orações dos enunciados e reescreva-os, explicitando as conjunções coordenativas que estão subentendidas.

b) Qual o valor semântico das conjunções que você empregou ao reescrever os enunciados?

c) Na sua opinião, por que as conjunções foram omitidas no anúncio?

**2.** O anúncio é composto por imagens de vários lugares do Espírito Santo e foi publicado em uma revista de viagem.

a) Quem é o anunciante?

b) Qual é o público da revista?

c) Levante hipóteses: Por que o anúncio apresenta um grande número de imagens fotográficas, dispostas em painel?

Franz Marc.Broken Forms. s/d The Bridgeman Art Library/Grupo Keystone

CAPÍTULO 27

# A pontuação

## CONSTRUINDO O CONCEITO

Leia o anúncio:

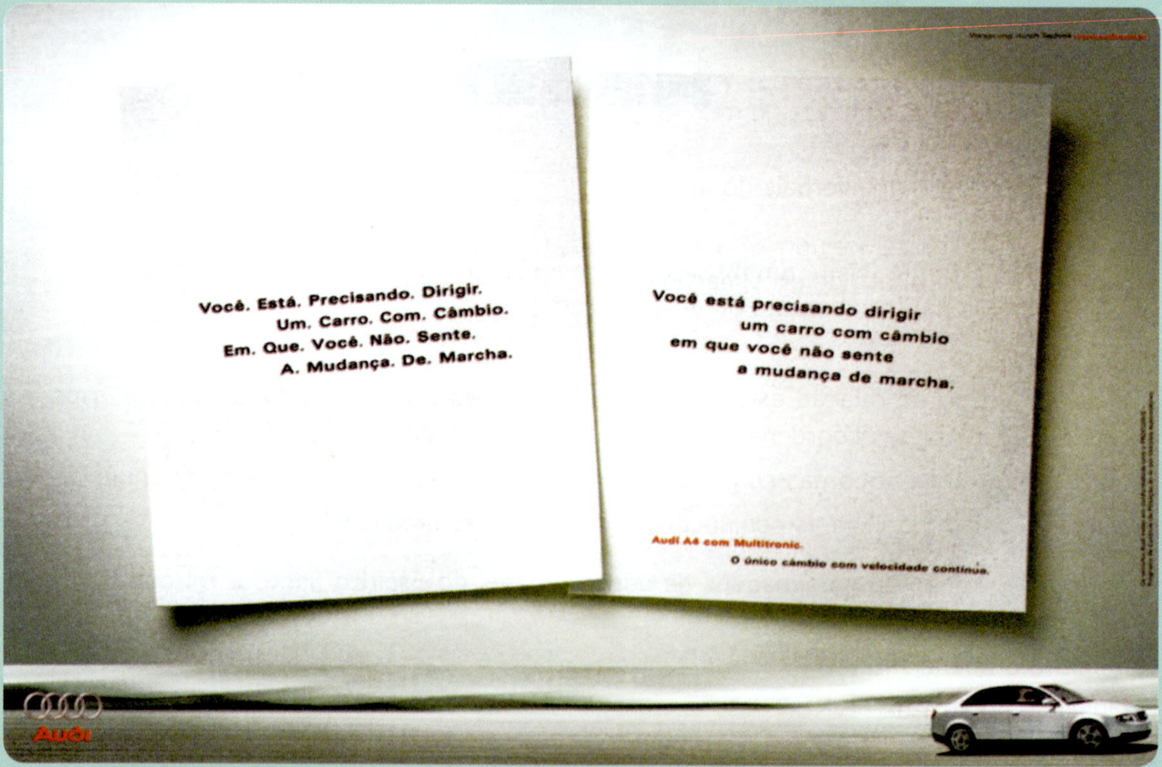


Foto: Rafael Assef/Almap BBDO

(*28º Anuário do Clube de Criação de São Paulo.*)

**1.** Na parte inferior do anúncio, há um logotipo, à esquerda, e um carro, à direita.

a) Esse logotipo representa qual marca de automóvel?

b) Sabe-se que, no mercado automobilístico, essa marca fabrica carros caros, com motores de grande potência e alta tecnologia. Deduza: Qual é o perfil do público consumidor desse carro?

**2.** Há, no anúncio, um enunciado que é escrito de duas formas diferentes. Relacionando as formas desse enunciado ao conteúdo, interprete:

a) O que sugere o ponto após cada uma das palavras, no primeiro enunciado?

b) O que sugere o emprego de um único ponto do segundo enunciado?

## CONCEITUANDO

Você observou que um texto escrito adquire sentidos diferentes quando pontuado de formas diferentes. O uso da pontuação depende da intenção do locutor no discurso. Assim, os sinais de pontuação estão diretamente relacionados ao contexto, ao interlocutor e às intenções. Servem para marcar as pausas e as entonações e também para representar outros componentes específicos da língua falada, como os gestos e a expressão facial. Desse modo, facilitam a leitura e tornam o texto mais claro e preciso.

A **pontuação** marca na escrita as diferenças de entonação, contribuindo para tornar mais preciso o sentido que se quer dar ao texto.

Há alguns sinais de pontuação cujo emprego, atualmente, obedece a uma razoável disciplina, como o ponto e vírgula, o dois-pontos e o ponto de interrogação. Outros têm emprego mais livre, mais subjetivo, como o ponto de exclamação e as reticências.

### A entonação

Na fala, a frase é marcada pela entonação, isto é, pelo tom que o falante dá à voz para expressar sua intenção. Na escrita, os sinais de pontuação, indicando pausas, altura de voz, ênfase, etc., aproximam o texto escrito da fala. Observe que, se quisermos expressar a intenção do homem sentado, no cartum abaixo, devemos ler sua fala com um tom de voz mais alto e que revele uma chamada.

Tenório

(Mário Dimov Mastrotti, org. *Isto é um absurdo!*. São Caetano do Sul: Virgo, 2004. p. 49.)

# VÍRGULA

## A vírgula entre os termos da oração

Emprega-se a vírgula:

- para separar termos que exercem a mesma função sintática – *sujeito composto*, *complementos*, *adjuntos* –, quando não vêm unidos por *e*, *ou* e *nem*:

> Deu-me *livros, revistas de arte, discos antigos e CDs.*
> (objeto direto: *livros, revistas de arte, discos antigos e CDs*)

- para isolar o *aposto*:

> O resto, *as louças, os cristais, os talheres*, irá nas caixas menores.

- para isolar o *vocativo*:

> Você ouviu, *Maria*, que notícia estranha?

- para isolar o *adjunto adverbial*, quando ele é extenso ou quando se quer destacá-lo:

> *À noite*, faço um curso de inglês intensivo.

- para isolar expressões explicativas como *isto é*, *por exemplo*, *ou melhor*, *a saber*, *ou seja*, etc.

> Entregaram-me a encomenda, *isto é*, os móveis e as cadeiras, com um mês de atraso.

- para isolar o *nome de um lugar* anteposto à data:

> *Recife*, 20 de dezembro de 2012.

### Quando não empregar a vírgula

Não se recomenda empregar a vírgula entre o sujeito e o predicado e entre o verbo e seus complementos, a não ser que haja termo ou oração intercalados. Assim, no anúncio abaixo, no enunciado "Um bom conteúdo perde muito sem um bom papel", não se separa por vírgula o sujeito *Um bom conteúdo* do predicado *perde muito sem um bom papel*.

Carillo Pastore Euro RSCG

## A vírgula entre as orações

### Coordenadas

Emprega-se a vírgula para separar:

- as orações *coordenadas assindéticas*:

> Foi à porta, espiou, correu para dentro assustada.

- as orações *coordenadas sindéticas*, com exceção das introduzidas pela conjunção *e*:

> Talvez seja engano meu, mas acho-a agora mais serena.

**Observação**

As orações coordenadas sindéticas unidas pela conjunção *e* podem vir separadas por vírgulas quando:

- têm sujeitos diferentes: "A criatura desviou-se, e ao cabo de um minuto as linhas moveram-se [...]" (Graciliano Ramos)
- a conjunção é repetida várias vezes: Queria não ver, e abaixava os olhos, e tapava-os com as mãos, e sentia-se fechar em si mesma.

## Subordinadas substantivas

Somente as orações *subordinadas substantivas apositivas* devem ser separadas por vírgula (ou dois-pontos) da oração principal; as demais substantivas, não.

> Ele só pensava numa coisa, *que não cederia*.

## Subordinadas adjetivas

Somente as orações *subordinadas adjetivas explicativas* devem ser separadas por vírgula da oração principal; as *restritivas*, não.

> Nem ele, *que é o melhor da turma*, quis participar do torneio de xadrez.

### Etc.

Considerando que *etc.* é abreviatura da expressão latina *et coetera*, que significa "e outras coisas", o emprego da vírgula antes dele seria dispensável. Entretanto, o acordo ortográfico em vigor no Brasil exige que empreguemos *etc.* precedido de vírgula. Veja o exemplo:

> Trouxe nesta pasta as fotografias, as cartas, os documentos, etc.

## Subordinadas adverbiais

As orações *subordinadas adverbiais* são separadas por vírgula:

- opcionalmente, se vierem *após* a oração principal:

> Ouvia histórias macabras deste lugar, (or. principal) quando eu era menino. (or. subord. adverbial temporal)
>
> vírgula optativa

- obrigatoriamente, se vierem *antepostas* ou *intercaladas* à oração principal:

> Se tudo der certo, (or. subord. adv. condicional) voltarei hoje mesmo. (or. principal)
>
> vírgula obrigatória
>
> or. principal: Esses fatos, ... são falsos.
>
> or. subord. adverbial conformativa: conforme informamos no jornal do meio-dia,
>
> Esses fatos, conforme informamos no jornal do meio-dia, são falsos.
>
> vírgula obrigatória — vírgula obrigatória

Observe que, no balão do 1º quadrinho, a oração subordinada adverbial temporal *Depois que troquei o violão pela flauta* vem anteposta à oração principal *as formigas passaram a gostar de mim*. Nesse caso, para separar as orações, a vírgula é obrigatória.

(Fernando Gonsales. *Níquel Náusea – Em boca fechada não entra mosca.* São Paulo: Devir, 2008. p. 17.)

• obrigatoriamente, quando forem reduzidas de gerúndio, particípio e infinitivo:

> or. subord. adverbial condicional reduzida de gerúndio: Agindo impensadamente,
> or. principal: jamais conseguirá o apoio de seus pais.
> vírgula obrigatória
>
> Agindo impensadamente, jamais conseguirá o apoio de seus pais.

## PONTO E VÍRGULA

Emprega-se o ponto e vírgula:

• antes das orações sindéticas adversativas e conclusivas, quando apresentarem a conjunção deslocada:

> Os alunos pretendiam montar um pequeno laboratório de ciências; o dinheiro arrecadado, entretanto, não foi o suficiente.
>
> Você já recebeu dois convites; deve, portanto, comparecer à cerimônia.

Observe que, nesse caso, a conjunção vem entre vírgulas.

• para separar orações, desde que a segunda contenha zeugma:

> Vocês anseiam pela violência; nós, pela paz.

• para separar os itens dos enunciados enumerativos:

> As águas das chuvas provocam sérios problemas à rede de esgotos. Evite problemas, procedendo da seguinte forma:
> a) não ligue ralos de fundo de quintais às redes de esgoto;
> b) tampe as caixas de inspeção e limpe-as a cada três meses;
> c) não jogue nos vasos sanitários fraldas descartáveis, absorventes higiênicos, plásticos, estopas, panos e produtos similares.

## PONTO

Emprega-se no final de frases *declarativas*:

> Os livros foram danificados pelas traças.

## PONTO DE INTERROGAÇÃO

Emprega-se no final de frases *interrogativas diretas*:

> E eu? O que devo fazer?

## PONTO DE EXCLAMAÇÃO

Emprega-se no final de frases exclamativas, com a finalidade de indicar estados emocionais, como espanto, surpresa, dor, alegria, súplica, etc.:

> Saia daqui já!

Observe os sinais de pontuação empregados na tira. No 1º quadrinho, o sinal de interrogação conota a fala meio irônica da personagem de óculos; na resposta de seu interlocutor, a exclamação indica indignação; já no segundo quadrinho, a exclamação indica ênfase, certeza.

(Fernando Gonsales. *Folha de S. Paulo*, 23/7/2004.)

## DOIS-PONTOS

É usado para introduzir palavras, expressões, orações ou citações que servem para enumerar ou esclarecer o que se afirmou anteriormente:

"Lembrei-me do nome e do tipo: era João Francisco Gregório, caboclo robusto, desconfiado..."

(Graciliano Ramos)

## ASPAS

São usadas no início e no final de citações; para destacar palavras estrangeiras, neologismos, gírias; para marcar ironia; para indicar mudança de interlocutor nos diálogos; quando o termo não é muito preciso para o contexto, como se pode observar no último quadrinho da tira abaixo.

## PARÊNTESES

São empregados para separar, em um período, palavras ou frases explicativas e nas indicações bibliográficas:

"Depois do jantar (mal servido) Seu Dagoberto saiu do Grande Hotel e Pensão do Sol (Familiar) palitando os dentes caninos."

(Alcântara Machado)

## TRAVESSÃO

É utilizado:

- para indicar a mudança de interlocutor nos diálogos:

— Quer saber de uma coisa? O melhor é nós terminarmos.
— Terminarmos?
Ele sentiu um frio.
— Não combinamos mais mesmo.

(Luiz Vilela)

- para isolar a fala da personagem da fala do narrador:

— Que deseja agora? — gritou-lhe afinal a voz transtornada. — Já não lhe disse que não tenho nada a ver com suas histórias?

(Fernando Sabino)

- para destacar ou isolar palavras ou expressões no interior de frases:

> Grande futuro? Talvez naturalista, literato, arqueólogo, banqueiro, político, ou até bispo — bispo que fosse —, uma vez que fosse um cargo...
>
> (Machado de Assis)

## RETICÊNCIAS

Indicam a interrupção da frase, feita com a finalidade de sugerir:

- dúvida, hesitação, surpresa:

> Não quero ir à casa dela porque... porque não quero vê-la tão cedo.
> Qualquer dia destes, embarco... pra China!

- prolongamento da frase: Naquele jardim havia de tudo: dálias, rosas, crisântemos, violetas...
- interrupção do pensamento ou sugestão para que o leitor complete o raciocínio:

> Depois de tantos anos, finalmente nos encontramos e...

- destaque a uma palavra ou expressão: De todas as minhas experiências, nada equivaleu a... ser pai!
- supressão de trecho em textos:

> "A democratização dos estudos trouxe para as escolas de ensino médio alunos que outrora ingressavam diretamente na vida ativa. [...] No ensino médio, os estabelecimentos escolares recebem alunos muito heterogêneos no que tange à relação com o saber."
>
> (Philippe Perrenoud)

## EXERCÍCIOS

Leia o poema a seguir, de Mário Quintana, e responda às questões 1 e 2:

**O gato**

PBNJ Productions/Corbis/Latinstock

O gato chega à porta do quarto onde escrevo.
Entrepara... hesita... avança...

Fita-me.
Fitamo-nos.

Olhos nos olhos...
Quase com terror!

Como duas criaturas incomunicáveis e solitárias
Que fossem feitas cada uma por um Deus diferente.

(*Preparativos de viagem*. São Paulo: Globo, 1997. p. 25.)

1. Considerando que a pontuação marca na escrita as diferenças de entonação, contribuindo para tornar mais preciso o sentido que se quer dar ao texto, analise semanticamente o emprego da pontuação no poema "O gato" e justifique:

a) o emprego do ponto e das reticências na primeira estrofe:

> "O gato chega à porta do quarto onde
> [escrevo.
> Entrepara... hesita... avança..."

b) o emprego do ponto na segunda estrofe:

> "Fita-me.
> Fitamo-nos."

c) O emprego das reticências e do ponto de exclamação na terceira estrofe:

> "Olhos nos olhos...
> Quase com terror!"

2. Analise e interprete os últimos versos do poema:

> "Como duas criaturas incomunicáveis
> [e solitárias
> Que fossem feitas cada uma por um
> [Deus diferente."

Leia o texto de campanha comunitária a seguir e responda às questões 3 e 4.

Reprodução

3. A campanha tem como finalidade conscientizar a população sobre a importância da coleta seletiva. A frase "Eu colaboro!", seguida de um ponto de exclamação, faz supor uma pergunta implícita. Qual é ela?

4. Observe as cores utilizadas no anúncio, excluídas as do boneco:

a) Quais são elas?

b) Que relação elas mantêm com a coleta seletiva do lixo?

5. Leia este anúncio:

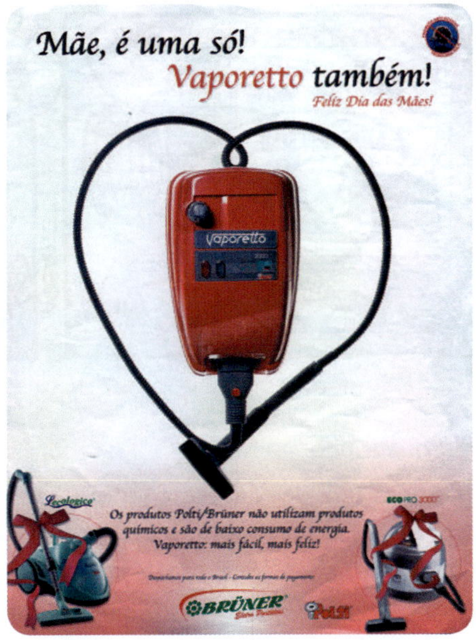


Reprodução

(*Nova*, ano 31, nº 5.)

a) No texto da parte superior do anúncio, há uma inadequação quanto ao emprego da vírgula. Explique por quê.

b) Levante hipóteses: Qual foi, provavelmente, a intenção do anunciante ao empregar a vírgula nesse enunciado?

6. Leia a placa abaixo.

José Eduardo Camargo/Abril Imagens

(José Eduardo Camargo (fotos) e L. Soares (cordel). *O Brasil das placas – Viagem por um país ao pé da letra*. São Paulo: Abril, 2003. p. 23.)

a) Há, na placa, uma palavra que apresenta um problema ortográfico. Qual é essa palavra e como ela deve ser grafada?

b) Qual é o significado dessa palavra?

c) Qual é a abreviatura de metro(s)?

d) Do modo como está redigido o enunciado, que sentido ele produz?

e) Reescreva o enunciado de acordo com a norma-padrão, de maneira a desfazer a ambiguidade e empregando apenas um sinal de pontuação.

Leia a tira a seguir, de Laerte, e responda às questões 7 e 8:

(*Folha de S. Paulo*, 1º/4/2003.)

**7.** No 1º quadrinho:

a) Tanto na fala de Muketa quanto na de Bwana, que termo da oração aparece isolado por vírgula?

b) Observe o contexto e responda: Por que foi empregado o ponto e vírgula depois da frase "Vocês são pobres porque são atrasados"?

c) O que o emprego das reticências sugere depois da palavra *Muketa*?

**8.** No enunciado "É simples: um homem, um voto – e a maioria decide", do 2º quadrinho, há dois termos implícitos. Considerando essa informação, justifique o emprego dos sinais de pontuação nesse enunciado.

## A PONTUAÇÃO NA CONSTRUÇÃO DO TEXTO

Leia o anúncio abaixo.

Associação Brasileira de Imprensa

**1.** Segundo o anúncio, "Uma vírgula muda tudo". Analise semanticamente o emprego da vírgula nas frases destacadas em cada uma das situações a seguir e interprete a diferença entre os enunciados.

Associação Brasileira de Imprensa

a) "A vírgula pode ser uma pausa, ou não.

*Não, espere.*

*Não espere."*

b) "A vírgula pode criar heróis.

*Isso só, ele resolve.*

*Isso, só ele resolve."*

c) "Ela pode forçar o que você não quer.

*Aceito, obrigado.*

*Aceito obrigado."*

d) "Pode acusar a pessoa errada.

*Esse, juiz, é corrupto.*

*Esse juiz é corrupto."*

e) "A vírgula pode mudar uma opinião.

*Não quero ler.*

*Não, quero ler."*

**2.** Observe o texto verbal e a imagem na parte inferior do anúncio e o logotipo na parte superior, em verde.

a) Quem é o locutor do texto?

b) Levante hipóteses: Onde, provavelmente, foi veiculado o anúncio? Justifique.

c) Explique qual é a finalidade do anúncio.

d) A quem se dirige esse discurso?

**3.** Considerando o discurso como um todo, ou seja, o texto, o contexto, os interlocutores, a intencionalidade:

a) O que pode agregar semanticamente ao discurso a cor preta da vírgula, a cor vermelha das vírgulas menores e a cor branca das palavras?

b) Analise a ambiguidade da expressão em destaque:

> "ABI. 100 anos lutando para que ninguém mude *nem uma vírgula* da sua informação."

## Para que serve a pontuação?

Diferentemente da fala, que, além da palavra, conta com vários outros recursos para a construção de sentido – expressão facial, entonação, gestos, postura corporal, ambiente, etc. –, a linguagem escrita dispõe apenas de recursos gráficos. Entre esses recursos, a pontuação é um dos mais importantes, pois ajuda a organizar sintaticamente o texto, a evitar ambiguidades, a enfatizar um termo da oração e a tornar as ideias do texto mais claras e precisas.

c) Considerando-se o passado histórico brasileiro de repressão à liberdade de expressão, qual é a mensagem implícita do discurso?

d) O fundo preto do texto forma uma grande vírgula. Interprete: Por que a vírgula, sendo um sinal gráfico tão pequeno, foi escrita com esse tamanho?

## SEMÂNTICA E DISCURSO

Leia o texto a seguir e responda às questões de 1 a 3.

Ricardo Dantas

eu estava ali deitado olhando através da vidraça as roseiras no jardim, fustigadas pelo vento que zunia lá fora e nas venezianas do meu quarto e de repente cessava e tudo ficava tão quieto tão triste e de repente recomeçava e as roseiras frágeis e assustadas irrompiam na vidraça e eu estava ali o tempo todo olhando estava em minha cama com a minha blusa de lã as mãos enfiadas nos bolsos os braços colados ao corpo as pernas juntas estava de sapatos Mamãe não gostava que eu deitasse de sapatos deixe de preguiça menino! mas dessa vez eu estava deitado de sapatos e ela viu e não falou nada ela sentou-se na beirada da cama e pousou a mão em meu joelho e falou você não quer mesmo almoçar?

eu falei que não não quer comer nada? eu falei que não nem uma carninha assada daquelas que você gosta? com uma cebolinha de folha lá da horta um limãozinho uma pimentinha? ela sorriu e deu uma palmadinha no meu joelho e eu também sorri mas falei que não não estava com a menor fome nem uma coisinha meu filho? uma coisinha só? eu falei que não e então ela ficou me olhando e então ela saiu do quarto eu estava de sapatos e ela não falou nada ela não falaria nada meus sapatos engraxados bonitos brilhantes

ele não quer comer nada? escutei papai perguntando e mamãe decerto só balançou a cabeça porque não escutei ela responder e agora eles estavam comendo em silêncio os dois sozinhos lá na mesa em silêncio o barulho dos garfos a casa quieta e fria e triste o vento zunindo lá fora e nas venezianas de meu quarto.

[...]

(Luiz Vilela. "Eu estava ali deitado". *No bar*. São Paulo: Ática, 1984. Disponível em: http://literaturanoallyrio.blogspot.com.br/2010/12/eu-estava-ali-deitado.html. Acesso em: 10/7/2012.)

**1.** Com base na leitura do texto, responda:

a) O narrador participa da história? Justifique sua resposta com base em elementos do texto.

b) Quais personagens aparecem no trecho lido?

c) De que trata a narrativa?

**2.** Há poucos sinais de pontuação no texto lido. Reescreva os trechos abaixo, pontuando-os segundo as regras de uso dos sinais de pontuação.

a) "e eu estava ali o tempo todo olhando estava em minha cama com a minha blusa de lã as mãos enfiadas nos bolsos os braços colados ao corpo as pernas juntas"

b) "ela sentou-se na beirada da cama e pousou a mão em meu joelho e falou você não quer mesmo almoçar?"

c) "ele não quer comer nada? escutei papai perguntando e mamãe decerto só balançou a cabeça porque não escutei ela responder"

**3.** Levante hipóteses: Que efeito de sentido o autor pretendeu construir ao optar por escrever o texto com tão poucos sinais de pontuação?

Leia o texto abaixo e responda às questões de 4 a 8.

Fallon

**4.** Considerando que o texto consiste em um anúncio publicitário, identifique:

a) o anunciante;

b) o produto anunciado;

c) o destinatário.

**5.** Releia este trecho da parte verbal do anúncio:

> Dois famosos se casaram.
>
> Dois famosos se separaram.
>
> Dois famosos reataram.

a) Reescreva o trecho, eliminando as repetições e o ponto das duas primeiras frases.

b) A expressão *dois famosos*, repetida nas três frases, têm necessariamente o mesmo referente, isto é, dizem respeito às mesmas pessoas?

c) Com a eliminação das repetições e do ponto das duas primeiras frases, o sentido do enunciado se mantém? Justifique sua resposta.

**6.** Releia este enunciado da parte verbal do anúncio:

"Agora que você já sabe o resuminho da semana, vamos ao que interessa."

a) Justifique o uso da vírgula entre as duas orações do enunciado.

b) Levante hipóteses: Considerando os elementos envolvidos na situação de produção do texto, o que significa a expressão *o que interessa*, do enunciado?

**7.** A presença do ponto no trecho "Dois famosos se casaram. Dois famosos se separaram. Dois famosos reataram." é ilustrativa da situação típica de emprego desse sinal de pontuação.

a) Quando o ponto é geralmente usado?

b) Tendo em vista o sentido de *o que interessa*, do enunciado "Agora que você já sabe o resuminho da semana, vamos ao que interessa", levante hipóteses: Que outro sentido a repetição do ponto nas três frases do trecho "Dois famosos se casaram [...] reataram." acrescenta ao texto?

**8.** Embora de forma não explícita, o texto lido mantém uma relação intertextual e interdiscursiva com outros textos/discursos – mais especificamente, com outros veículos de comunicação.

a) Que trecho da parte verbal do anúncio sugere outros textos/discursos ou outras revistas?

b) Deduza: Pela perspectiva do anúncio, a que é dado destaque nesses outros textos/discursos ou outras revistas?

c) Conclua: Qual imagem do anunciante e de seus concorrentes é construída a partir do modo como o anúncio foi construído?

Kandinsky. *Composition No. 7*, 1913/The Bridgeman Art Library/Glow Images. Tretyakov Gallery, Moscow, Russia

CAPÍTULO 28

# Figuras de sintaxe

## CONSTRUINDO O CONCEITO

Leia estes poemas, de Luiz Bacellar:

Um tronco queimado
cercado de grama:
negro *iceberg*!

O brilho do salto
do peixe na cascata,
lâmina de prata.

Na laranja e na couve
picada — as cores brasileiras
de feijoada. [...]

Se mira na poça
de lama do pátio
a lua vaidosa.

Vento de verão.
Do capinzal crestado
pula o gafanhoto.

(*Quarteto: obra reunida*. Manaus: Valer, 1998.)

Filipe Rocha

**crestado**: queimado de leve, por efeito de calor ou frio intensos.

**1.** Observe que, nos três primeiros poemas, o poeta omitiu verbos.

a) Que sinais de pontuação indicam a ausência de um verbo?

b) Que forma verbal do verbo *ser* poderia completar adequadamente os dois primeiros poemas?

c) Que forma verbal está implícita na frase que compõe o 3º poema?

**2.** Nos dois últimos poemas, há inversão de palavras, ou seja, os termos da oração estão colocados fora da ordem direta.

a) Reescreva-os, colocando os termos na seguinte ordem: sujeito + verbo + adjunto adverbial.

b) Compare a ordem direta com a ordem dada pelo autor: que efeito a inversão dos termos das orações confere aos poemas?

## CONCEITUANDO

Por esses exercícios, você deve ter observado que o poeta, na busca de maior expressividade para seus poemas, construiu frases que se desviam das estruturas frásicas consideradas modelos.

Assim:

- nestes versos "Do capinzal crestado / pula o gafanhoto", os termos estão colocados em ordem inversa;
- nos três primeiros poemas, os verbos estão subentendidos.

Essas construções e outras que se apoiam em recursos como concordar verbos com o sentido da palavra e não com sua forma gramatical, repetir conectivos, empregar mais de uma palavra para enunciar a mesma ideia, com o propósito de criar maior expressividade, são desvios intencionais que ocorrem na sintaxe da frase, isto é, na combinação das palavras, e, por isso, são chamadas de **figuras de sintaxe**.

Concluindo:

**Figuras de sintaxe** são recursos de expressão criados com base na construção sintática das frases.

Veja, a seguir, as principais figuras de sintaxe.

### Elipse

Ocorre quando há omissão, espontânea ou voluntária, de termos que se podem subentender facilmente pelo contexto:

Na laranja e na couve
picada — as cores brasileiras
da feijoada. [...]

(Luiz Bacellar)

Nesse caso, o poeta omitiu o verbo. Pelo contexto, podemos subentender verbos como *estão, veem-se, observamos, acham-se, encontramos,* etc.

### Zeugma

É a omissão de um termo expresso anteriormente em outra oração.

És bela — eu moço; tens amor — eu medo!

(Álvares de Azevedo)

Se não houvesse a omissão intencional, teríamos: "[...] – eu *sou* moço; [...] – eu *tenho* medo!". Observe que os verbos *ser* e *ter* já tinham sido expressos nas orações anteriores.

## Um zeugma comum

Exemplo de zeugma bastante comum na língua portuguesa é o que ocorre na oração subordinada adverbial comparativa. No poema a seguir, observe que, na oração comparativa *como carta extraviada*, o eu lírico omitiu o verbo já expresso na oração anterior. Se isso não ocorresse, teríamos "Meu coração segue cego e feliz como carta extraviada segue", o que tornaria o texto repetitivo e menos conciso.

**Postal**

Nenhum mar.
Um domingo. Um tridente.
Dois cavalos. Meu coração segue cego e feliz
como
carta
extraviada

(Antônio Carlos de Brito. *Lero-lero*. Rio de Janeiro: 7 Letras, 2002. São Paulo: Cosac & Naify, 2002. p. 11.)

Andrea Ebert

### Polissíndeto

É o uso repetido de conjunções coordenativas:

No entanto a feira burburinha.
Vão chegando as burguesinhas pobres,
E as criadas das burguesinhas ricas,
E mulheres do povo, e as lavadeiras da redondeza.

(Manuel Bandeira)

Esse recurso confere ritmo, fluidez e ênfase a termos da oração ou às ações verbais. Nesse exemplo, a ênfase recai sobre o sujeito da forma verbal *vão chegando*.

### Assíndeto

Ocorre quando há omissão da conjunção *e* entre termos ou orações:

Coçou o queixo cabeludo, parou, reacendeu o cigarro.

(Graciliano Ramos)

Se não houvesse a omissão intencional da conjunção, teríamos: "Coçou o queixo cabeludo, parou *e* reacendeu o cigarro".

### Anáfora

Consiste na repetição de palavras, geralmente no início de versos ou de orações:

Se você gritasse,
se você gemesse,
se você tocasse
a valsa vienense,
se você dormisse,
se você cansasse,
se você morresse...
Mas você não morre,
você é duro, José!

(Carlos Drummond de Andrade)

Ao repetir o adjetivo *novo(a)*, esse anúncio faz uso da anáfora como recurso de expressão.

## Pleonasmo

É a repetição, por meio de palavras diferentes, de uma noção já apresentada, com o objetivo de enfatizar uma palavra ou expressão.

> Ó mar salgado, quanto do teu sal
> São lágrimas de Portugal!
>
> (Fernando Pessoa)

### Pleonasmo vicioso

Certas expressões – *entrar para dentro, sair para fora, subir para cima, descer para baixo, reiterar de novo*, etc. – constituem redundâncias, isto é, repetem o significado já contido no termo anterior, não acrescentando nada de novo. São consideradas vícios de linguagem e devem ser evitadas na variedade padrão da língua.

Há, entretanto, certas construções pleonásticas da linguagem coloquial que, embora constituam pleonasmos, são aceitáveis na língua padrão: *ver com os próprios olhos, palpar com a mão, pisar com os pés, chover chuva*, etc.

## Inversão

Ocorre quando se dá a inversão da ordem normal e direta das palavras na oração, com finalidade expressiva:

> Diz Cristo que saiu o pregador evangélico
> a semear a palavra divina.
>
> (Pe. Vieira)

Na ordem direta, teríamos: "Cristo diz que o pregador evangélico saiu a semear a palavra divina".

Alguns autores distinguem os tipos de inversão:

- **hipérbato**, que consiste no deslocamento de termos ou de orações no período:

> *Dinheiro* nunca tenho.

Na ordem direta, teríamos: "Nunca tenho dinheiro".

- **anástrofe**, que consiste na anteposição do determinante (preposição + substantivo) ao determinado:

> *De tudo* ao meu amor serei atento
> Antes [...]
> (Vinícius de Morais)

Na ordem direta, teríamos: "Serei atento ao meu amor antes de tudo".

## Anacoluto

Ocorre quando na construção da frase há uma quebra lógica que deixa um elemento sem função sintática.

> *Eu*, que cair não pude neste engano,
> (Que é grande dos amantes a cegueira),
> Encheram-me com grandes abundanças,
> O peito de desejos e esperanças.
> (Camões)

Filipe Rocha

Observe que o pronome *eu*, que se anunciava como sujeito, ficou isolado no enunciado, sem função sintática. Além disso, não está ligado sintaticamente à forma verbal "Encheram-me".

## Silepse

É a concordância que se faz não com a forma gramatical das palavras, mas com o seu sentido, com a ideia que elas expressam. Há três tipos de silepse:

- **silepse de número**: ocorre principalmente com os termos coletivos:

> *A turma* não conseguiu arrecadar o dinheiro necessário para uma viagem de formatura; *resolveram*, então, fazer apenas um coquetel.

Observe que o substantivo *turma* é coletivo e, portanto, o verbo *resolver* deveria estar na 3ª pessoa do singular (A turma *resolveu*). Nesse caso, entretanto, por estar distanciado do sujeito, o verbo *resolver* concordou em 3ª pessoa do plural com a ideia de *turma* (mais de um).

- **silepse de gênero**: ocorre principalmente com as expressões de tratamento *Vossa Majestade, Vossa Excelência, Vossa Senhoria* e outras, que têm a forma gramatical feminina e são aplicadas a pessoas do sexo masculino.

> Senhor Presidente, *Vossa Excelência* não está *preocupado* com as recentes greves no setor de alimentos?

Observe que o adjetivo *preocupado* está no masculino, concordando com a ideia de masculino (refere-se ao presidente), embora *Vossa Excelência* seja uma forma feminina.

- **silepse de pessoa:** ocorre quando a pessoa que fala ou escreve se inclui num sujeito expresso na 3ª pessoa, fazendo o verbo concordar na 1ª pessoa do plural:

> *Os brasileiros precisamos* defender nossas matas da depredação.

Observe que, sendo o sujeito *os brasileiros*, o verbo *ser* deveria estar na 3ª pessoa do plural: *precisam*. O verbo na 1ª pessoa do plural indica que aquele que fala se inclui entre "os brasileiros", sujeito expresso na frase.

## EXERCÍCIOS

Leia este poema, de Marina Colasanti, e responda às questões de 1 a 3.

### A todos igualmente

Aquele homem tinha um zoológico
no armário.
Um dia
no almoço
trouxe elefantes no peito
até a cintura,
no outro
girafas rodeavam-lhe o pescoço.
Houve joaninhas
gatos e macacos.
A todos ignorava
embora os escolhesse
com cuidado.
E sem olhar-lhes pelo
ou pena
sem deter-se em seus nomes
a todos igualmente chamava
gravatas.

(*Fino sangue*. Rio de Janeiro: Record, 2005. p. 25. © by Marina Colasanti.)

Marcos Guilherme

1. O poema apresenta algumas imagens que, à primeira vista, parecem ser surrealistas, sem lógica. Contudo, uma palavra esclarece essas imagens e reinstaura a lógica no poema.
   a) Dê um exemplo de imagens surrealistas.
   b) Identifique a palavra que restabelece a lógica no poema.

2. Entre as opções do homem e suas ações, existe uma contradição. Explique-a.

3. Identifique no poema:
   a) um exemplo de elipse;
   b) um exemplo de zeugma;
   c) um exemplo de inversão.

**4.** No anúncio a seguir foi empregado um zeugma.

(*Viagem e Turismo*, ano 11, nº 12.)

a) Identifique essa figura.

b) O que justifica o emprego dessa figura no anúncio?

**5.** Na expressão "pelo menos uns cinco", a palavra *uns* foi empregada com um sentido diferente daquele que lhe é comum. Qual é esse sentido?

**6.** Identifique as figuras de sintaxe presentes nos versos e nas frases a seguir. Atenção: há itens com mais de uma figura.

a) É que toda a vida é sonho
E os sonhos, sonhos são.

(Calderón de la Barca)

b) A mim, o que mais me doera,
se eu fora o tal Tiradentes,
era sentir-me mordido
por esse em quem pôs os dentes.
Mal empregado trabalho,
na boca dos maldizentes!

Assim se forjam palavras,
assim se engendram culpados;
assim se traça o roteiro
de exilados e enforcados:
a língua a bater nos dentes...
Grandes medos mastigados...

(Cecília Meireles)

c) A gente vai ficando pra trás
Esperando, esperando, esperando
Esperando o sol
Esperando o trem
Esperando o aumento
Desde o ano passado para o mês que vem.

(Chico Buarque)

d) Era uma mosca azul, asas de ouro e granada.
[...] E zumbia, e voava, e voava, e zumbia.

(Machado de Assis)

e) Essa história, estou pressentindo que há algo errado.

f) Por receio, os três, ali mesmo, picamos em mil pedaços as cartas encontradas na rua.

g) "Amo-te como um bicho, simplesmente" (Vinícius de Morais)

h) "Eu, que era branca e linda – eis-me medonha e escura." (Manuel Bandeira)

i) **CHICLETE COM BANANA - Angeli**

(*Folha de S. Paulo*, 21/1/1999.)

7. Nas estrofes seguintes, ocorre a mesma figura de sintaxe. Dê o nome dessa figura e destaque os trechos em que ela ocorre.

a) Todo dia ela faz tudo sempre igual
Me sacode às seis horas da manhã
Me sorri um sorriso pontual
E me beija com a boca de hortelã

(Chico Buarque)

b) Chovem duas chuvas:
de água e de jasmins
por estes jardins
de flores e nuvens.

(Cecília Meireles)

c) E aí dançaram tanta dança
Que a vizinhança toda despertou
E foi tanta felicidade
Que toda a cidade
Se iluminou

(Chico Buarque e Vinícius de Morais)

8. Embora aceitáveis na língua padrão, explique por que as expressões *bela caligrafia* e *ortografia correta* constituem pleonasmos.

9. Nas frases a seguir, ocorre inversão. Reescreva-as, colocando-as na ordem direta.

a) "O remédio será seguir o imundo
Caminho, onde dos mais vejo as pisadas" (Gregório de Matos)

b) "O vendaval da sorte do mar lançou-se na gelada areia" (Castro Alves)

c) "Que arcanjo teus sonhos veio
Velar, maternos, um dia?" (Fernando Pessoa)

d) "Enquanto manda as ninfas amorosas
grinaldas nas cabeças pôr de rosas" (Camões)

## AS FIGURAS DE SINTAXE NA CONSTRUÇÃO DO TEXTO

Leia este anúncio:

http//www.suvinil.com.br

(*Arquitetura & Construção*)

1. Observe a imagem e as cores do anúncio. Que relação há entre elas e o texto verbal?

2. No enunciado da parte superior do anúncio, há dois períodos: "Todos os amarelos da China. No Brasil pelo Selfcolor Suvinil". Em ambos os períodos, foram suprimidas algumas palavras. Considerando a imagem da casa chinesa e levando em conta que o anúncio promove uma marca de tinta, levante hipóteses:

   a) Que palavras foram suprimidas do 1º período?

   b) Que figura de sintaxe se origina dessa supressão?

3. Observe agora o 2º período do mesmo enunciado.

   a) Levando em conta o contexto, levante hipóteses: Que palavras desse enunciado foram suprimidas?

   b) Que figura de sintaxe decorre dessa supressão?

   c) Se não houvesse o 1º período, o 2º período, da forma como está redigido, teria o mesmo sentido?

4. Reescreva os dois períodos com os termos que supostamente foram eliminados e compare-os com os da redação original. Levando em conta que os objetivos do anúncio são atrair, envolver e seduzir o interlocutor, bem como estabelecer com ele uma comunicação direta, responda:

   a) Qual dessas formas é mais econômica e direta?

   b) Qual delas exige uma atenção dobrada do interlocutor, fazendo-o participar ativamente do anúncio? Por quê?

   c) Como síntese, responda: Qual é o papel das figuras de sintaxe nesse anúncio?

## SEMÂNTICA E DISCURSO

Leia este anúncio:

Propag /abap

(*Viagem & Turismo*, ano 11, nº 12.)

1. O anunciante – uma conhecida empresa de seguros – lança uma novidade, o "Bike Socorro".

a) Levante hipóteses: Em que consiste esse serviço?

b) Por que, segundo o anúncio, a natureza vai gostar da novidade?

c) O passarinho sobre o guidão da bicicleta confirma ou nega sua resposta anterior? Justifique.

2. No enunciado abaixo do guidão, há duas frases. Entre a primeira e a segunda frase, empregou-se um ponto.

a) Que outro sinal de pontuação poderia ser empregado no lugar do ponto?

b) Levante hipóteses: Que razões teriam levado o anunciante a optar pelo ponto e não pelo sinal que você indicou na questão anterior?

3. Observe a segunda frase do enunciado:

a) Quantas orações explícitas há nessa frase? Quais são elas?

b) As orações estão ligadas por vírgula. Do seu ponto de vista, esse sinal de pontuação é o mais adequado? Justifique sua resposta.

4. Observe agora a oração "a natureza, nem se fala". Para marcar a supressão de palavras empregadas anteriormente, o enunciador empregou uma vírgula.

a) Que palavras podem ser subentendidas?

b) Qual é a figura de linguagem que consiste em supressão de palavras já expressas no enunciado? Que efeito de sentido ela provoca?

5. Os anúncios em geral promovem um produto, uma marca ou uma empresa. Troque ideias com os colegas: Qual é a finalidade principal do anúncio?

6. Os textos a seguir perderam parte de sua expressividade em virtude de alterações feitas em sua sintaxe: inserção ou omissão de termos ou mudança na ordem dos termos (direta ou indireta). Tente aproximar-se da redação original desses textos, empregando os recursos expressivos indicados entre parênteses.

(elipse) — Se você chegar depois das três horas, encontrará a casa fechada. A mala estará na varanda. E o táxi estará esperando na porta.

(Adaptado de Dalton Trevisan)

Se chegar depois das três, a casa fechada. A mala na varanda. E o táxi na porta.

(Dalton Trevisan)

a) (polissíndeto)

o olhar estaria ansioso esperando
a cabeça ao sabor da mágoa balançando
o coração fugindo, o coração voltando
os minutos passando, os minutos passando...

(Adaptado de Vinícius de Morais)

b) (elipse)

Do meio da palha
Seca do velho celeiro
Sobressai o cri-cri do grilo.

(Adaptado de Luiz Bacellar)

7. Leia estes versos do "Poema da necessidade", de Carlos Drummond de Andrade:

É preciso casar João,
É preciso suportar Antônio,
É preciso odiar Melquíades,
É preciso substituir nós todos.
É preciso salvar o país,
É preciso crer em Deus,
É preciso pagar as dívidas,
[...]

(*Sentimento do mundo*. Rio de Janeiro: Record.)

Marcos Guilherme

a) Identifique a figura de sintaxe presente nesses versos.

b) Dê continuidade ao poema, empregando o mesmo tipo de recurso expressivo. Se possível, quebre a estrutura no último verso, fechando o poema com um final surpreendente.

8. Leia esta frase:

Durante o campeonato, os rapazes ficarão no alojamento do clube e as meninas ficaremos aqui, no pensionato do colégio.

a) Quem é o locutor dessa frase: um rapaz ou uma menina?

b) Identifique a figura de sintaxe que ocorre nessa frase.

9. Leia estes versos:

Wilfredo foge. O horror vai com ele, inclemente.
Foge. E corre, e vacila, e tropeça, e resvala,
E levanta-se, e foge alucinadamente.

(Olavo Bilac)

a) Que figura de sintaxe ocorre nesses versos?

b) Nesse caso, o que sugere esse recurso expressivo no contexto?
- Que a personagem Wilfredo traça um movimento cadenciado e alternado.
- Que a personagem Wilfredo traça um movimento ininterrupto e vertiginoso.

c) Crie uma frase, empregando esse recurso para sugerir o mesmo tipo de movimento.

CAPÍTULO 29

Autvis Composição VIII (1923), de Wassily Kandinsky.

# Concordância. Concordância verbal e nominal

## CONSTRUINDO O CONCEITO

Leia este poema, do autor moçambicano Juvenal Bucuane:

**O húmus do homem novo**

A Cláudio, meu filho

Não quero que vejas
nem sintas
a dor que me amargura;
Não quero que vejas
nem vertas
as lágrimas do meu pranto.
Deixa que eu chore
as mágoas e as desilusões;
deixa que eu deambule;
deixa que eu pise
a calidez do chão desta terra
e o regue até o meu suor;
deixa que eu me toste
sob este sol inóspito
que me dardeja o lombo sempre arqueado...
Este penar
é o resgate da esperança
que em ti alço!
Este penar
é a certeza do amanhã que vislumbro
na tua ainda incipiente idade!
Não quero que vejas
nem sintas
o meu tormento
ele é o húmus do Homem Novo.

(Disponível em: http://lusopoetas.blogspot.com.br/2010/02/o-humus-do-homem-novo.html. Acesso em: 20/7/2012.)

**deambular**: passear, andar à toa, caminhar, marchar.

1. Observe a frase: "Não quero que vejas nem sintas a dor que me amargura".
   a) Quem é a pessoa a quem o eu lírico se dirige?
   b) Por que os verbos *ver* e *sentir* foram empregados na 2ª pessoa do singular?
2. Nos versos "sob este *sol inóspito* / que me dardeja *o lombo* sempre *arqueado*", os adjetivos *inóspito* e *arqueado* referem-se, respectivamente, a *sol* e *lombo*.
   a) A que classe de palavras pertencem os vocábulos *sol* e *lombo*?
   b) Explique por que os adjetivos *inóspito* e *arqueado* estão no masculino singular.
3. O eu lírico descreve o seu sofrimento em uma espécie de desabafo para o filho. Na sua opinião, o poema traz uma visão negativa ou positiva sobre o futuro? Justifique a sua resposta, destacando um ou mais versos do poema.

## CONCEITUANDO

Ao responder às questões anteriores, você observou que as formas verbais *vejas* e *sintas* estão na 2ª pessoa do singular porque concordam com o pronome de tratamento *tu*, sujeito desinencial, implícito no texto. Assim, o verbo concorda com o sujeito em número e pessoa.

Por outro lado, o fato de os substantivos *sol* e *lombo* estarem no masculino singular determinou o emprego dos adjetivos *inóspito* e *arqueado* também no masculino singular.

Assim, os adjetivos concordam em gênero e número com os substantivos a que se referem. Em ambos os casos, houve **concordância**, um princípio linguístico que orienta a combinação das palavras na frase.

Na língua portuguesa, há dois tipos de concordância: a **verbal** e a **nominal**.

**Concordância verbal** é a concordância do *verbo* com seu *sujeito*, em número e pessoa.
**Concordância nominal** é a concordância, em gênero e número, entre o substantivo e seus determinantes: o *adjetivo*, o *pronome adjetivo*, o *artigo*, o *numeral* e o *particípio*.

## CONCORDÂNCIA VERBAL

Leia estas frases:

O grupo de estudantes *pedia* bis ao cantor.

O grupo de estudantes *pediam* bis ao cantor.

Em qual das frases acima a concordância verbal foi feita de acordo com a norma-padrão? Nas duas frases, pois ambas as formas de concordância são aceitas.

O fato de haver, às vezes, mais de uma possibilidade de concordância entre o verbo e o sujeito pode acarretar algumas dificuldades e, embora existam algumas regras sistematizadas, o aprendizado da concordância verbal depende em grande parte do uso sistematizado da língua, de nossa intuição linguística e, em caso de dúvida, de consultas constantes a gramáticas especializadas no assunto.

Há, a seguir, alguns exercícios de concordância verbal. Antes de realizá-los, leia os boxes que contêm, em resumo, algumas orientações sobre a concordância, de acordo com a norma-padrão, entre o verbo e seu sujeito.

## EXERCÍCIOS

**1.** Leia o poema de Pablo Neruda e, em dupla, completem os versos com verbos que concordem com os respectivos sujeitos, buscando uma coerência poética textual. Depois, compare as suas escolhas com as do poeta.

Já não se □ meus olhos em teus olhos,
Já não se □ doce minha dor a teu lado.
Mas por onde eu □ levarei teu olhar
e para onde tu □ levarás minha dor.
□ teu, □ minha. Que mais? Juntos fizemos um desvio na rota
por onde o amor passou.
□ teu, □ minha. Tu □ de quem te □,
do que corte em teu horto aquilo que eu □.
Eu me □. □ triste: mas eu sempre □ triste.
Eu □ dos teus braços. Não □ para onde □.
... Desde o teu coração □ adeus um menino,
E eu lhe □ adeus.

Beverly Brown Cover Images/Alamy/Other Images

(*Presente de um poeta*. Tradução de Thiago de Mello. São Paulo: Vergara & Riba Editoras, 2001. p. 42-3.)

**2.** O eu lírico afirma: "Juntos fizemos um desvio na rota/por onde o amor passou".

a) Levante hipóteses: Nessa separação, quem parece sofrer mais é o eu lírico ou a mulher amada? Justifique com um ou mais versos do poema.

b) Que título você daria ao poema?

Leia o anúncio a seguir e responda às questões de 3 a 5.

Moma Propaganda

**3.** Identifique no anúncio os termos com que concordam as formas verbais:

a) saíram
b) voltou
c) deduziu
d) era

**4.** O texto verbal do anúncio, reescrito com algumas alterações, está reproduzido a seguir. Complete-o com os mesmos verbos do texto original, fazendo a concordância adequada entre cada um deles e seu sujeito.

> Um grupo de jurados ☐ para testar a Fat Boy Special e eles ainda não ☐. Aí as pessoas ☐ que essas máquinas ☐ mesmo as melhores.

**5.** Releia a última frase do anúncio:

> "Aí o pessoal deduziu que ela era mesmo a melhor."

Levante hipóteses:

a) Quem é "o pessoal" a que o texto se refere?

b) Observe a expressão *a melhor* destacada no texto original. Qual efeito de sentido esse destaque produz no anúncio?

c) Caso a expressão *a melhor* fosse substituída por *as melhores*, essa mudança traria alterações no sentido do texto? Justifique sua resposta.

## Concordância do verbo com o sujeito simples

Quando o sujeito for representado por:

- **substantivo coletivo** → verbo no singular: O povo *aclamou* o candidato.

  Mas se o sujeito coletivo estiver acompanhado de adjunto ou distante do verbo → verbo no singular ou no plural:

  > O grupo de estudantes *gritava* (ou *gritavam*) palavras de ordem.
  > O elenco se reuniu e, depois de muita discussão, *resolveu* (ou *resolveram*) continuar o espetáculo.

- **nome próprio de lugar ou título de obra no plural** → verbo no plural, se precedido de artigo:

  > Os Estados Unidos *concederam* ajuda financeira àquele país.

  Em títulos de obras, com o verbo *ser* e predicativo singular, admite-se também o verbo no singular:

  > *Os sertões* *é* um livro muito interessante.

  → verbo no singular, se não houver artigo precedendo-o, ou se o artigo estiver no singular:

  > *Contos novos* *é* uma das obras de Mário de Andrade.
  > O Amazonas *nasce* em território peruano.

- **pronome de tratamento** → verbo na 3ª pessoa:

  > Vossa Senhoria *está* melhor agora?

- **pronome relativo *que*** → verbo concorda com o antecedente do pronome:

  > Hoje somos nós que *cuidaremos* do almoço.

- **pronome relativo *quem*** → verbo na 3ª pessoa do singular ou concordando com a pessoa do antecedente do pronome:

  > Fui eu quem *fez* a pesquisa. / Fui eu quem *fiz* a pesquisa.

- **um dos que** → verbo no plural ou no singular:

  > Uma das pessoas que *desconfiavam* (ou *desconfiava*) de nós era João.

## Concordância ideológica

É inadequada a concordância verbal na frase seguinte?

> Eu creio que os modernistas da Semana de Arte Moderna não *devemos* servir de exemplo a ninguém.

No caso dessa frase, a concordância é ideológica, ou seja, é feita não com a forma gramatical da palavra, mas com o seu sentido, com a ideia que ela expressa. Trata-se de um caso de *silepse*, palavra de origem grega que significa "ação de reunir, de tomar em conjunto".

Na frase acima, ocorre *silepse de pessoa*, pois seu autor se inclui no sujeito de 3ª pessoa (*os modernistas*), e o verbo fica, por isso, na 1ª pessoa do plural.

Há ainda:

- *silepse de gênero*, como na frase "Senhor presidente, Vossa Excelência é muito generoso", em que o adjetivo *generoso* concorda com a ideia de masculino de *Vossa Excelência*, e não com sua forma feminina;
- *silepse de número*, como na frase "Esta equipe está muito bem fisicamente. Correm em campo e não perdem um lance de bola", em que os verbos *correm* e *perdem*, no plural, concordam com a ideia de *vários jogadores* e não com o substantivo coletivo *equipe*.

**6.** Leia a tira:

Luis Fernando Verissimo

a) No 2º quadrinho, a personagem dá uma definição para o termo *vagabundo*. Reescreva a frase, empregando a forma *vagabundos*.

b) Que alteração as formas verbais *é* e *tem* da frase original sofreram na reescrita da frase? Justifique a alteração.

c) A conclusão da personagem baseia-se na definição que ela dá para o termo *vagabundo*. Explique a construção do humor do texto, com base nessa definição.

## Expressões que denotam quantidade

Quando o sujeito for representado por expressões, como:

- **parte de, a maioria de, metade de, grande parte de, grande parte** seguida de substantivo plural → verbo no singular ou no plural: Uma parte dos funcionários *preferiu* (ou *preferiram*) férias coletivas.
- **cerca de, perto de, mais de, menos de** → verbo concorda com o numeral que o acompanha: Cerca de dez mil pessoas *assistiram* ao campeonato mundial de futebol. / Mais de uma pessoa *correu* em direção à porta de emergência.

## Concordância do verbo com o sujeito composto

Se o sujeito composto:

- estiver *anteposto* ao verbo → verbo no plural: O fazendeiro e a filha *compareceram* à reunião dos sem-terra.
- estiver *posposto* ao verbo → verbo concorda com o núcleo mais próximo ou com todos, no plural:

> *Voltaram* (ou *voltou*) muito tarde do *show* o menino e os primos dele.

- for constituído por *pessoas gramaticais diferentes* → verbo no plural. A 1ª pessoa prevalece sobre as demais. Se houver 2ª e 3ª pessoas, o verbo pode ficar na 2ª ou na 3ª pessoa:

*Eu*, tu e ele *ficaremos* juntos no grupo de teatro. / *Tu* e ele *ficareis* juntos. / Tu e *ele* *ficarão* juntos.

Se os núcleos do sujeito composto forem unidos por:

- **ou** → verbo no singular ou no plural, de acordo com o valor semântico da conjunção *ou*:

João *ou* Pedro *dirigirá* o carro. (exclusão) / Cinema ou teatro me *agradam*. (adição) / O pai ou os pais dela *virão* falar com você hoje. (retificação)

- **com** → verbo no plural: A mulher com as filhas *entraram* apressadamente na loja.
- **tanto... como, não só... mas também** → verbo no plural:

Tanto Emília como (quanto) Leonor *estimam*-no muito.

As expressões:

- **um ou outro, nem um nem outro** → verbo no singular:

Nem um nem outro rapaz *tinha* a intenção de permanecer nesse emprego.

- **um e outro** → verbo no singular ou no plural: Um e outro *saiu* (ou *saíram*) constrangido(s) da reunião.

**7.** Leia os textos a seguir, retirados da cartilha *Pelo direito humano à água*, elaborada pelo Instituto Equit.

**As mulheres: gestoras cotidianas da água**

Particularmente as mulheres, que conhecemos o valor da água para as tarefas cotidianas que ainda continuam sob nossa responsabilidade, sofremos com sua falta e muitas vezes continuamos assumindo o trabalho de carregá-la até as casas, onde a família toda precisa cotidianamente dela para preparar os alimentos, beber, tomar banho, limpar a casa e os sanitários etc. Até em cidades como Manaus, rodeada de água por toda parte, é ainda comum ver mulheres com a lata d'água na cabeça, carregando ela para dentro de suas casas!

Por todos esses motivos, as mulheres somos conscientes da importância da preservação das fontes de água e do uso racional da mesma, como também da necessidade de exigir e lutar por políticas públicas que ampliem o acesso à água encanada e ao saneamento básico para todos os moradores da cidade.

Assim, é preciso caminhar todos juntos, e com a maior parte dos países do mundo, na luta contra a mercantilização e a privatização da água que tem avançado consideravelmente. Um grande êxito de tais lutas foi alcançado em junho de 2010, quando em votação unânime dos países na ONU – Organização das Nações Unidas –, a água foi considerada um Direito Humano Básico, ou seja, seu valor para a vida deve ser prioridade frente a seu valor econômico.

Instituto Equit

a) Observe os logotipos que aparecem na parte inferior da capa da cartilha. Levando em conta os elementos verbais e não verbais que os compõem e o texto verbal em destaque, levante hipóteses: Qual é a área de atuação do Instituto Equit?

b) Releia os seguintes trechos do texto da direita:

- "Particularmente as mulheres, que conhecemos o valor da água para as tarefas cotidianas, [...] sofremos com sua falta"
- "Por todos esses motivos, as mulheres somos conscientes da importância da preservação das fontes de água"

Tendo em vista a área de atuação do instituto responsável pela elaboração da cartilha, justifique a concordância verbal observada nos trechos.

**8.** Predomina no texto uma variedade linguística de acordo com a norma-padrão. Contudo, no trecho "é ainda comum ver mulheres com a lata d'água na cabeça, carregando ela para dentro de suas casas!", há um desvio em relação à norma-padrão.

a) Qual é esse desvio?

b) Levante hipóteses: Esse desvio foi intencional por parte do enunciador? Por quê?

**9.** Leia o texto a seguir e indique as formas verbais que o completam adequadamente, de acordo com as indicações entre parênteses. Depois indique os sujeitos com os quais essas formas verbais concordam.

## Palavrão que salva

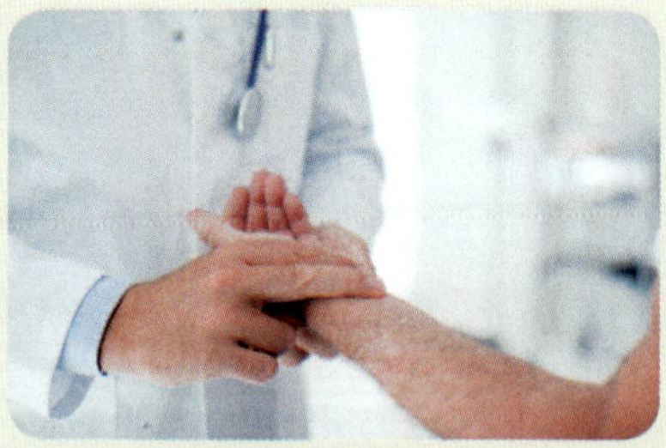
Martin Barraud/OJO Images/Getty Images

Entre os valores deixados por meu pai, José Alencar, ☐ (estar – presente do indicativo): fé, esperança e bom humor. Em suas duras sessões de quimioterapia na luta contra o câncer, sempre positivo, ele contava aos médicos que, lá pelos anos 1950, leu, na primeira página do "Correio da Manhã", a notícia da cura da tuberculose, com a descoberta da hidrazida do ácido isonicotínico. Um "palavrão"!

Com um largo sorriso, afirmava que, ainda em vida, também iria ler a descoberta da cura do câncer nas manchetes dos jornais. [...]

O Brasil ocupa o 19º lugar no ranking das 22 nações nas quais ☐ (concentrar-se – presente do indicativo) 80% dos casos de tuberculose no mundo. Nessa relação, quanto mais elevada é a posição em que se coloca um país, melhor é a sua situação. [...]

Todos nós, e não só as autoridades, ☐ (dever estar – presente do indicativo) comprometidos a começar pela vacinação das crianças com a BCG, que precisa ser feita nos primeiros meses de vida. Os pais e responsáveis ☐ (dever ficar – presente do indicativo) atentos e não perder os prazos. Também é importante que todo cidadão ☐ (procurar – presente do subjuntivo) o médico ou uma unidade de saúde se apresentar tosse, com ou sem secreção, por mais de três semanas. Se for tuberculose, o tratamento é iniciado, e a cadeia de transmissão, interrompida. A doença tem cura! [...]

Um dos Objetivos de Desenvolvimento do Milênio (ODM) ☐ (ser – presente do indicativo) reduzir mundialmente os óbitos até 2015, tendo como base o ano de 1990. Em 2011, o Brasil já os ☐ (diminuir – pretérito perfeito do indicativo) pela metade, cumprindo a meta com antecedência, conforme reconheceu a OMS. Avançamos, mas precisamos de amplo compromisso, não só do setor público, como de toda a sociedade, para vencer definitivamente a grave doença no território brasileiro.

(Josué Gomes da Silva. Disponível em: www1.folha.uol.com.br/colunas/josuegomesdasilva/1113240-palavrao-que-salva.shtml. Acesso em: 12/7/2012.)

**10.** Releia as seguintes frases do texto da questão anterior:

- "O Brasil *ocupa* o 19º lugar no ranking"
- "o Brasil já os *diminuiu* pela metade"
- "*Avançamos*, mas *precisamos* de amplo compromisso, não só do setor público, como de toda a sociedade"

a) Identifique os sujeitos das formas verbais destacadas nas frases.

b) Discuta com seus colegas e professor: A quem os sujeitos das frases se referem? Com que finalidade o enunciador emprega um e outro sujeito?

c) Reescreva as frases, colocando o sujeito dos verbos *ocupar* e *diminuir* em concordância com *avançar* e *precisar*, e vice-versa. Depois responda: Essas alterações provocam mudança de sentido no texto original?

## Concordância do verbo *ser*

A concordância do verbo de ligação *ser* costuma variar, ora se fazendo com o sujeito ora com o predicativo. Leia este cartum:

(Santiago. *O melhor de Macanudo Taurino*. Porto Alegre: L&PM, 1997. p. 98.)

No seguinte enunciado do 1º quadrinho do cartum, há duas orações:

| O | que me preocupa na Vó Libânia | são esses banhos de manhã cedo! |
|---|---|---|
| 1ª oração | 2ª oração | 1ª oração |

Na 1ª oração, "O [...] são esses banhos de manhã cedo!", observe que o sujeito é o pronome demonstrativo *o* (equivalente a *aquilo*) e o verbo *ser* foi empregado no plural (são) concordando com o predicativo do sujeito. Esse é um dos casos em que o verbo *ser*, em vez de concordar com o sujeito, concorda de preferência com o predicativo.

Há, a seguir, alguns exercícios de concordância do verbo *ser*. Antes de resolvê-los, leia o boxe da página seguinte, que contém, em resumo, outros casos de concordância desse verbo.

## EXERCÍCIOS

**1.** Entre as frases a seguir, há uma na qual a concordância do verbo *ser* está em desacordo com a norma-padrão. Identifique-a e reescreva-a, adequando-a.

a) Esqueça, pai, isto já são coisas do passado.

b) Em minha classe, o líder é eu.

**2.** Reescreva as frases a seguir, trocando as palavras destacadas pelas palavras que estão entre parênteses, refazendo, se necessário, a concordância do verbo *ser*, de acordo com a norma-padrão.

a) Daqui até o muro, é *um metro*. (cinco metros)

b) Aquilo era *um pedaço de pão velho*. (restos do jantar)

c) Amanhã é *Natal*. (27 de maio)

d) *Cinema e livros* são nosso lazer cultural. (teatro)

e) Apressem-se, pois já é *uma hora*. (seis horas)

f) O responsável pela biblioteca é *você*. (eu)

### Concordância do verbo *ser*

Quando o sujeito ou o predicativo for:

- **nome de pessoa** ou **pronome pessoal**, o verbo *ser* concorda com a pessoa gramatical:

  Renato (sujeito) *era* as esperanças do pai. / A esperança dos pais *são* eles, (predicativo) os filhos.

- **nome de coisa** e um estiver no singular e o outro no plural, o verbo *ser* concorda preferencialmente com o que estiver no plural:

  Os livros (sujeito) *são* a minha paixão. / A minha paixão *são* esses discos antigos. (predicativo)

Quando o verbo *ser* indicar:

- **horas** e **distâncias**, ele concorda com a expressão numérica:

  *É* uma hora. / *São* duas horas.
  Daqui até a feira, *é* um quilômetro / *são* dois quilômetros.

- **datas**, ele concorda com a palavra *dia(s)*, que pode estar expressa ou subentendida:

  *É* (dia) doze de junho. / *São* doze (dias) de junho.

## Casos especiais

Leia a tira a seguir e responda às questões 1 e 2.

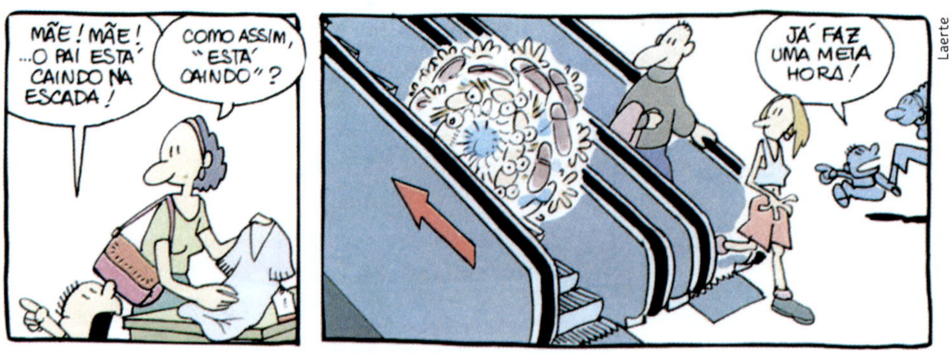


**1.** Levante hipóteses:

a) Por que, no 1º quadrinho, a mãe estranha a construção *está caindo* na fala do filho?

b) Por que a explicação dada pelo garoto no 2º quadrinho, associada à imagem, desfaz o estranhamento causado por sua primeira fala?

**2.** Releia a fala do garoto no 2º quadrinho:

> "Já faz uma meia hora!"

a) Reescreva a frase, substituindo a expressão *uma meia hora* por:

- 30 minutos
- mais de meia hora
- algum tempo
- duas horas

b) O verbo *fazer* sofre alteração com as substituições? Justifique sua resposta com base na concordância desse verbo.

Leia o anúncio a seguir e responda às questões 3 e 4.

WMcCann

**3.** Responda:

a) Quem é o anunciante?

b) A quem o anúncio se dirige, especialmente?

c) Segundo o enunciado principal, qual seria o verdadeiro motivo de uma pessoa engordar comendo o pão anunciado?

d) Que efeito provoca no texto e na interação com os leitores a explicação dada no enunciado?

**4.** Escreva novas versões do trecho "existem duas explicações", do enunciado principal do anúncio, empregando os verbos indicados entre parênteses.

a) ☐ um único motivo (existir - presente do indicativo)

b) ☐ um único motivo (haver - presente do indicativo)

c) ☐ duas explicações (haver - presente do indicativo)

d) ☐ algo inesperado (acontecer – pretérito perfeito do indicativo)

e) ☐ imprevistos (acontecer – pretérito perfeito do indicativo)

f) ☐ de uma notícia inesperada (tratar-se – presente do indicativo)

g) ☐ de novidades (trata-se – presente do indicativo)

**5.** Leia os pares de frases abaixo, observando as formas verbais destacadas:

- Os exames *parecem terminar* mais cedo hoje.
  Os exames *parece terminarem* mais cedo hoje.
- *Hajam vista* os quadros deste pintor.
  *Haja vista* (a)os quadros deste pintor.

Você deve ter observado que:

- nas frases em que ao verbo *parecer* segue-se um infinitivo podem ocorrer dois tipos de concordância;
- a expressão *haja vista* pode ser empregada de três modos.

Nas frases a seguir, há uma das formas vistas acima. Reescreva as frases, empregando o(s) outro(s) tipo(s) de concordância.

a) Acho que você tem razão. Haja vista os critérios de escolha dos candidatos a este emprego.

b) Os resultados das pesquisas parece apresentarem falhas.

## Verbo + pronome *se*

- Os **verbos transitivos diretos** ou **transitivos diretos e indiretos**, quando apassivados, concordam com o sujeito:

  *Vendem-se* casas e terrenos a prazo.
  VTD — sujeito

- Os **verbos de ligação**, **intransitivos** ou **transitivos indiretos**, quando seguidos de *se*, ficam na 3ª pessoa do singular, porque seu sujeito é indeterminado:

  *Precisa*-se de serventes de pedreiro.
  VTDI

## Verbos impessoais

Ficam na 3ª pessoa do singular (exceto o verbo *ser*). São impessoais os verbos:

- que indicam **fenômenos da natureza**:

  *Relampejou* a noite toda.

- **haver** (no sentido de "existir, acontecer"):

  *Já houve* duas discussões sérias entre nós.

- **haver**, **fazer**, **estar**, **ir**, quando indicam tempo:

  *Há* meses não o vejo. / *Faz* dois anos que não tiro férias. / *Está* frio hoje. / *Vai* em dois ou mais anos que eles se separaram.

Nas locuções verbais, o verbo impessoal transmite sua impessoalidade ao verbo auxiliar. Veja:

Ainda *deve haver* ingressos para o espetáculo de amanhã.
*Está fazendo* alguns dias que ela esteve aqui.

**6.** Leia este pensamento de Albert Einstein:

(Legrand. *Que seja eterno enquanto dure*. Belo Horizonte: Soler Editora, 2005. p. 104-5.)

a) Na frase: "*Há* duas formas para viver a sua vida: uma é acreditar que não existe milagre", o verbo *haver* apresenta qual sentido?

b) Segundo o pensamento de Albert Einstein, há duas maneiras antagônicas de o ser humano viver a vida. Interprete e explique semanticamente cada uma delas.

# CONCORDÂNCIA NOMINAL

## Regra geral

Leia esta tira:

(Nik. *Te amo cada día más*. Buenos Aires: Ediciones de la Flor. Tradução dos autores.)

Observe, na primeira fala do Gaturro, que os adjetivos ou locuções adjetivas *especial*, *única*, *irrepetível*, *sem igual*, *onipresente* e *original* se referem ao substantivo *Ágatha* e concordam com ele em gênero e número:

| substantivo | | adjetivo | adjetivo | adjetivo | loc. adjetiva | adjetivo | adjetivo |
|---|---|---|---|---|---|---|---|
| Ágatha | é | especial, | única, | irrepetível, | sem igual, | onipresente, | original |
| fem. sing. | | sing. | fem. sing. | sing. | sing. | sing. | sing. |

Além do adjetivo e de locuções adjetivas, outras palavras - artigos, pronomes adjetivos, numerais e particípios – também concordam em gênero e número com o substantivo a que se referem:

| artigo | pron. adj. | numeral | adjetivo | substantivo | particípio |
|---|---|---|---|---|---|
| *Os* | *seus* | *três* | *recentes* | livros | foram *lançados* no exterior. |

Na concordância do adjetivo com o substantivo a que se refere, há, além da regra geral, alguns casos especiais que merecem atenção. Os exercícios a seguir tratam de alguns deles. Antes de realizá-los, leia as orientações dadas e os boxes, se necessário.

## EXERCÍCIOS

Leia o anúncio a seguir e responda às questões de 1 a 4.

IBEASA

(*Folha do Parque*, abril/maio 2009.)

**1.** Analise, do ponto de vista da concordância nominal, o enunciado da parte inferior do anúncio:

> "Lixo e esgotos são lançados diretamente nos rios brasileiros. Os mesmos de onde é captada a água do seu suco."

Com que palavra concordam os adjetivos:

a) brasileiros? b) captada?

**2.** O particípio *lançados* está no masculino e no plural.

a) O que justifica essa forma?

b) Haveria alteração na concordância, caso a palavra *esgotos* estivesse no singular? Por quê?

**3.** Observe a imagem mostrada no anúncio.

a) De acordo com ela, de onde vem o suco que está no copo?

b) Logo, que tipo de relação há entre a parte verbal e a parte não verbal do texto?

**4.** No canto direito está identificado o produtor do texto: Ibeasa (Instituto Brasileiro de Estudos e Ações em Saneamento Básico).

a) A quem se destina o anúncio?

b) Qual é a finalidade do anúncio, considerando-se o conteúdo verbal e não verbal que ele apresenta?

**5.** Leia as seguintes regras sobre a concordância do adjetivo que se refere a vários substantivos.

- Adjetivo referente a vários substantivos de gêneros diferentes:

- quando *posposto*, concorda com o mais próximo ou fica no masculino plural:

> Dedicava todo seu tempo ao comércio e à navegação *costeira* (ou *costeiros*).

- quando *anteposto*, concorda com o mais próximo, se funcionar como adjunto adnominal; se for predicativo (do sujeito ou do objeto), pode concordar com o mais próximo ou ficar no plural:

> Nunca vi *tamanho* desrespeito e ingratidão.
> adjunto adnominal
>
> Permaneceu *fechada* a janela e o portão.
> predicativo do sujeito
>
> Encontrei *abandonados* a sala e o pátio.
> predicativo do objeto

- Dois ou mais adjetivos referentes a um substantivo determinado por artigo admitem duas concordâncias:

> Estudo as *línguas* italiana e francesa.
> Estudo a *língua* italiana e a francesa.

Reescreva as frases, fazendo a devida concordância das palavras indicadas entre parênteses:

a) O leitor pulou (longo) capítulos e páginas, porque achou o livro grosso.

b) O poeta escreveu capítulos e páginas (compacto).

c) O advogado considerou (perigoso) o argumento e a decisão.

d) Comprei uma casa e um carro (usado).

e) Os alunos e as alunas (aprovado) pretendem fazer um coquetel e um baile (bastante) agradáveis.

**6.** Leia este cartum:

Santiago

(Santiago. *De papo pro ar.* Porto Alegre: L&PM, 1998. p. 42.)

a) Na 1ª placa, observe que a forma verbal *é* está implícita. Explique por que o adjetivo *proibido* foi empregado no feminino singular.

b) Na 2ª placa, qual destas palavras – *recebido*, *recebida*, *recebidas* – completa adequadamente a frase?

## É proibido, é preciso, é bom

Quando se refere a sujeito de sentido genérico, o adjetivo fica sempre no masculino singular:

> Fruta é *bom* para a saúde.

Mas, se o sujeito for determinado por artigo ou pronome, a concordância é feita normalmente:

> A fruta é *boa* para a saúde.

**7.** Que palavra completa adequadamente o poema: *meio* ou *meia*? Por quê?

> **Então, friends**
>
> levo a vida assim,
> ☐ direita, ☐ torta,
> às vezes arrombando a festa
> outras, dando com a cara na porta.
>
> (Ulisses Tavares. *Viva a poesia*. 9. ed. São Paulo: Saraiva, 2009. p. 20.)

**8.** Reescreva as frases seguintes, fazendo a devida concordância das palavras indicadas entre parênteses.

a) O nome de Beto na lista dos aprovados deixou os pais dele (bastante) felizes.

b) Os moradores entregaram ao prefeito um documento com reivindicações (bastante) para a melhoria do trânsito no bairro.

c) Os alunos que ajudaram na campanha receberam (bastante) congratulações dos beneficiados.

d) A mãe ficou (meio) aborrecida com aquela discussão tola entre os filhos mais velhos.

e) Eu comprei (pouco) laranjas e (meio) melancia.

**9.** Substitua pelas palavras indicadas entre parênteses as expressões destacadas, fazendo as adaptações necessárias.

a) Eles já estavam *igualmente pagos*. (quite)

b) Ana e Patrícia *somente* irão se tiverem *muitos* detalhes do roteiro de viagem. (só – bastante)

c) Leia a carta e veja as fotografias *em anexo*. (anexo)

d) Elas *mesmas* decidiram não participar do campeonato. (própria)

## Bastante, meio, pouco, muito, caro, barato, longe, só

Essas palavras:

- com valor de *adjetivo*, concordam normalmente com o substantivo:

> Estas frutas estão *caras*.
> Já é *meio*-dia e *meia* (hora).

- com valor de advérbio, são invariáveis:

> A porta, *meio* aberta, deixava ver o interior da sala.

## Anexo, obrigado, mesmo, próprio, incluso, leso, quite

Esses adjetivos concordam com o substantivo a que se referem:

> Seguem *inclusas* as notas promissórias.

Os advérbios *só* (equivalente a *somente*), *menos* e *alerta* e a expressão *em anexo* são sempre invariáveis.

## A CONCORDÂNCIA NA CONSTRUÇÃO DO TEXTO

Leia a letra de uma canção de Arnaldo Antunes e responda às questões propostas.

**fora de si**

eu fico louco
eu fico fora de si
eu fica assim
eu fica fora de mim

eu fico um pouco
depois eu saio daqui
eu vai embora
eu fica fora de si

eu fico oco
eu fica bem assim
eu fico sem ninguém em mim

Thinkstock

1. O poema é relativamente simples quanto ao conteúdo, já que se organiza em torno de uma ideia central. Qual é essa ideia?

2. A canção se intitula "fora de si".
   a) O que significam expressões como "ficar fora de si" ou "ficar fora de mim"?
   b) Logo, o título da canção é coerente com seu assunto central?

3. O texto causa estranhamento devido à falta de concordância entre algumas palavras e termos.
   a) Reescreva todos os versos em que se verificam desvios de concordância em relação à norma-padrão da língua, adequando-os.
   b) Identifique o tipo de problema de concordância verificado em cada um dos versos reescritos: concordância verbal (entre o verbo e o sujeito), concordância nominal (entre os pronomes) ou concordância verbal e nominal (entre o verbo e o sujeito e entre os pronomes).

4. Como se nota, os desvios em relação à norma-padrão identificados nessa canção são intencionais, uma vez que quebram pressupostos básicos do uso corrente da língua, dominados até por falantes não letrados, como, por exemplo, em "eu fica assim". Levando em conta que a forma de um texto geralmente está relacionada com seu conteúdo, responda: Que papel tem a concordância ou a falta dela na construção do sentido global da canção?

5. Em todos os versos, o centro do discurso é a figura do eu lírico, identificado pelo pronome reto *eu*. Apesar disso, os verbos e pronomes se alternam entre a 1ª e a 3ª pessoa, sugerindo a presença de outra pessoa, talvez um interlocutor, não mencionada explicitamente no texto.
   a) Quem poderia ser essa pessoa?
   b) Levante hipóteses: Que relação pode haver entre a falta de concordância do texto e o relacionamento entre o eu lírico e essa pessoa?

## SEMÂNTICA E DISCURSO

Leia este poema, de Patativa do Assaré:

No verdô da minha idade
mode acalentá meu choro
minha vovó de bondade
falava em grandes tesôro
era históra de reinado
prencesa, prinspe, incantado
com feiticêra e condão
essas históra ingraçada
tá selada e carimbada
dentro do meu coração.
[...]

Mas porém eu sinto e vejo
que a grande sodade minha
não é só de históra e bejo
da querida vovozinha
demanhazinha bem cedo
sodade dos meus brinquedo
meu bodoque e meu bornó
o meu cavalo de pau
meu pinhão, meu berimbau
e a minha carça cotó.

Filipe Rocha

(Patativa do Assaré. *Digo e não peço segredo*. São Paulo: Escrituras Editora, 2001. p. 15.)

**1.** Nesse poema, o eu lírico faz uma descrição de sua infância ("No verdô da minha idade"), numa linguagem regional e coloquial, própria da fala popular, nordestina.

a) O que significa, no contexto, a palavra *verdô*?

b) Que sentido tem a palavra *mode* (da expressão "pra mode") no verso "mode acalentá meu choro"?

c) Destaque palavras que representem a linguagem regional coloquial e que não estejam grafadas e/ou acentuadas de acordo com a norma-padrão. Levante hipóteses: Por que elas são grafadas dessa forma?

**2.** Releia os versos e observe as concordâncias nominal e verbal:

"essas históra ingraçada / tá selada e carimbada / dentro do meu coração."

a) Como ficariam esses versos se fossem reescritos de acordo com a norma-padrão?

b) Observe que, nesses versos, apenas o pronome *essas* está no plural. Levante hipóteses: Em termos de comunicação, é necessário que todas as palavras dessa expressão estejam no plural? Por quê?

c) Levante hipóteses: Por que ocorre esse fenômeno na fala?

**3.** No prefácio do livro *Digo e não peço segredo*, de Patativa do Assaré, Luiz Tadeu Feitosa escreve: "Como se verá aqui, sua linguagem 'matuta' é apenas uma opção porque o pássaro que se nos apresenta aqui é liberto. Leu Camões, Castro Alves, Olavo Bilac, José de Alencar, Machado de Assis e outros apenas para saber e provar que 'poderia fazer igual a eles todos'. 'E eu sou', diz Patativa".

a) Deduza: Por que o poeta optou por essa linguagem "matuta", ou seja, pela cultura popular e não pela erudita?

b) O poema é construído em redondilha maior. Na sua opinião, por que Patativa optou por essa métrica?

c) No excerto do prefácio lido, quando comparado aos escritores brasileiros, Patativa diz: "E eu sou". Discuta com os colegas sobre a contribuição da obra do poeta no cenário brasileiro.

**4.** A frase a seguir apresenta ambiguidade:

> Após a reunião, a diretora da empresa ficou só na sala.

a) Qual é a palavra responsável pela ambiguidade dessa frase? Por quê?

b) Reescreva a frase de modo a desfazer a ambiguidade, tornando preciso cada um dos sentidos da palavra.

**5.** Leia esta tira:

(Fernando Gonsales. *Níquel Náusea – Nem tudo que balança cai!.* São Paulo: Devir, 2003. p. 14.)

a) De acordo com o contexto, qual das formas – *obrigado* ou *obrigada* – completa adequadamente o terceiro balão do 1º quadrinho da tira? Por quê?

b) Se fosse a mãe quem dissesse esse adjetivo – *obrigado* ou *obrigada* –, como deveria empregar a palavra para que a concordância ficasse de acordo com a norma-padrão da língua?

**6.** Para criar humor, o autor da tira trabalha com o conhecimento prévio do leitor e com a quebra de expectativa.

a) Por que a resposta do vampiro é engraçada no 1º quadrinho?

b) Por que o comentário do vampiro, no último quadrinho, rompe, mais uma vez, com a expectativa do leitor?

**7.** A palavra *bastante* tem dois valores gramaticais. Como advérbio, ela equivale a "muito, demais" e é invariável; como adjetivo, equivale a "muito(a), muitos(as)" e é variável. Leia estas frases:

> Ele conhece □ países.
> Ele conhece □ esses países.

Em qual delas a palavra *bastante* teria o sentido do advérbio e seria, portanto, invariável?

Album/akg-images/Latinstock

Autour du cercle (1940), de Wassily Kandinsky.

CAPÍTULO 30

# Regência verbal e regência nominal

## CONSTRUINDO O CONCEITO

Leia a seguir a letra de uma canção de Tom Jobim. Se possível, ouça a canção.

**Meditação**

Quem acreditou
No amor, no sorriso, na flor
Então sonhou, sonhou...
E perdeu a paz
O amor, o sorriso e a flor
Se transformam depressa demais

Quem, no coração
Abrigou a tristeza de ver tudo isso [se perder
E, na solidão
Procurou um caminho e seguiu,
Já descrente de um dia feliz

Quem chorou, chorou
E tanto que seu pranto já [secou
Quem depois voltou
Ao amor, ao sorriso e à flor
Então tudo encontrou
E a própria dor
Revelou o caminho do amor
E a tristeza acabou

(Disponível em: http://letras.mus.br/tom-jobim/49049/. Acesso em: 24/7/2012.)

Coleção Adolpho Leirner, SP

*Os namorados* (s/d.), de Ismael Nery.

Na língua portuguesa, para construir sentido nos enunciados que produzimos, os verbos e nomes ligam-se a outros termos de diferentes formas.

**1.** Releia estes versos da canção:

"Procurou um caminho e seguiu,
Já descrente de um dia feliz"

a) O verbo *procurar*, no primeiro verso, é transitivo direto. Qual é o termo que completa o seu sentido?

b) O nome *descrente*, no segundo verso, também precisa de um termo para lhe completar o sentido. Qual é esse termo?

c) Observe suas respostas nos itens anteriores. Qual dos termos é introduzido por preposição?

**2.** Observe os seguintes pares de versos:

I. "Quem acreditou
*No amor, no sorriso, na flor*"

II. "*O amor, o sorriso e a flor*
Se transformam depressa demais"

III. "Quem depois voltou
*Ao amor, ao sorriso e à flor*"

a) Na oração que cada par de versos constitui, o termo em destaque:

- liga-se a qual termo?
- tem qual função sintática?

b) Em quais pares de versos o termo em destaque se liga ao verbo por meio de preposição?

**3.** Os substantivos *amor*, *sorriso* e *flor* se repetem ao longo da canção, vinculados aos verbos *acreditar*, *transformar-se* e *voltar*.

a) Que relação de sentido há entre o título da canção e a repetição desses substantivos, cada vez vinculados a um desses verbos?

b) Levante hipóteses: A que conclusão sobre o amor, o sorriso e a flor o eu lírico chega na última estrofe da canção?

## CONCEITUANDO

Ao responder às questões anteriores, você certamente observou que há termos que exigem a presença de outro termo para construir sentido, como é o caso dos verbos *procurar*, *acreditar* e *voltar* e do adjetivo *descrente*. Na letra da canção, *procurar* precisou do termo *um caminho*; *acreditar*, do termo *no amor, no sorriso e na flor*; *voltar*, do termo *ao amor, ao sorriso e à flor*; *descrente*, do termo *de um dia feliz*.

Quando um termo – verbo ou nome – exige a presença de outro, ele se chama *regente* ou *subordinante*; os que completam a sua significação chamam-se *regidos* ou *subordinados*.

Observe a regência nestes versos da canção lida:

Quem *acreditou* no amor, no sorriso, na flor
- *acreditou*: VTI – termo regente
- no amor, no sorriso, na flor: OI – termo regido

Já *descrente* de um dia feliz
- *descrente*: adjetivo – termo regente
- de um dia feliz: termo regido

Quem depois *voltou* ao amor, ao sorriso e à flor
- *voltou*: VTI – termo regente
- ao amor, ao sorriso e à flor: OI – termo regido

Coleção Adolpho Leirner, SP

No primeiro e no terceiro exemplos, os termos *no amor, no sorriso e na flor* e *ao amor, ao sorriso e à flor* completam o sentido dos verbos *acreditar* e *voltar*, respectivamente. No segundo exemplo, *de um dia feliz* completa o sentido do nome (adjetivo) *descrente*.

Assim:

> Quando o termo regente é um *verbo*, ocorre **regência verbal**.
> Quando o termo regente é um *nome* – substantivo, adjetivo, advérbio –, ocorre **regência nominal**.

# REGÊNCIA VERBAL

Há verbos que admitem mais de uma regência. Geralmente a diversidade de regência corresponde a uma diversidade de significados do verbo. Por exemplo, o verbo *agradar*, no sentido de "acariciar", é *transitivo direto*, enquanto no sentido de "satisfazer, contentar" é *transitivo indireto*. Observe:

A mãe, comovida, *agradava* o filho choroso.
(*agradava*: VTD; *o filho choroso*: OD)

Suas palavras *agradaram* ao público.
(*agradaram*: VTI; *ao público*: OI)

Certos verbos, no entanto, são empregados em acepção semelhante com mais de uma regência. Veja um exemplo:

A voluntária *distribuía* leite às crianças.
(*distribuía*: VTDI; *leite*: OD; *às crianças*: OI)

A voluntária *distribuía* leite com as crianças.
(*distribuía*: VTD; *leite*: OD; *com as crianças*: adj. adverbial)

E há, ainda, verbos que podem ter vários significados e uma única regência. Por exemplo:

Este caso *carece* de importância. (*carecer* = não ter)
(*carece*: VTI; *de importância*: OI)

Este menino *carece* de um par de tênis novos. (*carecer* = precisar)
(*carece*: VTI; *de um par de tênis novos*: OI)

A identificação da regência de alguns verbos costuma apresentar dificuldade, seja devido à informalidade da língua falada, na qual muitas construções se mostram em desacordo com a norma-padrão, seja porque muitos verbos têm mais de um significado e, quase sempre, mais de uma regência. Em caso de dúvida, recomenda-se consultar o dicionário.

Eis um quadro com alguns verbos cuja regência costuma suscitar dúvidas:

| VERBO | CLASSIFICAÇÃO | SIGNIFICADO | EXEMPLO |
|---|---|---|---|
| **aspirar** | VTD<br>VTI | sorver, respirar<br>pretender, desejar | Os atletas **aspiravam** *o ar das montanhas.*<br>O vereador **aspirava** *a um alto cargo.* |
| **assistir** | VTI<br>VTD ou VTI<br>VI | estar presente, presenciar, ver,<br>acompanhar, prestar assistência<br>morar, residir (rege adjunto adverbial com a preposição *em*) | Ontem **assisti** *a um filme iraniano.*<br>O médico **assiste** *o doente* (ou *ao doente*).<br>Minha comadre **assiste** *em Santos.* |
| **chamar** | VTD<br>VTI<br>VTD ou VTI | convocar, fazer vir<br>invocar (exige a preposição *por*)<br>cognominar, qualificar, denominar<br>+<br>predicativo do objeto | **Chamem** *a polícia*!<br>O pai **chamava** desesperadamente *pela filha.*<br>**Chamava**-*o* irresponsável.<br>**Chamava**-*o* de irresponsável.<br>**Chamava**-*lhe* irresponsável.<br>**Chamava**-*lhe* de irresponsável. |
| **chegar** e **ir** | VI | (exigem a preposição *a* quando indicam lugar) | **Cheguei** *ao cinema* vinte minutos atrasado.<br>**Vou** *ao cinema* duas vezes por semana. |
| **esquecer** e **lembrar** | VTD<br>VTI<br><br>VTI | (quando não pronominais)<br>(quando pronominais, exigem a preoposição *de*)<br>cair no esquecimento/vir à lembrança | Que chateação! **Esqueci** *o nome dele.*<br>**Lembrei** *o nome dele.*<br>**Esqueci-me** *do livro.*<br>**Lembrei-me** *do fato.*<br>**Esqueceram**-*me* as chaves em casa. |
| **informar** | VTD<br>VTDI | dar notícias, esclarecer<br>(mesmo significado) | Os jornais **informaram** *o público consumidor.*<br>A secretária **informou** *a nota ao aluno.*<br>A secretária **informou** *o aluno da nota.* |
| **morar** e **residir** | VI | (exigem adjunto adverbial com a preposição *em*) | **Moro** *em São Paulo.*<br>**Resido** *em Jundiaí.* |
| **obedecer** e **desobedecer** | VTI | (exigem a preposição *a*) | O bom motorista **obedece** *às leis do trânsito.*<br>Felipe **desobedeceu** *a seus superiores.* |
| **pagar** e **perdoar** | VTD<br>VTI<br>VTDI | (quando o objeto é coisa)<br>(quando o objeto é pessoa) | **Paguei** *a conta.*<br>**Perdoei** *aos inimigos.*<br>**Paguei** *a conta ao feirante.*<br>**Perdoei** *a ofensa ao menino.* |
| **preferir** | VTDI<br><br>VTD | querer antes, escolher entre duas ou várias coisas<br>dar primazia a, determinar-se por | **Prefiro** *o amor à guerra.*<br><br>**Preferimos** *a alegria*, não aceitamos a dor. |
| **querer** | VTD<br>VTI | desejar<br>estimar, querer bem (exige a preposição *a*) | Ela **queria** *o disco da Gal*, mas não *o* **quer** mais.<br>Eu **quero** *a meus amigos* e sempre *lhes* **quis**. |
| **simpatizar** e **antipatizar** | VTI | (exigem a preposição *com*; não são pronominais) | **Simpatizava** *com a ideia.*<br>Ao sermos apresentados, **antipatizei** *com ele.* |
| **visar** | VTD<br>VTI | mirar; pôr visto<br>ter em vista, pretender (exige a preposição *a*) | **Visou** *o alvo* e atirou.<br>O fiscal, aborrecido, **visava** *os passaportes.*<br>Homem sem escrúpulos, só **visava** *a uma posição de destaque.* |

## Quando o uso muda a regra

Há alguns verbos, como *aspirar*, *atender*, *visar*, que, embora apresentem, tradicionalmente, diferentes regências para sentidos diferentes, na linguagem usual e na linguagem jornalística costumam ser empregados, indiferentemente, como transitivos diretos. Assim, tradicionalmente, o verbo *visar*, no sentido de "ter em vista, pretender", exige a preposição *a*, como se vê nesta frase, por exemplo:

A reunião com representantes estrangeiros visava **à** ampliação das exportações de soja.

Entretanto, é possível também encontrar esse verbo empregado assim:

A reunião com representantes estrangeiros visava **a** ampliação das exportações de soja.

# REGÊNCIA NOMINAL

Leia o cartaz:

WWF-Brasil

A água é um bem renovável, mas não dura para sempre. Isto quer dizer que se não for bem cuidada, ela pode acabar. De toda a água do planeta, apenas 1% pode ser usada para o consumo e até mesmo o Brasil, que possui a maior reserva deste recurso, já enfrenta problemas. Reverter este quadro é muito mais do que um ato de cidadania, é uma questão de vida. A Campanha Água para a Vida, Água para Todos é uma iniciativa do WWF-Brasil para promover a preservação e a recuperação dos mananciais – fontes de água usadas para o abastecimento, alertar sobre a necessidade do uso racional da água e sobre os riscos que a poluição e a devastação das florestas podem trazer para a vida no planeta. Para participar desta campanha, acesse: wwf.org.br/agua

Na frase principal do cartaz, "Se o mau uso das fontes de água do Brasil continuar", observe que o substantivo *uso* exige o termo *das fontes de água* para completar seu sentido. Observe também que a relação entre o nome *uso* e seu complemento é estabelecida pela preposição *de*.

No texto da direita, o nome *usada* é completado por *para o consumo*; *reserva*, por *deste recurso*; *preservação e recuperação*, por *dos mananciais*; *necessidade*, por *do uso racional*; *poluição e devastação*, por *das florestas*.

Veja, a seguir, um quadro com alguns nomes e preposições que comumente eles exigem.

| REGÊNCIAS DE ALGUNS NOMES | |
|---|---|
| a | acessível, adequado, alheio, análogo, apto, avesso, benéfico, cego, conforme, contíguo, desatento, desfavorável, desleal, equivalente, fiel, grato, guerra, hostil, idêntico, inacessível, inerente, indiferente, infiel, insensível, nocivo, obediente, odioso, oposto, peculiar, pernicioso, próximo (de), superior, surdo (de), visível |
| de | amante, amigo, ansioso, ávido, capaz, cobiçoso, comum, contemporâneo, curioso, devoto, diferente, digno, dessemelhante, dotado, duro, estreito, fértil, fraco, incerto, indigno, inocente, menor, natural, nobre, orgulhoso, pálido, passível, pobre, pródigo (em), temeroso, vazio, vizinho |
| com | afável, amoroso, aparentado, compatível, conforme, cruel, cuidadoso, descontente, furioso (de), inconsequente, ingrato, intolerante, liberal, misericordioso, orgulhoso, parecido(a), rente (a, de) |
| contra | desrespeito, manifestação, queixa |
| em | constante, cúmplice, diligente, entendido, erudito, exato, fecundo, fértil, fraco, forte, hábil, impossibilidade (de), incansável, incerto, inconstante, indeciso, lento, morador, parco (de), perito, prático, sábio, sito, último (de, a), único |
| entre | convênio, união |
| para | apto, bom, diligente, disposição, essencial, idôneo, incapaz, inútil, odioso, pronto (em), próprio (de), útil |
| para com | afável, amoroso, capaz, cruel, intolerante, orgulhoso |
| por | ansioso, querido (de), responsável, respeito (a, de) |
| sobre | dúvida, influência, triunfo |

## EXERCÍCIOS

Leia a tira a seguir e responda às questões de 1 a 4.

(*Folha de S. Paulo*, 14/3/2012.)

**1.** Na frase do 1º quadrinho da tira:

a) Qual é o termo regente?

b) E qual é o termo regido?

c) Qual é a função sintática do termo regido?

**2.** Na frase do 2º quadrinho, há duas situações de regência.

a) Que termo complementa o nome *bem-vindo*?

b) Que termo complementa o verbo *contemplando*?

**3.** Troque ideias com os colegas: No último balão do 3º quadrinho, o termo *uma paz* é ou não regido pela forma verbal *dá*? Justifique sua resposta.

**4.** Considerando que Garfield é um gato que passa todo o tempo comendo ou dormindo, por que o pensamento dele, no último quadrinho, cria humor?

**5.** Reescreva as frases a seguir, substituindo os verbos destacados pelos verbos indicados para cada grupo de frases. Faça as adaptações necessárias.

- assistir

a) Você *viu* o jogo final do Mundial de Tênis?
b) O rapaz *socorreu* as vítimas do acidente.
c) Não *cabe* a você o direito de julgá-lo.

- preferir

d) *Gosto* mais de carnes do que de verduras.

- querer

e) O rapaz *desejava* uma moto mais moderna e potente.
f) Sempre o *estimei* como a um irmão.

- aspirar

g) Nas grandes cidades industriais, a população *respira* um ar poluído e insuportável.
h) *Desejo* sucesso e saúde.

- chamar

i) Desesperado, *invocava* Deus.
j) É necessário que *façam vir* à secretaria os aprovados na segunda fase.
k) Os inquilinos *qualificaram* o proprietário de ladrão.

- esquecer

l) *Perdi a lembrança* de algumas passagens de minha infância.
m) *Caíram-me no esquecimento* os nomes de meus colegas de faculdade.

- lembrar

n) O casal de velhinhos, de mãos dadas, *recordava-se* de seus tempos de namoro.
o) Sem querer, *veio-me à lembrança* seu doce perfume.

- simpatizar

p) *Gosto* muito de Maria Alice.

- perdoar

q) O juiz não *absolveu* o réu.

# CRASE

Leia o cartaz:

MP Publicidade

Compare estas duas frases do cartaz, observando as palavras destacadas:

> "É assim que o mosquito da dengue vê *a* água parada."
> "Dia Nacional de Combate *à* Dengue."

Na primeira frase, é empregado o verbo *ver* (transitivo direto), que tem como objeto direto o termo *a água parada*. Como o verbo *ver* não exige preposição, a palavra *a* que precede o substantivo feminino *água* é artigo feminino.

Na segunda frase, o substantivo *combate* tem como complemento o termo *à dengue*, que é seu complemento nominal. O substantivo *combate* rege a preposição *a*, e o substantivo feminino *dengue* admite o artigo feminino *a*:

combate *a* *a* dengue
preposição (primeiro *a*) — artigo (segundo *a*)

A preposição *a* e o artigo *a* se fundem em um único *a*, dando origem ao fenômeno chamado *crase*. Na escrita, marcamos a crase com o acento grave:

combate *à* dengue
a + a

Assim:

**Crase** é a fusão escrita e oral de duas vogais idênticas.

A palavra *crase* nomeia a contração ou fusão da preposição *a* exigida pela regência de um verbo ou um nome (substantivo, adjetivo ou advérbio) com:

- o artigo feminino *a*(*s*):

> Exceto para quem é alérgico *à* qualidade.

- os pronomes demonstrativos *aquele*(*s*), *aquela*(*s*), *aquilo*:

> Por favor, encaminhe-se *àquele* balcão.

- o pronome demonstrativo *a*(*s*):

> Nossos atletas estão em condições semelhantes *às* dos americanos.

Portanto, excluindo-se os casos dos demonstrativos, *a crase ocorre apenas antes de palavra feminina*. Como a crase é um fenômeno fonético, ou seja, próprio da língua falada, o *acento grave* o assinala na escrita nos três casos.

## Quando a crase é possível?

Diante de palavras femininas. Observe que, na frase do anúncio abaixo, por exemplo, ocorre crase porque o nome *alérgico* exige a preposição *a* e o substantivo *qualidade* é feminino e exige o artigo *a*.

Calazans/W. IMPAR

(*Casa Claudia*, ano 23, nº 6.)

## Em caso de dúvida...

Existem dois procedimentos que auxiliam na identificação da crase:

- Verifique se a palavra admite o artigo *a*, colocando-a depois de um verbo que exige uma preposição diferente de *a*:

> Vim *da* Itália. → Vou *à* Itália.
> Vim *de* Recife. → Vou *a* Recife.

- Substitua a palavra feminina por uma masculina e observe se ocorre a combinação *ao* antes do nome masculino:

> Seu discurso não fez referência *aos* candidatos. → Seu discurso não fez referência *às* candidatas.

## EXERCÍCIOS

Embora empregar adequadamente o acento indicador de crase seja muito simples, há alguns casos que podem suscitar dúvidas. Os exercícios a seguir tratam da regra geral da crase e também de alguns casos especiais. Antes de realizá-los, leia os boxes.

Leia a tira a seguir, de Adão Iturrusgarai, e responda às questões 1 e 2.

(*Kiki – A primeira vez*. São Paulo: Devir, 2002. p. 31.)

**1.** Na frase do 1º quadrinho:

a) De acordo com o contexto, qual é o sentido do verbo *assistir*?

b) Como ficaria a frase, de acordo com a norma-padrão?

**2.** De acordo com a norma-padrão, qual palavra completa adequadamente a frase do último quadrinho: *as*, *à* ou *às*?

**3.** Reescreva as frases a seguir, completando-as com *a*, *à*, *as* ou *às*.

a) O supermercado vende □ atacadistas □ vista e □ prazo e ainda faz entrega em domicílio □ pedido do freguês.

b) Saboreamos um tutu □ mineira, num restaurante aconchegante □ pouca distância do hotel, mais ou menos □ sete horas.

c) Sentou-se □ máquina e pôs-se □ reescrever uma □ uma □ páginas do relatório.

d) Sua objeção □ contratação do novo funcionário restringia-se □ exigências salariais do candidato, e não □ sua capacidade profissional.

e) Garanto □ você que compete □ ela, pelo menos □ meu ver, tomar □ providências para resolver o caso, pois □ qualquer hora estará □ entrada do prédio □ comissão parlamentar.

**4.** Reescreva as frases a seguir, completando-as com *aquele(s)*, *aquela(s)*, *aquilo*, *àquele(s)*, *àquela(s)*, *àquilo*.

a) Preferimos isto □.

b) Precisamos verificar se temos ou não direito □ abono.

c) □ hora, sua atitude só agradou □ que não visavam ao lucro.

d) Abra, por favor, □ janelas: o calor está insuportável.

e) Seu espírito agressivo levou-o □ atitude extrema.

### Casos especiais

Ocorre crase:

- em *locuções adverbiais* e *prepositivas* formadas por substantivos femininos: *À direita* ficava a sala.

  A rigor, não ocorre crase nas locuções adverbiais que indicam instrumento: bordar *a mão*, cortar *a faca*, escrever *a máquina*. Entretanto, alguns gramáticos defendem o uso do acento nessas expressões para assegurar maior clareza.

- antes de nomes de lugares determinados pelo artigo: O papa regressou *à Itália*.

  Os nomes de lugar que normalmente não admitem artigo passam a exigi-lo se seguidos de um termo especificador. Compare:

  Fiz uma excursão *a Roma*.

  Fiz uma excursão *à Roma de meus avós*.

- nas expressões proporcionais *à medida que*, *à proporção que*:

  *À proporção que* se aproximava o dia da entrega do prêmio, mais ansiosos ficavam os atores.

- antes da palavra *casa*, se ela for determinada:

  Voltamos *à antiga casa de nossos pais* um dia destes.

  Quando indica residência, lar, morada, a palavra *casa* não admite artigo e, portanto, não ocorre crase. Compare:

  Vou a casa depois da aula de ginástica. | Venho de casa. | Estou em casa.

- antes da palavra *Terra*:

  A nave espacial russa já voltou *à Terra*.

  Quando se opõe a *bordo*, a palavra *terra* não admite artigo e, portanto, não ocorre crase:

  Os marinheiros, assim que o navio atracou no cais, desceram *a terra*.

- quando estão subentendidas as expressões *à moda de, à maneira de* ou palavras como *faculdade, empresa, companhia*, mesmo que seja diante de palavras masculinas:

  Refiro-me *à UFRJ*. (*à universidade*)

Leia o poema abaixo e responda às questões 5 e 6.

**Moda de viola**

Os olhos daquela ingrata as vezes
Me castigam as vezes me consolam
Mas sua boca nunca me beija.

(Antonio Carlos de Brito (Cacaso). *LeroLero*. Rio de Janeiro: 7 Letras, 2002. p. 91.)

**5.** No poema, os acentos foram retirados propositadamente. Qual(is) palavra(s) devem receber acento, de acordo com a norma-padrão? Explique a regra para essa(s) acentuação(ões).

**6.** O poema retrata um relacionamento amoroso, em que a mulher amada parece oscilar entre corresponder ou não a esse amor.

a) Qual é a expressão responsável pela conotação de indecisão?

b) Como você interpreta o verso "Mas sua boca nunca me beija"?

c) Levante hipóteses: Por que o poema intitula-se "Moda de viola"?

**7.** Leia este convite de casamento:

"Ainda que eu falasse a língua dos homens e falasse a língua dos anjos, sem amor eu nada seria." (I Cor. 13: 1)

*Com a bênção de Deus e de nossos pais*

**Camila e Marcelo**

*Convidam à cerimônia religiosa de seu casamento, a realizar-se às dezoito horas do dia catorze de setembro próximo, na Igreja de Maria, à Rua Antártica, 235 – Santo Amaro – São Paulo*

Ficaremos honrados com a sua presença.

Alberto Silva — José Alencar
*Claudia Camargo* — *Maria Alencar*

Tente explicar por que ocorre ou não a crase nas palavras destacadas nos seguintes casos:

a) "Com *a* bênção de Deus e de nossos pais"

b) "Convidam *à* cerimônia religiosa de seu casamento."

c) "a realizar-se *às* dezoito horas"

d) "*à* Rua Antártica, 235"

e) Caso o convite seja enviado a uma convidada de nome Maria, como o envelope deve ser preenchido: *À* Maria ou *A* Maria?

### A crase é facultativa:

- diante de nomes próprios femininos:

  Procurou ser agradável *a* Lia (ou à Lia).

- diante de pronomes possessivos femininos:

  O diretor fez uma advertência *a* sua irmã. (ou *à* sua irmã).

- na locução prepositiva *até a*:

  Levou a discussão até *as* (ou até *às*) últimas consequências.

## A REGÊNCIA VERBAL NA CONSTRUÇÃO DO TEXTO

Leia o texto:

Mohallem Meirelles

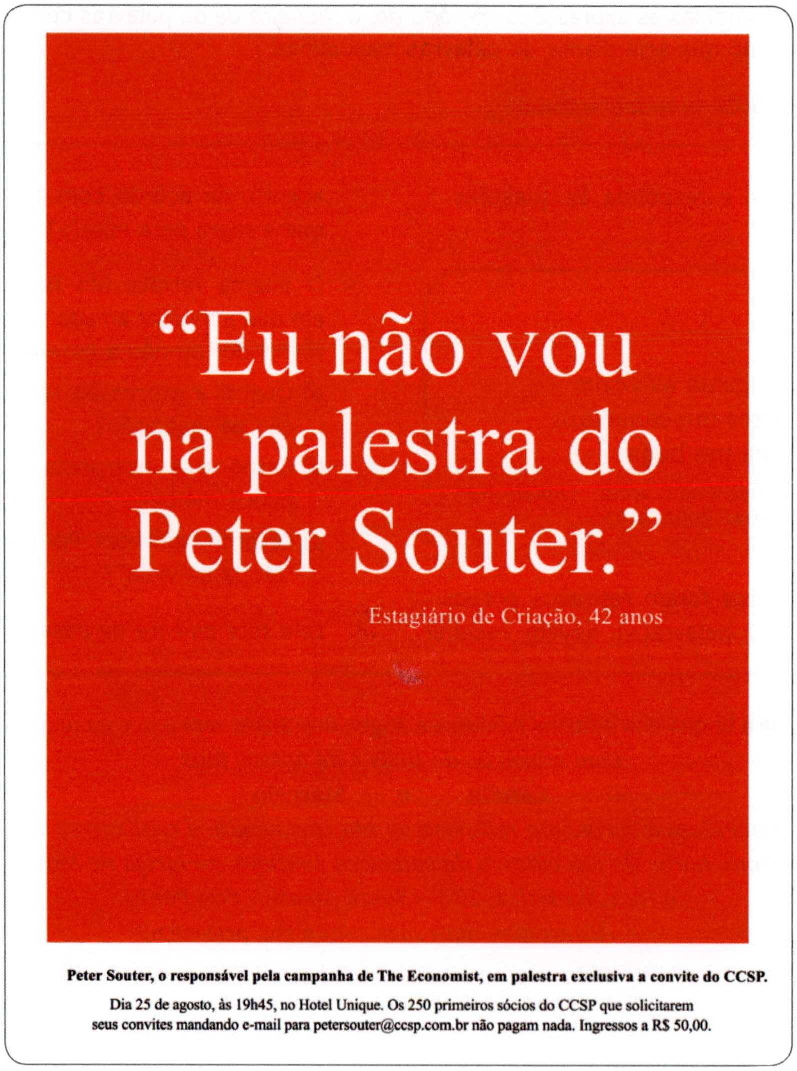


**1.** Considerando que o texto cumpre uma função comunicativa, responda:

a) Quem é o produtor?

b) Quem são os destinatários?

c) A que gênero do discurso ele pertence?

2. As aspas do enunciado principal indicam discurso direto.

a) De quem é essa fala?

b) A indicação da idade, nessa situação, seria dispensável. Contudo, nesse contexto, essa indicação tem uma função importante. Por quê?

3. Observe a regência do verbo *ir* na fala reproduzida no texto.

a) Ela está de acordo com a norma-padrão? Justifique sua resposta.

b) Levante hipóteses: A escolha da preposição que rege o verbo *ir*, nesse contexto, cumpre algum propósito na construção de sentido do texto?

4. Releia o seguinte trecho do texto:

> "Peter Souter, o *responsável* pela campanha de The Economist, em palestra exclusiva a convite do CCSP."

a) Identifique o termo que é regido pelo nome em destaque no trecho.

b) Que sentido o nome em destaque, associado a seu complemento, agrega ao enunciado?

5. Tendo em vista suas respostas nas questões anteriores, conclua:

a) De que forma a fala entre aspas, a regência verbal e a descrição do palestrante contribuem para a construção de sentidos do texto?

b) Na sua opinião, esses recursos utilizados são persuasivos, considerando-se o público que o texto pretende atingir? Por quê?

6. No português brasileiro, especialmente em situações informais de fala, é comum as pessoas empregarem a preposição *em* no lugar de *a*: "Vou na feira", "fui no cinema", etc.

a) Levante hipóteses: Em que situações sociais seria necessário seguir estritamente a regência recomendada pela norma-padrão?

b) No texto, caso a regência tivesse sido empregada de acordo com a norma-padrão, o sentido dele seria o mesmo?

## SEMÂNTICA E DISCURSO

Leia o aviso de elevador abaixo e responda às questões de 1 a 3.

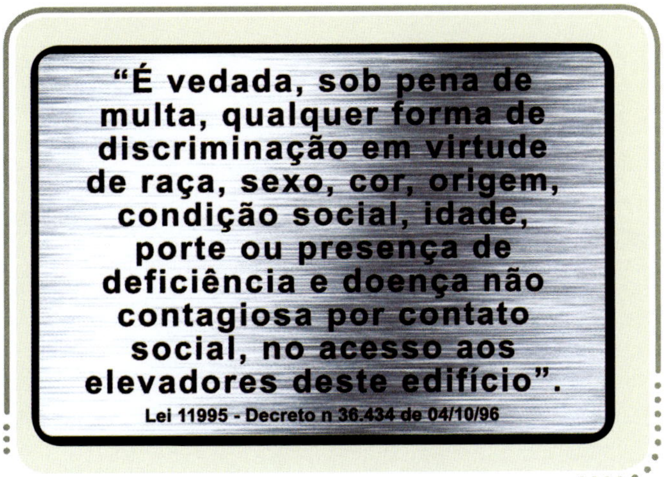


Thinkstock/Getty Images

**1.** Identifique no texto do aviso:

a) a única forma verbal que ele apresenta;

b) a voz em que essa forma está.

**2.** Apesar de conter apenas uma única forma verbal, o texto do aviso faz referência a ações diversas.

a) Quais são essas ações?

b) De que forma essas ações são referidas no texto?

**3.** A nominalização e a voz passiva são recursos muito utilizados para conferir maior impessoalidade aos textos.

a) Reescreva o texto do aviso, transformando em verbos os nomes *vedada, discriminação, porte, presença* e *acesso*. Faça a adaptação dos termos regidos por esses nomes.

b) Levante hipóteses: Por que o aviso adota o tom impessoal?

**4.** A nominalização é um recurso coesivo útil para eliminar repetições, reestruturar orações e retomar elementos de um texto. Reescreva o texto a seguir, empregando o recurso da nominalização dos termos em destaque. Fique atento(a) às diferenças entre a regência do verbo e a regência do nome que deriva dele.

Após anos *esperando* os resultados, *trabalhando* exaustivamente e *buscando* novas alternativas, cientistas anunciam *que descobriram* a partícula *que tem responsabilidade por* explicar *como se comportam* todos os componentes e forças *que existem* na natureza, salvo a gravidade (*que* a relatividade geral *explica*).

Descobrir essa partícula há anos era *o que principalmente motivava* o trabalho dos cientistas e *o que* os envolvidos *mais desejavam*. Agora que a partícula provavelmente foi encontrada, o grande público pode ficar *sentindo* um vazio. Mas o sentimento não é compartilhado pelos físicos.

(Disponível em: http://www1.folha.uol.com.br/ciencia/1114815-fisicos-encontram-provavel-particula-de-deus.shtml. Acesso em: 23/7/2012. Adaptado.)

Ron Waddams. *Live Adventurously*, 1998/The Bridgeman Art Library/Grupo Keystone

CAPÍTULO 31

# A colocação. Colocação pronominal

## CONSTRUINDO O CONCEITO

Leia o anúncio:

WWF-Brasil

(*34º Anuário do Clube de Criação de São Paulo*, p. 117.)

**1.** Observe o seguinte texto verbal do anúncio e os logotipos que o acompanham:

> Saiba como diminuir o impacto ambiental da sua empresa em wwf.org.br e filie-se já. Ainda dá tempo de salvar o planeta.

WWF-Brasil

a) Quem é locutor do anúncio?

b) A quem o anúncio é dirigido?

c) O que é oferecido ao destinatário?

**2.** Observe agora a parte não verbal do anúncio.

a) Que elementos a compõem?

b) Associe a imagem mostrada no anúncio ao enunciado principal: "Na natureza esta empresa ainda vai durar uns 100 anos". Que efeito de sentido resulta dessa associação?

c) No contexto, o pronome *esta* tem a função de identificar um objeto no espaço. Qual é esse objeto?

d) No enunciado principal do anúncio, foi empregada uma *metonímia*, figura de linguagem que consiste na substituição de uma palavra por outra em razão de haver entre elas uma relação de interdependência, de inclusão ou implicação. Explique como se dá, no anúncio, essa relação metonímica.

WWF-Brasil

e) Por que o locutor do texto afirma que na natureza a empresa "ainda vai durar uns 100 anos"?

**3.** Compare estes enunciados:

> "Na natureza esta empresa ainda vai durar uns 100 anos."
> Esta empresa ainda vai durar uns 100 anos na natureza.

a) Que diferença de sentido há entre os enunciados?

b) Qual é a função sintática do termo *na natureza* em cada um dos enunciados?

c) No primeiro enunciado, os termos não estão empregados na ordem direta. Levante hipóteses: Por que o locutor optou por uma ordem diferente da direta?

WWF-Brasil

## CONCEITUANDO

Em todo texto, seja na linguagem verbal, seja na linguagem não verbal, há intenções argumentativas, explícitas ou implícitas. No anúncio, ressaltam-se elementos ambientais – parte da mata, tronco de árvore, vegetação –, um logotipo com a imagem de um urso panda (animal em extinção) e outro com as cores da bandeira brasileira e o desenho de um coração. Todos esses elementos funcionam como argumentos de sensibilização e persuasão para convencer o leitor da importância de diminuir os impactos ambientais provocados pela ação de empresas. Na linguagem verbal, mesmo havendo um princípio sintático que rege a combinação das palavras na frase, quando se quer dar um destaque a um termo ou um sentido diferente à oração, coloca-se o termo em primeiro plano, como ocorre com a expressão *na natureza*, que é intencionalmente destacada no enunciado principal do anúncio estudado.

Na língua portuguesa, chamamos de **ordem direta** àquela em que os termos da oração se dispõem na sequência sujeito + verbo + complemento (objeto direto, indireto), predicativo, adjuntos, etc.

Quando ocorre uma alteração nessa disposição dos termos, dizemos que a oração está na **ordem inversa**.

> **Colocação** é o modo de dispor, na ordem direta ou inversa, os termos que compõem a oração.

Embora certas colocações sejam consagradas pelo uso, como o emprego do sujeito posposto ao verbo na voz passiva pronominal, na língua portuguesa a estrutura da oração admite bastante liberdade de colocação.

Há, entretanto, certos princípios básicos quanto à colocação que devem ser considerados na linguagem escrita e falada. Um desses princípios é o da colocação dos pronomes pessoais oblíquos átonos.

# COLOCAÇÃO PRONOMINAL

Os pronomes pessoais oblíquos átonos *me, te, se, lhe(s), o(s), a(s), nos* e *vos* podem estar em três posições em relação ao verbo ao qual se ligam.

Leia o cartum a seguir e observe a colocação do pronome oblíquo.

(Laerte. *Folha de S. Paulo*, 13/3/2006.)

No cartum, foi empregado o pronome pessoal oblíquo átono *me*. Observe que ele está colocado depois do verbo. Nesse caso, dizemos que há **ênclise**. Se estivesse colocado antes do verbo, seria um caso de **próclise**.

O pronome oblíquo átono pode estar também no meio do verbo, colocação que é denominada **mesóclise**. Veja o exemplo:

Recebê-*lo*-emos no próximo verão.

## A colocação pronominal em relação ao verbo

### Ênclise

É a colocação normal do pronome na norma culta:

Deseje-*me* boa sorte.

### Próclise

É a colocação do pronome quando antes do verbo há palavras que exercem atração sobre ele. Na frase a seguir, por exemplo, a conjunção subordinativa *que* exerce atração sobre o pronome.

É verdade *que* ele se mudou?

### Mesóclise

É a colocação do pronome quando o verbo se encontra no futuro do presente ou no futuro do pretérito do modo indicativo, desde que não haja condição de próclise:

O torneio de xadrez realizar-*se*-á no início da primavera.
Contar-*lhe*-ia o segredo, se pudesse.

Entre as três possibilidades de colocação do pronome pessoal oblíquo átono em relação ao verbo, a próclise merece atenção especial, pois há várias palavras e expressões que exercem atração sobre o pronome. Por isso, ao fazer os exercícios a seguir, leia os boxes laterais, que tratam desse assunto.

## A colocação pronominal no português do Brasil e no português lusitano

Leia os textos abaixo. O primeiro é uma notícia de um jornal português; o segundo, uma tira do quadrinista brasileiro Caco Galhardo.

**"Encostou-me a arma à cabeça"**

"Atacou-me quando eu fechava a porta. Ainda tentei reagir, mas ele encostou-me a arma à cabeça e arrancou-me a mala", contou ao CM, ainda bastante abalada, a dona da pizaria La Fiamma, em Arcozelo, Barcelos. Anteontem foi assaltada quando fechava a porta do estabelecimento, cerca das 23h30. [...]"

(Disponível em: http://www.cmjornal.xl.pt/detalhe/noticias/nacional/portugal/encostou-me-a-arma-a-cabeca. *Correio da Manhã*. Portugal. Acesso em: 28/6/2012.)

(Caco Galhardo. *Folha de S. Paulo*, 26/6/2012.)

A diferença de colocação pronominal decorre das diferenças eufônicas entre o português de Portugal e o do Brasil. Assim, para o falante português, é mais agradável dizer e ouvir: "atacou-me", "encostou-me", "arrancou-me". Já para o falante brasileiro, é mais natural dizer e ouvir: "me dê".

Entretanto, as regras de colocação pronominal da norma-padrão de nossa língua ainda guardam fortes influências do português de Portugal, sendo orientadas pela entonação do falar lusitano.

## EXERCÍCIOS

Leia o poema a seguir, de Mário Quintana, e responda às questões de 1 a 4:

> ### A letra e a música
>
> Quando nos encontramos
> Dizemo-nos sempre as mesmas palavras
> [que todos os amantes dizem...
>
> Mas que nos importa que as nossas palavras
> [sejam as mesmas de sempre?
>
> A música é outra!
>
> (*A cor do invisível*. Organização de Tania Franco Carvalhal. São Paulo: Globo, 2005. p. 113.)

**1.** O poema fala do amor de forma metafórica. A que é comparado o amor?

**2.** O eu lírico afirma que todos os amantes dizem sempre as mesmas palavras. O que diferencia, então, as situações amorosas?

**3.** Interprete: Nessa "canção de amor", a que corresponde:

a) a letra da canção?

b) a música?

**4.** Observe o emprego dos pronomes oblíquos átonos no poema. A colocação deles está de acordo com a norma-padrão? Justifique sua resposta.

**5.** Indique as frases em que a colocação pronominal está em desacordo com a norma-padrão. Em seguida, reescreva-as, adequando a colocação pronominal.

a) Nunca soubemos quem roubava-nos.

b) Pouco se sabe sobre este caso.

c) Que Deus acompanha-te!

d) Agora, se ajeite e durma bem.

e) Agora me convenci de que me enganavam.

f) Contaria-me tudo, se eu quisesse.

g) Em se tratando de conhecimentos de arte, podemos contar com ele.

h) Me levantei assim que chamou-me ao telefone.

### Emprego da próclise

Exercem atração sobre o pronome:

- palavra negativa (*não*, *nem*, *nunca*, *ninguém*, *nenhum*, *nada*, *jamais*, etc.) não seguida de pausa:

> Nunca *nos* revelou sua verdadeira identidade.

- advérbio não seguido de vírgula:

> Depois *me* dirigi ao balcão de informações.

Havendo vírgula depois de palavra negativa ou de advérbio, usa-se ênclise:

> Não, disse-*me* ele, não me deve mais nada.
> Em seguida, despediu-*se* de todos gentilmente.

- pronomes relativos e indefinidos:

> O rapaz que *me* procurou vendia enciclopédias.
> Quem *te* acompanhou até aqui?

- conjunção subordinativa:

> Pensei que *lhe* dariam o emprego.

Ocorre *próclise* também quando houver:

- preposição seguida de gerúndio:

> Em *se* tratando de brigas familiares, não me meto.

- infinitivo pessoal precedido de preposição:

> Para *se* desculparem, enviaram à menina flores e bombons.

- orações exclamativas e interrogativas diretas:

> Quanto *me* enganei!
> Quando *me* devolverás o livro?

- orações optativas, exclamativas ou interrogativas diretas:

> Deus *lhe* pague, moço!
> Que *me* importa sua opinião?

Havendo entre o pronome oblíquo e a palavra que exerce atração um termo ou oração intercalados, a próclise continua sendo necessária:

> Nunca, é bom saberem, *lhe* pedi dinheiro.

6. Reescreva as frases a seguir, fazendo as alterações indicadas entre parênteses e observando a colocação pronominal prescrita pela norma-padrão.

a) Emprestei-lhe todas as revistas de ciências. (Troque *emprestei* por *emprestarei*.)

b) Agora, deixe-me só, por favor. (Elimine a vírgula depois da palavra *agora*.)

c) Chamá-lo-ei para fazer parte da equipe de atletismo no próximo mês. (Coloque a frase na forma negativa.)

d) Conversei com o gerente. O gerente disse-me que não aceitava devolução de mercadoria. (Junte as frases, empregando o pronome relativo *que*.)

e) Márcia enviou-lhe essa carta de recomendação. (Troque *Márcia* por *quem* e coloque a frase na forma interrogativa.)

## A colocação pronominal em relação aos tempos compostos e às locuções verbais

De acordo com a norma-padrão formal, o pronome oblíquo pode estar:

- enclítico em relação ao verbo principal se este estiver no infinitivo ou no gerúndio; *nunca* se estiver no particípio;
- proclítico ou enclítico em relação ao verbo auxiliar;
- mesoclítico em relação ao verbo auxiliar se este estiver no futuro do presente ou no futuro do pretérito.

Observe as posições do pronome nas frases:

Eu quero contar-*lhe* a verdade.
Eu *lhe* quero contar a verdade.
Eu quero-*lhe* contar a verdade.

Eu *lhe* tinha contado a verdade.
Eu tinha-*lhe* contado a verdade.
Ter-*lhe*-ia contado a verdade, se a soubesse.

Se houver fator de próclise, teremos:

Disse que *lhe* quero contar a verdade.
Disse que quero contar-*lhe* a verdade.

Já *lhe* estou contando a verdade.
Já estou contando-*lhe* a verdade.
Já *lhe* tinha contado a verdade.

No Brasil, mesmo na norma culta a preferência é por construções em que o pronome oblíquo aparece solto entre as formas verbais. Veja:

Quero *lhe* dizer o que sei.
Ele já tinha *me* decepcionado.

Estou *lhe* enviando notícias.

## EXERCÍCIOS

Leia a tira:

(*Folha de S. Paulo*, 23/11/2011.)

1. No 1º e no 2º quadrinhos da tira, o pronome oblíquo átono *me* foi empregado em locuções verbais. A colocação dos pronomes está de acordo com a fala brasileira. Ela está de acordo também com a norma-padrão? Justifique sua resposta.
2. De acordo com a norma-padrão, que outras possibilidades haveria para a colocação dos pronomes oblíquos?

## A COLOCAÇÃO PRONOMINAL NA CONSTRUÇÃO DO TEXTO

Leia a tira:

(Fernando Gonsales. *Níquel Náusea – A perereca da vizinha*. São Paulo: Devir, 2005. p. 38.)

1. Observe para onde apontam os balões dos três primeiros quadrinhos. Que surpresa ocorre no último quadrinho?
2. A linguagem utilizada pelas personagens foge ao que seria normal na situação.
   a) Como é essa linguagem?
   b) Levante hipóteses: Qual é a razão de ter sido utilizada uma linguagem desse tipo?
3. Buscando um grau elevado de sofisticação, as personagens misturam formas de tratamento da 2ª pessoa do singular e 2ª pessoa do plural. Na tira:
   a) Que marcas gramaticais indicam o tratamento em 2ª pessoa do singular (tu)?
   b) Que marcas indicam o tratamento em 2ª pessoa do plural (vós)?
4. Na busca de uma linguagem diferenciada, as personagens fazem uma verdadeira confusão quanto ao emprego de verbos, pronomes e sua posição na frase. Que situação absurda, do ponto de vista gramatical, pode ser observada:
   a) no 2º quadrinho?
   b) no 3º quadrinho?
   c) no 4º quadrinho?
5. No último quadrinho, o rato demonstra estar irritado com o jogo.
   a) A que se deve essa irritação?
   b) Você acha que o comentário dos três insetos vai acalmá-lo? Por quê?

6. Discuta com os colegas e o professor: Caso a escolha dos pronomes oblíquos estivesse adequada, a colocação deles nas frases também estaria de acordo com a norma-padrão? Por quê?

### Para que servem as regras de colocação pronominal?

Enquanto as regras de colocação pronominal vigentes se mantêm distanciadas da prosódia brasileira, devemos conhecê-las e dominá-las a fim de empregar adequadamente os pronomes sempre que as situações de interação verbal exigirem a produção de um texto – oral ou escrito – na norma culta formal da língua. Fora dessa exigência, a colocação do pronome deve seguir os princípios do bom-senso e da eufonia.

## SEMÂNTICA E DISCURSO

Leia o anúncio a seguir e responda às questões de 1 a 3.

(*Época – Edição histórica*, 4/6/2012, p. 94.)

**1.** O anúncio lido foi publicado na revista *Época* em 2012, em uma edição comemorativa dos 60 anos da Editora Globo. Nessa edição especial, a revista reproduzia reportagens e anúncios publicitários da década de 1950.

a) Que elementos do anúncio, verbais ou não verbais, revelam que ele não é atual?

b) Quem é o anunciante?

c) Quem é o destinatário do anúncio? Qual é o seu perfil?

**2.** No texto verbal em destaque, o emprego do pronome *ele* entre aspas cria uma ambiguidade. Leia o boxe "A mulher no mercado de trabalho" e, depois, considerando o contexto do anúncio, responda: Além de se referir ao liquidificador, que outro sentido pode ser atribuído ao pronome *ele*, no texto?

### A mulher no mercado de trabalho

De acordo com dados do IBGE, na década de 1950 somente 14,6% das mulheres eram economicamente ativas, ou seja, atuavam no mercado de trabalho. Em 2011, o índice de mulheres economicamente ativas era de 46%.

**3.** Observe a colocação pronominal neste enunciado:

> "O novo liquidificador da Blender te ajuda na copa e na cozinha."

a) A colocação proclítica do pronome oblíquo está rigorosamente de acordo com a norma-padrão? Justifique sua resposta.

b) Com que finalidade o anunciante optou por essa colocação do pronome oblíquo?

Leia a tira a seguir, de Laerte, e responda às questões de 4 a 6.

Laerte

(*Folha de S. Paulo*, 28/2/2012.)

**4.** Observe a colocação dos pronomes oblíquos na tira:

> "Procurei-vos..."
> "Explicar-mo-íeis?"
> "Banqueteamo-nos"

a) Em que posição os pronomes foram empregados?

b) Essa colocação está de acordo com a norma-padrão?

c) O que justifica o emprego de *mo* na posição em que se encontra?

**5.** A linguagem empregada nos quadrinhos revela indícios de que se trata de um português antigo. A palavra *debalde*, por exemplo, é rara no português moderno, e a forma pronominal *mo* – originada da contração dos pronomes oblíquos átonos *me* e *o* – só se encontra em textos literários antigos.

a) O que significa *debalde*?

b) A que se refere o pronome *o*, da contração *mo*?

**6.** As formas de tratamento e o nível de linguagem usados pelas personagens não são comuns no gênero história em quadrinhos. Considerando a finalidade principal da tira, o que justifica o emprego desses recursos linguísticos?

**7.** Certas palavras, dependendo da posição que ocupam na oração, podem mudar de significado. Dê o significado das palavras destacadas nos pares de frases a seguir.

a) Você tem que ir lá no dia *certo*.
*Certo* dia, eis que meu filho chega sem avisar.

b) Ana casou-se com um homem *grande*.
Paulo é um *grande* homem.

c) Dinheiro *algum* o fez mudar de ideia.
É bom ter sempre *algum* dinheiro de reserva.

d) *Todo* homem é mortal.
O homem *todo* era só alegria.

# UNIDADE 5
# SEMÂNTICA E ESTILÍSTICA: ESTILO E SENTIDO

Soizick Meister/ImageZoo/Glow Images

**Aula de português**

A linguagem
na ponta da língua,
tão fácil de falar
e de entender.

A linguagem
na superfície estrelada de letras,
sabe lá o que ela quer dizer?

Professor Carlos Góis, ele é quem sabe,
e vai desmatando
o amazonas de minha ignorância.
Figuras de gramática, esquipáticas,
atropelam-me, aturdem-me, sequestram-me.

Já esqueci a língua em que comia,
em que pedia para ir lá fora,
em que levava e dava pontapé,
a língua, breve língua entrecortada
do namoro com a prima.

O português são dois; o outro, mistério.

(Disponível em: http://drummond.memoriaviva.com.br/alguma-poesia/aula-de-portugues. Acesso em: 4/4/2013.)

© Albright-Knox Art Gallery/Corbis/Latinstock

CAPÍTULO 32

# Introdução à semântica

## CONSTRUINDO O CONCEITO

O texto a seguir é parte de um conto de Marina Colasanti, intitulado "Quase tão leve". Leia-o.

Não precisou andar muito para chegar ao grande carvalho que se erguia perto do mosteiro. Ali, em fins de tarde, tantos e tão ruidosos eram os pássaros, que cada folha parecia ter asas. O velho olhou longamente os pássaros, àquela hora ocupados com suas crias, seus ninhos, sua interminável caça de insetos. Parecia justo e fácil que se movessem no ar. Talvez sejam mais puros, pensou. E querendo pôr à prova a pureza do seu próprio corpo, permaneceu por longo tempo de pé, debaixo da copa, até ter ombros e cabeça cobertos de excrementos das aves.

Porém aquele corpo magro e pequeno, aquele corpo quase tão leve quanto o de um pássaro, negava-se a dar-lhe a felicidade do voo. E o velho recomeçou a andar.

Caminhando, olhava ao céu ao qual sentia não mais pertencer. Ouviu o grito do gavião e o viu abater-se, altivo e feroz, sobre uma presa. Até ele, que agride os mais fracos, tem o direito que eu não mereço, pensou contrito. E mais andou. Viu o azul cortado por um bando de patos selvagens em migração. Lá se vão, de uma terra a outra, de um a outro continente, disse em silêncio o velho, enquanto eu não sou digno nem de mínimas distâncias. E mais andou. E viu as andorinhas e viu o melro e viu o corvo e viu o pintassilgo, e a todos saudou, e a todos prestou reverência.

Rolf Nussbaumer/Other Images

[...] Mas aos poucos a paz iluminava intensíssima sua alma porque, do seu corpo, delgadas e pálidas como se extensão da própria pele, raízes brotavam, logo mergulhando chão adentro. Seu tempo de ar havia acabado. Começava agora para ele o tempo da terra, daquela terra que em breve o acolheria.

(*23 histórias de um viajante*. São Paulo: Global, 2005. p. 150-1.)

**1.** Leia os pares de frases a seguir, observando o emprego dos verbos *ser*, *estar* e *parecer*.

- "Ali, em fins de tarde, tantos e tão ruidosos *eram* os pássaros"
  tão ruidosos *estavam* os pássaros
- *Era* justo e fácil que se movessem
  "*Parecia* justo e fácil que se movessem"

Considerando o contexto em que os verbos estão empregados, responda:

a) Que diferença de sentido há entre as duas primeiras frases?

b) Que diferença de sentido há entre as duas últimas frases?

**2.** Leia as frases, observando os verbos destacados:

"*permaneceu* por longo tempo de pé"
Observou os pássaros e *ficou* triste.

Nas duas frases, é indiferente, para o sentido delas, empregar um verbo ou outro? Por quê?

**3.** Leia as frases a seguir, observando as palavras destacadas:

"Ouviu o grito do *gavião*"
"Viu o azul cortado por um bando de *patos* selvagens"
"E viu as *andorinhas* e viu o *melro* e viu o *corvo* e viu o *pintassilgo*"

Levando em conta que todo pássaro é uma ave, mas que nem toda ave é um pássaro, responda:

a) Na terceira frase, qual dos elementos não poderia fazer parte do grupo de pássaros?

b) Nas duas primeiras frases, *gavião* e *patos* poderiam ser substituídos por aves ou por pássaros?

**4.** Observe o emprego da palavra *terra* nestes trechos do texto:

"Lá se vão, de uma *terra* a outra, de um a outro continente"
"daquela *terra* que em breve o acolheria"

a) Qual é a diferença de sentido entre a palavra *terra* no primeiro e no segundo trechos?

b) No texto, há outras palavras cujo significado se aproxima do que tem a palavra *terra* nos trechos acima. Quais são elas?

## CONCEITUANDO

Fabio Colombini

As palavras têm sentidos que podem variar, dependendo do contexto em que são empregadas. É o caso, por exemplo, da palavra *terra*, que pode assumir sentidos diferentes, dependendo do contexto em que estiver inserida. Esse e outros aspectos das palavras relacionados ao sentido são estudados pela **semântica**.

> **Semântica** é a parte da gramática que estuda os aspectos relacionados ao sentido de palavras e enunciados.

Alguns dos aspectos tratados pela semântica são: sinonímia, antonímia, campo semântico, hiponímia, hiperonímia e polissemia.

## SINONÍMIA E ANTONÍMIA

Você viu que, na frase "permaneceu por longo tempo de pé", é possível substituir o verbo *permanecer* por *ficar* sem que haja uma alteração de sentido significativa.

Quando em contextos diferentes uma palavra pode ser substituída por outra, dizemos que as duas palavras são **sinônimas**.

> **Sinônimos** são palavras de sentidos aproximados que podem ser substituídas uma pela outra em contextos diferentes.

Sabe-se, entretanto, que não existem sinônimos perfeitos. Veja, no texto a seguir, a opinião do poeta Mário Quintana sobre esse assunto.

**Sinônimos**

Esses que pensam que existem sinônimos desconfio que não sabem distinguir as diferentes nuanças de uma cor.

(*Poesia completa em um volume.* Rio de Janeiro: Nova Aguilar, 2005. p. 316.)

Vera Basile

A escolha entre dois sinônimos acaba, na realidade, dependendo de vários fatores. Em discursos mais técnicos, as diferenças de sentido entre palavras sinônimas podem ter grande importância. Na linguagem cotidiana, as palavras *furto* e *roubo*, por exemplo, significam a mesma coisa; em linguagem jurídica, porém, *roubo* se aplica à situação em que a vítima sofre também algum tipo de violência.

Releia outro trecho do texto e observe o sentido das palavras nele destacadas:

"aquele corpo *magro* e *pequeno*, aquele corpo quase tão *leve* quanto o de um pássaro"

Imagine que a autora houvesse escrito:

aquele corpo *gordo* e *grande*, aquele corpo quase tão *pesado* quanto o de um leão

Nos dois trechos, há três pares de palavras que se opõem quanto ao sentido – *magro* e *gordo*, *pequeno* e *grande*, *leve* e *pesado* – e, por isso, são **antônimas**.

**Antônimos** são palavras de sentidos contrários.

Há palavras antônimas que se opõem ou se excluem, como, por exemplo, *esquerdo* e *direito* (braço *esquerdo*, braço *direito*).

Tão difícil quanto existir um par perfeito de sinônimos, é haver um par perfeito de antônimos. Em alguns casos, é mais adequado falar em grau de antonímia. Observe estes pares de antônimos:

velho – novo     bom – mau

Um objeto velho, por exemplo, pode ser o oposto de um objeto novo. Porém, dizer que um objeto é *menos velho*, em certos casos, pode ser equivalente a dizer que ele é *mais novo*, o que torna relativa a antonímia entre *novo* e *velho*. O mesmo ocorre com o par *bom/mau*.

Além disso, nesses dois casos, a avaliação é sempre subjetiva. Uma pessoa pode ser caracterizada como velha ou nova, por exemplo, dependendo da idade de quem se refere a ela. Da mesma forma, algo que é bom para um pode ser ruim para outro.

### Palavras "multiuso"

Você é capaz de calcular quantas vezes já usou a palavra *coisa*? E suas derivadas – *coisinha, coiso, coisica, coisificar, coisíssima, coisar, coisada*? Eis aí uma coisa difícil de calcular. A palavra *coisa* apresenta tantos significados, que acaba servindo para quase todas as situações do cotidiano. Ela está nas conversas do dia a dia, na literatura, nas letras de música, nos títulos de livros, no discurso político, na televisão. O *Dicionário eletrônico Houaiss da língua portuguesa* registra dezenove significados para essa palavra. De todos, o mais geral é "tudo quanto existe ou possa existir, de natureza corpórea ou incorpórea".

Como se vê, coisa é tudo. Por outro lado, usar essa palavra para tudo pode revelar pobreza de vocabulário.

Veja este outro caso curioso de antonímia:

emigrante – imigrante

Aparentemente são antônimos perfeitos, já que a primeira palavra se refere àqueles que saem de determinado lugar (cidade, Estado, país) e a segunda àqueles que entram. Contudo, o emigrante, no momento em que chega a outro lugar, não passa a ser também, obrigatoriamente, um imigrante?

## CAMPO SEMÂNTICO, HIPONÍMIA E HIPERONÍMIA

Releia este trecho do texto:

"[...] Ouviu o grito do gavião e o viu abater-se, altivo e feroz, sobre uma presa. Até ele, que agride os mais fracos, tem o direito que eu não mereço, pensou contrito. E mais andou. Viu o azul cortado por um bando de patos selvagens em migração. Lá se vão, de uma terra a outra, de um a outro continente, disse em silêncio o velho, enquanto eu não sou digno nem de mínimas distâncias. E mais andou. E viu as andorinhas e viu o melro e viu o corvo e viu o pintassilgo, e a todos saudou, e a todos prestou reverência."

Fabrice Cahez/Other Images

Observe que as palavras *gavião*, *patos*, *andorinhas*, *melro*, *corvo* e *pintassilgo* apresentam certa familiaridade de sentido pelo fato de pertencerem ao mesmo **campo semântico**, ou seja, ao universo relacionado à classe das aves. Já a palavra *ave* tem um sentido mais amplo, que engloba todas as outras. Dizemos, então, que *gavião*, *patos*, *andorinhas*, *melro*, *corvo* e *pintassilgo* são **hipônimos** de *aves*. *Aves*, por sua vez, é **hiperônimo** das outras palavras.

**Hipônimos** e **hiperônimos** são palavras pertencentes a um mesmo campo semântico, sendo o hipônimo uma palavra de sentido mais específico e o hiperônimo uma palavra de sentido mais genérico.

## POLISSEMIA

Compare estes trechos do texto:

"Lá se vão, de uma *terra* a outra, de um a outro continente"
"daquela *terra* que em breve o acolheria"

Observe que a palavra *terra* apresenta sentidos diferentes nos dois trechos: "região, território", no primeiro trecho, e "chão", no segundo. Apesar disso, há um sentido da palavra que se aplica às duas situações, que é "parte sólida da superfície do globo terrestre". Quando uma palavra tem mais de um sentido, dizemos que ela é polissêmica.

**Polissemia** é a propriedade que uma palavra tem de apresentar vários sentidos.

# EXERCÍCIOS

**1.** Há, na língua portuguesa, inúmeras palavras que se referem a *dinheiro*. Por exemplo, quando o Estado é o beneficiário do dinheiro do contribuinte (indivíduos ou instituições), esse dinheiro recebe o nome de *imposto* ou *tributo*.

Identifique no boxe abaixo o beneficiário do dinheiro designado por estes termos:

a) honorários

b) mesada

c) pró-labore

d) anuidade

e) gorjeta

f) juros

g) indenização

h) salário

i) dote

j) lucro

k) renda

l) pensão

> garçons agiotas bancos filhos
> noivas proprietários mendigos
> advogados autores comerciantes
> sócios pensionistas escolas
> queixosos empregados em geral

**2.** Cite as palavras de linguagem popular que você conhece usadas com o significado de dinheiro.

**3.** Para não pronunciar o nome *diabo*, muitas pessoas o substituem por outros nomes ou expressões, como *capeta*, *anjo mau*, *cão*, *diacho*, etc. Cite outras palavras e expressões da linguagem popular que você conhece usadas para designar essa figura.

(Exercícios adaptados de: Rodolfo Ilari. *Introdução ao estudo do léxico – Brincando com as palavras*. São Paulo: Contexto, 2002.)

**4.** Compare este dois enunciados:

> — Rubens e Márcia estão se separando, você sabia?
> — Rubens está se separando de Márcia, você sabia?

Em ambos os enunciados a separação do casal é inevitável. Porém os dois apresentam diferença de sentido.

a) Qual é essa diferença?

b) Levante hipóteses: A que se deve essa alteração de sentido?

**5.** Leia estes grupos de palavras:

> • honestidade, fidelidade, preguiça, sinceridade, perseverança
> • verde, vermelho, amargo, alaranjado, cor-de-rosa
> • colibri, borboleta, beija-flor, pardal, canário

a) Em cada grupo de palavras, existe uma que não pertence ao mesmo campo semântico das demais. Indique-a.

b) As palavras de cada grupo que pertencem ao mesmo campo semântico podem ser hipônimos de um hiperônimo. Quais são esses hiperônimos?

**6.** Observe a palavra polissêmica destacada nestas expressões:

> *pé* de mesa *pé* de fruta
> *pé* de cadeira *pé* de página

A palavra *pé* apresenta em todas as expressões o sentido de "base". Esse é, então, o sentido que as expressões têm em comum.

Faça o mesmo raciocínio em relação às palavras polissêmicas de cada sequência abaixo. Leia-as e identifique o sentido que têm em comum.

a) xadrez (tecido) - xadrez (prisão) - xadrez (jogo)

b) rede de deitar - rede de computadores – rede elétrica

c) orelha de caderno - orelha de livro – orelha (do corpo)

# A AMBIGUIDADE

Observe esta tira:

(Bob Thaves. Frank & Ernest. *O Estado de S.Paulo*, 22/1/2012.)

Na tira aparece uma vitrine, talvez de uma clínica para tratamento de pessoas com dificuldade para dormir.

No entanto, a atividade da clínica foi mal compreendida pela personagem. Em vez de "aprendizagem *para* o sono", ela leu a informação do letreiro como "aprendizagem *durante* o sono", o que deu margem ao comentário no qual revela ter sido um aluno muito sonolento.

Para criar humor, o autor da tira partiu de um texto - o letreiro da vitrine - propositalmente ambíguo.

**Ambiguidade** é a duplicidade de sentidos que pode haver em um texto, verbal ou não verbal.

Quando empregada intencionalmente, a ambiguidade pode ser um importante recurso de expressão. Quando, porém, é resultado da má organização das ideias, do emprego inadequado de certas palavras ou, ainda, da inadequação do texto ao contexto discursivo, ela provoca falhas na comunicação.

## A ambiguidade como recurso de construção

A ambiguidade é utilizada com frequência como recurso de expressão em textos poéticos, publicitários e humorísticos, em quadrinhos e anedotas.

Em tiras, como a vista nesta página, por exemplo, é comum o uso da ambiguidade como recurso para uma comunicação mais direta, descontraída e divertida.

## A ambiguidade como problema de construção

Na transmissão de um jornal televisivo (Rede TV, 7/10/2008), o jornalista afirmou:

"Não há uma só medida que o governo possa tomar."

O telespectador certamente ficou em dúvida quanto à possibilidade de ação das autoridades em relação ao problema apresentado no noticiário.

O governo não podia tomar nenhuma iniciativa, pois não havia nada a fazer? Ou, ao contrário, o governo tinha mais de uma medida para pôr em prática a fim de tentar solucionar o problema?

Para evitar essa ambiguidade, o jornalista poderia ter dito, no primeiro caso, "Não há medida alguma..." ou "Não há nenhuma medida..." e, no segundo caso, "Há mais de uma medida..." ou "Não há apenas uma medida...".

Diferentemente da linguagem oral, que conta com certos recursos para tornar o sentido preciso – os gestos, a expressão corporal ou facial, a repetição, etc. –, a linguagem escrita conta apenas com as palavras. Por isso, temos de empregá-las adequadamente se desejamos que os textos que produzimos tenham clareza e precisão.

## EXERCÍCIOS

**1.** No texto que segue há uma ambiguidade. Identifique-a e refaça o trecho, procurando desfazê-la.

> Gastou mais de 12 milhões de dólares herdados do pai, cuja família fez fortuna no ramo de construção de estradas de ferro, com festas, viagens, bebidas e mulheres.
>
> (*Veja*, 10/3/2004.)

**2.** A frase a seguir foi título de uma matéria jornalística publicada na revista *Veja* de 10/3/2004:

> O que faz uma boa metrópole

Observe que a frase admite duas interpretações. Reescreva-a de duas formas diferentes, de modo que fique bem claro cada um dos sentidos.

**3.** As frases a seguir são ambíguas. Reescreva-as de modo a desfazer a ambiguidade.

a) Trouxe o remédio para seu pai que está doente neste frasco.

b) Durante o namoro, Tiago pediu a Helena que se casasse com ele muitas vezes.

**4.** (UNICAMP-SP) No trecho que segue há uma passagem estruturalmente ambígua (isto é, uma passagem que poderia ser interpretada de duas maneiras, se ignorássemos o que é geralmente pressuposto sobre a vida de Kennedy). Identifique essa passagem, transcreva-a, aponte as duas interpretações possíveis e explique o que a torna ambígua do ponto de vista estrutural.

> "E se os russos atacassem agora?, perguntou certa ocasião [...] Judith Exner, uma das incontáveis amantes de Kennedy, que, simultaneamente, mantinha um caso com o chefão mafioso Sam Giancana."

**5.** (UNICAMP-SP) A leitura literal do texto abaixo produz um efeito de humor.

> As videolocadoras de São Carlos estão escondendo suas fitas de sexo explícito. A decisão atende a uma portaria de dezembro de 91, do Juizado de Menores, que proíbe que as casas de vídeo aluguem, exponham e vendam fitas pornográficas a menores de 18 anos. A portaria proíbe ainda os menores de 18 anos de irem a motéis e rodeios sem a companhia ou autorização dos pais.
>
> (*Folha Sudeste*, 6/6/1992.)

a) Transcreva a passagem que produz efeito de humor. Qual a situação engraçada que essa passagem permite imaginar?

b) Reescreva o trecho de forma que impeça tal interpretação.

## A AMBIGUIDADE NA CONSTRUÇÃO DO TEXTO

Leia este poema, de Mário Quintana:

**Jardim interior**

Todos os jardins deviam ser fechados,
com altos muros de um cinza muito pálido,
onde uma fonte
pudesse cantar
sozinha
entre o vermelho dos cravos.
O que mata um jardim não é mesmo
alguma ausência
nem o abandono...
O que mata um jardim é esse olhar vazio
de quem por eles passa indiferente.

(*Quintana de bolso.* Porto Alegre: L&PM, 2011. p. 132.)

Vicente Mendonça

1. Ao lermos o poema, notamos que a palavra *jardim* foi empregada de forma ambígua, possibilitando mais de um significado e mais de uma leitura para o texto.
   a) Que elementos do texto aproximam a palavra *jardim* de seu sentido literal, denotativo?
   b) Que versos quebram o sentido literal de *jardim*, gerando a ambiguidade?
2. Reveja o título do poema. Que novo sentido a palavra *jardim*, acompanhada do adjetivo *interior*, ganha no poema?
3. De acordo com o eu lírico, o que é que mata tanto o jardim real quanto o outro jardim do qual ele fala também?

## SEMÂNTICA E DISCURSO

1. Leia a tira:

Laerte

(Laerte. *Classificados.* São Paulo: Devir, 2002. v. 2, p. 57.)

O humor da tira é construído em torno do duplo sentido que uma palavra adquire no contexto.

a) Qual é essa palavra?

b) Como o dono da casa compreendia essa palavra?

c) Como o afinador de piano compreendia a mesma palavra?

**2.** Quando alguém pergunta se uma determinada piscina é rasa ou funda, está querendo saber da fundura da piscina (e não da rasura). O que se quer saber em cada uma das perguntas a seguir?

a) Este carro é barato ou caro?

b) Sua casa fica longe ou perto daqui?

c) Este prato culinário é doce ou salgado?

d) O tecido escolhido é liso ou áspero?

e) Esse documento é legítimo ou falso?

f) Esse muro é branco ou colorido?

g) Esse filme é próprio para menores de 18 anos?

h) Seu namorado é fiel ou infiel?

Laerte

(Exercício adaptado de: Rodolfo Ilari. *Introdução ao estudo do léxico – Brincando com as palavras.* São Paulo: Contexto, 2002.)

**3.** Como você sabe, as palavras *pequeno* e *grande* são antônimas. Observe o emprego dessas palavras neste enunciado:

> Um elefante pequeno é um animal grande.

Essa frase é possível do ponto de vista lógico? Se sim, que sentido(s) ela pode ter?

**4.** Compare estes dois enunciados:

> Paulo não tem dinheiro.
> Dinheiro Paulo não tem.

As duas frases são construídas pelos mesmos componentes. Apesar disso, diferem quanto ao sentido. Que alteração de sentido a inversão da palavra *dinheiro* provoca?

**5.** Imagine dois moradores de uma cidade conversando. De repente, um diz para o outro:

> — O Manoel Cunha é um bom prefeito. Apenas um ano na prefeitura, já asfaltou dez ruas da cidade.

A fala desse morador ressalta a competência do prefeito, mas implicitamente veicula outras informações. Quais dos itens seguintes se referem corretamente a essas outras informações?

a) Dez ruas asfaltadas não é um número grande a ponto de causar espanto. Logo, supõe-se que a cidade seja pequena e possua poucas ruas.

b) A fala do morador deixa implícita a informação de que as obras de pavimentação são a prioridade no governo do referido prefeito.

c) A frase leva a crer que outro prefeito que asfaltasse dez ruas em um ano também seria considerado competente.

d) O morador revela preconceito em relação aos prefeitos que não se interessam por pavimentação de ruas e saúde.

Ted Soqui/Corbis/Latinstock

CAPÍTULO 33

# Introdução à estilística: figuras de linguagem

## CONSTRUINDO O CONCEITO

Leia o poema a seguir, do escritor escocês Robert Louis Stevenson.

### Minha cama é um veleiro

A minha cama é um veleiro;
nela me sinto seguro;
com minha roupa de marinheiro,
vou navegando no escuro.

De noite embarco e sacudo a mão
para os amigos no cais;
fecho os olhos e pego o timão:
não ouço nem vejo mais.

Cauto marujo, levo em segredo
para a cama uma fatia
de bolo e também algum brinquedo,
pois é longa a travessia.

Corremos de noite o mundo inteiro;
mas quando chega a alvorada,
eis-me a salvo em meu quarto e o veleiro
de proa bem amarrada.

(In: José Paulo Paes, sel. e trad. *Ri melhor quem ri primeiro – Poemas para crianças (e adultos inteligentes)*. São Paulo: Companhia das Letras, 2007. p. 22.)

Giraudon/Glow Images

*O veleiro* (1895), de Claude Monet.

**1.** Já no primeiro verso do poema, o eu lírico se refere a uma imagem que ele cria antes de dormir.

a) O eu lírico é um adulto ou uma criança? Justifique sua resposta com elementos do texto.

b) Qual é a imagem que ele cria antes de dormir?

c) Quanto tempo leva a viagem? Que palavras indicam esse tempo?

**2.** Se dizemos "A cama é macia" ou "O veleiro é seguro", estamos utilizando uma linguagem normal, em que as palavras são empregadas com seu sentido habitual. Contudo, se dizemos "A minha cama é um veleiro", estamos utilizando uma linguagem diferente, poética, em que as palavras compõem imagens e ganham sentidos novos.

a) O que permitiu ao poeta, no primeiro verso, aproximar *cama* e *veleiro*?

b) A partir da imagem do verso inicial, o eu lírico apresenta outras imagens correlacionadas. A que correspondem as expressões:

- "minha roupa de marinheiro"?
- "os amigos no cais"?
- "cauto marujo"?
- "pego o timão"?
- "o veleiro de proa bem amarrada"?

**3.** Imagens como "A minha cama é um veleiro" e "[sou] Cauto marujo" são exemplos da figura de linguagem chamada **metáfora**. O que o uso dessa figura de linguagem acrescenta ao texto?

## CONCEITUANDO

Quando dizemos "Minha cama é confortável", estamos empregando a palavra *cama* no sentido que lhe é comum, próprio. Entretanto, quando o eu lírico do poema afirma "A minha cama é um veleiro", sua intenção não é apenas informar como é a cama, mas também construir outro sentido, uma imagem, uma analogia que expresse, com sensibilidade, a visão que um menino tem da cama e de uma noite de sono. O mesmo ocorre quando o menino é comparado a um marujo e o tempo de uma noite é transformado no espaço marítimo percorrido em uma viagem.

Como se observa, palavras e expressões são empregadas no poema com um sentido novo, figurado, constituindo, assim, **figuras de linguagem**.

> **Figura de linguagem** é uma forma de expressão que consiste no emprego de palavras em sentido figurado, isto é, em um sentido diferente daquele em que convencionalmente são empregadas.

As figuras de linguagem são normalmente utilizadas para tornar mais expressivo o que queremos dizer. Empregadas tanto na língua escrita quanto na língua falada, ampliam o significado de uma palavra, suprem a falta de termos adequados, criam significados diferentes.

Veja, a seguir, um grupo de figuras de linguagem relacionadas ao **sentido**.

### Comparação e metáfora

Leia os versos ao lado, de Fernando Pessoa.

> Minha alma é como um pastor,
> Conhece o vento e o sol
> E anda pela mão das Estações
> A seguir e a olhar.
>
> (*Obra poética.* Rio de Janeiro: Aguilar, 1965. p. 203.)

Observe que o eu lírico compara o termo *alma* a *pastor*, aproximando-os pela sua semelhança, de modo que as características de *pastor* sejam atribuídas a *alma*. Note também que nos versos há uma **comparação** feita de modo explícito, por meio de um elemento comparativo expresso, que é *como*.

Eliminando a comparação e empregando o segundo termo (*pastor*) com o valor do primeiro (*alma*), temos uma **metáfora**:

> Minha alma é um pastor.

Nessa construção, há uma comparação implícita entre os dois seres, pois o elemento comparativo fica subentendido. Alma é pastor em virtude de certa semelhança entre os dois elementos: na situação dos versos, relacionada ao fato de ambos conhecerem o sol e o vento e andarem em todas as estações, a seguir e a olhar.

Há também outro tipo de metáfora: a que ocorre com a supressão de um termo e o emprego de outro no lugar dele. Observe nos seguintes versos a presença desse tipo de metáfora, constituída pelo emprego da expressão *mar azul* em sentido figurado.

Beber a água
do mar azul
dos teus olhos.
Taí uma coisa difícil.

(João Claudio Arendt. In: Vera Aguiar, coord. *Poesia fora da estante*. Porto Alegre: Projeto, 2002. v. 2, p. 80.)

Ricardo Dantas

**Comparação** é a figura de linguagem que consiste em aproximar dois seres em razão de alguma semelhança existente entre eles, de modo que as características de um sejam atribuídas ao outro, e sempre por meio de um elemento comparativo expresso: *como*, *tal qual*, *semelhante a*, *que nem*, etc.

**Metáfora** é a figura de linguagem que consiste no emprego de uma palavra em um sentido que não lhe é comum ou próprio, sendo esse novo sentido resultante de uma relação de *semelhança*, de *intersecção* entre dois termos.

## Metonímia

Leia estes versos:

Que tarde!
Além do calor e da prova,
aquela minissaia
sentada bem ao meu lado!

Assim não há memória
que resista...

(Carlos Queiroz Telles. *Sementes de sol*. São Paulo: Moderna, 2003. p. 16.)

Ivan Coutinho

Observe que, no 3º verso, o eu lírico, em vez de empregar a palavra *garota*, utiliza a palavra *minissaia*, que tem com a garota uma relação de interdependência, de implicação, pois são as garotas que geralmente usam minissaia. Temos, assim, uma **metonímia**.

**Metonímia** é a figura de linguagem que consiste na substituição de uma palavra por outra em razão de haver entre elas uma relação de interdependência, de inclusão, de implicação.

A metonímia ocorre quando empregamos:

- o efeito pela causa, e vice-versa:

Pedro é alérgico a poeira e a *cigarro*. (fumaça)

- o nome do autor pelo nome da obra:

Nas horas vagas, ouvíamos *Mozart*. (a música)

- o continente (o que está fora) pelo conteúdo:

O nenê comeu dois *pratos*. (alimento)

- a marca pelo produto:

Menino, você quer um *chiclete*? (goma de mascar)

- o concreto pelo abstrato:

Só ele tem *cabeça* para resolver isso. (inteligência, sagacidade)

- o lugar pelo produto característico de determinado local:

O gerente ofereceu um *havana* a seus colegas. (charuto produzido em Havana)

- a parte pelo todo:

Mil *olhos* apreensivos seguiam a partida de futebol. (pessoas, torcedores)

- o singular pelo plural:

O *brasileiro* é bem-humorado. (os brasileiros)

- a matéria pelo objeto:

A um sinal do maestro, os *metais* iniciaram o concerto. (instrumentos de sopro feitos de metal)

## Metonímias visuais

Os sistemas de pictogramas (imagens ou grupos de imagens que integram uma escrita sintética, resumida) costumam empregar a metonímia como recurso para orientar usuários em guias turísticos, terminais de transportes, postos rodoviários, ginásios de esportes, etc. Assim, uma cesta e uma bola podem ser usadas para representar o basquete; talheres, para representar um restaurante; uma cama, para representar hospedagem; uma mamadeira, para indicar o berçário, etc.

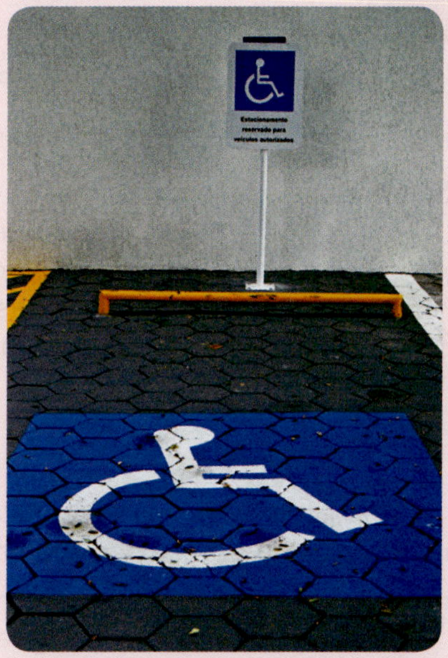

Daniel Cymbalista/Pulsar Imagens

## A metáfora e a metonímia na mídia

Os recursos mais empregados na mídia brasileira, seja em anúncios, seja em capas de revistas, são a metáfora e a metonímia. Observe, no anúncio do Greenpeace (uma organização não governamental), ao lado, a presença de metonímia. A figura de um palito de fósforo com graduação sugere metonimicamente um termômetro, que se relaciona com a temperatura ambiente. Como o palito está parcialmente queimado, a figura sugere calor, que, por sua vez, remete ao aquecimento global, fenômeno ambiental que vem sendo fortemente combatido pela entidade por meio de campanhas e anúncios.

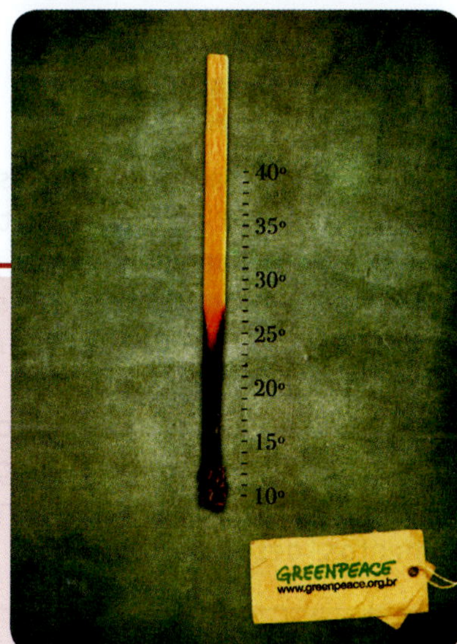


Greenpeace

(Revista *Greenpeace*, abril-maio-junho 2011.)

## Antítese

Leia os versos ao lado, de Vinícius de Morais.

Observe que o eu lírico emprega palavras e expressões que se opõem quanto ao sentido: *alegre* se opõe a *triste*, *descontente*, a *dar risada*. Temos, nesses casos, **antíteses**.

**Antítese** é a figura de linguagem que consiste no emprego de palavras que se opõem quanto ao sentido.

Maior amor nem mais estranho existe
que o meu — que não sossega a coisa amada
e quando a sente alegre, fica triste,
E se a vê descontente, dá risada.

("Soneto do maior amor". In: *Nova antologia poética de Vinicius de Moraes*. Seleção e organização: Antonio Cícero e Eucanaã Ferraz. São Paulo: Cia. das Letras, Editora Schwarcz, 2008. p. 64. VM Empreendimentos Artísticos e Culturais Ltda.)

## Paradoxo

Leia estes versos, de Fernando Pessoa:

Sempre que olho para as cousas e penso no que os
[homens pensam delas,
Rio como um regato que soa fresco numa pedra.
Porque o único sentido oculto das cousas
É elas não terem sentido oculto nenhum.

(Op. cit., p. 223.)

Thinkstock/Getty Images

Os dois últimos versos apresentam elementos que, apesar de se excluírem mutuamente, se fundem, constituindo afirmações aparentemente sem lógica. Temos, assim, um **paradoxo**.

**Paradoxo** é a figura de linguagem que consiste no emprego de palavras ou expressões que, embora opostas quanto ao sentido, se fundem em um enunciado.

## Personificação ou prosopopeia

Leia os versos ao lado, de Castro Alves.

No 3º e no 4º versos da estrofe, a relva e o ramo aparecem personificados, pois a eles são atribuídas ações – murmurar e responder – próprias dos seres humanos. Temos, nesse caso, situações de **personificação**.

Nas fábulas, a personificação é abundante, uma vez que nelas os animais ganham características humanas: falam, pensam, brigam, têm sentimentos, desejos.

Já viste às vezes, quando o sol de maio
Inunda o vale, o matagal, a veiga?
Murmura a relva: "Que suave raio!"
Responde o ramo: "Como a luz é meiga!"

(*Poesias completas de Castro Alves*. Rio de Janeiro: Edições de Ouro. p. 58.)

**veiga**: planície fértil e cultivada; várzea.

**Personificação** ou **prosopopeia** é a figura de linguagem que consiste em atribuir linguagem, sentimentos e ações próprias dos seres humanos a seres inanimados ou irracionais.

## Hipérbole

Leia os versos ao lado, de Vinícius de Morais.

Observe que o eu lírico, com a intenção de impressionar seu(sua) amado(a), exagera ao dizer o número de beijos que dará. Temos, nesse caso, uma **hipérbole**.

Pois há menos peixinhos a nadar no mar
Do que os beijinhos que darei
Na sua boca

(http://letras.terra.com.br/vinicius-de-moraes/87381)

**Hipérbole** é a figura de linguagem que consiste em expressar uma ideia com exagero.

## Eufemismo

Certas palavras, quando empregadas em determinados contextos, são consideradas desagradáveis, ou por apresentarem uma ideia muito negativa ou por chocarem quem ouve. Por isso, muitas pessoas as substituem por palavras ou expressões mais suaves, mais delicadas, que, embora tenham o mesmo sentido, causam menor impacto. É o caso, por exemplo, do emprego de *falecer*, *entregar a alma a Deus*, *descansar*, etc. no lugar de *morrer*.

Leia estes versos, de Camões:

Alma minha gentil que te partiste
Tão cedo desta vida [...]

Nos versos de Camões, o eu lírico refere-se a *morrer*, empregando o verbo *partir*. Temos, nesse caso, um **eufemismo**.

**Eufemismo** é a figura de linguagem que consiste no emprego de uma palavra ou expressão no lugar de outra palavra ou expressão considerada desagradável ou chocante.

## Ironia

Leia estes versos, de Mário de Andrade:

Moça linda bem tratada,
Três séculos de família
Burra como uma porta:
Um amor.

(http://www.revista.agulha.com.br/and.html#moca)

Observe que o eu lírico é irônico nesses versos quando resume, na expressão *um amor*, a beleza, a fineza, a tradição familiar e a "inteligência" da moça. Temos, nesse caso, **ironia**.

**Ironia** é a figura de linguagem que consiste em afirmar o contrário do que se quer dizer.

## A ironia em outras linguagens

A ironia não é específica da linguagem verbal e pode se dar em diferentes situações. A base desse recurso de linguagem é o deslocamento contextual em determinada situação, em que se espera um tipo de comportamento e acaba ocorrendo outro. Observe um exemplo na tira abaixo. O título proposto pelo jornalista para a matéria sobre o político que doou tudo aos pobres é irônico porque, para ele e provavelmente para os leitores daquele jornal, é inacreditável que um político faça uma boa ação desse tipo.

(*O Estado de S. Paulo*, 5/4/2007.)

# EXERCÍCIOS

Leia a tira a seguir, de Fernando Gonsales, para responder às questões 1 e 2.

(*Folha de S. Paulo*, 21/10/2004.)

**1.** Os ratinhos estão namorando sob a luz das estrelas. Que figura de linguagem o ratinho emprega para atender ao pedido da ratinha?

**2.** A ratinha parece ter ficado impressionada com a fala do ratinho.

a) Que palavra ela empregou para expressar sua satisfação?

b) Apesar de satisfeita, ela ainda espera algo do ratinho. O que ela espera quando pede a ele que traduza o que disse?

**3.** Identifique os recursos estilísticos empregados nos textos a seguir, de Mário Quintana. Trata-se de metáfora, comparação ou metonímia?

a)

**Cozinha**

Cada brasa palpita como um coração...

b)

**Carreto**

Amar é mudar a alma de casa.

c)

**Cântico dos cânticos**

Maria, com um vinco entre as sobrancelhas, escolhe o segundo prato. Depois sorri-me deliciosamente. Como não encantar-me? Como não comparar-me a Salomão? "Sustentai-me (diz-lhe Sulamita), sustentai-me com passas, confortai-me com maçãs, que desfaleço de amor".

d)

**Mentira?**

A mentira é uma verdade que se esqueceu de acontecer.

(Os textos foram tirados do livro *Poesias*. 9. ed. São Paulo: Globo, 1994. p. 82, 69, 78, 83, respectivamente.)

Leia a tira a seguir e responda às questões de 4 a 6.

(Luis Fernando Verissimo. *As cobras em*: *Se Deus existe que eu seja atingido por um raio*. Porto Alegre: L&PM, 1997. p. 38.)

**4.** As cobras estão tomando sol.

a) Que fato se opõe ao desfrute desse prazer?

b) Que palavra da fala do 2º quadrinho indica essa oposição?

**5.** O humor da tira está no 3º quadrinho. Depois que o lemos, a frase do 2º quadrinho adquire duplo significado.

a) Que palavra do 2º quadrinho é responsável por isso?

b) Qual é o significado dessa palavra antes e depois da leitura do 3º quadrinho?

**6.** O humor da fala do 3º quadrinho se sustenta também na dupla significação de uma palavra.

a) Que palavra é essa?

b) Que significado ela tem, considerando-se apenas o contexto do 2º quadrinho? E no contexto do 3º quadrinho?

c) Em qual dos contextos essa palavra é tomada no sentido metafórico?

Leia a tira abaixo, de Adão Iturrusgarai, e responda à questão 7.

(*Folha de S. Paulo*, 18/6/2005.)

**7.** Zezo é um menino mal-humorado, que detesta sair de casa.

a) A que se refere a palavra **troço**, no último quadrinho?

b) O que a última cena revela sobre os hábitos do garoto?

c) Identifique uma figura de linguagem empregada na tira.

d) Os pais de Zezo estão numa situação informal. Contudo, caso o pai do Zezo quisesse empregar um português formal, rigorosamente de acordo com a norma-padrão, como ficaria o 2º quadrinho?

**8.** Identifique as figuras de linguagem empregadas nos seguintes versos ou frases.

a)

> O vento está dormindo na calçada,
> O vento enovelou-se como um cão...
> Dorme, ruazinha... Não há nada...
>
> (Mário Quintana. *Poesias*. 9. ed. São Paulo: Globo, 1994. p. 3.)

b)

> a divina, num simples vestido roxo,
> que a vestia como se a despisse.
>
> (Raul Pompeia)

c)

> Noite,
> noite escura
> de lua nova.
> Estrelas sujam o céu
> de imensidão e mistério.
>
> (Roseana Murray. *Paisagens*. Belo Horizonte: Lê, 2005. p. 15.)

d)

> Teu amor na treva é — um astro,
> No silêncio uma canção,
> É brisa — nas calmarias,
> É abrigo — no tufão
>
> (Castro Alves. op. cit. p. 49.)

e)

> Marcela amou-me durante quinze meses e onze contos de réis.
>
> (Machado de Assis)

Conheça, a seguir, outro grupo de figuras de linguagem, relacionadas à **sintaxe**, isto é, à construção de enunciados.

## Assíndeto

Leia os versos ao lado, de Roseana Murray.

Observe que o eu lírico descreve a si mesmo como um ser contraditório. E emprega orações justapostas, separadas por vírgula ou por ponto e vírgula, sem usar conjunções coordenativas, que, pelo contexto, seriam *e* ou *mas*. Temos, nesse caso, um **assíndeto**.

> Metade de mim é fada,
> a outra metade é bruxa.
> [...]
> Uma é séria; a outra sorri;
> uma voa, a outra é pesada.
> Uma sonha dormindo,
> a outra sonha acordada.
>
> (*Pera, uva ou maçã?*. São Paulo: Scipione, 2005. p. 52.)

Ricardo Dantas

**Assíndeto** é a figura de linguagem que consiste no emprego de orações coordenadas justapostas, isto é, sem o uso de conjunções.

## Polissíndeto

Leia estes versos, de Vinícius de Morais:

> E o olhar estaria ansioso esperando
> E a cabeça ao sabor da mágoa balançando
> E o coração fugindo e o coração voltando
> E os minutos passando e os minutos passando...
>
> (*Nova antologia poética*. São Paulo: Companhia das Letras, 2009. p. 16.)

O eu lírico sugere, com uma sequência de ações ininterruptas, expressas por meio de orações iniciadas pela conjunção *e*, o estado de ânimo de uma pessoa que espera por alguém ou alguma coisa. Temos, nesse caso, um **polissíndeto**.

**Polissíndeto** é a figura de linguagem que consiste na repetição, com finalidade enfática, de uma conjunção coordenativa.

## Anáfora

Leia estes versos, de Castro Alves:

Depois o areal extenso...
Depois o oceano de pó...
Depois no horizonte imenso
Desertos... desertos só...

(Alberto da Costa e Silva. *Castro Alves – Um poeta sempre jovem*. São Paulo: Companhia das Letras, 2006. p. 108.)

Blickwinkel/Alamy/Other Images

A repetição da palavra *depois* no início dos versos produz um efeito de sentido especial: leva o olhar do leitor a estender-se por um deserto interminável. Esse tipo de repetição é chamado de **anáfora**.

**Anáfora** é a figura de linguagem que consiste na repetição intencional de palavras no início de períodos, frases ou versos.

## Gradação

Leia este fragmento de texto, de Marina Colasanti:

[...] E num estalar de juntas que se soltam, de amarras que se desfazem, o guerreiro moveu-se, levantou a cabeça, ergueu o tronco, pôs-se de pé. [...]

(*23 histórias de um viajante*. São Paulo: Global, 2005. p. 47.)

O emprego de verbos correspondentes a ações que aumentam gradativamente de intensidade contribui, no fragmento, para dar ideia da recuperação física da personagem. Temos, nesse caso, uma **gradação**.

**Gradação** é a figura de linguagem que consiste na disposição de palavras ou expressões em uma sequência que dá ideia de progressão.

## EXERCÍCIOS

**1.** Leia os versos a seguir, de Eugênio de Andrade, e identifique a figura de linguagem constituída pelos termos destacados.

> Tinham o rosto aberto a quem passava.
> Tinham lendas e mitos
> e frio no coração.
> Tinham jardins onde a lua passeava
> de mãos dadas com a água
> e um anjo de pedra por irmão.
>
> ("Os amantes sem dinheiro". *A lua no cinema*. São Paulo: Companhia das Letras, 2011. p. 61.)

**2.** Qual das frases a seguir não apresenta gradação?

a) O fio de água surgiu, cresceu e engrossou, inundando as margens.

b) O carro arrancou, ganhou velocidade e ultrapassou o primeiro colocado.

c) O avião decolou, ganhou altura e aterrissou.

d) Aqui... além... mais longe, meus olhos procuravam por um sinal.

**3.** Identifique as figuras de linguagem empregadas nos versos:

a)

> Penso com os olhos e com os ouvidos
> e com as mãos e os pés
> e com o nariz e a boca.
>
> (Alberto Caeiro)

b)

> Ergue o corpo, os ares rompe,
> Procura o Porto da Estrela,
> Sobe a serra. [...]
>
> (Tomás Antônio Gonzaga)

c)

> Nem rei nem lei, nem paz nem guerra,
> Define com perfil e ser
> Este fulgor baço da terra [...]
>
> (Fernando Pessoa)

d)

> E o coração bem embaixo
> da blusa, da malha, da camisa,
> da pele: aquecido.
>
> (Ulisses Tavares. *Caindo na real*. São Paulo: Brasiliense, 1984. p. 56.)

e)

> **Receita de desamarrar os nós**
>
> desamarre os nós do sapato
> depois desamarre os pés
> desamarre os laços inúteis
> os nós do que não serve mais
> desamarre o barco do cais
> os nós das janelas
> e então deixe que o vento...
>
> (Roseana Murray. *Receitas de olhar*. São Paulo: FTD, 1999. p. 24.)

## AS FIGURAS DE LINGUAGEM NA CONSTRUÇÃO DO TEXTO

O anúncio a seguir, no contexto original de sua publicação, era interativo. Para ser lido na íntegra, era necessário que o leitor destacasse parte das correntes. Primeiramente ele via apenas as mãos atadas com os grilhões. Depois, ao destacar as correntes, via o anúncio completo, com texto e imagem.

Leia as duas partes do anúncio e, em seguida, responda às questões propostas.

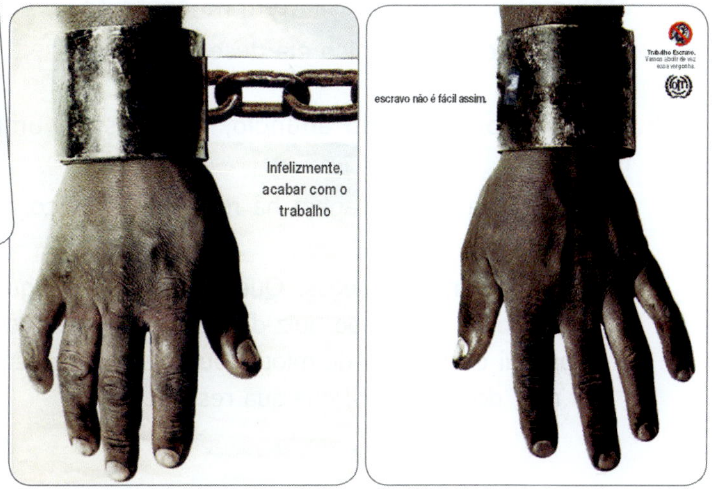


Fotos: Reprodução

**1.** As mãos retratadas na primeira parte do anúncio são negras e estão atadas com grilhões. O que as diferencia, por exemplo, das mãos de um condenado à prisão?

**2.** Na construção do anúncio, uma figura de linguagem desempenha um papel essencial.

a) As mãos são parte de um todo maior. Qual é esse todo?

b) Além de ser parte, as mãos representam o efeito de determinada causa. Qual é essa causa?

c) Que figura de linguagem substitui a parte pelo todo e o efeito pela causa?

**3.** Na segunda parte do anúncio, depois de o leitor ter desatado os grilhões de papel, lê-se: "Infelizmente, acabar com o trabalho escravo não é fácil assim".

a) Que novo sentido o anúncio ganha?

b) Levante hipóteses: Por que há trabalho escravo no Brasil se, oficialmente, a escravidão foi abolida?

**4.** Esse anúncio foi publicado na revista *Exame*, especializada em negócios, economia, finanças, gestão empresarial, *marketing*, etc.

a) Na segunda parte do anúncio, no alto, à direita lê-se: "Vamos abolir de vez essa vergonha". Considerando-se o público leitor da revista, qual é a intenção do anunciante?

b) Na sua opinião, é coerente a publicação do anúncio nesse tipo de revista? Por quê?

**5.** As figuras de linguagem normalmente são consideradas recursos de expressão da linguagem verbal. No entanto, elas são empregadas com frequência na linguagem visual e em linguagem mista (verbal e visual). O anúncio lido comprova a presença dessas figuras em linguagens não verbais? Por quê?

## SEMÂNTICA E DISCURSO

Leia o anúncio ao lado.

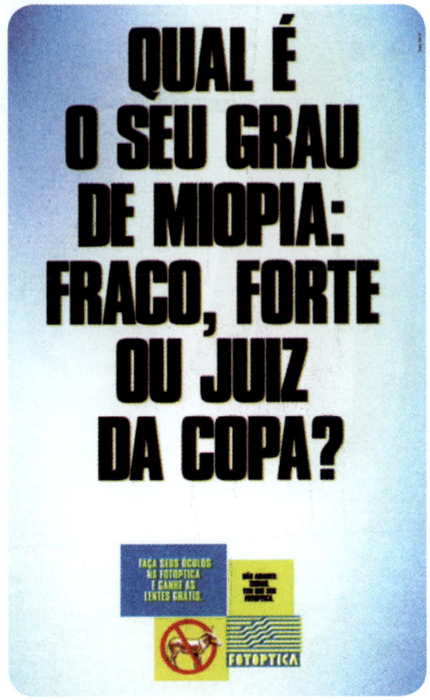


TALENT

(28º Anuário do Clube de Criação de São Paulo.)

**1.** A expressão "juiz da copa", no anúncio, foi empregada com um papel gramatical e um sentido diferentes daqueles que lhe são habituais.

a) Que sentido a expressão tem no contexto?

b) Que papel morfológico ela desempenha?

**2.** No texto principal do anúncio, há mais de uma figura de linguagem.

a) Que figura de linguagem há no trecho "fraco, forte ou juiz da copa"?

b) Discuta com os colegas: Que figura(s) de linguagem há no emprego da expressão "juiz da copa", considerando-se que ela substitui certo grau de miopia ou a falta de visão, intencional ou não, do juiz? Justifique sua resposta.

Além de palavras, há também expressões que apresentam sentido metafórico. É o caso, por exemplo, de *pôr minhocas na cabeça*, cujo significado é "pensar em bobagens, em tolices". O poema a seguir explora expressões como essas. Leia-o e responda às questões 3 e 4.

### Ossos do ofício

Sempre deixei as barbas de molho
porque barbeiro nenhum me ensinou
como manejar o fio da navalha

sempre tive a pulga atrás da orelha
porque nenhum otorrino disse
como se fala aos ouvidos das pessoas

sou um cara grilado
um péssimo marido
nove anos de poesia
me renderam apenas
um circo de pulgas
e as barbas mais límpidas da Turquia

(Chacal. In: *Poesia marginal*. São Paulo: Ática, 2006. p. 72.)

Vicente Mendonça

**3.** Responda:

a) Que sentido tem, no contexto, a expressão *deixar as barbas de molho*?

b) E a expressão *ter a pulga atrás da orelha*?

**4.** "Ossos do ofício", o título do poema, também é uma expressão metafórica.

a) Que sentido essa expressão normalmente tem?

b) Considerando que o ofício do poeta é fazer poesia, quais seriam os ossos desse ofício no contexto do poema?

O anúncio abaixo divulga a inauguração de salas de cinema em um luxuoso *shopping center* de São Paulo.

Leia-o e responda às questões 5 e 6.

(*Veja*, ano 21, nº 11.)

**5.** Há duas figuras em destaque no anúncio: pipocas e diamantes.

a) Que relação existe entre pipoca e cinema?

b) Logo, que figura de linguagem corresponde a essa relação?

**6.** No enunciado verbal se lê: "Nesse filme, você é o convidado principal".

a) No meio cinematográfico, o que é normalmente um "convidado especial"?

b) Que relação existe entre os diamantes, o perfil do *shopping* e a expressão "convidado especial"?

c) A que figura de linguagem os diamantes correspondem, visualmente?

7. Leia este anúncio:

Editora Abril

(*Veja*, ano 37, nº 17.)

No anúncio, a maçã pode visualmente ser associada a mais de uma figura de linguagem. Troque ideias com os colegas e reúnam argumentos para defender o ponto de vista de que a maçã seja:

a) uma metáfora visual;

b) uma metonímia visual.

The Bridgeman Art Library/Glow Images

Retrato de Madame de la Pleigne, de François Pascal Simon Gerard.

CAPÍTULO 34

# Versificação

## TRABALHANDO O GÊNERO

Leia em voz alta o poema abaixo, procurando ficar atento(a) aos sons e ritmos que ele apresenta. A seguir, responda ao que se pede.

**Minha desgraça**

Minha desgraça, não, não é ser poeta,
Nem na terra de amor não ter um eco,
E meu anjo de Deus, o meu planeta
Tratar-me como trata-se um boneco...

Não é andar de cotovelos rotos,
Ter duro como pedra o travesseiro...
Eu sei... O mundo é um lodaçal perdido
Cujo sol (quem mo dera!) é o dinheiro...

Minha desgraça, ó cândida donzela,
O que faz que o meu peito assim blasfema,
É ter para escrever todo um poema,
E não ter um vintém para uma vela.

(Álvares de Azevedo. In: Frederico Barbosa, org. *Clássicos da poesia brasileira*. São Paulo: O Estado de S. Paulo/Klick Editora, 1997. p. 98.)

Tracy Hebden/Alamy/Other Images

1. O título do poema é "Minha desgraça". Deduza: Como se sente o eu lírico em relação à vida e ao mundo?

2. Nas duas primeiras estrofes, o eu lírico tenta definir qual é a sua desgraça pela negação; e, na terceira estrofe, pela afirmação.
   a) De acordo com as duas primeiras estrofes, o que não é a desgraça do eu lírico?
   b) De acordo com a última estrofe, qual é a desgraça do eu lírico?
   c) Por que na revelação da desgraça do eu lírico há humor?

3. Há, no poema, três **estrofes** – grupos de versos separados por uma linha em branco. Cada estrofe apresenta um grupo de versos, as linhas poéticas. Quantos versos há em cada estrofe?

4. O poema caracteriza-se por apresentar uma forte **sonoridade**, construída por meio de repetições, ritmo, rima. Destaque do poema um trecho em que há a *repetição* de uma palavra.

5. No poema, o ritmo é dado pela alternância de sílabas acentuadas e não acentuadas, isto é, sílabas que apresentam maior ou menor intensidade quando pronunciadas. Leia em voz alta os seguintes versos do poema, pronunciando com intensidade maior as sílabas destacadas.

> "Minha desgra**ça**, **não**, não é ser po**e**ta,
> Nem na terra de a**mor** não ter um **e**co"

Tracy Hebden/Alamy/Other Images

Leia agora estes outros dois versos e identifique as sílabas acentuadas.

> "É ter para escrever todo um poema,
> E não ter um vintém para uma vela."

6. Ao ler o poema, você provavelmente fez uma pequena pausa no final de cada linha ou verso. Essa pausa se acentua em razão da rima – semelhança sonora – que há no final dos versos, como, por exemplo, entre as palavras *eco* e *boneco* da primeira estrofe. Que outros pares de palavras rimam entre si no poema?

7. A linguagem empregada no poema é figurada, ou seja, é construída a partir de imagens. Identifique a figura de linguagem presente nestes versos do poema:

> "Eu sei... O mundo é um lodaçal perdido
> Cujo sol (quem mo dera!) é o dinheiro..."

8. A linguagem do poema é expressiva, figurada e própria da norma-padrão. Além disso, ela é pessoal e subjetiva ou impessoal e objetiva?

9. A que tipo de público o poema se destina?

10. O poema lido foi publicado no século XIX, quando o livro era o principal veículo da poesia. Hoje, em que veículos e suportes esse poema pode ser divulgado?

11. Reúna-se com os colegas de seu grupo e concluam: Quais são as características do poema? Ao responder, considerem os seguintes critérios: finalidade do gênero, perfil dos interlocutores, suporte ou veículo, tema, estrutura, linguagem.

## OS VERSOS E SEUS RECURSOS MUSICAIS

Segundo o poeta Carlos Drummond de Andrade, "entre coisas e palavras – principalmente entre palavras – circulamos". As palavras, entretanto, não circulam entre nós como folhas soltas no ar. Elas são organizadas em textos, por meio dos quais podem criar significados capazes de transmitir ideias, sentimentos, desejos, emoções.

Muitas delas se combinam de tal forma que fica evidente terem sido selecionadas com a finalidade de compor imagens, sugerir formas, cores, odores, sons, permitindo múltiplas sensações, leituras e interpretações. Isso é o que observamos quando lemos, ouvimos ou vemos um poema, forma de composição que se destaca também por uma espécie de melodia e de ritmo que emanam do modo como as palavras são arranjadas.

O **poema** é um gênero textual que se constrói não apenas com ideias e sentimentos, mas também por meio do emprego do verso e de seus recursos musicais – a sonoridade e o ritmo das palavras – e de palavras com sentido figurado, conotativo.

A musicalidade que caracteriza os textos poéticos é resultado da utilização de recursos presentes na poesia de todos os tempos, tais como a métrica, o ritmo, a rima, a aliteração e a assonância.

### O que é poesia?

Talvez ninguém consiga dar uma resposta definitiva a essa pergunta. Entretanto, a poesia está em toda parte: nas canções de ninar, nas cantigas de roda, nos trava-línguas, nas parlendas, nos provérbios, nas quadrinhas populares, nas propagandas, nas letras de música, nos livros...

O conceito de poesia varia de acordo com a época, o movimento literário e também de escritor para escritor.

O poeta francês Mallarmé, por exemplo, definiu poesia como a "suprema forma da beleza". Para o americano Edgar Allan Poe, é a "criação rítmica da beleza". Cassiano Ricardo diz: "Pouco importa, contudo, definir o que seja poesia. O que importa, literariamente, é que ela encontre o seu núcleo no poema, feito e trabalhado precisamente para consegui-la. Ela é indefinível, porém definidora".

## O verso e a estrofe

O poema "Minha desgraça" apresenta doze versos.

**Verso** é uma sucessão de sílabas ou fonemas que formam uma unidade rítmica e melódica, correspondente em geral a uma linha do poema.

Os versos organizam-se em estrofes. No poema em estudo, estão organizados em três estrofes.

**Estrofe** ou **estância** é um agrupamento de versos.

O número de versos agrupados em cada estrofe pode variar. **Dístico** é o nome que se dá à estrofe de dois versos.

Leia o poema a seguir, de Mário Quintana, formado por um único dístico:

**Viajante**

Ricardo Dantas

Eu, sempre que parti, fiquei nas gares
Olhando, triste, para mim...

(Mário Quintana. *Apontamentos de história sobrenatural.* São Paulo: Globo. by Helena Quintana.)

Veja como se chamam outros tipos de estrofe:

- **terceto**: três versos;
- **quadra** ou **quarteto**: quatro versos;
- **quintilha**: cinco versos;
- **sexteto** ou **sextilha**: seis versos;
- **sétima** ou **septilha**: sete versos;
- **oitava**: oito versos;
- **nona**: nove versos;
- **décima**: dez versos.

### As formas fixas

Uma das composições de forma fixa mais conhecidas é o **soneto**, em que os versos são agrupados em duas quadras e dois tercetos. O soneto geralmente desenvolve uma ideia até o penúltimo verso e no último, considerado *chave de ouro*, apresenta uma síntese do que foi desenvolvido.

Na língua portuguesa, destacam-se como sonetistas Camões, Antero de Quental, Bocage e Vinícius de Morais.

Outros poemas de forma fixa são, por exemplo, a **balada** (três oitavas e uma quadra), o **vilancete** (um terceto e outros tipos de estrofe, à escolha do poeta), o **rondó** (apenas quadras, ou então quadras combinadas com oitavas).

Um tipo curioso de forma fixa é o **haicai**, poema de origem japonesa. Constituído por uma estrofe de três versos, ele deve ter 17 sílabas, distribuídas do seguinte modo: 1º verso: 5 sílabas; 2º verso: 7 sílabas; 3º verso: 5 sílabas.

Veja este haicai, de Yataro Kobayashi, poeta japonês do século XVIII:

Vem cá passarinho
E vamos brincar nós dois
Que não temos ninho.

(In: Millôr Fernandes. *Hai-Kais*. Porto Alegre: L&PM, 1997. p. 5.)

Weberson Santiago

## Métrica

A **métrica** é a medida dos versos, isto é, o número de sílabas poéticas apresentadas pelos versos.

Para determinar a medida de um verso, nós o dividimos em sílabas poéticas. Esse procedimento tem o nome de *escansão*.

Em razão de ter por base a oralidade – fala ou canto –, a divisão silábica poética obedece a princípios diferentes dos que orientam a divisão silábica gramatical: as vogais átonas são agrupadas numa única sílaba, e a contagem das sílabas deve ser feita até a última tônica.

Compare a divisão silábica gramatical à divisão silábica poética de dois versos do poema de Álvares de Azevedo estudado:

**Divisão silábica gramatical**

| Mi | nha | des | gra | ça, | ó | cân | di | da | don | ze | la, | |
|---|---|---|---|---|---|---|---|---|---|---|---|---|
| 1 | 2 | 3 | 4 | 5 | 6 | 7 | 8 | 9 | 10 | 11 | 12 | |
| O | que | faz | que | o | meu | pei | to | as | sim | blas | fe | ma, |
| 1 | 2 | 3 | 4 | 5 | 6 | 7 | 8 | 9 | 10 | 11 | 12 | 13 |

**Divisão silábica poética**

| Mi | nha | des | gra | ça, ó | cân | di | da | don | ze | la, |
|---|---|---|---|---|---|---|---|---|---|---|
| 1 | 2 | 3 | 4 | 5 | 6 | 7 | 8 | 9 | 10 | |
| O | que | faz | que o | meu | pei | to as | sim | blas | fe | ma, |
| 1 | 2 | 3 | 4 | 5 | 6 | 7 | 8 | 9 | 10 | |

Na divisão silábica poética, conforme você pode observar, a 5ª sílaba do 1º verso e a 4ª e a 7ª sílabas do 2º verso são formadas pela união das sílabas *ça* e *ó*, *que* e *o*, *to* e *as*, respectivamente. Isso ocorre sempre que há o encontro de duas vogais átonas no final de uma palavra e início de outra. Além disso, na divisão silábica poética, a contagem encerra-se na sílaba tônica da última palavra do verso; nesse caso, na sílaba *ze* da palavra *donzela*, no 1º verso, e na sílaba *fe* da palavra *blasfema*, no 2º verso.

De acordo com o número de sílabas poéticas, os versos recebem as seguintes denominações: *monossílabo* (uma sílaba), *dissílabo* (duas sílabas), *trissílabo* (três sílabas), *redondilha menor* ou *pentassílabo* (cinco sílabas), *redondilha maior* ou *heptassílabo* (sete sílabas), *octossílabo* (oito sílabas), *decassílabo* (dez sílabas), *alexandrino* (doze sílabas), etc.

O verso cuja métrica se repete é chamado de *verso regular*. No século XX, os poetas modernos criaram o *verso livre*, que não obedece a uma regularidade métrica. Assim, os poemas apresentam versos de tamanhos variados, como no poema ao lado, de Cacaso.

**Happy end**

o meu amor e eu
nascemos um para o outro

agora só falta quem nos apresente

(Cacaso. *Lero-lero*. Rio de Janeiro: 7 Letras; São Paulo: Cosac & Naify, 2002. p. 114.)

Ricardo Dantas

## Ritmo

Ao ouvirmos uma melodia qualquer, percebemos que ela foi composta em determinado ritmo. Um poema também tem seu ritmo, que lhe é dado pela alternância de sílabas acentuadas e não acentuadas, isto é, sílabas que apresentam maior ou menor intensidade quando pronunciadas. O conceito poético de sílaba acentuada nem sempre coincide com o conceito gramatical de sílaba tônica, pois a acentuação de uma sílaba poética é determinada pela sequência melódica em que ela se insere.

Observe o ritmo dos seguintes versos de Camões. As sílabas acentuadas estão destacadas.

Amor é fogo *que ar*de sem se *ver*;
É ferida que *dói* e não se *sen*te;
É um contenta*men*to descon*ten*te;
É dor que desa*ti*na sem do*er*

(In: Vera Aguiar, coord. *Poesia fora da estante*. Porto Alegre: Projeto, 2002. v. 2, p. 83.)

Você deve ter notado nesse trecho que o ritmo decorre da incidência de acentuação na 6ª e na 10ª sílaba de cada verso.

### O ritmo em outras linguagens

O ritmo não é exclusividade da poesia. Ele existe também na música, na arquitetura e em outras artes visuais, desde que haja uma repetição regular de determinado elemento. Na fotografia abaixo, o ritmo é criado pela recorrência regular das formas no espaço.

Ismar Ingber/Pulsar Imagens

## Rima

A **rima** é um recurso musical baseado na semelhança sonora de palavras no final de versos (rima externa) e, às vezes, no interior de versos (rima interna).

Observe como o compositor Chico Buarque, no seguinte trecho da canção "Quando o carnaval chegar", explora tanto a rima no final dos versos quanto a rima interna:

Quem me vê sempre parado, dist*ante*
Gar*ante* que eu não sei samb*ar*
Tô me guard*ando* pra qu*ando* o carnaval cheg*ar*
Eu tô só v*endo*, sab*endo*, sentindo,
Escut*ando*, não posso fal*ar*
Tô me guard*ando* pra qu*ando* o carnaval cheg*ar*

(In: Adélia Bezerra de Menezes Bolle, org. *Chico Buarque de Hollanda*. São Paulo: Abril Educação, 1980. p. 34. by Marola Edições Musicais Ltda.)

As rimas externas classificam-se como *intercaladas*, *alternadas* e *emparelhadas*, segundo sua organização em esquemas ABBA, ABAB e AABB, respectivamente. Observe a incidência de rimas e sua organização em esquema nestes versos, de Fernando Pessoa:

Fabio Colombini

Deus quer, o homem sonha, a obra n*asce*. (A)
Deus quis que a terra fosse toda *uma*, (B)
Que o mar unisse, já não separ*asse*. (A)
Sagrou-te, e foste desvendando a esp*uma*, (B)

(In: Sueli Barros Cassal, org. *Poesias*. Porto Alegre: L&PM, 2011. p. 10.)

Os versos que não apresentam rimas entre si são chamados de *versos brancos*. Veja esse tipo de verso neste poema, de Rubem Braga:

Não quero ser Deus, nem Pai nem Mãe de Deus,
Não quero nem lírios nem mundos
Sou pobre e superficial como a Rua do Catete.
Quero a pequena e amada agitação,
A inquieta esquina, aves e ovos, pensões,
Os bondes e tinturarias, os postes,
Os transeuntes, o ônibus Laranjeiras,

Único no mundo que tem a honra de pisar na
[Rua do Catete.

(*Livro de versos*. 3. ed. Rio de Janeiro: Record, 1998. p. 5.)

Weberson Santiago

## Outros recursos sonoros

### Aliteração

É a repetição constante de um mesmo fonema consonantal. Observe como o poeta Castro Alves alitera o fonema /b/ nestes versos:

Auriverde pendão de minha terra
Que a *b*risa do *B*rasil *b*eija e *b*alança

### Assonância

É a repetição constante de um mesmo fonema vocálico. Observe a assonância do fonema vocálico /a/ nestes versos de Cruz e Souza:

Ó Form*as* *a*lv*as*, br*a*nc*as*, Form*as* cl*a*r*as*

## Paronomásia

É o emprego de palavras semelhantes na forma ou no som, mas de sentidos diferentes, próximas umas das outras. Veja:

> Trocando em miúdos, pode guardar
> As *sobras* de tudo que chamam lar
> As *sombras* de tudo que fomos nós
>
> (Chico Buarque. In: Adélia Bezerra de Menezes Bolle, org., op. cit., p. 45.)

> Ah pregadores! Os de cá achar-vos-eis com mais *paço*; os de lá, com mais *passos*.
>
> (Pe. Antônio Vieira)

## Paralelismo

É a repetição de palavras ou estruturas sintáticas maiores (frases, orações, etc.) que se correspondem quanto ao sentido. Observe o paralelismo nestes versos da canção "Sem fantasia", de Chico Buarque:

> *Vem que eu te quero* fraco
> *Vem que eu te quero* tolo
> *Vem que eu te quero* todo meu.
>
> (In: Adélia Bezerra de Menezes Bolle, org., op. cit., p. 23.)

Filipe Rocha

# EXERCÍCIOS

Leia a tira a seguir, de Laerte, e responda às questões 1 e 2.

Laerte

(*Folha de S. Paulo*, 26/02/2012.)

**1.** Reescreva as falas da personagem, dispondo-as em versos.

a) Quantos versos você obteve?

b) Que critérios você utilizou para fazer a disposição das falas em versos?

**2.** Observe o esquema de rimas e de ritmo do poema.

a) De que tipo são as rimas?

b) Em que sílabas poéticas, pela ordem, incidem as sílabas tônicas?

c) Que nome é dado ao tipo de verso utilizado?

**3.** Identifique o(s) recurso(s) sonoro(s) empregado(s) nos versos de Chico Buarque a seguir.

a)

> Ninguém, ninguém vai me acorrentar
> Enquanto eu puder cantar
> Enquanto eu puder sorrir
> Enquanto eu puder cantar
> Alguém vai ter que me ouvir.
>
> (In: Adélia Bezerra de Menezes Bolle, org., op. cit., p. 30. by Marola Edições Musicais Ltda.)

b)

> E a própria vida
> Ainda vai sentar sentida
> Vendo a vida mais vivida
> Que vem lá da televisão
>
> (Idem, p. 21. 1967. by Marola Edições Musicais Ltda.)

c)

> Você vai me trair
> Você vem me beijar
> Você vai me cegar
> E eu vou consentir
> Você vai conseguir
> Enfim me apunhalar.
>
> (Idem, p. 55. by Marola Edições Musicais Ltda.)

## O POEMA NO ESPAÇO

Além de trabalhar com a sonoridade, com a rima, com o ritmo e com as imagens, o poeta também pode fazer uso de outros recursos, como os visuais e gráficos.

Isso quer dizer que o poeta pode organizar seus versos de uma maneira incomum, de modo que mostrem, por exemplo, o formato de alguma coisa, ou explorar diferentes tipos de letra, criando novos sentidos.

Muitos poemas do nosso tempo não são feitos apenas para serem lidos, mas também para serem vistos, como uma fotografia, uma pintura, um cartaz. Por meio de um trabalho com letras, com palavras e seu significado, procuram transmitir, além de emoções e sentimentos, também movimento, cor, forma, etc.

Os poemas que fazem uso desses recursos são chamados **poemas concretos**.

Veja (e leia) o poema ao lado e os outros dois a seguir, observando como os poetas incorporam aspectos visuais à poesia.

Paulo Leminski

(Paulo Leminski. In: Fred Góes e Álvaro Marins, org. *Melhores poemas de Paulo Leminski*. 6. ed. São Paulo: Global, 2002. p. 88.)

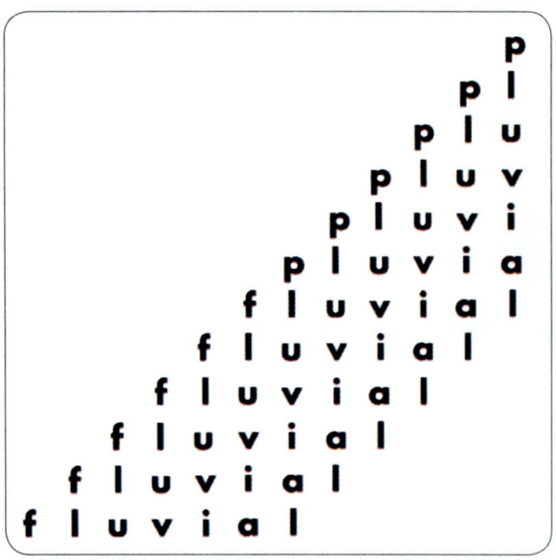


pluvial (1959), in VIVA VAIA, São Paulo, Ateliê Editorial, 2001 © Augusto de Campos.

(Augusto de Campos. www.algumapoesia.com.br/poesia/poesianet066.htm. Acesso em: 27/12/2011.)

Augusto de Campos

(Augusto de Campos. www.jayrus.art.br/Apostilas/LiteraturaBrasileira/Vanguardas Poeticas/Augusto_de_Campos_poesia.htm. Acesso em: 27/12/2011.)

# A POESIA DE TRADIÇÃO ORAL: O CORDEL

Na poesia popular brasileira de tradição oral, destaca-se a **literatura de cordel**, um tipo de poesia muito conhecido e apreciado em todo o Nordeste brasileiro.

Normalmente o poema de cordel é produzido oralmente e depois impresso em pequenos folhetos, ilustrados com xilogravura. O nome desse tipo de poesia se deve ao modo tradicional de expor os folhetos, isto é, pendurados em cordel (corda fina) ou barbante.

A estrutura da poesia de cordel não é rígida, porém a forma mais comum são estrofes de seis ou sete versos, geralmente redondilhas maiores (sete versos). As rimas costumam acontecer em versos alternados. Veja, como exemplo, os versos a seguir, do poeta José Antônio dos Santos, que conta, em sua *História da literatura de cordel*, como surgiu o cordel no Brasil. Aproveite para observar a métrica (redondilhas) e as rimas no 2º, no 4º e no 6º versos.

[...]

Na Europa medieval
Surgiram os menestréis
Por serem bons trovadores
às musas eram fiéis
E prendiam seus livrinhos
Pendurados em cordéis.

Pois a palavra cordel
Significa cordão
Onde o Cordel era exposto
No meio da multidão
O trovador andarilho
Fazia declamação.

E o povo gostava
De poemas de bravezas
Contando muitas histórias
De encantadas princesas
Também de príncipes valentes
E suas grandes proezas.

[...]

Eis a origem da nossa
Poesia Popular
Pro Brasil, os portugueses
Trouxeram algum exemplar
E pras novas gerações
Puderam repassar.

[...]

(*História da literatura de cordel.* Fortaleza: Tupynanquim, maio 2007. p. 2-3.)

Gonçalo Ferreira da Silva

Gonçalo F. da Silva/Academia Brasileira de Literatura de Cordel

## Receita para cordel

O verso para cordel
Fica bem em septilha,
Mas faltando ingrediente
Pode ser feito em sextilha,
Faça por essa receita
Que fica uma maravilha.

Não esqueça de botar
Um pouco de alegria,
Humor é fundamental
Para a boa poesia,
Se o colega duvidar
Confirme com Zé Maria.

[...]

Desenvolva seu cordel
Com humildade e amor,
Coloque tempero bom
Para agradar o leitor,
Pois ele é quem avalia
A receita do autor.

Se você tem esse dom
Só precisa aprimorar,
Se nasceu pra ser poeta
A rima não vai faltar,
Você acha inspiração
Sem precisar se esforçar.

Uma pitada de rima
Você tem que acrescentar,
Métrica se faz relevante
Para o verso não quebrar,
Na cobertura uma capa
Para melhor ilustrar.

(Mundim do Vale. http://mundocordel.blogspot.com/2007/12/poetas-em-mundocordel.html)

## Cordel: do varal à Internet

Se você quiser conhecer mais poemas de cordel, acesse os *sites*:

- www.camarabrasileira.com/cordel.htm
- www.secrel.com.br/jpoesia/cordel.html
- http://mundocordel.blogspot.com/2007/12/poetas-em-mundocordel.html

## OS RECURSOS POÉTICOS NA CONSTRUÇÃO DO TEXTO

Leia este poema, de Libério Neves:

Vicente Mendonça

### Pássaro em vertical

Cantava o pássaro e voava
cantava para lá
voava para cá
voava o pássaro e cantava
de
repente
um
tiro
seco
penas fofas
leves plumas
mole espuma

e um risco
surdo

n
o
r
t
e
—
s
u
l

(In: Vera Aguiar (coord.). *Poesia fora da estante.* Porto Alegre: Projeto, 1995. p. 34.)

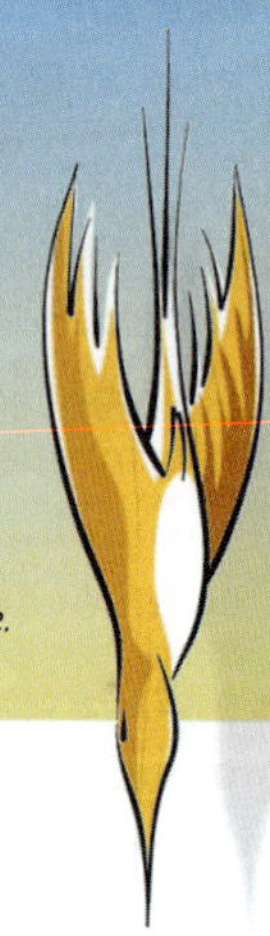

**1.** O poema lido é narrativo, pois conta a história de um pássaro.

a) Quantas estrofes tem o poema?

b) De que trata cada uma das estrofes?

**2.** Observe os quatro primeiros versos do poema. Entre eles, é possível notar pares de versos que mantêm entre si paralelismos criados a partir da métrica, do ritmo e da repetição de palavras.

a) Quais desses versos possuem o mesmo número de sílabas poéticas?

b) Quais desses versos possuem o mesmo tipo de ritmo?

**3.** Observe a disposição gráfica e a inversão de palavras nos quatro primeiros versos do poema. O que sugere, *quanto aos movimentos do pássaro*:

a) a diferença entre os versos quanto à métrica?

b) a disposição visual das expressões "para lá" e "para cá"?

c) a repetição do 1º verso – "Cantava o pássaro e voava" – no 4º verso, mas com as palavras em outra ordem?

4. Observe a disposição gráfica das palavras da frase "de repente um tiro seco".

a) O que aconteceu com o pássaro?

b) O que sugere a disposição visual desses versos quanto ao movimento do pássaro?

5. Releia os versos "penas fofas / leves plumas / mole espuma".

a) O que eles representam quanto ao movimento que o pássaro vinha fazendo?

b) Que semelhanças sonoras existem entre as palavras desses versos?

c) Nesses versos, por três vezes foi empregado o fonema /p/. Retire do poema outras palavras em que o mesmo fonema tenha sido empregado e identifique o nome desse recurso sonoro.

6. Releia a última estrofe do poema:

a) O que sugere a palavra *surdo*, nesse contexto?

b) A palavra *surdo*, da 2ª estrofe, está em oposição a qual palavra da 1ª estrofe?

c) O que sugere a disposição gráfica da expressão "norte-sul"?

d) Que relação essa disposição tem com o título do poema?

7. O poema narra, em síntese, a trajetória de um pássaro que é morto por um caçador. Os recursos empregados pelo poeta – as imagens, a métrica, a aliteração, o ritmo, os paralelismos e a disposição gráfica – criam efeitos de sentido diferentes para essa história. Que papel desempenham esses recursos na construção do sentido do poema?

## SEMÂNTICA E DISCURSO

Leia em voz alta o seguinte fragmento de um poema de Jorge de Lima e responda às questões de 1 a 3.

### Noite de São João

Vamos ver quem é que sabe
soltar fogos de S. João?
Foguetes, bombas, chuvinhas,
chios, chuveiros, chiando,
        chiando,
        chovendo
        chuvas de fogo!
    Chá — Bum!

*O delegado proibiu bombas,*
        *foguetes, busca-pés.*

Chamalotes checoslavos
        enchem o chão
        de chamas rubras.

*Noite de São João* (1961), de Alberto da Veiga Guignard.

Chagas de enxofre chinesas
chiam,
choram,
cheiram,
numa chuva de chispas,
chispas de todos os tons,
listas de todas as cores
e no fim
sempre um
Tchi — Bum!
[...]

Um tiro chocho chamusca
o dedinho
do Zezinho
Chi!
Não chore!
[...]

Vamos agora, Zezinho,
ver quem sabe soltar fogos,
foguetinhos de assobio,
sem lágrimas meu coração?
— Chuvinhas?
— Chuvinhas!
E enquanto chove lá fora
a chuva fina do céu,
chovem cá dentro
chuveiros
charutos dinamarqueses,
chorões de chispas vermelhas,
enxames de vespas chiam,
chiam, chiam,
bailam, bailam lá-coxia,
cruzam-se em xis
morrem no chão.
[...]

(In: *Poemas*. Rio de Janeiro: Record. © by Maria Thereza Alves Jorge de Lima e Lia Corrêa Lima Alves de Lima.)

**1.** O poema apresenta forte musicalidade. O emprego de recursos sonoros como ritmo, aliterações e repetições de palavras cumpre um papel importante na construção desse texto.

a) Identifique no poema duas onomatopeias e indique o que imitam.

b) Que fonema consonantal é constantemente repetido no poema?

c) Destaque dois exemplos de repetições.

d) Explique a importância desses recursos na construção do poema.

**2.** A 2ª estrofe do poema compõe-se de uma frase escrita em letra diferente, em itálico.

a) Considerando o assunto do poema, que ideia ela encerra?

b) Levante hipóteses: Quem provavelmente disse essa frase?

c) Ela provocou alguma alteração?

**3.** Esse poema retrata uma festa, provavelmente uma festa junina, em homenagem a São João. O fragmento, entretanto, não mostra o final. Como seria? Empregando versos curtos, dê um desfecho ao poema, sugerindo o término da festa de fogos de artifício, ou, se quiser, tecendo um comentário sobre ela. Ao concluir, compare seu trabalho ao dos colegas.

O **Enem — Exame Nacional do Ensino Médio** — está presente na vida dos estudantes brasileiros há mais de uma década, desde que foi instituído em 1998. De lá para cá, sua importância é crescente, como mostra o número de alunos inscritos.

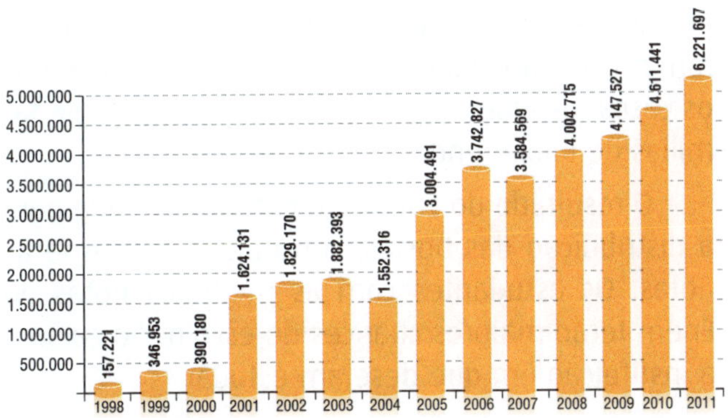


O Enem é diferente da maioria das provas dos vestibulares tradicionais e das avaliações aplicadas no ensino médio. Não se trata de dizer que "o Enem é mais fácil ou mais difícil" que as outras provas, mas compreender por que ele é diferente.

**Dica:**

Até a época da realização da prova, consulte regularmente o portal do Enem (www.enem.inep.gov.br) e leia todas as informações disponíveis.

## Os objetivos

Atualmente, os educadores concordam que uma sólida formação geral — adquirida na educação básica — é absolutamente necessária para a continuidade dos estudos e para a inserção do indivíduo no mundo do trabalho, cada vez mais exigente e competitivo. A formação não inclui apenas os conteúdos tradicionais das diversas áreas do saber científico, mas também o desenvolvimento de estratégias cognitivas que permitam enfrentar problemas e tomar decisões em situações cotidianas.

A velocidade com que a moderna arquitetura social se modifica e altera a nossa vida exige que a educação básica — educação infantil, ensino fundamental e ensino médio — desenvolva competências com as quais os cidadãos busquem e assimilem novas informações, interpretem códigos e linguagens e empreguem os conhecimentos adquiridos, tomando decisões autônomas e socialmente relevantes.

A atual Lei de Diretrizes e Bases da Educação Nacional (LDB/1996) já propunha profundas transformações no ensino médio, para que, ao concluí-lo, o aluno fosse capaz de:

I. dominar os princípios científicos e tecnológicos que regem o atual mundo do trabalho e da produção;
II. reconhecer e decodificar as diversas formas contemporâneas de linguagem;
III. dominar conhecimentos de filosofia e de sociologia necessários ao exercício da cidadania.

Foi diante dessa perspectiva que o MEC implementou o Enem para todos os alunos concluintes do ensino médio. É importante, todavia, perceber que algumas diretrizes dessa avaliação sofreram alterações durante os últimos anos. Nos documentos que nortearam a primeira versão do Enem (1998), o objetivo fundamental era "avaliar o desempenho do aluno ao término da escolaridade básica, para aferir o desenvolvimento de competências fundamentais ao exercício pleno da cidadania". Pretendia, também, alcançar outros objetivos:

- oferecer uma referência para que cada estudante pudesse proceder à sua autoavaliação, visando às escolhas futuras, tanto em relação ao mercado de trabalho quanto à continuidade dos estudos;
- estruturar uma avaliação da educação básica que servisse como modalidade alternativa ou complementar aos processos de seleção nos diferentes setores do mundo do trabalho;
- estruturar uma avaliação da educação básica que servisse como modalidade alternativa ou complementar aos exames de acesso aos cursos profissionalizantes pós-médios e ao ensino superior.

Já nos documentos do Enem 2006 lia-se que o Exame Nacional do Ensino Médio serviria, basicamente, para quatro objetivos:

- avaliar competências e habilidades desenvolvidas ao longo da educação básica;
- possibilitar que o aluno fizesse uso dos resultados alcançados no Enem em processos de seleção para o mercado de trabalho, nas instituições que utilizassem tal critério;
- permitir que o aluno usasse o Enem como alternativa ou como reforço ao vestibular, nas instituições que oferecessem essa possibilidade;
- proporcionar ao aluno a possibilidade de concorrer a uma bolsa pelo ProUni e outros programas governamentais de auxílio financeiro.

Em 2009, mais uma vez os objetivos do Enem foram alterados. A partir de então, espera-se que essa avaliação:

- sirva de referência para que cada cidadão possa proceder à sua autoavaliação com vistas em suas escolhas futuras, tanto em relação ao mundo do trabalho quanto em relação à continuidade dos estudos;
- sirva como modalidade alternativa ou complementar aos processos de seleção nos diferentes setores do mundo do trabalho;
- sirva como modalidade alternativa ou complementar aos exames de acesso aos cursos profissionalizantes, pós-médios e à educação superior;
- possibilite a participação e crie condições de acesso a programas governamentais;
- promova a certificação de jovens e adultos no nível de conclusão do ensino médio;
- promova avaliação do desempenho acadêmico das escolas de ensino médio, de forma que cada unidade escolar receba o resultado global;
- promova a avaliação do desempenho acadêmico dos estudantes ingressantes nas instituições de educação superior.

Os objetivos do Enem se tornaram muito mais abrangentes e ambiciosos. Natural, portanto, que o modelo de avaliação também sofresse profundas alterações.

## ProUni e Enem

O **ProUni — Programa Universidade para Todos** — foi criado pelo Ministério da Educação, em 2004, e oferece bolsa de estudo integral ou parcial em instituições privadas de educação superior a estudantes de baixa renda e que ainda não possuam diploma de nível superior. As bolsas do ProUni são destinadas a estudantes que cursaram todo o ensino médio em escola pública e aos que cursaram escola particular com bolsa integral. Em ambos os casos, os alunos devem ser provenientes de famílias de baixa renda.

O resultado do Enem é o critério utilizado para a distribuição das bolsas, concedidas conforme as notas. Os estudantes com as melhores notas no Enem terão maiores chances de escolher o curso e a instituição em que desejam estudar.

Caso o estudante obtenha acesso a uma bolsa de 50% do valor da anuidade e não possa pagar os restantes 50%, o MEC pode financiar o valor restante por meio do **Financiamento Estudantil (Fies)**. Informações atualizadas a respeito do ProUni podem ser obtidas pela internet, no endereço eletrônico http://portal.mec.gov.br/prouni. Nessa página, além de outros dados, encontra-se a relação de todas as instituições de ensino participantes do programa.

A página da Caixa Econômica Federal na internet (www.caixa.gov.br) traz mais detalhes a respeito do programa de Financiamento Estudantil.

**Atenção!**
Há bolsas de estudo do ProUni reservadas para cidadãos portadores de deficiência e para os que se autodeclaram negros, pardos ou índios. Entretanto, o candidato a essas bolsas deve também se enquadrar nos demais critérios de seleção do programa, como renda familiar e desempenho no Enem.

## O Enem e as universidades

A partir de 1998, quando foi criado, o Enem passou a ser usado por diversas instituições de ensino superior do país como forma de acesso aos cursos.

Em 2008, já eram mais de 500 as instituições que consideravam a pontuação obtida pelos candidatos no Enem — isoladamente ou acoplada a outras formas de avaliação — como critério de acesso. Algumas instituições reservam vagas aos participantes que obtêm média igual ou superior a determinado escore; outras acrescentam pontos à nota obtida pelos candidatos na primeira ou na segunda fase de seus vestibulares tradicionais; algumas, por sua vez, aboliram seus próprios vestibulares, usando como critério de seleção, única e exclusivamente, a nota média obtida pelos concorrentes na prova do Enem.

São pelo menos quatro as formas previstas de utilização do Enem pelas universidades. As instituições podem optar por empregar a pontuação obtida no Enem:

- como critério único de seleção, em substituição do vestibular tradicional;
- como primeira fase do processo seletivo, mantendo a segunda fase elaborada pela instituição;
- com a concessão de um acréscimo à pontuação do candidato no processo seletivo elaborado pela instituição, dependendo da pontuação obtida no Enem;
- como critério de preenchimento de vagas remanescentes.

O Inep vem apontando, como vantagem do Enem e de seu uso pelas instituições de ensino superior, a promoção da mobilidade dos alunos pelo país. Dito de outra forma, um candidato de determinada região do Brasil poderá ser aprovado e passar a frequentar uma universidade federal de outra região. Espera-se, dessa forma, democratizar o acesso às universidades federais.

Até a edição de 2008, a prova do Enem trazia uma proposta de redação e, na parte objetiva, 63 itens (ou questões) interdisciplinares, sem articulação direta com os conteúdos apresentados no ensino médio. Outra característica do antigo Enem era a impossibilidade de comparação de resultados, ou seja, estatisticamente era impossível dizer se um candidato com determinada pontuação em uma prova teve um desempenho superior ou inferior a outro com a mesma pontuação em outra edição do exame.

Com a reformulação do Enem, em 2009, o exame passa a ser comparável no tempo. Em outras palavras, a pontuação obtida por um candidato na versão de 2009 pode ser cotejada com a pontuação obtida na prova de 2010, por exemplo, e assim por diante.

Além disso, a prova aborda mais explicitamente os componentes curriculares apresentados no ensino médio. Cada prova será relativa a uma área do conhecimento:

I. linguagens, códigos e suas tecnologias (incluindo a prova de redação);

II. matemática e suas tecnologias;

III. ciências da natureza e suas tecnologias;

IV. ciências humanas e suas tecnologias.

## Interdisciplinaridade e contextualização

Embora as questões estejam agrupadas em quatro grandes áreas do conhecimento (linguagens e códigos, matemática, ciências da natureza e ciências humanas), não são separadas por disciplina. Isso significa que, ao se ler o enunciado da questão, pode ser difícil afirmar se ela está associada apenas à biologia ou à química. Essa estratégia evidencia que o conhecimento humano é historicamente adquirido e não se subdivide em "gavetas" e que deve ser concebido como uma ampla rede, mutável e heterogênea. Na realidade, as disciplinas escolares são "estratégias didáticas" que facilitam a caminhada pela intricada rede do conhecimento.

Outra característica das questões do Enem é a **contextualização**, cujo objetivo é estabelecer relações entre o conhecimento e o mundo que nos cerca, envolvendo aspectos sociais, políticos, culturais e tecnocientíficos, sempre ligados ao cotidiano.

No enunciado, as questões do Enem trazem uma **situação-problema**, desafiadora e claramente relacionada ao contexto. Para sua resolução, o aluno deverá apoiar-se nas informações trazidas no próprio enunciado e em conhecimentos prévios. Por isso é tão importante a leitura atenta dos enunciados de todas as questões.

Ao realizar as provas do Enem o candidato terá cinco notas diferentes, uma para cada área do conhecimento e uma para a redação. Não haverá peso diferente para cada uma dessas notas. Entretanto, ao utilizarem as notas em seus processos seletivos, as instituições de ensino superior poderão conferir a elas pesos diferenciados, a fim de classificarem os candidatos entre as carreiras pleiteadas.

O Enem é elaborado de acordo com uma metodologia baseada na **Teoria da Resposta ao Item** (TRI), que permite que as notas de diferentes edições da prova sejam comparadas. As questões das provas do Enem têm diferentes graus de dificuldade e de complexidade. Então, para efeito de cálculo da nota final de cada área, questões mais difíceis devem ter maior valor ponderal que questões mais simples.

Diferentemente do que acontece em alguns vestibulares, as provas do Enem não incluem questões regionais. Assim, as questões de geografia, história e biologia, por exemplo, têm caráter nacional e não tratam de assuntos estritamente regionais. Com isso, pretende-se garantir a isenção do processo de avaliação, dando aos candidatos oriundos de qualquer lugar do país igualdade de condições na disputa por vagas nas universidades participantes do processo.

As provas do Enem sempre foram organizadas por habilidades, explorando a capacidade de leitura e interpretação e a abordagem interdisciplinar. Desde 2009, as provas correlacionam mais diretamente as habilidades ao conjunto dos conteúdos habitualmente estudados no ensino médio. Preserva-se, dessa maneira, o predomínio absoluto de questões que buscam explorar não o simples resgate da informação, mas a aplicação prática do conhecimento.

As provas do Enem deverão manter o **caráter operatório**, não baseado na memorização e na "decoreba".

O Enem tem questões de língua estrangeira moderna, com opção entre inglês e espanhol.

## Dicas para você, que vai prestar o Enem

**1** Leia e analise textos predominantemente descritivos, como manuais de instrução de jogos ou de aparelhos eletrodomésticos, e tente executar uma tarefa proposta seguindo as orientações do texto. Em um texto informativo, selecione e destaque as informações principais e secundárias.

**2** Leia gráficos (de barras, de setor ou linhas), diagramas, tabelas e infográficos que aparecem diariamente em jornais e revistas. Identifique as informações, reorganize-as em itens, reescreva-as em um texto discursivo, relacionando informações verbais com informações procedentes de outras fontes de referência (ilustrações, fotos, gráficos, tabelas, infográficos etc.). Nos gráficos, identifique variáveis, descubra o comportamento da variável em um dado trecho e os trechos em que ela é constante, crescente ou decrescente; analise a taxa de variação. Leia o texto que acompanha os gráficos e diagramas, verificando se as suas interpretações correspondem aos comentários do texto.

**3** Leia questões de provas anteriores do Enem e assinale as palavras-chave. Destaque o problema indicado; interprete e relacione as informações disponíveis nas questões. Estude as possibilidades de resolução por meio das linguagens e métodos das áreas curriculares, integre-as ao seu conhecimento e estabeleça um processo de resolução.

**4** Leia textos literários de diversas naturezas, atentando para a biografia do autor e o contexto sócio-histórico das produções, identificando as principais características dos movimentos literários dos quais fazem parte. Procure distinguir os diversos tipos de linguagem, se possível, relacionando-os a determinada produção cultural da língua portuguesa. Escreva textos baseados na linguagem coloquial, até com o registro de gírias e vícios da linguagem oral. Reescreva-os, transformando-os em textos formais.

**5** Em *sites* de busca na internet, procure palavras e expressões, como fontes alternativas de energia, transformações de energia, hidreletricidade, energia nuclear etc. Analise e interprete diferentes tipos de textos e comunicações referentes ao conhecimento científico e tecnológico da área.

**6** Interprete informações de caráter biológico, químico e físico em notícias e artigos de jornais, revistas e televisão, a respeito de resíduos sólidos e reciclagem, aquecimento global e efeito estufa, chuva ácida, camada de ozônio, concentração de poluentes, defensivos agrícolas, aditivos em alimentos, cloro e flúor na água. Assista a documentários que abordem a temática da água e leia documentos e livros sobre seca, poluição das águas, tratamento de esgotos, degelo das geleiras, recursos naturais não renováveis etc.

**7** Em revistas e jornais, procure diferentes enfoques de autores que discorram sobre perturbações ou impactos ambientais e as implicações socioeconômicas dos processos de uso dos recursos naturais, materiais ou energéticos e tente elaborar argumentos concordantes e discordantes referentes às diversas opiniões.

**8** Em *sites* da internet, procure escalas do tempo geológico, que se divide em eras, que se dividem em períodos, que se dividem em épocas. Com base nessas informações, tente compreender a estrutura da Terra, a origem e a evolução da vida e as modificações no espaço geográfico. Procure uma tabela que traga o tempo histórico (da Pré-História à Idade Contemporânea) e compare as duas diferentes escalas para compreender os tempos do Universo, do planeta e da humanidade.

**9** Leia textos sobre a diversidade da vida; identifique padrões constitutivos dos seres vivos dos pontos de vista biológico, físico ou químico.

**10** Pesquise e escreva sobre situações que contribuem para a melhoria da qualidade de vida em sua cidade, na defesa da qualidade de infraestruturas coletivas ou na defesa dos direitos do consumidor. Elabore um texto descrevendo as intervenções humanas no meio ambiente, fazendo relação de causa e efeito e propondo medidas que poderiam contribuir para minimizar problemas.

**11** Assista a documentários que abordem situações concretas evidenciando a relação entre biologia e ética, na definição de melhores condições de vida. Sugerem-se temas como biodiversidade, biopirataria, transgênicos, bioengenharia, transplantes e doação presumida, conflitos entre necessidades humanas e interesses econômicos etc.

**12** Observe os objetos a sua volta quanto à forma e ao tamanho; perceba as formas geométricas planas ou espaciais no mundo real. Identifique-os e caracterize-os de acordo com suas propriedades. Estabeleça relações entre os elementos observados; faça comparações entre objetos com o mesmo formato, avaliando quantas vezes um é maior que o outro.

**13** Pesquise situações-problema ambientais ou de natureza social, econômica, política ou científica apresentadas em textos, notícias, propagandas, censos, pesquisas etc. Proponha soluções que envolvam o uso e a aplicação de conhecimentos e métodos probabilísticos e estatísticos, realizando previsão de tendência, interpolação e interpretação.

**14** Elabore uma tabela com os principais poluentes ambientais e como atuam; proponha formas de intervenção para reduzir e controlar os efeitos da poluição ambiental, buscando refletir sobre a possibilidade de redistribuição espacial das fontes poluidoras. Consulte jornais, revistas e *sites* que enfoquem assuntos sobre fontes energéticas e, por meio de comparações, avalie as que proporcionam menores impactos negativos ao ambiente e mais benefícios à sociedade.

**15** Como treino da capacidade de argumentação, escreva uma carta solicitando ressarcimento de eventuais gastos no conserto de eletrodomésticos que se danificaram em consequência da interrupção do fornecimento de energia elétrica, argumentando com clareza e apresentando justificativas consistentes.

**16** Assista a filmes que retratem o teor político, religioso e ético de manifestações da atualidade; compare as problemáticas atuais e as de outros momentos com base na interpretação de suas relações entre o passado e o presente.

**17** Analise textos e compare os diferentes contextos históricos que contribuíram para o desenvolvimento da tolerância e do respeito pelas identidades e pela diversidade cultural. Observe as diversas formas de preconceito e de racismo no cotidiano.

**18** Escolha determinado tema que apresente uma realidade sócio-histórica e leia dois ou três comentaristas com opiniões divergentes sobre a questão. Identifique os pressupostos de cada um, observe e elabore uma lista dos diferentes pontos de vista.

**19** Conheça a realidade social e econômica de certo país e elabore uma tabela correlacionando os aspectos socioeconômicos com traços distintivos daquele fenômeno histórico-social.

**20** Escolha um acontecimento histórico e escreva sobre ele, destacando a relação entre o tempo histórico, o espaço geográfico e os fatores sociais, políticos, econômicos e culturais constitutivos desse acontecimento. Posteriormente leia sobre o assunto escolhido, identifique os aspectos que foram observados e reescreva o texto, completando-o com as informações obtidas pela leitura.

# Para ler o mundo

Uma característica marcante do Enem é cobrar dos candidatos a capacidade de ler o enunciado dos itens (ou questões). Parece óbvio, mas a maioria das questões traz, no próprio enunciado, as informações necessárias e suficientes para a tomada de decisão. Mesmo com as informações introduzidas em 2009, ainda que sejam exigidos os conteúdos comumente trabalhados no ensino médio, a leitura atenta dos enunciados continua sendo a "chave" para o bom desempenho.

## Para ler o texto

Se fosse necessário resumir a prova do Enem em uma competência, certamente seria a **competência leitora**, ou seja, a capacidade de ler e compreender o que se leu. E não se trata apenas da leitura de textos formais, mas também da leitura das múltiplas linguagens com as quais o conhecimento e a cultura se transmitem, entre elas o texto, os infográficos e os diagramas, os mapas, a publicidade, as tirinhas e as charges.

## Diagramas e infográficos

As informações podem ser apresentadas em infográficos e diagramas, com ares de "notícia", em jornais, noticiários de TV e revistas de circulação nacional.

Veja alguns exemplos.

**1** Leia com atenção o infográfico a seguir.

**Um "bico" no exterior**

O número de brasileiros em intercâmbio de trabalho quadruplicou desde 2002. O crescimento acentuou-se a partir de 2004 por causa da queda na cotação do dólar.
O principal destino são os Estados Unidos, que oferecem um visto específico para o trabalho temporário.

| Intercâmbio de trabalho | |
|---|---|
| 2002 | 3.700 |
| 2003 | 4.100 |
| 2004 | 5.000 |
| 2005 | 9.000 |
| 2006 | 13.300 |

| Por que são procurados | |
|---|---|
| Para aperfeiçoar a língua estrangeira | 70% |
| Como primeira experiência profissional | 25% |
| Para fazer poupança | 5% |

Monitoras brasileiras em creche americana.

a) Para onde vai a maioria dos brasileiros que procuram intercâmbio de trabalho fora do país?

b) Dos brasileiros que foram para o exterior em 2005, quantos, aproximadamente, devem ter viajado para aperfeiçoar a língua estrangeira?

c) No período considerado, entre quais anos ocorreu o maior aumento percentual no número de brasileiros que deixaram o país?

Repare que as respostas estão na própria questão. Entretanto, o aluno precisa saber ler e interpretar o que está escrito; precisa ser capaz de separar as informações importantes das informações supérfluas; precisa diferenciar o que é relevante do que é desnecessário.

No exemplo apresentado, a resposta do item *a* está lá no enunciado: é para os Estados Unidos que vai a maioria dos brasileiros que se dirigem ao intercâmbio no exterior.

O item *b* pergunta quantos brasileiros, em 2005, foram ao exterior para aperfeiçoamento em língua estrangeira. Segundo o texto, foram 9.000 os brasileiros que deixaram o país no ano de 2005, em intercâmbio de trabalho. Como mostra a tabela, 70% destes o fizeram em busca de aperfeiçoamento em uma língua estrangeira, portanto 70% de 9.000 pessoas, ou seja, 6.300 pessoas.

Já o item *c* pergunta quando ocorreu o maior aumento percentual do número de brasileiros que procuraram intercâmbio no exterior no período considerado. De 2002 para 2003, o número saltou de 3.700

para 4.100 (aumento de 10%, aproximadamente); de 2003 para 2004, o aumento foi de 4.100 para 5.000 (cerca de 12%); de 2004 para 2005, de 5.000 para 9.000 (acréscimo de 80%); de 2005 para 2006, de 9.000 para 13.300 (47,7%). Portanto, o período de maior aumento percentual ocorreu de 2004 para 2005.

É preciso estar atento a um aspecto relevante da questão: o **maior aumento absoluto** ocorreu de 2005 para 2006 (4.300 emigrantes a mais que no ano anterior). Todavia, a questão pedia o **maior aumento percentual** (uma forma de avaliar o **aumento relativo**), que ocorreu de 2004 para 2005 (80%).

**2** Observe o infográfico e responda.

**Pesada demais para voar**

A quebra da Varig possivelmente deveu-se à administração desastrada. Pelo mesmo motivo, saíram do ar Cruzeiro,Transbrasil e Vasp. Abaixo, uma mostra do descalabro operacional da Varig. A companhia voava menos e tinha custos mais altos por passageiro do que as suas concorrentes.

| Quantas horas os aviões voavam por dia | | Quanto custava um passageiro em cada companhia (reais por quilômetro) | |
|---|---|---|---|
| Gol | 14 | Gol | 17 |
| TAM | 11 | TAM | 19 |
| Varig | 10 | Varig | 22 |

a) Das empresas aéreas listadas (Gol, TAM e Varig), qual é aquela cujos aviões voavam mais horas por dia?

b) Das empresas aéreas listadas (Gol, TAM e Varig), qual apresentava maiores custos por passageiro, por quilômetro voado?

c) Que correlação se nota entre os parâmetros apresentados (horas voadas e custo por passageiro)?

O item *a* quer saber qual é a empresa cujos aviões voavam mais horas por dia. Basta ler atentamente e "decifrar" adequadamente as informações das tabelas. São os aviões da empresa Gol, que voavam 14 horas por dia, enquanto os da TAM voavam 11 horas e os da Varig voavam 10 horas.

Por sua vez, o item *b* pergunta qual empresa tinha os custos mais elevados por passageiro e por quilômetro percorrido. E delas, a que apresentou os custos mais elevados foi a Varig (R$ 22,00 por passageiro, por quilômetro percorrido), contra R$ 19,00 da TAM e R$ 17,00 da Gol.

Finalmente, o item *c* pergunta sobre a correlação entre os dois parâmetros anteriores. O que se nota é que são inversamente proporcionais; em outras palavras, quanto menos horas os aviões da companhia voavam por dia, maiores eram os custos operacionais (reais por passageiro e por quilômetro percorrido).

**3** Analise os dados apresentados no infográfico a seguir.

**A influência da doutora internet**

Uma pesquisa feita nos Estados Unidos mostra que 75% das pessoas que buscam informações sobre doenças e tratamentos médicos na internet não checam se as fontes dos *sites* são confiáveis. A maioria dos entrevistados disse que usa os dados obtidos na rede para questionar seus médicos.

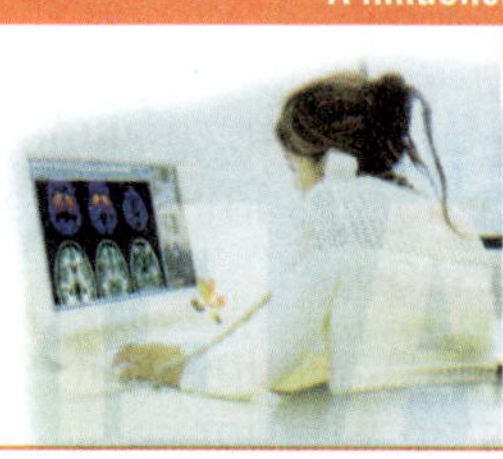

| Quem procura informações na internet sobre saúde... | | | | |
|---|---|---|---|---|
| ... consulta no mínimo dois *sites* | ... afirma que o que lê muda sua visão de uma doença ou de um tratamento | ... questiona seus médicos com base no que leu na internet | ... conta aos amigos o que leu nos *sites* | ... cogita desistir de ir ao médico |
| **72%** | **58%** | **54%** | **51%** | **35%** |

Qual é, aproximadamente, a porcentagem de pessoas que, depois de consultarem no mínimo dois *sites*, cogitam desistir de ir ao médico?

a) 25%

b) 35%

c) 54%

d) 58%

e) 72%

Repare que o quadro traz duas informações independentes:

- Das pessoas que procuram informações sobre saúde na internet, 72% consultam no mínimo dois *sites*.
- Das pessoas que procuram informações sobre saúde na internet, 35% cogitam desistir de ir ao médico.

Portanto, podemos considerar que, dos 35% de pessoas que cogitam desistir de ir ao médico, 72% delas consultaram ao menos dois *sites*. Sem dificuldades, concluímos que 35% de 72% (ou seja, $0,35 \cdot 0,72$) são aproximadamente 25%.

Assinalamos, então, a alternativa *a*.

## A matemática nas páginas dos jornais

Basta abrir um jornal de grande circulação para deparar-se com a linguagem matemática expressa em diferentes formas: gráficos, tabelas, equações, índices e fórmulas. Todos os dias, somos "bombardeados" com IPCA, IGP-M, TJLP, taxa Selic e outros indicadores econômicos. Uma das mais usadas dessas linguagens é a dos **gráficos**.

É comum encontrar informações sobre determinados assuntos registradas em gráficos e diagramas. No diagrama a seguir, observamos que a maioria das crianças entrevistadas (58%) prefere o *rock'n roll* como gênero musical.

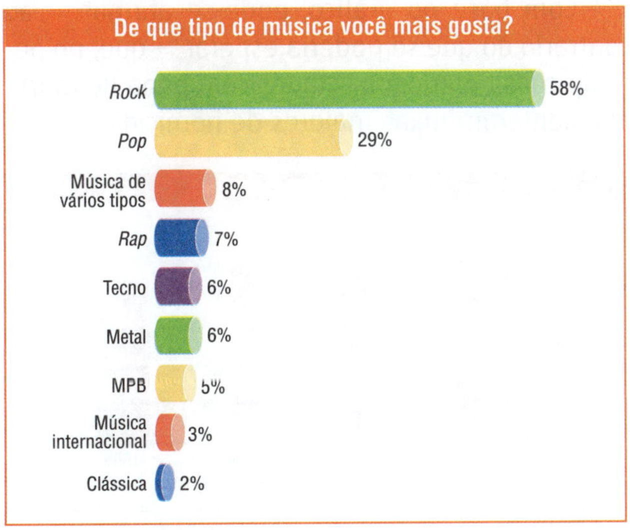


Fonte: *Folha de S.Paulo*, 20 mar. 2004. p. F3.

Confira, agora, alguns números de um campeonato de futebol. Os gráficos seguintes informam a média (por partida) de faltas e de dribles.

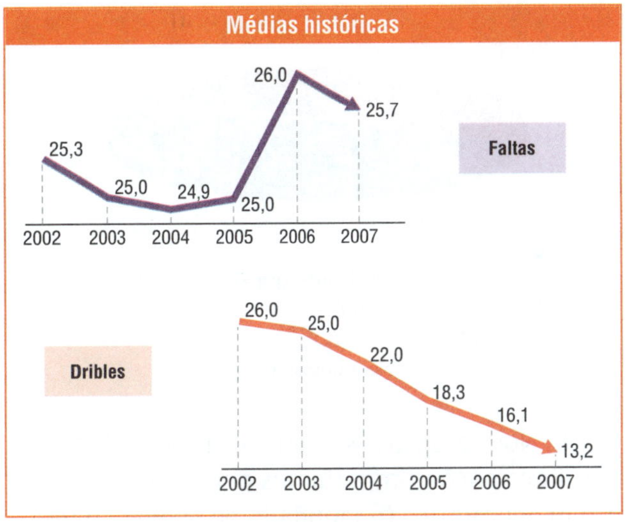


Fonte: Adaptado de *Folha de S.Paulo*.

Dos campeonatos analisados, o de 2006 foi o mais violento, apresentando uma média de 26 faltas por partida (aproximadamente uma falta a cada 3,5 minutos de jogo). Outra curiosidade é a queda acentuada do número de dribles — o campeonato de 2007 teve quase a metade do número de dribles do campeonato de 2002.

Para entender os gráficos é preciso ler e interpretar as informações neles contidas. Observe esse estudo a partir de exemplos apresentados em várias disciplinas, como geografia, física e biologia.

I. Na biologia, assim como em outras disciplinas, é comum aparecerem gráficos de setor (ou de *pizza*). Esse tipo de gráfico é feito considerando-se uma circunferência (uma volta completa, ou 360°) como 100% dos dados a serem analisados.

Os gráficos de setor a seguir mostram a distribuição e a origem dos principais poluentes atmosféricos.

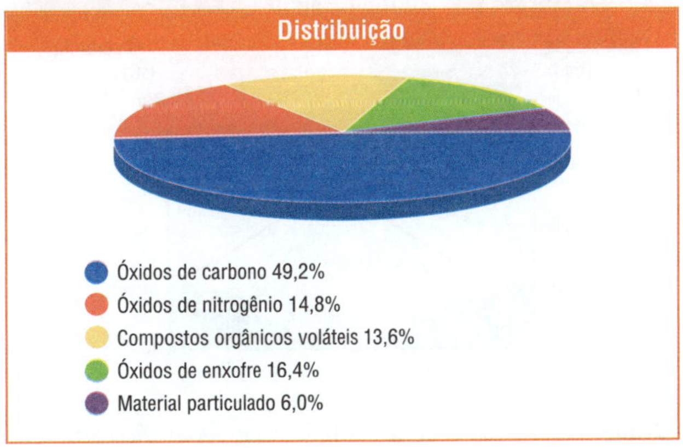

**Origem**

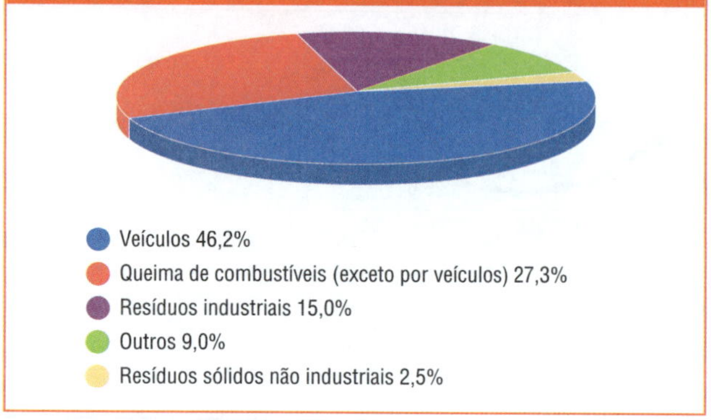


II. Nos gráficos seguintes, foram dispostas duas informações importantes para a geografia: índice pluviométrico (quantidade de chuvas) e variação de temperatura, em duas regiões distintas. O índice pluviométrico é representado por barras verticais, e seus valores estão listados em uma escala à esquerda; a variação de temperatura é indicada por uma linha sinuosa contínua, e seus valores estão à direita. Observa-se que a temperatura durante o ano em Brasília apresenta ligeira queda no inverno, o qual é bastante seco, com índices pluviométricos muito baixos. O verão é chuvoso. Em Palermo (Itália), a temperatura sofre maiores variações, elevando-se consideravelmente no verão (de julho a setembro), período com menos chuvas.

**Brasília (DF) — Brasil**

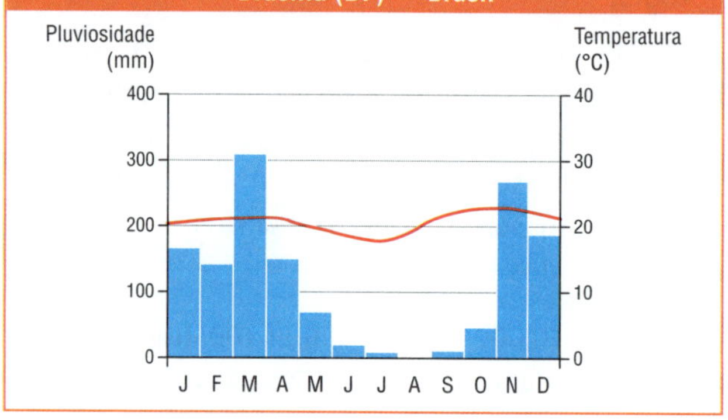


**Palermo — Itália**

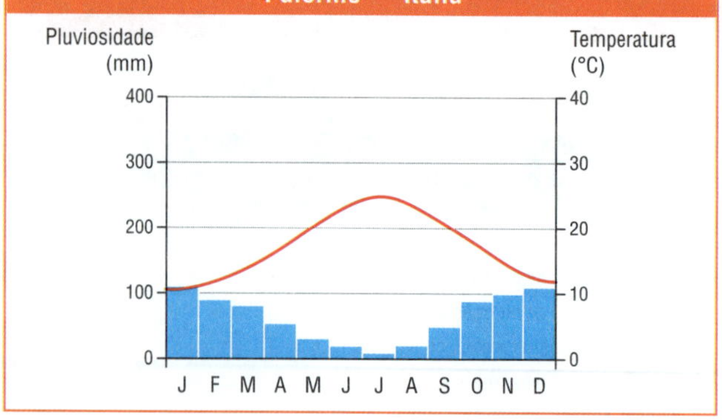


Fonte: Leda Ísola e Vera Caldini. *Atlas geográfico Saraiva*.

III. A leitura do próximo gráfico é simples: ao longo de três décadas, observa-se que houve um aumento na oferta de energia proveniente das usinas hidrelétricas (linha roxa); as ofertas de energia provenientes do gás natural e da cana-de-açúcar mantiveram-se estáveis, e a do petróleo (linha verde) foi a que mais oscilou. No estudo da história e da geografia, poderemos inferir as causas dessa variação.

**Brasil: oferta de energia (% por década)**

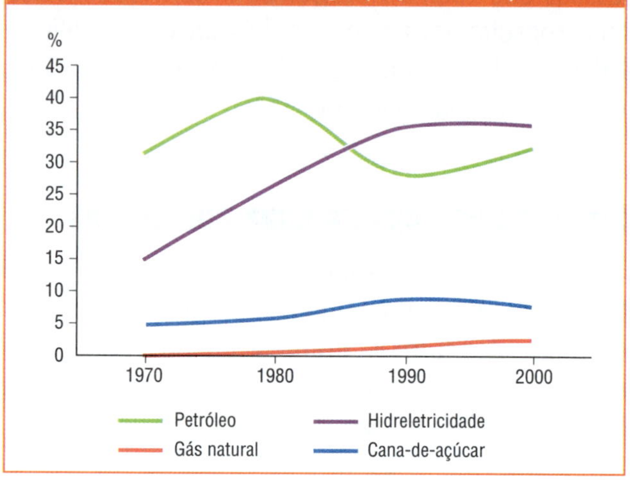


Fonte: Ministério de Minas e Energia. *Sinopse Estatística*, 2000.

IV. O gráfico abaixo foi apresentado em uma prova do Enem. Ele compara o número de homicídios por grupo de 100.000 habitantes entre 1995 e 1998 nos EUA, em estados com e sem pena de morte.

Com base no gráfico, pode-se afirmar — ao contrário do que se poderia esperar — que, no período considerado, os estados com pena de morte apresentaram taxas maiores de homicídios.

**EUA: taxa anual de homicídios**

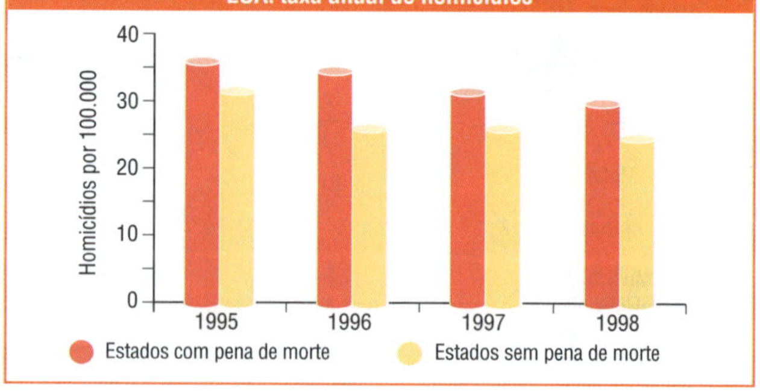


Muitas vezes, por motivos diversos, os gráficos são apresentados de forma que induzam a uma leitura equivocada ou distorcida a respeito do fato a ser analisado. Veja este curioso exemplo:

Em um mesmo dia, dois jornais importantes tratavam do mesmo assunto, porém com resultados distintos. O jornal *Folha de S.Paulo* trazia esta manchete: "Estrangeiro vende ações, e Bolsa despenca 3,6%", em notícia ilustrada com o seguinte gráfico:

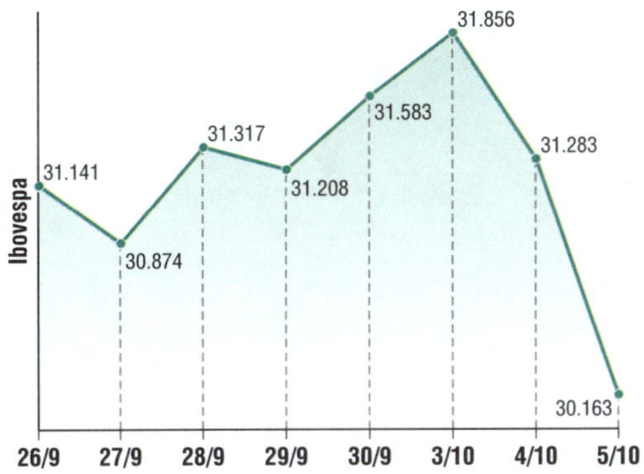


O diário recifense *Jornal do Commercio* estampava: "Crise política esfria e segue sem afetar a economia", e a notícia também era acompanhada por um gráfico. Veja a seguir.

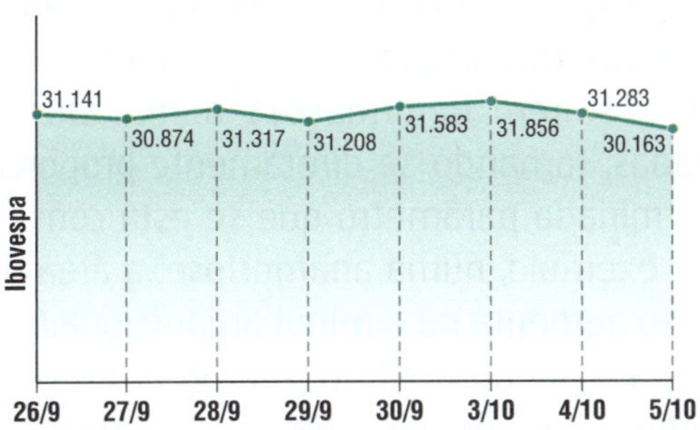


Compare as manchetes: uma transmite incerteza; a outra, aparente tranquilidade. Agora, observe os gráficos: o primeiro dá ideia de "catástrofe iminente", com redução acentuada do indicador econômico considerado (no caso, o Ibovespa, índice da Bolsa de Valores de São Paulo); já o segundo sinaliza estabilidade.

Em primeiro lugar, importa perceber que cada jornal tratou de apoiar sua impressão sobre o cenário econômico em um gráfico que expressasse convenientemente essa impressão.

Os dois usaram **os mesmos dados**; porém, ao construírem os gráficos, usaram **escalas diferentes**. Repare que os números de ambos os gráficos são exatamente os mesmos. Todavia, com o emprego de escalas diferentes, criaram imagens visualmente fortes, capazes de reforçar seus pontos de vista.

Os dois jornais estavam matematicamente corretos e usaram a linguagem matemática para reforçar seu ponto de vista: um, mais alarmante; o outro, mais tranquilizador.

## Ler os mapas para ler o mundo

Assim como os gráficos, os mapas também não são livres de influências econômicas, geopolíticas, religiosas etc. Isso pode ser observado pela escolha da **projeção cartográfica**.

A **projeção de Mercator**, por exemplo, distorce a proporção do tamanho dos continentes, mas mantém correta a forma (contorno). Quanto ao aspecto ideológico, a projeção de Mercator reforça uma visão eurocêntrica — a Europa como o centro do mundo.

Repare o tamanho proporcional da Europa e da América do Norte em relação à América do Sul e à África. Na projeção de Mercator, à medida que se afastam da linha do Equador, as massas continentais em médias e altas latitudes apresentam tamanho distorcido, desproporcionalmente maior.

PROJEÇÃO DE MERCATOR

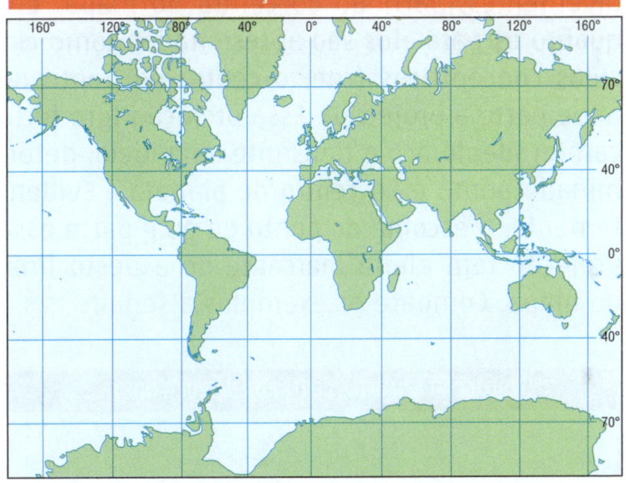


Fonte: *Atlas 2000: la France et le monde.* Paris: Nathan, 1998.

Já a **projeção de Peters** não altera as áreas relativas, mantendo verdadeiras as proporções entre a área de uma região no mapa e a área correspondente na superfície da Terra.

A projeção de Peters distorce a forma dos continentes, alongando-os no sentido norte-sul, mas mantém corretas as proporções entre suas áreas. Não por acaso, essa projeção é chamada de "mapa para um mundo solidário", pois é vista como uma representação que valoriza os países subdesenvolvidos e tenta eliminar a visão de superioridade dos países do hemisfério norte sobre os países do hemisfério sul.

PROJEÇÃO DE PETERS

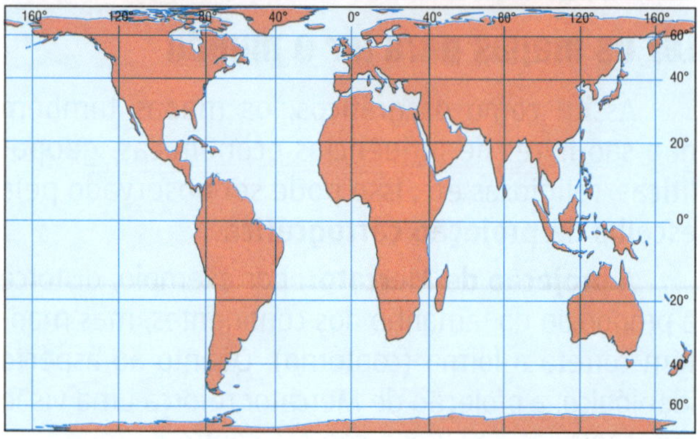


Fonte: *Atlas 2000: la France et le monde.* Paris: Nathan, 1998.

Na **projeção azimutal**, a superfície terrestre é projetada sobre um plano a partir de determinada região. O ponto escolhido é projetado sempre no centro do mapa e, consequentemente, os meridianos são vistos como linhas divergentes, partindo do centro do mapa, enquanto os paralelos são apresentados como círculos concêntricos (com o centro no ponto de onde parte a projeção). Essa projeção tem forte caráter ideológico e transmite uma ideia: determinado ponto é "o centro do planeta". Evidentemente, a escolha do ponto do qual parte essa projeção tem efeito marcante no aspecto final do mapa. Compare os exemplos a seguir:

PROJEÇÃO AZIMUTAL CENTRADA NO POLO NORTE

PROJEÇÃO AZIMUTAL CENTRADA NO BRASIL

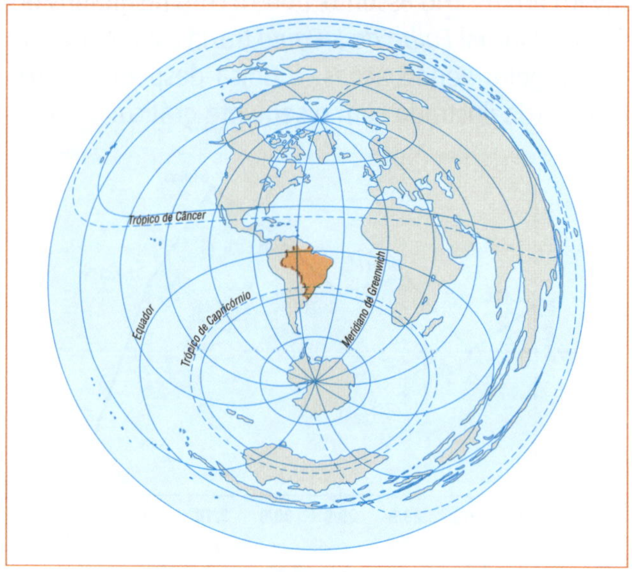


Fonte: *Atlas 2000: la France et le monde.* Paris: Nathan, 1998.

Um tipo de mapa que merece destaque é a **anamorfose** (ou cartograma). Trata-se de uma representação cartográfica em que as áreas de logradouros (municípios, estados, países ou continentes) sofrem deformações matematicamente calculadas, tornando-se diretamente proporcionais a determinado parâmetro que se está considerando. Por exemplo, numa anamorfose, a área de certa região aumenta ou diminui proporcionalmente à sua população, ao produto interno bruto (PIB), ao consumo de petróleo etc. Veja alguns exemplos.

No mapa 1, a área dos países corresponde exatamente à superfície real de cada um.

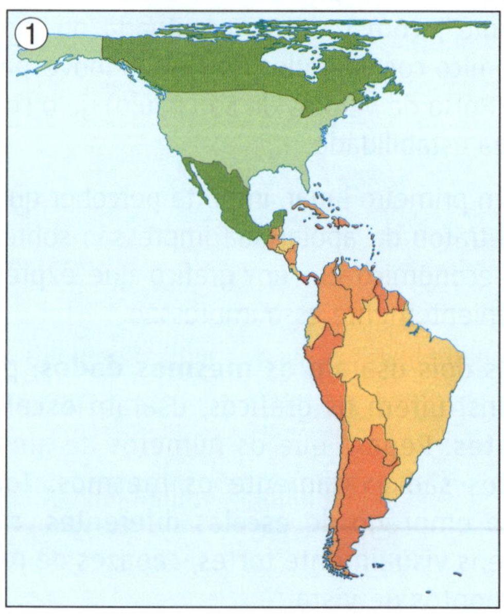

No mapa 2, a área dos países corresponde à taxa de acesso à internet em 2008.

Repare no efeito obtido. Os Estados Unidos "engordam" bastante, ao passo que o Brasil "emagrece". Isso significa que o Brasil possui, proporcionalmente, menos usuários da internet que os Estados Unidos.

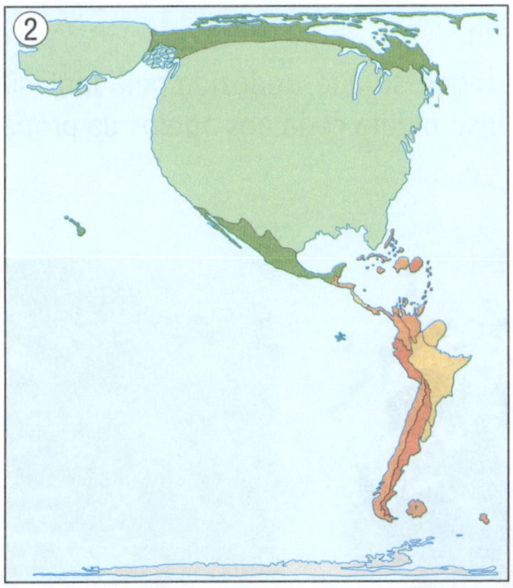


Na anamorfose 3, o parâmetro considerado é a ocorrência de mortes violentas por 100 mil habitantes.

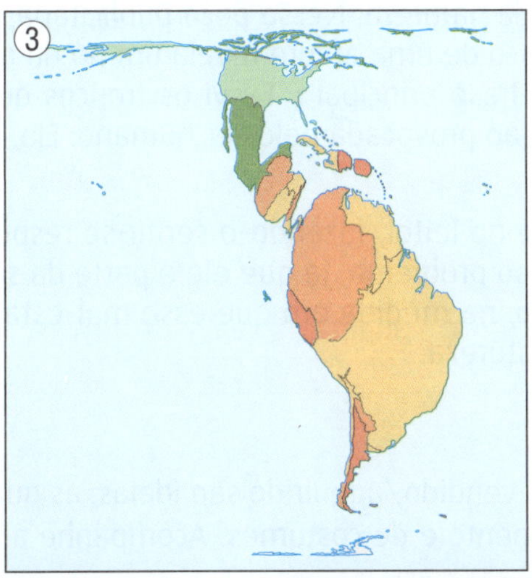


A Colômbia fica "enorme", assim como alguns países da América Central. O México adquire quase o mesmo "tamanho" que os Estados Unidos, indicando maior taxa proporcional de mortes violentas. O Canadá, por sua vez, quase "desaparece".

## A linguagem publicitária

Peça essencial em uma sociedade de consumo, a publicidade não pode estar ausente nas disciplinas de linguagens, códigos e suas tecnologias. Fazendo uso da função apelativa (ou conativa) por excelência, a linguagem publicitária mantém constante diálogo com seu interlocutor, que podemos chamar de leitor/consumidor.

Nas propagandas, os textos verbais e não verbais estão juntos, formando uma poderosa arma de sedução. Sob suas imagens e palavras, escondem-se informações importantes, que só é possível "enxergar" com a experiência da leitura e os conhecimentos adquiridos.

O objetivo das peças publicitárias é vender: um perfume, uma joia, um carro, uma ideia. E, para isso, são usados recursos de toda sorte, dos mais simples aos mais sofisticados, sempre em função do público-alvo. Valem os sentidos denotativo e conotativo, a ambiguidade, as figuras e os vícios de linguagem, as variações linguísticas, a ironia, o humor, a emoção. Tudo para que surta o efeito desejado.

Dessa forma, os textos publicitários tornam-se, ao mesmo tempo, objetos e ferramentas de estudo, que mobilizam, na sua compreensão, conhecimentos acadêmicos e de mundo.

## Na esteira de fantasias e desejos

Fantasias, sonhos e desejos são munições nas mãos da propaganda. E ela os usa com maestria. Observe a peça publicitária a seguir.

Ela fez parte de uma série de peças que usam alguns contos de fadas como mote. Eis aí a intertextualidade, o diálogo com outro(s) texto(s). Nesse caso, o conto é "Chapeuzinho Vermelho", identificado não só pela roupa da modelo como também pela expressão "lobo mau".

A propaganda procura persuadir sua leitora/consumidora, já que é dirigida à mulher, a usar os produtos da marca em questão. Assim, ela terá poder sobre o homem, considerado aí como "lobo mau".

Além da intertextualidade, observam-se também os contrastes: enquanto a mulher é considerada princesa (remissão aos contos de fadas), o homem é o vilão; ao mesmo tempo que a mulher é caracterizada com delicadeza (e beleza), ela é, por isso mesmo (e por usar os produtos anunciados), forte, dominadora, passando a ter poderes sobre o homem.

Pretende-se que, seduzida pela fantasia, a leitora/consumidora ceda aos apelos da propaganda.

## Persuadir para mobilizar

Fundação S.O.S. Mata Atlântica/FNAZCA

O objetivo, explícito, dessa propaganda é a preservação da natureza. Nessa peça publicitária, os elementos visuais são recursos importantes na persuasão: o tronco de uma árvore revela um nó da madeira que assume a forma de um olho, imagem que corrobora a frase principal ("Eu vi os troncos que você serrou."). Assim, a própria natureza é testemunha da destruição provocada pelo ser humano. Ela, porém, nada pode fazer.

Os textos verbal e não verbal provocam um desconforto no leitor, fazendo-o sentir-se responsável tanto pela destruição como pela solução que deve ser dada ao problema, já que ele é parte da sociedade e parte interessada. O objetivo da propaganda é atingido, na medida em que esse mal-estar possa provocar uma reação positiva do leitor na preservação da natureza.

## Para mudar comportamentos

Existem também as peças publicitárias cujo produto a ser vendido/adquirido são ideias, as quais normalmente induzem a uma mudança (positiva) de comportamento e de costumes. Acompanhe a análise das propagandas que seguem.

DM9DDB/ALFAPRESS/DIVULGAÇÃO

A peça publicitária anterior procura persuadir o leitor a usar o código da empresa de telefonia, nas suas ligações durante determinado mês. Depreende-se que o custo das ligações (ou parte dele) será doado a uma entidade que cuida de crianças com câncer.

Reforçando o apelo, estão dois "orelhões" representando as "asas" do "anjo" que vai fazer as ligações e, consequentemente, as doações. Dessa forma, a propaganda induz o público-alvo à prática de uma "boa ação".

A próxima peça remonta ao trágico 11 de setembro, em Nova York, e compara o número de mortes causadas pelos ataques terroristas às torres gêmeas a outros números de três grandes mazelas da humanidade, que também são uma tragédia.

AGE Comunicações

AGE Comunicações

AGE Comunicações

Nesse caso, a união de imagens, palavras e números tem apelo e efeito contundentes junto ao público que deseja atingir. Suscita a reflexão profunda e "cobra" uma ação do leitor: da mesma forma que o mundo se uniu contra o terrorismo, deve se unir contra a fome, a pobreza e a aids, que, juntas, são tragédias que, anualmente, matam muito mais que os 2.823 mortos no 11 de setembro.

Nos dois casos, o produto é a "ideia" de uma mudança de comportamento em sociedade, deixando o individualismo de lado para pensar no coletivo, em algo muito maior que a nossa própria vida.

## Persuadir pela emoção

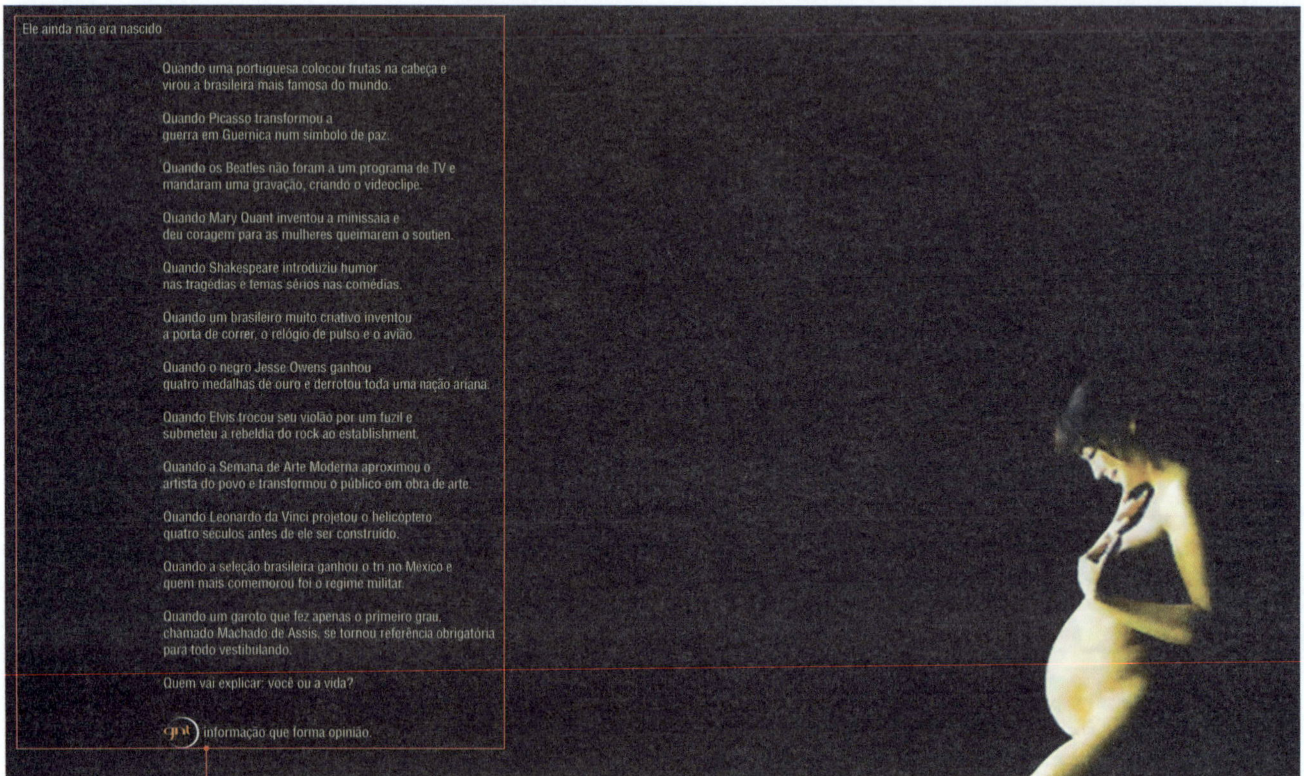


NBS/GNT

Ele ainda não era nascido

Quando uma portuguesa colocou frutas na cabeça e
virou a brasileira mais famosa do mundo.

Quando Picasso transformou a
guerra em Guernica num símbolo de paz.

Quando os Beatles não foram a um programa de TV e
mandaram uma gravação, criando o videoclipe.

Quando Mary Quant inventou a minissaia e
deu coragem para as mulheres queimarem o soutien.

Quando Shakespeare introduziu humor
nas tragédias e temas sérios nas comédias.

Quando um brasileiro muito criativo inventou
a porta de correr, o relógio de pulso e o avião.

Quando o negro Jesse Owens ganhou
quatro medalhas de ouro e derrotou toda uma nação ariana.

Quando Elvis trocou seu violão por um fuzil e
submeteu a rebeldia do rock ao establishment.

Quando a Semana de Arte Moderna aproximou o
artista do povo e transformou o público em obra de arte.

Quando Leonardo da Vinci projetou o helicóptero
quatro séculos antes de ele ser construído.

Quando a seleção brasileira ganhou o tri no México e
quem mais comemorou foi o regime militar.

Quando um garoto que fez apenas o primeiro grau,
chamado Machado de Assis, se tornou referência obrigatória
para todo vestibulando.

Quem vai explicar: você ou a vida?

GNT: informação que forma opinião.

Esse tipo de propaganda tem um forte apelo emocional — e consequentemente persuasivo: a imagem da grávida em destaque, que por si só chama a atenção e comove, carrega no ventre o filho ("que ainda não era nascido") de que fala o texto, que objetivamente pergunta (aos pais): "Quem vai explicar" todos esses acontecimentos e suas decorrências na sociedade: "você ou a vida?". A pergunta retórica tem resposta: a assinatura de um canal de TV vai ajudar os pais na educação do filho, explicando todos os fatos apresentados e muito mais.

## Interagindo com a publicidade

Na era da interatividade, a propaganda não podia faltar. Não basta persuadir o leitor/consumidor, é necessário fazê-lo interagir com o produto, na tentativa de tornar tudo o mais concreto possível.

É o que ocorre com a publicidade a seguir. Observe.

DM9DDB/SUNDOWN/DIVULGAÇÃO

A peça publicitária, afixada num ponto de ônibus, portanto visível a muitos transeuntes e usuários do transporte coletivo, lança mão de um recurso "agressivo", fazendo com que o (possível) consumidor interaja com o produto, que se apresenta como passaporte para a "cor desejada". De acordo com o FPS (fator de proteção solar), é possível saber, na hora, como vai ficar a pele depois de usar o bronzeador ou protetor solar. Ao final, o consumidor sente-se confortável, como se já estivesse recebendo os benefícios do produto.

Assim é a publicidade. Quanto mais poderosa ela for, maior será a sua responsabilidade com o consumidor. Ela pode vender fantasias, mas não mentiras; ela pode induzir, mas não enganar. Uma leitura atenta que se faça dos textos publicitários é sempre um bom caminho para compreendê-los na sua totalidade, incluindo as informações implícitas.

Essa experiência de leitura deve ser adquirida e reforçada no ambiente propício que é a sala de aula, por meio de discussões e troca de conhecimentos, uma vez que as diversas áreas do saber permeiam os textos publicitários.

## Tiras e charges: aprendendo por meio da arte

Desde a década de 1990, é notória a presença de textos não verbais, especialmente as tiras (tirinhas ou quadrinhos) e charges, nas provas de vestibulares e nos textos didáticos. Inicialmente usados em língua portuguesa, disciplina que, por excelência, trata das mais variadas linguagens, paulatinamente foram fazendo parte de todas as outras, já que, à parte da linguagem, os temas abordados são os mais variados.

A linguagem concisa — aliada ao visual — estimula a leitura e desperta a curiosidade, sobretudo porque, quase sempre, estão presentes o humor e a ironia.

O mundo das tiras é ilimitado; nele tudo cabe. A personificação de diversos seres dá, muitas vezes, o toque de humor ou ironia. A história ilustrada aguça a visão, despertando para diferentes estéticas, desde o desenho de traços mais tradicionais até os mais inusitados. As tiras podem abordar tanto os temas atuais quanto os atemporais. Assim, todas as disciplinas podem tirar proveito desse tipo de texto.

Nas áreas das ciências, comumente se usam esquemas e fórmulas para facilitar a abordagem, a explicação e a apreensão de determinados assuntos. Isso pode ser feito de uma forma mais descontraída e bem-humorada — como por meio das tiras —, tornando o estudo mais lúdico e produtivo, transformando-se numa grande ferramenta pedagógica.

Na tira a seguir, por exemplo, pode-se discutir não somente a clonagem, assunto ainda tão controverso, tão polêmico, mas também a mecanização, que, em algumas atividades, vem substituindo a mão de obra, gerando graves problemas sociais. Assuntos áridos podem ter uma forma atraente e dinâmica de serem tratados.

Muitas cartilhas são feitas por meio dos quadrinhos, para falar sobre assuntos polêmicos e importantes, como aids, dengue, drogas, desmatamento, desperdício de água e energia, poluição etc. Com outros meios, dificilmente atingiriam sensivelmente tantas pessoas.

Já a charge, texto que possui características peculiares, exige um pouco mais de quem a lê: trata de um assunto atual e pontual, normalmente relacionado à política ou à economia. As personagens são caricaturizadas; sua linguagem é informal, bastante concisa e adequada à personagem e ao contexto.

A charge reaviva a memória e a história. Como seu "prazo de validade" é curto, exige do leitor um acompanhamento dos fatos: o que aconteceu, onde, como, quando e quem está envolvido. Quem estiver desprovido dessas informações, dificilmente entenderá a charge, seja no que ela tem de explícito, seja no que tem de implícito. Um leitor de 18 anos, hoje, dificilmente conseguirá ler corretamente uma charge de 20 anos atrás, não somente pela distância no tempo, como também pelo provável desconhecimento dos fatos nela contidos.

Observe a charge abaixo.

biodieselbr.com

Para compreendê-la, é necessário saber o que é "B4" ou a que ele se refere. O número ao lado da letra B indica a porcentagem de mistura de biodiesel ao *diesel* vendido nos postos de combustíveis. Enquanto o óleo *diesel* é um combustível derivado do petróleo, o biodiesel é produzido a partir de plantas oleaginosas, como girassol, mamona, amendoim e algodão. Sua mistura ao *diesel* tende a baratear o preço deste combustível, além de reduzir seu impacto ambiental. O código B4 indica mistura de 4% de biodiesel ao *diesel* original. A legislação brasileira determina aumento gradativo da proporção de biodiesel na mistura, iniciando com B2, em 2008, e chegando a B5, em 2013. Isso requer incremento significativo na produção de biodiesel, razão do incômodo provocado (as "contrações" da charge).

Outras duas características inerentes à charge são a ironia e a intertextualidade. A ironia, muitas vezes não percebida pelo leitor, subverte a lógica vigente — razão de seu caráter combativo —, levando-o à reflexão; a intertextualidade, sobretudo a interdisciplinaridade, uma das exigências na educação básica brasileira, passa a ser o *start* necessário ao aluno para lançar mão dos conhecimentos (acadêmicos ou não) adquiridos.

# Os eixos cognitivos

O Enem está estruturado em cinco grandes **eixos cognitivos**, os mesmos para as quatro áreas do conhecimento. Até a edição de 2008, esses eixos cognitivos compunham as cinco **competências gerais**.

Afinal, o que são essas "competências"?

Imagine a seguinte situação: você está dirigindo um automóvel, à noite, por uma estrada que une duas cidades. De repente, os faróis se apagam. Você se encontra em uma autêntica **situação-problema**. Como resolvê-la, contando apenas com os recursos disponíveis?

Em primeiro lugar, você analisa a situação, respondendo a algumas questões, e a primeira delas deve ser: por que os faróis se apagaram?

Você levanta algumas hipóteses, que serão confirmadas ou refutadas. Será que a bateria está sem carga? Não, pois você verifica que outros equipamentos elétricos, como a buzina e o rádio, estão funcionando normalmente. Será que a lâmpada está queimada? Essa hipótese também não parece boa, pois os dois faróis apagaram-se simultaneamente. Nesse momento, você percebe que a causa do problema pode ser um fusível queimado. Olhando os fusíveis, você constata que, de fato, um deles está com o filamento metálico interrompido, o que ocorre em situação de sobrecarga elétrica.

Com o diagnóstico feito, como resolver o problema? Você não traz consigo fusíveis de reserva, mas encontra um clipe de metal, desses usados para prender papéis. Desfazendo as dobras do clipe, você o transforma em um "fio" improvisado, coloca-o no lugar do fusível queimado e — eureca! — os faróis voltam a funcionar.

**Atenção!**
Improvisar também é arriscado. Aliás, sem ter verificado a razão da sobrecarga que fez queimar o fusível, não se pode excluir a possibilidade de que o "quebra-galho" feito com o clipe de metal acabe por provocar um curto-circuito.

Para resolver a situação-problema apresentada, você precisou usar conhecimentos científicos com os quais entrou em contato durante sua vida escolar, sendo o mais relevante a informação de que metais são bons condutores de eletricidade.

O que estava em jogo não eram apenas **conhecimentos**, mas determinadas **competências**, por meio das quais você conseguiu estabelecer relações entre situações, fatos, informações, pessoas etc.

Chama-se **competência** a capacidade de agir eficazmente em determinado tipo de situação, apoiada em conhecimentos, mas sem se limitar a eles. Veja que foi fundamental saber que "metal conduz eletricidade" (esse é um conhecimento), mas só o domínio dessa informação não seria suficiente. Você empregou uma certa competência e fez a correlação que o tornou capaz de agir eficazmente nessa situação, apoiado em um conhecimento, mas sem se limitar a ele. As competências não são, em si, conhecimentos, mas são elas que mobilizam, utilizam e integram os conhecimentos.

## A matriz do Enem

A matriz do Enem estrutura-se sobre os cinco eixos cognitivos, em associação com as **competências de área**, específicas de cada uma das áreas do conhecimento que compõem o exame (linguagens e códigos, ciências da natureza, ciências humanas e matemática). O cruzamento entre os eixos cognitivos e as competências de área define as **habilidades** a serem avaliadas, que decorrem das competências adquiridas e referem-se ao plano imediato do "saber fazer".

Esse cruzamento origina uma **matriz de referência**, como mostra o esquema abaixo.

| | EIXOS COGNITIVOS (OU COMPETÊNCIAS GERAIS) | | | | |
|---|---|---|---|---|---|
| Competências de área | I | II | III | IV | V |
| 1 | H1 | H2 | ... | | |
| 2 | | | | | |
| ... | | | | | |
| ... | | | | | ... |

Além disso, o documento oficial do Enem incorpora um conjunto de conteúdos das diferentes áreas do conhecimento, com o objetivo de atuar sobre o currículo do ensino médio. Assim, o Enem exige os mesmos conteúdos dos vestibulares, mas o formato da prova é diferente. Os estudantes precisam usar mais a capacidade de raciocínio e compreensão do que a memorização. Estes são os cinco eixos cognitivos sobre os quais se estrutura o Enem:

I. **Dominar a norma culta da língua portuguesa e fazer uso das linguagens matemática, artística e científica.** O Enem pretende verificar se o aluno é capaz de compreender as múltiplas linguagens que escrevem a realidade, se é capaz de decifrar os diversos códigos verbais e não verbais, gerando significado a partir deles.

II. **Construir e aplicar conceitos das várias áreas do conhecimento para a compreensão de fenômenos naturais, de processos histórico-geográficos, da produção tecnológica e das manifestações artísticas.** A avaliação desse eixo cognitivo procura aferir o conhecimento nas diferentes áreas do saber. É avaliada a capacidade de empregar os conceitos já aprendidos e a capacidade de inter-relacioná-los. É importante destacar, porém, que não basta ter "decorado" fórmulas, resumos e esquemas. É preciso conseguir aplicá-los para interpretar corretamente situações concretas.

III. **Selecionar, organizar, relacionar, interpretar dados e informações representadas de diferentes formas, para tomar decisões e enfrentar situações-problema.** O aluno é avaliado por sua capacidade de resolver problemas, aplicando conhecimentos adquiridos na escola, mas sem se limitar a eles, pois assim é na vida prática. O Enem procura perceber se o aluno consegue abrir a caixa de "ferramentas intelectuais" adquiridas durante a vida escolar, escolher a ferramenta mais apropriada e usá-la adequadamente.

IV. **Relacionar informações, representadas em diferentes formas, e conhecimentos disponíveis em situações concretas, para construir argumentação consistente.** A prova do Enem avalia a capacidade de argumentação, isto é, se diante de determinado assunto o aluno assume uma posição e a defende, usando para isso argumentos consistentes. Não se trata de "adivinhar" o que o examinador quer, mas de expor opiniões com convicção, fundamentação e coerência.

V. **Recorrer aos conhecimentos desenvolvidos na escola para a elaboração de propostas de intervenção solidária na realidade, respeitando os valores humanos e considerando a diversidade sociocultural.** Verifica a competência para analisar problemas concretos, opinar sobre eles e propor soluções, exercendo a cidadania em plenitude. Nesse eixo cognitivo, incluem-se ações que visam à proteção dos recursos naturais, à preservação dos valores democráticos, às estratégias de combate às desigualdades e a todas as formas de preconceito e de racismo, como atenuar os efeitos perversos da globalização da economia, como lutar pela melhoria das condições de vida, saúde e educação da população e muitos outros aspectos da vida em comunidade.

# • Linguagens, códigos e suas tecnologias

Tradicionalmente, associava-se o conhecimento da linguagem à memorização de classificações gramaticais. Saber língua portuguesa significava, nessa concepção, dominar as classes de palavras e a análise sintática: distinguir substantivos, adjetivos e advérbios; reconhecer sujeito e predicado; diferenciar adjunto adnominal de complemento nominal. O estudo da literatura, por sua vez, convencionalmente propunha decorar características de determinados estilos de época.

O estudo da gramática já não se resume ao domínio de uma nomenclatura: priorizam-se o texto, o uso proficiente do idioma e os efeitos de sentido obtidos a partir das opções que a língua oferece. Poemas ou romances já não são apenas pretexto para a demonstração de características de "escolas" literárias, mas, sim, produções artísticas singulares, ainda que em diálogo com determinado contexto histórico e social.

Para alguns, pode parecer que literatura e educação física não tenham nada em comum; no entanto, ambas são **linguagens** de expressão da atividade humana cotidiana. Como tais, formam-se a partir de múltiplos códigos, datados no tempo e situados no espaço.

### A linguagem da língua

A língua e as linguagens são as principais ferramentas de produção do conhecimento; assim sendo, estão situadas social e historicamente. Em outras palavras, cada época e cada lugar produzirão coletivamente sua cultura.

O estudo da língua não pode ser um concorrente, mas um aliado do estudante em suas práticas cotidianas. Se ocorrer dessa maneira, não teremos no estudo das linguagens apenas uma oportunidade de ampliação dos conhecimentos, mas um espaço para a superação de preconceitos linguísticos e para a investigação do elo "oral e escrito".

O estudo da língua pretende, dessa forma, explorar ao máximo as várias possibilidades de se atribuir sentido aos textos, e não mais a assimilação dos conteúdos sistematizados artificialmente e deslocados da realidade social, sem contemplar os diversos contextos de uso da língua.

### A linguagem das letras

Os textos literários parecem ter uma capacidade especial de lidar com a linguagem: a escolha e a combinação das palavras, as diferentes formas de ler e escrever textos diferentes. Quem confundiria um poema de Manuel Bandeira com um conto de Machado de Assis? E o melhor é que a diferença entre os dois não resulta apenas das diferenças na maneira de escrever de cada gênero, mas também do que esses escritores imaginavam, cada um a seu tempo, o que era literatura.

Não é só na literatura que temos que ajustar nossos óculos para enxergar melhor cada produção em seu contexto específico. Diante de uma fotografia antiga, quase instantaneamente, sentimos vontade de entender as roupas, o cenário, o sorriso diferente das personagens. Observe, por exemplo, a fotografia abaixo, de 1949.

LUCIANO CARNEIRO, DOUGLAS ALEXANDRE E JOÃO MARTINS/ O CRUZEIRO/EM/D.A. PRESS

O que faz esse casal, andando na praia com roupas tão diferentes das que usaríamos? Seria o Rio de Janeiro mais frio? Seriam as pessoas mais conservadoras ou, talvez, tentassem seguir a moda europeia?

À primeira vista, todas essas hipóteses seriam plausíveis, se desconhecêssemos um dado fundamental. Conforme conta uma matéria da revista *Piauí*, as roupas faziam parte de uma "passeata-protesto-desfile" contra uma portaria que proibia que banhistas andassem sem camisa fora da orla. Para reconstruirmos o significado da fotografia, foi necessário conhecer o contexto em que ela foi produzida.

Na literatura, para se distinguir uma "interpretação plausível" de uma "superinterpretação" (termo criado por Umberto Eco), é necessário também recorrer ao contexto de produção e recepção. Quando lemos em Camões "Amor é fogo que arde sem se ver", por exemplo, provavelmente o eu-lírico não desejava segredar-nos um momento íntimo, mas raciocinar sobre as contradições do Amor, amor com maiúscula, uma vez que é uma alegoria. Além disso, podemos pensar que, no afã de buscar a perfeição formal do poema, nada mais adequado que apresentá-lo em um soneto.

Álvares de Azevedo, no entanto, em seu poema "Lembrança de morrer", canta "Quando em meu peito rebentar-se a fibra, / Que o espírito enlaça à dor vivente", revelando os sentimentos do eu-lírico de maneira particular. Não é à toa que são autores distantes no tempo, o primeiro impregnado pelas ideias do Renascimento; o segundo, pelas do Romantismo.

A grande tarefa dos estudos literários é tentar ressignificar os textos do passado, reconhecendo suas características formais particulares. Nesse processo de leitura, é importante reconhecer os principais temas tratados e traduzi-los para nossa vida.

Veja só o que Plutarco escreveu, por volta do século II d.C., sobre os tagarelas: "Ora, a natureza não protegeu nada com tanto cuidado em nós como a língua, diante da qual postou a guarnição dos dentes para que, se ela não obedecer às 'rédeas rutilantes' que o pensamento puxa para dentro e se não se contiver, nós possamos controlar sua incontinência mordendo-a até arrancar sangue".

Obviamente, não morderíamos a língua se fôssemos tagarelas, mas a lição ainda é válida. Quem já não passou por uma situação em que "falou demais"? Acabamos de fazer um exercício que deve ser constante na literatura, ou seja, "atualizar" as obras literárias e perceber que nelas são discutidos temas universais.

Perceba que, para tanto, não foi necessário reduzir o vocabulário à meia dúzia de palavras a que estamos acostumados em nosso cotidiano, e sim refletir sobre os temas nelas presentes.

Livros como *Harry Potter* e *Crepúsculo* estão mais próximos de nós porque sua produção participa do mesmo contexto que o nosso e o vocabulário também é mais próximo. Consumimos esses livros, e o nome que recebem — *best-sellers* (numa tradução livre, os mais vendidos) — mostra-nos sua estreita relação com o consumo. E por que os consumimos? Porque são escritos de acordo com um padrão de enredo e linguagem que agrada a grande parte dos leitores.

Lendo esses livros, provamos que apreciamos e consumimos leitura. Todavia, a escola nos mostra que é preciso ter cuidado e não sair por aí comprando tudo o que vemos. Precisamos ser leitores críticos, e para isso não há mágica! É possível "viajar" no tempo, desvendar novos universos e atentar para o fato de que a elaboração da linguagem é o princípio da literatura. Quando realizamos essas tarefas, estamos próximos da formação do leitor crítico, aquele que não fica à mercê da alienação imposta pelo mercado.

### A linguagem das artes

Assim como a literatura não deve ser entendida como uma imensa lista de características de estilo de época e de autores, outras produções artísticas — música, dança, artes visuais e teatro — devem ser compreendidas em relação à sua linguagem específica e em relação aos seus aspectos sociais. Assim, deve-se reconhecer a arte não apenas como um objeto estético, mas também como manifestação de diferentes culturas (do erudito ao popular), cuja função pode variar da elaboração de um artefato útil à busca do prazer estético.

Nesse sentido, objetos do cotidiano podem ser lidos como representações artísticas. Os abajures a seguir remetem a características bem distintas. No primeiro, percebe-se a preocupação com a diversificação das cores e o uso de formas assimétricas, em materiais como o ferro forjado e o vidro, típicos do estilo conhecido como *art nouveau*. Já o segundo apresenta somente duas cores contrastantes e formas geométricas simétricas, em materiais como plástico e madeira, num estilo derivado da escola Bauhaus de arquitetura e *design*.

FOTOS: SHUTTERSTOCK (RAFAL OLECHOWSKI, HANA)

Os dois estilos são resultado de influências e concepções estéticas particulares, que dialogam com contextos de produção diferentes. Compreendê-los significa legitimar cada um em sua singularidade, para além de juízos de valor como "mais bonito" ou "mais prático".

O simples fato de gostarmos de uma música, por exemplo, pode nos levar à reflexão sobre a natureza da linguagem musical e sobre suas funções sociais. A sensibilização provocada pela melodia e pelo ritmo pode ser acompanhada pela sensação de nos sentirmos pertencentes mais a uma determinada "tribo" que a outra. A apreciação musical não é gratuita e faz parte de nossa identidade. Outros tipos de música fazem parte de outras identidades e devem ser também respeitados; quando compreendemos isso, valorizamos a diversidade das produções artísticas.

É necessário reconhecer, então, que os padrões artísticos variam com o tempo e estão ligados diretamente ao contexto de produção e recepção da obra de arte. Deve-se valorizar a pluralidade das manifestações, como forma de compreensão das diversidades dos grupos sociais e étnicos.

### A linguagem do corpo

Acima de tudo, a linguagem do corpo deve ser inclusiva. É isso que deve nos orientar quando o assunto é "o que estudar em educação física". Não precisamos pensar nos "conteúdos", pois eles não existem de fato, pelo menos como uma grade curricular preestabelecida. Os conteúdos de educação física constituem-se de maneira natural, pois são produto das relações estabelecidas entre diferentes sujeitos, em práticas corporais múltiplas e espontâneas, dentro de vários e diferenciados contextos culturais.

No Brasil, atividades mais representativas dessas práticas culturais são o esporte, a ginástica, os jogos, as lutas e a dança. Apesar do caráter competitivo atribuído a essas manifestações nas últimas décadas — com regras, torneios e premiação dos melhores —, cabe à escola resistir à tentação do "esporte a serviço da indústria cultural, do espetáculo televisivo e da venda de produtos".

FOTOS: BIP

As linguagens do texto, da arte, da música e do corpo constroem significados e fazem parte da essência da cultura de um povo.

Devem ser resgatadas as relações solidárias e a diversidade cultural das (e nas) práticas corporais, que podem ser iniciadas na escola, mas estendidas a todos os outros contextos de vida.

Assim como a literatura e a arte, as práticas corporais — desde as danças até as lutas — também encontram vinculação com seus contextos espaciais, culturais e históricos. Os diferentes estilos de *kung fu*, por exemplo, remontam às necessidades de treinos e lutas desenvolvidas em diferentes solos: a luta mais lenta e pesada no solo alagado das plantações de arroz do sul da China e a luta mais veloz nos solos rochosos do norte. Dessa maneira, olhando as lutas sob essa perspectiva, percebemos não só uma disputa com vencedores e vencidos, mas também a ligação com a disciplina de um corpo saudável, boa condição física e mente capaz de enxergar no corpo do outro os caminhos para um combate limpo.

Mais que isso, as lutas, a ginástica e a dança deixam transparecer a riqueza das influências dos vários povos formadores do Brasil. Da mesma maneira, os jogos são marcas de acordos coletivos e de identidades nacionais e locais: cada região e cada grupo têm seu jogo mais valorizado.

Em suma, a linguagem corporal deve ser percebida e entendida não apenas como um espaço de conquista de títulos ou disputa por melhores desempenhos, mas como algo capaz de unir semelhantes e diferentes, consolidando identidades e incluindo singularidades.

## Linguagens e seus objetos do conhecimento

- **Estudo do texto.** As sequências discursivas e os gêneros textuais no sistema de comunicação e informação — modos de organização da composição textual; atividades de produção escrita e de leitura de textos gerados nas diferentes esferas sociais — públicas e privadas.

- **Estudo das práticas corporais.** A linguagem corporal como integradora social e formadora de identidade — *performance* corporal e identidades juvenis; possibilidades de vivência crítica e emancipada do lazer; mitos e verdades sobre os corpos masculino e feminino na sociedade atual; exercício físico e saúde; o corpo e a expressão artística e cultural; o corpo no mundo dos símbolos e como produção da cultura; práticas corporais e autonomia; condicionamentos e esforços físicos; o esporte; a dança; as lutas; os jogos; as brincadeiras.

- **Produção e recepção de textos artísticos.** Interpretação e representação do mundo para o fortalecimento dos processos de identidade e cidadania. Artes visuais: estrutura morfológica, sintática, o contexto da obra artística, o contexto da comunidade. Teatro: estrutura morfológica, sintática, o contexto da obra artística, o contexto da comunidade, as fontes de criação. Música: estrutura morfológica, sintática, o contexto da obra artística, o contexto da comunidade, as fontes de criação. Dança: estrutura morfológica, sintática, o contexto da obra artística, o contexto da comunidade, as fontes de criação. Conteúdos estruturantes das linguagens artísticas (artes visuais, dança, música, teatro) elaborados a partir de suas estruturas morfológicas e sintáticas; inclusão, diversidade e multiculturalidade: a valorização da pluralidade expressa nas produções estéticas e artísticas das minorias sociais e dos portadores de necessidades educacionais especiais.

- **Estudo do texto literário.** Relações entre produção literária e processo social, concepções artísticas, procedimentos de construção e recepção de textos — produção literária e processo social; processos de formação literária e de formação nacional; produção de textos literários, sua recepção e a constituição do patrimônio literário nacional; relações entre a dialética cosmopolitismo/localismo e a produção literária nacional; elementos de continuidade e ruptura entre os diversos momentos da literatura brasileira; associações entre concepções artísticas e procedimentos de construção do texto literário em seus gêneros (épico/narrativo, lírico e dramático) e formas diversas; articulações entre os recursos expressivos e estruturais do texto literário e o processo social relacionado ao momento de sua produção; representação literária: natureza, função, organização e estrutura do texto literário; relações entre literatura, outras artes e outros saberes.

- **Estudo dos aspectos linguísticos em diferentes textos.** Recursos expressivos da língua, procedimentos de construção e recepção de textos — organização da macroestrutura semântica e a articulação entre ideias e proposições (relações lógico-semânticas).
- **Estudo do texto argumentativo, seus gêneros e recursos linguísticos.** Argumentação: tipo, gêneros e usos em língua portuguesa — formas de apresentação de diferentes pontos de vista; organização e progressão textual; papéis sociais e comunicativos dos interlocutores, relação entre usos e propósitos comunicativos, função sociocomunicativa do gênero, aspectos da dimensão espaçotemporal em que se produz o texto.
- **Estudo dos aspectos linguísticos da língua portuguesa.** Usos da língua: norma culta e variação linguística — uso dos recursos linguísticos em relação ao contexto em que o texto é constituído: elementos de referência pessoal, temporal, espacial, registro linguístico, grau de formalidade, seleção lexical, tempos e modos verbais; uso dos recursos linguísticos em processo de coesão textual: elementos de articulação das sequências dos textos ou da construção da microestrutura do texto.
- **Estudo dos gêneros digitais.** Tecnologia da comunicação e informação: impacto e função social — o texto literário típico da cultura de massa; o suporte textual em gêneros digitais; a caracterização dos interlocutores na comunicação tecnológica; os recursos linguísticos e os gêneros digitais; a função social das novas tecnologias.

# Atividades

## C5 • H16

**1** [...] Tenha paciência, já estamos quase a chegar, murmurava o outro, e um pouco mais adiante perguntou, Está alguém em sua casa que possa tomar conta de si, e o cego respondeu, Não sei, a minha mulher ainda não deve ter vindo do trabalho, eu hoje é que calhei sair mais cedo, e logo me sucede isto, Verá que não vai ser nada, nunca ouvi dizer que alguém tivesse ficado cego assim de repente, Que eu até me gabava de não usar óculos, nunca precisei, Então, já vê. Tinham chegado à porta do prédio, duas mulheres da vizinhança olharam curiosas a cena, vai ali aquele vizinho levado pelo braço, mas nenhuma delas teve a ideia de perguntar, Entrou-lhe alguma coisa para os olhos, não lhes ocorreu, e tão-pouco ele lhes poderia responder, Sim, entrou-me um mar de leite. Já dentro do prédio, o cego disse, Muito obrigado, desculpe o transtorno que lhe causei, agora eu cá me arranjo, Ora essa, eu subo consigo, não ficaria descansado se o deixasse aqui. Entraram dificilmente no elevador apertado, Em que andar mora, No terceiro, não imagina quanto lhe estou agradecido, Não me agradeça, hoje por si, Sim, tem razão, amanhã por si. [...]

(José Saramago. *Ensaio sobre a cegueira*. São Paulo: Cia. das Letras, 1999.)

a) A narrativa não está pontuada da forma convencional. Qual impressão esse recurso narrativo pode causar no leitor?

b) Que sentido é evocado pela expressão “mar de leite”?

C1 • H1 e H4

**2** Imagem 1

MUSEU HISTÓRICO NACIONAL, RJ

Imagem 2

REPRODUÇÃO

**Imagem 3**

Os símbolos mostrados são, na sequência, a bandeira do Brasil imperial, a bandeira do Brasil republicano e o logotipo da Copa do Mundo de Futebol a ser realizada no Brasil. Leia as afirmações:

I. As três imagens se assemelham, pois o verde, o vermelho, o amarelo, o azul e o branco são a base da composição da bandeira brasileira atual.

II. A imagem 3 procura ressaltar o aspecto esportivo por meio do elemento azul.

III. A imagem 1 apresenta, dentro do losango amarelo, um elemento que indica ser esta a bandeira da época do império.

Quais afirmações estão corretas?

a) Todas.

b) Apenas a afirmação I.

c) Nenhuma.

d) Apenas a afirmação II.

e) As afirmações II e III.

**C7 • H23**

**3** **Como ensinar por meio da pesquisa**

Importante ferramenta didática para todas as disciplinas, a pesquisa precisa ser mais bem usada em aula. Ao planejá-la e executá-la adequadamente, você possibilita que as crianças e os jovens aprendam os conteúdos do currículo, enquanto se tornam estudantes autônomos. Ensinar os alunos a estudar para que se saiam bem em toda a Educação Básica, no Ensino Superior e por toda a vida é, sem dúvida, uma das grandes responsabilidades da escola. Poucas atividades atendem tão bem a essa demanda como a pesquisa — que tem como procedimentos básicos ler para estudar e ler para escrever. Realizada com acompanhamento e numa escala progressiva de dificuldade, ela desenvolve as habilidades de localizar, selecionar e usar informações, essenciais para aprender com independência. "A criança transforma conhecimentos já disponíveis na sociedade em algo novo para ela", explica Pedro Demo, da Universidade de Brasília (UnB). Ninguém chega à escola sabendo pesquisar e também não aprende a fazer isso num passe de mágica, assim que é alfabetizado — apesar de muitos professores simplesmente passarem a tarefa sem antes ensinar a realizá-la. Essa é uma competência que se desenvolve com a prática e com direcionamento. "A investigação na escola está intimamente ligada à orientação. Se até mesmo um doutorando tem um orientador, por que as crianças da Educação Básica dariam conta do trabalho sozinhas?", questiona Bernadete Campello, da Universidade Federal de Minas Gerais (UFMG) e autora de obras sobre o assunto. [...]

(Anderson Moço. *Nova Escola*, nº 237 nov. 2010. Editora Abril.)

O uso do termo *você* no primeiro parágrafo indica que o texto é dirigido a um leitor específico?

a) Sim; o suposto leitor seria um professor, uma professora ou um estudante interessados no assunto *pesquisar*.
b) Não; o leitor seria toda e qualquer pessoa, alfabetizada ou não.
c) Sim, pois apenas estudantes do ensino médio poderiam se interessar pelo tema.
d) Não, pois está claro que *você* se refere ao professor Pedro Demo, da UnB.
e) Sim; o leitor seriam professores assinantes da revista, alunos da UnB e universitários em geral.

**C6 • H18**

**4** Leia o texto:

### Hubble detecta nascimento de estrelas em galáxias envelhecidas

*Fusão com galáxias menores rejuvenesce as antigas galáxias elípticas*

Cientistas costumavam acreditar que galáxias elípticas eram relíquias antigas, onde o auge do surgimento de novas estrelas teria ficado bilhões de anos no passado.

Mas novas observações do Telescópio Espacial Hubble estão ajudando a mostrar que as galáxias elípticas ainda têm algum vigor juvenil, graças ao contato com galáxias menores.

Imagens do núcleo da galáxia NGC 4150, feitas na faixa do ultravioleta próximo, revelam fiapos de poeira e gás e aglomerados de jovens estrelas azuis, com bem menos de um bilhão de anos de idade. A evidência indica que o nascimento de estrelas foi desencadeado pela fusão com uma galáxia anã.

(*O Estado de S. Paulo*, 18/11/2010.
http://www.estadao.com.br/noticias/vidae,hubbledetecta-
-nascimento-de-estrelas-em-galaxias-envelhecidas,641805,0.htm.)

A leitura apenas do título do texto não permite concluir que *Hubble* é o nome de um telescópio. Somente com conhecimento prévio o leitor associaria o instrumento (telescópio) ao seu nome. Esse processo configura uma:

a) antítese.
b) metonímia.
c) paradoxo.
d) alegoria.
e) ironia.

**C4 • H12 e C6 • H18**

**5** Leia a charge:

(Laerte. *Folha de S. Paulo*, 18/11/2010.)

Que elemento do desenho é responsável pelo humor na charge?

a) máscara

b) rastro do arado

c) linguagem do personagem

d) trajes

e) homem flechado, ao fundo

Texto para as questões 6 e 7:

João Grande sentou para espiar, Pedro Bala se afastou com o Professor para um canto. Queria combinar uma maneira de roubar a imagem de Ogum da polícia. Discutiram parte da noite e já eram onze horas quando Pedro Bala, antes de sair, falou para todos os Capitães da areia:

— Minha gente, eu vou fazer um troço difícil. Se eu não aparecer até de manhã, vocês fica sabendo que eu tou na polícia e não demoro a tá no reformatório, até fugir. Ou até vocês me tirar de lá...

(Jorge Amado. *Capitães da areia*. São Paulo: Cia. das Letras, 2008.)

O livro *Capitães da areia*, de autoria de Jorge Amado, foi publicado em 1937 e trata da vida de menores abandonados, em Salvador, Bahia. Pedro Bala é um dos líderes do grupo.

No episódio narrado, uma imagem de Ogum, divindade cultuada em rituais religiosos afro-brasileiros, está em poder da polícia. Pelas leis brasileiras da época retratada na obra, manifestações religiosas que não fossem ligadas à Igreja Católica eram proibidas.

## C8 • H25 e H26

**6** No trecho, para obter o efeito da verossimilhança, o autor utilizou, na fala de Pedro Bala:

a) a linguagem típica do nordestino.
b) o jeito de falar de quem busca esconder alguma coisa.
c) o jeito de falar típico de quem tem pouca idade.
d) uma linguagem diferente da norma-padrão.
e) uma linguagem bem mais coloquial, diferente da do narrador.

## C8 • H27

**7** No trecho, há uma expressão ambígua, ou seja, que pode ter mais de um sentido. Assinale a alternativa que apresenta a expressão e também a solução para a ambiguidade, no contexto da narrativa.

a) "a imagem de Ogum da polícia" / a imagem de Ogum que estava em poder da polícia
b) "com o Professor para um canto" / com o Professor para uma música
c) "Discutiram parte da noite" / Debateram em nome da noite
d) "uma maneira de roubar" / um jeito de furtar
e) "vocês fica sabendo" / todos fiquem conhecendo

Texto para as questões 8, 9 e 10:

### O teste da rosa

Digamos que você tem uma rosa. Uma só. Antes que eu continue, ela me interrompe: de que cor? Pensei na rosa, mas não pensei na cor. Cor-de-rosa, digo. Ela faz uma carinha de quem não aprova. Rosa cor-de-rosa, que falta de imaginação! Branca, me corrijo. Branca, não, ela corta. Vermelha. Tá bem. Uma rosa vermelha. Vermelhinha? Sim, vermelhíssima. Da cor do sangue vivo.

Digamos que você tem uma rosa, recomeço. É a única que existe no mundo. A última? Não interessa. No caso é a única. E é sua. Digamos que você quer dar essa rosa a alguém. E se eu não quiser dar? Aí a história acaba. Continuo? Continua. Você tem que dar essa rosa a alguém. Uma pessoa só? Sim, uma só. Fui dar corda, a menina não para de falar. Verdadeira matraca. Já quer saber por que tem de dar a rosa. Se é dela e é única, não vai dar a ninguém. Vai vender.

Mas a história é assim: é a única, a última rosa do mundo. E você tem que passar pra frente. Se não der, ela explode e queima a sua mão. Carinha de nojo, ela resmunga: rosa que explode e pega fogo, essa não. Finjo que não ouço e vou adiante. Você vai entregar essa rosa a quem mais a merece. A faladeira quer saber se a rosa é bonita. Lindíssima, já disse. Fresquinha. A última e mais bela rosa do mundo. Não, não pode guardar. Nem pode vender.

Novas tentativas de sair do script, mas eu fecho todas as portas. Não pode mudar. Não interessa quem inventou. É o teste da rosa. Existe desde o princípio do mundo, digo convicto. E cale a boca, por favor. Mais um minuto e a rosa estoura na sua mão. Não é bomba, mas estoura. História inventada é assim. Rosa estoura e pronto. Você tem que dar a rosa pra alguém que a merece. A pessoa que você mais ama. Dona do seu coração. Vale, vale tudo. Gente grande, ou criança. Quem você quiser. Não, não podem ser duas pessoas. Mesmo casadas, morando na mesma casa, não pode. Também não vale. Pétala por pétala, não. É a rosa inteira, perfumada. Uma beleza. Já disse que é a mais bonita do mundo. Nunca mais vai existir outra igual. E depressa, senão explode. Na sua mão, não no vaso. Fresquinha, com gotas de orvalho que brilham como pequenos sóis. Vamos logo, quem? A quem você dá essa rosa? Ela sorri, zombeteira e me faz a pergunta fatal: você está crente que eu dou pra você, não está?

(Otto Lara Resende. *Bom dia para nascer.* São Paulo: Cia. das Letras, 1993.)

**C7 • H24**

**8** Na narrativa lida, é possível identificar os interlocutores? Como?

______________________________________________

______________________________________________

______________________________________________

______________________________________________

______________________________________________

**C8 • H27**

**9** No texto de Otto Lara Resende, os termos *matraca* e *zombeteira* podem ser substituídos por quais outros, sem perda de sentido?

a) *tagarela* e *autoritária*
b) *papagaio* e *piadista*
c) *tagarela* e *piadista*
d) *rádio* e *nervosinha*
e) *megafone* e *delicadinha*

## C8 • H27

**10** As palavras *corda*, *nojo* e *fresquinha*, empregadas na crônica de Otto Lara Resende, obedecem à mesma regra de acentuação?

a) Sim, pois todas são proparoxítonas.
b) Não; uma delas é paroxítona e as demais são oxítonas.
c) Não; uma delas é paroxítona e as demais são proparoxítonas.
d) Sim, pois as três são oxítonas.
e) Sim, porque todas são paroxítonas.

## C4 • H12 e C6 • H18

**11** O cartunista procurou, no cartum abaixo, produzir humor por meio da metalinguagem. O cartum mostra uma situação atípica para um vampiro: ver-se em um espelho.

(Adão. *Folha de S. Paulo*, 11/8/2010.)

Os termos *cartum* e *obcecado*, na fala do desenhista, poderiam ser substituídos, respectivamente, por:

a) *arte* e *obstinado*
b) *cartão* e *apaixonado*
c) *tirinha* e *enganado*
d) *desenho* e *vampiresco*
e) *piada* e *difamado*

**C7 • H21 e H24**

**12** Leia o anúncio:

(*Casa Claudia*, maio 2010.)

Para obter o efeito publicitário pretendido, o anúncio buscou chamar a atenção do leitor por meio:

a) da aproximação do termo *formas* com os termos *anúncio* e *censurado*.

b) da aproximação do termo *anúncio* com o termo *quase*.

c) da modificação de sentido do termo *quase*.

d) da repetição do nome do fabricante.

e) da alteração de sentido dos termos *formas* e *censurado*.

Texto para as questões 13 e 14:

(*IstoÉ*, 23/9/2009.)

**C7 • H21 e H24**

**13** Qual é a função da linguagem relacionada ao objetivo de que a revista seja lida ou comprada? Que expressão corresponde a essa função?

a) fática / "alimentos que despertam o desejo"
b) referencial / "segundo médicos e nutricionistas"
c) emotiva / "aumentam a fertilidade"
d) conativa / "conheça esse cardápio do prazer"
e) poética / "dieta da sexualidade"

**C7 • H21 e H24**

**14** A capa da revista associou termos como *orgasmo, fertilidade* e *desejo* à figura da fruta. Qual efeito de sentido o autor da capa buscou obter com essa associação?

a) Juntar o apetite sexual ao principal elemento que o brasileiro consome: maçãs.

b) Estimular a curiosidade sobre um tema tradicionalmente tratado como tabu.

c) Desmitificar a ideia de que a vida sexual pode fazer uma pessoa emagrecer.

d) Sugerir que a maçã tem efeito afrodisíaco e, com isso, vender mais revistas.

e) Ridicularizar o mito do "pecado original".

**C8 • H27**

**15** Atenção para as afirmações:

1. Pedro e Lúcia são crianças. Os dois estão em livros de Monteiro Lobato.

2. Personagens de Monteiro Lobato, Pedro e Lúcia são crianças.

3. Crianças espertas, Pedro e Lúcia podem ser vistos em livros de Monteiro Lobato.

Em qual dos três itens, está *explícita* a informação sobre o caráter literário, ou seja, fictício, de Pedro e Lúcia? Por quê?

a) No item 1, pois nele há o nome *Monteiro Lobato*, no final.

b) No item 2, em razão de o termo *personagens* ser associado a Pedro e Lúcia.

c) No item 3, apenas, pois nele fica claro que o público-alvo é o infanto-juvenil.

d) No item 1, pois a palavra *livro* só pode indicar "ficção".

e) No item 2, uma vez que a referência é "crianças".

Texto para as questões 16 e 17.

### Torcida propõe jogo contra atletas do Guarani

Descontente com a performance do time no início do Campeonato Paulista, a torcida do Guarani se manifestou e pediu um desafio contra a equipe profissional. Os bugrinos pretendem organizar uma partida entre torcedores e jogadores.

A ideia surgiu em 2006, quando o Guarani estava para ser rebaixado no Paulista. Na ocasião, os torcedores compareceram ao Estádio Brinco de Ouro de chuteiras e uniformes, mas o jogo não aconteceu. Com dois jogos e duas derrotas, um fã decidiu repetir esse desafio, e está recrutando atletas pela Internet.

Os torcedores também fizeram algumas exigências para essa partida. A primeira é a de que a torcida usará o uniforme do time, pois os jogadores não o merecem. A segunda é que, em caso de algum destaque, o torcedor será contratado para jogar o Paulista. A terceira é que, se o time da torcida vencer, serão eles que irão enfrentar o Noroeste na quinta-feira. A última exigência é a presença do treinador Roberval Davino, do diretor de futebol José Carlos Hernandes e também de muitos atletas do grupo.

O treinador Roberval Davino ainda não se pronunciou sobre o assunto, mas o diretor de futebol saiu em sua defesa. "Eu respeito a opinião da torcida, mas ainda é cedo para fazer qualquer análise. Nós da diretoria temos que ter os pés no chão, equilíbrio e muita calma", afirmou José Carlos Hernandes.

(http://esportes.terra.com.br/futebol/estaduais2008/interna/0,,OI2261365-EI10799,00.html. Acesso em 22/1/2008.)

**C8 • H27**

**16** O termo *bugrino* é próprio da informalidade. No próprio texto, há dois sinônimos próprios da norma culta para o termo. Quais são eles?

a) *fã* e *torcedor*
b) *uniforme* e *fã*
c) *diretor* e *torcedor*
d) *Guarani* e *treinador*
e) *atletas* e *torcedor*

**C6 • H18 e C7 • H23**

**17** Considerando a estrutura do texto, seu conteúdo e o suporte em que foi veiculado, o leitor sabe que está diante de:

a) uma crônica literária.
b) uma resenha.
c) uma notícia.
d) um relato pessoal.
e) um editorial.

Texto para as questões 18 e 19:

(*IstoÉ*, 1/12/2010.)

**C8 • H27**

**18** Na manchete estampada na capa da revista, qual é o valor semântico da oração subordinada?

a) concessão
b) proporção
c) comparação
d) restrição
e) conformidade

C7 • H23 e H24

**19** A capa da revista, de uma edição de dezembro de 2010, faz referência a uma situação vivida em muitas das grandes cidades brasileiras. Com que evento específico a montagem feita com a imagem da estátua do Cristo Redentor, na capa da revista, tem relação?

a) Lançamento do filme *Tropa de elite 2*.

b) Necessidade de segurança para a Copa do Mundo de 2014 e as Olimpíadas de 2016.

c) Avanço do crime organizado em templos religiosos.

d) Campanha eleitoral, destacando a insegurança da população.

e) Ocupação dos morros cariocas pelas forças policiais (incluindo o Bope) na guerra contra os traficantes.

Texto para as questões 20, 21 e 22:

## DF tem a maior expectativa de vida, com média de 75,79 anos

*Pesquisa do IBGE coloca o Distrito Federal na frente entre as unidades da Federação onde as pessoas vivem mais: média de 75,79 anos. Segundo especialista, se o estudo fosse dividido por cidade, haveria discrepância na capital*

Basta um passeio pelas praças do Cruzeiro ou uma visita ao Parque da Cidade no fim do dia para se dar conta do crescimento da população idosa no Distrito Federal. Prova do envelhecimento dos moradores da capital é a mais recente pesquisa sobre expectativa de vida realizada pelo Instituto Brasileiro de Geografia e Estatística (IBGE), divulgada na quarta-feira. De acordo com o estudo, no Plano Piloto e nas regiões administrativas, as pessoas chegaram, em 2009, em média, aos 75,79 anos. Com o resultado, o DF se mantém pelo 10º ano consecutivo na liderança do ranking das unidades da federação onde as pessoas vivem mais. A média nacional é de 73,17 anos.

O pesquisador do IBGE Gabriel Borges acredita que o bom desempenho do DF está diretamente ligado à situação econômica dos trabalhadores. "Os fatores socioeconômicos estão envolvidos com a esperança de vida da população. Assim como as baixas taxas de mortalidade infantil, que são indicadores de que a expectativa de vida será maior. De uma maneira geral, nos estados onde há uma incidência maior de mortes entre crianças, há também menor esperança de longevidade", analisou Gabriel.

Ele ainda ressalta outros aspectos que influenciam na longevidade da população de um determinado lugar. Para ele, quando o poder público investe em educação, saneamento básico e trabalho, a tendência é de longevidade. Talvez essa seja a explicação para que os idosos de locais como Brasília, Rio Grande do Sul e Santa Catarina estejam num patamar bem à frente do que aqueles que residem nas regiões do Norte e do Nordeste.

**EM ASCENSÃO**
**Evolução da expectativa de vida no DF nos últimos 18 anos**

1991 – 68,64
1992 – 69,25
1993 – 69,84
1994 – 70,43
1995 – 71,00
1996 – 71,56
1997 – 72,10
1998 – 72,63
1999 – 73,15
2000 – 73,64
2001 – 73,90
2002 – 74,15
2003 – 74,40
2004 – 74,64
2005 – 74,87
2006 – 75,11
2007 – 75,34
2008 – 75,57
2009 – 75,79

(Saulo Araújo. http://www.correiobraziliense.com.br/app/noticia/cidades/2010/12/03/interna_cidadesdf,225940/df-tem-a-maior-expectativa-de-vida-com-media-de-75-79-anos.shtml)

**C8 • H27**

**20** A frase que inicia o primeiro parágrafo do texto pode, opcionalmente, ser pontuada de outra maneira. Qual é a alternativa em que essa outra pontuação aparece?

a) Basta um passeio pelas praças do Cruzeiro ou uma visita ao Parque da Cidade, no fim do dia, para se dar conta do crescimento da população idosa no Distrito Federal.

b) Basta um passeio pelas praças do Cruzeiro ou uma visita ao Parque da Cidade no fim do dia para se dar conta: do crescimento da população idosa no Distrito Federal.

c) Basta um passeio pelas praças do Cruzeiro, ou, uma visita ao Parque da Cidade no fim do dia para se dar conta do crescimento da população idosa no Distrito Federal.

d) Basta um passeio, pelas praças do Cruzeiro ou, uma visita ao Parque da Cidade no fim do dia para se dar conta do crescimento da população idosa no Distrito Federal.

e) Basta um passeio pelas praças do Cruzeiro ou uma visita ao Parque da Cidade no fim do dia para se dar conta do crescimento da população, idosa, no Distrito Federal.

**C7 • H24**

**21** De acordo com o texto, uma das causas para o crescimento da expectativa de vida no Distrito Federal é:

a) O Brasil tornou-se a 4ª economia mundial, no início do século XXI.
b) A produção agrícola aumentou, fazendo cair o preço dos alimentos.
c) A situação econômica dos trabalhadores melhorou.
d) Houve aumento do número de casas com água tratada e encanada.
e) A taxa da mortalidade infantil é crescente.

**C1 • H3 e C6 • H18**

**22** A sequência dos números relativos aos últimos nove anos do século XX e dos primeiros nove anos do século XXI indica que o crescimento da expectativa de vida nesses períodos:

a) foi maior no século XX do que no XXI.
b) foi igual nos dois períodos.
c) foi maior no período do século XXI.
d) foi de 48 décimos entre o último ano do século XX e o primeiro ano do XXI.
e) foi de 73,90 no ano da primeira eleição de Luís Inácio Lula da Silva.

**C7 • H23 e H24**

**23** Leia esta capa de livro:

O enunciado "frases soltas que deveriam ser presas", que aparece como subtítulo na capa do livro, tem mais de um sentido. Qual alternativa explicita melhor um dos sentidos desse subtítulo?

a) As frases são engraçadas, mas proibidas para menores de idade.
b) O conteúdo do livro é constituído por charadas.
c) O livro é constituído por frases de pessoas procuradas pela Justiça.
d) As frases do livro são bem-humoradas e divertidas.
e) O conteúdo do livro é ofensivo.

**C1 • H3 e C6 • H18**

**24** Leia esta capa de revista:

ABRIL IMAGEM

(*Veja*, 3/3/1971.)

A capa da revista *Veja* apresenta a frase: "ela [a minha professora] é boazinha mas". Lendo com cuidado, pode-se perceber, por trás do elogio, uma crítica à atuação da professora. Por quê?

a) O desenho da professora sugere um comportamento oposto ao sugerido pela palavra *boazinha*.

b) A presença da conjunção *mas* sugere algo que pode contrastar com *boazinha*.

c) A palavra *boazinha*, associada ao desenho, torna a frase contraditória.

d) O uso do diminutivo sugere que a professora não sabe ensinar.

e) A preposição *mas* torna a frase ambígua: a professora pode não ser "boazinha".

**C8 • H27**

**25** O diminutivo empregado na capa da revista tem sua formação e seu sentido explicitados em qual das alternativas abaixo?

a) uso do prefixo *inha* / carinhoso

b) uso do prefixo *inha* / medida

c) presença do sufixo *zinha* / carinhoso

d) presença do radical *zinha* / carinhoso

e) uso da desinência *nha* / medida

Texto para as questões 26 e 27.

### Eles não usam black-tie (1981)

Em 22 de fevereiro de 1958 estreava a primeira montagem de "Eles não usam black-tie" no Teatro de Arena e é surpreendente como, ao chegar ao cinema 23 anos depois, a história não tenha envelhecido nada. Autor do texto, Gianfrancesco Guarnieri, dava sua chancela à adaptação do cinema-novista Leo Hirszman ao viver o líder operário Otávio, pai do metalúrgico Tião (Carlos Alberto Riccelli). [...]

No início da década de 80, época de grande turbulência social no ABC paulista, Hirszman enxergou nas greves de metalúrgicos — de onde despontara como líder sindical o futuro presidente Lula — o contexto perfeito para reencenar o texto engajado, mas atento às fraquezas do ser humano.

Seu Otávio, um homem de tradição na militância política, entra em rota de colisão com o filho, cujo pragmatismo diante da possibilidade de perda do emprego o leva à condição de fura-greve. Embora claramente alinhado com o pensamento político de Otávio, o filme procura não vilanizar Tião, mesmo pintando-o como fraco de espírito. Romana, sua mãe, na interpretação internacionalmente aclamada de Fernanda Montenegro (o filme causou sensação e levou o grande prêmio do júri do Festival de Veneza), é o ponto de equilíbrio da trama, e seu olhar compassivo aponta para o real vilão: a tragédia social brasileira. [...]

(Steven J. Schneider. *1001 filmes para ver antes de morrer.* Rio de Janeiro: Sextante, 2008.)

**C8 • H27**

**26** Na tentativa de traduzir certa intenção do filme, o autor do texto empregou uma palavra nova. Em qual das alternativas abaixo aparece essa palavra?

a) fura-greve

b) vilanizar

c) militância

d) *black-tie*

e) aclamada

**C8 • H25**

**27** Com base na construção, no nome da obra em que foi publicado e no assunto de que trata, o texto lido pode ser considerado como representativo do gênero:

a) notícia

b) crônica

c) editorial

d) resumo

e) resenha

Texto para as questões 28 e 29:

Mãe,

O chefe da nação morreu e não declararam luto oficial, as bandeiras não ficaram a meio-pau e os governos estrangeiros não vieram ao funeral.

O chefe da nação morreu e as rádios não mudaram sua programação habitual, continuaram tocando animados bailes de carnaval.

O chefe da nação morreu e os jornais não publicaram sua biografia, não saíram edições extraordinárias e nem escreveram editoriais destacando as qualidades do grande homem, grande patriota, grande chefe e amantíssimo pai.

O chefe da nação morreu e as escolas não suspenderam suas aulas, as fábricas não paralisaram suas máquinas e os bancos e repartições públicas funcionaram normalmente.

O chefe da nação morreu e a seleção nacional sequer respeitou um minuto de silêncio antes da partida sensacional.

O chefe da nação morreu, mas as igrejas não repicaram seus sinos, os padres não vestiram seus paramentos roxos e nenhuma missa foi celebrada em sufrágio de sua alma imortal.

O chefe da nação morreu e deputado algum, vereador nenhum pediu que o novo aeroporto, aquela pracinha, o grande estádio de futebol, eternizassem seu nome para todo o sempre.

Perdoai-os não, cacique Apoena. Eles sabem o que fazem.

(Henfil. *Cartas da mãe*. Porto Alegre: Codecri, 1980.)

**C5 • H15**

**28** Sabendo que o texto é da época da ditadura militar (1964-1985) e com base em seus conhecimentos sobre esse período da história brasileira, indique quem seria o sujeito do termo *não declararam*, no primeiro parágrafo.

a) os índios

b) a polícia política de Vargas

c) os representantes do governo militar

d) escolas e jornais

e) deputados e vereadores

**C8 • H25**

**29** A repetição da expressão "O chefe da nação morreu" e o trecho "Perdoai-os não, cacique Apoena. Eles sabem o que fazem", aproximam o texto lido de qual tipo de texto?

a) receita

b) relato pessoal

c) texto religioso

d) texto poético

e) biografia

**C8 • H18**

**30** Leia o texto:

**Inaugurada a UPP dos Macacos**

*Quase 40 mil pessoas serão beneficiadas*

RIO — A mais nova Unidade de Polícia Pacificadora (UPP) é inaugurada hoje no Morro dos Macacos, em Vila Isabel. Esta é a 13ª UPP, que engloba as comunidades do Pau da Bandeira e Parque Vila Isabel, e vai beneficiar 39 mil moradores da comunidade e do entorno. O capitão Felipe Barreto será o responsável pelos 228 policiais que trabalharão na unidade.

O governador Sérgio Cabral e o secretário de Segurança, José Mariano Beltrame, estavam no local, assim como os recém-eleitos senador Lindberg Faria e o deputado estadual Carlos Minc e autoridades da Polícia Militar. Os traficantes que dominavam o morro foram expulsos no dia 14 de outubro. Um ano antes, um helicóptero da polícia foi atingido depois de intenso tiroteio. Com a queda da aeronave, três policiais morreram.

Na época da ocupação foram necessários 110 homens do Bope, 40 do Batalhão de Choque e 25 policiais do 3º BPM (Meier) e 6º BPM (Tijuca) para cercar a comunidade.

O Morro São João, no Engenho Novo, é o próximo a receber o projeto de pacificação, que terá extensão nas comunidades do Quieto e da Matriz. Os morros da Cachoeirinha e do Encontro, no Lins de Vasconcelos, estão incluídos na terceira etapa de pacificação, mas ainda não há datas para a ocupação.

(*Jornal do Brasil*, 30/11/2010. http://www.jb.com.br/rio/noticias/2010/11/30/inaugurada-a-upp-dos-macacos/)

O que possibilitou a inauguração da UPP dos Macacos, conforme se pode depreender da leitura do texto?

a) A eleição de Faria e Minc para o Congresso, em Brasília.
b) A expulsão de criminosos do local.
c) Uma decisão do governador Sérgio Cabral e do secretário de segurança Beltrame.
d) A morte de três policiais.
e) A continuação dos trabalhos já realizados em outros morros.

Texto para as questões 31 e 32:

**O assassino era o escriba**

Meu professor de análise sintática era o tipo do sujeito [inexistente.
Um pleonasmo, o principal predicado de sua vida,
regular como um paradigma da 1ª conjugação.
Entre uma oração subordinada e um adjunto adverbial,
ele não tinha dúvidas: sempre achava um jeito
assindético de nos torturar com um aposto.
Casou com uma regência.
Foi infeliz.
Era possessivo como um pronome.

E ela era bitransitiva.
Tentou ir para os EUA.
Não deu.
Acharam um artigo indefinido na sua bagagem.
A interjeição do bigode declinava partículas expletivas,
conectivos e agentes da passiva o tempo todo.
Um dia, matei-o com um objeto direto na cabeça.

(*Caprichos e relaxos*. Paulo Leminsky. São Paulo: Brasiliense, 1983.)

**C6 • H18 e C7 • H22**

**31** Qual era a principal qualificação do professor, segundo o texto?

a) ser bitransitivo
b) ser viajante
c) ser redundante
d) ser muito velho
e) ser nacionalista

**C6 • H18 e C7 • H22**

**32** Pelos versos, pode-se supor que a relação do eu-lírico com a gramática era:

a) leve e engraçada.
b) conflitante.
c) fantástica.
d) pior do que com a língua inglesa.
e) uma aventura.

Textos para as questões 33 e 34:

**Texto 1**

FERNANDO GONSALES

(Fernando Gonsalez. *Folha de S. Paulo*, 30/11/2010.)

## Texto 2

*Dos pontos de vista*

A mosca, a debater-se: "Não! Deus não existe!
Somente o Acaso rege a terrena existência!"
A aranha: "Glória a Ti, Divina Providência,
que à minha humilde teia essa mosca atraíste!"

(Mário Quintana. *Espelho mágico*. São Paulo: Globo.
© by Elena Quintana.)

**C4 • H12 e C8 • H27**

**33** Considerando-se o sentido que as palavras *rede* (texto 1) e *teia* (texto 2) têm nas duas narrativas, que relação elas estabelecem entre si?

a) oposição
b) sinonímia
c) coordenação
d) homonímia
e) coesão

**C6 • H18**

**34** De acordo com os pontos de vista da mosca e da aranha expressos no poema de Mário Quintana, qual teria sido a causa da captura de um inseto pelo outro? Indique a alternativa que apresenta os termos correspondentes a essa "causa".

a) "terrena" e "humilde"
b) "somente" e "minha"
c) "acaso" e "Divina Providência"
d) "Deus" e "Divina"
e) "terrena" e "teia"

**C1 • H3**

**35** Leia com atenção o gráfico:

**Evolução do poder de compra do salário na construção civil – Estado de São Paulo, 1980-1999**

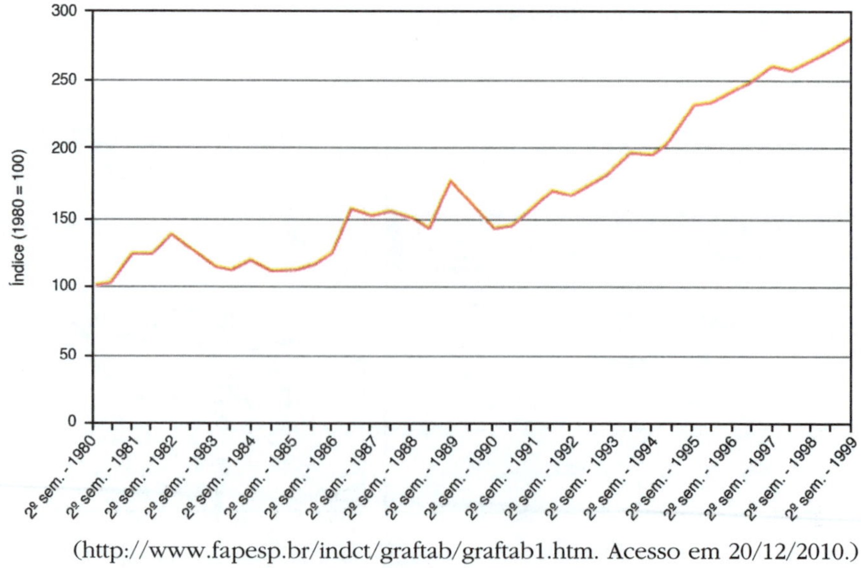


(http://www.fapesp.br/indct/graftab/graftab1.htm. Acesso em 20/12/2010.)

Tendo em vista que, após o fim da ditadura militar (1964-85), seguiram-se no Brasil os governos de José Sarney, Fernando Collor de Melo, Itamar Franco, Fernando Henrique Cardoso e Luís Inácio Lula da Silva, podemos concluir que o poder de compra do salário na construção civil:

a) melhorou após o fim da ditadura militar, jamais voltando a patamares anteriores.
b) entre os governos de Sarney e Collor não oscilou.
c) nos últimos anos do período da ditadura militar não oscilou.
d) somente após o fim da ditadura militar diminuiu.
e) durante o governo Lula, oscilou de 200 a 250 pontos.

Texto para as questões 36 e 37:

## Conteúdo preconceituoso é o que predomina na internet

*Em um mês foram registradas cerca de mil denúncias de crimes*

Brasília — Apesar das punições previstas em lei para atitudes preconceituosas, a internet se tornou terreno fértil para que milhares de pessoas divulguem e consumam material contra negros, judeus, religiosos, homossexuais e até imigrantes. Entre outubro e novembro deste ano, a SaferNet Brasil, associação civil de direito privado com atuação nacional, registrou mais de mil denúncias contra esse tipo de manifestação. Além disso, pelo menos 20 mil sites hospedados no Brasil produzem conteúdo discriminatório.

A maior parte das denúncias é contra manifestações xenofóbicas, com 1.042 registros. Em seguida, homofobia (781), racismo (269), crimes neonazistas (220) e intolerância religiosa (176). No primeiro semestre de 2010 foram registradas 16.636 denúncias de material discriminatório. Homofobia ficou em primeiro lugar nas denúncias (5.937), seguida por xenofobia (4.541), crimes neonazistas (3.019), racismo (1.675) e intolerância religiosa (1.464).

(*Jornal do Brasil*, 21/11/2010. http://www.jb.com.br/pais/noticias/2010/11/21/conteudo-preconceituoso-e-o-que-predomina-na-internet/)

**C8 • H27**

**36** Em relação ao emprego da palavra *apesar*, logo no início do texto, podemos afirmar:

a) trata-se de uma noção de acréscimo à informação que segue: denúncias.
b) é uma ressalva diante das manifestações das vítimas.

c) trata-se da construção de uma ironia, relativa às questões legais.

d) é uma ressalva que destaca a contradição entre existência de lei e ocorrência de crime.

e) significa introdução de informação que pode não ser verdadeira.

**C8 • H27**

**37** Para referir-se a crimes e hostilidades contra imigrantes, judeus e negros, o texto empregou, respectivamente, os termos:

a) antissemitismo – xenofobia – homofobia

b) xenofobia – antissemitismo – racismo

c) neonazismo – antissemitismo – xenofobia

d) xenofobia – neonazismo – racismo

e) racismo – homofobia – xenofobia

**C6 • H18**

**38** Leia o poema:

**O bom marido**

Nunca vou esquecer a palavra ingrediente
no plural.
À tarde, Arabela conversava
com Teresa, na sala de visitas.
Passei perto, ouvi:
— Custódio tem todos os ingredientes
para ser bom marido.
Se me pedir a mão, papai não nega.

— Quais são os ingredientes?
a outra lhe pergunta.
Arabela sorri, sem responder.
Guardo a palavra com cuidado,
corro ao dicionário:
continua o mistério.

(Carlos Drummond de Andrade. *Boitempo*. Rio de Janeiro: Record. © Graña Drummond_www.carlosdrummond.com.br)

Na segunda estrofe do poema, há um pronome indefinido. Qual é esse pronome e a quem ele se refere?

a) "outra" / Teresa

b) "outra" / Arabela

c) "lhe" / Custódio

d) "lhe" / papai

e) "ao" / livro

C6 • H18

**39** Leia o seguinte trecho do *Auto da barca do inferno*, de Gil Vicente:

DIABO – Ora entrai, entrai aqui!
ONZENEIRO – Não hei eu i de embarcar!
DIABO – Oh! Que gentil recear,
e que cousas para mi!...
ONZENEIRO – Inda agora faleci,
deixai-me buscar batel!
DIABO – Pesar de João Pimentel!
Por que não irás aqui?

ONZENEIRO – E para onde é a viagem?
DIABO – Para onde tu hás-de ir;
estamos para partir,
não cures de mais linguagem.
ONZENEIRO – Mas para onde é a passagem?
DIABO – Para a infernal comarca.
ONZENEIRO – Disse, não vou em tal barca.
Estoutra tem avantagem.

*Vai-se à barca do Anjo, e diz:*
ONZENEIRO – Hou da barca! Hou-lá! Hou!
Haveis logo de partir?
ANJO – E onde queres tu ir?
ONZENEIRO – Eu pra o paraíso vou.
ANJO – Pois quanto eu bem fora estou
de te levar para lá.
Essoutra te levará.
Vai para quem te enganou!

ONZENEIRO – Por quê?
ANJO – Porque esse bolsão
tomará todo o navio.

(Gil Vicente. *Obras-primas do teatro vicentino.*
Organização de Segismundo Spina. São Paulo: Difel, 1975.)

Nessa peça de Gil Vicente, autor que viveu no século XVI e é considerado o iniciador do teatro leigo em Portugal, personagens já mortos passam pelas barcas do Anjo e do Diabo em busca de salvação para suas almas. Um deles é o Onzeneiro. O termo *onzeneiro* aplica-se a pessoa que arma intrigas ou faz fuxicos, avarenta, usurária (que empresta dinheiro a juros). Com base nesses significados da palavra e sabendo que a personagem acaba condenada à barca do inferno, assinale a alternativa na qual aparece a palavra que, no trecho lido, tem relação com a causa dessa condenação.

a) bolsão
b) viagem
c) comarca
d) vantagem
e) recear

**C7 • H24**

**40**

No processo comunicativo do anúncio, os termos *felicidade* e *pedaço de terra* estabelecem entre si qual tipo de relação?

a) paradoxal
b) irônica
c) metafórica
d) metonímica
e) eufemística

## C6 • H18

**41** Naquela mulata estava o grande mistério, a síntese das impressões que ele recebeu chegando aqui: ela era a luz ardente do meio-dia; ela era o calor vermelho das sestas da fazenda; era o aroma quente dos trevos e das baunilhas, que o atordoara nas matas brasileiras; era a palmeira virginal e esquiva que se não torce a nenhuma outra planta; era o veneno e era o açúcar gostoso; era o sapoti mais doce que o mel e era a castanha do caju, que abre feridas com o seu azeite de fogo; ela era a cobra verde e traiçoeira, a lagarta viscosa, e muriçoca doida, que esvoaçava havia muito tempo em torno do corpo dele, assanhandolhe os desejos, acordando-lhe as fibras, embambecidas pela saudade da terra, picando-lhe as artérias, para lhe cuspir dentro do sangue uma centelha daquele amor setentrional, uma nota daquela música feita de gemidos de prazer, uma larva daquela nuvem de cantáridas que zumbiam em torno da Rita Baiana e espalhavam-se pelo ar numa fosforescência afrodisíaca.

(Aluísio Azevedo. *O cortiço*. São Paulo: Saraiva, 2009.)

No trecho acima, para descrever Rita Baiana, personagem do romance *O cortiço*, o narrador faz uso de metáforas, figura de linguagem que amplia o sentido do que se pretende destacar. Qual é o elemento que é a base dessa figura de linguagem?

a) a repetição de sons
b) o verbo *ser*
c) os verbos no pretérito
d) a presença da natureza
e) atitudes humanas em animais

## C6 • H18 e C8 • H27

**42** Leia o poema:

acho que não sou daqui
paro em sinal vermelho
observo os prazos de validade
bato na porta antes de entrar
sei ler, escrever
digo obrigado, com licença
telefono se digo que vou ligar
renovo o passaporte
não engano no troco
até aí tudo bem

mas não sou daqui
também
porque não gosto de samba
de carnaval, de chimarrão
prefiro tênis ao futebol
não sou querida, me atrevo
a cometer duas vezes o mesmo erro
não sou de turma
a cerveja me enjoa
prefiro o inverno
e não me entrego
sem recibo

(Martha Medeiros. *Poesia reunida.* Porto Alegre: L&PM, 1999.)

A palavra *mas* é uma conjunção adversativa. Contudo, no poema, na segunda estrofe, ela tem outra função. Qual é a ideia relacionada à palavra *mas*, nessa situação?

a) coordenação
b) humor
c) incoerência
d) repulsa
e) adição

Texto para as questões 43 e 44:

## Baiano de Salvador foi o grande vencedor da Bienal do Recôncavo

Não foi fácil levar o soteropolitano Pedro Marighella, 30, artista vencedor do Grande Prêmio da 10ª edição da Bienal do Recôncavo, para posar ao lado de seu trabalho, a instalação **Mata**, logo após o anúncio da premiação, por volta das 22 horas de sábado, 27, no Centro Cultural Dannemann, em São Félix. A cada passo, um abraço, um aperto de mão, tapinhas nas costas de inúmeros colegas da Escola de Belas Artes da UFBA (Universidade Federal da Bahia), onde ele estuda, e de artistas renomados, como o professor Juarez Paraíso, a curadora Alejandra Muñoz e o secretário de Cultura do Estado, Márcio Meirelles.

Depois de vencer a multidão, o jovem artista se tornou o centro das atenções das artes visuais da Bahia, parou diante da instalação **Mata**, trabalho escolhido pelo júri como o mais significativo entre os 200 selecionados desta Bienal. "Ainda não caiu a ficha. Posso dizer uma dessas coisas óbvias, como 'vai trazer novas perspectivas para o meu trabalho', mas ainda não pensei sobre isso", comentou.

De bermuda, boné e camiseta, Pedro, neto de Carlos Marighella, um dos ícones da resistência política durante a Ditadura Militar, voltou o olhar para **Mata**, como se fosse a primeira vez que podia refletir sobre o trabalho. "São cenas retiradas do Carnaval e outras festas populares. Tem muita gente que vai se reconhecer neste trabalho. Olha ali aquela dupla, vestida como no comercial da Skol, de sunga, pochete e blazer de ombreira. São dois caras daqui, de Cachoeira, que vi na Festa da Ajuda", divertiu-se.

**Mata** (título que, segundo o autor, remete a um paralelo entre um conjunto de plantas que crescem desordenadamente em um canteiro não planejado e uma concentração de pessoas em uma manifestação popular) é um dos trabalhos que refletiu a preocupação do júri de contemplar o trabalho de jovens artistas articulados com conceitos contemporâneos e questões que unem o local e o global. Marighella foi premiado com um curso de especialização em Milão, na Itália.

[...]

(Cassia Candra. *A tarde*. 28/11/2010. http://www.atarde.com.br/cultura/noticia.jsf?id=5656285)

**C7 • H23**

**43** As declarações do artista reproduzidas no início da reportagem, dadas por ele logo após a premiação, revelam que uma das preocupações do jovem era:

a) distanciar-se do passado guerrilheiro do avô.
b) evitar o uso de clichês.
c) evitar a propaganda de bebidas.
d) desvencilhar-se da multidão.
e) expor suas reflexões sobre o concurso.

**C6 • H18**

**44** A reportagem destaca o parentesco do artista Pedro Marighella com Carlos Marighella (Salvador, 1911 - São Paulo, 1969). Contudo, expõe um forte contraste entre as duas figuras, observado no trecho:

a) "o jovem artista se tornou o centro das atenções"
b) "Depois de vencer a multidão"
c) "De bermuda, boné e camiseta"
d) "'mas ainda não pensei sobre isso'"
e) "se tornou o centro das atenções das artes"

C8 • H25

45 Morrer não é problema. O terrível é quando a morte te faz contar dez, nove, oito, sete, seis, cinco, as doenças sem cura, os aviões que têm as turbinas quebradas, quatro, três, dois, cair, cair, cair, até atingir o mar e explodir, foi isso o que fiz com Ezequiel. Errei, a vida inteira tinha sido assim, errar, largar coisas pela metade, fazer malfeito, errar. Nunca consegui aprender matemática. Nem química. Nunca entendi as palavras que eles usam nos jornais. Viviam desenhando orelhas de burro nas capas dos meus cadernos [...].

(Patrícia Melo. *O matador*. Rio de Janeiro: Rocco, 2009.)

Na linguagem literária empregada por Patrícia Melo no romance *O matador* há certa oralidade. No trecho reproduzido, do que resulta essa característica da linguagem?

a) da repetição das palavras *cair* e *errar* e da enumeração gradativa
b) do uso da expressão *orelhas de burro* e da presença de termos chulos
c) do uso da 1ª pessoa
d) do apelo lírico e da sensualidade
e) da aproximação de assuntos sem o uso de elementos de conexão e interjeições

Texto para as questões 46 e 47:

**Língua portuguesa**

Última flor do Lácio, inculta e bela,
És, a um tempo, esplendor e sepultura:
Ouro nativo, que na ganga impura
A bruta mina entre os cascalhos vela...

Amo-te assim, desconhecida e obscura.
Tuba de alto clangor, lira singela,
Que tens o trom e o silvo da procela,
E o arrolo da saudade e da ternura!

Amo o teu viço agreste e o teu aroma
De virgens selvas e de oceano largo!
Amo-te, ó rude e doloroso idioma,

Em que da voz materna ouvi: "meu filho",
E em que Camões chorou, no exílio amargo,
O gênio sem ventura e o amor sem brilho!

(Olavo Bilac. In: *Obra reunida*.
Rio de Janeiro: Nova Aguilar, 1997.)

**C6 • H20**

**46** O soneto de Olavo Bilac, poeta que viveu no século XIX, é tipicamente parnasiano. O termo *Lácio* faz referência a Lacium, região da Itália onde teria surgido o idioma *lacium*, depois chamado *latim*. Pergunta-se: Por que o poeta se refere à língua portuguesa como a *última* flor do Lácio?

**C5 • H16**

**47** Há, no poema, a ocorrência de paradoxos, empregados com o fim de caracterizar o idioma. Qual alternativa inclui apenas expressões que, no poema, correspondem a essa figura de linguagem?

a) "tempo" / "esplendor" e "tuba / lira"
b) "ouro" / "impuro" e "rude" / "doloroso"
c) "flor" e "bela" / "esplendor" e "sepultura"
d) "tuba" e "lira" / "esplendor" e "sepultura"
e) "desconhecida" e "obscura" / "chorou" e "amargo"

**C1 • H3 e C6 • H18**

**48** As primeiras políticas públicas nacionais destinadas à instrução dos jovens e adultos foram implementadas a partir de 1947, quando se estruturou o Serviço de Educação de Adultos do Ministério da Educação e teve início a Campanha de Educação de Adolescentes e Adultos (CEAA). [...] No final dos anos 50, inúmeras críticas foram dirigidas às campanhas, devido ao caráter superficial do aprendizado, que se efetivava num curto período de tempo, e à inadequação dos programas, modelos e materiais pedagógicos, que não consideravam as especificidades do adulto e a diversidade regional.

**Evolução do número de analfabetos entre a população de 15 anos ou mais, segundo os censos demográficos. Brasil, 1920 a 2000.**

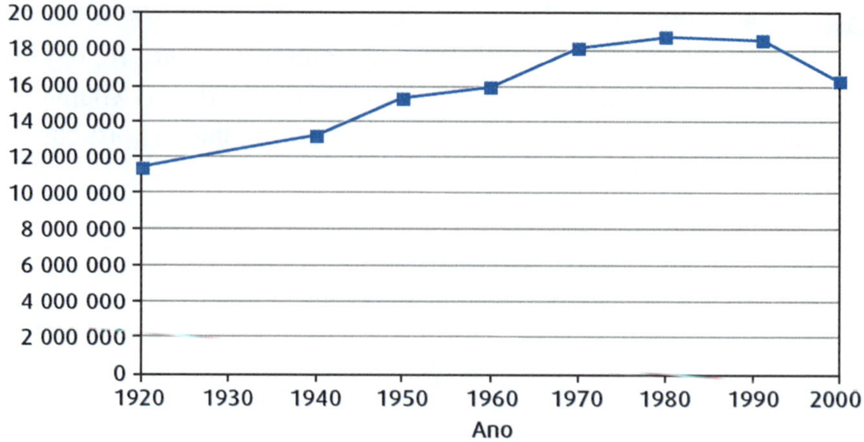


(*Alfabetização de jovens e adultos no Brasil*: lições da prática.Brasília: Unesco, 2008.)

Pode-se dizer que o número de analfabetos, no Brasil:

a) decresceu entre 1930 e 1960.

b) cresceu entre 1990 e 2000.

c) somente cresceu desde o início do censo.

d) manteve-se estável, entre 1980 e 2000.

e) foi quase igual em 1960 e em 2000.

Texto para as questões 49 e 50:

WWW.TROPA2.COM.BR

Para conter a carnificina em andamento, a Polícia Militar interveio com um helicóptero — que foi simplesmente abatido pelos bandidos. Ao final do conflito, o número oficial era de 21 mortos (entre eles 3 PMs). A comoção foi amplificada pelo fato de que apenas 15 dias antes, a cidade havia sido escolhida como sede dos Jogos Olímpicos de 2016. É como se na cena do filme em que o Bope invade o morro de helicóptero, os bandidos, em vez de fugir, tivessem derrubado a máquina.

A situação nas favelas cariocas está muito longe da descrita pelo filme. Enquanto na ficção, o Bope sobe o morro, expulsa os bandidos e deixa um vácuo de poder ocupado pelas milícias, no mundo real, o batalhão ainda está muito longe de, ao menos, ter livrado as comunidades da violência. O Rio está recheado de zonas de tensão, com traficantes brigando entre si pelo controle do comércio de drogas e enfrentando a concorrência das milícias pelo domínio das vastas áreas da cidade. O tráfico não é um ator coadjuvante no cotidiano: ele ainda é protagonista das suas piores cenas. [...]

(Maurício Svartman. *Superinteressante*, nov. 2010.)

**C7 • H22**

**49** Segundo o que se conhece da situação social no Rio de Janeiro, o que são as "milícias" a que o texto faz referência?

a) São personagens típicos da ficção, presentes no filme.

b) São grupos de pessoas armadas (militares ou não) que disputam com os traficantes o domínio das favelas.

c) É o exército de outras regiões do país que auxiliava o Bope, no passado.

d) São traficantes disfarçados, que usam carros oficiais e têm a imprensa a seu favor.

e) São soldados da guarda oficial dos altos escalões do governo do Estado do Rio de Janeiro

**C7 • H24**

**50** O filme *Tropa de Elite 2*, dirigido por José Padilha, trata da situação de violência e crise social no Rio de Janeiro. Em que trecho o texto lido transmite a ideia de que uma das soluções para a violência na cidade é a atuação do Bope (Batalhão de Operações Especiais)?

a) No 1º parágrafo, quando relata que um helicóptero da PM foi derrubado por bandidos.

b) No 2º parágrafo, quando afirma que "o batalhão ainda está muito longe de [...] ter livrado as comunidades da violência".

c) Quando descreve o número de PMs mortos em conflito.

d) No 2º parágrafo, quando reconhece que ficção e realidade se igualam.

e) Ao sugerir que o Bope deveria usar helicóptero para combater traficantes.

Texto para as questões 51 e 52:

## Brigas motivadas pela internet podem indicar imaturidade no relacionamento

*Apostar em momentos a dois e evitar exposição na rede ajuda a evitar conflitos*

Um recado de um desconhecido, uma foto, um amigo virtual. São inúmeras as ferramentas da internet que podem suscitar uma briga entre casais. Basta uma simples desconfiança virtual para que o relacionamento fique abalado.

E não são poucos os relacionamentos que entram em atrito por causa da internet. A psicóloga e psicoterapeuta de casais Iara Camaratta Anton, autora dos livros *A Escolha do Cônjuge* e *Homem e Mulher — Seus Vínculos Secretos*, da editora ARTMED, acredita que esse comportamento representa, em muitos casos, uma certa imaturidade por parte do casal.

— De um modo geral, o clima de brigas tem a ver com imaturidade, sugerindo que ambos não estão conseguindo, de fato, um bom nível de comunicação e entendimento. Brigar é uma atitude que pode estar a serviço de intolerâncias, de dificuldades em escutar e compreender — explica Iara, que também é presidente da Sociedade de Psicologia do RS.

Segundo ela, algumas pessoas ficam fixadas no virtual e se dedicam muito mais às fantasias do que à convivência real com o parceiro e, consequentemente, deixam de investir na relação.

— A internet permite que, num "clique", a relação seja instantaneamente desfeita, sem maiores responsabilidades... Quando as pessoas usam o "virtual" em substituição ao "real", alienam-se cada vez mais, perdendo os parâmetros do que é real e do que não é — diz a especialista.

Vasculhar informações e páginas do parceiro na internet é sinônimo de insegurança e pode gerar atitudes invasivas e desrespeitosas. [...]

De acordo com Iara, se, mesmo após um bom diálogo, o relacionamento termina, fica evidente que nenhum dos dois está disposto a fazer concessões e a investir em adaptações para levar o relacionamento adiante. Mas, de qualquer forma, esta é uma saída melhor do que ficar em uma relação onde a desconfiança e o ciúme pautem a vida do casal.

[...]

(*Zero Hora*, 22/11/2010. http://www.clicrbs.com.br/especial/rs/bemestar/19,0,3117239,Brigas-motivadas-pela-internet-podem-indicar-imaturidade-no-relacionamento.html)

## C9 • H28

**51** O artigo trata de relacionamento de casais. De acordo com ele, em que circunstâncias a internet pode atrapalhar esse processo?

a) Quando a relação permanece no campo virtual, desprezando-se a convivência real.
b) A partir do momento em que ocorrem ameaças entre as pessoas.
c) Sempre que se faz chantagem via Internet.
d) Quando uma pessoa não conhece todas as ferramentas de seu computador.
e) Quando a relação virtual torna-se real.

## C8 • H27

**52** Na frase "A internet permite que, num 'clique', a relação seja instantaneamente desfeita", a palavra *clique*:

a) é um advérbio de modo e indica lugar na rede de computadores.
b) adquire um caráter coloquial e tem o significado de "gesto".
c) apresenta um valor técnico e indica a especificidade do jogo amoroso.
d) é um advérbio de tempo.
e) é uma metáfora que corresponde a discussão verbal.

## C6 • H18

**53**

(Adão. *Folha de S. Paulo*, 18/3/2008.)

Para conseguir o efeito humorístico, o cartunista aliou linguagem não verbal a uma figura de linguagem. Qual é essa figura de linguagem?

a) interjeição
b) prosopopeia
c) aliteração
d) onomatopeia
e) ironia

Texto para as questões de 54 a 56:

(*Diário de Pernambuco*, 24/11/2010.)

**C7 • H21 e H24**

**54** O discurso dos textos instrucionais caracteriza-se pela clareza de linguagem e pelo seu direcionamento a quem lê. O emprego das formas verbais no modo imperativo (*feche*, *mantenha*, etc.) evidencia:

a) a busca pela reordenação do cotidiano por meio do humor.

b) a possibilidade de se escolher melhor uso para a água, dentro de casa.

c) a crítica àqueles que não usam água encanada.

d) ordens de ação ligadas ao público infantojuvenil.

e) a necessidade de seguir à risca as recomendações.

**C7 • H21 e C8 • H26**

**55** A ideia veiculada pelo anúncio tem em vista a economia de recursos de uso da coletividade. Troque "água" por "energia elétrica" e produza uma mensagem com finalidade semelhante à do anúncio.

**C1 • H3 e C7 • H22 e H24**

**56** Por meio da imagem e do texto da matéria, é possível perceber a recomendação para que se evite determinado comportamento. Qual é esse comportamento e qual foi o recurso linguístico empregado para esse fim?

**C1 • H3 e C7 • H22 e H24**

**57** A Agência de Regulação de Pernambuco (Arpe) autorizou um reajuste tarifário de 5% em todas as contas de água administradas pela Companhia Pernambucana de Saneamento (Compesa). O aumento começará a ser cobrado, de maneira progressiva, a partir do dia 23 de dezembro, mas só a partir de janeiro, quando o reajuste incidirá integralmente nas contas, os consumidores irão sentir uma alteração mais expressiva nos valores das contas.

A autorização da Arpe é uma resposta ao pedido de reajuste feito pela Compesa no último dia 28 de outubro, onde a concessionária indicava que apenas um aumento de 7,74%

conseguiria manter o financeiro da empresa. Este foi o primeiro reajuste julgado pela agência, pois, até o ano passado, os aumentos nas contas de água eram regidos pelas revisões tarifárias, quando a Compesa solicitava o percentual de reajuste a partir de estudos de aumento de seus custos operacionais e de investimentos. Esta prática só ocorrerá a cada quatro anos e os aumentos anuais serão realizados por um indicador financeiro

Para chegar ao reajuste de 5%, Hélio Lopes Carvalho, diretor de regulação econômico-financeira da Arpe, explicou que o cálculo — que pode ser alterado em novembro de 2011 — foi uma composição entre o Índice Nacional de Preços ao Consumidor Amplo (IPCA) e o Índice Geral de Preços do Mercado (IGP-M). "Nossas análises técnicas indicaram que o IPCA é o indicador mais adequado para compensar o efeito da inflação nas despesas da Compesa decorrentes de pessoal, serviços de terceiros, produtos químicos e gastos fiscais e o IGP-M se encaixa melhor como indexador para os gastos com energia elétrica da companhia", afirmou.

(*Diário de Pernambuco*, 24/11/2010.)

No trecho: "é uma resposta ao pedido de reajuste feito pela Compesa no último dia 28 de outubro, onde a concessionária indicava que apenas um aumento de 7,74", segundo a norma-padrão do nosso idioma, conviria:

a) trocar *onde* por *quando*.

b) trocar *Compesa* por *Companhia Pernambucana de Saneamento*.

c) escrever a *um pedido*, em vez de *ao pedido*.

d) trocar *28* por *vinte e oito*.

e) em vez de *reajuste*, grafar *aumento*.

**C8 • H27**

**58** Palavra que estive a pique de crer que era vítima de uma grande ilusão, uma fantasmagoria de alucinado; mas a entrada repentina de Ezequiel, gritando: — "Mamãe! mamãe! é hora da missa!" restituiu-me à consciência da realidade. Capitu e eu, involuntariamente, olhamos para a fotografia de Escobar, e depois um para o outro. Desta vez a confusão dela fez-se confissão pura. Este era aquele; havia por força alguma fotografia de Escobar pequeno que seria o nosso pequeno Ezequiel. De boca, porém não confessou nada; repetiu as últimas palavras, puxou o filho e saíram para a missa.

(Machado de Assis. Dom Casmurro. In: *Obra completa*. Rio de Janeiro: Nova Aguilar, 1979.)

A palavra *pequeno* aparece duas vezes no trecho reproduzido acima: "Escobar pequeno" e "pequeno Ezequiel". Que diferença de sentido a palavra *pequeno* apresenta nas duas ocorrências?

**C4 • H12 e C7 • H22**

**59** Observe a imagem com atenção e leia o texto.

MUSEU PAULISTA DA UNIVERSIDADE DE SÃO PAULO

*Independência ou morte*, de Pedro Américo.

A montaria usada por D. Pedro nem de longe lembra o fogoso alazão que, meio século mais tarde, o pintor Pedro Américo colocaria no quadro "Independência ou morte", também chamado "O grito do Ipiranga". [...] o padre mineiro Belchior Pinheiro de Oliveira cita uma "bela besta baia". Em outras palavras, uma mula sem nenhum charme, porém forte e confiável. Era essa a forma correta e segura de subir a serra do Mar naquela época de caminhos íngremes, enlameados e esburacados. [...]

(Laurentino Gomes. *1822*. Rio de Janeiro: Nova Fronteira, 2010.)

Segundo o autor do texto, há diferenças entre a cena que aconteceu no dia 7 de setembro de 1822 e a maneira como a retratou o pintor Pedro Américo. Por que o pintor teria retratado a cena como ela aparece na imagem?

a) Para modificar politicamente a cena.
b) Queria ridicularizar o príncipe.
c) Desejava alterar a história de São Paulo.
d) Pretendia enaltecer a figura do príncipe.
e) Queria valorizar hábitos de cavalaria de D. Pedro.

**C7 • H21**

**60** Na tira abaixo, de Adão, podemos observar que em cada quadrinho há uma relação entre o desenho e o que se lê entre aspas. O humor é obtido:

(Adão. *Folha de S. Paulo*, 24/8/2010.)

a) pela necessidade de criticar profissões ligadas à arte.
b) pela relação de similaridade entre as profissões das personagens.
c) por meio das expressões faciais.
d) no duplo sentido que os termos entre aspas apresentam.
e) a partir da relação de oposição entre termos estabelecida em cada quadro.

**C6 • H18 e C7 • H24**

**61.** 

MULTISOLUTION

(*Arquitetura & construção*, nov. 2010.)

No anúncio, a palavra *marca* é empregada duas vezes, com sentidos diferentes. Indique a alternativa que contém os dois sentidos principais da palavra, na ordem em que ela aparece no anúncio.

a) sinal / logomarca
b) selo / boxe
c) sujeira / logomarca
d) mancha / etiqueta
e) qualidade / mancha

**C8 • H27**

**62** A pluralidade de sentidos que caracteriza certas palavras constitui o fenômeno linguístico denominado:

a) sinonímia
b) polissemia
c) semântica
d) ironia
e) erudição

**C1 • H3 e C6 • H18**

**63.**

**Distribuição porcentual da matrícula no Ensino Médio – Unidades da Federação mais representativas, 1998**

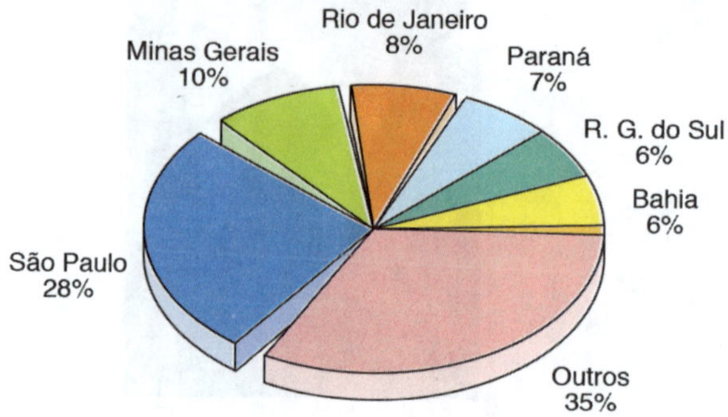


(http://www.fapesp.br/indct/graftab/graftab1.htm)

O gráfico apresenta percentuais de matrículas no ensino médio no país. Pelo que se pode notar:

a) apenas um Estado do Norte do país está registrado individualmente; os demais estão incluídos em "Outros".

b) o Estado de Goiás e o Distrito Federal não foram incluídos na pesquisa.

c) em "Outros" estão incluídos os Estados do Norte e do Nordeste, apenas.

d) o Distrito Federal foi contemplado na pesquisa e registra percentual igual ao da região Sudeste.

e) individualmente estão registrados três Estados da região Sudeste, cujos percentuais, somados, não representam metade das matrículas.

Texto para as questões 64 e 65:

**O medo**

"Porque há para todos nós um problema sério...
Este problema é o do medo."

(Antônio Cândido, *Plataforma de uma geração*)

Em verdade temos medo.
Nascemos escuro.
As existências são poucas:
Carteiro, ditador, soldado.
Nosso destino, incompleto.

E fomos educados para o medo.
Cheiramos flores de medo.
Vestimos panos de medo.
De medo, vermelhos rios
vadeamos.

Somos apenas uns homens
e a natureza traiu-nos.
Há as árvores, as fábricas,
doenças galopantes, fomes.

Refugiamo-nos no amor,
este célebre sentimento,
e o amor faltou: chovia,
ventava, fazia frio em São Paulo.

Fazia frio em São Paulo...
Nevava.
O medo, com sua capa,
nos dissimula e nos berça.

Fiquei com medo de ti,
meu companheiro moreno,
De nós, de vós; e de tudo.
Estou com medo da honra.

[...]

(Carlos Drummond de Andrade.
*A rosa do povo.* Rio de Janeiro: Record. © Graña Drummond_www.carlosdrummond.com.br.)

**C8 • H27**

**64** Neologismos são palavras novas, criadas para designar ideias ou objetos novos. No poema, que palavra ou expressão constitui um neologismo?

a) berça
b) galopantes
c) flores de medo
d) nevava
e) vermelhos rios

## C5 • H16

**65** No verso 7, “Cheiramos flores de medo”, há ambiguidade, resultante da disposição das palavras. Quais são os dois possíveis sentidos do verso?

______________________________________________

______________________________________________

______________________________________________

______________________________________________

______________________________________________

______________________________________________

______________________________________________

______________________________________________

## C6 • H18 e C7 • H21 e H24

**66** Observe esta capa de revista:

EDITORA GLOBO

(*Época*, 14/6/2010.)

Que relação há entre a imagem estampada na capa da revista e o título da reportagem principal anunciada?

a) A imagem retrata uma passagem de tempo: antes e depois do vício do uso de drogas.

b) A imagem mostra o sofrimento da mãe, de um lado, e a felicidade da filha, sem drogas, do outro.

c) Na montagem da imagem há duas jovens diferentes: uma que usa drogas e outra saudável.

d) A pessoa que aparece na foto tem mais idade na metade em que aparece saudável do que na outra metade.

e) A divisão da imagem, feita verticalmente, procura mostrar a divisão de classes sociais.

**C8 • H27**

**67** Sobre o processo de criação vocabular denominado *sigla* afirmam os estudiosos Celso Cunha e Lindley Cintra: "Também moderno — e cada vez mais generalizado — é o processo de criação vocabular que consiste em reduzir longos títulos a meras siglas, constituídas das letras iniciais das palavras que a compõem. Atualmente, instituições de natureza vária — como organizações internacionais, partidos políticos, serviços públicos, sociedades comerciais, associações operárias, patronais, estudantis, culturais, recreativas, etc. — são, em geral, mais conhecidas pelas siglas do que pelas denominações completas".

(*Nova gramática do português contemporâneo.* Rio de Janeiro: Lexicon, 2007.)

Esse fenômeno do idioma é objeto de estudo predominantemente:

a) das classes de palavras.

b) dos processos de formação de palavras.

c) da semântica.

d) da estilística.

e) da análise sintática.

**C8 • H25**

**68** É importante não confundir *sigla* com *abreviação*. Esta última é um processo de redução de palavras que consiste na sua diminuição até limites que não comprometem a sua compreensão. Muitas vezes, pode surgir da oralidade e da variante coloquial da língua. Assinale a alternativa em que todas as palavras são abreviações empregadas no âmbito coloquial.

a) moto (motocicleta), Sampa (São Paulo), foto (fotografia)

b) Floripa (Florianópolis), pneu (pneumático), moto (motocicleta)

c) japa (japonês), Sampa (São Paulo), rebu (rebuliço)

d) portuga (português), ONU (Organização das Nações Unidas), quilo (quilograma)

e) EUA (Estados Unidos), fone (telefone), vestiba (exame vestibular)

C7 • H24 e C8 • H27

69 A expressão **com tudo** é própria da oralidade e, no anúncio, foi usada com o intuito de atrair clientes. Veja:

LEO BURNETT BRASIL

(*Época*, 29/11/2010. p. 71.)

Que palavra pode substituir a expressão *com tudo* sem alterar o sentido pretendido pelo anunciante?

a) apressadamente
b) barulhento
c) completo
d) arrasando
e) artisticamente

C8 • H27

70 **Como ensinar por meio da pesquisa**

Importante ferramenta didática para todas as disciplinas, a pesquisa precisa ser mais bem usada em aula. Ao planejá-la e executá-la adequadamente, você possibilita que as crianças e jovens aprendam os conteúdos do currículo, enquanto se tornam estudantes autônomos. Ensinar os alunos a estudar para que se saiam bem em toda a Educação Básica, no Ensino Superior e por toda a vida é, sem dúvida, uma das grandes responsabilidades da escola. Poucas atividades atendem tão bem a essa demanda como a pesquisa — que tem como procedimentos básicos ler para estudar e ler para escrever. Realizada com acompanhamento e numa escala progressiva de dificuldade, ela desenvolve as habilidades de localizar, selecionar e usar informações, essenciais para aprender com independência. "A criança transforma conhecimentos já disponíveis na sociedade em algo novo para ela", explica Pedro Demo, da Universidade de Brasília (UnB). Ninguém chega à escola sabendo pesquisar e também não aprende a fazer isso num passe de mágica assim que é alfabetizado — apesar de muitos professores simplesmente passarem a tarefa sem antes ensinar a realizá-la. Essa é uma competência que se desenvolve com a prática e com direcionamento. "A investigação na escola está intimamente ligada à orientação. Se até mesmo um doutorando tem um orientador, por que as crianças da Educação Básica dariam conta do trabalho sozinhas?", questiona Bernadete Campello, da Universidade Federal de Minas Gerais (UFMG) e autora de obras sobre o assunto. [...]

(Anderson Moço. *Nova Escola*, nº 237, nov. 2010. Editora Abril.)

Reescreva o trecho "Ao planejá-la e executá-la adequadamente, você possibilita que as crianças e jovens aprendam os conteúdos do currículo", usando outro recurso de impessoalização.

Leia, abaixo, o trecho de um poema de Gregório de Matos (1633-1696). A seguir, responda às questões 71, 72 e 73.

**Romance**

Senhora Dona Bahia,
nobre e opulenta cidade,
madrasta dos Naturais,
e dos Estrangeiros madre.

Dizei-me por vida vossa,
em que fundais o ditame
de exaltar os que aí vêm,
e abater os que ali nascem?

Se o fazeis pelo interesse,
de que os estranhos vos gabem,
isso os Paisanos fariam
com conhecidas vantagens.

E suposto que os louvores
em boca própria não cabem,
se tem força esta sentença,
mor força terá a verdade.
[...]

(Gregório de Matos. *Poemas escolhidos*. São Paulo: Cultrix, 1976.)

**C6 • H18**

**71** O poeta, por meio de um jogo de palavras, refere-se à mesma cidade como se ela fosse duas. Identifique, na 1ª e na 2ª estrofes, os termos que se aplicam a uma e a outra cidade.

______________________________________________

______________________________________________

______________________________________________

______________________________________________

______________________________________________

______________________________________________

______________________________________________

**C6 • H18 e C8 • H27**

**72** Feroz crítico das políticas locais e imperiais da época em que viveu, o poeta criou no poema um eu lírico que se dirige à cidade de Salvador (antes chamada *Bahia*), por meio de um vocativo. Em qual alternativa aparece esse vocativo?

a) "opulenta cidade"
b) "madre"
c) "Senhora dona Bahia"
d) "vossa"
e) "madrasta"

C6 • H20

**73** Imagine um leitor que não tivesse a informação sobre quando o poema foi publicado. Qual é a palavra ou expressão que, ainda assim, ele reconheceria como variante antiga do nosso idioma?

a) "de exaltar"

b) "dizei-me por vida"

c) "mor"

d) "ali nascem"

e) "madre"

Texto para as questões 74 e 75:

### Linguagem de SMS e Messenger "contamina" testes e trabalhos escolares

*Helena de Sousa Freitas*

Lisboa, julho (Lusa) — A linguagem utilizada nas mensagens de telemóvel e nos programas de comunicação instantânea, como o Messenger, tem vindo a ser transportada pelos mais jovens para o contexto escolar, surgindo nos trabalhos e até nos testes.

"É certo que a língua não é homogênea e que os jovens utilizam abreviaturas e um estilo coloquial quando enviam SMS ou estão no Messenger, mas, na comunicação escrita formal, devem seguir a ortografia em vigor", defende João Malaca Casteleiro, professor da Faculdade de Letras da Universidade de Lisboa, para quem "estes dois planos não podem ser confundidos".

Todavia, a realidade é distinta — os estudantes nem sempre estabelecem uma fronteira entre as formas de comunicação informal e a grafia a utilizar na sala de aula.

"Usei muito as abreviaturas, até mesmo nas fichas escolares. Por exemplo, em vez de 'porquê' colocava 'pk' e tirava todas as vogais da palavra 'contigo'", contou Carolina Lourenço, de 13 anos, à agência Lusa.

Esta aluna da Escola Básica 2/3 Pedro Nunes, em Alcácer do Sal, chegou a ouvir dos professores "toma atenção, não estás no computador", contou à agência Lusa, acrescentando que a mãe também a alertou para "ter mais cuidado com a Língua Portuguesa".

[...]

Alexandra Cabral, docente de Português na Escola Secundária Dom Manuel Martins, em Setúbal, também destacou à Lusa o papel de quem ensina, sustentando que "os alunos gostam de usar as abreviaturas porque acham que é giro e moderno, mas só o fazem se os professores não retirarem pontuação ao trabalho".

"Quando isso acontece num primeiro trabalho e eu corrijo, não volta a verificar-se", assegurou.

Também a leccionar Português em Setúbal, na Escola Secundária do Viso, Ana Maria Pedro concorda que é importante os professores combaterem "a contaminação" causada pela linguagem usada nas mensagens de telemóvel e nos espaços de conversação digitais. [...]

(LUSA – Agência de Notícias de Portugal. http://www.gforum.tv/board/1601/250544/linguagem-de-sms-e-messenger-contamina-testes-e-trabalhos-escolares.html)

**C8 • H26**

**74** No texto, é possível identificar traços do português lusitano. A que correspondem, no português brasileiro, as seguintes expressões?

a) telemóvel ______________________________

______________________________

b) giro ______________________________

______________________________

c) pontuação ______________________________

______________________________

d) leccionar ______________________________

______________________________

**C8 • H26**

**75** Qual é a opinião dos professores entrevistados quanto ao uso, no contexto escolar, da linguagem utilizada em mensagens de celular e nos espaços de conversação digitais? Você concorda com ela?

______________________________

______________________________

______________________________

______________________________

______________________________

______________________________

Texto para as questões 76 e 77:

## Coleção reúne "literatura" no Twitter

*"Clássicos da Twitteratura Brasileira" reúne frases de autores díspares como Eike Batista e Fabrício Carpinejar*

Série de 15 livros, recém-publicada pela editora Suzano, tenta valorizar as pensatas de até 140 caracteres

O cidadão que trabalha, vive ou visita uma capital brasileira há de deparar, em algum momento, com algo que tenha o dedo empresarial de Eike Batista.

O motorista que abastece o carro em um posto de gasolina, em Belo Horizonte, pode estar consumindo petróleo de Eike Batista. O empreiteiro que constrói um edifício na Vila Nova Conceição, em São Paulo, pode estar usando aço de Eike Batista. O pedestre que caminha na lagoa Rodrigo de Freitas, no Rio de Janeiro, estará ladeado de águas despoluídas por Eike Batista.

O que o brasileiro não esperava era adentrar uma livraria e dar de cara, entre Machado de Assis (1839-1908) e Fiódor Dostoievski (1821-1881), com um livro assinado por Eike Batista. Isso, até a última quarta-feira, 15 de dezembro, data do lançamento da série "Clássicos da Twitteratura Brasileira".

A coleção, publicada pela Suzano Papel e Celulose, agrupou 15 tuiteiros, em uma lista que inclui, além do empresário, o cantor Leo Jaime, o psicanalista Flávio Gikovate e o poeta Fabrício Carpinejar, entre outros. Cada um foi agraciado com um livro próprio, de 24 páginas, contendo 20 tweets.

Assim, o leitor pode escolher entre um ensinamento de Eike Batista ("Quer ser diferente? Tem que trabalhar diferente. Tem que suar a camisa, sim!"), uma alfinetada de Felipe Neto ("Tô me sentindo feliz... Vou dizer que amo todos vocês no próximo tweet."), uma delicadeza de Fabrício Carpinejar ("Passamos a amar quando telefonamos para ficar em silêncio."), ou um desabafo de Hugo Gloss ("BOM DIA dedo mindinho! Qual sua função na vida além de bater na quina das coisas? Vamos ser + produtivos? Obrigado!").

Adriano Canela, gerente executivo de estratégia e marketing da Suzano, diz que a ideia da série foi mostrar que frases do Twitter, de 140 caracteres, ganham um brilho especial se impressas em papel de livro. "Fala-se muito sobre a ameaça do mundo digital, sobre o fim da palavra impressa. Mas esses dois meios — o papel e a tela do computador — podem ser complementares", apontou.

Para formar a lista de tuiteiros, Canela definiu quatro temas (humor, autoajuda, relacionamento e opinião) e contratou os publicitários Paulo Lemos, Daniela Ribeiro e Rodrigo Zannin, da agência Santa Clara, para levantar nomes que se encaixassem nessa lista.

**Roberto Kaz**

(*Folha de S. Paulo*, 18/12/2010.)

**C6 • H18**

**76** Logo no início da matéria, podemos ler que Eike Batista e Fabrício Carpinejar seriam autores "díspares". Por que o articulista teria utilizado esse termo?

______________________________________________
______________________________________________
______________________________________________
______________________________________________
______________________________________________
______________________________________________
______________________________________________
______________________________________________

**C8 • H27**

**77** O texto apresenta um termo novo (neologismo), formado a partir de outros dois, um deles oriundo do idioma inglês. Qual é esse neologismo e que palavra de nosso idioma serviu de base para a formação dele?

a) neologismo: *tweeteratura*; palavra: *pássaro*
b) neologismo: *autoajuda*; palavra: *ajuda*
c) neologismo: *tuieteiros*; palavra: *tweets*
d) neologismo: *tweeteratura*; palavra: *literatura*
e) neologismo: *marketing*; palavra: *mercado*

Texto para as questões 78 e 79:

## A alegria é um produto de mercado

*Arnaldo Jabor*

Está chegando o Carnaval. Antigamente, o Carnaval vinha aos poucos, junto com as cigarras e o imenso verão, com as marchinhas de rádio que aprendíamos a cantar. Hoje, o Carnaval se anuncia como um prenúncio de calamidade pública, uma "selva de epiléticos", com massas se esmagando para provar nossa felicidade. A alegria natural do brasileiro foi transformada em produto.

Hoje em dia é proibido sofrer. Temos de "funcionar", temos de rir, de gozar, de ser belos, magros, chiques, tesudos, em suma, temos de ter "qualidade total", como os produtos. Para isso, há o Prozac, o Viagra, os "uppers", os "downers", senão nos encostam como mercadorias depreciadas.

O bode pós-moderno vem da insatisfação de estar aquém da felicidade prometida pela propaganda. É impossível ser feliz como nos anúncios de margarina, é impossível ser sexy como nos comerciais de cerveja. Ninguém quer ser "sujeito", com limites, angústias; homens e mulheres querem ser mercadorias sedutoras, como BMWs, Ninjas Kawasaki... E aí, toma choque, toma pílula, toma tarja preta. Só nos resta essa felicidade vagabunda fetichizada em êxtases volúveis, famas de 15 minutos, "fast fucks", "raves" sem rumo. A infelicidade de hoje é dissimulada pela alegria obrigatória. [...]

(Jornal *Correio Popular*, 22/2/2011, Campinas, SP.)

**C6 • H18**

**78** Levando-se em conta o tema, o veículo em que o texto foi publicado e o tipo de linguagem, podemos concluir que estamos diante de:

a) um artigo científico.

b) uma crônica opinativa.

c) um editorial.

d) uma resenha crítica.

e) um texto publicitário.

**C6 • H18 e C7 • H24**

**79** O cronista afirma que é necessário consumir alguns produtos e se comportar de certa forma, sob pena de sermos "encostados" como mercadoria depreciada. Afinal, quem poderia "encostar" as pessoas? Discuta com seus colegas e com o professor, antes de redigir sua resposta.

______________________________________________

______________________________________________

______________________________________________

______________________________________________

______________________________________________

______________________________________________

______________________________________________

Texto para as questões 80 e 81:

**Facebook desenvolve sistema para alerta de suicídios**

O Facebook anunciou o lançamento de um sistema que permite que os usuários comuniquem à equipe do site sobre amigos que eles acham que podem estar considerando o suicídio. A iniciativa é o resultado de uma parceria com a ONG britânica The Samaritans (Os Samaritanos, em inglês), após uma série de casos polêmicos de pessoas que anunciaram suicídios em suas páginas pessoais.

O novo dispositivo consiste em um formulário específico a ser encontrado na Central de Ajuda do Facebook, em que qualquer pessoa pode detalhar as preocupações que tem sobre outro usuário, dizendo seu nome completo, o endereço da página onde ele postou mensagens suspeitas e dando mais detalhes sobre os grupos a que ele pertence.

O formulário é enviado para a equipe de moderadores [...] que podem acionar a polícia imediatamente caso seja reportado algum caso de intenção de suicídio. Caso não seja necessária uma ação imediata, as informações serão encaminhadas à ONG britânica, que poderá entrar em contato com a pessoa para oferecer aconselhamento. [...]

Segundo a The Samaritans, o novo sistema não foi lançado em relação com um caso específico, mas para conscientizar as pessoas sobre as maneiras como podem obter ajuda. Em comunicado, a diretora executiva do grupo, Catherine Johnstone, disse que o sistema pretende "aproveitar o poder da amizade". "O Facebook é parte da vida diária de muitos de nós e devemos assegurar que as pessoas que estão on line terão ajuda quando precisarem." O diretor de políticas do Facebook para a Europa, Richard Allan, disse que, com o novo dispositivo, "os amigos serão encorajados a cuidar uns dos outros no Facebook, como fazem na vida real".

(*Estado de Minas*, 8/3/2011. http://www.em.com.br/app/noticia/tecnologia/2011/03/08/interna_tecnologia,214016/facebook-desenvolve-sistema-para-alerta-de-suicidios.shtml)

**C6 • H18 e C9 • H28**

**80** O artigo alerta para a possibilidade de ajudar usuários do *site* de relacionamentos que podem vir a cometer suicídio. Para que os administradores do Facebook acreditassem na eficácia de um sistema como esse, partiram de qual pressuposto?

a) o caráter científico das pesquisas

b) a origem religiosa dos usuários

c) a amizade entre usuários

d) o alcance mundial do *site*

e) o apoio de uma ONG

**C9 • H29**

**81** Embora o trecho da matéria não explicite que *Facebook* é um *site*, é possível perceber que se trata de uma atividade ligada à Internet em razão dos termos:

a) usuário – britânica

b) *on line* – *site*

c) ONG – *site*

d) formulários – sistema

e) amigos – ONG

Texto para as questões 82 e 83:

**RECORTES DE VIAGEM**

*Rosane Tremea*

Tempos atrás, o Joaquim Antônio Emídio, jornalista, escritor e editor do jornal português O MIRANTE nos visitou na Redação. Depois disso, ele voltou ao Brasil, mais especificamente ao Rio, onde escreveu a crônica abaixo, que me enviou. Para ler com calma, em um sábado de verão:

## José Saramago e o coco gelado numa praia do Brasil

*Joaquim António Emídio*

"O esquecimento é a maior das misérias". Acabei de folhear, na praia de Copacabana, três jornais do dia. No meio de centenas de palavras e dezenas de títulos retive esta citação de um jovem poeta que viveu em Paris nos últimos dois anos a fazer um doutoramento em poesia. É notícia do jornal no meio de muitos outros assuntos desinteressantes.

Acabei de viajar dez horas de avião com o Memorial do Convento debaixo do nariz. Está confirmado: Este é o melhor livro de Saramago na minha fraca opinião. Saramago já tinha escrito este livro quando convivi com ele em várias iniciativas e mantive sempre uma certa reserva em relação à força da sua prosa. Se o maior cego é aquele que não quer ver, então eu sou definitivamente um dos maiores cegos do mundo.

Nem o Levantado do Chão, O Ano da Morte de Ricardo Reis ou Todos os Nomes me abriram tanto os olhos em relação ao autor quanto As Pequenas Memórias.

Mesmo assim não tive alento, na altura, para ler Memorial do Convento, e acho que me deixei cegar pela leitura dos Cadernos de Lanzarote; [...] Na impossibilidade de escrever na minha pele os sentimentos de gratidão para com este livro e seu autor, gastei a carga de uma caneta a assinalar as páginas do livro. Estou a tomar notas para esta crónica, com o livro entre pernas, no meio de um mar de gente numa das praias mais concorridas do mundo (no Brasil), e não me sai da cabeça o episódio de uma noite de convívio na esplanada das piscinas de Golegã (Azinhaga), terra de nascimento de Saramago, em que Saramago, com seu rosto austero e voz autoritária, mandou calar um conterrâneo que só fazia perguntas estúpidas e estragava aquelas duas horas de regresso às origens. Nessa altura, percebo agora, já o escritor tinha criado estas duas personagens extraordinárias (Blimunda e Baltazar), que estão para este livro como o coco gelado que bebo agora está para a minha sede debaixo de uma temperatura de 30 °C.

(*Zero Hora*, Porto Alegre, 12/3/2011. http://wp.clicrbs.com.br/recortesdeviagem/?topo=13,1,1,,,13)

**C7 • H24**

**82** Que relação o cronista estabelece com a obra de José Saramago?

a) emocionada

b) severamente crítica

c) reservada

d) lúdica

e) irônica

**C8 • H25**

**83** Há duas expressões, pelo menos, que indicam ser o português lusitano o utilizado no texto "José Saramago e o coco gelado no Brasil". Quais?

a) crónica – a assinalar

b) debaixo do nariz – crónica

c) convivi com ele – debaixo do nariz

d) a fazer – à força

e) não tive alento – mar de gente

Texto para as questões 84 e 85:

## Texto 1

## Livro "Comer Animais", de Jonathan Safran Foer, reacende a polêmica em torno do vegetarianismo. Confira a entrevista.

Durante três anos, Jonathan – autor dos romances "Tudo se ilumina" e "Extremamente alto & incrivelmente perto" [...] – procurou dados sobre a produção de bovinos, aves e peixes. O motivo era pessoal: queria decidir como alimentar seu primeiro filho. "Impulsos inesperados me surpreenderam quando descobri que seria pai. Comecei a arrumar a casa, a substituir lâmpadas queimadas, a limpar janelas e arquivar papéis. [...] e decidi escrever um livro sobre comer animais", diz no livro. Vegetariano ocasional, Foer adotou de vez a dieta durante esse processo.

O debate não é novo. O mérito de Foer em sua nova obra talvez seja apresentar uma grande quantidade de dados atuais e trazê-los para um campo – se não neutro – real. A começar por admitir que há "coisas em que acreditamos quando estamos deitados na cama, à noite, e escolhas que fazemos à mesa do café, na manhã seguinte".

Foer conversou com **Marie Claire** por telefone de sua casa, no Brooklyn, em Nova York. Hoje pai de dois filhos (o mais velho tem cinco anos), ele aproveitou a experiência para aconselhar: "a mesa de jantar não é o melhor lugar para esse tipo de conversa". Sobre o Brasil, disse: "A pior parte é que vocês estão perdendo biodiversidade e floresta tropical para criar animais que serão comidos em outros lugares. Se eu fosse um brasilei ro, estaria p. da vida".

**MC – O que mais o assustou enquanto fazia sua pesquisa?**

**JSF –** Como a maioria das pessoas, eu achei que soubesse mais ou menos como as coisas se passavam e imaginava que a coisa era ruim, mas não conseguia perceber o quão ruim. Antes de fazer a pesquisa, não sabia que os pequenos produtores haviam se tornado tão raros, a ponto de 99% da comida que comemos vir da produção industrial.

**MC – Um mundo em que todos fossem vegetarianos seria melhor e equilibrado?**

**JSF –** Com certeza seria um mundo melhor, sob todas as perspectivas, mas isso não vai acontecer. Não há nenhuma chance disso acontecer, acho. Mas consigo imaginar um mundo em que a maioria das refeições seja vegetariana. Não a maioria das pessoas, mas das refeições. Esse é, para mim, o objetivo que deveríamos buscar: pensar menos na identidade de cada um e mais na realidade de cada prato.

**MC – Sente saudade de algum prato com carne?**

**JSF –** Um pouco. Às vezes ando na rua e sinto cheiro de churrasco e penso "isso parece bom". Também teria vontade de comer frango, se não soubesse que a indústria é tão nojenta. E sushi, eu adorava comer sushi. Mas, sabe, humanos são muito bons em dizer "não" para coisas que queremos porque nossa consciência assim nos diz. É como quando você vê alguém muito lindo na rua. Você não volta para casa e se espanca porque não pode ter um relacionamento com aquela pessoa. É só a vida. [...]

(Revista *Marie Claire*, março de 2011.)

## Texto 2

### Cinco bons motivos para comer carne vermelha

É verdade que a carne vermelha é fonte de colesterol e gordura saturada, mas ninguém pode esquecer os benefícios que ela traz ao metabolismo. As carnes mantêm a sensação de saciedade e evitam os ataques à geladeira entre as refeições mais importantes do dia.

A carne vermelha fornece nutrientes fundamentais para manter a boa saúde. Quer saber quais? Dá uma olhadinha na listinha abaixo e veja os benefícios de cada um deles.

1. **Fonte de proteínas**: possuem todos os aminoácidos essenciais, aqueles que não são produzidos pelo organismo e devem ser obtidos através da alimentação. Além disso, são mais bem absorvidas do que as proteínas de origem vegetal.
2. **Fonte de ferro**: é a melhor fonte de ferro. Ela fornece o ferro, que é mais bem absorvido se comparado com o ferro encontrado nos vegetais e evita a anemia.
3. **Fonte de vitamina B12**: essa vitamina é essencial para o nosso organismo, sendo responsável pela manutenção do sistema nervoso central e das células do sangue.
4. **Diversidade de opções**: para controlar as gorduras que as carnes possuem, basta escolher carnes magras com menor

teor desses componentes. Coxão mole, lagarto, filé mignon e patinho são exemplos de cortes com menor quantidade de gordura.

5. **Variedade de preparações**: a carne pode ser usada em vários pratos: saladas, cozidos, tortas. É só usar sua criatividade e variar sempre nas receitas. [...]

(http://www.magraemergente.com/deficiencia-alimentar/cinco-bons motivos-para-comer-carne-vermelha. Acesso em: 19/3/2011.)

**C7 • H22**

**84** Os textos 1 e 2 tratam do mesmo tema. Contudo, um deles, no modo como se apresenta, procura ser mais convincente, argumentando. Qual? Por quê?

Assinale a alternativa mais completa.

a) O primeiro, pois relata uma experiência de vida.
b) O segundo, porque traz dados numéricos.
c) O segundo, pois apresenta dados de teor científico.
d) O primeiro, porque apresenta dados de um cientista.
e) O segundo, pois trata dos malefícios da falta de vitamina B12.

**C7 • H24**

**85** No texto 1, Foer afirma que, numa opção pelo vegetarianismo, teríamos um "mundo melhor". Qual trecho do texto melhor justifica essa afirmação?

a) ando na rua e sinto cheiro de churrasco
b) descobri que seria pai
c) a mesa de jantar não é o melhor lugar
d) a indústria é tão nojenta
e) isso parece bom

**C8 • H27**

**86** O texto 2 apresenta uma linguagem de acordo com a norma-padrão escrita. Há, entretanto, uma passagem do texto que difere desse registro. Identifique-a.

a) Dá uma olhadinha
b) Coxão mole, lagarto, filé-mignon e patinho
c) possuem todos os aminoácidos essenciais
d) É só usar sua criatividade
e) Ela fornece o ferro, que é mais bem absorvido

Texto para as questões 87 e 88:

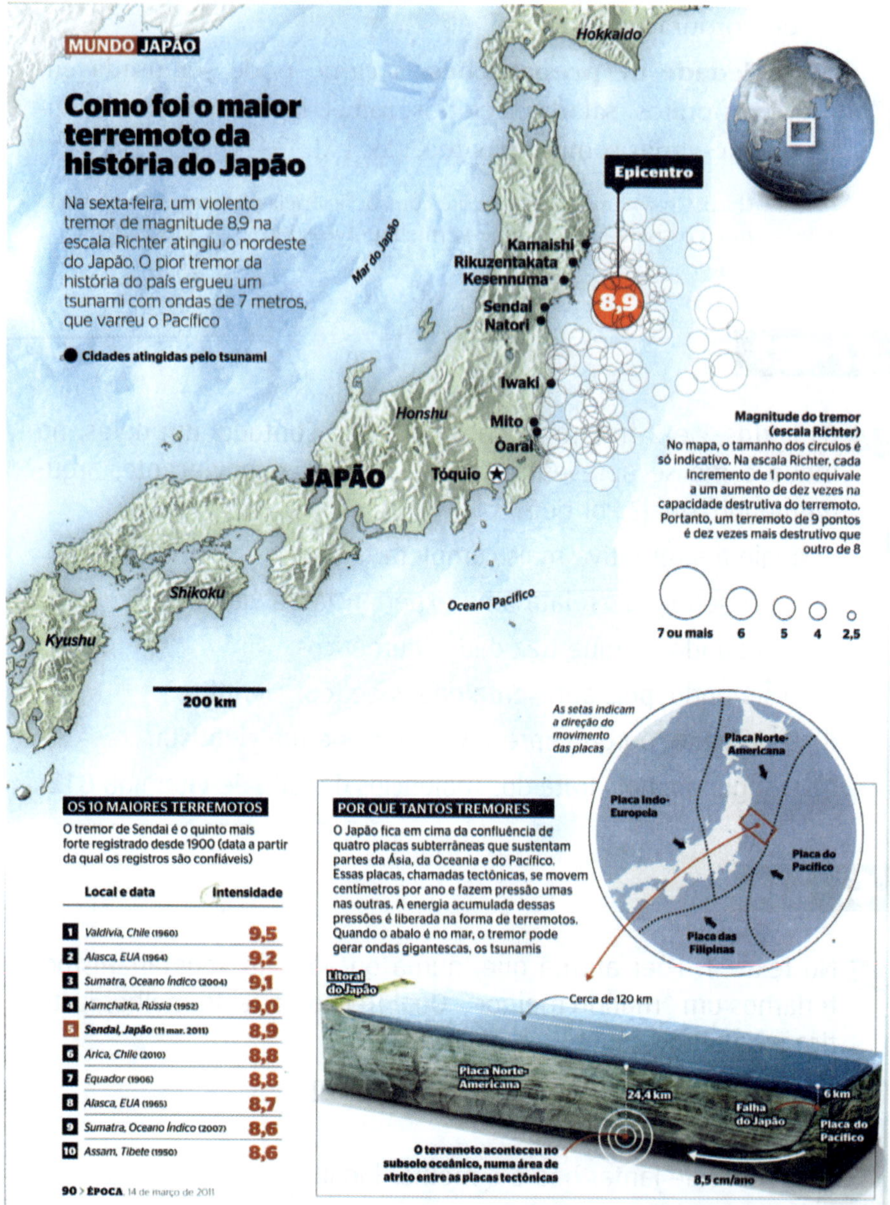
MUNDO JAPÃO

# Como foi o maior terremoto da história do Japão

Na sexta-feira, um violento tremor de magnitude 8,9 na escala Richter atingiu o nordeste do Japão. O pior tremor da história do país ergueu um tsunami com ondas de 7 metros, que varreu o Pacífico

● Cidades atingidas pelo tsunami



**Magnitude do tremor (escala Richter)**
No mapa, o tamanho dos círculos é só indicativo. Na escala Richter, cada incremento de 1 ponto equivale a um aumento de dez vezes na capacidade destrutiva do terremoto. Portanto, um terremoto de 9 pontos é dez vezes mais destrutivo que outro de 8



**OS 10 MAIORES TERREMOTOS**

O tremor de Sendai é o quinto mais forte registrado desde 1900 (data a partir da qual os registros são confiáveis)

| | Local e data | Intensidade |
|---|---|---|
| 1 | Valdivia, Chile (1960) | 9,5 |
| 2 | Alasca, EUA (1964) | 9,2 |
| 3 | Sumatra, Oceano Índico (2004) | 9,1 |
| 4 | Kamchatka, Rússia (1952) | 9,0 |
| 5 | **Sendai, Japão (11 mar. 2011)** | 8,9 |
| 6 | Arica, Chile (2010) | 8,8 |
| 7 | Equador (1906) | 8,8 |
| 8 | Alasca, EUA (1965) | 8,7 |
| 9 | Sumatra, Oceano Índico (2007) | 8,6 |
| 10 | Assam, Tibete (1950) | 8,6 |

**POR QUE TANTOS TREMORES**

O Japão fica em cima da confluência de quatro placas subterrâneas que sustentam partes da Ásia, da Oceania e do Pacífico. Essas placas, chamadas tectônicas, se movem centímetros por ano e fazem pressão umas nas outras. A energia acumulada dessas pressões é liberada na forma de terremotos. Quando o abalo é no mar, o tremor pode gerar ondas gigantescas, os tsunamis



90 > ÉPOCA, 14 de março de 2011



(*Época*, 14/3/2011, nº 669.)

## C1 • H13 e C7 • H22

**87** Na escala Richter, cada incremento de um ponto equivale a um aumento de dez vezes na capacidade do terremoto.

Considerando a lista dos 10 maiores terremotos do mundo, à esquerda, é possível afirmar que:

a) o tremor na Rússia não foi menor que o ocorrido em Valdívia, no Chile (1960).

b) o terremoto em Valdívia é quase dez vezes maior que o tremor no Tibete (1950).

c) o terremoto no Equador é quinze vezes maior do que aquele no Tibete (1950).

d) os tremores no Alasca foram vinte vezes maior do que os de Tibete (1950) e de Sumatra (2007).

e) o terremoto que atingiu Sendai é o dobro da intensidade daquele que alcançou o Alasca (1965).

**C1 • H1 e C7 • H21**

**88** Pelo texto da lista dos terremotos e através da imagem que mostra o epicentro no círculo vermelho (com o número 8,9), é possível concluir que o terremoto:

a) pode ter percorrido mais de 300 km para atingir Sendai.

b) aconteceu em várias cidades do Japão e se estendeu ao oceano.

c) foi sentido com mais intensidade nas cidades de Mito e Oaral.

d) foi sentido com menos intensidade em Sendai do que em Tóquio.

e) aconteceu próximo a Natori e se estendeu no sentido norte-sul do Japão.

Texto para as questões 89 e 90:

## Dê um oi pro Van Gogh

Depois do Google Street View, chegou a vez do Google Museum View – no caso, o Google Art Project, que registrou o interior de 17 grandes museus do mundo e disponibilizou para quem quiser ver. Dá para andar pelos corredores, analisar de perto os melhores quadros e ler as informações sobre as pinturas. Uma obra de cada museu pode ser vista em super-master-alta-resolução, com 7 bilhões de pixels. É melhor do que ver ao vivo! (Bem, quase...)

- www.googleartproject.com

(*Superinteressante*, março 2011, nº 289, p. 89.)

## C1 • H4

**89** O texto da revista defende a ideia de que ver imagens via computador é quase o mesmo que estar no museu. Por quê?

a) O custo do deslocamento é menor do que o acesso ao Google Art.

b) É possível analisar de perto as obras dos artistas.

c) Podem ser vistos quadros ao mesmo tempo, em 17 museus diferentes.

d) A imagem ao vivo não seria tão clara como numa tela de computador.

e) É possível conversar com os artistas, através do sistema digital.

## C7 • H23 e H24

**90** Conhecendo o suporte (meio) por onde a matéria foi publicada e a linguagem usada, podemos supor que seu autor buscava um público preferencialmente:

a) crítico de arte e poliglota.

b) jovem e artista.

c) crítico de arte e estudante de informática.

d) artista e poliglota.

e) jovem e com conhecimento digital.

## C4 • H12 e H13

**91**

HÉLIO OITICICA

Sobre a obra de arte acima, *Metaesquema II* (1958), de Hélio Oiticica (1937-1980), lemos:

> [...] sugere a desestabilização de um padrão de distribuição das figuras, segundo um referencial perpendicular. Nesse caso,

Hélio Oiticica escapa do padrão supostamente universal para uma composição singularizada, ao mesmo tempo geométrica e não estática. O caráter sensível dessa obra de transição na trajetória do artista é alcançado pela junção de um símbolo de rigor objetivo ocidental, __________, com a ideia de movimento.

("Roteiro de visita", MAC,SP. http://www.mac.usp.br/mac/templates/projetos/roteiro/PDF/35.pdf)

Propositadamente, foi retirado o termo que completa o raciocínio do discurso, no final do trecho. Qual seria esse símbolo de rigor objetivo ocidental, perceptível na obra *Metaesquema II*?

a) ângulo reto
b) número II
c) vários quadrados
d) jogo de claro-escuro
e) cor escura

**C1 • H3 e C7 • H21**

**92** A imagem abaixo fez parte de uma campanha divulgada em grandes centros metropolitanos brasileiros em 2009.

Segundo o que se vê, pode-se afirmar que o tema da campanha estava ligado a:

a) acidentes de trânsito.
b) pessoas com necessidades especiais.
c) combate às pichações.
d) transporte alternativo.
e) esportes radicais.